DICIONÁRIO

Hebraico-Português

&

Aramaico-Português

DICIONÁRIO
Hebraico-Português
&
Aramaico-Português

Elaborado por:

Nelson Kirst
Nelson Kilpp
Milton Schwantes
Acir Raymann
Rudi Zimmer

37ª edição

2022

Rua Amadeo Rossi,467
93030-220 São Leopoldo/RS
Tel.: (51) 3037-2366
www.editorasinodal.com.br
editora@editorasinodal.com.br

Coeditora
Editora Vozes Ltda.
Rua Frei Luís, 100
25689-900 Petrópolis/RJ
Tel.: (0xx24) 2233-9000
Fax: (0xx24) 2231-4676

Revisões: Cláudio Molz e Ludovico Garmus
Coordenação editorial: Johannes F. Hasenack

ISBN (Editora Sinodal) 85-233-0130-5
ISBN (Editora Vozes) 978-85-326-3741-9
Composição e fotolitos: Yeda Sela Ltda., P.O. Box 25051,
Tel Aviv 61250, tel.: (03) 200 915, Israel

ÍNDICE

APRESENTAÇÃO

O presente Dicionário nasceu da luta do estudante brasileiro por uma compreensão mais profunda da Bíblia. Fazendo parte do currículo de exegese bíblica, o hebraico exigia do estudante, em geral, o conhecimento ou do alemão ou do inglês.

Impelidos pela vontade de auxiliar e contribuir na tarefa da exegese bíblica, os autores assumiram, ao lado de seu trabalho como professores, o ônus suplementar de redigir os originais. Não tiveram a pretensão de inovar lingüisticamente, mas apenas facilitar o acesso ao que existe em outras línguas. Nas várias reuniões de debates e projetos que realizaram, delimitaram os objetivos deste Dicionário:

— manter o Dicionário breve, para favorecer a sua aquisição e difusão, e também para acelerar a percepção dos conteúdos;

— dispensar a citação integral de passagens bíblicas, restringindo-se a algumas exemplares;

— deixar ao usuário a tarefa da transliteração ou adaptação do nome próprio, remetendo para algumas passagens onde consta no texto masorético; foram as várias tradições de nomes próprios no Brasil que levaram a essa opção; observe-se, porém, que o mesmo nome próprio não se refere necessariamente ao mesmo objeto;

— dar, ao lado das formas regulares, realce às excepcionais ou incomuns;

— omitir os verbetes hipotéticos, isto é, os que não aparecem no texto hebraico do Antigo Testamento;

— se possível, apresentar, na seqüência de vários significados, o básico em primeiro lugar, seguido pelos demais, como por exemplo pelos extensivos ou figurados.

No vocabulário português, p. ex. das áreas botânica e zoológica, a versão revista e atualizada de João Ferreira de Almeida teve influência devido à tradição deste texto no ambiente dos autores.

Pelas letras א, ז, ל, נ e ק é responsável Nelson Kirst; pelas letras ב, ג, ו, ר e שׂ, Nelson Kilpp; pelas letras ד, ח, ס, ע e פ, Milton Schwantes; pelas letras ה, ט, י, כ, צ, שׁ e ת, Acir Raymann; pela letra מ e pela parte aramaica toda é responsável Rudi Zimmer.

Prontos os originais, submeti os textos a uma revisão geral que deu ênfase a uma relativa padronização formal. A Editora Sinodal, através de Johannes F. Hasenack, se encarregou de encaminhar a composição. Esse serviço foi feito em Tel Aviv, Israel. Nessa fase o Dicionário teve a feliz coincidência da presença em Jerusalém, além de mim, de um exímio leitor de provas, o biblista Ludovico Garmus (pela Editora Vozes). Revisando em conjunto e duplamente, foi agradável e estimulante concluir os retoques da composição. — Em cada fase houve dificuldades e retardamentos. Mas somos gratos pela confiança e persistência que Deus proporcionou a todos os que deram a sua contribuição a esta obra.

Concebido como co-edição, pelas Editoras Sinodal e Vozes, o projeto do Dicionário teve apoio ecumênico por parte das entidades Martin-Luther-Verein in Bayern (Neuendettelsau) e Bischöfliche Aktion Adveniat (Essen), ambas da República Federal da Alemanha, pelo que, autores e editores, agradecemos.

A obra ora publicada pretende representar apenas um marco inicial, que sabemos carente de melhorias e ampliações. Esse aperfeiçoamento deve ser solicitado e sugerido por você, caro leitor e usuário. Entrementes, porém, desejamos que o Dicionário possa servir como apoio e incremento à pesquisa das Sagradas Escrituras do Antigo Testamento.

São Leopoldo/RS, Natal de 1987.

Cláudio Molz

ABREVIATURAS E SINAIS

abs.	absoluto
ac.	acusativo
adj.	adjetivo
adv.	advérbio
anat.	anatomia, anatômico/a
aram.	aramaico
arquit.	arquitetura, arquitetônico/a
art.	artigo
bot.	botânico/a
c.	com
cf.	confira, conforme
cj.	conjetura
col.	coletivo
com.	comum (m. e f.)
coment.	comentário(s)
conj.	conjunção
cons.	consecutivo
coort.	coortativo
corr.	(forma) corrupta
cs.	construto
dag.	dageš
dat.	dativo
dem.	demonstrativo
denom.	denominativo
der.	derivado
det.	determidado, determinativo
dir.	direto
ditogr.	ditografia
du.	dual
enf.	enfático, ênfase
euf.	eufemístico
f.	feminino
fig.	figurado, metáfora
gen.	genitivo
gent.	gentílico
geol.	geologia, geológico/a
ger.	geralmente
hebr.	hebraico
HI	HIFIL
hi.	hifil
HIT	HITPAEL
hit.	hitpael
HO	HOFAL
ho.	hofal
i.e.	id est = isto é
indef.	indefinido
indet.	indeterminado
inf.	infinitivo
imp.	imperativo
impf.	imperfeito
interj.	interjeição
interr.	interrogativo
intr.	intransitivo
i.p.	in pausa = em pausa
juss.	jussivo
K.	Ketib
l.	leia
loc.	locativo, local
LXX	Septuaginta
m.	masculino
MS(S)	manuscrito(s)
n.	nome
nn.	nomes
n.d.	nome de divindade
neg.	negação, negativo
n.f.	nome próprio feminino

NI	NIFAL
ni.	nifal
n.l.	nome de localidade
n.m.	nome próprio masculino
n.p.	nome de povo
n.r.	nome de rio
n.t.	nome de território
n.tr.	nome de tribo
num.	numeral
ob.	observação
obj.	objeto
ord.	ordinal
orig.	originalmente
part.	partícula
pass.	passivo
patr.	patronímico
pess.	pessoal
pf.	perfeito
PI	PIEL
pi.	piel
pl.	plural
poét.	poético
poss.	possessivo
pref.	prefixo
prep.	preposição
pron.	pronome
prov.	provavelmente
pt.	particípio
PU	PUAL
pu.	pual
Q	Qere
rel.	relativo/a
resp.	respectivo/a, respectivamente
s	e seguinte
s.	substantivo
simb.	simbólico
sing.	singular
ss	e seguintes
suf.	sufixo
suj.	sujeito
tb.	também
TM	Texto Masorético
tr.	transitivo
t.t.	termo técnico
txt. corr.	texto corrupto
v.	veja, versículo(s)
var.	variação, variante
?	expressa dúvida, incerteza
=	igual a, significa
*	indica forma hipotética, deduzida de derivada(s)
>	deu origem a; reduzido para
<	originado de; ampliado para
/	uma ou mais palavras anteriores não são repetidas; **ou:** sinal de terminação diferente

Nota: As abreviaturas bíblicas adotadas neste dicionário seguem o sistema da Sociedade Bíblica do Brasil e da edição da Bíblia traduzida por João Ferreira de Almeida.

א

א אָלֶף: primeira letra do alfabeto; *como num.* = 1; א̈ = 1.000.

אָב *m., cs.* אֲבִי, *suf.* אָבִיךָ ,אָבִיו, *pl.* אָבוֹת, *cs.* אֲבוֹת: pai; antepassado, ancestral; iniciador (de ofício ou profissão); ancião; mestre; profeta; conselheiro.

אֵב* *suf.* אִבּוֹ, *pl. cs.* אִבֵּי: renovo, botão (Jó 8.12; Ct 6.11).

אֲבַגְתָא *n. m.* (Et 1.10).

אבד QAL: *pf.* אָבַד ,אָבַד ,אָבְדָה; *impf.* יֹאבֵד ,יֹאבַד; *inf.* אֲבֹד, *suf.* אָבְדְךָ, אָבְדֶךָ, *abs.* אָבֹד; *pt.* אֹבֵד, *cs.* אֹבַד, *f.* אֹבֶדֶת, *pl.* אֹבְדִים/דוֹת: perder-se, extraviar-se; desviar-se do caminho, errar, vagar; perecer; sucumbir; ser arrebatado/ceifado; desanimar. – PI: *pf.* אִבַּד ,אִבַּדְתִּי; *impf.* יְאַבֵּד־ ,יְאַבֵּד ,תְּאַבְּדוּ, *suf.* וָאַבֶּדְךָ; *inf.* אַבֵּד, *suf.* לְאַבְּדֵנִי; *pt.* מְאַבְּדִים: deixar perder-se (desistir de algo perdido); deixar perecer; destruir, exterminar, arruinar (causar ruína a); desperdiçar; endoidecer (tornar doido). – HI: *pf.* וְהַאֲבַדְתִּי ,הֶאֱבַדְתָּ ,הֶאֱבִיד, *suf.* וְהַאֲבַדְתִּיךָ; *impf.* אֹבִידָה; *inf.* לְהַאֲבִיד; *pt.* מַאֲבִיד: exterminar.

אֹבֵד (*de* אבד) *m.:* destruição (ruína) (Nm 24.20, 24).

אֲבֵדָה (*de* אבד) *f., cs.* אֲבֵדַת: uma coisa perdida.

אֲבַדֹּה (*de* אבד) K, Q אֲבַדּוֹ(ן) (Pv 27.20), *v.* אֲבַדּוֹן.

אֲבַדּוֹן (*de* אבד) *m.:* destruição, ruína; lugar de destruição, reino dos mortos.

אַבְדָן (*de* אבד) destruição (Et 9.5).

אָבְדָן* (*de* אבד), *cs.* אָבְדַן: destruição (Et 8.6).

אבה QAL: *pf.* אָבָה ,אָבִיתִי; *impf.* יֹאבֶה; *pt.* אֹבִים: aceder; aceitar, querer, estar disposto a, consentir, concordar em/com, anuir.

אֵבֶה junco (Jó 9.26).

אֲבוֹי *interj.:* ai! (Pv 23.29).

אֵבוּס *m., cs.* =, *suf.* אֲבוּסֶךָ: manjedoura.

אֹבוֹת *v.* אוֹב.

אִבְחָה* *cs.* אִבְחַת (Ez 21.20), *l. talvez* טִבְחַת = matadouro.

אֲבַטִּיחַ* *m., pl.* אֲבַטִּחִים: melancia (Nm 11.5).

I אֲבִי *interj.:* tomara!

II אֲבִי *n. m.* (2 Cr 2.12).

אֲבִי *n. f.* (2 Rs 18.2) = אֲבִיָּה (2 Cr 29.1).

אֲבִיאֵל *n. m.* (1 Sm 9.1).

אֲבִיאָסָף *n. m.* (Êx 6.24).

אָבִיב *m. col.:* espigas (em fase de maturação).

אֲבִיגַיִל *n. f.* (1 Sm 25.18).

אֲבִידָן *n. m.* (Nm 1.11).

אֲבִידָע *n. m.* (Gn 25.4).

אֲבִיָּה *n. m.* (1 Sm 8.2) *e n. f.* (2 Cr 29.1).

אֲבִיָּהוּ *n. m.* (2 Cr 13.20).

אֲבִיהוּא *n. m.* (Êx 6.23).

אֲבִיהוּד *n. m.* (1 Cr 8.3).

אֲבִיחַיִל *n. f.* (1 Cr 2.29).

אֶבְיוֹן (*de* אבה), *adj.*, *suf.* אֶבְיֹנְךָ, *pl.* אֶבְיֹ(וֹ)נִים/נֵי, *suf.* אֶבְיוֹנֶיהָ: pobre, carente, necessitado, oprimido (*tb. c. conotação religiosa*).

אֲבִיּוֹנָה *f.*: alcaparra (Ec 12.5).

אֲבִיחַיִל *n. m.* (Nm 3.35).

אֲבִיטוּב *n. m.* (1 Cr 8.11).

אֲבִיטָל *n. f.* (2 Sm 3.4).

אֲבִיָּם *n. m.* (1 Rs 14.31).

אֲבִימָאֵל *n. m.* (Gn 10.28).

אֲבִימֶלֶךְ *n. m.* (Jz 8.31).

אֲבִינָדָב *n. m.* (1 Sm 16.8).

אֲבִינֹעַם *n. m.* (Jz 4.6).

אֲבִינֵר *n. m.* (1 Sm 14.50).

אֶבְיָסָף *n. m.* (1 Cr 6.8).

אֲבִיעֶזֶר *n. m.* (2 Sm 23.27).

אֲבִי־עַלְבוֹן *n. m.* (2 Sm 23.31).

אָבִיר* *m.*, *cs.* אֲבִיר: forte, poderoso.

אַבִּיר *adj.*, *pl.* אַבִּ(י)רִים, *cs.* אַבִּירֵי, *suf.* אַבִּירָיו: forte, poderoso, nobre.

אֲבִירָם *n. m.* (1 Rs 16.34).

אֲבִישַׁג *n. m.* (1 Rs 1.3).

אֲבִישׁוּעַ *n. m.* (1 Cr 8.4).

אֲבִישׁוּר *n. m.* (1 Cr 2.28).

אֲבִישַׁי *n. m.* (1 Sm 26.6).

אֲבִישָׁלוֹם *n. m.* (1 Rs 15.2).

אֶבְיָתָר *n. m.* (1 Sm 22.20).

אבך HIT: *impf.* יִתְאַבְּכוּ: remoinhar (Is 9.17).

I אבל QAL: *pf.* אָבַל; *impf.* תֶּאֱבַל: cobrir-se de luto, lamentar, observar ritos fúnebres. – HI: *pf.* הֶאֱבַלְתִּי; *impf.* וַיַּאֲבֶל־: enlutar (*tr.*). – HIT: *impf.* וַיִּתְאַבֵּל, וַיִּתְאַבֵּל; *imp.* הִתְאַבְּלִי; *pt.* מִתְאַבֵּל, מִתְאַבֶּלֶת: chorar (*tr.*, um morto), observar ritos fúnebres.

II אבל QAL: *pf.* אָבַל; *impf.* תֶּאֱבַל: secar.

I אָבֵל (*de* I אבל) *adj.*, *cs.* כַּאֲבֶל־, *pl.* אֲבֵלִים/לֵי, *f.* אֲבֵלוֹת: de luto, enlutado.

II אָבֵל (*de* I יבל) *m.*: arroio; *em n. l.*: 1) אָ׳ מִצְרַיִם Gn 50.11; 2) אָ׳ הַשִּׁטִּים Nm 33.49; 3) אָ׳ כְּרָמִים Jz 11.33; 4) אָ׳ מְחוֹלָה Jz 7.22; 5) אָ׳ בֵּית (הַ)מַּעֲכָה 2 Sm 20.14; 6) אָ׳ מָיִם 2 Cr 16.4.

אֵבֶל (*de* I אבל) *m.*: luto, lamentação por um morto, ritual fúnebre.

אֲבָל *interj.*: deveras!, de fato!; mas, porém; não!

אֻבָל (*de* I יבל), *cs.* אוּבַל: curso d'água, canal.

אֶבֶן *f.*, *i.p.* אָבֶן, *suf.* אַבְנוֹ, *pl.* אֲבָנִים, *cs.* אַבְנֵי: pedra; pedra preciosa; rocha; material rochoso; peso (de pedra); prumo; granizo; vasos, recipientes.

אֹבֶן* (*de* אֶבֶן) *du.* אָבְנָיִם: torno de oleiro (composto de dois pratos giratórios) (Jr 18.3; Êx 1.16 = órgão genital feminino? cadeira de parto?).

אַבְנֵט *m.*, *suf.* אַבְנֵטְךָ, *pl.* אַבְנֵטִים: cinto, faixa (de um sacerdote ou alto funcionário).

אַבְנֵר *n. m.* (1 Sm 14.51).

אבס QAL: *pt. pass.* אָבוּס: cevado (1 Rs 5.3; Pv 15.17).

אֲבַעְבֻּעֹת *f. pl.*: úlceras, bolhas (Êx 9.9s).

אֶבֶץ *n. l.* (Js 19.20).

אִבְצָן *n. m.* (Jz 12.8, 10).

אבק NI: *impf.* וַיֵּאָבֵק; *inf.* הֵאָבְקוֹ: lutar (Gn 32.25s).

אָבָק *m.*, *cs.* אֲבַק, *suf.* אֲבָקָם: pó, poeira; fuligem.

אֲבָקָה* *f.*, *cs.* אַבְקַת: pó aromático (Ct 3.6).

אבר HI: *impf.* יַאֲבֶר־: voar, elevar-se voando (falcão) (Jó 39.26).

אֵבֶר (*de* אבר) *m.*: asa.

אֶבְרָה (*de* אבר) *f.*,, *suf.* אֶבְרָתוֹ, *pl. suf.* אֶבְרוֹתֶיהָ: asa.

אַבְרָהָם *n. m.* (Gn 17.5).

אַבְרֵךְ *exclamação de significado incerto*: inclinai-vos!(?) (Gn 41.43).

אַבְרָם *n. m.* (Gn 17.5).

אֲבִשַׁי *n. m.* (1 Cr 18.12).

אַבְשָׁל(וֹ)ם *n. m.* (2 Sm 3.3).

אֹבֹת *n. l.* (Nm 21.10); *ou v.* II אוֹב.

אָגֵא *n. m.* (2 Sm 23.11).

אֲגַג *n. m.* (1 Sm 15.8).

אֲגָגִי *gent.* (Et 3.1).

אֲגֻדָּה *f.*, *cs.* אֲגֻדַּת, *suf.* אֲגֻדָּתוֹ, *pl.* אֲגֻדּוֹת: presilha, laço; feixe, molho; bando (de pessoas), tropa; abóbada.

אֱגוֹז nogueira (Ct 6.11).

אָגוּר *n. m.* (Pv 30.1).

אֲגוֹרָה★ *f.*, *cs.* אֲגוֹרַת: pequena moeda (remuneração?) (1 Sm 2.36).

אֶגֶל★ *pl. cs.* אֶגְלֵי: gotas (Jó 38.28).

אֶגְלַיִם *n. l.* (Is 15.8).

I אֲגַם *cs.* =, *pl.* אֲגַמִּים, *cs.* אַגְמֵי, *suf.* אַגְמֵיהֶם: charco, pântano, alagado (s.).

II אֲגַם *pl.* אֲגַמִּים: burgo, cidadela (Jr 51.32).

אָגֵם★ *adj.*, *pl. cs.* אַגְמֵי: entristecido (Is 19.10).

אַגְמוֹן *m.*: cana de junco, junco.

אַגָּן *m.*, *cs.* אַגַּן, *pl.* אַגָּנוֹת: bacia, tigela.

אֲגַף★ *pl. suf.* אֲגַפָּיו: tropas.

אגר QAL: *pf.* אָגְרָה; *impf.* תֶּאֱגֹר; *pt.* אֹגֵר: recolher, armazenar.

אֲגַרְטַל★ *pl. cs.* אֲגַרְטְלֵי: bacias (Ed 1.9).

אֶגְרֹף *m.*, *cs.* =: punho (Êx 21.18; Is 58.4).

אִגֶּרֶת *f.*, *pl.* אִגְּר(וֹ)ת, *suf.* אִגְּרוֹתֵיהֶם: carta.

אֵד *m.*, *suf.* אֵדוֹ: corrente de águas subterrâneas(?) (Gn 2.6); caudal das águas celestiais (Jó 36.27).

אדב HI: *inf.* לַאֲדִיב: fazer definhar, entristecer (*tr.*) (1 Sm 2.33).

אַדְבְּאֵל *n. m.* (Gn 25.13).

אֲדַד *n. m.* (1 Rs 11.17).

אִדּוֹ *n. m.* (Ed 8.17).

אָדוֹם *v.* אָדֹם.

אֱדוֹם *n. t.* (Gn 32.4); *n. p.* (Nm 20.18); *n. m.* (Gn 25.30).

אֲדוֹמִי★ *gent.*, *pl. m.* אֲדֹמִים, אֲדֹמִיִּים, *f.* אֲדֹמִית (1 Rs 11.17): *adj.* edomita; *s. sing.* edomita (como indivíduo); *s. sing. col.* os edomitas.

אַדּוֹן *n. l.* (Ne 7.61).

אָדוֹן *m.*, *cs.* אֲדוֹן, *suf.* אֲדֹנִי, *pl.* אֲדֹנִים/נֵי, *suf.* אֲדֹנָיו, *pref.* לַ/בַּ/וַאדֹנִי: senhor, dono, chefe, patrão.

אֲדֹנָי, אֲדוֹנָי (*em si* = meu senhor): Senhor (= Deus).

אֲדוֹרַיִם *n. l.* (2 Cr 11.9).

אֲדוֹרָם *n. m.* (2 Sm 20.24).

אֹדוֹת, אוֹדוֹת (*em si, pl. cs. de* אוֹד = causa, questão) *ger. precedido de* עַל־: por causa de.

אַדִּיר *adj.*, *f. talvez* אַדֶּרֶת, *pl.* אַדִּ(י)רִ(י)ם, *cs.* אַדִּירֵי, *suf.* אַדִּירֵיהֶם: grandioso, majestoso, magnífico, imponente, soberbo, distinto, nobre, notável.

אֲדַלְיָה *n. m.* (Et 9.8).

אדם QAL: *pf.* אָדְמוּ: ser vermelho (Lm 4.7). – PU: *pt.* מְאָדָּם: tingido de vermelho. – HI: *impf.* יַאְדִּימוּ: ser vermelho (Is 1.18). – HIT: *impf.* יִתְאַדָּם: vermelhejar (Pv 23.31).

I אָדָם *m.*: *col.* (*designação da espécie humana*) o(s) ser(es) humano(s), humanidade, o homem; o homem (como indivíduo).

II אָדָם *n. m.* (Gn 4.25).

III אָדָם *n. l.* (Js 3.16).

אָדֹם, אָדוֹם (*de* אדם) *adj.*, *f.* אֲדֻמָּה, *pl.* אֲדֻמִּים: vermelho (amarronzado).

אֹדֶם (*de* אדם) *f.*: pedra preciosa vermelha (rubi ou cornalina).

אֲדַמְדָּם (*de* אדם)*f.* אֲדַמְדֶּמֶת, *i.p.* ־דָּמֶת, *pl.* אֲדַמְדַּמֹּת: vermelho claro, avermelhado.

I אֲדָמָה (*de* אדם) *f.*, *cs.* אַדְמַת, *suf.* אַדְמָתִי, *pl.* אֲדָמוֹת: terra (cultivável), solo, chão, superfície (da terra); propriedade (de terra); território; a Terra; terra (como matéria).

אֲדָמָה II *n. l.* (Js 19.36).

אַדְמָה *n. l.* (Gn 10.19).

אַדְמוֹנִי, אַדְמֹנִי (*de* אדם) *adj.*: ruivo.

אֲדֹמִי *v.* *אֱדוֹמִי.

אֲדָמִי הַנֶּקֶב *n. l.* (Js 19.33).

אֲדֻמִּים *n. t.* (Js 15.7).

אַדְמֹנִי *v.* אַדְמוֹנִי.

אַדְמָתָא *n. m.* (Et 1.14).

אֶדֶן* *m., i.p.* אָדֶן, *pl.* אֲדָנִים, *cs.* אַדְנֵי, *suf.* אַדְנֵיהֶם: pedestal, base, pé (= parte inferior que sustenta um objeto).

אַדָּן *n. l.* (Ed 2.59).

אֲדֹנָי *v.* אָדוֹן.

אֲדֹנִי(־)בֶזֶק *n. m.* (Jz 1.5).

אֲדֹנִיָּה *n. m.* (2 Sm 3.4).

אֲדֹנִיָּהוּ *n. m.* (1 Rs 1.8).

אֲדֹנִי־צֶדֶק *n. m.* (Js 10.1).

אֲדֹנִיקָם *n. m.* (Ed 2.13).

אֲדֹנִירָם *n. m.* (1 Rs 4.6).

אדר NI: *pt.* נֶאְדָּר, *cs.* נֶאְדָּרִי: magnífico (Êx 15.6, 11). – HI: *impf.* יַאְדִּיר: magnificar (Is 42.21).

אֶדֶר (*de* אדר), *cs.* =: magnificência, glória.

אֲדָר *n.do 12º mês:* Adar (fevereiro/março).

אַדָּר I *n. m.* (1 Cr 8.3).

אַדָּר II *n. l.* (Nm 34.4; Js 15.3).

אֲדַרְכּוֹן* *pl.* אֲדַרְכֹנִים (1 Cr 29.7) *e* אֲדַרְכֹּנִים (Ed 8.27): darico (moeda de ouro).

אֲדֹרָם *n. m.* (2 Sm 20.24).

אַדְרַמֶּלֶךְ I *n.d.* (2 Rs 17.31).

אַדְרַמֶּלֶךְ II *n. m.* (2 Rs 19.37).

אֶדְרֶעִי *n. l.* (Nm 21.33).

אַדֶּרֶת (*de* אדר) *f., i.p.* אַדָּרֶת, *suf.* אַדַּרְתּוֹ: esplendor, glória; veste suntuosa; capa, manto.

אדשׁ QAL: *inf. abs.* אָדוֹשׁ: debulhar (Is 28.28).

אהב QAL: *pf.* אָהַבְתָּ, אָהֵב/הַב, *suf.* אֲהֵבְךָ, אֲהֵבַתְהוּ; *impf.* יֶאֱהַב/הָב, *suf.* יֶאֱהָבֵהוּ; *imp.* אֱהַב, אֶהֱבוּ/הָבוּ; *inf.* אֱהוֹב (*v.* אַהֲבָה); *pt.* אֹהֵב, *pl.* אֹהֲבִים/בֵי, *f.* אֹהֶבֶת, *cs.* אֹהַבְתִּי, *pass.* אָהוּב, אֲהוּבָה, אֲהֻבַת: gostar, amar, – NI: *pt. pl.* נֶאֱהָבִים: digno de amor, querido (2 Sm 1.23). – PI: *pt. pl. suf.* מְאַהֲבַי/בַיִךְ/בֶיהָ: amantes, amásios.

אַהַב* *ou* *אֹהַב (*de* אהב)*pl.* אֲהָבִים: delícias do amor (Pv 7.8).

אֹהַב* (*de* אהב), *pl.* אֳהָבִים: amores (ofertas amorosas) (Os 8.9; Pv 5.19).

אַהֲבָה (*de* אהב) *f., cs.* אַהֲבַת, *suf.* אַהֲבָתִי: 1) *como inf. qal de* אהב *c/obj. dir.*: amar (*substantivado*), amor. 2) *como s. puro:* amor, amizade.

אֹהַד *n. m.* (Gn 46.10).

אֲהָהּ *interj.*: ai!, ah!

אַהֲוָא *n. l. e n.r.* (Ed 8.15, 21).

אֵהוּד *n. m.* (Jz 3.15).

אֱהִי (Os 13.10) *l.* אַיֵּה.

אֶהְיֶה *1ª pess. sing. impf. QAL de* היה: "Eu sou, eu serei" (*autodesignação de Deus*) (Êx 3.14).

אהל I QAL: *impf.* וַיֶּאֱהַל: armar barraca, acampar (Gn 13.12, 18). – PI: *impf.* יַהֵל: armar barraca, acampar (Is 13.20).

אהל II HI: *impf.* יַאֲהִיל: brilhar (Jó 25.5).

אֹהֶל I *m., suf.* אָהֳלִי, *pl.* אֹהָלִים, *cs.* אָהֳלֵי: tenda, barraca; tabernáculo.

אֹהֶל II *n. m.* (1 Cr 3.20).

אָהֳלָה *n. f.: n. simb. de Samaria* = "a que tem seu (próprio) tabernáculo" (Ez 23.4ss).

אֲהָלוֹת, אֲהָלִים: aloés.

אָהֳלִיאָב *n. m.* (Êx 31.6).

אָהֳלִיבָה *n. f.: n. simb. de Jerusalém* = "meu tabernáculo se encontra dentro dela" (Ez 23.4ss).

אָהֳלִיבָמָה *n. f.* (Gn 36.2) *e n. p.* (Gn 36.41).

אֲהָלִים I *v.* אֲהָלוֹת.

אֲהָלִים II *bot.*: erva-de-gelo (Nm 24.6).

אַהֲרֹן *n. m.* (Êx 4.14).

אוֹ *conj.*: ou; ...אוֹ ...אוֹ = quer...

quer...; (אוֹ(כִּי = ou se; ... אוֹ ...הֲ = se... ou...

אוֹאֵל *n. m.* (Ed 10.34).

I *אוֹב *m.*, *pl.* אֹבוֹת: odre (Jó 32.11).

II אוֹב *m.*, *pl.* אֹב(וֹ)ת: espírito, espírito de um falecido (evocado por necromante), espírito de necromante; necromante.

אוֹבִיל *n. m.* (1 Cr 27.30).

*אוּבָל *cs.* אוּבַל, *v.* אֻבָל.

אוּד *m.*, *pl.* אוּדִים: acha, tição.

אוֹדוֹת *v.* אֹדוֹת.

אוה NI: *pf.* נַאֲוָה: ser belo / encantador / formoso. – PI: *pf.* אִוָּה, אִוְּתָה, *suf.* אִוִּ(י)תִיהָ/ךְ; *impf.* תְּאַוֶּה: desejar, aspirar (ardentemente), ambicionar. – HIT: *pf.* הִתְאַוָּה/וִּיתִי; *impf.* יִתְאַוֶּה, יִתְאָו; *pt.* מִתְאַוֶּה, *pl.* מִתְאַוִּים: desejar (ardentemente), ter desejos, suspirar (por), ansiar (por).

*אַוָּה (*de* אוה) *f.*, *cs.* אַוַּת: desejo (ardente), anseio.

אוּזַי *n. m.* (Ne 3.25)

אוּזָל *n. p.* (Gn 10.27) *e n. t.* (Ez 27.19).

אוֹי *interj.*: ai! (grito de dor, lamento, ameaça).

אֱוִי *n. m.* (Js 13.21).

אוֹיֵב *v.* אֹיֵב.

אוֹיָה *interj.*: ai! (Sl 120.5).

אֱוִיל *adj. e s.*, *pl.* אֱוִ(י)לִים: louco, tolo, néscio, idiota.

אֱוִיל מְרֹדַךְ *n. m.* (2 Rs 25.27).

אוֹכִיל *v.* אכל.

I *אוּל *m.*, *suf.* אוּלָם: corpo(?), barriga(?) (Sl 73.4).

II *אוּל *pl. cs.* אולי (2 Rs 24.15 *K*), *l. Q* אֵילֵי, *pl. cs. de* I אַיִל.

אֱוִלִי *adj.*: tolo, insensato (Zc 11.15).

I אוּלַי *n. r.* (Dn 8.2).

II אוּלַי *adv.*: talvez (*como expressão de esperança, súplica, temor*).

I אוּלָם *conj.*: mas, contudo, porém, por outro lado.

II אוּלָם *n. m.* (1 Cr 7.16).

III אוּלָם *v.* *אֵילָם.

אִוֶּלֶת *f.*, *suf.* אִוַּלְתִּי: insensatez.

אוֹמָר *n. m.* (Gn 36.11).

אָוֶן *m.*, *suf.* אוֹנוֹ/נָם, *pl.* אוֹנִים: maldade, injustiça, desgraça; fadiga, padecimento; iniqüidade, pecado; mentira, engano, nada; ídolo.

I אוֹן *m.*, *suf.* אֹ(וֹ)נוֹ/נָם, *pl.* אוֹנִים: vigor (procriador); força (física); riqueza, bens.

II אוֹן *n. m.* (Nm 16.1).

III אוֹן, אֹן *n. l.* (Gn 41.45).

אוֹנוֹ, אֹנוֹ *n. l.* (Ed 2.33).

*אוֹנִי *ou* *אֹנֶה(?) (*de* I אנה) *m.*, *pl.* אֹ(וֹ)נִים: luto.

אוֹנִיּוֹת *v.* אֳנִיָּה.

אוֹנָם *n. m.* (Gn 36.23).

אוֹנָן *n. m.* (Gn 38.4).

אוּפָז *n. t.* (Jr 10.9).

I אוֹפִיר *tb.* אֹופִר, אֹפִיר: *n. t.* (Gn 10.29).

II אוֹפִיר *n. m.* (1 Cr 1.23).

אוֹפַן *m.*, *i.p.* אוֹפָן, *cs.* אוֹפַן, *pl.* אוֹפַנִּים/נֵּי, *suf.* אוֹפַנֵּיהֶם: roda (de um veículo).

אוֹפִר *v.* I אוֹפִיר.

אוץ QAL: *pf.* אָץ, אַצְתִּי; *pt.* אָץ, *pl.* אָצִים: constranger (a fazer alguma coisa); apressar-se (a fazer alguma coisa), ter pressa; ser muito apertado. – HI: *impf.* יָאִיצוּ: insistir, instar.

אוֹצָר *m.*, *cs.* אוֹצַר, *suf.* אוֹצָרוֹ, *pl.* אוֹצָרוֹת, *cs.* אֹ(וֹ)צְרוֹת, *suf.* אֹ(וֹ)צְרֹתָי/תֵיהֶם: *pl.* provisões, estoques; tesouro (*tb. em sentido cósmico*).

אור QAL: *pf.* אוֹר, אֹרוּ; *impf.* וַיֵּאֹר *e* וַתָּאֹרְנָה; *imp.* אוֹרִי; *inf.* אוֹר; *pt.* אוֹר: amanhecer, clarear (tornar-se claro), ser claro. – NI: (*duvidoso em ambos os casos*) *inf.* לֵאוֹר (Jó 33.30); *pt.* נָאוֹר (Sl 76.5): ser iluminado. – HI: *pf.* הֵאִיר, הֵאִירוּ; *impf.* יָאִיר, יָאֵר, וַיָּאֶר, יָאִירוּ; *imp.*

הָאִירָה,הָאֵר; *inf.* הָאִיר; *pt.* מֵאִיר, *f. cs.* מְאִירַת, *pl.* מְאִירֵי/רוֹת: luzir; alumiar, iluminar; aclarar; fazer luzir, fazer resplandecer; pôr fogo a.

אוֹר (*de* אור) *m., suf.* אוֹרוֹ, *pl.* אוֹרִים: luz; claridade, luminosidade, brilho, luz do dia; luz da vida; raiar do dia; iluminação (*fig.*); alegria, felicidade, salvação.

אוּר I (*de* אור) *m., pl.* אֻרִים: fogo, labareda; *pl.* Oriente (regiões da luz).

אוּר* II *m., pl.* אוּרִים (*ger. em combinação com* תֻּמִּים): objeto (de caráter desconhecido), com o qual o sacerdote israelita lançava a sorte para a obtenção de um oráculo divino.

אוּר III *n. l.* (Gn 11.28).

אוּר IV *n. m.* (1 Cr 11.35).

אוֹרָה I (*de* אור) *f. de* אוֹר, *pl.* אוֹרֹת: luz; felicidade.

אוֹרָה* II *f., pl.* אֹרֹת, *bot.:* malva (2 Rs 4.39).

אֻרוֹת (2 Cr 32.28) *l.* אֻרָוֹת, *v.* אֻרְוָה*.

אוּרִי, אֻרִי *n. m.* (Êx 31.2).

אוּרִיאֵל *n. m.* (1 Cr 6.9).

אוּרִיָּה *n. m.* (2 Sm 11.3).

אוּרִיָּהוּ *n. m.* (Jr 26.20).

אֲרַוְנָה (2 Sm 24.16), *K* (הָ)אוֹרְנָה, *l. Q* (הָ)אֲרַוְנָה).

אות NI: *impf.* נֵאוֹת ,יֵאוֹתוּ: consentir.

אוֹת, אֹת I *m. e f., pl.* אֹת(וֹ)ת, *suf.* אֹת(וֹ)תָיו: sinal.

אוֹת, אֹת II *v.* I אֵת.

אָז, אֲזַי *adv. de tempo:* então, aí.

אֶזְבַּי *n. m.* (1 Cr 11.37, *em vez de* בֶּן־אֶ׳, *l.* הָאַרְבִּי, *cf.* 2 Sm 23.35).

אֵזוֹב, אֵזֹב *m., bot.:* hissopo.

אֵזוֹר *m.:* cinto.

אֲזַי *adv.* = אָז: então (Sl 124.3–5).

אַזְכָּרָה *f., suf.* אַזְכָּרָתָהּ: oferta queimada (a parte que é queimada, da oferta de manjares).

אזל QAL: *pf.* אָזַל ,אָזְלוּ; *impf. cj.* תֵּזְלִי, יֵ(א)זְלוּ; *pt.* אֹזֵל: ir-se embora; desaparecer. – PU: *pt.* מְאוּזָּל (Ez 27.19) *l.* מֵאוּזָל, *v.* אוּזָל.

אֶזֶל* *i.p.* הָאָזֶל (1 Sm 20.19) *l.* הַלָּ(א)ז, *v.* הַלָּז.

אזן I HI: *pf.* וְהַאֲזַנְתָּ, הֶאֱזִין; *impf.* יַאֲזִין; *imp.* הַאֲזִינִי; *pt.* מֵזִין: escutar; dar ouvidos a, atender; obedecer.

אזן II PI: *pf.* אִזֵּן: ponderar (Ec 12.9).

אֹזֶן *f., cs.* =, *suf.* אָזְנְךָ/נֵךְ, *du.* אָזְנַיִם/נֵי, *suf.* אָזְנָיו/נֶיךָ/נֵיכֶם: orelha; ouvido.

אָזֵן* *m., pl. suf.* אֲזֵנֶךָ: armamento (apetrechos de guerra) (Dt 23.14).

אֻזֵּן שֶׁאֱרָה *n. l.* (1 Cr 7.24).

אַזְנוֹת תָּבוֹר *n. l.* (Js 19.34).

אָזְנִי *n. m.* (Nm 26.16).

אֲזַנְיָה *n. m.* (Ne 10.10).

אָזֵק* *m.,* אֲזִקִּים: algema (Jr 40.1, 4).

אזר QAL: *pf.* אָזְרוּ; *impf.* תֶּאֱזוֹר, *suf.* יַאַזְרֵנִי; *imp.* ־אֱזָר; *pt.* אָזוּר: cingir. – NI: *pt.* נֶאְזָר: cingido. – PI: *impf. suf.* וַתְּאַזְּרֵנִי ,אֲאַזֶּרְךָ; *pt. suf.* הַמְאַזְּרֵנִי: cingir. – HIT: *pf.* הִתְאַזָּר; *imp.* הִתְאַזָּרוּ: cingir-se.

אֶזְרוֹעַ *f.:* braço (Jr 32.21; Jó 31.22).

אֶזְרוֹעַ *tb.* זְר(וֹ)עַ *f.:* braço (Jr. 32.21; Jó 31.22).

אֶזְרָח *m., cs.* אֶזְרַח: nativo, indivíduo natural de uma terra ou país; cidadão na posse dos plenos direitos civis.

אֶזְרָחִי *patr.* (1 Rs 5.11).

אָח I *interj.:* ah!

אָח II *m., cs.* אֲחִי, *suf.* אָחִי, אָחִיהוּ *e* אָחִיו, אֲחִיהֶם, *pl.* אַחִים, *cs.* אֲחֵי, *suf.* אַחַי, אַחֶיךָ ,אַחֵינוּ: irmão; parente (diversos graus de parentesco); indivíduo da mesma tribo; indivíduo de tribos ou povos aparentados; amigo, companheiro; próximo (*s.*).

*אָח *f., c. art.:* הָאָח: braseiro (vaso de metal ou barro para brasas) (Jr 36.22).

*אֹחַ *m.,* אֹחִים: animais de voz ululante.

אַחְאָב *n. m.* (1 Rs 16.28).

אֶחָב *n. m.* (Jr 29.22 – *contraído de* אַחְאָב, *v. 21, e i.p.*).

אַחְבָּן *n. m.* (1 Cr 2.29).

אחד HIT: *imp.* הִתְאַחֲדִי: *significado incerto* (Ez 21.21, *l.* הִתְאַחֲרִי = volve-te para trás?).

אֶחָד, אַחַד *m., cs.* אַחַד, חַד, *pl.* אֲחָדִים, *f.* אַחַת, *i.p.* אֶחָת, *cs.* אַחַת: *num.* um, uma; o primeiro; qualquer, qualquer um, alguém; *art. indef.* um, uma; cada um, cada; *duplicado: um... o outro*; *f.:* uma vez; *pl.:* alguns.

אָחוּ *m., bot.:* junco.

אֵחוּד *n. m.* (1 Cr 8.6).

I אַחֲוָה *f.:* irmandade (Zc 11.14).

II *אַחֲוָה (*de* I חוה) *f., suf.* אַחֲוָתִי: exposição (Jó 13.17).

*אָחוּז (*de* I אחז) *m., s. e pt., pl.* אֲחוּזִים: suporte, introduzido (Ez 41. 6a, b).

אֲחוֹחַ *n. m.* (1 Cr 8.4).

אֲחוֹחִי *patr.* (1 Cr 11.12).

אֲחוּמַי *n. m.* (1 Cr 4.2).

אָחוֹר (*de* אחר) *m., pl. cs.* אֲחֹרֵי, אֲחֹרֵיהֶן: 1) *pl.:* costas, lado ou parte posterior. 2) *sing., adv.:* atrás, para trás. 3) *sing.:* ocidente (*em contraposição a* קֶדֶם). 4) *sing., sentido temporal:* depois, mais tarde, por último, afinal.

אָחוֹת *f., cs.* אֲח(ו)ת, *suf.* אֲחֹתוֹ, אֲח(ו)תוֹ, *pl.* *אָחוֹת *e* *אֲחָיוֹת, *suf.* אֲחוֹתֵךְ, אֲחוֹתַי, אַחְיוֹתַיִךְ, אַחְיוֹתַי, אֲחוֹתַיִךְ: irmã; parenta; mulher da mesma tribo ou do mesmo povo; companheira; *fig.* irmã (no tocante a cidades ou reinos); אֲחֹתִי *palavra carinhosa dirigida à amada; após* אִשָּׁה uma à outra.

I אחז QAL: *pf.* אָחַז, אֲחָזָה, אֲחָזוּנִי; *impf. a) forte:* יֶאֱחֹז, *b) fraco:* יֹאחֵז, וַיֹּאחֲזוּ, *suf.* יֹאחֲזוּךְ, יֹאחֲזוּהוּ; *imp.* אֱחֹז, אֶחֱזִי; *inf.* אֱחֹז, אֶחֹז, בֶּ/לֶאֱחֹז; *pt.* אֹחֵז, *f.* אֹחֶזֶת, *pass.* אָחוּז: pegar, tomar, agarrar, segurar; introduzir; guarnecer (um tecido); fechar. – NI: *pf.* נֶאֱחַז, נֹאחֲזוּ; *impf.* וַיֵּאָחֲזוּ; *imp.* הֵאָחֲזוּ; *pt.* נֶאֱחָז: ser mantido preso, ser apanhado; radicar-se numa terra.

II אחז Qal: *impf.* וַיֶּאֱחֹז: revestir (1 Rs 6.10). – PI: *pt.* מְאַחֵז: revestir (Jó 26.9).

אָחָז *n. m.* (2 Rs 16.1).

אֲחֻזָּה (*de* I אחז) *f.:* propriedade de terra, possessão; bens (de diversas espécies).

אַחְזַי *n. m.* (Ne 11.13).

אֲחַזְיָה *n. m.* (2 Rs 1.2).

אֲחַזְיָהוּ *n. m.* (1 Rs 22.40).

אֲחֻזָּם *n. m.* (1 Cr 4.6).

אֲחֻזַּת *n. m.* (Gn 26.26).

אֲחֹחִי *v.* אֲחוֹחִי.

אֵחִי *n. m.* (Gn 46.21).

אֲחִי *n. m.* (1 Cr 5.15).

אֲחִיאָם *n. m.* (2 Sm 23.33).

אֲחִיָּה *n. m.* (1 Sm 14.3).

אֲחִיָּהוּ *n. m.* (1 Rs 14.4).

אֲחִיהוּד *n. m.* (Nm 34.27).

אַחְיוֹ *n. m.* (2 Sm 6.3).

*אֲחָיוֹת *suf.* אַחְיוֹתַי, אַחְיֹתָיו, *v.* אָחוֹת.

אֲחִיחֻד *n. m.* (1 Cr 8.7).

אֲחִיטוּב *n. m.* (1 Sm 14.3).

אֲחִילוּד *n. m.* (2 Sm 8.16).

אֲחִימוֹת *n. m.* (1 Cr 6.10).

אֲחִימֶלֶךְ *n. m.* (1 Sm 21.2).

אֲחִימַן, אֲחִימָן *n. m.* (Nm 13.22).

אֲחִימַעַץ *tb.* אֲחִימָעַץ: *n. m.* (1 Sm 14.50).

אַחְיָן *n. m.* (1 Cr 7.19).

אֲחִינָדָב *n. m.* (1 Rs 4.14).

אֲחִינֹעַם *n. f.* (1 Sm 14.50).

אֲחִיסָמָךְ *n. m.* (Êx 31.6).

אֲחִיעֶזֶר n. m. (Nm 1.12).

אֲחִיקָם n. m. (2 Rs 22.12).

אֲחִירָם n. m. (Nm 26.38).

אֲחִירָמִי gent. (Nm 26.38).

אֲחִירַע n. m. (Nm 1.15).

אֲחִישָׁחַר n. m. (1 Cr 7.10).

אֲחִישָׁר n. m. (1 Rs 4.6).

אֲחִיתֹפֶל n. m. (2 Sm 15.12).

אַחְלָב n. l. (Jz 1.31).

אַחֲלַי, אַחֲלֵי *interj.*: tomara! (2 Rs 5.3; Sl 119.5).

אַחְלָי n. m. (1 Cr 2.31).

אַחְלָמָה *f.*: *nome de uma pedra preciosa* (LXX: ametista) (Êx 28.19; 39.12).

אֲחַסְבַּי n. m. (2 Sm 23.34).

אחר QAL: *impf.* וָאֵחַר: ficar, demorar-se (Gn 32.5). – PI: *pf.* אֵחַר, אֵחֲרוּ; *impf.* תְּאַחֵר, תְּאַחֲרוּ; *pt.* מְאַחֲרִים/רֵי: vacilar, hesitar, tardar; permanecer, demorar-se; reter algo, adiar; deter alguém. – HI: *impf.* וַיּוֹחֶר *Q*: demorar (2 Sm 20.5).

I אַחֵר (de אחר) *adj.*, *f.* אַחֶרֶת, *pl.* אֲחֵרִים, אֲחֵרוֹת: outro, ulterior, seguinte, segundo.

II אַחֵר n. m. (1 Cr 7.12).

אַחַר (*de* אחר), *cs.* =, *pl. cs.* אַחֲרֵי, *suf.* אַחֲרָיו: 1) *sing.*: *adv.* atrás, detrás, depois; *prep.* atrás, após, depois de; *conj.* depois de. 2) *pl.*: *s.* parte posterior; *prep.* atrás, após, depois de; *conj.* depois de.

אַחֲרוֹן (*de* אחר), *adj.*, *f.* אַחֲרֹ(וֹ)נָה, *pl.* אַחֲרֹ(וֹ)נִים: que se encontra em posição posterior, que está atrás, posterior; seguinte, segundo; futuro; último; ocidental; *f.*, *adv.*: por último, na última vez.

אַחְרַח n. m. (1 Cr 8.1).

אֲחַרְחֵל n. m. (1 Cr 4.8).

אַחֲרִית (*de* אחר) *f.*, *cs.* =, *suf.* אַחֲרִיתִי: parte posterior, extremidade posterior, fim, final, término, desfecho, conclusão, resultado; tempo subseqüente, resto, futuro; descendência; último; *adv.* afinal, por último.

אַחֲרֹנָה *v.* אַחֲרוֹן.

אֲחֹרַנִּית (*de* אָחוֹר) *adv.*: para trás, de costas.

אַחֶרֶת *v.* I אַחֵר.

אֲחַשְׁדַּרְפָּן* *m.*, *pl.* אֲחַשְׁדַּרְפְּנִים, *cs.* אֲחַשְׁדַּרְפְּנֵי: sátrapa (governador persa).

אֲחַשְׁוֵרוֹשׁ n. m. (Et 1.1).

אֲחַשְׁתָּרִי n. m. (1 Cr 4.6).

אֲחַשְׁתְּרָן* *pl.* אֲחַשְׁתְּרָנִים: senhorial, real.

אַחַת *v.* אֶחָד.

אֲחֹת *v.* אָחוֹת.

אַט *m.*, *suf.* אִטִּי: brandura, mansidão, afabilidade; *com* לְ, *sentido adverbial* mansamente, tranqüilamente, suavemente, deprimido.

אָטָד *m.*, *bot.*: espinheiro.

אֵטוּן (tecido de) linho (Pv 7.16).

אִטִּים *m. pl.*: murmurador, médium (Is 19.3).

אטם QAL: *impf.* יַאְטֵם; *pt.* אֹטֵם, אֲטֻמִים: tapar, fechar, cerrar (*em* Ez 40.16; 41.16, 26 *talvez* = gradeadas).

אטר QAL: *impf.* תֶּאְטַר: fechar (Sl 69.16).

אָטֵר n. m. (Ed 2.16).

אִטֵּר *adj.*: canhoto (Jz 3.15; 20.16).

אֵי *part. interr.*: 1) onde?; אַיֶּכָּה onde estás tu?; אַיּוֹ onde está ele?; אֵי הֶבֶל onde está Abel?. 2) *com* זֶה: qual?, onde?; אֵי־מִזֶּה de onde?, de qual?

I אִי *m. e f.*, *pl.* אִיִּים: costa (litoral), ilha.

II אִי* *pl.* אִיִּים: chacal.

III אִי *adv.*: não (Jó 22.30).

IV אִי *interj.*: ai! (Ec 4.10; 10.16).

איב QAL: *pf.* וְאָיַבְתִּי: inimizar-se, tornar-se inimigo (Êx 23.22).

א(ו)יֵב (*de* איב) *m.*, *suf.* אֹיִבְךָ ,אֹיְבִי, *pl.* א(ו)יְבִים, *suf.* א(ו)יְבַי, *f. suf.* אֵיבָתִי: inimigo.

אֵיבָה (*de* איב) *f.*, *cs.* אֵיבַת: inimizade, hostilidade.

אֵיד *m.*, *suf.* אֵידִי: calamidade, desgraça, destruição.

אַיָּה I *f.*: falcão.

אַיָּה II *n. m.* (Gn 36.24).

אַיֵּה *part. interr.*: onde?

אִיּוֹב *n. m.* (Jó 1.1).

אִיזֶבֶל *n. f.* (1 Rs 16.31).

אֵיךְ *adv.*: como?, como!

אִיכָבוֹד *n. m.* (1 Sm 4.21; 14.3).

אֵיכָה *part. interr.*: como?, onde?

אֵיכֹה *part. interr.*: onde? (2 Rs 6.13).

אֵיכָכָה *part. interr.*: como? (Ct 5.3; Et 8.6).

אַיִל I *m.*, *cs.* אֵיל, *pl.* אֵ(י)לִים: carneiro; *fig.*, *no pl.* poderosos.

אַיִל* II *m.*, *pl.* אֵ(י)לִים, *suf.* אֵלֵיהֶם: árvore majestosa (como o carvalho ou o terebinto).

אַיִל III *m.*, *cs.* אֵל ,אֵיל, *pl.* אֵלִ(י)ם, *suf.* אֵילָיו: coluna, pilastra, poste.

אֱיָל força (Sl 88.5).

אַיָּל *m.*, *pl.* אַיָּלִים: veado, corço.

אַיָּלָה, אַיֶּלֶת *f.*, *cs.* אַיֶּלֶת, *pl.* אַיָּלוֹת, *cs.* אַיְלוֹת: corça.

אִילוֹ *interj.*: ai daquele que (Ec 4.10).

אַיָּלוֹן *n. l.* (Js 19.42).

אֵילוֹן I *n. m.* (Jz 12.11).

אֵילוֹן II *n. l.* (1 Rs 4.9).

אֵילוֹת *v.* אֵלַת.

אֱיָלוּת* *suf.* אֱיָלוּתִי: força (Sl 22.20).

אֵילָם* *tb.* אוּלָם ,אֵלָם (Ez 40.21 *etc. Q* אֵ(י)לַמָּו *e K* אֵ(י)לַמּוֹ), *pl.* אֵלַמּוֹת, *suf.* אֵלַמָּיו; *tb. cs.* אֻ(ו)לָם, *pl. cs.* אֵלַמֵּי: átrio, vestíbulo.

אֵילִם *n. l.* (Êx 15.27).

אֵיל פָּארָן *n. l.* (Gn 14.6)

אֵילַת, אֵ(י)לוֹת *n. l.* (Dt 2.8; 2 Rs 16.6).

אַיֶּלֶת *v.* אַיָּלָה.

אָיֹם *m.*, *f.* אֲיֻמָּה: pavoroso.

אֵימָה, אֵמָה *f.*, *cs.* אֵימַת *e* אֵימָתָה, *suf.* אֵ(י)מָתִי, *pl.* אֵימוֹת *e* אֵ(י)מִים, *suf.* אֵמֶיךָ: pavor.

אֵ(י)מִים *n. p.* (Gn 14.5).

אַיִן I *m.*, *cs.* אֵין, *suf.* אֵינֶנִּי / נְךָ / נֵךְ / נֶנּוּ / אֵינֶנִּי / נֶנָּה / נְכֶם / נָם: 1) *abs.* אַיִן (o) não ser, nada. 2) *cs.* אֵין (o) não ser, (o) não existir, inexistência; não; não existente; sem; não é (existe) nada, ninguém, nenhum, *etc.*; nada, ninguém, nenhum; אֵינֶנִּי eu não sou.

אַיִן II *sempre c.* מִן: מֵאַיִן, *tb.* מִנַּיִן ,מִן אַיִן de onde?

אִיעֶזֶר *n. m.* (Nm 26.30).

אִיעֶזְרִי *gent.* (Nm 26.30).

אֵיפָה, אֵפָה *f.*, *cs.* אֵיפַת: efa (*medida para secos: cereais, farinha*).

אֵיפֹה *part. interr.*: onde?

אִישׁ I *m.*, *cs.* =, *suf.* אִישִׁי, *pl.* אִישִׁים *e (principalmente)* אֲנָשִׁים, *cs.* אַנְשֵׁי, *suf.* אֲנָשַׁי ,אַנְשֵׁיהֶם: homem; marido; ser humano; habitante, cidadão; *no pl.* o pessoal, os homens, os companheiros, soldados ou subalternos de alguém; alguém, a gente, cada, qualquer um, cada um.

אִישׁ II *v.* אשׁ.

אִישׁ־בֹּשֶׁת *n. m.* (2 Sm 2.8).

אִישְׁהוֹד *n. m.* (1 Cr 7.18).

אִישׁוֹן *m.*, *diminutivo de* אִישׁ: pupila; menina dos olhos.

אִישַׁי *n. m.* (1 Cr 2.13).

אִיתוֹן entrada (Ez 40.15).

אִיתַי *n. m.* (2 Sm 23.29).

אִיתִיאֵל *n. m.* (Ne 11.7).

אִיתָמָר *n. m.* (Êx 6.23).

אֵיתָן, אֵתָן I *suf.* אֵיתָנוֹ, *pl.* אֵ(י)תָנִים: firme, constante, permanente, perene (*principalmente rios ou ribeiros*).

אֵיתָן II *n. m.* (1 Rs 5.11).

אַךְ *adv.*: *enf.* certamente, evidentemente, obviamente; *restritivo* só, apenas, contudo, porém.

אַכַּד *n. l.* (Gn 10.10).
אַכְזָב (*de* כזב: ilusório, enganador (Jr 15.18; Mq 1.14).
אַכְזִיב *n. l.* (Js 19.29).
אַכְזָר (*de* כזר) *m.*: cruel, terrível.
אַכְזָרִי (*de* כזר): duro, impiedoso, cruel, terrível.
אַכְזְרִיּוּת (*de* כזר: crueldade (Pv 27.4).
אֲכִילָה (*de* אכל): comida (1 Rs 19.8).
אָכִישׁ *n. m.* (1 Sm 21.11).
אכל QAL: *pf.* אָכַל, *suf.* אֲכָלוֹ/לָנִי; *impf.* תֹּאכְלֻנוּ, יֹאכְלוּ(ן), יֹאכַל / כֶל, *suf.* תֹּאכְלֻכֶם; *imp.* אָכְלָה, אֱכוֹל, אֱכָל־, אִכְלוּ; *inf.* מֵאֱכֹל, בֶּ/לֶאֱכֹל, בֶּאֱכֹל, אֱכָל־, *suf.* אָכְלוֹ, אָכְלְךָ; *pt.* אֹכֶלֶת, א(וֹ)כֵל, אֹכְלִים, אֹכְלָה: comer, consumir, devorar. – NI: *pf.* נֶאֱכַל; *impf.* יֵאָכֵל, תֵּאָכַלְנָה; *inf.* הֵאָכֹל; *pt.* נֶאֱכֶלֶת: ser comido, ser cunsumido, ser comível. – PU (*pass. de* QAL): *pf.* אֻכְּלוּ; *impf.* תְּאֻכְּלוּ; *pt.* אֻכָּל: ser consumido, ser devorado. – HI: *p.f.* וְהַאֲכַלְתִּי, הֶאֱכַלְתִּי; *impf.* תַּאֲכִל, אוֹכִיל, *suf.* יַאֲכִלֵנוּ; *imp. suf.* הַאֲכִ(י)לֵהוּ/לֵהוּ; *pt.* מַאֲכִיל, מַאֲכֶלֶת: alimentar, dar de comer.
אֹכֶל (*de* אכל) *m.*, *suf.* אָכְלוֹ/לְךָ/לְכֶם: comida, alimento.
אֻכָל *n. m.* (?) (Pv 30.1).
אָכְלָה (*de* אכל) *f.*: alimento, comida.
I אָכֵן na verdade!, certamente!, com efeito!, verdadeiramente!; mas, entretanto, todavia, contudo.
II אָכֵן de modo a (1 Rs 11.2).
אכף QAL: *pf.* אָכַף: incitar a (Pv 16.26).
אֶכֶף* *suf.* אַכְפִּי: mão (LXX, Jó 33.7; *cf.* 13.21 *e* 23.2).
אִכָּר *m.*, *pl.* אִכָּרִים, *suf.* אִכָּרֵיהֶם: lavrador.
אַכְשָׁף *n. l.* (Js 11.1).
אַל 1) *negação empregada em súplica, desejo, advertência, proibição ou afirmação enf.*: não! 2) אַל־נָא *negação enf.*: por favor, não!, de modo algum! 3) *após um imp., indicando finalidade*: para que não. 4) *s.*: nada.
I אֵל *v.* I אַיִל: carneiro; poderoso.
II אֵל *v.* II אַיִל: árvore majestosa.
III אֵל *v.* III אַיִל: coluna, pilastra, poste.
IV אֵל força, poder.
V אֵל *m.*, *cs.* אֵל, *suf.* אֵלִי, *pl.* אֵלִים: divindade, deus(a); o deus máximo El; Deus (título de Javé); (o) Deus (de Israel); *pl.* deuses (subordinados a Javé); *como gen. pode expressar superlativo.*
VI אֵל *pron. dem. pl., m. e f.*: estes(as), esses(as).
אֶל *prep., quase sempre* אֶל־, *suf.* אֵלַי, אֵלֵינוּ, אֲלֵיכֶם/הֶם: (*indica movimento, direção*) para, a (*prep.*), em direção a, até; contra (*seguidamente empregado em lugar de* עַל *e vice-versa*); para dentro de; em consideração a, no tocante a, por causa de.
אֵלָא *n. m.* (1 Rs 4.18).
אֶלְגָּבִישׁ granizo.
אַלְגּוּמִּים *v.* אַלְמֻגִּים.
אֶלְדָּד *n. m.* (Nm 11.26).
אֶלְדָּעָה *n. m.* (Gn 25.4).
I אלה QAL: *pf.* אָלִית; *inf.* אָלֹה *e* אָלוֹת: rogar uma praga, emitir imprecação ou maldição. – HI: *impf.* וַיֹּאֶל; *inf. suf.* הַאֲלֹתוֹ: colocar sob imprecação ou maldição.
II אלה QAL: *imp. f.* אֱלִי: lamentar (Jl 1.8).
III אלה QAL: *impf.* וַיֹּאֶל: ser incapaz de, não conseguir (1 Sm 17.39).
אָלָה (*de* I אלה) *f.*, *suf.* אָלָתוֹ, *pl.* אָל(וֹ)ת, *cs.* =: maldição (ato ou efeito de amaldiçoar); (palavras de) maldição, imprecação; juramento.
I אֵלָה *f.* (*cf.* II אַיִל*): árvore majestosa.
II אֵלָה *n. m.* (Gn 36.41).

אַלָּה árvore imponente (Js 24.26).

אֵלֶּה *pron. dem. pl., m. e f.* (*pl. de* זֶה *e* זֹאת): estes(as), esses(as); אֵלֶּה... אֵלֶּה estes(as)... aqueles(as).

אֱלֹהַּ *pl.* אֱלֹהִים, *v.* אֱלוֹהַּ.

אִלּוּ se, ainda que (Ec 6.6; Et 7.4).

אֱלוֹהַּ, אֱלֹהַּ *m., pl.* אֱלֹהִים: 1) *sing:* deus; (o verdadeiro) Deus. 2) *pl.*: deuses; *c. significado sing.*: Deus, divindade, deus(a).

אֱלוּל I *nome do sexto mês*: Elul (agosto/setembro) (Ne 6.15).

אֱלוּל II (Jr 14.14 *K*) *l. Q.* אֱלִיל.

אֵלוֹן I *cs.* =, *pl. cs.* אֵלֹ(וֹ)נֵי (*como* I אֵלָה): árvore grande (*aparece só em nomes de lugares cultuais*).

אֵלוֹן II *n. m.* (Gn 46.14).

אַלּוֹן I *cs.* =, *pl.* אַלּוֹנִים, *cs.* אַלּוֹנֵי (*como* I אֵלָה *e* I אֵלוֹן): árvore grande (carvalho).

אַלּוֹן II *n. m.* (1 Cr 4.37).

אַלּוּף I (*de* I אלף) *m., pl.* אַלֻּ(וּ)פִים, *suf.* אַלּוּפֵינוּ: amigo, confidente, companheiro; manso; *pl.* gado.

אַלּוּף II (*de* III אֶלֶף), *pl.* אַלֻּפִים, *cs.* אַלֻּ(וּ)פֵי, *suf.* אַלֻּפֵיהֶם: chefe de tribo.

אָלוּשׁ *n. l.* (Nm 33.13).

אֵ(י)לוֹת *n. l., v.* אֵילַת.

אֶלְזָבָד *n. m.* (1 Cr 12.12).

אלח NI: *pf.* נֶאֱלָחוּ; *pt.* נֶאֱלָח: ser (moralmente) corrupto.

אֶלְחָנָן *n. m.* (2 Sm 21.19).

אֱלִיאָב *n. m.* (Nm 1.9).

אֱלִיאֵל *n. m.* (1 Cr 5.24).

אֱלִיאָתָה *n. m.* (1 Cr 25.4).

אֱלִידָד *n. m.* (Nm 34.21).

אֶלְיָדָע *n. m.* (2 Sm 5.16).

אַלְיָה cauda gorda (de certo tipo de ovelha, Ovis laticauda L.).

אֵלִיָּה *n. m.* (2 Rs 1.3).

אֵלִיָּהוּ *n. m.* (1 Rs 17.1).

אֱלִיהוּ *n. m.* (1 Cr 26.7).

אֱלִיהוּא *n. m.* (Jó 32.2).

אֶלְיְהוֹעֵינַי *n. m.* (Ed 8.4).

אֶלְיוֹעֵינַי *n. m.* (1 Cr 3.23).

אֶלְיַחְבָּא *n. m.* (2 Sm 23.32).

אֱלִיחֹרֶף *n. m.* (1 Rs 4.3).

אֱלִיל, אֱלִל *pl.* אֱלִילִ(י)ם, *cs.* אֱלִילֵי: insignificante, sem valor; deuses pagãos.

אֱלִימֶלֶךְ *n. m.* (Rt 1.2).

אֶלְיָסָף *n. m.* (Nm 1.14).

אֱלִיעֶזֶר *n. m.* (Gn 15.2).

אֱלִיעֵנַי *n. m.* (1 Cr 8.20).

אֱלִיעָם *n. m.* (2 Sm 11.3).

אֱלִיפַז *n. m.* (Gn 36.4).

אֱלִיפַל *n. m.* (1 Cr 11.35).

אֱלִיפְלֵהוּ *n. m.* (1 Cr 15.18).

אֱלִיפֶלֶט *n. m.* (2 Sm 5.16).

אֱלִיצוּר *n. m.* (Nm 1.5).

אֱלִיצָפָן *n. m.* (Nm 3.30).

אֱלִיקָא *n. m.* (2 Sm 23.25).

אֶלְיָקִים *n. m.* (2 Rs 18.18).

אֱלִישֶׁבַע *n. f.* (Êx 6.23).

אֱלִישָׁה *n. t.* (Gn 10.4).

אֱלִישׁוּעַ *n. m.* (2 Sm 5.15).

אֶלְיָשִׁיב *n. m.* (1 Cr 3.24).

אֱלִישָׁמָע *n. m.* (2 Sm 5.16).

אֱלִישָׁע *n. m.* (1 Rs 19.16).

אֱלִישָׁפָט *n. m.* (2 Cr 23.1).

אֱלִיָּתָה *n. m.* (1 Cr 25.27).

אֱלִל *v.* אֱלִיל.

אַלְלַי, אַלְלָי *interj.*: ai! (Jó 10.15 *e* Mq 7.1).

אלם I NI: *pf.* נֶאֱלַמְתָּ/לָמְתִּי, נֶאֶלְמָה; *impf.* תֵּאָלֵם: estar mudo, ficar mudo, emudecer (*int.*), calar.

אלם II PI: *pt.* מְאַלְּמִים: amarrar (Gn 37.7).

אֵלֶם (Sl 58.2) *l. prov.* אֵלִים; (Sl 56.1) *l. prov.* אֵלִים, אֵילִים *ou* אַיִּם.

אִלֵּם (*de* I אלם) *adj., pl.* אִלְּמִים: mudo.

אֻלָם *v.* אוּלָם*.

אֵלָם *v.* אֵילָם*.

אַלְמֻגִּים *tb.* אַלְגּוּמִּים: certo tipo de madeira (*duvidoso que se trate de sândalo*).

אֲלֻמָּה* (*de* II אלם), *suf.* אֲלֻמָּתִי, *pl.* אֲלֻמִּים, *suf.* אֲלֻמֹּתָיו/תֵיכֶם: feixe (de espigas) (Gn 37.7; Sl 126.6).

אַלְמוֹדָד *n. m.* (Gn 10.26; 1 Cr 1.20).

אַלְמוֹנִי *v.* אַלְמֹנִי.

אַלַּמֶּלֶךְ *n. l.* (Js 19.26).

I אַלְמָן viúvo (Jr 51.5).

II אַלְמָן* *pl. suf.* אַלְמְנוֹתָיו: palácio (Is 13.22).

אַלְמֹן viuvez (Is 47.9).

אַלְמָנָה *f., pl.* אַלְמָנוֹת, *suf.* אַלְמְנוֹתָיו: viúva.

אַלְמָנוּת* *cs.* אַלְמְנוּת, *suf.* אַלְמְנוּתָהּ/תַיִךְ: viuvez.

אַלְמֹנִי אַלְמוֹנִי (*de* I אלם), *sempre precedido de* פְּלֹנִי: *a combinação dos dois termos* = tal e tal, um certo (lugar, homem).

אֵלֹנִי *gent. de* II אֵלוֹן (Nm 26.26).

אֶלְנָעַם *n. m.* (1 Cr 11.46).

אֶלְנָתָן *n. m.* (2 Rs 24.8).

אֶלָּסָר *n. l.* (Gn 14.1).

אֶלְעָד *n. m.* (1 Cr 7.21).

אֶלְעָדָה *n. m.* (1 Cr 7.20).

אֶלְעוּזַי *n. m.* (1 Cr 12.6).

אֶלְעָזָר *n. m.* (Êx 6.23).

אֶלְעָלֵא *tb.* אֶלְעָלֵה: *n. l.* (Nm 32.37).

אֶלְעָשָׂה *n. m.* (Jr 29.3).

I אלף QAL: *impf.* תֶּאֱלַף: aprender (Pv 22.25). – PI: *impf.* יְאַלֵּף, *suf.* אֲאַלֶּפְךָ; *pt.* מַלְּפֵנוּ: ensinar.

II אלף HI: *pt. pl. f.* מַאֲלִיפוֹת: produzir a milhares (Sl 144.13).

I אֶלֶף* *m., pl.* אֲלָפִים, *suf.* אֲלָפֶיךָ: gado (bovino), bois.

II אֶלֶף *du.* אַלְפַּיִם, *pl.* אֲלָפִים, *cs.* אַלְפֵי, *suf.* אַלְפֵיכֶם, אֲלָפוֹ: mil.

III אֶלֶף *suf.* אַלְפִּי, *pl. cs.* אַלְפֵי, *suf.* אַלְפֵיכֶם: mil (unidade militar, subdivisão de tribo), clã; distrito; tribo.

אַלֻּפִים *v.* אַלּוּף.

אֶלְפֶּלֶט* *i.p.* אֶלְפָּלֶט: *n. m.* (1 Cr 14.5).

אֶלְפַּעַל* *i.p.* אֶלְפָּעַל: *n. m.* (1 Cr 8.11).

אלץ PI: *impf. suf.* וַתְּאַלְצֵהוּ: molestar (com palavras) (Jz 16.16).

אֶלְצָפָן *n. m.* (Êx 6.22).

אַלְקוּם *significado incerto*: irresistível(?) (Pv 30.31).

אֶלְקָנָה *n. m.* (1 Sm 1.4).

אֶלְקֹשִׁי *gent.* (Na 1.1).

אֶלְתּוֹלַד *n. l.* (Js 15.30).

אֶלְתְּקֵא *tb.* אֶלְתְּקֵה: *n. l.* (Js 19.44).

אֶלְתְּקֹן *n. l.* (Js 15.59).

אִם 1) *conj.*: se (*indicando condição*); ó se...! (*expressando desejo*); se (*em juramentos, expressando imprecação condicional; geralmente a oração condicional subseqüente é omitida, de modo que* אִם = não *e* אִם לֹא = certamente); quando. 2) *part. interr., como introdução à pergunta direta, em perguntas duplas* (*em combinação com* הֲ *ou com duplo* אִם): se... ou; *em perguntas indiretas*: se.

אֵם *f., cs.* =, *suf.* אִמִּי, *pl.* אִמּוֹת, *suf.* אִמֹּתָם: mãe; madrasta; avó.

אָמָה *f., suf.* אֲמָתִי, *pl.* אֲמָהֹ(וֹ)ת, *cs.* אַמְהוֹת, *suf.* אַמְהֹתָיו: escrava, serva, concubina.

I אַמָּה *f., cs.* אַמַּת, *du.* אַמָּתַיִם, *pl.* אַמּוֹת: antebraço; côvado; parte da porta que se apóia no limiar.

II אַמָּה *n. l.* (2 Sm 2.24).

אֵמָה *v.* אֵימָה.

אֻמָּה *f., pl.* אֻמּוֹת, *suf.* אֻמּוֹתָם *e* אֻמִּים: tribo, nação.

I אָמוֹן artesão (Pv 8.30; *em* Jr 52.15 = multidão?).

II אָמוֹן *n. m.* (2 Rs 21.18).

III אָמוֹן *n. d.* (Jr 46.25).

I אֵמוּן* *m.* *אָמוּן, *pl. cs.* אֱמוּנֵי: fiel, de confiança.

II* אֵמֻן, אֵמוּן *pl.* אֱמֻ/מוּנִים: fidelidade, lealdade.

אֱמֻנָה, אֱמוּנָה *f., cs.* אֱמוּנַת, *suf.* אֱמוּנָתִי, *pl.* אֱמוּנוֹת: firmeza, constância; fidelidade, lealdade; honestidade; segurança; cargo, função.

אָמוֹץ *n. m.* (Is 1.1).

אָמִי *n. m.* (Ed 2.57).

אֵמִים *v.* אֵימִים.

אֲמִינוֹן *n. m.* (2 Sm 13.20).

אַמִּץ, אַמִּיץ (*de* אמץ) *adj.*: forte, poderoso.

אָמִיר (*de* II אמר): ramo, galho (Is 17.6; Is 17.9, *l.c.* LXX הָאֱמֹרִי).

אמל PULAL: *pf.* אֻמְלְלוּ, אֻמְלְלָה, אֻמְלַל: murchar, secar; perder o vigor, desfalecer, desmaiar, enlanguecer, deperecer, estar abandonado.

אָמֵל* (*de* אמל) *adj., f.* אֲמֻלָה: fraco (Ez 16.30).

אֻמְלַל (*de* אמל): prostrado, abatido (Sl 6.3).

אֲמֵלָל* (*de* אמל), *pl.* אֲמֵלָלִים: fraco (Ne 3.34).

אֲמָם *n. l.* (Js 15.26).

I אמן QAL: *só pt. pass.* *אָמוּן, אֱמוּנִים: carregado (Lm 4.5). – NI: *pf.* נֶאֱמַן/מָן, נֶאֶמְנוּ/מָנוּ; *impf.* יֵאָמֵן, יֵאָמְנוּ; *pt.* נֶאֱמָן, נֶאֱמַן־, נֶאֱמֶנֶת, נֶאֱמָנָה, נֶאֱמָנִים, נֶאֱמְנֵי, נֶאֱמָנוֹת: mostrar-se ou comprovar-se como firme/estável/fiel/digno de confiança; manter a lealdade; ter estabilidade, durar, continuar, permanecer; *pt.* fiel, estável, de confiança; *pt.* confirmado num cargo. – HI: *pf.* הֶאֱמִין/מִינוּ, הֶאֱמַנְתִּי/תֶּם; *impf.* יַאֲמִין, יַאֲמִן/מֶן־; *imp.* הַאֲמִינוּ; *pt.* מַאֲמִין: acreditar (*no sentido de*: julgar que, achar que); crer (ter algo como fidedigno, verdadeiro); confiar (numa pessoa); confiar em Deus, crer nele, ter fé.

II אמן QAL: *pt.* אֹמֵן, אֹמֶנֶת, אֹמַנְתּוֹ, אֹמְנִים, *pass.:* אֱמוּנִים: guarda; ama. – NI: *impf.* תֵּאָמַנָה: ser carregado (Is 60.4).

אָמָן artesão (Ct 7.2).

אָמֵן (*de* I אמן): certamente!

אֹמֶן (*de* I אמן): fidelidade, verdade (Is 25.1).

אֹמֶן, אֱמֻנָה *v.* II *אָמוּן *e* אֱמוּנָה.

I אֲמָנָה (*de* I אמן): acordo (Ne 10.1); prescrição real (Ne 11.23).

II אֲמָנָה (*de* I אמן): *n.r. e n.t.* (2 Rs 5.12 *e* Ct 4.8).

I אָמְנָה (*de* I אמן) *adv.*: realmente (Gn 20.12; Js 7.20).

II אָמְנָה (*de* II אמן): tutela (Et 2.20).

אֹמְנָה* (*de* I אמן?), *pl.* אֹמְנוֹת: ombreira (da porta; ou revestimento, guarnição?) (2 Rs 18.16).

אַמְנוֹן, אַמְנֹן (*de* I אמן): *n. m.* (2 Sm 3.2).

אָמְנָם (*de* I אמן): certamente, realmente, verdadeiramente.

אֻמְנָם (*de* I אמן), *sempre com* הֲ *interr.*: de fato?, realmente?

אַמְנֹן *v.* אַמְנוֹן.

אמץ QAL: *pf.* אָמְצוּ; *impf.* יֶאֱמַץ, יֶאֶמְצוּ; *imp.* אֱמַץ: ser forte. – PI: *pf.* אִמֵּץ, *suf.* אִמַּצְתִּיךָ; *impf.* יְאַמֵּץ, *suf.* אֲאַמִּצְכֶם; *imp.* אַמֵּץ, אַמְּצוּ, *suf.* אַמְּצֵהוּ: fortificar, fortalecer, tornar forte, tornar firme; fazer com que algo ou alguém cresça (se torne forte); restaurar; endurecer (o coração). – HI: *juss.* יַאֲמֵץ, *c.* לֵב: mostrar-se forte (Sl 27.14; 31.25). – HIT: *pf.* הִתְאַמֵּץ; *pt.* מִתְאַמֶּצֶת: mostrar-se forte, perseverar, conseguir, resistir.

אָמֹץ* *pl.* אֲמֻצִּים: (cavalos) malhados (ou fortes?) (Zc 6.3, 7).

אַמִּץ *v.* אַמִּיץ.

אֹמֶץ (*de* אמץ): força (Jó 17.9).

אַמְצָה (*de* אמץ): força (Zc 12.5).

אַמְצִי *n. m.* (1 Cr 6.31).

אֲמַצְיָה *tb.* אֲמַצְיָהוּ: *n. m.* (2 Rs 12.22; 14.1).

I אמר QAL: *pf.* אָמַר, אָמְרוּ; *impf.* יֹאמַר, יֹאמֶר/מַר, וַיֹּאמֶר, אֹמַר, וָא(וֹ)מַר, וָאוֹמְרָה, וְ/, יֹאמְרוּ/מֵרוּ, תֹּאמַרְנָה/ןְ, תֹּאמְרוּ, תֹּמְרוּ, תֹּאמְרוּ; *imp.* אֱמֹר, (וְ)אֱמָר־, אִמְרִי; *inf.* (כְּ/בְּ)אֱמֹר, אֱמָר־, אֱמֹר, לֵאמֹר, *suf.* אָמְרְךָ/כֶם, אָמְרִי/רָם; *abs.* אָמ(וֹ)ר; *pt.* א(וֹ)מֵר, אֹמֶרֶת/מֶרֶת, א(וֹ)מְרָה, ר(וֹ)ת/רֵי/, אֹמְרִים, *pass.* הֶאָמוּר: dizer, exprimir através da fala, falar; לֵאמֹר (*verbalmente* = para dizer) *introduz o* *discurso direto*: "dizendo", "o seguinte", "com as seguintes palavras" (*muitas vezes equivale simplesmente ao nosso sinal de dois pontos*); *c. ac.* mencionar, indicar, louvar, denominar, asseverar, prometer; pensar (dizer a si próprio); *c.* לְ *e inf.* intencionar, ordenar, mandar. – NI: *pf.* נֶאֱמַר; *impf.* יֵאָמֵר/מַר, יֵאָמֵר: ser dito; diz-se; ser chamado, ser denominado. – HI: *pf.* הֶאֱמַרְתָּ, *suf.* הֶאֱמִירְךָ: fazer declarar (Dt 26.17s).

II אמר HIT: *impf.* תִּתְיַמָּרוּ, יִתְאַמְּרוּ: vangloriar-se (Sl 94.4), gloriar-se em (*c.* בְּ Is 61.6).

אֹמֶר (*de* Iאמר): dito, palavra, informação; notícia; coisa, algo.

***אֵמֶר** (*de* I אמר) *m., suf.* אִמְרוֹ, *pl.* אֲמָרִים, *cs.* אִמְרֵי, *suf.* אֲמָרַי/רֶיךָ, אִמְרֵיכֶם: palavra, dito.

I אִמֵּר *n. m.* (Jr 20.1).

II אִמֵּר *n. l.* (Ed 2.59).

***אִמְרָה** *tb.* *אֶמְרָה (*de* I אמר) *f., cs.* אִמְרַת, *suf.* אִמְרָתִי/תְךָ, *pl.* אֲמָרוֹת, *cs.* אִמְרוֹת, *suf.* אִמְרֹתֶיךָ: palavra, fala, dito.

אֱמֹרִי *n. p. e gent.* (Dt 3.9, Ez 16.45).

אִמְרִי *n. m.* (1 Cr 9.4).

אֲמַרְיָה *n. m.* (1 Cr 5.33).

אֲמַרְיָהוּ *n. m.* (2 Cr 31.15).

אַמְרָפֶל *n. m.* (Gn 14.1).

אֶמֶשׁ *i.p.* אָמֶשׁ: ontem à noite.

אֱמֶת (*de* I אמן) *f., suf.* אֲמִתְּךָ/תֶּךָ: firmeza, confiança; constância; lealdade, fidelidade; verdade; *em combinações de cs.* verdadeiro; *como adv.* em verdade, certamente, verdadeiramente.

***אַמְתַּחַת** *cs.* =, *suf.* אַמְתַּחְתּוֹ, *pl. cs.* אַמְתְּחֹת, *suf.* אַמְתְּחֹתֵיכֶם: saco.

אֲמִתַּי *n. m.* (2 Rs 14.25, Jn 1.1).

אָן, אָנָה, אָנָה *tb. na repetição* אָנֶה וְאָנָה: onde?, para onde?, quando?

אָן *v.* I *e* III און.

אָנָּא, אָנָּה *interj. que geralmente precede desejo, pedido ou apelo*: ah; ah, que; por favor.

I אנה QAL: *pf.* אָנוּ: lamentar-se (Is 3.26; 19.8).

II אנה PI: *pf.* אִנָּה: deixar (acontecer), cair (Êx 21.13). – PU: *impf.* יְאֻנֶּה: suceder, sobrevir (Sl 91.10; Pv 12.21) – HIT: *pt.* מִתְאַנֶּה: procurar uma oportunidade (2 Rs 5.7).

אָנָה *v.* אָן.

אָנָּה *v.* אָנָּא.

***אֹנֶה** *v.* *אוֹנִי.

אֹנוֹ *v.* אוֹנוֹ.

אֲנוּ (*K*): nós (Jr 42.6).

אָנֻשׁ, אָנוּשׁ incurável; calamitoso.

I אֱנוֹשׁ *m., cs.* =: os homens, a humanidade; (alguns) homens; homem (como indivíduo).

II אֱנוֹשׁ *n. m.* (Gn 4.26).

אנח NI: *pf.* נֶאֱנְחָה, *2ª f.* נֵחַנְתְּ (Jr 22.23), נֶאֱנָחוּ; *impf.* וַיֵּאָנְחוּ, יֵאָנַח; *imp.* הֵאָנַח; *pt.* נֶאֱנָחָה/חִים, נֶאֱנָח: gemer.

אֲנָחָה (*de* אנח) *f., suf.* אַנְחָתָה, אַנְחָתִי, *pl. suf.* אַנְחֹתַי: gemido.

אֲנַחְנוּ *i. p.* אֲנָחְנוּ: nós.

אֲנָחֲרַת *n. l.* (Js 19.19).

אֲנִי *i. p.* אָנִי: eu.

אֳנִי *m. e f., col.*: navios, frota.

אֳנִיָּה *f., pl.* אֳנִיּ(וֹ)ת *e* אוֹנִיּוֹת, *suf.* אֳנִיּוֹתֵיהֶם: navio.

אֲנִיָּה (*de* I אנה): lamentação (Is 29.2; Lm 2.5).

אֲנִיעָם *n. m.* (1 Cr 7.19).

אֲנָךְ (chumbo) prumo (Am 7.7-8).

אָנֹכִי *i. p.* אָנֹכִי, אָנֹכִי: eu.

אנן HITPOLEL: *impf.* יִתְאוֹנֵן; *pt.* מִתְאוֹנְנִים: queixar-se (Nm 11.1; Lm 3.39).

אנס QAL: *pt.* אֹנֵס: compelir (Et 1.8).

אנף QAL: *pf.* אָנַפְתָּ; *impf.* יֶאֱנַף: irar-se. – HIT: *pf.* הִתְאַנַּף; *impf.* וַיִּתְאַנַּף: indignar-se.

אֲנָפָה espécie de pássaro (Lv 11.19; Dt 14.18).

אנק QAL: *impf.* יֶאֱנֹק; *inf.* אֱנֹק: gemer (Jr 51.52; Ez 26.15). – NI: *impf.* הֵאָנֵק: gemer (Ez 9.4; 24.17).

I אֲנָקָה (*de* אנק): gemido.

II אֲנָקָה geco (Lv 11.30).

אנשׁ NI: *impf.* וַיֵּאָנַשׁ: adoecer (2 Sm 12.15).

אָנֻשׁ *v.* אָנוּשׁ.

אֲנָשִׁים *v.* I אִישׁ.

אָסָא *n. m.* (1 Rs 15.8).

אָסוּךְ pequena botija (para azeite) (2 Rs 4.2).

אָסוֹן *m.*: acidente fatal.

אֵסוּר (*de* אסר) *m.*, *pl.* אֲסוּרִים, *suf.* אֲסוּרָיו: grilhão; prisão.

אָסִף, אָסִיף (*de* אסף): colheita.

אָסִיר (*de* אסר) *m.*, *pl.* אֲסִירִים, *suf.* אֲסִירַיִךְ: prisioneiro.

I אַסִּר, אַסִּיר (*de* אסר) *m.*: prisioneiro.

II אַסִּיר *n. m.* (Êx 6.24).

אָסָם* *m.*, *pl. suf.* אֲסָמֶיךָ: celeiros (Dt 28.8; Pv 3.10).

אַסְנָה *n. m.* (Ed 2.50).

אָסְנַת *n. f.* (Gn 41.45).

אסף QAL: *pf.* אָסַף, (וְאָסַפְתָּ(ה, אָסְפוּ; *impf.* אֶאֱסֹף, תַּאַסְפִי, תֹּסֵף, וַיֹּסֶף, יֶאֱסֹף, וַיַּאַסְפוּ, *suf.* יַאַסְפֵהוּ, אֹסִפְךָ; *imp.* אֱסֹף, אֶסְפָה, אִסְפִי, אִסְפוּ; *inf.* לֶ/כֶּאֱסֹף, אָסְפְּךָ/כֶם, *abs.* אָסֹף; *pt.* אֹסֵף, *suf.* אֹסִפְךָ, אֹסְפָם, *pass.* אֲסֻפֵי, אָסוּף: reunir, juntar; colher, recolher; receber, acolher; tirar, retirar; exterminar; retrair. – NI: *pf.* נֶאֱסַף, נֶאֶסְפָה, נֶאֱסַפְתְּ, נֶאֶסְפוּ/סָפוּ; *impf.* יֵאָסֵף, וַיֵּאָסֶף, יֵאָסְפוּ/סֵפוּ, יֵאָסֵפוּן; *imp.* הֵאָסֵף, הֵאָסְפִי/סְפוּ; *inf.* הֵאָסֵף, *abs.* הֵאָסֹף; *pt.* נֶאֱסָף: ser juntado, ser reunido; reunir-se; unir-se contra, conspirar; recolher-se, retirar-se; ser retirado. – PI: *pt.* מְאַסֵּף, *suf.* מְאַסִּפְכֶם, *pl.* מְאַסְּפִים, *suf.* מְאַסְפָיו: colher, recolher; acolher; formar a retaguarda. – PU: *pf.* אֻסַּף, אֻסְּפוּ; *pt.* מְאֻסָּף: ser reunido. – HIT: *inf.* הִתְאַסֵּף: reunir-se (Dt 33.5).

אָסָף *n. m.* (2 Rs 18.18).

אָסִף *v.* אָסִיף.

אָסֹף* (*de* אסף), *pl.* אֲסֻפִּים/פֵּי: depósitos, armazéns.

אֹסֶף (*de* אסף) *m.*, *cs.* =, *pl. cs.* אָסְפֵּי: colheita, reunião, ajuntamento.

אֲסֵפָה (*de* אסף): aprisionamento (Is 24.22).

אֲסֻפָּה* (*de* אסף), *pl.* אֲסֻפּוֹת: coleções (Ec 12.11).

אֲסַפְסֻף* (*de* אסף): populaça (Nm 11.4).

אַסְפָּתָא *n. m.* (Et 9.7).

אֶסַּק *v.* סלק.

אסר QAL: *pf.* אָסְרָה, אֲסַרְתֶּם, *suf.* אֲסָרָם/רוּךְ, אֲסַרְנֻהוּ; *impf.* יֶאְסֹר, יֶאֱסֹר, *suf.* יַאַסְרֵהוּ, יַאַסְרְךָ, נַאַסָרְךָ; *imp.* אֱסֹר, אִסְרוּ; *inf.* לֶאְ/לֶאֱס(וֹ)ר, לֶאֱסָרְךָ, *abs.* אָסוֹר, אָסֹר; *pt. cs.* אֹסְרִי, *pass.* אָסוּר, *pl.* הָאֲסוּרִים *e* הָסוּרִים, אֲסֻרוֹת: prender, algemar; amarrar; manter prisioneiro; arrear, selar (animais), atrelar; obrigar-se a voto de abstinência. – NI: *impf.* יֵאָסֵר; *imp.* הֵאָסְרוּ: ser amarrado, ser agrilhoado. – PU (*pass. QAL?*): *pf.* אֻסְּרוּ/סָּרוּ: ser aprisionado (Is 22.3).

אֱסָר, אִסָּר *m.*, *cs.* אִסַּר, *suf.* אֱסָרָהּ, *pl. suf.* אֱסָרֶ(י)הָ: voto de abstinência.

אַסִּר *v.* I אַסִּיר.

אֵסַר(־)חַדֹּן *n. m.* (2 Rs 19.37).

אֶסְתֵּר *n. f.* (Et 2.7).

I אַף *conj.*: também, ainda, até, até mesmo; porém; certamente, realmente; אַף כִּי até mesmo (quando), e se, mas se, quanto mais, quanto menos, é certo que?

II אַף *m.*, *i. p.* אָף, *cs.* אַף, *suf.* אַפִּי, אַפְּךָ, אַפֵּךְ, *du.* אַפַּיִם, *cs.* אַפֵּי, *suf.* אַפָּיו: 1) *sing.*: nariz; face, rosto;

ira. 2) *du.*: narinas; face, rosto; ira.

אפד QAL: *pf.* אָפַדְתָּ, *impf.* וַיֶּאְפֹּד: ajustar (Êx 29.5; Lv 8.7).

I אֵפוֹד, אֵפֹד *m., cs.* =: veste sacerdotal; objeto de culto; veste cultual.

II אֵפֹד *n. m.* (Nm 34.23).

***אֲפֻדָּה** *cs.* אֲפֻדַּת, *suf.* אֲפֻדָּתוֹ: 1) = *inf.* (o) ajustar. 2) revestimento.

***אַפֶּדֶן** *suf.* אַפַּדְנוֹ: palácio (Dn 11.45).

אפה QAL: *pf.* אָפָה, אָפִיתָ, אָפוּ; *impf.* יֹאפוּ, *suf.* תֹּפֵהוּ; *imp.* אֵפוּ; *pt.* אֹפֶה, *suf.* אֹפֵהֶם, *pl.* א(וֹ)פִים, אֹפוֹת: assar, cozer. – NI: *impf.* תֵּאָפֶה, תֵּאָפֶינָה: ser assado, ser cozido.

אֹפֶה (*pt. de* אפה): padeiro.

אֵפָה *v.* אֵיפָה.

אֵפוֹ, אֵפוֹא (*emprego não acentuado*): pois, portanto, então.

אֵפוֹד *v.* I אֵפֹד.

אָפוּנָה (Sl 88.16): *significado incerto, de* פון(?).

אֲפִיחַ *n. m.* (1 Sm 9.1).

***אָפִיל** *pl.* אֲפִילֹת: (de amadurecimento) tardio (Êx 9.32).

I אַפַּיִם *v.* II אַף.

II אַפַּיִם *n. m.* (1 Cr 2.30).

I *אָפִיק *m., cs.* אֲפִיק, *pl.* אֲפִ(י)קִים, *cs.* אֲפִ(י)קֵי, *suf.* אֲפִיקָיו: leito (do rio ou do mar); tubos; ranhuras.

II *אָפִיק *m., pl.* אֲפִיקִים: fortes (Jó 12.21).

אֲפִיק *v.* אֲפֵק.

אֹפִיר *v.* I אוֹפִיר.

אֹפֶל escuridão.

אָפֵל escuro (Am 5.20).

אֲפֵלָה *f., suf.* אֲפֵלָתֵךְ, *pl.* אֲפֵלוֹת: escuridão.

אֶפְלָל *n. m.* (1 Cr 2.37).

***אֹפֶן** *pl. suf.* אָפְנָיו tempo (certo) (Pv 25.11).

אפס QAL: *pf.* אָפֵס: terminar, estar no fim, não estar mais aí.

אֶפֶס (*de* אפס) *m., i. p.* אָפֶס, *cs.* = *e* אַפְסֵי, *pl. cs.* אַפְסֵי: extremidade, fim, término, final; nada, ninguém; só: אֶפֶס כִּי só que.

אֶפֶס דַּמִּים *n. l.* (1 Sm 17.1).

***אֹפֶס** *du.* אָפְסַיִם/סָיִם: artelhos (Ez 47.3).

***אֶפַע** *i. p.* אָפַע: nada, o que é sem valor (Is 41.24).

אֶפְעֶה serpente, víbora.

אפף QAL: *pf.* אָפְפוּ, *suf.* אֲפָפוּנִי/פֻנִי: circundar.

אפק HIT: *pf.* הִתְאַפַּק; *impf.* יִתְאַפַּק, אֶתְאַפַּק; *inf.* הִתְאַפֵּק: tomar coragem, arriscar algo; conter-se.

אֲפִיק, אֲפֵק *n. l.* (Jz 1.31).

אֲפֵקָה *n. l.* (Js 15.53).

אֵפֶר *f.*: pó, (torrões de) terra; cinza.

אֲפֵר venda (tira de pano, com que se cobrem os olhos) (1 Rs 20.38, 41).

***אֶפְרֹחַ** (*de* פרח) *m., pl.* אֶפְרֹחִים, *suf.* אֶפְרֹחָי: filhote de passarinho.

אַפִּרְיוֹן palanquim (Ct 3.9).

אֶפְרַיִם *n. m.* (Gn 41.52); *n. tr.* (Js 16.5); *n. p.* (Is 7.2); *n. t.* (1 Sm 1.1); *gent.* (Jz 7.24); *n. l.* (2 Sm 13.23); porta setentrional de Jerusalém (2 Rs 14.13).

אֶפְרָת *n. f.* (1 Cr 2.19).

אֶפְרָתָה *n. l.* (Gn 35.16).

אֶפְרָתִי *pl.* אֶפְרָתִים: *gent.* (1 Sm 17.12).

אֶצְבּ(וֹ)ן *n. m.* (Gn 46.16).

אֶצְבַּע *f., cs.* =, *suf.* אֶצְבָּעוֹ, *pl.* אֶצְבָּעוֹת, *cs.* אֶצְבְּעוֹת, *suf.* אֶצְבְּעוֹתָיו: dedo.

I *אָצִיל *pl. suf.* אֲצִילֶיהָ: partes mais remotas (da terra) (Is 41.9).

II *אָצִיל *pl. cs.* אֲצִילֵי: eminentes (Êx 24.11).

***אַצִּיל** *tb.* אַצִּילָה *pl. cs.* אַצִּילֵי *e* אַצִּילוֹת: articulação, junta (Jr 38.12; Ez 13.18); *t.t. de significado incerto* (Ez 41.8).

אצל QAL: *pf.* וְאָצַלְתִּי, אָצַלְתָּ; *impf.* וַיָּאצֶל: tirar, recusar. – NI: *pf.* נֶאֱצַל: ser encurtado, ser retraído ou recolhido (Ez 42.6).

★אֵצֶל *cs.* =, *suf.* אֶצְלִי: lado (*empregado exclusivamente como prep., sempre acompanhado de gen. ou suf.*: ao lado de).

אָצֵל *n. m.* (1 Cr 8.37).

אֲצַלְיָהוּ *n. m.* (2 Rs 22.3).

אֹצֶם *n. m.* (1 Cr 2.15).

אֶצְעָדָה bracelete, pulseira (Nm 31.50; 2 Sm 1.10).

אצר QAL: *pf.* אָצְרוּ; *pt.* אוֹצְרִים: acumular, entesourar. – NI: *impf.* יֵאָצֵר: ser entesourado (Is 23.18). – HI: *impf.* וָאוֹצְרָה: colocar alguém como encarregado do tesouro (Ne 13.13).

אֵצֶר *n. m.* (Gn 36.21).

אֶקְדָּח berilo (Is 54.12).

אַקּוֹ cabra montês (Dt 14.5).

אֹר (כָּאֹר, Am 8.8, *l.* כַּיְאֹר) *v.* יְאֹר.

אַרָא *n. m.* (1 Cr 7.38).

אֲרִאֵיל *v.* I אֲרִיאֵל.

אַרְאֵל guerreiro (2 Sm 23.20).

אַרְאֵלִי *n. m.* (Gn 46.16); *gent.* (Nm 26.17).

אֶרְאֶלָּם *significado incerto*: heróis (?), sacerdotes (?), habitantes (?) (Is 33.7).

ארב QAL: *pf.* אָרַב, אָרַבְתִּי, אָרְבוּ, אֲרַבְתֶּם; *impf.* יֶאֱרֹב, יֶאֶרְבוּ, יֶאֱרְבוּ, נֶאֶרְבָה; *imp.* אֱרֹב; *inf.* אֱרָב־; *pt.* א(וֹ)רֵב, *pl.* אֹרְבִים: pôr-se em emboscada, estar de emboscada, estar de tocaia, emboscar, tocaiar; *pt. col.* (um grupo na) emboscada, tocaia. – PI: *pt.* מְאָרְבִים: emboscada (Jz 9.25; 2 Cr 20.22).– HI: *impf.* וַיָּרֶב: pôr emboscadas (1 Sm 15.5).

אֲרַב *n. l.* (Js 15.52).

★אֶרֶב (*de* ארב), *i. p.* אָרֶב: esconderijo, covil; espreita (Jó 37.8; 38.40).

אֹרֵב (*de* ארב) *pt. col.*: (um grupo na) emboscada, tocaia.

★אֹרֶב (*de* ארב), *suf.* אָרְבּוֹ: cilada, espreita (Jr 9.7; Os 7.6).

אַרְבֵּאל (Os 10.14) *v.* בֵּית־אַרְבֵּאל.

אַרְבֶּה *m.*: (espécie de) gafanhoto.

★אָרְבָּה *pl. cs.* אַרְבּוֹת: *significado incerto* (Is 25.11).

אֲרֻבָּה *pl.* אֲרֻבּוֹת, *suf.* אֲרֻבֹּתֵיהֶם: abertura, janela, grade, chaminé.

אֲרֻבּוֹת *n. l.* (1 Rs 4.10).

אַרְבִּי *gent.* (2 Sm 23.35).

I אַרְבַּע (*de* רבע), *num., i. p.* אַרְבָּע *e* אַרְבַּע, *f.* אַרְבָּעָה, *cs.* אַרְבַּעַת; *suf.* אַרְבַּעְתָּם/תָּן, *du.* אַרְבַּעְתַּיִם, *pl.* אַרְבָּעִים: *sing.* quatro; *du.* quatro vezes; *pl.* quarenta.

II אַרְבַּע *n. m.* (Js 14.15).

ארג QAL: *impf.* יֶאֱרֹג, תַּאַרְגִי; *pt.* אֹרֵג, *pl.* אֹרְגִים/גוֹת: tecer; *pt.* tecelão.

אֶרֶג (*de* ארג), *i. p.* אָרֶג: lançadeira (peça de tear) (Jó 7.6; Jz 16.14 *l. prov.* הַיָּתֵד).

אַרְגֹּב *n. t.* (Dt 3.4).

אַרְגְּוָן (2 Cr 2.6) = אַרְגָּמָן.

אַרְגַּז (*de* רגז): alforje.

אַרְגָּמָן *m.*: lã tingida de púrpura.

אַרְדְּ *i. p.* אָרֶד: *n. m.* (Gn 46.21).

אַרְדּוֹן *n. m.* (1 Cr 2.18).

אַרְדִּי *gent.* (Nm 26.40).

ארה QAL: *pf.* אָרִיתִי, *suf.* אָרוּהָ: colher (Sl 80.13; Ct 5.1).

אֲרוֹד *n. m.* (Nm 26.17).

אַרְוָד *n. l.* (Ez 27.8, 11).

אֲרוֹדִי *n. m.* (Gn 46.16); *gent.* (Nm 26.17).

אַרְוָדִי *gent.* (Gn 10.18).

★אֻרְוָה *pl.* אֻרָוֹת, *cs.* אֻרְוֹת *e* אֻרְיוֹת: estrebaria, estábulo.

★אָרוּז *pl.* אֲרֻזִים: firme (Ez 27.24).

אֲרוּכָה *tb.* אֲרֻכָה (*de* ארך), *cs.* אֲרֻכַת, *suf.* אֲרֻכָתְךָ: (*a rigor* = a camada de carne nova na ferida que sara) cura; restauração, reparação.

אֲרוּמָה *n. l.* (Jz 9.41).

אָרוֹן *m., tb. f., c. art.* הָאָרֹן *e* הָאָרוֹן, *cs.* אֲר(וֹ)ן: caixa, arca; esquife; a arca sagrada no santuário israelita.

אֲרַוְנָה *n. m.* (2 Sm 24.18).

אֶרֶז *m., i. p.* אָרֶז, *pl.* אֲרָזִים: cedro.

אַרְזָה (*de* אֶרֶז) *f.*: lambris de cedro (Sf 2.14).

ארח QAL: *pf.* אָרַח; *inf. suf.* אָרְחִי; *pt.* אֹרְחִים, אֹרֵחַ: andar, caminhar; *pt.* viajante, caminhante.

אָרַח *n. m.* (Ed 2.5).

אֹרַח (*de* ארח) *f., suf.* אָרְחוֹ/חֵךְ, *pl.* אֳרָחוֹת, *cs.* אָרְחוֹת, *suf.* אָרְחֹתַי/תָם, אֹרְחֹתָיו/תֵינוּ: caminho, senda, vereda; comportamento; costume ou maneira de ser (das mulheres) = menstruação.

אֹרְחָה (*de* ארח) *f., cs.* אֹרְחַת, *pl. cs.* אֹרְחוֹת: caravana.

אֲרֻחָה *f., cs.* אֲרֻחַת, *suf.* אֲרֻחָתוֹ: mantimento, provisão, porção, subsistência.

אֲרִי *m., pl.* אֲרָיִים, אֲרָיוֹת: leão.

אֲרִי *n. m.* (1 Rs 4.19).

I אֲרִיאֵל (Ez 43.15b *e* 16 *Q*, 16 *K* אראיל, 15a הַרְאֵל, *l.* הָאֲרִיאֵל): lareira (do altar, sobre a qual são queimados sacrifícios).

II אֲרִיאֵל *n. l.* (Is 29.1).

אֲרִידַי *n. m.* (Et 9.9).

אֲרִידָתָא *n. m.* (Et 9.8).

I אַרְיֵה *m.*: leão.

II אַרְיֵה *c. art.* הָאַרְיֵה: *n. m.* (2 Rs 15.25).

***אֲרָיָה** *v.* אֲרָוָה.

אַרְיוֹךְ *n. m.* (Gn 14.1).

אֻרִים *v.* I אוּר.

אֲרִיסַי *n. m.* (Et 9.9).

ארך QAL: *pf.* אָרְכוּ; *impf.* יַאַרְכוּ, וַתֶּאֱרַכְנָה: ser longo, alongar-se, prolongar-se. – HI: *pf.* הֶאֱרִיךְ, וְהַאֲרַכְתֶּם, וְהַאֲרַכְתָּ, הֶאֱרִיכוּ; *impf.* תַּ/יַאֲרִ(י)כוּן/כֻן, תַּאֲרִיכוּ, אַ/יַאֲרִיךְ; *imp.* הַאֲרִיכִי; *inf.* הַאֲרִיךְ; *pt.* מַאֲרִיךְ: alongar, prolongar, estender; retardar; ser longo.

***אָרֵךְ** (*de* ארך), *cs.* אֶרֶךְ: longânimo; longo.

***אָרֹךְ** (*de* ארך)*f.* אֲרֻכָּה: longo, prolongado, extenso, demorado.

אֹרֶךְ (*de* ארך), *suf.* אָרְכּוֹ: comprimento, extensão; longa duração.

I אֶרֶךְ *cs. de* *אָרֵךְ.

II אֶרֶךְ *n. l.* (Gn 10.10).

אֲרֻכָה *v.* אֲרוּכָה.

אַרְכִּי *gent.* (2 Sm 15.32).

אֲרָם *n. p.* (Jr 35.11); *n. t.* (Gn 24.10); *n. m.* (Gn 10.22).

אַרְמוֹן *m., pl. cs.* אַרְמְנוֹת, *suf.* אַרְמְנוֹתָיו: palácio (fortificado).

***אֲרָמִי** *f.* אֲרָמִית, *adv.*: em aramaico (em língua aramaica).

אֲרַמִּי *f.* אֲרַמִּיָּה: *gent.* (Gn 25.20).

אַרְמֹנִי *n. m.* (2 Sm 21.8).

(הָ)אָרֹן *v.* אָרוֹן.

אֲרָן *n. m.* (Gn 36.28).

I אֹרֶן louro (Is 44.14).

II אֹרֶן *n. m.* (1 Cr 2.25).

אַרְנֶבֶת lebre (Lv 11.6; Dt 14.7).

אַרְנֹן, אַרְנוֹן *n. r.* (Nm 21.13).

אַרַנְיָא *n. m.* (2 Sm 24.18 K).

אַרְנָן *n. m.* (1 Cr 3.21).

אָרְנָן *n. m.* (1 Cr 21.15).

אַרְפָּד *n. l.* (2 Rs 18.34).

אַרְפַּכְשַׁד *i. p.* אַרְפַּכְשָׁד: *n. m.* (Gn 10.22).

אֶרֶץ *f., i. p.* אָרֶץ, *c. art.* הָאָרֶץ, *c.* ה *loc.* אַרְצָה *e* אָרְצָה, *suf.* אַרְצִי, *pl.* אֲרָצ(וֹ)ת, *cs.* אַרְצוֹת, *suf.* אַרְצֹתָם: terra, chão, solo; terreno, pedaço de terra, gleba; território, país; a Terra.

אַרְצָה *n. m.* (1 Rs 16.9).

ארר QAL: *pf.* וְאָרוֹתִי, *suf.* אָרוֹתִיהָ; *impf.* תָּאֹור, אָ(וֹ)רוּ; *imp.* אָרָה־; *inf.* אָרוֹר; *pt. pl. cs.* אֹרְרֵי; *suf.* אֹרְרֶיךָ; *pass.* אָרוּר, אֲרוּרָה, אֲרוּרִים: amaldiçoar. – NI: *pt.* נֵאָרִים: ser amaldiçoado (Ml 3.9). – PI: *pf.* אֵרְרָהּ; *pt.* מְאָרְרִים *e* מְאָרְרֵים: amaldiçoar, operar uma maldição, ser amaldiçoante. – HO: *impf.* יוּאַר: ser amaldiçoado (Nm 22.6).

אֲרָרַט *i. p.* אֲרָרָט: *n. t.* (Gn 8.4).
אֲרָרִי *n. m.* (2 Sm 23.33).
ארשׂ PI: *pf.* אֵרַשְׂתִּי, אֵרַשׂ, *suf.* אֵרַשְׂתִּיךְ; *impf.* תְּאָרֵשׂ: noivar. – PU: *pf.* אֹרָשָׂה; *pt. f.* מְאֹרָשָׂה: estar noiva (*suj.*: uma mulher).
אֲרֶשֶׁת desejo, anseio (Sl 21.3).
ארת *v.* II ★אוֹרָה.
אַרְתַּחְשַׁשְׂתְּא *tb.* –שַׁשְׂתְּא, –שַׁשְׂתָּא: *n. m.* (Ed 4.7).
אֲשַׂרְאֵל *n. m.* (1 Cr 4.16).
אֲשַׂרְאֵלָה *n. m.* (1 Cr 25.2).
אַשְׂרִיאֵל *n. m.* (Nm 26.31).
אַשְׂרִיאֵלִי *gent.* (Nm 26.31).
I אֵשׁ *ger. f.*, *suf.* אִשּׁוֹ, אֶשְׁכֶם: fogo.
II אֵשׁ pouco, insignificância (Jr 51.58; Hc 2.13).
אִשׁ, אִישׁ *tb.* יֵשׁ: há, existe(m).
אַשְׁבֵּל *n. m.* (Gn 46.21).
אֶשְׁבָּן *n. m.* (Gn 36.26).
אַשְׁבֵּעַ *n. m.* (1 Cr 4.21).
אֶשְׁבַּעַל *i. p.* אֶשְׁבָּעַל: *n. m.* (1 Cr 8.33).
אָשֵׁד★ *cs.* אֶשֶׁד, *pl.* אֲשֵׁדוֹת, *cs.* אַשְׁדּ(וֹ)ת: encosta, vertente, declive de montanha.
אַשְׁדּוֹד *n. l.* (Js 11.22).
אַשְׁדּוֹדִי *pl.* אַשְׁדּוֹדִים, *pl. f.* אַשְׁדּוֹדִיּוֹת *K*, אַשְׁדֳּדִיּוֹת: *gent.* (Js 13.3).
אֵשְׁדָּת *significado incerto* (Dt 33.2).
אִשָּׁה *f.*, *cs.* אֵשֶׁת, *suf.* אִשְׁתִּי, *pl.* נָשִׁים *e* אִשֹּׁת, *cs.* נְשֵׁי, *suf.* נְשֵׁיהֶם, נָשַׁי/שֵׁינוּ: mulher; esposa; fêmea (de animal); cada (mulher).
אִשֶּׁה *m.*, *cs.* אִשֵּׁה, *suf.* אִשּׁוֹ, *pl. cs.* אִשֵּׁי, *suf.* אִשַּׁי/שָׁי: oferta queimada; sacrifício queimado.
אשויה★ (Jr 50.15) *v.* ★אָשְׁיָה.
אֱשׁוּן *Q*, *K* אִישׁוֹן: (o irromper de um) tempo (Pv 20.20).
אַשֻּׁר, אַשּׁוּר *n. m.* (Gn 10.22); *n. t.* (Gn 10.11); *n. p.* (Js 10.5).
אֲשׁוּרִי *c. art.* הָאֲשׁוּרִי: *n. t.* (2 Sm 2.9).
אַשּׁוּרִים *n. m.* (Gn 25.3).
אַשְׁחוּר *n. m.* (1 Cr 2.24).
אָשְׁיָה★ *pl. Q* אָשְׁיוֹתֶיהָ, *K incerto*: torre (Jr 50.15).
אֲשִׁימָה *n.d.* (2 Rs 17.30).
אֲשֵׁירָה *v.* אֲשֵׁרָה.
אָשִׁישׁ★ *pl. cs.* אֲשִׁישֵׁי: homem (Is 16.7).
אֲשִׁישָׁה bolo de passas de uva.
אֶשֶׁךְ★ *i. p.* אָשֶׁךְ: testículo (Lv 21.20).
I אֶשְׁכּוֹל *tb.* אֶשְׁכֹּל *m.*, *pl.* אַשְׁכֹּלוֹת, *cs.* אֶשְׁ/אַשְׁכְּלוֹת, *suf.* אַשְׁכְּלֹתֶיהָ: cacho (de uva).
II אֶשְׁכֹּ(וֹ)ל *n. l.* (Nm 13.23).
III אֶשְׁכֹּל *n. m.* (Gn 14.13).
אַשְׁכְּנַז *i. p.* אַשְׁכְּנָז: *n. m.* (Gn 10.3); *n. p.* (Jr 51.27).
אֶשְׁכָּר *suf.* אֶשְׁכָּרֵךְ: tributo (Ez 27.15; Sl 72.10).
אֵשֶׁל tamargueira.
אשׁם QAL: *pf.* אָשֵׁם/שֵׁם, אָשְׁמָה, אָשְׁמוּ; *impf.* יֶאְשַׁם, יֶאְשְׁמוּ/שָׁמוּ, נֶאְשָׁם; *inf.* אַשְׁמָה, *abs.* אָשׁ(וֹ)ם: tornar-se culpado, incorrer em culpa; expiar (uma culpa). – NI: *pf.* נֶאְשָׁמוּ: expiar, sofrer castigo (Jl 1.18). – HI: *imp. suf.* הַאֲשִׁימֵם: fazer expiar (uma culpa) (Sl 5.11).
אָשָׁם *m.*, *suf.* אֲשָׁמוֹ, *pl. suf.* אֲשָׁמָיו: culpa; restituição por culpa; oferta por culpa, sacrifício por culpa, oferta de expiação.
אָשֵׁם (*de* אשׁם), *pl.* אֲשֵׁמִים: culpado (Gn 42.21; 2 Sm 14.13).
אַשְׁמָה *f.*, *cs.* אַשְׁמַת, *suf.* אַשְׁמָתוֹ, אַשְׁמָתֵ(י)נוּ, *pl.* אֲשָׁמוֹת, *suf.* אַשְׁמוֹתַי: culpa.
אַשְׁמוּרָה *tb.* אַשְׁמֹרֶת *f.*, *cs.* אַשְׁמֹרֶת, *pl.* אַשְׁמֻרוֹת: vigília.
אַשְׁמָן★ *pl.* אַשְׁמַנִּים: *significado incerto* (Is 59.10).
אַשְׁמֹרֶת *v.* אַשְׁמוּרָה.
אֶשְׁנָב (*de* שׁנב) *m.*, *suf.* אֶשְׁנַבִּי: janela gradeada (Jz 5.28; Pv 7.6).
אַשְׁנָה *n. l.* (Js 15.33).
אֶשְׁעָן *n. l.* (Js 15.22).
אַשָּׁף★ *m.*, *pl.* אַשָּׁפִים: encantadores, conjuradores (Dn 1.20; 2.2).

אַשְׁפָּה *f., suf.* אַשְׁפָּתוֹ: aljava.

אַשְׁפּוֹת *v.* אַשְׁפֹּת.

אַשְׁפְּנַז *n. m.* (Dn 1.3).

אֶשְׁפָּר *m.*: bolo de tâmaras (2 Sm 6.19; 1 Cr 16.3).

אַשְׁפֹּת *tb.* אַשְׁפּוֹת *pl.* אַשְׁפַּתּוֹת, *c. art.* הָאַשְׁפֹּת *e* הָשְׁפוֹת (Ne 3.13): monturo, excremento, esterco.

אַשְׁקְלוֹן *n. l.* (Jz 1.18).

I אשר QAL: *imp.* אִשְׁרוּ: andar (Pv 9.6). – PI: *impf.* תְּאַשֵּׁר; *imp.* אַשֵּׁר, אַשְּׁרוּ; *pt. pl. cs.* מְאַשְּׁרֵי, *suf.* מְאַשְּׁרֶיךָ: andar; guiar, dirigir, conduzir. – PU: *pt. pl. suf.* מְאֻשָּׁרָיו: ser dirigido (Is 9.15).

II אשר PI: *pf.* אִשְּׁרוּ, *suf.* אִשְּׁרוּנִי; *impf. suf.* וַיְאַשְּׁרוּהָ, יְאַשְּׁרֻהוּ, וְתְּאַשְּׁרֻנִי: ter por venturoso, reputar por feliz, chamar (alguém) de feliz, chamar (alguém) bem-aventurado. – PU: *impf.* יְאֻשַּׁר; *pt.* מְאֻשָּׁר: ser reputado por feliz, ser chamado feliz (Sl 41.3; Pv 3.18).

אָשֵׁר *n. m.* (Gn 30.13); *n. p.* (Gn 49.20).

אֲשֶׁר 1) *como part. rel.* (*originalmente a oração relativa é ligada diretamente, sem* אֲשֶׁר, *ao nome a ser explicado; a inclusão de* אֲשֶׁר *torna a relação mais clara; para se captar seu sentido exato, muitas vezes convém traduzir* אֲשֶׁר *preliminarmente por "do qual se diz que"*): o qual, os quais, a qual, as quais, que; *em combinação com preposições*: בַּאֲשֶׁר onde, porque, por causa de; כַּאֲשֶׁר como, assim como, porque; מֵאֲשֶׁר de onde, do que. 2) *como conj.* (*seguidamente no sentido do antigo* כִּי): *em orações subordinadas substantivas objetivas*: que; *introduzindo o discurso direto; em orações subordinadas adverbiais causais*: porque; *em consecutivas*: que, de modo que; *em condicionais*: se; *em comparativas*: como; *em finais*: para que.

אֶשֶׁר* (*de* II אשר), *suf.* אַשְׁרֵהוּ; *pl. v.* אַשְׁרֵי: felicidade (sua felicidade = feliz é ele) (Pv 29.18).

אֹשֶׁר* (*de* II אשר), *suf.* אָשְׁרִי: felicidade (Gn 30.13).

אֲשֻׁר*, אַשֻּׁר*, אָשֻׁר* (*de* I אשר) *f., suf.* אַשֻּׁרִי, אֲשֻׁרֵנוּ *ou* אֲשֻׁרוֹ, *pl. suf.* אֲשׁוּרָי: passo; pegada, rastro.

I אַשֻּׁר *v.* אֲשֻׁר*.

II אַשֻּׁר *v.* אַשּׁוּר.

אֲשֵׁרָה *tb.* אֲשֵׁירָה 1) *f., pl.* (הָ)אֲשֵׁרוֹת *e* ־רִים הָאֲשֵׁ: *n. d.* (1 Rs 18.19). 2) *pl.* אֲשֵׁרִים, *suf.* אֲשֵׁרֶיךָ, אֲשֵׁרֵיהֶם: poste-ídolo, poste cultual.

אָשֵׁרִי *gent.* (Jz 1.32).

אַשְׁרֵי *pl. cs.* de אֶשֶׁר*, *suf.* אַשְׁרָיו, אַשְׁרֶיךָ: feliz é(aquele que).

אשש HITPOEL: *imp.* הִתְאֹשָׁשׁוּ: tomar coragem (Is 46.8).

אֵשֶׁת *v.* אִשָּׁה.

אֶשְׁתָּאֹל *tb.* אֶשְׁתָּאוֹל *n. l.* (Js 15.33); *gent.* (1 Cr 2.53).

אֶשְׁתּוֹן *n. m.* (1 Cr 4.11).

אֶשְׁתְּמֹה *v.* אֶשְׁתְּמֹעַ.

אֶשְׁתְּמֹעַ *n. l.* (Js 15.50).

אַתְּ *v.* אַתָּה.

אַתְּ *K* אתי, *pron. pess.*: tu (*f.*).

I אֵת *tb.* ־אֶת, ־אֵת *suf.* א(ו)תִי, אֹתְךָ, אֹתָכָה, א(ו)תָךְ, א(ו)תָנוּ, אֶתְכֶם, הֶם/הֶן, א(ו)תָם, אֹתָן, א(ו)תָנָה, אֹתְכֶם, אוֹתְהֶם, א(ו)תְהֶם *e* אוֹתְהֶן: *part. que assinala o ac. determinado; ocasionalmente, sobretudo na literatura posterior,* אֵת *é empregado à frente do suj. gramatical, para destacá-lo.*

II אֵת *tb.* ־אֶת *suf.* אִתִּי, אִתְּךָ *e* אִתָּךְ, אִתָּנוּ / תְּכֶם / תָּם (*aparece, com freqüência, erroneamente com as formas sufixadas de* I את), *prep.*: junto com; com o auxílio de; junto a, ao lado de, na presença de; *c.* מֵאִתּוֹ ,מֵאֵת ,מִן para longe de (*indicando separação, afastamento*).

III אֵת *m.*, *cs.* ־אֶת, *suf.* אִתּוֹ, *pl.* אִתִּים *e* אֵתִים, *suf.* אִתֵּיכֶם: (instrumento agrícola, de ferro e cortante) relha de arado (?), enxadão (?), picareta (?);

אֹת *v.* אוֹת.

אֶתְבַּעַל *n. m.* (1 Rs 16.31).

אתה QAL: *pf.* אָתָה; *impf.* תֵּאתֶה, יֶאֱתֶה, וַיֵּתֵא, וַיַּאת, *suf.* יֶאֱתָיוּן, יֶאֱתָיוּ, וַיֶּאֱתָיֵנִי; *imp.* אֵתָיוּ; *pt.* אֹתִיּוֹת: vir. – HI: *imp.* הֵתָיוּ, *f.* הֶאֱתָיוּ: trazer (Is 21.14; Jr 12.9).

אַתָּה *i. p.* אָתָּה, *tb.* אַתָּה *e* אַתְּ, *pron. pess.*: tu (*m.*).

אָתוֹן *f.*, *suf.* אֲתֹנְךָ, *pl.* אֲת(וֹ)נ(וֹ)ת: jumenta.

אַתּוּק* *tb.* אתוקיהא *K* (Ez 41.15), *v.* אַתִּיק.

אַתַּי* *v.* אַתְּ.

אַתַּי *n. m.* (2 Sm 15.19).

אַתִּיק *m.*, *pl.* אַתִּיקִים, *suf.* אַתִּיקֶיהָא: *significado incerto, talvez* = passagem, rua.

אַתֶּם *pron. pess.*: vós (*m.*).

אֵתָם *n. l.* (Êx 13.20).

אֶתְמוֹל *tb.* אֶתְמוּל ,אִתְּמוֹל: ontem.

אֶתָן *v.* I אֵיתָן.

אַתֵּן *i. p.* אַתֵּנָה, *pron. pess.*: vós (*f.*).

אֶתְנָה presente (dado à prostituta), paga de prostituta (Os 2.14).

אֶתְנִי *n. m.* (1 Cr 6.26).

אֶתְנַן *m.*, *i. p.* אֶתְנָן, *suf.* אֶתְנַנָּהּ *e* אֶתְנַנָּה, *pl. suf.* אֶתְנַנֶּיהָ: presente, dádiva, (especialmente) paga de prostituta.

אֶתְנָן *n. m.* (1 Cr 4.7).

אֲתָרִים *n. l.* (Nm 21.1).

ב

ב בֵּית: segunda letra do alfabeto; *como num.* = 2; ב̈ = 2.000.

בְּ *prep. enclítica, suf.* בִּי, בְּךָ, בָּךְ, בְּכָה, בּוֹ, בֹּה, בָּהּ, בָּנוּ, בָּכֶם, בָּכֶן, בָּהֶם, בָּם, בָּהֵמָּה, בָּהֶן, בָּהֵן, בָּהֵנָּה: em, dentro de; em meio de, entre; como (na qualidade de, na condição de); em companhia de, junto com; por meio de; por (*indicando o preço*); de (*indicando a matéria*); por causa de; quando, enquanto (*em orações introduzidas por inf.*).

בִּאָה (*de* בוא) entrada (Ez 8.5).

באר PI: *pf.* בֵּאֵר; *imp.* בָּאֵר; *inf. abs.* בַּאֵר: explicar; (anotar) de maneira clara.

I בְּאֵר *f.*, *pl. cs.* בְּאֵרֹת *e* בְּאֶרֹת; poço.

II בְּאֵר *loc.* בְּאֵרָה: *n. l.* (Nm 21.16; Jz 9.21).

בְּאֵר אֵילִים *n. l.* (Js 15.8).

בְּאֵר לַחַי רֹאִי *n. de poço* (Gn 16.14; 24.62; 25.11).

בְּאֵר שֶׁבַע *i.p.* בְּאֵר שָׁבַע: *n. l.* (Gn 21.31).

בֹּאר *v.* בּוֹר.

בְּאֵרָא *n. m.* (1 Cr 7.37).

בְּאֵרָה *n. m.* (1 Cr 5.6).

בְּאֵרוֹת *n. l.* (Js 9.17); *em combinação:* בְּאֵרֹת בְּנֵי־יַעֲקָן *n. l.* (Nm 33.31).

בְּאֵרִי *n. m.* (*gent.* ?) (Gn 26.34).

בְּאֵרֹתִי, בֵּרֹתִי *pl.* בְּאֵרֹתִים: *gent.* (2 Sm 4.2).

באש QAL: *pf.* בָּאַשׁ; *impf.* יִבְאַשׁ: cheirar mal, feder. – NI: *pf.* נִבְאַשׁ, נִבְאֲשׁוּ: tornar-se odioso, tornar-se detestável. – HI: *pf.* הִבְאִישׁ; *impf.* יַבְאִישׁ; *inf.* הַבְאִשׁ, לְהַבְאִישֵׁנִי: tornar fétido; tornar detestável; tornar-se fétido; tornar-se odioso. – HIT: *pf.* הִתְבָּאֲשׁוּ: tornar-se odioso (1 Cr 19.6).

בַּד III *i.p.* בָּד, *pl.* בַּדִּים: *prov.* tecido de linho.

בַּד* IV *pl. suf.* בַּדָּיו/דֶּיךָ: palavreado, gabarolice.

בַּד* V *pl.* בַּדִּים, *suf.* בַּדָּיו: sacerdote que transmite oráculos, áugure.

בדא QAL: *pf.* בָּדָא; *pt. suf.* בּוֹדָאם (*K* בּוֹדְאָם, *Q* בּוֹדָם) inventar, imaginar (1 Rs 12.33; Ne 6.8).

בדד QAL: *pt.* בּוֹדֵד: só, solitário.

בָּדָד (*de* בדד) *orig. s.* (o) estar só; *então adv.* = לְבָדָד só, solitário; à parte, em separado; somente.

בְּדַד *n. m.* (Gn 36.35).

בְּדֵי *v.* דַּי.

בֵּדְיָה *n. m.* (Ed 10.35).

בְּדִיל estanho.

בְּדִיל* (*de* בדל) *pl. suf.* בְּדִילָיִךְ: escória (Is 1.25)

בדל NI: *pf.* נִבְדְּלוּ; *impf.* יִבָּדֵל, יִבָּדְלוּ; *imp.* הִבָּדְלוּ; *pt.* נִבְדָּל: apartar-se, separar-se; ser excluído; ser separado, ser escolhido. – HI: *pf.* הִבְדִּיל, הִבְדַּלְתָּ, הִבְדִּילוּ, *suf.* הִבְדִּילוֹ, הִבְדַּלְתָּם; *impf.* יַבְדִּיל, וַיַּבְדֵּל, וָאַבְדִּל, *suf.* יַבְדִּילֵנִי, וַיַּבְדִּלֵם; *inf.* לְהַבְדִּיל, *abs.* הַבְדֵּל, *pt.* מַבְדִּיל/לִים: fazer separação, separar; distinguir, diferenciar, fazer diferença; desligar; escolher.

בָּדָל* (*de* בדל) *cs.* בְּדַל: lóbulo (da orelha) (Am 3.12).

בְּדֹלַח bdélio (Gn 2.12; Nm 11.7).

בְּדָן *n. m.* (1 Cr 7.17).

בדק QAL: *inf.* לִבְדֹּק: consertar, reparar (2 Cr 34.10).

בֶּדֶק (*de* בדק) *m.*, *i.p.* בָּדֶק, *suf.* בִּדְקֵךְ: rachadura, estrago (no templo); rombo (no navio); מַחֲזִיקֵי בִדְקֵךְ: calafate.

בִּדְקַר *n. m.* (2 Rs 9.25).

בֹּהוּ (o) vazio, (o) ermo.

בֹּהֶן* *pl. cs.* בְּהֹנוֹת: polegar (da mão

בְּאֹשׁ (*de* באשׁ) *m.*, *suf.* בָּאְשׁוֹ: fedor, mau cheiro.

בְּאֻשׁ* (*de* באשׁ) *pl.* בְּאֻשִׁים: uvas bravas e azedas (Is 5.2, 4).

בָּאְשָׁה (*de* באשׁ) erva daninha (Jó 31.40).

בַּאֲשֶׁר *conj.*: porque.

בָּבָה* *cs.* בָּבַת: pupila (Zc 2.12).

בֵּבַי *i.p.* בֵּבָי: *n. m.* (Ed 2.11).

בָּבֶל *loc.* בָּבֶלָה: *n. l.*, *n. p.*, *n. t.* (Jr 50.28).

בַּג *l. Q* בַּז (Ez 25.7).

בגד QAL: *pf.* בָּגַד, בָּגְדָה, בָּגַדְתָּ, בָּגַדְתִּי, בָּגְדוּ, בָּגָדוּ; *impf.* יִבְגֹּ(וֹ)ד, יִבְגְּדוּ, תִּבְגְּדוּ, נִבְגַּד; *inf.* לִבְגֹּד, *suf.* בִּגְדוֹ, *abs.* בָּגוֹד; *pt.* בּ(וֹ)גֵד, *f.* בּוֹגֵדָה, *pl.* בֹּגְדִים, בֹּגְדֵי: tratar (alguém בְּ) deslealmente; ser desleal, proceder com aleive; abandonar com perfídia (מִן); בֶּגֶד בְּ' cometer deslealdade; *pt.* desleal, pérfido.

בֶּגֶד I (*de* בגד) *i.p.* בָּגֶד: deslealdade, perfídia, fraude (Is 24.16; Jr 12.1).

בֶּגֶד II *m.*, *suf.* בִּגְדִי, *pl.* בְּגָדִים, *cs.* בִּגְדֵי, *suf.* בְּגָדַי, בִּגְדֵיכֶם, בִּגְדֹתֶיךָ: vestido, vestimenta, veste.

בֹּגְדוֹת (*de* בגד) deslealdade, perfídia (Sf 3.4).

בָּגוֹד* (*de* בגד) *adj.*, *f.* בָּגוֹדָה: pérfido, infiel (Jr 3.7, 10).

בִּגְוַי *i. p.* בִּגְוָי: *n. m.* (Ed 2.2).

בִּגְלַל *v.* II גָּלָל.

בַּד I (*de* בדד) *i.p.* בָּד, *suf.* בַּדּוֹ, בַּדָּם, בַּדֶּהָן, בַּדֶּנָה, *pl.* בַּדִּים: 1) parte; בַּד בְּבַד em partes iguais; *pl.* membros. 2) *Adv.* לְבַד somente; *c. suf.* לְבַדִּי, לְבַדּוֹ (eu, ele) sozinho / só / à parte / em separado. 3) *Prep.* לְבַד מִן com exceção de; מִלְּבַד exceto.

בַּד* II (*de* בדד) *pl.* בַּדִּים/דֵּי, *c. suf.* בַּדָּיו: haste, varal (usado para transportar); ramo, rebento.

e do pé) (Jz 1.6, 7).

בַּהַט tipo de pedra preciosa; esmeralda? (Et 1.6).

בָּהִיר (*de* בהר) escurecido? (Jó 37.21).

בהל NI: *pf.* נִבְהַל, נִבְהֲלָה, נִבְהַלְתִּי, נִבְהֲלוּ, נִבְהָלְנוּ, נִבְהָלוּ; *impf.* אֶבָּהֵל, יִבָּהֵל, תִּבָּהַלְנָה, יִבָּהֵלוּן, יִבָּהֲלוּ; *pt.* נִבְהָל, נִבְהָלָה, נִבֳהָל: apavorar-se; estar apavorado, estar fora de si; apressar-se. – PI: *impf.* יְבַהֵל, *suf.* יְבַהֲלֻהוּ, וִיבַהֲלֻךָ, יְבַהֲלֻמוֹ, תְּבַהֲלֵם; *inf. suf.* בַּהֲלָם, בַּהֲלֵנִי; *pt. K* מְבַלְּהִים = *Q* מְבַהֲלִים: assustar, apavorar, assombrar; apressar-se. – PU: *pt. f.* מְבֹהֶלֶת *Q*, *pl.* מְבֹהָלִים: ser / estar apressado. – HI: *pf.* הִבְהִילָנִי; *impf.* וַיַּבְהִלוּהוּ, וַיַּבְהִלוּ: assustar; *c.* מִן: retirar apressadamente; apressar-se.

בְּהָלָה (*de* בהל) pavor, terror.

בְּהֵמָה *f.*, *cs.* בֶּהֱמַת, *suf.* בְּהֶמְתּוֹ, *pl.* בְּהֵמוֹת, *cs.* בַּהֲמוֹת (*ger. col.):* gado; animais (quadrúpedes / domésticos / ferozes / de tração e montaria).

בְּהֵמוֹת *m.*: hipopótamo?; crocodilo? (Jó 40.15).

בֹּהֶן* *cs.* = : polegar (da mão e do pé).

בֹּהַן *n. m.* (Js 15.6).

בֹּהַק impigem benigna que apresenta manchas brancas na pele (Lv 13.39).

בַּהֶרֶת *f.*, *i.p.* בֶּהָרֶת, *pl.* בֶּהָרֹת: mancha branca (lustrosa) na pele.

בוא QAL: *pf.* בָּא, בָּאָה, וּבָאָה (*cons.*), בָּאתָ(ה), וּבָאתָ, *f.* בָּאת, בָּאתִי, בָּאוּ, וּבָאוּ, בָּאתֶם, בָּאנוּ *e* בָּנוּ; *suf.* וּבָאָהּ *K*, בָּאַתְנוּ; *impf.* יָבֹ(וֹ)א, וַיָּבֹ(וֹ)א *e* וַיָּבֹו, תָּבוֹאָה, תָּבוֹאִי, אָבֹ(וֹ)אָה, יָבֹ(וֹ)אוּ *e* יָבֹאוּן, תָּבֹ(וֹ)אנָה *e* תְּבֹ(וֹ)אֶינָה *e* תָּבֹאךְ, *suf.* יְבֹ(וֹ)אֻנוּ, תְּבוֹאֵנִי (וַתָּבֹאתִי *K*, תָּבוֹאתָה *e* תְּבוֹאָתְךָ *parecem ser formas mistas*); *imp.* בֹּ(וֹ)א, בֹּאָה, בֹּאוּ, בֹּ(וֹ)אִי; *inf.* בֹּ(וֹ)א, לָבֹ(וֹ)א, *suf.* בֹּאֲכֶם, בֹּאִי, בֹּ(וֹ)אֲךָ, בֹּאֲכָה *e* בֹּאֵךְ, בֹּ(וֹ)אוֹ, בֹּאֵנוּ, בֹּאָן *e* בֹּאָנָה; *pt.* בָּא, *f.* בָּאָה, *pl.* בָּאִים, בָּאֵי, *f.* בָּאוֹת: entrar; chegar, vir; coabitar; sobrevir; cumprir-se, suceder; relacionar-se; seguir (*c.* אַחֲרֵי). – HI: *pf.* הֵבִיא, הֵבִיאָה, הֲבֵאתֶם, הֵבִיאוּ, הֲבֵאוֹתִי *K e* הֲבֵ(י)אתִי *e* הֲבִיאֹתֶם, הֵבִיאוּ, הֱבִיאֲךָ, *suf.* הֲבִיאֹתָהּ, הֲבֵ(י)אתִיהָ, הֲבִיאֹתָיו, הֲבִיאֹתִיו, הֱבִיאֻהוּ, הֲבֵאתִים *e Q* הֲבִיאוֹתִים, הֲבִיאֹתֶם, הֱבִיאוּם; *impf.* יָבִ(י)א, אָבִי, וַיָּבֵא, נָבִ(י)א, תְּבִיאֶינָה, יְבִיאוּן, יָבִיאוּ *e* וַיָּבֵא, וָאָבִ(י)א, וָאָבִאָה *K*, וַיָּבִיא *e* וַיָּבִיא, אֲבִיאֶנּוּ, יְבִיאֶנּוּ, יְבִ(י)אֵהוּ, *suf.* וַיְבִ(י)אוּ, יְבִיאוּם, יְבִיאֵהוּ, אֲבִיאֵם, יְבִיאֲךָ; *imp.* הָבֵ(י)א, הָבִיאָה, הָבִיא; *inf. cs.* לְהָבִיא *e* לָבִיא, *suf.* הֲבִיאִי, *abs.* הָבֵא; *pt.* מֵבִיא *e* מֵבִי, מְבִיאֲךָ, *pl.* מְבִ(י)אִים, מְבִ(י)אֵי, מְבִיאֶיהָ: fazer entrar; fazer vir; trazer. – HO: *pf.* הוּבָא, הֻבָאת, הֻבָאתָה; *impf.* יוּבָא, יוּבָאוּ; *pt.* מוּבָא, מוּבָאִים: ser trazido, ser levado.

בוז QAL: *pt.* בַּז, בָּזָה, בָּזוּ; *impf.* יָבוּז, יָבוּזוּ; *inf. abs.* בּוֹז; *pt.* בָּז, בָּז־: desprezar, menosprezar; mostrar deprezo.

I בּוּז (*de* בוז) *m.*: desprezo.

II בּוּז *n. t.* (Jr 25.23); *n. m.* (1 Cr 5.14); *n. p.* (*n. m.*) (Gn 22.21).

בּוּזָה (*de* בוז) *f.*: desprezo (Ne 3.36).

I בּוּזִי *gent.* (*patr.*) (Jó 32.2).

II בּוּזִי *n. m.* (Ez 1.3).

בַּוַּי *n. m.* (Ne 3.18).

בוך NI: *pf.* נָבֹכוּ, נָבוֹכָה; *pt.* נְבֻכִים: estar perturbado; vagar, errar.

I בּוּל Bul (*nome do oitavo mês*) (1 Rs 6.38).

II בּוּל *cs.* = : cepo, toro (Is 44.19).

III בּוּל produto(?), provento(?); tributo(?) (Jó 40.20).

בון *v.* בין.

בּוּנָה *n. m.* (1 Cr 2.25).

בּוּנִּי *n. m.* (Ne 11.15).

בוס QAL: *impf.* יָבוּס, *suf.* אֲבוּסֶנּוּ; *pt.*

בּוֹסִים: pisotear, esmagar (com os pés). – POLEL: *pf.* בּוֹסְסוּ: pisotear; profanar (Is 63.18; Jr 12.10). – HO: *pt.* מוּבָס: ser pisoteado (Is 14.19). – HITPOLEL: *pt.* מִתְבּוֹסֶסֶת: espernear (Ez 16.6, 22).

בּוּץ bisso.

בּוֹצֵץ *n. de pedra* (*n. t.?*) (1 Sm 14.4).

בּוּקָה (o)vazio, (o)ermo (Na 2.11).

בּוֹקֵר (*de* בָּקָר) *m.*: boieiro; alguém que lida com gado (Am 7.14).

בור QAL: *inf.* לָבוּר, *suf.* לְבֻרָם examinar (Ec 9.1); Ec 3.18 *v.* I ברר.

בּוּר Jr 6.7, *v. Q* בַּיִר.

בּ(וֹ)ר, בֹּאר *m., loc.* בֹּרָה, *suf.* בּוֹרְךָ, בּוֹרוֹ, *pl.* בֹּארוֹת, בּ(וֹ)רוֹת: cisterna; buraco, cova; sepultura.

בּוֹר הַסִּרָה *n. l.* (2 Sm 3.26).

בּוֹר עָשָׁן *n. l.* (1 Sm 30.30).

I בושׁ QAL: *pf.* בֹּ(וֹ)שׁ, בּוֹשָׁה, בֹּשְׁתִּי, בֹּ(וֹ)שׁוּ; *impf.* אֵבוֹשָׁה, תֵּבֹשִׁי, אֵ/יֵבוֹשׁ, יֵבֹ(וֹ)שׁוּ; *imp.* בּוֹשִׁי/שׁוּ; *inf.* בֹּ(וֹ)שׁ; *pt.* בּוֹשִׁים: envergonhar-se, passar vergonha, sentir vergonha; fracassar. – HI: I: *pf.* הֱבִישׁ(וֹ)תָ(ה); *impf.* תָּבִישׁוּ, *suf.* תְּבִישֵׁנִי; *pt.* מֵבִישׁ, מְבִישָׁה: envergonhar; agir vergonhosamente. – HI: II: *pf.* הֹ(וֹ)בִישׁ, הֹ(וֹ)בִישָׁה, הֹבַשְׁתָּ, הֹבִישׁוּ; *imp.* הֹבִישׁוּ: envergonhar; agir vergonhosamente; estar envergonhado, envergonhar-se; frustrar (*intr.*). – HITPOLEL: *impf.* יִתְבֹּשָׁשׁוּ: envergonhar-se (um do outro) (Gn 2.25).

II בושׁ QAL: *pf.* בֹּשְׁתִּי: demorar; hesitar (Ed 8.22). POLEL: *pf.* בֹּשֵׁשׁ: demorar, tardar (Êx 32.1; Jz 5.28).

בּוּשָׁה (*de* בושׁ) *f.*: vergonha.

בַּז (*de* בזז) *m., i.p.* בַּז *e* בָּז, *suf.* בִּזָּהּ: pilhagem; despojo, presa.

בזא QAL: *pf.* בָּזְאוּ: arrastar (pelas águas) (Is 18.2, 7).

בזה QAL: *pf.* בָּזָה, בָּזִיתָ, בְּזִתָנִי; *impf.* תִּבְזֶה, וַיִּבֶז, יִבְזֵהוּ, יִבְזֶה; *pt.* בּוֹזֶה, *cs.* בּוֹזֵה, *suf.* בּוֹזֵהוּ, *pl.* בּוֹזִים, בּוֹזֵי, *pass.* בָּזוּי, *cs.* בְּזוּי, *f.* בְּזוּיָה: desprezar, menosprezar. – NI: *pt.* נִבְזֶה, נִבְזִים: ser desprezado; ser desprezível. – HI: *inf.* הַבְזוֹת: desprezar, tornar desprezível (Et 1.17).

בִּזָּה (*de* בזז) *f.*: pilhagem, despojo, presa.

בזז QAL: *pf.* בָּזַז, בָּזְזוּ, בַּזּוֹנוּ *e* בָּזַזְנוּ, בְּזָזוּם; *impf.* תָּבֹז, יָבֹזּוּ, יְבָזּוּם; *imp.* בֹּזּוּ; *inf.* לָב(וֹ)ז; *pt.* בֹּזְזִים, בֹּזְזֵינוּ; *pass.* בָּזוּז: pilhar, saquear, roubar. – NI: *pf.* נָבֹזּוּ; *impf.* תִּבּוֹז; *inf.* הִבּוֹז: ser pilhado, ser saqueado (Is 24.3; Am 3.11). – PU: *pf.* בֻּזָּזוּ: ser saqueado (Jr 50.37).

בִּזָּיוֹן (*de* בזה) desprezo, menosprezo (Et 1.18).

בִּזְיוֹתְיָה *l.* בְּנוֹתֶיהָ (Js 15.28).

בָּזָק relâmpago (Ez 1.14).

בֶּזֶק *n. l.* (Jz 1.4).

בזר QAL: *impf.* יִבְזוֹר: espalhar, repartir, distribuir (Dn 11.24). – PI: *pf.* בִּזַּר: dispersar, espalhar (Sl 68.31).

בִּזְּתָא *n. m.* (Et 1.10).

בָּחוֹן (*de* בחן) acrisolador (Jr 6.27).

בַּחוּן* *Q* (*K* *בַּחִין), *pl. suf.* בַּחוּנָיו: torre de cerco? (Is 23.13).

I בָּחוּר (*de* I בחר) *m., pl.* בַּחוּרִים/רֵי, *suf.* בַּחֻרָיו *e* בַּחוּרָיו: jovem, homem jovem (crescido, forte, mas solteiro), moço, mancebo.

II בָּחוּר *v.* I בחר.

בְּחוּרוֹת* (*de* I בחר) *suf.* בְּחוּרֹתֶיךָ: idade/estado de jovem; juventude, mocidade (Ec 11.9; 12.1).

בְּחוּרִים* (*de* I בחר) *suf.* בְּחֻרָיו: idade/estado de jovem; juventude (Nm 11.28).

I בַּחוּרִים *v.* I בָּחוּר.

II בַּחוּרִים *tb.* בַּחֻרִים *n. l.* (2 Sm 3.16).

בַּחִין* *v.* בַּחוּן *Q* (Is 23.13).

בָּחִיר* (*de* II בחר) *cs.* בְּחִיר, *suf.* בְּחִירוֹ/רַי: escolhido, eleito (de Deus).

בחל QAL: *pf.* בָּחֲלָה: sentir repugnância; desprezar (Zc 11.8). – PU: *pt. f.* מְבֹחֶלֶת: *significado incerto*; *l.* מְבֹהֶלֶת? (Pv 20.21).

בחן QAL: *pf.* בָּחַנְתָּ, בְּחָנוּ, בְּחָנַנִי, בְּחַנְתָּנוּ, בְּחָנוּנִי; *impf.* יִבְחָן, יִבְחָנוּ, אֶבְחָנְךָ, תִּבְחָנֶנּוּ; *imp. suf.* בְּחָנֵנִי/נוּנִי; *inf.* בְּחֹן; *pt.* בֹּחֵן: acrisolar, depurar (metais nobres); examinar, provar, pôr à prova. – NI: *impf.* יִבָּחֵן, יִבָּחֲנוּ, תִּבָּחֵנוּ: ser provado, ser testado, ser posto à prova, ser examinado. – PU: *pf.* בֹּחַן: ser testado, ser provado? (Ez 21.18).

בֹּחַן *m.*: torre de vigia (Is 32.14).

I בֹּחַן *v.* בחן (Ez 21.18).

II בֹּחַן (Is 28.16) *significado incerto*; prova, teste?; אֶבֶן בֹּחַן: pedra xistosa?; pedra provada?.

I בחר QAL: *pf.* בָּחַר, בָּחַרְתָּ, בָּחָרְתְּ, בָּחֲרוּ, בָּחָרוּ, בְּחַרְתִּיךָ; *impf.* יִבְחַר/חָר, אֶבְחָרָה, יִבְחֲרוּ, *suf.* וַיִּבְחָרֶךָ, אֶבְחָרֵהוּ; *imp.* בְּחַר־, בַּחֲרוּ; *inf. suf.* בָּחֳרִי, *abs.* בָּח(וֹ)ר; *pt.* בֹּחֵר, *pass.* בָּחוּר, בְּחוּרֵי: provar; escolher, eleger; selecionar. – NI: *pf.* נִבְחַר; *pt.* נִבְחָר: ser provado; ser escolhido; ser preferível, ser desejável.

II בחר QAL: *pt.* בֹּחֵר: aliar-se (1 Sm 20.30). – PU: *impf.* יְבֻחַר: estar unido, estar ligado (a algo) (Ec 9.4).

בַּחֲרוּמִי (1 Cr 11.33) *l.* בַּחוּרְמִי, *v.* בַּחֲרֻמִי.

בַּחֻרִים *v.* II בַּחוּרִים.

בַּחֲרֻמִי *tb.* בַּחוּרְמִי (*em vez de* בַּרְחֻמִי 2 Sm 23.31 *e* בַּחֲרוּמִי 1 Cr 11.33 *resp.*): *gent.*

בטא, בטה QAL: *pt.* בּוֹטֶה: tagarelar (Pv 12.18). – PI: *impf.* יְבַטֵּא; *inf.* בַּטֵּא: tagarelar (Lv 5.4; Sl 106.33).

בָּטֵחַ, בָּטוּחַ (*de* בטח) confiante (Is 26.3; Sl 112.7).

I בטח QAL: pf. בָּטַח, בָּטַחְתִּי, בָּטָחְתִּי, בָּטְחוּ, בָּטָחְנוּ; *impf.* יִבְטַח/טָח, אֶבְטַח, תִּבְטְחִי, תִּבְטְחוּ/טָחוּ; *imp.* בְּטַח, בִּטְחִי; *inf. suf.* בִּטְחֵךְ, *abs.* בָּטוֹחַ; *pt.* בֹּ(וֹ)טֵחַ, בֹּטְחָה, בֹּטְחִים, *pass. v.* בָּטוּחַ: confiar (בְּ, עַל, אֶל *e dat. ético*); estar confiante; *pt.* confiado, despreocupado. – HI: *pf.* הִבְטַחְתָּ; *impf.* וַיַּ/יַבְטַח; *pt. suf.* מַבְטִיחִי: fazer confiar; inspirar confiança.

II בטח QAL: *pt.* בּוֹטֵחַ: cair (Jr 12.5; Pv 14.16).

I בֶּטַח (*de* I בטח) segurança, confiança; *adv. e* לָבֶטַח seguro, em segurança.

II בֶּטַח *n. l.* (2 Sm 8.8).

בָּטֻחַ *v.* בָּטוּחַ.

בִּטְחָה (*de* I בטח) confiança (Is 30.15).

בִּטָּחוֹן (*de* I בטח) confiança.

בַּטֻּחָה* *pl.* בַּטֻּחוֹת: vale habitado?; segurança? (Jó 12.6).

בטל QAL: *pf.* בָּטְלוּ: folgar (do trabalho) (Ec 12.3).

I בֶּטֶן *f., i.p.* בָּטֶן, *suf.* בִּטְנוֹ: barriga (de homem e animal); ventre (materno); interior.

II בֶּטֶן *n. l.* (Js 19.25).

בָּטְנָה* *pl.* בָּטְנִים: noz de pistácia (Gn 43.11).

בְּטֹנִים *n. l.* (Js 13.26).

בִּי *partícula que introduz um pedido, nas expressões* בִּי אֲדֹנִי *e* בִּי אֲדֹנָי: por favor, com permissão (meu senhor).

בין QAL: *pf.* בִּין, בַּנְתָּה, בִּינֹתִי; *impf.* יָבִין, יָבֶן, וַיָּבֶן, (וְ)אָבִינָה, יָבִינוּ; *imp.* בִּין, בִּינָה, בִּינָה; *inf. abs.* בִּין; *pt. pl.* בָּנִים: compreender, entender; saber; discernir, perceber, notar; atentar (para algo), considerar. – NI: *pf.* נְבֻנוֹתִי; *pt.* נָבוֹן, *cs.* נְבוֹן, *pl.* נְבֹ(וֹ)נִים, *suf.* נְבֹנָיו: ser entendido, ser sensato, ser sábio. – POLEL:

impf. suf. יְבוֹנְנֵהוּ: cuidar de (Dt 32.10). – HI: *pf.* הֵבִין, הֲבִינוּ, וַיְבִינֵהוּ, הֲבִינֹתֶם; *impf.* (*v. qal*) יָבִין, תְּבִינֵם; *imp.* הָבֵן, הָבִינוּ, הֲבִינֵנִי; *inf.* הָבִין, הֲבִינְךָ; *pt.* מֵבִין, מְבִינִים/נֵי: 1) (=*qal*) discernir; compreender, entender; atentar (para algo); *pt.* perito. 2) Fazer compreender, fazer entender; explicar, ensinar, instruir. – HITPOLEL: *pf.* הִתְבּוֹנָן, הִתְבּ(וֹ)נַנְתָּ, הִתְבּוֹנָנוּ; *impf.* יִתְבּוֹנָן, וַתִּתְבֹּנֶן בִּי, הִתְבּוֹנֵן, יִתְבּוֹנְנוּ/נָנוּ, אֶתְבּוֹנֵן/נָן; *imp.* הִתְבּוֹנְנוּ: portar-se inteligentemente; dar atenção a; examinar de perto.

בַּיִן* (*de* בין) *cs.* בֵּין, *pl. cs.* בֵּינֵי *e* בֵּינוֹת: 1) intervalo. 2) *prep.: cs.* בֵּין *c. suf. sing.* בֵּינִי, בֵּינְךָ, בֵּינוֹ, *c. suf. pl.* בֵּינֵינוּ, בֵּינֵנוּ, בֵּינֵיהֶם/כֶם, בֵּינֵכֶם, בֵּינ(וֹ)תָם/תֵינוּ: entre; בֵּין...וּבֵן entre...e (*tb.* בֵּין...לְ *e* בֵּין...לְבֵין). 3) *Com outras prep.*: אֶל־בֵּין, עַל־בֵּין: entre, para o meio de; מִבֵּין: dentre, do meio de.

בִּינָה (*de* בין) *f.*, *cs.* בִּינַת, *suf.* בִּינָתִי/נָתְךָ, בִּינַתְכֶם, *pl.* בִּינוֹת: compreensão, entendimento, discernimento.

בֵּיצָה*, בֵּצָה* *f.*, *pl.* בֵּיצִים/צֵי, *suf.* בֵּיצֶיהָ, בֵּיצֵיהֶם: ovo.

בַּיִר Jr 6.7 *Q: l.* בֵּיר* = בְּאֵר.

בִּירָה *pl.* בִּירָנִיּוֹת: cidadela, acrópole; templo; castelo.

בִּרָנִיּוֹת *v.* בִּירָה.

I בַּיִת *m.*, *cs.* בֵּית, *suf.* בֵּיתִי/תְךָ/תָם, *pl.* בָּתִּים (*pronuncia-se bātīm*), cs. בָּתֵּי, *i.p.* בָּתֶּיךָ, בָּתֵּימוֹ, *suf.* בַּיְתָה, *loc.* בָּיְתָה, *cs.* בֵּיתָה: casa; habitação, lugar de estadia; residência, moradia, lar, palácio, templo; família; recipiente; partes de uma casa; interior; propriedade. *Nomes próprios compostos c. o cs.* בֵּית: 1) בֵּית אָוֶן: *n. l.* (Js 7.2).
2) בֵּית(־)אֵל: *n. l.* (Gn 12.8); בֵּית הָאֱלִי: *gent.* 1 Rs 16.34).
3) בֵּית הָאֵצֶל: *n. l.* (Mq 1.11).
4) בֵּית אַרְבֵאל: *n. l.* (Os 10.14).
5) בֵּית אַשְׁבֵּעַ: *n. l.* (1 Cr 4.21).
6) בֵּית בַּעַל מְעוֹן: *n. l.* (Js 13.17).
7) בֵּית בִּרְאִי: *n. l.* (1 Cr 4.31).
8) בֵּית בָּרָה: *n. l.* (Jz 7.24).
9) בֵּית גָּדֵר: *n. l.* (1 Cr 2.51).
10) בֵּית הַגִּלְגָּל: *n. l.* (Ne 12.29).
11) בֵּית גָּמוּל: *n. l.* (Jr 48.23).
12) בֵּית הַגָּן: *n. l.* (2 Rs 9.27).
13) בֵּית דִּבְלָתַיִם: *n. l.* (Jr 48.22).
14) בֵּית דָּגוֹן: *n. l.* (Js 15.41).
15) בֵּית הָרָם: *n. l.* (Js 13.27).
16) בֵּית הָרָן: *n. l.* (Nm 32.36).
17) בֵּית חָגְלָה: *n. l.* (Js 15.6).
18) בֵּית חָנָן: *n. l.* (1 Rs 4.9).
19) בֵּית(־)ח(ו)ר(ו)ן: *n. l.* (Js 16.3).
20) בֵּית יוֹאָב: *n. l.?* (1 Cr 2.54).
21) בֵּית הַיְשִׁימ(וֹ)ת: *n. l.* (Nm 33.49). 22) בֵּית כָּר: *n. l.* (1 Sm 7.11). 23) בֵּית הַכֶּרֶם: *n. l.* (Jr 6.1).
24) בֵּית לְבָאוֹת: *n. l.* (Js 19.6).
25) בֵּית לֶחֶם, *i.p.* בּ׳לָחֶם: *n. l.* (Jz 17.7); בֵּית הַלַּחְמִי: *gent.* (1 Cr 2.51).
26) בֵּית לְעַפְרָה: *n. l.* (Mq 1.10).
27) בֵּית מִלּוֹא: *n. l.* (Jz 9.6; *tb.* בֵּית מִלֹּא). 28) בֵּית מְעוֹן: *n. l.* (Nm 32.3). 29) בֵּית מַעֲכָה: *v.* II אָבֵל.
30) בֵּית הַמֶּרְחָק: *n. l.?* (2 Sm 15.17). 31) בֵּית הַמַּרְכָּבוֹת: *n. l.* (Js 19.5; *tb.* בֵּית מַ׳). 32) בֵּית נִמְרָה: *n. l.* (Nm 32.36). 33) בֵּית עֶדֶן: *n. t.* (Am 1.5). 34) בֵּית עַזְמָוֶת: *n. l.* (Ne 12.29). 35) בֵּית הָעֵמֶק: *n. l.* (Js 19.27). 36) בֵּית עֲנוֹת: *n. l.* (Js 15.59). 37) בֵּית עֲנָת: *n. l.* (Js 19.38). 38) בֵּית עֵקֶד הָרֹעִים: *n. l.* (2 Rs 10.12; *tb.* בֵּית עֵקֶד).
39) בֵּית הָעֲרָבָה: *n. l.* (Js 15.6).
40) בֵּית פֶּלֶט: *n. l.* (Js 15.27).
41) בֵּית פְּעוֹר: *n. l.* (Dt 3.29).
42) בֵּית פַּצֵּץ: *n. l.* (Js 19.21).

43) בֵּית צוּר: *n. l.* (Js 15.58).
44) בֵּית רְחוֹב: *n. l.* (Jz 18.28).
45) בֵּית הָרָן *e* בֵּית הָרָם: *v. 15) e 16)*.
46) בֵּית רֵכָב: *n. de clã* (1 Cr 2.55).
47) בֵּית רָפָא: *n. l.?*, *v.* רָפָא (1 Cr 4.12). 48) בֵּית שְׁאָן (*tb.* בֵּית שָׁן): *n. l.* (Js 17.11). 49) בֵּית הַשִּׁטָּה: *n. l.* (Jz 7.22). 50) בֵּית שֶׁמֶשׁ, *i.p.* בֵּ׳שָׁמֶשׁ: *n. l.* (Js 15.10); בֵּית הַשִּׁמְשִׁי: *gent.* (1 Sm 6.14). 51) בֵּית תּוֹגַרְמָה: (Ez 27.14): *v.* תּוֹגַרְמָה. 52) בֵּית תַּפּוּחַ: *n. l.* (Js 15.53).

בַּיִת★ II (*f. de* ★בַּיִן) *cs.* בֵּית: entre.

בִּיתָן *cs.* בִּיתַן: palácio (Et 1.5).

בָּכָא *pl.* בְּכָאִים: 1) *espécie de arbusto*: arbusto de bálsamo?, amoreira? 2) עֵמֶק הַבָּ׳ *n. de vale?* (Sl 84.7).

בכה QAL: *pf.* בָּכָה, בָּכְתָה, בָּכִיתִי, בָּכוּ, בְּכִיתֶם; *impf.* וַיֵּבְךְּ, אֶ/תִּבְכֶּה, יִבְכּוּ, יִבְכָּיוּן, תִּבְכֶּינָה; *imp.* בְּכוּ, בְּכֶינָה; *inf.* לִבְכּוֹת, לִבְכֹּתָהּ, *abs.* בָּכֹה *e* בָּכוֹ; *pt.* בֹּ(וֹ)כֶה, בּוֹכִיָּה, בֹּ(וֹ)כִים: chorar; prantear. – PI: *pt. f.* מְבַכָּה, מְבַכּוֹת: prantear.

בֶּכֶה (*de* בכה) choro (Ed 10.1)

בְּכוֹר *v.* בְּכֹר.

בִּכּוּרָה *tb.* ★בַּכֻּרָה (*de* בכר) *pl.* בַּכֻּרוֹת: figo temporão.

בִּכּוּרִים *tb.* בִּכֻּרִים (*de* בכר) *m., cs.* בִּכּוּרֵי: fruta temporã; primícias.

בְּכוֹרַת *n. m.* (1 Sm 9.1).

בָּכוּת (*de* בכה): choro (Gn 35.8).

בְּכִי (*de* בכה) *m., i.p.* בֶּכִי, *suf.* בִּכְיִי: choro.

בֹּכִים *n. l.* (Jz 2.1).

בָּכִיר★ (*de* בכר) *adj., f.* בְּכִירָה: primogênita, mais velha.

בְּכִית★ (*de* בכה) *suf.* בְּכִיתוֹ: pranto, choro (Gn 50.4).

בכר PI: *impf.* יְבַכֵּר; *inf.* בַּכֵּר: produzir os primeiros frutos; tratar como primogênito (Ez 47.12; Dt 21.16). – PU: *impf.* יְבֻכַּר: nascer como primogênito (Lv 27.26). – HI: *pt. f.* מַבְכִּירָה: primípara (Jr 4.31).

בֵּכֶר★ (*de* בכר) *m., pl. cs.* בִּכְרֵי: camelo novo (Is 60.6).

בֶּכֶר *i.p.* בָּכֶר: *n. m.* (Gn 46.21).

בְּכֹר, בְּכוֹר (*de* בכר) *suf.* בְּכֹ(וֹ)רִי, בְּכֹרְךָ, בְּכֹרֶךָ, *pl. cs.* בְּכוֹרֵי *suf.* בְּכוֹרֵיהֶם, *f.* בְּכֹר(וֹ)ת: primogênito.

בְּכֹרָה (*de* בכר) *suf.* בְּכֹרָתְךָ: direito de primogenitura.

בִּכְרָה *f.*: fêmea nova de camelo (Jr 2.23).

בֹּכְרוּ *trad. n. m.* (1 Cr 8.38).

בַּכְרִי (*patr.*) *gent.* (Nm 26.35).

בִּכְרִי *n. m.* (2 Sm 20.1).

בַּל I *negação poét.*: não; *adv.*: mal.

בַּל II certamente? (Sl 16.2; Pv 19.23).

בֵּל *n. d.* (Is 46.1).

בַּלְאֲדָן *n. m.* (2 Rs 20.12).

בֵּלְאשַׁצַּר *v.* בֵּלְשַׁאצַּר.

בלג HI: *impf.* אַבְלִיגָה; *pt.* מַבְלִיג: fazer flamejar; ficar alegre.

בִּלְגָּה *n. m.* (Ne 12.5).

בִּלְגַּי *n. m.* (Ne 10.9).

בִּלְדַּד *n. m.* (Jó 2.11).

בלה QAL: *pf.* בָּלְתָה, בָּלוּ; *impf.* יִבְלֶה, יִבְלוּ; *inf. suf.* בְּלֹתִי: gastar-se, deteriorar-se; estar gasto; estar combalido. – PI: *pf.* בִּלָּה; *impf.* יְבַלּוּ; *inf.* בַּלּוֹת, *suf.* בַּלֹּתוֹ: gastar, consumir; aproveitar; fazer consumir-se; tratar duramente.

בָּלֶה★ (*de* בלה) *adj., f.* בָּלָה, *pl.* בָּלִים, בָּלוֹת: gasto; velho.

בָּלָה *n. l.* (Js 19.3).

בלהּ PI: *pt. pl.* מְבַלֲהִים (*Q* מְבַהֲלִים): atemorizar, assustar (Ed 4.4).

בַּלָּהָה (*de* בלהּ) *f., pl.* בַּלָּהוֹת, *cs.* בַּלְהוֹת: susto, terror súbito.

בִּלְהָה *n. f.* (Gn 29.29); *n. l.* (1 Cr 4.29).

בִּלְהָן *n. m.* (Gn 36.27).

בְּלוֹי★ (*de* בלה) *pl. cs.* בְּלוֹיֵ *e* בְּלוֹאֵי: trapos (Jr 38.11, 12).

בֵּלְטְשַׁאצַּר *tb.* בֵּלְטְאשַׁצַּר *n. m.* (Dn 1.7).

בְּלִי (*de* בלה) 1) desgaste, destruição;

(o) não ser. 2) *Adv.*: sem (*antes de s.*); não (*antes de adj.*, *pt. e orações*). 3) *C. prep.*: בִּבְלִי: sem; מִבְּלִי: sem; porque não; לִבְלִי: sem; מִבְּלִי אֵין: por falta de; עַד־בְּלִי: até que não.

בְּלִיל (*de* בלל) *m.*: forragem.

בְּלִימָה *var.* בְּלִי־מָה: nada (Jó 26.7).

בְּלִיַּעַל *i. p.* בְּלִיָּעַל: 1) *s. m.*: maldade, ruindade; perdição. 2) *Adj.*: mau; imprestável.

בלל QAL: *pf.* בַּלֹּתִי, בָּלַל; *impf.* יָבֹל, וַיָּבָל (*K* וַיִּבּוֹל), נָבְלָה; *pt. pass.* בָּלוּל, בְּלוּלָה/לֹת: umedecer (com azeite); derramar (azeite); confundir; tratar (forragem). – HITPOLEL: *impf.* יִתְבּוֹלָל: ser sacudido; misturar-se? (Os 7.8).

בלם QAL: *inf.* בְּלוֹם: refrear, travar (Sl 32.9).

בלס QAL: *pt.* בּוֹלֵס: arranhar (a fruta do sicômoro para provocar amadurecimento) (Am 7.14).

I בלע QAL: *pf.* בָּלַע, בָּלְעָה, *suf. Q* בְּלָעַנִי, *K* בְּלָעָנוּ (Jr 51.34) *impf.* יִבְלַע/לָע, תִּבְלַעְנִי, יִבְלָעֶנָּה, *suf.* תִּבְלָעֵךְ/נָה, יִבְלָעֵהוּ, תִּבְלָעֵמוֹ, תִּבְלָעֵם; *inf.* בְּלֹעַ, *suf.* בִּלְעִי: deglutir, engolir, devorar. – NI: *pf.* נִבְלַע: ser engolido, ser devorado (Os 8.8). – PI: *pf.* בִּלַּע/לֵעַ, בִּלַּעְנוּ, *suf.* בִּלַּעֲנוּהוּ; *impf.* אֲבַלַּע/לֵעַ, יְבַלַּע, *suf.* יְבַלְּעֶנּוּ, תְּבַלְּעֵנִי, יְבַלְּעֵם, *inf.* בַּלַּע, *abs.* בַּלֵּעַ, *suf.* בַּלְּעוֹ; *pt. suf. i.p.* מְבַלְּעָיִךְ: devorar; destruir.

II בלע PI: *impf.* יְבַלַּע: difundir, comunicar (Pv 19.28). – PU: יְבֻלַּע/לָע: ser avisado / comunicado (2 Sm 17.16; Jó 37.20).

III בלע NI: *pf.* נִבְלְעוּ: tornar-se confuso, tornar-se perturbado (Is 28.7). – PI: *pf.* בִּלֵּעוּ; *impf.* אֲבַלֵּעַ: confundir, perturbar (Is 3.12; 19.3). – PU: *pt. pl.* מְבֻלָּעִים: confusos, perturbados (Is 9.15). – HIT: *impf.*: תִּתְבַּלָּע: mostrar-se confuso/perturbado (Sl 107.27).

I בֶּלַע* (*de* I בלע) *suf.* בִּלְעוֹ: o que foi engolido/devorado (Jr 51.44).

II בֶּלַע* (*de* II בלע) *i.p.* בָּלַע: confusão (Sl 52.6).

III בֶּלַע *i.p.* בָּלַע: 1) *n. l.* (Gn 14.2). 2) n. m. (Gn 36.32).

בִּלְעֲדֵי* *tb.* בַּלְעֲדֵי *prep.*, *suf.* בִּלְעָדַי/דֶי/דֶיךָ: 1) com exceção de, exceto; sem; afora; desconsiderando. 2) *c.* מִן: com exceção de, exceto; além de.

בַּלְעִי *patr.* (Nm 26.38).

בִּלְעָם 1) *n. m.* (Nm 22.5). 2) *n. l.* (1 Cr 6.55).

בלק QAL: *pt. suf.* בּוֹלְקָהּ: devastar (Is 24.1). – PU: *pt. f.* מְבֻלָּקָה: *s.* : devastação (Na 2.11).

בָּלָק *n. m.* (Nm 22.2).

בֵּלְשַׁאצַּר *n. m.* (Dn 8.1).

בִּלְשָׁן *n. m.* (Ed 2.2).

בִּלְתִּי *suf.* בִּלְתִּי, בִּלְתֶּךָ: 1) *s.*: (o) não ser, (o) não existir. 2) *Negação do adj.*: não, in-... 3) *prep.*: com exceção de, exceto; além de; sem. 4) לְבִלְתִּי: para não; que não, para que não, de modo que não, de sorte que não. 5) לְבִלְתִּי לְ: para que não, a fim de que não. 6) עַד־בִּלְתִּי: de modo que não, de sorte que não.

בָּמָה *f.*, *loc.* הַבָּמָתָה, *pl.* בָּמוֹת, *cs.* = *e* בָּמֳתֵי *e* בָּמוֹתֵי, בָּמֳתֵי, *suf.* בָּמ(וֹ)תָיו *e* בָּמוֹתֵימוֹ: lombo, dorso, costas; encosta, colina, elevação, lugar elevado, cume, (o) alto; sepultura.

בִּמְהָל *n. m.* (1 Cr 7.33).

בְּמוֹ *prep.* = בְּ: em, por.

בָּמוֹת *n. l.* (Nm 21.19).

בָּמוֹת בַּעַל *n. l.* (Nm 22.41).

בֵּן, **בֶּן־** *m.*, *cs.* בֶּן־ (*e* בֵּן), בִּן־ (*e* בֵּן), בְּנִי *e* בְּנוֹ, *suf.* בְּנִי, בִּנְךָ, בְּנֵךְ, *pl.*

בָּנִים, *cs.* בְּנֵי, *suf.* בָּנָיו, בְּנֵיהֶם, *K* בְּנֵי, בָּנָיו (*Q* בְּנוֹ *K* ,(בָּנֶיךָ *Q*) בָּנַיִכִי *ou* בְּנִי), *f.v.* בַּת: filho; *pl.* filhos, crianças; animal novo (novilho, filhote, etc.); neto; membro (de um grupo, clã, tribo ou povo); da idade de.

בֵּן *n. m.* (1 Cr 15.18).

בֶּן־אוֹנִי *n. m.* (Gn 35.18).

בֶּן־הֲדַד *n. m.* (1 Rs 15.18).

בֶּן־זוֹחֵת *n. m.* (1 Cr 4.20).

בֶּן־חוּר *n. m.* (1 Rs 4.8).

בֶּן־חַיִל *n. m.* (2 Cr 17.7).

בֶּן־חָנָן *n. m.* (1 Cr 4.20).

בֶּן־יָמִין *n. m.* = בִּנְיָמִין (1 Sm 9.1).

בנה QAL: *pf.* בָּנָה, בָּנְתָה, בָּנ(י)תָ(ה), *K* בָּנִית, בָּנוּ, בְּנִיתֶם, *suf.* בְּנִיתִיהָ; *impf.* יִבְנֶה/אֶ, וַיִּבֶן, וְיִבֶן, תִּבְנִי, יִבְנוּ, *suf.* אֶבְנֶנָּה/נֵךְ, יִבְנֵהוּ/נֵנוּ/נֵם; *imp.* בְּנוּ; *inf.* בְּנ(וֹ)ת, *suf.* בְּנוֹתֵךְ, *abs.* בָּנֹה; *pt.* בּ(וֹ)נֶה, *cs.* בֹּנֵה, *pl.* בּ(וֹ)נִים, *pass.* בָּנוּי, בְּנוּיָה: construir, edificar; reconstruir; constituir família / prole. – NI: *pf.* נִבְנוּ, נִבְנָה/נְתָה/נֵית; *impf.* תִּבָּנֶינָה, אִ/יִבָּנֶה; *inf.* הִבָּנוֹת, *suf.* הִבָּנֹתוֹ; *pt.* נִבְנֶה: ser construído, ser edificado; sobreviver, continuar a viver (na prole); ganhar um filho.

בִּנּוּי *n. m.* (Ed 10.30).

בְּנִי *n. m.?* (1 Cr 24.23), *mas prov. txt. corr.*

בָּנִי *n. m.* (2 Sm 23.36).

בֻּנִּי *n. m.* (Ne 9.4).

בְּנֵי בְרַק *n. l.* (Js 19.45).

בְּנֵי יַעֲקָן *n. l.* (Nm 33.31).

בִּנְיָה (*de* בנה) *f.*: construção, edifício (Ez 41.13).

בְּנָיָה *n. m.* (Ed 10.25).

בְּנָיָהוּ *n. m.* (2 Sm 8.18).

בֵּנַיִם *du. de* *בַּיִן: duelista, lutador individual.

בִּנְיָמִין, בִּנְיָמִן 1) *n. m.* (Gn 35.18). 2) *n. tr.* (Gn 49.27).

בֶּן־יְמִינִי *c. art.* בֶּן־הַיְמִינִי, *pl.* בְּנֵי יְמִינִי: *gent.* (1 Sm 9.21).

בָּנִימִן *K* בִּנְיָמִן, *l. Q* בְּנֵי מִן (1 Cr 9.4).

בִּנְיָן (*de* בנה) *m.*: construção.

בְּנִינוּ *n. m.* (Ne 10.14).

בִּנְעָא *n. m.* (1 Cr 8.37).

בְּסוֹדְיָה *n. m.* (Ne 3.6).

בֵּסַי *i.p.* בֵּסָי: *n. m.* (Ed 2.49).

בֹּסֶר *m., col.*: frutas verdes, frutas imaturas.

I בַּעַד *cs.* בְּעַד, *suf.* בַּעֲדוֹ, בַּעַדְךָ, בַּעֲדֵךְ, בַּעֲדֵי/דֵנִי, בַּעֲדֵ(י)נוּ, בַּעַדְכֶם, *prep.*: por trás de, atrás de; por detrás de; por sobre; através de, para fora de; em favor de, em prol de, por, para; em torno de, ao redor de.

II בַּעַד* *cs.* בְּעַד; valor cambial, preço (Pv 6.26).

I בעה QAL: *impf.* 2^{a} *pl.* תִּבְעָיוּן; *imp. pl.* בְּעָיוּ: perguntar (Is 21.12). – NI: *pf.* נִבְעוּ: ser revolvido/ revistado/ rebuscado (Ob 6).

II בעה QAL: *impf.* 3^{a} *f.* תִּבְעֶה: fazer ferver (Is 64.1). – NI: *pt.* נִבְעֶה: formar saliências, formar barriga (Is. 30.13).

בְּעֹר, בְּעוֹר *n. m.* (Gn 36.32).

בְּעוּת* (*de* בעת) *pl. cs.* בִּעוּתֵי, *suf.* בִּעוּתֶיךָ: horror, terror (Sl 88.17; Jó 6.4).

I בֹּעַז *n. m.* (Rt 2.1).

II בֹּעַז *n. da coluna esquerda na frente do templo* (1 Rs 7.21).

בעט QAL: *impf.* וַיִּבְעַט, תִּבְעֲטוּ: desprezar, desdenhar; dar coices (1 Sm 2.29; Dt 32.15).

בְּעִי ?; *v.* עִי; *prov. txt. corr.* (Jó 30.34).

בַּעְיָם *v.* עַיָם (Is 11.15).

בְּעִיר* (*de* III בער) *suf.* בְּעִירֹה, בְּעִירָם: *col.* gado; animais.

I בעל QAL: *pf.* בָּעַל, בָּעֲלָה, בְּעָלוֹ, *suf.* בְּעָלָהּ, בְּעָלְתָּהּ, בְּעָלָהּ/לוּנִי; *impf.* יִבְעַל, *suf.* יִבְעָלוּךְ; *pt. suf.* בֹּעֲלַיִךְ, *pass.* בְּעוּלָה, בְּעֻלַת: exercer autoridade e domínio sobre, dominar, governar; possuir; comprovar o senhorio, mostrar-se senhor (*c.* בְּ); tomar (posse de) uma mulher, casar; *pt. pass.*: (a) desposada. – NI: *impf.* תִּבָּעֵל: ser desposada (Pv 30.23; Is 62.4).

II בעל QAL: *pt. suf.* בֹּעֲלַיִךְ: fazer (Is 54.5).

I בַּעַל (I בעל) *i.p.* בָּעַל, *suf.* בַּעְלָהּ, בַּעְלִי, *pl.* בְּעָלִים, *cs.* בַּעֲלֵי, *suf.* בְּעָלָיו, בַּעֲלֵיהֶן: 1) senhor; proprietário, dono; marido; cidadão; parceiro, membro de um grupo ou comunidade; dono, homem de (*com indicação de característica que qualifica maneira de ser ou ocupação de alguém*). 2) *n. d.* (Jz 6.31); designação de Javé. *Designações geográficas compostas c.* בַּעַל: 1) בָּעַל: *n. l.* (1 Cr 4.33). 2) בַּעַל־גָּד: *n. l.* (Js 11.17). 3) בַּעַל הָמוֹן: *n. l.* (Ct 8.11). 4) בַּעַל חָצוֹר: *n. l.* (2 Sm 13.23). 5) בַּעַל חֶרְמוֹן: *n. l.* (1 Cr 5.23); *n. t.* (Jz 3.3). 6) בַּעֲלֵי יְהוּדָה: *n. l.* (2 Sm 6.2). 7) בַּעַל מְעוֹן: *n. l.* (Nm 32.38). 8) בַּעַל פְּעוֹר: *n. l.* Os 9.10). 9) בַּעַל פְּרָצִים: *n. t.* (2 Sm 5.20). 10) בַּעַל צְפֹן: *n. l.* (Êx 14.2). 11) בַּעַל שָׁלִשָׁה: *n. l.* (2 Rs 4.42). 12) בַּעַל תָּמָר: *n. l.* (Jz 20.33).

II בַּעַל *n. m.* (1 Cr 5.5).

I בַּעֲלָה (I בעל) *f.*, *cs.* בַּעֲלַת: proprietária; mestra de (*indicando ocupação*).

II בַּעֲלָה *n. l.* (Js 15.9).

בְּעָלוֹת *n. l.* (1 Rs 4.16).

בַּעַל חָנָן *n. m.* (Gn 36.38).

בְּעֶלְיָדָע *n. m.* (1 Cr 14.7).

בְּעַלְיָה *n. m.* (1 Cr 12.6).

בַּעֲלִיס *n. m.* (Jr 40.14).

בַּעֲלַת *n. l.* (Js 19.44).

בַּעֲלָת *n. l.* (1 Rs 9.18).

בַּעֲלַת בְּאֵר *n. l.* (Js 19.8).

בְּעֹן *n. l.* (Nm 32.3).

בַּעֲנָא *n. m.* (1 Rs 4.12).

בַּעֲנָה *n. m.* (2 Sm 4.2).

I בער QAL: *pf.* בָּעֲרוּ, בָּעֲרָה; *impf.* יִבְעַר/עָר; *pt.* בֹּעֵר, בֹּעֲרָה, בֹּעֶרֶת, בֹּעֲרָה, בֹּעֲרוֹת: queimar (*intr.*): acender-se; queimar (*tr.*); chamuscar. – PI: *pf.* בִּעֵר, בִּעַרְתֶּם, בִּעֲרוּ, *suf.* בִּעַרְתִּיהָ; *impf.* יְבַעֲרוּ; *inf.* בָּעֵר, בַּעֵר, *suf.* לְבַעֲרָם; *pt.* מְבַעֲרִים: acender, pôr fogo a; alimentar (fogo). – PU: *pt.* מְבֹעֶרֶת: estar/ser aceso (Jr 36.22). – HI: *pf.* וְהִבְעַרְתִּי; *impf.* יַבְעֶר־, תַּבְעִיר, וַיַּבְעֵר/עֶר־; *pt.* מַבְע(י)ר: incendiar; pôr fogo a, acender; incinerar, queimar (*tr.*).

II בער PI: *pf.* בִּעֵר, בִּעַרְתָּ; *impf.* יְבַעֵר, נְבַעֲרָה; *inf.* בָּעֵר: pastar; destruir, devastar, arruinar; remover, fazer desaparecer, varrer, exterminar. – HI: *impf.* יַבְעֶר־; *pt.* מַבְעִיר: fazer com que seja pastado; fazer desaparecer, exterminar (Êx 22.4; 1 Rs 16.3).

III בער QAL: *impf.* יִבְעֲרוּ; *pt.* בֹּעֲרִים: ser estúpido, ser ignorante. – NI: *pf.* נִבְעַר, נִבְעֲרוּ; *pt. f.* נִבְעָרָה: portar-se de maneira estúpida/ignorante; tornar-se estúpido/ignorante.

בַּעַר (*de* III בער) estúpido, ignorante.

בַּעֲרָא *n. f.* (1 Cr 8.8).

בְּעֵרָה (*de* I בער) incêndio, fogo (Êx 22.5).

בַּעֲשֵׂיָה *n. m.* (1 Cr 6.25).

בַּעְשָׁא, בַּעְשָׁא *n. m.* (1 Rs 15.16).

בְּעֶשְׁתְּרָה *n. l.* (Js 21.27).

בעת NI: *pf.* נִבְעַת, נִבְעַתִּי: ser assaltado de súbito terror. – PI: *pf. suf.* בִּעֲתַתּוּ, בִּעֲתַתְנִי, בִּעֲתַתְהוּ; *impf.* תְּבַעֵת, *suf.* יְבַעֲתֻהוּ, תְּבַעֲתֵנִי; *pt. suf.* מְבַעִתֶּךָ: assustar (*tr.*), amedrontar, atemorizar; espantar, afugentar.

בְּעָתָה (*de* בעת) susto (Jr 8.15; 14.19).

בֹּץ (*de* בצץ) lama, lodo (Jr 38.22).

בִּצָּא *v.* בִּצָּה (Ez 47.11).

בִּצָּה (*de* בצץ) *pl. suf. Q* בִּצּוֹתָיו (*K* בִּצָּאתוֹ): lodaçal, pântano, charco.

בָּצוּר (*de* III בצר) *adj., f.* בְּצוּרָה, *pl.* בְּצֻר(וֹ)ת: inacessível; inexpugnável; incompreensível.

בֵּצַי *i.p.* בֵּצָי: *n. m.* (Ed 2.17).

I בָּצִיר (*de* I בצר) *m., cs.* בְּצִיר, *suf.* בְּצִירֵךְ: vindima.

II בָּצִיר (*de* III בצר): inacessível (Zc 11.2 *Q*).

בָּצָל* *pl.* בְּצָלִים: cebola (Nm 11.5).

בְּצַלְאֵל *n. m.* (Êx 31.2).

בַּצְלוּת, בַּצְלִית *n. m.* (Ed 2.52; Ne 7.54).

בצע QAL: *impf.* יִבְצַע, יִבְצָעוּ; *inf.* בְּצֹעַ, *suf.* בִּצְעֵךְ; *pt.* בֹּ(וֹ)צֵעַ; Am 9.1 בְּצַעַם?: cortar (fio, tecido); parar, interromer; בצע בֶּצַע: auferir lucro. – PI: *pf.* בִּצַּע; *impf.* יְבַצַּע, תְּבַצַּעְנָה, וַתְּבַצְּעִי, *suf.* יְבַצְּעֵנִי: cortar; pôr fim a, terminar; cumprir; causar dano a, prejudicar.

בֶּצַע (*de* בצע) *m., i.p.* בָּצַע, *suf.* בִּצְעֵךְ, בִּצְעָם: retalho; lucro (ilícito).

בְּצַעֲנַנִּים (*Q* בְּצַעֲנַנִּים): *n. l.* (Jz 4.11).

בצק QAL: *pf.* בָּצֵקָה/קוּ: inchar (*intr.*) (Dt 8.4; Ne 9.21).

בָּצֵק (*de* בצק) *m., suf.* בְּצֵקוֹ: massa (de farinha).

בָּצְקַת *n. l.* (Js 15.39).

I בצר QAL: *impf.* תִּבְצֹר, יִבְצְרוּ; *pt.* בּוֹצֵר, בֹּצְרִים: colher uvas, vindimar; *pt.:* vindimador.

II בצר QAL: *impf.* יִבְצֹר: rebaixar, humilhar (Sl 76.13).

III בצר NI: *impf.* יִבָּצֵר: ser inacessível; ser impossível (Gn 11.6; Jó 42.2). – PI: *impf.* תְּבַצֵּר; *inf.* בַּצֵּר: tornar inacessível (Is 22.10; Jr 51.53).

I בֶּצֶר* *i.p.* בָּצֶר, *pl. suf.* בְּצָרֶיךָ: minério de ouro (Jó 22.24, 25).

II בֶּצֶר *n. m.* (1 Cr 7.37); *n. l.* (Dt 4.43).

בְּצָר ?, *var.* בֶּצֶר? (Jó 36.19).

I בָּצְרָה Mq 2.12: curral?; *l.* בַּצִּרָה? (*v.* צִרָה).

II בָּצְרָה *n. l.* (Gn 36.33).

בַּצָּרָה (*de* II בצר) *pl.* בַּצָּרוֹת: estiagem, falta de chuva (Sl 9.10; 10.1; Jr 14.1?).

בִּצָּרוֹן Zc 9.12: fortaleza?; *l.* לְצִבָּרוֹן* em bandos?)

בַּצֹּרֶת (*de* II בצר) *pl.* בַּצָּרוֹת: falta de chuva, estiagem (Jr 14.1; 17.8).

בַּקְבּוּק *n. m.* (Ed 2.51).

בַּקְבֻּק frasco, cântaro, garrafa.

בַּקְבֻּקְיָה *n. m.* (Ne 11.17).

בַּקְבַּקַּר *n. m.* (1 Cr 9.15).

בֻּקִּי *n. m.* (Nm 34.22).

בֻּקִּיָּהוּ *n. m.* (1 Cr 25.4).

בָּקִיעַ* (*de* בקע) *pl.* בְּקִעִים, *cs.* בְּקִיעֵי: rachadura; escombros, ruínas (Is 22.9; Am 6.11).

בקע QAL: *pf.* בָּקַע, בָּקְעָה, בָּקַעְתָּ; *impf.* וַיִּבְקַע, וַיִּבְקְעוּ, *suf.* וַיִּבְקָעוּהָ; *imp. suf.* בְּקָעֵהוּ; *inf. suf.* בִּקְעָם; *pt.* בֹּ(וֹ)קֵעַ: fender, rachar, partir, romper; forçar a entrada, penetrar, invadir; chocar (ovos). – NI: *pf.* נִבְקַע, נִבְקְעוּ; *impf.* יִבָּקַע/קֵעַ, וַיִּבָּקְעוּ; *inf.* הִבָּקַע: fender-se, rachar-se, romper-se; despedaçar-se; irromper; ser tomado de assalto; ser chocado (ovos). – PI: *pf.* בִּקַּע, בִּקְּעוּ, בִּקַּעְתִּי; *impf.* תְּבַקַּע/קֵעַ, וַיְבַקְּעוּ, וַתְּבַקַּעְנָה, *suf.* תְּבַקְּעֵם: fender, rachar, partir, romper; rasgar, abrir; estraçalhar, despedaçar; fazer irromper; chocar (ovos); escavar (túneis). – PU: *impf.* יְבֻקָּעוּ; *pt.* מְבֻקָּעָה: ser rasgado; ser tomado de assalto; *pt.*: roto. – HI: *impf. suf.* נַבְקִעֶנָּה; *inf.* הַבְקִיעַ: apoderar-se, conquistar; abrir caminho (para atravessar) (Is 7.6; 2 Rs 3.26). – HO: *pf.* הָבְקְעָה: ser tomado de assalto (Jr 39.2). – HIT: *pf.* הִתְבַּקָּעוּ; *impf.* יִתְבַּקָּעוּ: estar roto; estar fendido (Js 9.13; Mq 1.4).

בֶּקַע (*de* בקע) *n. de moeda com valor de meio siclo* (שֶׁקֶל); LXX: dracma (Gn 24.22; Êx 38.26).

בִּקְעָה (*de* בקע) *f., cs.* בִּקְעַת, *pl.* בְּקָעוֹת: vale, planície, depressão. *Designações geográficas compostas c.* בִּקְעַת: 1) בִּקְעַת אָוֶן: *n. t.* (Am 1.5). 2) בִּקְעַת אוֹנוֹ: *v.* אוֹנוֹ (Ne 6.2). 3) בִּקְעַת יְרֵחוֹ: *n. t.* (Dt 34.3). 4) בִּקְעַת הַלְּבָנוֹן: *n. t.* (Js 11.17). 5) בִּקְעַת מְגִדּוֹ(ן): *n. t.* (Zc 12.11). 6) בִּקְעַת מִצְפֶּה: *n. t.* (Js 11.8).

I בקק QAL: *pf.* בַּקֹּתִי, *suf.* בְּקָקוּם; *pt.* בֹּקֵק, בֹּקְקִים: devastar, assolar; destruir; frustrar (*tr.*). – NI: *pf.* נָבְקָה; *impf.* תִּבּוֹק; *inf.* הִבּוֹק: ser devastado, ser assolado; ser perturbado, ser confundido (Is 24.3; 19.3). – POLEL: *impf.* יְבֹקְקוּ: devastar, assolar (Jr 51.2).

II בקק QAL: *pt.* בּוֹקֵק: vicejar, ser viçoso (Os 10.1).

בקר PI: *pf. suf.* בִּקַּרְתִּים; *impf.* יְבַקֵּר; *inf.* בַּקֵּר: *t.t. do culto* inspecionar (o sacrifício); examinar cuidadosamente; importar-se com, cuidar de; ponderar, considerar.

בָּקָר *m. e f., cs.* בְּקַר, *suf.* בְּקָרוֹ, בְּקָרְךָ, *pl. suf.* בְּקָרֵינוּ: *col.* gado vacum; vaca, boi, touro; rês, cabeça de gado.

I בֹּקֶר (*de* בקר): (*t.t. do culto*) sacrifício destinado ao augúrio (Sl 5.4b).

II בֹּקֶר *m., pl.* בְּקָרִים: manhã; romper do dia, madrugada; manhã próxima, amanhã.

בַּקָּרָה* (*de* בקר), *cs.* בַּקָּרַת: desvelo, cuidado (Ez 34.12).

בִּקֹּרֶת (*de* בקר) *f.*: dever de indenização (Lv 19.20).

בקשׁ PI: *pf.* בִּקֵּשׁ, בִּקֶּשׁ־, בִּקְשָׁה, בִּקַּשְׁתִּי, בִּקְשׁוּ, *suf.* בִּקַּשְׁתִּיהוּ/תִּיו, בִּקְשָׁתַם, בִּקְשֻׁהוּ; *impf.* תְּבַקְשִׁי, יְבַקֵּשׁ/קֶשׁ־, וַיְ/וִיבַקְשׁוּ, יְבַקְשׁוּ, אֲבַקְשָׁה, אֲבַקֵּשׁ, תְּבַקְשׁוּן, *suf.* וַיְבַקְשֵׁהוּ; *imp.* בַּקֵּשׁ, בַּקְשׁוּ, בַּקְשׁוּנִי; *inf.* בַּקֵּשׁ, *suf.* בַּקְשׁוֹ, בַּקֶּשְׁךָ, בַּקְשֵׁנִי; *pt.* מְבַקֵּשׁ/קֶשׁ־, מְבַקְשִׁים, *suf.* מְבַקְשֶׁיךָ: procurar, buscar; pretender, tentar (*c. inf.*); tentar obter; exigir; requerer, pedir; consultar; implorar; estar prestes a. – PU: *impf.* יְבֻקַּשׁ, וּתְ/וּתְבֻקְשִׁי: ser procurado; ser investigado, ser examinado.

בַּקָּשָׁה (*de* בקשׁ), *f., suf.* בַּקָּשָׁתוֹ/תֵךְ desejo; pedido.

I בַּר *suf.* בְּרִי: filho (Pv 31.2; Sl 2.12).

II בַּר (*de* ברר) *adj., i.p.* בָּר, *f.* בָּרָה, *pl. cs.* בָּרֵי: puro; vazio.

III בַּר (*de* ברר) *i.p.* בָּר: trigo, cereal (trilhado e limpo).

IV בַּר* *i.p.* בָּר: campo aberto (Jó 39.4).

I בֹּר *v.* בּוֹר.

II בֹּר (*de* I ברר): pureza.

III בֹּר (*de* I ברר): carbonato de potássio, lixívia.

I ברא QAL: *pf.* בָּרָא, בָּרָאתִי, *suf.* בְּרָאתִיו, בְּרָאתָם, בְּרָאָם, בְּרָאָהּ/רָאָנוּ; *impf.* יִבְרָא; *imp.* בְּרָא; *inf.* בְּרֹא; *pt.* בֹּ(ו)רֵא, *suf.* בּוֹרַאֲךָ, בֹּרַאֲךָ: criar (somente por parte de Deus). – NI: *pf.* נִבְרָא, נִבְרֵאת, נִבְרְאוּ/רָאוּ; *impf.* יִבָּרֵאוּן; *inf. suf.* הִבָּרְאָם, הִבָּרַאֲךָ/רְאֲךָ; *pt.* נִבְרָא: ser criado.

II ברא HI: *inf. suf.* הַבְרִיאֲכֶם: engordar-se (1 Sm 2.29).

III ברא PI: *pf.* בֵּרֵאתָ, *suf.* בֵּרֵאתוֹ: desmatar, roçar (mato); desbravar, arrotear.

IV ברא *v. I* ברה (2 Sm 12.17).

בָּרָא *v.* בָּרִיא.

בְּרֹאדַךְ *v.* מְרֹדַךְ (2 Rs 20.12).

בְּרָאִי *v.* בֵּית בִּרְאִי.

בְּרָאיָה *n. m.* (1 Cr 8.21).

בַּרְבֻּר* *m., pl.* בַּרְבֻּרִים: aves (cevadas) (1 Rs 5.3).

בַּרְחֻמִי *l.* בַּחֲרֻמִי.

בֵּרִי *n. m.* (1 Cr 7.36).

בְּרִי *v.* רִי.

בָּרִיא (*de* II ברא) *adj.*, *pl.* בְּרִיאִים, *f.* בְּרִ(י)אָה, *pl.* בְּרִיא(וֹ)ת: gordo.

בְּרִיאָה (*de* I ברא): algo criado; algo novo, novidade (Nm 16.30).

בִּרְיָה (*de* I ברה): dieta (de pessoa enferma).

בָּרִיחַ *n. m.* (1 Cr 3.22).

בְּרִיחַ (*de* III ברח) *m.*, *pl.* בְּרִיח(י)ם, *cs.* בְּרִיחֵי, *suf.* בְּרִיחָ(י)ו: ferrolho, tranca.

בֵּרִים 2 Sm 20.14: *termo não explicado*; *l.* הַבִּכְרִים?

בְּרִיעָה *tb.* בְּרִעָה *n. m.* (Gn 46.17).

בְּרִיעִי *gent.* (Nm 26.44).

בְּרִית (*de* II ברה) *f.*, *cs.* =, *suf.* בְּרִיתִי/תְךָ/תֵךְ: 1) acordo, contrato, convênio; pacto, aliança (*entre homens e entre Deus e homens*). 2) כָּרַת בְּרִית: fazer um acordo/ contrato; estabelecer/ firmar um pacto. 3) בַּעֲלֵי בְּרִית: aliados.

בֹּרִית (*de* ברר) *cs.* = : sal alcalino (Jr 2.22; Ml 3.2).

I ברך QAL: *impf.* נִכְרְעָה ,וַיִּבְרַךְ: ajoelhar (*intr.*) (Sl 95.6; 2 Cr 6.13). – HI: *impf.* וַיַּבְרֵךְ: fazer ajoelhar (Gn 24.11).

II ברך QAL: *somente pt. pass.* בָּרוּךְ, *cs.* בְּרוּךְ, *f.* בְּרוּכָה, *pl.* בְּרוּכִים/כֵי: abençoado; bendito, louvado (Deus). – NI: *pf.* נִבְרְכוּ: almejar ser abençoado; (בְּ como). – PI: *pf.* בֵּרַךְ, בֵּרֵךְ, וּבֵרַכְתִּי, בֵּרְכוּ, *suf.* בֵּרֲכוֹ, בֵּרַכְךָ, בֵּרְכַנִי, בֵּרַכְתָּנִי, בֵּרַכְתִּיךָ, בֵּרֲכוּנִי, בֵּרַכְנוּךָ; *impf.* וַיְבָרֵךְ, תְּבָרֵךְ, יְבָרְכוּ, וַיְבָרֶךְ, אֲבָרְכָה, *suf.* יְבָרֲכֶהוּ/כֶנְהוּ, אֲבָרֶכְךָ, אֲבָרְכֵם, אֲבָרֶכְךָ, תְּבָרְכֵנִי, תְּבָרְכֶנּוּ, יְבָרֲכוּכָה; *inf. abs.* בָּרֵךְ, בָּרוֹךְ, *cs.* בָּרֵךְ, *suf.* בָּרְכוֹ; *imp.* בָּרֵךְ, בָּרְכִי/כוּ, *suf.* בָּרְכֵנִי; *pt. suf.* מְבָרְכֶיךָ: abençoar; bendizer, louvar. –

ברד QAL: *pf.* בָּרַד: cair granizo (Is 32.19).

בָּרָד (*de* ברד) *m.*: granizo.

בָּרֹד *pl.* בְּרֻדִּים/דֹּת: (animal) malhado/ manchado (Gn 31.10, 12).

בֶּרֶד *i.p.* בָּרֶד: *n. l.* (Gn 16.14); *n. m.* (1 Cr 7.20).

I ברה QAL: *pf.* בָּרָא; *impf.* אֶבְרֶה: fazer refeição, comer; receber a dieta de. – PI: *inf.* לְבָרוֹת: comer (Lm 4.10). – HI: *impf. suf.* תַּבְרֵנִי; *inf.* הַבְרוֹת: dar de comer, dar a dieta a (2 Sm 3.35; 13.5).

II ברה QAL: *imp.* בְּרוּ: dar missão de representante; escolher (1 Sm 17.8).

בָּרוּךְ *n. m.* (Jr 32.12).

בָּרוּר (*de* I ברר) *adj.*, *f.* בְּרוּרָה: puro; límpido, claro; escolhido, seleto.

בְּרוֹשׁ *m.*, *pl.* בְּרוֹשִׁים, *suf.* בְּרֹשָׁיו: junípero fenício; haste de lança.

בְּרוֹת* *pl.* בְּרוֹתִים: junípero fenício (Ct 1.17).

בָּרוּת* (*de* I ברה) *suf.* בָּרוּתִי: comida (Sl 69.22).

בֵּרוֹתָה *n. l.* (Ez 47.16).

בִּרְזָוִת (*Q* בִּרְזַיִת): *n. l.* (1 Cr 7.31).

בַּרְזֶל *m.*: ferro.

בַּרְזִלַּי *n. m.* (2 Sm 17.27).

I ברח QAL: *pf.* בָּרַח, בָּרְחוּ/רָחוּ; *impf.* יִבְרַח/רָח, יִבְרְחוּ, נִבְרְחָה; *imp.* בְּרַח, בִּרְחוּ; *inf.* בְּרֹחַ, *suf.* בָּרְחִי, בָּרְחֲךָ, *abs.* בָּרוֹחַ; *pt.* בֹּרֵחַ, *f.* בֹּרַחַת: fugir, escapar; desaparecer, passar; percorrer, deslizar. – HI: pf. הִבְרִיחוּ; *impf. suf.* יַבְרִיחֶנּוּ, וָאַבְרִיחֵהוּ; *pt.* מַבְרִחַ: afugentar; deslizar.

II ברח HI: *impf.* יַבְרִיחַ: ferir (Pv 19.26).

III ברח HI: *impf.* וַיַּבְרִיחוּ: trancar, barrar (1 Cr 12.16).

בָּרִחַ, בָּרִיחַ (*de* I ברח) *pl.* בָּרִיחִים: fugitivo; *adj.*: fugaz, rápido.

PU: *impf.* יְבֹרַךְ/רָךְ; *pt.* מְבֹרָךְ, מְבֹרֶכֶת, *pl. suf.* מְבֹרָכָיו: ser abençoado; ser louvado, ser bendito. – HIT: *pf.* הִתְבָּרֵךְ, הִתְבָּרְכוּ; *impf.* יִתְבָּרֵךְ; *pt.* מִתְבָּרֵךְ: almejar ser abençoado; abençoar-se; considerar-se abençoado / feliz.

בֶּרֶךְ (*de* I ברך) *f.*, *du.* בִּרְכַּיִם, *cs.* בִּרְכֵּי, *suf.* בִּרְכֵיהֶם, בִּרְכַּי, בִּרְכֶּיהָ, בִּרְכָּיו: joelho.

בַּרַכְאֵל *tb.* בָּרַכְאֵל *n. m.* (Jó 32.2).

I בְּרָכָה (*de* II ברך) *f.*, *cs.* בִּרְכַּת, *suf.* בִּרְכָתִי, בִּרְכָתְךָ/תֵךְ, *c.* ה *interr.* הַבְרָכָה, *pl.* בְּרָכ(וֹ)ת, *cs.* בִּרְכ(וֹ)ת, *suf.* בִּרְכוֹתֵיכֶם: bênção; palavras (fórmula) de bênção; presente (associado à bênção); capitulação.

II בְּרָכָה *n. m.* (1 Cr 12.3).

בְּרֵכָה *cs.* בְּרֵכַת, *pl. cs.* בְּרֵכוֹת: açude, lago, lagoa.

בֶּרֶכְיָה *n. m.* (Ne 3.4).

בֶּרֶכְיָהוּ *n. m.* (1 Cr 6.24).

בְּרֹמִים tecido bicolor (Ez 27.24).

בַּרְנֵעַ *v.* קָדֵשׁ בַּרְנֵעַ.

בֶּרַע *n. m.* (Gn 14.2).

בְּרִעָה *v.* בְּרִיעָה.

ברק QAL: *imp.* בְּרוֹק: relampejar (Sl 144.6).

I בָּרָק (*de* ברק) *m.*, *cs.* בְּרַק, *pl.* בְּרָקִים, *suf.* בְּרָקָיו: relâmpago.

II בָּרָק *n. m.* (Jz 4.6).

בְּרַק *v.* בְּנֵי בְרַק.

בַּרְקוֹס *n. m.* (Ed 2.53).

בַּרְקֹן* *pl.* בַּרְקֳנִים: planta espinhosa, (abrolho?, cardo?, tríbulo?) (Jz 8.7, 16).

בָּרֶקֶת esmeralda, berilo verde-escuro (Êx 28.17; 39.10).

בָּרְקַת berilo verde-escuro (Ez 28.13).

I ברר QAL: *pf.* בָּרוֹתִי; *inf. suf.* לְבָרָם; *pt. pass. pl.* בְּרֻרוֹת, בְּרוּרִים: separar, afastar; selecionar, escolher. – NI: *imp.* הִבָּרוּ: manter-se puro (Is 52.11). – PI: *inf.* בָּרֵר: depurar (Dn 11.35). – HIT: *impf.* יִתְבָּרֲרוּ: ser depurado (Dn 12.10). – HI: *inf.* הָבַר: depurar, purificar (Jr 4.11).

II ברר QAL: *pt. pass.* בָּרוּר: afiar, apontar (Is 49.2). – HI: *imp.* הָבֵרוּ: afiar, apontar (Jr 51.11).

בִּרְשַׁע *n. m.* (Gn 14.2).

בֵּרֹתִי *v.* בְּאֶרֹתִי.

בֵּרֹתַי *n. l.* (2 Sm 8.8).

בְּשׂוֹר *n. r.* (1 Sm 30.9).

בְּשׂוֹרָה *v.* בְּשֹׂרָה.

בֹּשֶׂם *tb.* בֶּשֶׂם *m.*, *suf.* בְּשָׂמִי, *pl.* בְּשָׂמִים, *suf.* בְּשָׂמָיו: bálsamo (arbusto); bálsamo (resina, ungüento); perfume, aroma.

בָּשְׂמַת *n. f.* (Gn 36.3).

בשׂר PI: *pf.* בִּשַּׂרְתִּי, בִּשַּׂר; *impf.* תְּבַשְּׂרוּ, יְבַשֵּׂרוּ, אֲבַשְּׂרָה; *imp.* בַּשְּׂרוּ; *inf.* בַּשֵּׂר; *pt.* מְבַשֵּׂר, מְבַשֶּׂרֶת, מְבַשְּׂרוֹת: trazer (boas ou más) notícias, noticiar; anunciar boas novas; anunciar, publicar; *pt.* portador de (boas) novas. – HIT: *impf.* יִתְבַּשֵּׂר: receber (boas) novas (2 Sm 18.31).

בָּשָׂר *m.*, *cs.* בְּשַׂר, *suf.* בְּשָׂרִי, בְּשָׂרְךָ/רֵךְ, בְּשַׂרְכֶם, *pl.* בְּשָׂרִים: carne; parente; corpo; pele; (*euf.*) genitais.

בְּשֹׂרָה *tb.* בְּשׂוֹרָה (*de* בשׂר) *f.*: notícia, mensagem; boas novas; paga de mensageiro.

בְּשַׁגַּם Gn 6.3: *prep.* בְּ *c. partícula* שֶׁ *e conj.* גַּם?; *mas v.* שׁגג.

בשׁל QAL: *pf.* בָּשֵׁל, בָּשְׁלוּ: amadurecer; ferver (*intr.*) (Jl 4.13; Ez 24.5). – PI: *pf.* בִּשַּׁלְתָּ, בִּשְּׁלוּ, *suf.* בִּשְּׁלָם; *impf.* תְּבַשֵּׁל, יְבַשְּׁלוּ, וַנְּבַשֵּׁל; *imp.* בַּשְּׁלוּ/שֵּׁלוּ; *inf.* בַּשֵּׁל; *pt.* מְבַשְּׁלִים: cozer, cozinhar; ferver; assar. – PU: *pf.* בֻּשָּׁלָה; *impf.* יְבֻשַּׁל; *pt.* מְבֻשָּׁל: ser fervido; ser cozido. – HI: *pf.* הִבְשִׁילוּ: fazer madurecer,

בָּתָה devastação, deserto (Is 5.6).
בַּתָּה* *pl.* בַּתּוֹת: precipício, penhasco escarpado (Is 7.19).
בְּתוּאֵל *n.m.* (Gn 22.22); *n.l.* (1 Cr 4.30).
בְּתוּל *n. l.* (Js 19.4).
בְּתוּלָה *cs.* בְּתוּלַת, *pl.* בְּתוּל(וֹ)ת, בְּתֻל(וֹ)ת: virgem; בְּתוּלַת יִשְׂרָאֵל: a virgem Israel.
בְּתוּלִים *cs.* בְּתוּלֵי, *suf.* בְּתוּלֶיהָ: virgindade; evidência de virgindade.
בִּתְיָה *n. f.* (1 Cr 4.18).
בָּתִּים *v.* בַּיִת.
בתק PI: *pf. suf.* בִּתְּקוּךְ: massacrar, exterminar (Ez 16.40).
בתר QAL: *pf.* בָּתַר: cortar em pedaços (Gn 15.10). – PI: *impf.* וַיְבַתֵּר: cortar em pedaços (Gn 15.10).
בֶּתֶר I (*de* בתר) *suf.* בִּתְרוֹ, *pl. cs.* בִּתְרֵי, *suf.* בְּתָרָיו: pedaço, parte.
בֶּתֶר * *i. p.* בָּתֶר: *n. l.?*, desfiladeiro?, perfume? (Ct 2.17).
בִּתְרוֹן *n. de desfiladeiro?;* (parte avançada da) manhã? (2 Sm 2.29).
בַּת־שֶׁבַע *i. p.* בַּת־שָׁבַע: *n. f.* (2 Sm 11.3).
בַּת־שׁוּעַ *n. f.* (1 Cr 3.5).

amadurecer (*tr.*) (Gn 40.10).
בָּשֵׁל (*de* בשל) *adj., f.* בְּשֵׁלָה: fervido; cozido (Êx 12.9; Nm 6.19).
בִּשְׁלָם *n. m.?* (Ed 4.7).
בָּשָׁן I *n. t.* (Dt 32.14).
בָּשָׁן II serpente? (Dt 33.22; Sl 68.23).
בָּשְׁנָה (*de* בוש) vergonha (Os 10.6).
בשׁס POLEL: *inf. suf.* בּוֹשַׁסְכֶם (Am 5.11): *l.* בּוֹסְכֶם (*de* בוס)?; *l.* שָׁבְסְכֶם (*do acádico* שׁבס) cobrar tributo (de cereais)?
בֹּשֶׁת (*de* בוש) *f. suf.* בָּשְׁתִּי, בָּשְׁתְּכֶם: pudor, pejo, vergonha; opróbrio (*em substituição a* I בַּעַל).
בַּת I *f. de* בֵּן, *cs.* =, *suf.* בִּתִּי, *pl.* בָּנוֹת, *cs.* בְּנוֹת, *suf.* בְּנֹתַי: filha; filha (designando qualidade de membro de um grupo, povo ou cidade); da idade de; filha (personificando cidade, terra); *pl.*: moças.
בַּת II *m. e. f., i.p.* בָּת, *pl.* בַּתִּים: *n. de uma medida de líquido* (1 Rs 7.26).
בֹּתָה* 2 Cr 34.6 בְּהַר בֹּתֵיהֶם: *txt. corr.*; *l.* בִּרְחֹבוֹתֵיהֶם.

ג

ג ג(י)מֶל: terceira letra do alfabeto; *como num.* = 3; ג̈ = 3.000.
גֵּא (*de* גאה) soberbo, altivo (Is 16.6)
גאה QAL: *pf.* גָּאָה, גָּאוּ; *impf.* יִגְאֶה; *inf. abs.* גָּאֹה: ser alto; tornar-se alto.
גֵּאָה (*de* גאה) soberba (Pv 8.13).
גֵּאֶה (*de* גאה) *adj., pl.* גֵּאִים: soberbo, altivo, orgulhoso.
גְּאוּאֵל *n. m.* (Nm 13.15).
גַּאֲוָה (*de* גאה) *f., cs.* גַּאֲוַת, *suf.* גַּאֲוָתוֹ: alteza, altivez, majestade; orgulho, soberba; (o) ferver, (o) tumultuar (do mar).
גְּאוּלָּה *v.* גְּאֻלָּה.
גְּאוּלִים* (*de* I גאל) *suf.* גְּאוּלַי: vingança de morte (Is 63.4).
גָּאוֹן (*de* גאה) *m., cs.* גְּאוֹן, *suf.* גְּאוֹנְךָ, *pl. suf.* גְּאוֹנָיִךְ: altura; alteza, majestade; altivez, orgulho; arrogância, presunção; matagal.
גֵּאוּת (*de* גאה): majestade, nobreza, sublimidade; arrogância; (o) subir, (o) elevar-se (da fumaça).
גַּאֲיוֹן* (*de* גאה) *adj., pl.* גַּאֲיוֹנִים *K*: sober-

bo, altivo; orgulhoso (Sl 123.4).

גַּאֲוֹת, גַּאֲיוֹת *v.* גַּיְא.

I גאל QAL: *pf.* גָּאַל, *suf.* גְּאָלוֹ, גְּאַלְתִּיךָ; *impf.* יִגְאַל, *suf.* יִגְאָלֵהוּ, יִגְאָלֵנוּ; *imp.* גְּאַל, *suf.* גְּאָלָה; *inf. abs.* גָּאוֹל, *cs.* לִגְאוֹל (*Q* לִגְאָל־), *suf.* לְגָאֳלֵךְ; *pt.* גֹּ(וֹ)אֵל, *suf.* גֹּאֲלֵךְ, גֹּאֲלוֹ, גֹּאַלְךָ, *pass. pl.* גְּאוּלִים: resgatar, redimir, remir, salvar; libertar, livrar; reivindicar, reclamar (para si); *pt:* resgatador, redentor, vingador. – NI: *pf.* נִגְאַל; *impf.* יִגָּאֵל, תִּגָּאֲלוּ: ser resgatado, ser remido, ser comprado de volta.

II גאל NI: *pf.* נְגֹאֲלוּ (= *combinação de ni. c. pu.*); *pt. f.* נִגְאָלָה: tornar-se impuro, tornar-se imundo. – PI: *pf. suf.* גֵּאַלְנוּךָ: tornar impuro, macular, poluir (Ml 1.7). – PU: *pf. v. ni.; impf.* וַיְגֹאֲלוּ; *pt.* מְגֹאָל: tornar-se impuro. – HI *ou* AFEL (*aram.*): אֶגְאָלְתִּי: macular, manchar (Is 63.3). – HIT: *impf.* יִתְגָּאַל/אָל: poluir-se, tornar-se impuro (Dn 1.8a, b).

גֹּאַל (*de* II גאל) *pl. cs.* גָּאֳלֵי: mácula, mancha (ritual) (Ne 13.29).

גְּאֻלָּה (*de* I גאל) *f., cs.* גְּאֻלַּת, *suf.* גְּאֻלָּתֶךָ: dever e direito de resgate; resgate.

I גַּב *i. p.* גָּב, *suf.* גַּבִּי, *pl. cs.* גַּבֵּי, *suf.* גַּבֵּ(י)הֶם, *f.* גַּבֹּ(וֹ)ת, *suf.* גַּבֹּתָם: algo arcado; costas, dorso; protuberância; camba (da roda); toro (da base do altar); sobrancelhas.

II גַּב* *pl. cs.* גַּבֵּי, *suf.* גַּבֵּיכֶם: resposta, réplica (Jó 13.12).

I גֵּב* *pl.* גֵּבִים: poça; cisterna (2 Rs 3.16; Jr 14.3).

II גֵּב* *pl.* גֵּבִים: *t.t. arquit.* teto revestido? (1 Rs 6.9).

III גֵּב* *v.* גֹּבָה*.

גֶּבֶא *m., pl. suf.* גְּבָאָיו: poça; charco (Is 30.14; Ez 47.11).

גֹּבָה* *pl.* גֹּבִים: enxame (Is 33.4).

גבה QAL: *pf.* גָּבַהּ, גָּבְהָא, גָּבַהְתָּ, גָּבְהוּ; *impf* תִּגְבְּהֶ(י)נָה, תִּגְבְּהוּ, יִגְבְּהוּ, יִגְבַּהּ; *inf.* גְּבֹהַּ, גָּבְהָה: ser alto; ser altivo, ser soberbo, ser orgulhoso; ser excelso, ser sublime; ser ousado, ser corajoso. – HI: *pf.* הִגְבַּהְתִּי; *impf.* יַגְבִּיהַּ, יַגְבִּיהוּ, *suf.* וַיַּגְבִּיהֶהָ; *pt.* מַגְבִּיהַּ, *suf.* מַגְבִּיהִי; *inf.* הַגְבֵּהַּ: fazer (com que algo seja) alto; levantar, elevar; alar.

גָּבֵהַּ* (*de* גבה) *adj., cs.* גְּבַהּ: alto; altivo, orgulhoso; ousado.

גָּבֹהַּ (*de* גבה) *adj., cs.* גְּבֹהַּ, *f.* גְּבֹהָה, *pl.* גְּבֹהִים, גְּבֹהֹ(וֹ)ת: alto, elevado; altivo; arrogante.

גֹּבַהּ (*de* גבה) *suf.* גָּבְהוֹ: altura; orgulho, soberba; majestade.

גַּבְהוּת (*de* גבה): orgulho, soberba (Is 2.11, 17).

גָּבוֹל *l. Q* הַגָּדוֹל (Js 15.47).

גְּבוּל, גְּבֻל (*de* I גבל) *cs.* =, *suf.* גְּבוּלוֹ, גְּבֻלוֹ, *pl. suf.* גְּבוּלֶיךָ, גְּבוּלָיִךְ: montanha; divisa, fronteira; região, território; *t. t. arquit.* cornija, grade.

גְּבוּלָה* (*de* I גבל) *suf.* גְּבֻלָתוֹ, *pl.* גְּבוּלוֹת, גְּבֻלֹת, *suf.* גְּבֻ/בוּלֹ(וֹ)תֶיהָ: divisa, fronteira, limite; região, território, zona; orla, margem.

גִּבֹּר, גִּבּוֹר (*de* גבר) *suf.* גִּבּוֹרָם, *pl.* גִּבֹּ(וֹ)רִים/רֵי, *suf.* גִּבֹּרַי: forte, viril; guerreiro, valente, herói; violento, déspota; influente.

גְּבוּרָה (*de* גבר) *f., cs.* גְּבוּרַת, *suf.* גְּבוּ/בֻרָתִי, גְּבוּרָתְךָ/תֵךְ, *pl.* גְּבוּ/בֻר(וֹ)ת, *suf.* גְּבוּרֹתֶךָ: vigor, força; poder; *pl.* feitos maravilhosos (de Deus).

גִּבֵּחַ *adj.*: calvo (na parte anterior da cabeça (Lv 13.41).

גַּבַּחַת *suf.* גַּבַּחְתּוֹ: calva (na parte anterior da cabeça); parte frontal calva / nua (de pano).

גֹּבַי *i.p.* גֹּבָי: enxame de gafanhotos (Am 7.1; Na 3.17).

גַּבַּי *n. m.*? (Ne 11.8).

גֵּבִים *n. l.* (Is 10.31).

גְּבִינָה queijo (Jó 10.31).

גָּבִיעַ *m., cs.* גְּבִיעַ, *suf.* גְּבִיעִי, *pl.* גְּבִיעִים, *suf.* גְּבִיעֶיהָ: cálice; copo, taça.

גְּבִיר (*de* גבר): senhor, chefe (Gn 27.29, 37).

גְּבִירָה (*de* גבר) *f., cs.* גְּבֶרֶת, *suf.* גְּבִרְתִּי: senhora; (título da) mãe do rei; (título da) rainha.

גָּבִישׁ cristal de rocha (Jó 28.18).

גבל QAL: *pf.* גָּבְלוּ; *impf.* יִגְבֹּל, תִּגְבָּל־: fixar/marcar divisa; fazer divisa, limitar-se (בְּ com); limitar. – HI: *pf.* הִגְבַּלְתָּ; *imp.* הַגְבֵּל: marcar limite ao redor de (Êx 19.12, 23).

גְּבַל *n. l.* (Ez 27.9).

גְּבָל *n. t.* (Sl 83.8).

גִּבְלִי *gent.* (Js 13.5).

גַּבְלֻת soldadura?; torcedura?; torcida (corda)? (Êx 28.22; 39.15).

גִּבֵּן *adj.*: corcunda (Lv 21.20).

גַּבְנֹן★ *pl.* גַּבְנֻנִּים: *s.* cumeeira; *adj.* abobadado (Sl 68.16, 17).

גֶּבַע *i.p.* גָּבַע: *n. l.* (Js 18.24).

גָּבִעַ *v.* גָּבִיעַ.

גִּבְעָא *n. m.* (1 Cr 2.49).

I גִּבְעָה *f., cs.* גִּבְעַת, *suf.* גִּבְעָתָהּ, *pl.* גְּבָעוֹת, *cs.* גִּבְעֹ(וֹ)ת, *suf.* גִּבְעוֹתֶיךָ: colina, outeiro, elevação. *Combinações*: 1) גִּבְעַת הָאֱלֹהִים: (1 Sm 10.5). 2) גִּבְעַת אַמָּה: *n. de colina* (2 Sm 2.24). 3) גִּבְעַת בִּנְיָמִין *e* גִּבְעַת בְּנֵי בִנְיָמִין: *v.* II גִּבְעָה. 4) גִּבְעַת גָּרֵב: *n. de colina* (Jr 31.39). 5) גִּבְעַת הַחֲכִילָה: *n. de colina* (1 Sm 23.19). 6) גִּבְעַת הַמּוֹרֶה: *n. l.*? (Jz 7.1). 7) גִּבְעַת הָעֲרָלוֹת: *n.t.*? (Js 5.3). 8) גִּבְעַת פִּינְחָס: *n. l.?* (Js 24.33).

II גִּבְעָה *cs.* גִּבְעַת, *loc.* (הַ)גִּבְעָתָה: *n. l.* (Jz 19.13); *tb.* גִּבְעַת (בְּנֵי) בִנְיָמִין (2 Sm 23.29).

גִּבְעֹל botão (da flor do cânhamo) (Êx 9.31).

גִּבְעוֹן, גִּבְעֹן *n. l.* (Js 9.3).

גִּבְעוֹנִי, גִּבְעֹנִי *gent.* (2 Sm 21.1).

גִּבְעַת *v.* I *e* II גִּבְעָה.

גִּבְעָתִי *gent.* (1 Cr 12.3).

גבר QAL: *pf.* גָּבַר, גָּבְרוּ/בֵּרוּ; *impf.* יִגְבַּר, יִגְבְּרוּ: superar, exceder; prevalecer; aumentar, crescer, avolumar-se; conseguir, realizar. – PI: *pf.* גִּבַּרְתִּי; *impf.* יְגַבֵּר: tornar superior (algo, alguém), fortalecer; *c.* חֲיָלִים: usar de todas as forças.– HI: *pf.* הִגְבִּיר; *impf.* נַגְבִּיר: ser forte (Sl 12.5); Dn 9.27: estabelecer um pacto firme?, tornar pesado?, tornar-se opressivo?. – HIT: *impf.* יִתְגַּבָּר, יִתְגַּבָּרוּ: mostrar-se superior; assoberbar-se.

I גֶּ֫בֶר (*de* גבר) *m., i.p.* גָּבֶר, *pl.* גְּבָרִים: homem (jovem e forte); varão.

II גֶּ֫בֶר *n. m.* (1 Rs 4.13).

גִּבָּר *n. l.* (Ed 2.20).

גִּבֹּר *v.* גִּבּוֹר.

גַּבְרִיאֵל *n. m.* (Dn 8.16).

גְּבֶרֶת *v.* גְּבִירָה.

גִּבְּתוֹן *n. l.* (Js 19.44).

גָּג *cs.* גַּג, *suf.* גַּגּוֹ, *loc.* הַגָּגָה, *pl.* גַּגּוֹת, *suf.* גַּגּוֹתֶיהָ: telhado plano, eirado, terraço; chapa superior (do altar).

I גַּד coentro (Êx 16.31; Nm 11.7).

II גַּד★ *i.p.* גָּד: felicidade; fortuna (Gn 30.11).

III גַּד *n. d.* (Is 65.11).

I גָּד *v.* בַּעַל־גַּד.

II גָּד *n. m.* (Gn 30.11); *n. tr.* (Gn 49.16).

גִּדְגָּד *n. l., v.* חֹר הַגִּדְגָּד (Nm 33.32).

גֻּדְגֹּדָה *n. l.* (Dt 10.7).

I גדד HITPOEL: *impf.* יִתְגֹּדֵד, יִתְגֹּדָדוּ, תִּתְגֹּדְדִי/דָדִי; *pt. pl.* מִתְגֹּדְדִים: infligir cortes a si mesmo, cortar-se, retalhar-se.

II גדד QAL: *impf.* יָגוֹדּוּ: coligar-se, juntar-se (עַל contra) (Sl 94.21).

גַּדָּה *v.* חֲצַר גַּדָּה.

I גְּדוּד (*de* I גדד) *pl. suf.* גְּדוּדֶיהָ: muro, muralha; *pl.*: leivas (à beira dos sulcos, levantadas pelo arado).

II גְּדוּד (*de* II גדד) *m., pl.* גְּדוּדִים/דֵי, *suf.* גְּדוּדָיו: bando de salteadores, quadrilha; investida, assalto, saque; tropa.

גְּדוּדָה* (*de* I גדד) *pl.* גְּדֻדֹת: incisão, corte (Jr 48.37).

גָּדֹל, גָּדוֹל (*de* גדל) *adj., cs.* גְּדָל־, גְּד(וֹ)ל (*Q*), *pl.* גְּד(וֹ)לִים/לֵי, *suf.* גְּדֹלָיו, *f.* גְּד(וֹ)לָה, *pl.* גְּד(וֹ)ל(וֹ)ת: grande (em estatura, altura, extensão, número, intensidade, importância, idade); הַכֹּהֵן הַגּ׳: sumo-sacerdote.

גְּדוּלָּה *tb.* גְּדֻלָּה, גְּדוּלָה (*de* גדל) *f., cs.* גְּדֻלַּת, *suf.* גְּדוּלָּתוֹ, *pl.* גְּדֻלּוֹת, *suf.* גְּדֻלֹּתֶיךָ: grandeza; grandiosidade; *pl.*: feitos grandiosos (de Deus).

גִּדּוּף* (*de* גדף) *pl.* גִּדּוּפִים/פֵי: ignomínia, vilipêndio, infâmia, opróbrio (Is 43.28; Sf 2.8).

גִּדּוּפָה* (*de* גדף) *pl. suf.* גִּדֻּפֹתָם: ignomínia, vilipêndio, infâmia, opróbrio (Is 51.7).

גְּדוֹר *n. m.* (1 Cr 8.31).

גְּדוֹת* *v.* גִּדְיָה.

גְּדִי *pl.* גְּדָיִים, *cs.* גְּדָיֵי: filhote de cabra ou ovelha, cabrito (a), ovelhinha.

גָּדִי *gent.* (Nm 34.14); *n. m.* (2 Rs 15.14).

גַּדִּי *n. m.* (Nm 13.11).

גַּדִּיאֵל *n. m.* (Nm 13.10).

גִּדְיָה* *pl. suf.* גְּדוֹתָיו: margem (de rio), ribanceira.

גְּדִיָּה* *f., pl. suf.* גְּדִיֹּתַיִךְ: cabrita, ovelhinha (Ct 1.8).

I גָּדִישׁ *m.*: meda, pilha, monte.

II גָּדִישׁ túmulo (Jó 21.32).

גדל QAL: *pf.* גָּדֵל, גָּדְלָה, גָּדַלְתָּ, גָּדְלוּ; *impf.* יִגְדַּל, יִגְדָּל, יִגְדְּלוּ, יִגְדָּלוּ; *inf. abs.* גָּדוֹל: tornar-se grande, crescer; ser grande; tornar-se rico; ser importante. – PI: *pf.* גִּדֵּל, גִּדֵּל, גִּדְּלָה, גִּדַּלְתִּי, *suf.* גִּדְּלוּ, גִּדְּלוּהוּ; *impf.* יְגַדֵּל, אֲגַדְּלָה, יְגַדְּלוּ, *suf.* תְּגַדְּלֶנּוּ, וַיְגַדְּלֵהוּ; *imp.* גַּדֵּל, גַּדְּלוּ; *inf.* גַּדֵּל, *suf.* גַּדֶּלְךָ, גַּדְּלָם; *pt. pl.* מְגַדְּלִים: educar, criar (filhos), salvar (da mortalidade infantil); criar (plantas); deixar crescer; tornar grande; exaltar, louvar; tratar com distinção. – PU: *pt. pl.* מְגֻדָּלִים: crescido (Sl 144.12). – HI: *pf.* הִגְדִּ(י)ל, הִגְדַּלְתָּ, הִגְדִּילוּ; *impf.* יַגְדִּיל, (וַ)תַּגְדֵּל, וַיַּגְדִּ(י)לוּ; *inf.* לְהַגְדִּיל; *pt.* מַגְדֵּל, מַגְדִּילִים: tornar (algo) grande; realizar coisar grandes (עִם para); fazer-se de grande, gabar-se. – HIT: *pf.* הִתְגַּדִּלְתִּי; *impf.* יִתְגַּדֵּל/דָּל: gabar-se, jactar-se; mostrar-se grande.

גָּדֵל (*de* גדל) *adj., pl. cs.* גְּדֹלֵי: grande (em tamanho, riqueza, poder, idade).

גֹּדֶל (*de* גדל) *cs.* = *e* גֹּדֶל (Êx 15.16) *suf.* גָּדְלְךָ, גָּדְלוֹ, גֹּדְלוֹ: grandeza; altura; petulância, insolência; louvor.

גִּדֵּל *n. m.* (Ed 2.47).

גְּדִל* *pl.* גְּדִלִים: borla; ornamento (em forma de corrente) (Dt 22.12; 1 Rs 7.17).

גְּדֻלָּה *v.* גְּדוּלָּה.

גְּדַלְיָה *n. m.* (Ed 10.18).

גְּדַלְיָהוּ *n. m.* (2 Rs 25.22).

גִּדַּלְתִּי *n. m.* (1 Cr 25.4).

גדע QAL: *pf.* גָּדַע, גָּדַעְתִּי; *impf.* וָאֶגְדַּע; *pt. pass. pl.* גְּדוּעִים: decepar, cortar; despedaçar. – NI: *pf.* נִגְדַּע, נִגְדְּעָה, נִגְדַּעְתָּ, נִגְדְּעוּ: ser decepado, ser cortado; ser despedaçado. – PI: *pf.* גִּדַּע, *i.p.* גִּדֵּעַ; *impf.* וַיְגַדַּע, תְּגַדֵּעוּן, אֲגַדֵּעַ: abater, cortar; despedaçar. – PU: *pf. i.p.* גֻּדָּעוּ: ser cortado, ser abatido, ser derrubado (Is 9.9).

גִּדְעוֹן *n. m.* (Jz 6.11).

גִּדְעֹם *n. l.* (Jz 20.45).

גִּדְעֹנִי *gent. ou n. m.* (Nm 1.11).

גדף PI: גִּדַּפְתָּ, גִּדְּפוּ; *pt.* מְגַדֵּף: blasfemar, insultar, vilipendiar.

גדר QAL: *pf.* גָּדַר, גָּדְרוּ; *pt.* גֹּדֵר, גֹּדְרִים: levantar um muro (de pedra); reparar, tapar (brechas no muro); bloquear um caminho (com muro); *pt.*: pedreiro.

גֶּדֶר *n. l.* (Js 12.13).

גָּדֵר (*de* גדר) *f.*, *cs.* גְּדֵר, *suf.* גְּדֵרוֹ, *pl. suf.* גְּדֵרֶיךָ: muro, muralha (de pedra).

גְּדֹר, גְּדוֹר *n. l.* (Js 15.58).

I ★גְּדֵרָה (*de* גדר) *cs.* גֶּדֶרֶת, *pl.* גְּדֵר(ו)ת, *cs.* גִּדְר(ו)ת, *suf.* גְּדֵרֹתָיו: cercado, curral (de pedra); muro (de cidade).

II גְּדֵרָה *n. l.* (Js 15.36).

גְּדֵרוֹת *n. l.* (Js 15.41).

גְּדֵרִי *gent.* (1 Cr 27.28).

גֶּדֶרֶת (*de* גדר): muro (Ez 42.12).

גְּדֵרָתִי *gent.* (1 Cr 12.5).

גְּדֵרֹתַיִם *n. l.* (Js 15.36).

גֵּה *l.* זֶה (Ez 47.13).

גהה QAL: *impf.* יִגְהֶה: curar (Os 5.13).

גֵּהָה (*de* גהה) cura (Pv 17.22).

גהר QAL: *impf.* וַיִּגְהַר: abaixar-se, inclinar-se (para baixo); acaçapar-se, agachar-se.

גַּו *suf.* גַּוּוֹ, גַּוְּךָ: costas.

I ★גֵּו *cs.* =, *suf.* גֵּוִי, גֵּוְךָ: costas.

II גֵּו comunidade (Jó 30.5).

I גּוֹב *n. l.* (2 Sm 21.18).

II גּוֹב *l.* כְּגֹבַי (Na 3.17).

גּוֹג *n. m.* (Ez 38.2).

גוד QAL: *impf.* יָגֻד, *suf.* 1^a *pl.* יְגוּדֶנּוּ: atacar, assaltar, acometer.

I גֵּוָה (*de* גאה): orgulho, altivez, arrogância.

II גֵּוָה *l.* מִגֵּוֹה, *de* I גֵּו (Jó 20.25).

גוז QAL: *pf.* גָּז; *impf.* וַיָּגָז: passar (Sl 90.10). – *cj.* HI: *impf.* וַיָּגֶז: trazer (Nm 11.31).

גּוֹזָל *pl. suf.* גּוֹזָלָיו: filhote de pássaro (de pomba-rola, de águia) (Gn 15.9; Dt 32.11).

גּוֹזָן *n. t.* (2 Rs 17.6).

גוח *v.* גיח.

גּוֹי *m.*, *suf.* גּוֹיְךָ, גּוֹיֶךָ, גּוֹי, *pl.* גּוֹיִם, *K* גֹּיִים, *cs.* גּוֹיֵי, גּוֹיֵ, *suf.* גּוֹיֶיךָ, גּוֹיֵהֶם: povo; nação; *pl.: ger.* povos pagãos; enxame.

גְּוִיָּה *cs.* גְּוִיַּת, *suf.* גְּוִיָּתוֹ, *pl.* גְּוִיּ(ו)ת, *suf.* גְּוִיֹּתֵיהֶנָה, גְּוִיֹּתֵיהֶם: corpo; cadáver; גְּוִיָּתֵנוּ: nós mesmos.

גּוֹיִם *n.p.* (Gn 14.1).

גֹּלָה, גּוֹלָה (*de* גלה): grupo dos exilados, grupo dos deportados; deportação, desterro, exílio.

גּוֹלָן *n. l.* (Dt 4.43).

גּוּמָּץ cova (Ec 10.8).

גּוּנִי *n. m.* (Gn 46.24); *gent.* (Nm 26.48).

גוע QAL: *pf.* גָּוַע, גָּוְעוּ; *impf.* יִגְוַע/וָע, יִגְוְעוּ/וָעוּ, יִגְוָעוּן; *inf.* לִגְוֹעַ, בִּגְוֹעַ; *pt.* גֹּוֵעַ: expirar, falecer; perecer, morrer.

גוף HI: *impf.* יָגִיפוּ: fechar (porta) (Ne 7.3).

★גּוּפָה *cs.* גּוּפַת, *pl.* גּוּפֹת: cadáver, corpo (1 Cr 10.12).

I גור QAL: *pf.* גָּר, גָּר־, גַּרְתָּה, גָּרוּ; *impf.* וַיָּגָר, אָגוּרָה, תָּגוּרִי, יָגוּר, *suf.* יְגֻרְךָ; *imp.* גּוּרִי; *inf.* לָגוּר; *pt.* גָּר, *f.* גָּרָה, *pl.* גָּרִים/רֵי: morar ou viver como estrangeiro / forasteiro / cliente (גֵּר); demorar-se, permanecer. – HITPOLEL: *impf.* יִתְגּוֹרָרוּ; *pt.* מִתְגּוֹרֵר: demorar-se como forasteiro.

II גור QAL: *impf.* יָגוּר; *inf. abs.* גּוֹר; *pt.* גָּר: hostilizar; atacar.

III גור QAL: *impf.* תָּגוּר, וַיָּגָר יָגוּרוּ; *imp.* גּוּרוּ: ter medo.

גֹּור* *pl. cs.* גּוֹרֵי, *suf.* גֹּרוֹתָיו: filhote de leão (Jr 51.38; Na 2.13).

I גּוּר *pl. suf.* גּוּרֶיהָ, גּוּרֵיהֶן: filhote (ainda não desmamado de leão/de chacal).

II גּוּר *n. l.* (2 Rs 9.27).

גּוּר־בָּעַל *n. l.* (2 Cr 26.7).

גּוֹרָל *m., cs.* גּוֹרַל, *pl.* גּ(ו)רָלוֹת: sorte (pedras lançadas para decidir algo), sorteio; parcela que coube a alguém por sorte, quinhão; sorte, destino.

גּוּשׁ *Q*, גִּישׁ *K*: crosta (de terra) (Jó 7.5).

גֵּז (*de* גזז) *pl. cs.* גִּזֵּי: tosquia; velo; grama cortada; sega, ceifa.

גִּזְבָּר tesoureiro (Ed 1.8).

גזה QAL: *pt. suf.* גּוֹזִי: cortar (o cordão umbilical) (Sl 71.6).

גִּזָּה (*de* גזז) *f., cs.* גִּזַּת: lã; velo.

גִּזוֹנִי *gent.* (1 Cr 11.34).

גזז QAL: *impf.* וַיָּגָז, תָּגֹז; *imp.* גָּזִּי, נְגֹזִּי; *inf.* לִגְזֹז, לָגֹז; *pt.* גֹּזֵז, גֹּזְזִים, גֹּזְזֵי, *suf.* גֹּזְזֶיָה: tosquiar, tosar; cortar. – NI: *pf.* נָגֹזּוּ: ser cortado, ser eliminado (Na 1.12).

גָּזֵז *n. m.* (1 Cr 2.46).

גָּזִית (o) lavrar, (o) cinzelar (de pedras); (אַבְנֵי)גָזִית pedras lavradas, pedras de cantaria.

גזל QAL: *pf.* גָּזַל/זָל, גָּזְלוּ/זָלוּ; *impf.* יִגְזֹל, תִּגְזָל־, יִגְזְלוּ; *inf.* לִגְזֹל; *pt.* גֹּזֵל, גֹּזְלֵי, גֹּזְלוֹ, *pass.* גָּזוּל: arrancar; tirar (à força), arrebatar; roubar, assaltar. – NI: *pf.* נִגְזְלָה: ser tirado (Pv 4.16).

גֵּזֶל (*de* גזל) *cs.* =: roubo; privação (de direito) (Ez 18.18; Ec 5.7).

גָּזֵל (*de* גזל): roubo; coisa roubada, muamba.

גְּזֵלָה (*de* גזל) *cs.* גְּזֵלַת: roubo; coisa roubada.

גָּזָם *m.*: gafanhoto; lagarta.

גַּזָּם *n. m.* (Ed 2.48).

גֶּזַע *m., suf.* גִּזְעוֹ/עָם: toco, cepo; rebento, broto.

I גזר QAL: *impf.* תִּגְזַר; *imp.* גִּזְרוּ, גְּזֹרוּ; *pt.* גֹּזֵר: cortar (לְ em); decidir. – NI: *pf.* נִגְזַר, נִגְזָרוּ: ser/estar cortado; ser/estar separado; estar perdido; ser/estar decidido.

II גזר QAL: *impf.* וַיִּגְזֹר: devorar (Is 9.19).

I גֶּזֶר* (*de* I גזר) *pl.* גְּזָרִים: pedaços; partes (Gn 15.17; Sl 136.13).

II גֶּזֶר *i.p.* גָּזֶר, *loc.* גֶּזְרָה: *n. l.* (Js 10.33).

גָּזֵר* *adj., f.* גְּזֵרָה: infértil (Lv 16.22).

גִּזְרָה (*de* I גזר) *suf.* גִּזְרָתָם: pátio, área separada; talhe?.

גִּזְרִי *gent.* (1 Sm 27.8 *Q*).

גחה QAL: *pt. suf.* גֹּחִי: tirar, retirar (Sl 22.10).

גָּחוֹן *suf.* גְּחֹנְךָ: ventre, barriga (Gn 3.14; Lv 11.42).

גִּחוֹן *v.* גִּיחוֹן.

גֵּחֲזִי *v.* גֵּיחֲזִי.

גַּחַל* *f., pl.* גֶּחָלִים, *cs.* גַּחֲלֵי, *suf.* גֶּחָלָיו: carvão (vegetal).

גַּחֶלֶת *suf.* גַּחַלְתִּי: brasa; brasido (2 Sm 14.7; Is 47.14).

גַּחַם *n. m.* (Gn 22.24).

גַּחַר *i.p.* גָּחַר: *n. m.* (Ed 2.47).

גַּיְא *tb.* גַּיְ, גַּי, גֵּיא, גַּיְא, גֵּא, *f., i.p.* גָּיְא, *cs.* גֵּיא *e* גֵּי, *pl.* גֵּאָי(וֹ)ת (גֵּיָאוֹת *K*), *suf.* גֵּאוֹתֶיךָ: vale, depressão, várzea. גַּיְא *em n. próprios*: 1) גֵּי(א) בֶן־הִנֹּם: *n.t.* (Js 18.16). 2) גֵּיא הֲמוֹן גּוֹג: *n.t.* (Ez 39.11). 3) גֵּיא הַהֲרֵגָה: *n.t.* (Jr 7.32). 4) גֵּי(א)־הָרִים: *n.t.* (Zc 14.5). 5) גֵּיא חִזָּיוֹן: *n.t.* (Is 22.1). 6) גֵּי(א) (הַ)חֲרָשִׁים: *n.t.* (1 Cr 4.14).

7) גֵּי יִפְתַּח־אֵל: *n.t.* (Js 19.14).
8) גֵּיא (הַ)מֶּלַח: *n.t.* (2 Sm 8.13).
9) גֵּי הָעֹבְרִים: *n.t.* (Ez 39.11).
10) גֵּי הַצְּבֹעִים: *n.t.* (1 Sm 13.18).
11) גֵּיא צְפָתָה: *n.t.* (2 Cr 14.9).
12) גֵּיא שְׁמָנִים: *n.t.* (Is 28.1).
13) שַׁעַר הַגַּיְא: *n.t.* (Ne 2.13).

גִּיד *m., cs.* =, *pl.* גִּ(י)דִים, *cs.* גִּידֵי: tendão, nervo.

גוח, גיח QAL: *impf.* יָגִיחַ; *imp.* גֹּחִי; *inf. suf.* גִּיחוֹ: irromper, prorromper; berrar?. – HI: *impf.* וַתָּגַח; *pt.* מֵגִיחַ: prorromper, sair com ímpeto; fazer borbulhas (Jz 20.33; Ez 32.2).

גִּיחַ *n. l.* (2 Sm 2.24).

גִּחוֹן, גִּיחוֹן *n. l.* (1 Rs 1.33); *n.r.* (Gn 2.13).

גֵּחֲזִי, גֵּיחֲזִי *n. m.* (2 Rs 4.12).

גיל QAL: *pf.* גַּלְתִּי; *impf.* יָגִיל (יָגוּל *K*). תָּגֵלְנָה, יְגִילוּן, וַיָּגֶל, יָגֵיל, יָגֵל; *imp.* גִּילוּ, גִּילִי; *inf. Q* גִּיל, *K* גּוֹל: *t.t. do culto cananeu*: berrar (em êxtase); gritar de alegria, jubilar (-se), exultar (*tb. c. significado profano*).

I גִּיל★ *suf.* גִּילְכֶם: faixa etária, idade (Dn 1.10).

II גִּיל (*de* גיל) *m.*: júbilo.

גִּילָה (*de* גיל): júbilo (Is 35.2; 65.18).

גִּלֹנִי, גִּילֹנִי *gent.* (2 Sm 15.12).

גִּינַת *n. m. ou n. l.* (1 Rs 16.21).

גִּיר *v.* גֵּר.

גֵּירִים *v.* גֵּר.

גִּישׁ *v.* גּוּשׁ.

גֵּישָׁן *n. m.* (1 Cr 2.47).

I גַּל (*de* גלל) *m., i.p.* גָּל, *pl.* גַּלִּים: amontoado, montão, ruma, pilha.

II גַּל★ (*de* גלל) *m., pl.* גַּלִּים, *cs.* גַּלֵּי, *suf.* גַּלָּיו, גַּלֵּיהֶם: onda, vaga.

גֵּל★ *suf.* גֶּלְלוֹ, *pl. cs.* גֶּלְלֵי: esterco (para queimar).

גֹּל★ *suf.* גֻּלָּהּ (Zc 4.2): *l.* גֻּלָּה.

גַּלָּב★ *pl.* גַּלָּבִים: barbeiro (Ez 5.1).

גִּלְבֹּעַ *n.t.* (1 Sm 28.4).

I גַּלְגַּל (*de* גלל) *m., pl. suf.* גַּלְגַּלָּיו: roda; roda da nora.

II גַּלְגַּל *nome de planta (da família das amarantáceas) que depois de seca rola (qual roda) ao sabor do vento* (Is 17.13; Sl 83.14).

I גִּלְגָּל★ (*de* גלל) *cs.* גִּלְגַּל: roda (Is 28.28).

II הַגִּלְגָּל *loc.* הַגִּלְגָּלָה: *n. l.* (Js 4.19).

גֻּלְגֹּלֶת (*de* גלל) *f., suf.* גֻּלְגָּלְתּוֹ, *pl. suf.* גֻּלְגְּלֹתָם: crânio; caveira; cabeça.

גֶּלֶד★ *suf.* גִּלְדִּי: pele (Jó 16.15).

גלה QAL: *pf.* גָּלָה, גָּלְתָה, גָּלִיתָ(ה), גָּלוּ; *impf.* יִגְלֶה, אֶ/יִגֶל, יִגֶל, וַיִּגֶל; *imp.* גְּלֵה; *inf. cs.* גְּלוֹת, *abs.* גָּלֹה; *pt.* גֹּ(ו)לֶה, *f.* גֹּלָה, *pass.* גָּלוּי, *cs.* גְּלוּי: despir; descobrir, desvelar, revelar; abrir; publicar; (ter que) partir, desaparecer; ir para o cativeiro/exílio. – NI: *pf.* נִגְלָה, נִגְלְתָה, נִגְלֵיתִי, נִגְלִינוּ; *impf.* יִגָּלֶה, תִּגָּל, יִגָּלוּ; *imp.* הִגָּלוּ; *inf. cs.* הִגָּלוֹת, *abs.* נִגְלֹה *e* נִגְלוֹת; *pt. pl. f.* נִגְלֹת: despir-se, expor-se; ser despido, ser exposto; ser descoberto; ser revelado; tornar-se visível, mostrar-se; dar-se a conhecer; revelar-se; ser anunciado. – PI: *pf.* גִּלָּה, גִּלְּתָה, גִּלִּית, גִּלֵּיתִי *e* גִּלִּיתִי, גִּלּוּ; *impf.* יְגַלֶּה, תְּגַלֶּה, וַיְגַל, תְּגַל/גָל, תְּגַלִּי; *imp.* גַּל, גַּלִּי; *inf.* גַּלּוֹת; *pt.* מְגַלֶּה: descobrir, desvelar, revelar; abrir; *euf.* גִּ״ עֶרְוַת אָב: descobrir a nudez do pai = coabitar com a mulher do pai. – PU: *pt. f.*: מְגֻלָּה: aberto, franco (Pv 27.5). – HI: *pf.* הִגְלָה *e* הֶגְלָה, הִגְלִיתָ, הֶגְלֵיתִי, הִגְלוּ, הִגְלִיתֶם, *suf.* הִגְלָם *e* הֶגְלָם; *impf.* וַיֶּגֶל, *suf.* וַיַּגְלֵהָ, וַיַּגְלוּם ; *inf.* הַגְלוֹת, *suf.* בְּהַגְלוֹתוֹ (*de* בְּהַגְלוֹתוֹ): levar ao exílio, levar cativo, deportar. – HO: *pf.* הָגְלָה, הָגְלַת *3ª f.*, הָגְלוּ; *pt.* מָגְלִים: ser levado ao exílio, ser deportado. – HIT: *impf.* וַיִּתְגַּל; *inf.*

מְגוֹלָלָה: revolvido, arrastado (Is 9.4). – HITPOLEL: *inf.* הִתְגֹּלֵל; *pt.* מִתְגֹּלֵל: lançar-se; revolver-se (Gn 43.18; 2 Sm 20.12). – PILPEL: *pf. suf.* גִּלְגַּלְתִּיךָ: fazer rolar para baixo (Jr 51.25). – HITPALPEL: *pf.* הִתְגַּלְגָּלוּ: avançar (rolando) (Jó 30.14).

II גלל POLAL: *pt. f.* מְגוֹלָלָה: manchado, sujo (Is 9.4 *mas v.* I גלל). – HITPOLEL: *pt.* מִתְגֹּלֵל: manchado, sujo (2 Sm 20.12 *mas v.* I גלל).

I גָּלָל (*de I* גלל) *pl.* גְּלָלִים: (pelotas de) esterco (1 Rs 14.10; Sf 1.17).

II גָּלָל* (*de I* גלל) *cs.* גְּלַל: *prep., usada somente c.* בְּ: בִּגְלַל, *suf.* בִּגְלָלְךָ/לֵךְ, בִּגְלַלְכֶם: por, por causa de, devido a.

III גָּלָל *n. m.* (Ne 11.17).

גָּלְלוֹ *tb.* גִּל *v* גָּלְלַי.

גָּלְלַי *n. m.* (Ne 12.36).

גלם QAL: *impf.* יִגְלֹם: enrolar (2 Rs 2.8).

גֹּלֶם (*de* גלם) *suf.* גָּלְמִי: embrião (Sl 139.16).

גַּלְמוּד *adj., f.* גַּלְמוּדָה: estéril.

גלע HIT: *pf.* הִתְגַּלַּע; *impf.* יִתְגַּלָּע: irromper.

גִּלְעָד *c. art.* הַגִּלְעָד, *loc.* (הַ)גִּלְעָדָה: *n.t.* (Gn 31.21).

גַּלְעֵד *n.t.* (Gn 31.47).

גִּלְעָדִי *gent.* (2 Sm 17.27).

גלש QAL: *pf.* גָּלְשׁוּ: cabriolar, saltar; descer? (Ct 4.1; 6.5).

גֻּלֹּת *n.t.* (Jz 1.15).

גַּם 1) *conj. aditiva e associativa, mas principalmente enfatizante e intensificante:* juntamente com, em conjunto com; também; até, até mesmo (*neg.* nem, nem mesmo). 2) *Conj. adversativa:* mas, todavia. 3) *c.* כִּי ainda que, mesmo se. 4) *c.* עַתָּה agora, pois. 5) גַּם...גַּם

הִתְגַּלּוֹת: desnudar-se; tornar-se manifesto, tornar-se conhecido (Gn 9.21; Pv 18.2).

גִּלֹה *n. l.* (Js 15.51).

גֻּלָּה *f., cs.* גֻּלַּת, *pl.* גֻּלֹּ(וֹ)ת: vaso, bacia, prato; *arquit*: (meio-)globo; גֻּלֹּת מַיִם bacias d'água = conjunto de vertentes (*ou n. t.*? (Js 15.19).

גִּלּוּלִים *tb.* גִּלֻּלִים ídolos (*pejorativo*).

גְּלוֹם* *pl. cs.* גְּלוֹמֵי: capa, manto (Ez 27.24).

גלון *K v.* גּוֹלָן *Q.*

גָּלוּת (*de* גלה) *cs.* = *e* גָּלֻת, *suf.* גָּלוּתִי/תֵנוּ: deportação; exilados, grupo de deportados.

גלח PI: *pf.* גִּלַּח, גִּלְּחָה, *suf.* גִּלְּחוֹ; *impf.* יְגַלַּח/לֵּחַ, *suf.* יְגַלְּחֵנוּ, יְגַלְּחֵם; *inf. suf.* גַּלְּחוֹ: barbear, rapar. – PU: *pf.* גֻּלַּחְתִּי, גֻּלָּח; *pt. pl. cs.* מְגֻלְּחֵי: ser barbeado, ser rapado. – HIT: *pf.* הִתְגַּלָּח; *impf.* יִתְגַּלַּח; *inf. suf.* הִתְגַּלְּחוֹ: deixar-se barbear, deixar-se rapar (Lv 13.33; Nm 6.19).

גִּלָּיוֹן (*de* גלה) *m., pl.* גִּלְיֹנִים: roupa de papiro; folha/lâmina (de madeira, metal, couro); papiro? (Is 3.23; 8.1).

I גָּלִיל* (*de* גלל) *pl.* גְּלִילִים: 1) *adj.*: giratório (gonzos?). 2) *s.:* cilindro; barra, vara *ou* argola.

II גָּלִיל *c.art.* הַגָּלִיל, *cs.* גְּלִיל, *loc.*(?) הַגָּלִילָה: *n.t.* (Js 20.7).

גְּלִילָה (*de* גלל) *pl.* גְּלִילוֹת: distrito, território.

גְּלִילוֹת *n. l.* (Js 18.17).

גַּלִּים *n. l.* (1 Sm 25.44).

גָּלְיָת *n. m.* (2 Sm 21.19).

I גלל QAL: *pf.* גָּלְלוּ, גַּלּוֹתִי; *impf.* וַיָּגֶל; *imp.* גֹּלּוּ, גַּל, גֹּ(וֹ)ל; *pt.* גֹּלֵל: rolar (*tr.*); remover rolando. – NI: *pf.* נָגֹלּוּ; *impf.* יִגַּל: ser enrolado; rolar (*intr.*), rolar-se, revolver-se (Is 34.4; Am 5.24). – POLAL: *pt. f.*

tanto...quanto (*neg.* nem... nem).

גמא PI: *impf.* יְגַמֶּא: devorar (Jó 39.24). – HI: *imp. suf.* הַגְמִיאִינִי: deixar sorver (Gn 24.17).

גֹּמֶא *m.*: papiro.

גֹּמֶד *nome de medida de comprimento*: palmo? (LXX); côvado? (Jz 3.16).

גַּמָּדִים *n. p.* (Ez 27.11).

גָּמוּל *n. m.* (1 Cr 24.17).

גְּמוּל (*de* גמל) *m., suf.* גְּמֻלְךָ/לוֹ, *pl. suf.* גְּמוּלָיו: obra, feito, realização; retribuição, retaliação, recompensa; benefício.

גְּמוּלָה (*de* גמל) *f., pl.* גְּמֻ/מוּלוֹת: retribuição, retaliação, recompensa; *pl.* feitos.

גִּמְזוֹ *n. l.* (2 Cr 28.18).

גמל QAL: *pf.* גָּמַל, *suf.* גְּמָלָנוּ, גְּמָלַתְהוּ/לַתּוּ; *impf.* יִגְמֹל, *suf.* תִּגְמְלֵנִי; *imp.* גְּמֹל; *pt.* גֹּמֵל, *pass.* גָּמֻ/מוּל: concluir, completar; produzir fruto maduro, amadurecer (*tr.*); desmamar; realizar, fazer (algo a alguém), retribuir; *pt.* maduro. – NI: *impf.* יִגָּמֵל/מֶל;*inf.* הִגָּמֵל: ser desmamado.

גָּמָל *m. e f., pl.* גְּמַלִּים/לֵּי, *suf.* גְּמַלָּיו: camelo dromedário.

גְּמַלִּי *n. m.* (Nm 13.12).

גַּמְלִיאֵל *n. m.* (Nm 1.10).

גמר QAL: *pf.* גָּמַר; *impf.* יִגְמֹר; *pt.* גֹּמֵר: estar no fim, terminar (*intr.*), cessar (*intr.*); retribuir, vingar.

I גֹּמֶר *n. p.* (Gn 10.2).

II גֹּמֶר *n.f.* (Os 1.3).

גְּמַרְיָה *n. m.* (Jr 29.3).

גְּמַרְיָהוּ *n. m.* (Jr 36.10).

גַּן (*de* גנן) *f. e m., i.p.* גָּן, *c. art.* הַגָּן, *suf.* גַּנִּי, *pl.* גַּנִּים: jardim; גַּן הַיָּרָק: horta.

גנב QAL: *pf.* גָּנַבְתִּי, *suf.* גְּנָבְתַם, גְּנָבַתּוּ; *impf.* יִגְנֹ(וֹ)ב, תִּגְנֹבוּ; *inf.* גְּנֹב; *pt.* גֹּנֵב, *pass.* גָּנוּב, *f. cs.* גְּנֻבְתִי: furtar, roubar, seqüestrar, desviar; levar embora, arrebatar; גָ"לֵב: enganar, iludir. – NI: *impf.* יִגָּנֵב: ser furtado, ser roubado (Êx 22.11). – PI: *impf.* וַיְגַנֵּב; *pt. pl. cs.* מְגַנְּבֵי: apropriar-se de algo (por furto), furtar (2 Sm 15.6; Jr 23.30). – PU: *pf.* גֻּנַּב; *impf.* יְגֻנַּב; *inf. abs.* גֻּנֹּב: ser furtado, ser roubado, ser seqüestrado; vir furtivamente. – HIT: *impf.* וַיִּתְגַּנֵּב: furtar-se, esquivar-se (2 Sm 19.4).

גַּנָּב (*de* גנב), *m., pl.* גַּנָּבִים: ladrão.

גְּנֵבָה (*de* גנב), *f., suf.* גְּנֵבָתוֹ: objeto roubado (Êx 22.2,3).

גְּנֻבַת *n. m.* (1 Rs 11.20).

גַּנָּה *f., cs.* גַּנַּת, *suf.* גַּנָּתוֹ, *pl.* גַּנּ(וֹ)ת, *suf.* גַּנּוֹתֵיכֶם: jardim.

I גֶּנֶז* *pl. cs.* גִּנְזֵי: tesouro (real) (Et 3.9; 4.7).

II גֶּנֶז* *pl. cs.* גִּנְזֵי: *significado incerto*: coberta, tapete *ou* caixa de lã (Ez 27.24).

גַּנְזַךְ* *pl. suf.* גַּנְזַכָּיו: tesouro (1 Cr 28.11).

גנן QAL: *pf.* גַּנּוֹתִי; *impf.* יָגֵן: cercar (com sebe ou tapume); proteger.

גִּנְּתוֹי *v.* גִּנְּתוֹן.

גִּנְּתוֹן *n. m.* Ne 10.7).

געה QAL: *impf.* יִגְעֶה; *inf. abs.* גָּעוֹ: mugir (1 Sm 6.12; Jó 6.5).

גֹּעָה* *loc.* גֹּעָתָה: *n. l.* (Jr 31.39).

געל QAL: *pf.* גָּעֲלָה, *suf.* גְּעַלְתִּים; *impf.* תִּגְעַל: detestar, abominar, aborrecer; sentir repugnância, estar farto (de algo), enfastiar-se. – NI: *pf.* נִגְעַל: ser sujado, ser manchado (2 Sm 1.21). – HI: *impf.* יַגְעִל: falhar (na fecundação) (Jó 21.10).

גֹּעַל* (*de* געל) *cs.* = : aversão; negligência (Ez 16.5).

גַּעַל *n. m.* (Jz 9.26).

גער QAL: *pf.* גָּעַר; *impf.* יִגְעַר, תִּגְעֲרוּ; *inf.* גְּעָר־; *pt.* גּ(וֹ)עֵר: repreender, vituperar, increpar (בְּ alguém).

גְּעָרָה (*de* גער) *f.*, *cs.* גַּעֲרַת, *suf.* גַּעֲרָתִי: repreensão; ameaça.

געשׁ QAL: *impf.* תִּגְעַשׁ: mover-se ruidosamente para cima e para baixo (Sl 18.8). – PU: *impf.* יְגֹעֲשׁוּ (עָם): ser perturbado/ abalado?; *l. prov.* יִגְוְעֻ שׁוֹעִים (Jó 34.20). – HIT: *impf.* תִּתְגָּעַשׁ, יִתְגָּעֲשׁוּ: mover-se ruidosamente para cima e para baixo; vacilar. – HITPOEL: *pf.* הִתְגֹּעֲשׁוּ; *impf.* יִתְגֹּעֲשׁוּ: vomitar; bramir (Jr 25.16; 46.8).

גַּעַשׁ* *i.p.* גָּעַשׁ: *n.t.* (Js 24.30).

גַּעְתָּם *n. m.* (Gn 36.11).

I גַּף* *pl. cs.* גַּפֵּי: abóbada?; עַל גַּפֵּי: em cima de (Pv 9.3).

II גַּף* *suf.* גַּפּוֹ: corpo; בְּגַפּוֹ ele sozinho, somente ele (Êx 21.3,4).

גֶּפֶן *f. e m.*, *i.p.* גָּפֶן, *suf.* גַּפְנִי, *pl.* גְּפָנִים: videira; vide; sarmento.

גֹּפֶר *tipo desconhecido de madeira* (Gn 6.14).

גָּפְרִית *f.*: enxofre.

גֵּר (*de* גור) *m.*, *suf.* גֵּרְךָ, *pl.* גֵּ(י)רִים: migrante, peregrino, forasteiro, estrangeiro.

גִּר cal (Is 27.9).

גֵּרָא *n. m.* (Gn 46.21).

גָּרָב erupção cutânea purulenta (sarna?).

גָּרֵב *n. m.* (2 Sm 23.38); *n. l.* (Jr 31.39).

גַּרְגֵּר* *m.*, *pl.* גַּרְגְּרִים: azeitona madura (Is 17.6).

גַּרְגְּרוֹת* *pl.*, *suf.* גַּרְגְּר(וֹ)תֶיךָ: pescoço; garganta.

גִּרְגָּשִׁי *n. p.* (Gn 10.16).

גרד HIT: *pf.* הִתְגָּרֵד: raspar-se, coçar-se, arranhar-se (Jó 2.8).

גרה PI: *impf.* יְגָרֶה: iniciar, suscitar (uma contenda). – HIT: *pf.* 2ª *f.* הִתְגָּרִית; *impf.* יִתְגָּרֶה, תִּתְגָּר, תִּתְגָּרוּ; *imp.* הִתְגָּר: opor-se (a alguém), combater (בְּ contra); meter-se em briga/contenda; medir-se (בְּ com); armar-se, preparar-se para a guerra; lançar-se (em desgraça).

I גֵּרָה (*de* גרר): bolo alimentar de ruminante; *c.* גרר ruminar.

II גֵּרָה *nome da menor unidade de peso existente* (= vigésima parte de um שֶׁקֶל).

גָּרוֹן *m.*, *suf.* גְּרוֹנִי: garganta; pescoço.

גֵּרוּת hospedaria (*em n. l.* גֵּ׳ כִּמְהָם) (Jr 41.17 *Q*).

גרז NI: *pf.* נִגְרַזְתִּי: ser separado, ser afastado (Sl 31.23).

גִּרְזִי *l. Q* הַגִּזְרִי.

גְּרִזִּים *n. de monte* (Dt 11.29).

גַּרְזֶן machado, machadinha; escopro, cinzel.

גֹּרָל *v.* גּוֹרָל.

גרם QAL: *pf.* גָּרְמוּ: roer? (Sf 3.3). – PI: *impf.* יְגָרֵם: roer (Nm 24.8; Ez 23.34).

גֶּרֶם (*de* גרם) *i.p.* גָּרֶם, *pl. suf.* גְּרָמָיו: osso; *termo arquit. desconhecido*: (os degraus) nus? *ou* desguarnecidos?

גַּרְמִי *n. m.* (1 Cr 4.19).

גֹּרֶן *f.*, *loc.* גֹּרְנָה, *suf.* גָּרְנִי, *pl.* גֳּרָנוֹת, *cs.* גָּרְנוֹת: eira. גֹּרֶן *em nomes próprios*: 1) גֹּ׳ הָאָטָד: *n. l.* (Gn 50.10). 2) גֹּ׳ כִּידוֹן: *n. l.* (1 Cr 13.9). 3) גֹּ׳ נָכוֹן: *n. l.* (2 Sm 6.6).

גרס QAL: *pf.* גָּרְסָה: desgastar-se, debilitar-se (Sl 119.20). – HI: *impf.* וַיַּגְרֵס: fazer com que (dentes) sejam triturados (Lm 3.16).

I גרע QAL: *impf.* יִגְרַע/רָע; *inf.* לִגְרֹעַ; *pt. pass.* גְּרֻ/רוּעָה: cortar, aparar, barbear; diminuir, reduzir; descontar; tirar. – NI: *pf.* נִגְרַע; *impf.* יִגָּרַע/רֵעַ, נִגָּרַע; *pt.* נִגְרָע: ser diminuído, ser reduzido; ser descontado; ser tirado.

גרע II PI: *impf.* יְגָרַע: atrair (Jó 36.27).

גרף QAL: *pf. suf.* גְּרָפָם: arrastar (Jz 5.21).

גרר QAL: I. *impf. suf.* יְגֹרֵהוּ, יְגֹרֵם: arrastar (*tr.*). – II. *impf.* יָגֹר: ruminar. – POLAL: *pt. pl. f.* מְגֹרָרוֹת: serrado (1 Rs 7.9).

גְּרָר *loc.* גְּרָרָה: *n. l.* (Gn 10.19).

גֶּרֶשׂ *suf.* גִּרְשָׂהּ: grãos (de trigo) esmagados (Lv 2.14,16).

גרשׁ I QAL: *pt.* גֹּרֵשׁ, *pass.* גְּרוּשָׁה: expulsar; rejeitar, repudiar, divorciar. – NI: *pf.* נִגְרַשְׁתִּי: ser expulso (Jn 2.5). – PI: *pf.* גֵּרַשְׁתָּ, גֵּרְשָׁה, *suf.* גֵּרַשְׁתִּיהוּ/תִּיו, גֵּרַשְׁתָּמוֹ; *impf.* יְגָרֵשׁ, תְּגָרְשׁוּן, וַיְגָרֶשׁ, *suf.* אֲגָרְשֶׁנּוּ, וַיְגָרְשֵׁהוּ; *imp.* גָּרֵשׁ; *inf. abs.* גָּרֵשׁ, *cs. suf.* לְגָרְשֵׁנִי: expulsar, lançar fora, enxotar. – PU: *pf.* גֹּרְשׁוּ; *impf.* יְגֹרָשׁוּ: ser expulso (Êx 12.39; Jó 30.5).

גרשׁ II QAL: *impf.* וַיִּגְרְשׁוּ: lançar fora (Is 57.20b). – NI: *pf.* נִגְרַשׁ (*pt.?*), נִגְרְשָׁה: estar agitado (Is 57.20a; Am 8.8).

גֶּרֶשׁ (*de* II גרשׁ): produção (Dt. 33.14).

גְּרֻשָׁה* (*de* I גרשׁ) *pl. suf.* גְּרֻשֹׁתֵיכֶם: desapropriação (Ez 45.9).

גֵּרְשׁוֹן *n. m.* (Gn 46.11).

גֵּרְשׁוֹם, גֵּרְשֹׁם *n. m.* (Êx 2.22).

גֵּרְשֻׁנִּי *patr.* (Nm 3.21).

גְּשׁוּר *loc.* גְּשׁוּרָה: *n.t. e n. p.* (2 Sm 15.8).

גְּשׁוּרִי *gent.* (Dt 3.14).

גשׁם HI: *pt.* מַגְשִׁמִים: fazer chover (Jr 14.22).

גֶּשֶׁם I (*v.* גשׁם) *m., i.p.* גָּשֶׁם, *pl.* גְּשָׁמִים, *cs.* גִּשְׁמֵי, *suf.* גִּשְׁמֵיכֶם: chuva, aguaceiro, tromba d'água.

גֶּשֶׁם II *n. m.* (Ne 2.19).

גֹּשֶׁם* *suf.* גֻּשְׁמָהּ (Ez 22.24): *forma paralela de* גֶּשֶׁם?; *l.* גֻּשָּׁמָה (PU *de* גשׁם) ser molhado pela chuva?.

גַּשְׁמוּ *n. m.* (Ne 6.6).

גֹּשֶׁן *n.t.* (Gn 45.10); *n. l.* (Js 15.51).

גִּשְׁפָּא *n. m.* (Ne 11.21).

גשׁשׁ PI: *impf.* נְגַשְׁשָׁה, נְגַשֲׁשָׁה: apalpar, tatear (Is 59.10).

גַּת I *f., pl.* גִּתּוֹת: lagar.

גַּת II *loc.* גִּתָּה *e* גַּתָּה: *n. l.* (Js 11.22). גַּת *em nomes próprios*: 1) גַּת־הַחֵפֶר: *n. l.* (2 Rs 14.25). 2) גַּת־רִמּוֹן: *n. l.* (Js 19.45). 3) מוֹרֶשֶׁת גַּת: *n. l.* (Mq 1.14).

גִּתִּי *pl.* גִּתִּים: *gent.* (Js 13.3).

גִּתַּיִם* *i.p.* גִּתָּיִם, *loc.* גִּתָּיְמָה: *n. l.* (2 Sm 4.3).

גִּתִּית *em* עַל־הַגִּתִּית: *termo musical desconhecido;* harpa de Gat(?).

גֶּתֶר *n. m. ou n. l. ou n. p.* (Gn 10.23).

ד

ד דָּלֶת: quarta letra do alfabeto; *como num.* = 4; ד̈ = 4.000.

דאב QAL: *pf.* דָּאֲבָה; *inf.* דַּאֲבָה: enfraquecer, desfalecer.

דְּאָבָה (*de* דאב) *f.*: desalento, desespero (Jó 41.14).

דְּאָבוֹן* (*de* דאב) *cs.* דַּאֲבוֹן: desalento, desânimo (Dt 28.65).

דאג QAL: *pf.* דָּאַגְתְּ; דָּאַג; *impf.* אֶדְאַג; *pt.* דֹּאֵג: estar preocupado; recear.

דָּאג *m.*: peixe (Ne 13.16); *v.* דָּג.

דֹּאֵג *n. m.* (1 sm 21.8).
דְּאָגָה (*de* דאג) *m.:* preocupação, ansiedade.
דאה QAL: *impf.* יִדְאֶה, וַיֵּדֶא: voar.
דָּאָה milhafre (uma ave de rapina) (Lv 11.14; Dt 14.13).
דֹּאר *n. l.* (Js 17.11); *v* דּוֹר.
דֹּב, דּוֹב *m./f., pl.* דֻּבִּים: urso, ursa.
דֹּבֶא *m., suf.* דָּבְאֶךָ: força (Dt 33.25).
דבב QAL: *pt.* דּוֹבֵב: escoar?, deslizar? (Ct 7.10).
דִּבָּה *f., cs.* דִּבַּת, *suf.* דִּבָּתְךָ: murmuração: difamação, calúnia.
דְּבוֹרָה I (*de* II דבר) *f., pl.* דְּבֹרִים: abelha.
דְּבוֹרָה II *n. f.* (Jz 4.4).
דִּבְיֹנִים (*de* דוב) esterco de pombas (2 Rs 6.25 *Q*).
דְּבִיר I (*de* I דבר) *m.:* câmera, cubículo (do templo); santo dos santos (no templo).
דְּבִיר II *n. m.* (Js 10.3).
דְּבִיר III *n. l.* (Js 10.38); *v.* דְּבִר.
דְּבֵלָה *cs.* דְּבֶלֶת, *pl.* דְּבֵלִים: pasta/bolo de figos.
דִּבְלַיִם *n. m.* (Os 1.3).
דִּבְלָתָה *l.* רִבְלָתָה (Ez 6.14).
דִּבְלָתַיִם *n. l.* (Jr 48.22).
דבק QAL: *pf.* דָּבֵק/דָבַק, דָּבְקָה, *i. p.* דָּבֵקָה, דָּבֵקוּ; *impf.* יִדְבַּק, תִּדְבָּקוּן; *suf.* תִּדְבָּקֵנִי; *inf.* דָּבְקָה: apegar-se a, agarrar-se a; colar em, juntar-se a; perseguir. – PU: *impf. i. p.* יְדֻבָּקוּ: ser colado (Jó 38.38; 41.9) HI: *pf.* הִדְבַּקְתִּי, *suf.* הִדְבִּיקֻתְהוּ; *impf.* אַדְבִּיק, וַיַּדְבִּיקוּ, וַיַּדְבְּקוּ: alcançar, seguir de perto; fazer apegar-se. – HO: *pt.* מֻדְבָּק: colado (Sl 22.16).
דָּבֵק (*de* דבק) *adv., f.* דְּבֵקָה, *pl.* דְּבֵקִים: em contato com; achegado.
דֶּבֶק (*de* דבק) *m., pl.* דְּבָקִים: soldadura; juntas (da armadura).
דבר I PI: *impf.* וַתְּדַבֵּר, *inf.* דַּבֵּר, *suf.* דַּבְּרוֹ: virar as costas, afastar-se; afastar, exterminar; perseguir. – PU: ser perseguido (Sl 116.10 *cj.*). – HI: *impf.* יַדְבֵּר: subjugar (Sl 18.48; 47.4).
דבר II QAL: *inf. com suf.* דָּבְרֶךָ, *pt.* דֹּבֵר: falar. – NI: *pf.* נִדְבְּרוּ, *i. p.* נִדְבָּרוּ, נִדְבַּרְנוּ; *pt.* נִדְבָּרִים: conferenciar, consultar. – PI: *pf.* דִּבֶּר, *i.p.* דִּבֵּר, דִּבַּרְתְּ; *impf.* יְדַבֵּר, אֲדַבְּרָה, תְּדַבֵּרוּן; *imp.* דַּבֵּר, דַּבְּרִי; *inf.* דַּבֵּר, *suf.* דַּבֶּרְךָ; *pt.* מְדַבֵּר, מְדַבֶּרֶת, מְדַבְּרוֹת: falar, dizer; mandar; ameaçar; prometer. – PU: *impf.* יְדֻבַּר, *pt.* מְדֻבָּר: ser dito; ser pedida em casamento (Sl 87.3; Ct 8.8). – HIT: *pt.* מִדַּבֵּר: conferenciar com, acertar com.
דבר III PI: *impf.* יְדַבֵּר: ter descendência (Pv 21.28).
דָּבָר (*de* II דבר) *m., cs.* דְּבַר, *suf.* דְּבָרוֹ, *pl.* דְּבָרִים, *suf.* דְּבָרֶיךָ, דִּבְרֵיהֶם: palavra; assunto. questão, caso; coisa.
דֶּבֶר I (*de* I דבר) *m., i.p.* דָּבֶר, *pl. com suf.* דְּבָרֶיךָ: peste, peste bubônica.
דֶּבֶר II (*de* I דבר) *m., pl. com suf.* דְּבָרֶיךָ: espinho (Os 13.14; Sl 91.3).
דֹּבֶר* (*de* I דבר) *m., suf.* דָּבְרָם: pasto, várzea (Is 5.17; Mq 2.12).
דְּבִר *n. l.* (Js 11.21).
דִּבֵּר (*de* II דבר) *m.* palavra (Jr 5.13; 9.7).
דִּבְרָה* *tb.* דִּבְרָה* (*denom. de* דָּבָר) *m., cs.* דִּבְרַת, דִּבְרָתִי, *suf.* דִּבְרָתִי: causa; modo.
דֹּבְרוֹת (*de* I דבר): balsas (1 Rs 5.23).
דִּבְרִי *n. m.* (Lv 24.11).
דָּבְרַת, הַדָּבְרַת *n. l.* (Js 19.12).
דְּבַשׁ *m., i. p.* דְּבָשׁ, *suf.* דִּבְשִׁי: mel.
דַּבֶּשֶׁת I *m.:* corcova (de camelo) (Is 30.6).
דַּבֶּשֶׁת II *n. l.* (Js 19.11).
דָּג, דָּאג *m., pl.* דָּגִים, *cs.* דְּגֵי: peixe.
דגה (*denom. de* דָּג?) QAL: *impf.*

יִדְגּוּ: multiplicar-se, tornar-se numeroso (Gn 48.16).

דָּגָה *f., cs.* דְּגַת, *suf.* דְּגָתָם: peixes (*col.*).

דָּגוֹן *n. d.* (Jz 16.23).

I דגל QAL: *pt.* דָּגוּל: distinguido, eminente (Ct 5.10).

II דגל (*denom. de* דֶּגֶל) QAL: *impf.* נִדְגֹּל: erguer o estandarte (?) (Sl 20.6). – NI: *pt.* נִדְגָּלוֹת: estar em fileira, cercar o estandarte (?) (Ct 6.4, 10).

דֶּגֶל *m., suf.* דִּגְלוֹ, *pl. com suf.* דִּגְלֵיהֶם: estandarte.

דָּגָן *m., cs.* דְּגַן, *suf.* דְּגָנִי: cereal, trigo.

דגר QAL: *pf. i. p.* דָּגָר, *f.* דָּגְרָה: chorar (Is 34.15), (Jr 17.11?).

דַּד★ *f. du. cs.* דַּדֵּי, *suf.* דַּדֶּיהָ, דַּדַּיִךְ: seios.

דדה HIT: *impf.* אֶדַּדֶּה: andar (Is 38.15) (Sl 42.5?).

דֹּדָוָהוּ *n. m.* (1 Cr 20.37).

דְּדָן *n. m.* (Gn 10.7), *n. t.* (Is 21.13).

דֹּדָנִים *n. m.* (Gn 10.4).

דהם NI: *pt.* נִדְהָם: estar surpreso, estar confuso (Jr 14.9).

דהר QAL: *pt.* דֹּהֵר: correr, galopar (Na 3.2).

דַּהֲרָה★ (*de* דהר) *pl.* דַּהֲרוֹת: galope (Jz 5.22).

דֹּאֵג, דּוֹאֵג *n. m.* (1 Sm 21.8).

דוב HI: *pt. pl. f.* מְדִיבוֹת: fazer definhar, dissolver (Lv 26.16).

דַּוָּג (*denom. de* דָּג) *m., pl.* דַּוָּגִים: pescador (Jr 16.16 *K;* Ez 47.10).

דּוּגָה (*denom. de* דָּג): pescaria (Am 4.2).

דֹּד, דּוֹד *m., suf.* דֹּדִי, דּוֹדִי, *pl.* דֹּדִים: tio (irmão do pai), primo, amado, amante; amor.

דּוּד *m. pl.* דּוּדִים, דְּוָדִים: panela; cesta.

דָּוִד, דָּוִיד *n. m.* (1 Sm 16.13).

דּוּדָאִים *m., cs.* דּוּדָאֵי: mandrágoras.

דּוֹדָה★ *f., suf.* דֹּדָתוֹ, דּוֹדָתְךָ: tia (irmã do pai), esposa do tio (irmão do pai).

דֹּדוֹ, דּוֹדוֹ *n. m.* (Jz 10.1).

דּוֹדָוָהוּ *n. m.* (2 Cr 20.37).

I דּוֹדַי *n. m.* (1 Cr 27.4).

II דּוּדַי *m., pl. cs.* דּוּדָאֵי: cesta (Jr 24.1).

דוה QAL: *inf. cs. com suf.* דְּוֹתָהּ: menstruar (Lv 12.2).

דָּוֶה (*de* דוה) *adj., f.* דָּוָה: doente; menstruada.

דוח HI: *pf. com suf.* הֱדִיחָנוּ: lavar, enxaguar.

דְּוַי★ (*de* דוה) *i. p.* דְּוָי: indisposição, doença (Sl 41.4; Jó 6.7?).

דַּוָּי (*de* דוה) *adj.*: doente.

דָּוִיד *v.* דָּוִד.

דוך QAL: *pf.* דָּכוּ: esmigalhar, moer (Nm 11.8). – *cj.* HI: triturar (Jó 40.12).

דּוּכִיפַת *m.*: poupa (Lv 11.19; Dt 14.18).

I דּוּמָה *m.*: silêncio (Sl 94.17; 115.17).

II דּוּמָה *n. l.* (Js 15.52), *n. p.* (Gn 25.14), *n. t.* (Is 21.11).

דֻּמִיָּה, דּוּמִיָּה *m.*: silêncio, descanso.

דּוּמָם *m.*: silêncio, sossego.

דּוּמֶשֶׂק *n. l.* (2 Rs 16.10).

?דון QAL: *impf.* יָדוֹן: permanecer? dirigir? julgar? (Gn 6.3).

דּוּן (Jó 19.29)? *Q* שַׁדּוּן.

דּוֹנַג *i. p.* דּוֹנָג: cera.

דוץ QAL: *impf.* תָּדוּץ: saltar, saltitar (Jó 41.14).

I דוק *v.* דקק.

II דוק QAL: *impf. cons.* וַיָּדֶק: inspecionar? *cj.* Gn 14.14.

I דור QAL: *imp. ou inf. abs.* דּוּר: empilhar em círculos (Ez 24.5).

II דור QAL: *inf.* דּוּר: morar (Sl 84.11).

דּוּר *m.*: bola? (Is 22.18); círculo? (Is 29.3).

I דּוֹר (*de* דור) *suf.* דּוֹרִי: moradia, acampamento circular (Is 38.12).

II דּוֹר, דֹּר *m., pl.* דֹּרִים, דּוֹרוֹת, דֹּרוֹת, *suf.*

דֹּרֹתָם, דֹּרֹתֵינוּ: tempo de vida, idade, geração.

III דּוֹר *v.* דאר (1 Rs 4.11).

דוש, דִּישׁ QAL: *pf.* דַּשְׁתִּי, *impf.* תָּדוּשׁ, *suf.* יְדוּשֶׁנּוּ, *imp.* דּוֹשִׁי, *inf.* דֻּשׁ, דּוּשׁ, *suf.* דּוּשָׁם, *pt.* דָּשׁ, *f.* דָּשָׁא: pisar, pisotear; trilhar; destruir. – NI: *pf.* נָדוֹשׁ, *inf. cs.* הִדּוּשׁ: ser pisado (Is 25.10). – HO: *impf.* יוּדַשׁ: ser trilhado (Is 22.27).

דחה QAL: *pf. com suf.* דְּחִיתַנִי, *inf. abs.* דָּחֹה, *cs.* דְּחוֹת, *pt.* דֹּחֶה, דְּחוּיָה: empurrar, derrubar. – NI: *impf.* יִדַּחוּ, יִדָּחֶה: ser empurrado, ser derrubado. – PU: *pf.* דֹּחוּ: ser derrubado (Sl 36.13).

דחח (=דחה) NI: *impf.* יִדַּח, יִדַּחוּ, *pt.* נִדָּח: ser empurrado; ser banido (Jr 23.12; 2 Sm 14.14).

דְּחִי★ (*de* דחה) *i. p.* דֶּחִי: tropeço, queda (Sl 56.14; 116.8).

דֹּחַן painço (Ez 4.9).

דחף QAL: *pt. pass.* דְּחוּפִים: correr (Et 3.15; 8.14). – NI: *pf.* נִדְחַף: apressar-se (Et 6.12; 2 Cr 26.20).

דחק QAL: *impf.* יִדְחָקוּן, *pt. com suf.* דֹּחֲקֵיהֶם: empurrar, afligir (Jl 2.8; Jz 2.18; *cj.* Mq 7.11).

דַּי★ *i. p.* דָּי, *cs.* דֵּי, *suf.* דַּיֶּךָ, דַּיָּם: o suficiente, o necessário, o que compete a. *Prep.*: 1) בְּדֵי: cada vez (Jó 39.25); 2) כְּדֵי: de acordo com (Dt 25.2); tanto (Jz 6.5); quanto possível (Ne 5.8); 3) מִדֵּי: a partir do necessário (1 Sm 7.16); *conj.*: = בְּדֵי (1 Sm 1.7); 4) לְמַדַּי: suficiente (2 Cr 30.3).

דִּיבֹן, דִּיבוֹן *n. l.* (Nm 21.30).

דיג (*denom.* דָּג) QAL: *pf.* דִּיגוּם: pescar (Jr 16.16).

דַּיָּג★ *m. pl.* דַּיָּגִים: pescador (Is 19.8; Jr 16.16, *v.* Ez 47.10).

דַּיָּה *f., pl.* דַּיּוֹת: uma ave de rapina (Dt 14.13; Is 34.15).

דְּיוֹ tinta (Jr 36.18).

דִּי זָהָב *n. l.* (Dt 1.1).

דִּימוֹן *n. l.* (Is 15.9), *v.* דִּיבוֹן.

דִּימוֹנָה *n. l.* (Js 15.22), *v.* דִּיבוֹן.

דין QAL: *pf.* דָּן, דָּנוּ, *suf.* דָּנַנִּי, *impf.* יָדִין, *suf.* תְּדִינֵנִי, *imp. ou inf.* דִּין, *pt.* דָּן: julgar, sentenciar, defender, processar. – NI: *pt.* נָדוֹן: discutir, disputar (2 Sm 19.10).

דִּין *m., suf.* דִּינִי: direito, processo, sentença, julgamento, briga.

דַּיָּן *m., cs.* דַּיַּן: juiz, defensor, advogado (1 Sm 24.16; Sl 68.6).

דִּינָה *n. f.* (Gn 30.21).

דִּיפַת *n. m.* (1 Cr 1.6).

דָּיֵק *m.* tranqueira, trincheira.

דִּישׁ *v.* דוש.

דַּיִשׁ (*de* דוש) debulha (Lv 26.5).

I דִּישׁוֹן antílope? bisonte? (Dt 14.5).

II דִּישׁוֹן, דִּשֹׁן, דִּשׁוֹן *n. p.* (Gn 36.21), *n. m.* (Gn 36.25).

דִּישָׁן *n. p.* (Gn 36.21).

דַּךְ (*de* דכך) *i. p.* דָּךְ, *pl. com suf.* דַּכָּיו: oprimido.

דכא NI: *pt. pl.* נִדְכָּאִים: estar oprimido. (Is 57.15) – PI: *pf.* דִּכָּא, דִּכְּאתָ; *impf.* יְדַכֵּא, תְּדַכְּאוּ, *suf.* יְדַכְּאֵנִי, יְדַכְּאוּם; *inf.* דַּכֵּא, *suf.* דַּכְּאוֹ: destroçar, esmigalhar, oprimir, judiar. – PU: *pf.* דֻּכְּאוּ; *impf.* יְדֻכָּא; *pt.* מְדֻכָּא: ser/estar destroçado; estar contrito. – HIT: *impf.* יִדַּכְּאוּ: ser espezinhado, estar destroçado (Jó 5.4; 34.25, *cj.* Jó 4.19).

I דַּכָּא *adj.* contrito, abatido; (Is 57.15; Sl 34.19. *cj.* Is 53.10). *s.* coisa esmigalhada (= pó? Sl 90.3).

II דַּכָּא esmagamento (Dt 23.2).

דכה (*v.* דכא) NI: *pf.* נִדְכֵּיתִי; *pf.* נִדְכֶּה: ser destroçado (Sl 38.9; 51.19). – PI: *pf.* דִּכִּיתָ, דִּכִּיתָנוּ: destroçar (Sl 44.20; 51.10).

דֳּכִי★ (*de* דכה): fragor, estalo (Sl 93.3).

I דַּל★, דָּל *cs.* דַּל: porta (Sl 141.3).

II דַּל (*de* I דלל) *i. p.* דָּל, *pl.* דַּלִּים, דַּלּוֹת: magro, deprimido, fraco, necessitado, insignificante, pobre.

דלג QAL: *pt.* דּוֹלֵג: saltar (Sf 1.9) – PI: *impf.* אֲדַלֶּג, יְדַלֵּג; *pt.* מְדַלֵּג: correr, saltar.

I דלה QAL: *pf.* דָּלָה; *impf. com suf.* יִדְלֶנָּה, תִּדְלֶנָּה; *inf. abs.* דָּלֹה: tirar (água) – PI: *pf.* דִּלִּיתָנִי: tirar, salvar (Sl 30.2).

II דלה QAL: *pf.* דַּלְיוּ: bambear (Pv 26.7).

I דַּלָּה (*de* I דלל) *cs.* דַּלַּת: fios da urdidura (Is 38.12); cabelo solto (Ct 7.6).

II דַּלָּה (*v.* II דַּל) *cs.* דַּלַּת, *pl.* דַּלּוֹת: fracos, pobres (*col.*).

דלח QAL: *impf.* תִּדְלַח, *suf.* תִּדְלָחֵם: turvar (Ez 32.2, 13).

דְּלִי (*de* I דלה) *du. com suf.* דָּלְיָו: balde (Nm 24.7; Is 40.15).

דְּלָיָה (< דְּלָיָהוּ) *n. m.* (1 Cr 3.24).

דְּלָיָהוּ *n. m.* (Jr 36.12).

דְּלִילָה *n. f.* (Jz 16.4).

דָּלִית★ (*de* II דלה) *pl.* דָּלִיּוֹת, *suf.* דָּלִיּוֹתָיו: ramos, ramagem.

I דלל QAL: *pf.* דַּלּוֹתִי, דָּלְלוּ, דַּלּוֹנוּ; *impf.* יִדַּל: ser/tornar-se pequeno / fraco.

II דלל QAL: *pf.* דַּלּוּ: oscilar (Jó 28.4).

דִּלְעָן *n. l.* (Js 15.38).

I דלף QAL: *pf.* דָּלְפָה; *impf.* יִדְלֹף: ser permeável, gotejar; lacrimejar, chorar.

II דלף QAL: *pf.* דָּלְפָה: ter insônia (Sl 119.28).

דֶּלֶף (*de* I דלף) telhado permeável (Pv 19.13; 27.15).

דַּלְפוֹן *n. m.* (Et 9.7).

דלק QAL: *pf.* דָּלַקְתָּ, דָּלְקוּ, *suf.* דְּלָקֻנִי; *impf.* יִדְלַק; *inf.* דְּלֹק; *pt.* דֹּלְקִים: incendiar, queimar, perseguir furiosamente. – HI: *impf. com suf.* יַדְלִיקֵם; *inf. abs.* הַדְלֵק: acender, aquecer (Ez 24.10; Is 5.11).

דַּלֶּקֶת (*de* דלק) inflamação, calor febril (Dt 28.22).

דֶּלֶת *f., i. p.* דָּלֶת, *suf.* דַּלְתּוֹ, דְּלָתְךָ, *pl.* דְּלָתוֹת, *cs.* דַּלְתוֹת, *du.* דְּלָתַיִם, *cs.* דַּלְתֵי, *suf.* דְּלָתֶיךָ: batente, porta, porta dupla, portão; tampa; colunas (de um texto).

דָּם *m., cs.* דַּם, *suf.* דָּמוֹ, דִּמְכֶם, *pl.* דָּמִים, *cs.* דְּמֵי, *suf.* דָּמַיִךְ, דְּמֵיהֶם: sangue; sangue de sacrifício; sangue violentamente derramado; *pl.* sangue derramado; crime, homicídio, assassínio.

I דמה QAL: *pf.* דָּמָה, דָּמְתָה, דָּמִיתָ, דָּמוּ; *impf.* יִדְמֶה; *imp.* דְּמֵה; *pt.* דּוֹמָה: parecer-se com, ser semelhante. – NI: *pf.* נִדְמֵיתָ: tornar-se igual, comparar (Ez 32.2). PI: דִּמָּה, דִּמִּיתָ, דִּמִּיתִי, דִּמּוּ, דִּמִּינוּ, *suf.* דִּמִּיתִיךְ; *impf.* יְדַמֶּה, תְּדַמִּי, אֲדַמֶּה, תְּדַמְּיוּן, *suf.* תְּדַמְּיוּנִי: comparar, planejar, pensar, ponderar, imaginar. HIT: *impf.* אֶדַּמֶּה: ser semelhante, sentir-se equiparado (Is 14.14).

II דמה QAL: *pf.* דָּמִיתִי; *impf.* תִּדְמֶה, תִּדְמֶינָה: acalmar-se; estar quieto. – NI: *pf.* נִדְמָה, נִדְמְתָה, נִדְמֵיתָה, נִדְמֵיתִי, נִדְמוּ; *inf. abs.* נִדְמֹה; *pt.* נִדְמֶה: ser mudo; silenciar, ter que silenciar.

III דמה QAL: *pf.* דָּמִיתִי: aniquilar, ser aniquilado (Os 4.5?). – NI: *pf.* נִדְמָה, נִדְמְתָה, נִדְמֵיתָ(ה), נִדְמֵיתִי, נִדְמוּ; *inf.* נִדְמֹה: ser destruído, ser aniquilado.

דֻּמָה destruição (Ez 27.32 *txt. corr.!*).

דְּמוּת (*de* I דמה) *suf.* דְּמוּתוֹ, דְּמוּתֵנוּ: cópia, forma, feição, imagem, semelhança.

דְּמִי (*de* I דמה) similaridade, metade (Is 38.10).

דֳּמִי (*de* II דמה) *cs.* דְּמִי: calma, descanso.

הֲמִיָה *v.* דוּמִיָה.

★דִּמְיוֹן *tb.* ★דִּמְיוֹן (*de* I דמה) *suf.* דִּמְינוֹ: semelhança? (Sl 17.12).

דַּמִּים *v.* אֶפֶס דַּ׳ *n. l.*: 1 Sm 17.1.

I דמם QAL: *pf.* דָּמוּ; *impf.* יִדֹּם, אֶדֹּם, יִדְּמוּ, נִדְּמָה; *imp.* דֹּם, דּוֹם, דֹּמִּי, דֹּמּוּ: ser imóvel, estar parado, guardar silêncio, parar. – POLEL: *pf.* דּוֹמַמְתִּי: acalmar (Sl 131.2).

II דמם QAL: *pf.* דַּמּוּ; *impf.* יִדְּמוּ; *imp.* דֹּם, דֹּמּוּ: gritar, uivar.

III דמם QAL: *impf.* תִּדֹּמִּי, נִדְּמָה: ser aniquilado, perecer (Jr 8.14; 48.2). – NI: *pf.* נָדַמּוּ, *impf.* יִדַּמּוּ: ser destruído, perecer. – HI: *pf.* הֲדִמָּנוּ: fazer perecer (Jr 8.14).

דְּמָמָה (*de* I דמם) *f.*, calmaria, bonança, cicio.

דֹּמֶן adubo, esterco.

דִּמְנָה *n. l.* (Js 21.35).

דמע QAL: *impf.* תִּדְמַע, *inf. abs.* דָּמֹעַ: derramar lágrimas, chorar (Jr 13.17, *cj.* Is 15.9).

דֶּמַע (*de* דמע) *suf.* דִּמְעֲךָ: (Êx 22.28).

דִּמְעָה (*de* דמע) *f.*, *cs.* דִּמְעַת, *suf.* דִּמְעָתָהּ/תִי/תֶךָ; *pl.* דְּמָעוֹת: *col.* lágrimas.

דַּמֶּשֶׂק *n. l.* (2 Sm 8.5).

דְּמֶשֶׁק damasco (seda fina)? cabeceira (da cama)? Am 3.12 (*txt. corr.?*).

דָּן *n. m.* (Gn 30.6), *n. p.* (Nm 1.12), *n. l.* (Jz 18.29).

דַּן *cj.* recipiente (Ez 27.19?).

דָּנִאֵל *n. m.* (Ez 14.14) *v.* דָּנִיֵּאל.

דַּנָּה *n. l.* (Js 15.49).

דִּנְהָבָה *n. l.* (Gn 36.32).

דָּנִי *gent.* (Jz 13.2).

דָּנִיֵּאל *n. m.* (Dn 1.6).

★דֵּעַ (*de* ידע) *suf.* דֵּעִי, *pl.* דֵּעִים: conhecimento, saber.

דעה QAL:*impf.* נִדְעָה, יִדְעוּן; *imp.* דְּעֶה, *inf.* דַּעַת: buscar, procurar.

דֵּעָה (*de* ידע) *pl.* דֵּעוֹת: conhecimento, sabedoria.

דְּעוּאֵל *n. m.* (Nm 1.14).

דעך QAL:*pf.* דָּעֲכוּ, *impf.* יִדְעַךְ, *i. p.* יִדְעָךְ: apagar. – NI: *pf.* נִדְעֲכוּ: secar, desaparecer (Jó 6.17). – PU: *pf.* דֹּעֲכוּ: ser apagado, ser aniquilado (Sl 118.12).

I דַּעַת (*de* ידע) *f.*, *i. p.* דָּעַת: conhecimento, habilidade, reconhecimento, saber, sabedoria.

II דַּעַת (*de* דעה) exigência (Pv 29.7).

III דַּעַת (*de* III ידע) *suf.* דַּעְתּוֹ: suor (Is 53.11).

דֳּפִי *i. p.* דֹּפִי: defeito, mácula (Sl 50.20).

דפק QAL:*pf. com suf.* דְּפָקוּם; *pt.* דּוֹפֵק: bater (à porta); conduzir com rapidez, forçar a caminhar (Gn 33.13; Ct 5.2). – HIT: *pt.* מִתְדַּפְּקִים: bater (à porta)? urgir, insistir? (Jz 19.22).

דָּפְקָה *n. l.* (Nm 33.12s).

דַּק (*de* דקק) *adj.*, *i. p.* דָּק, *f.* דַּקָּה, *pl.* דַּקֹּת, דַּקּוֹת: fino, delgado, escasso, magro, silencioso.

דֹּק (*de* דקק) véu? crepe? (Is 40.22).

דִּקְלָה *n. t.* (Gn 10.27).

דקק QAL: *pf.* דַּק, *i. p.* דָּק; *impf.* תָּדֹק, *suf.* יָדֻקֶּנּוּ: esmiuçar, esmigalhar; moer, pulverizar. – HI: *pf.* הֵדַק, הֵדִקּוֹת; *impf. cons.* וַיָּדֶק, *suf.* אֲדִקֵּם; *inf. abs.* הָדֵק, *cs.* הָדֵק: moer, pulverizar. – HO: *impf.* יוּדַק: ser moído, ser pulverizado (Is 28.28).

דקר QAL: *pf. i. p.* דָּקָרוּ, *suf.* דְּקָרֻהוּ, דְּקָרֻנִי; *impf. cons.* וַיִּדְקֹר, *suf.* וַיִּדְקְרֵהוּ; *imp. com suf.* דָּקְרֵנִי: traspassar, perfurar. – NI: *impf.* יִדָּקֵר: ser traspassado (Is 13.15). PU: *pt. pl.*: מְדֻקָּרִים: estar traspassado (Jr 37.10; 51.4; *v.* Lm 4.9?).

דֶּקֶר *n. m.* (1 Rs 4.9).

דַּר alabastro? pérola? tapete? (Et 1.6).

דּר *v.* דּאר.

דֵּרָאוֹן *cs.* דִּרְאוֹן: aversão (Is 66.24; Dn 12.2).

★דָּרְבָן *i. p.* דָּרְבָּן, *pl.* דָּרְבֹנוֹת: aguilhão (1 Sm 13.21; Ec 12.11).

דַּרְדַּע *n. m.* (1 Rs 5.11).

דַּרְדַּר *m.* abrolhos (Gn 3.18; Os 10.8).

דָּרוֹם sul; vento sul.

I דְּרוֹר *f.* um pássaro; andorinha? pomba? (Sl 84.4; Pv 26.2).

II דְּרוֹר mirra (Êx 30.23).

III דְּרוֹר libertação.

דָּרְיָוֶשׁ *n. m.* (Ag 1.1).

דרך QAL: *pf.* דָּרַכְתָּ, דָּרְכָה, דָּרַךְ; *impf.* יִדְרֹךְ, יִדְרְכוּ, יִדְרְכוּן, *suf.* אֶדְרְכֵם; *pt.* דֹּרֵךְ, דּוֹרֵךְ, דּוֹרְכִים, דֹּרְכֵי, דְּרֻכוֹת, דְּרוּכָה: pisar; restar (o arco); pisar (uvas); – HI: *pf.* הִדְרִיךְ, הִדְרִיכָה, *suf.* הִדְרִיכֻהוּ, הִדְרַכְתִּיךְ; *impf.* יַדְרְכוּ, יַדְרֵךְ, *suf.* אַדְרִיכֵם, יַדְרִכֵנִי; *impf. com suf.* הַדְרִיכֵנִי; *pt. com suf.* מַדְרִיכְךָ: pisotear, socar; fazer pisar, fazer andar; alcançar.

דֶּרֶךְ (*de* דרך) *m. ou f., i. p.* דָּרֶךְ, *suf.* דַּרְכִּי, *du.* דְּרָכַיִם, *pl.* דְּרָכִים, *cs.* דַּרְכֵי, *suf.* דְּרָכַי, דְּרָכֶיךָ, דַּרְכֵיהֶם: caminho; caminhada, distância; viagem; empreendimento, negócio, costume, conduta; ação, comportamento, situação; modo.

★דַּרְכְּמוֹן *pl.* דַּרְכְּמוֹנִים: dracma (Ed 2.69; Ne 7.69-71).

דַּרְמֶשֶׂק *n. l.* (1 Cr 18.5s), *v.* דַּמֶּשֶׂק.

★דֶּרַע *i. p.* דָּרַע: *n. m.* (1 Cr 2.6) (*l.* דַּרְדַּע?).

דַּרְקוֹן *n. m.* (Ed 2.56).

דרשׁ QAL: *pf.* דָּרַשׁ, *i. p.* דָּרָשְׁתִּי, *pl.* דָּרְשׁוּ, *i. p.* דָּרָשׁוּ, *suf.* דְּרַשְׁתִּיךָ, דְּרַשְׁנֻהוּ, *impf.* יִדְרֹשׁ, אֶדְרְשָׁה, *suf.* תִּדְרְשֶׁהוּ, יִדְרְשֶׁנּוּ; *imp.* דְּרָשׁ־, *suf.* דִּרְשׁוּנִי, *inf.* דָּרֹשׁ, *cs.* דְּרֹשׁ, דְּרָשׁ־, *suf.* דָּרְשֵׁנִי, *pt.* דֹּרֵשׁ, *pass.* דְּרוּשָׁה, דְּרוּשִׁים: tirar informações, indagar, procurar, buscar, preocupar-se, examinar, inquirir, pesquisar, exigir; ansiar. – NI: *pf. i. p.* נִדְרָשׁוּ; *impf.* אִדָּרֵשׁ; *inf.* אִדָּרֹשׁ; *pt.* נִדְרָשׁ: ser procurado; fazer-se procurar, permitir que seja procurado.

דשׁא QAL: *pf.* דָּשְׁאוּ: reverdecer, brotar (Jl 2.22). – HI: *impf. juss.* תַּדְשֵׁא: fazer enverdecer, germinar (Gn 1.11).

דֶּשֶׁא (*de* דשׁא) *m.*: relva tenra, grama que recém brotou, erva nova.

דשׁן QAL: *pf. i. p.* דָּשֵׁן: engordar (Dt 31.20). – PI: דִּשְּׁנוּ, דִּשַּׁנְתָּ; *impf.* תְּדַשֶּׁן־; *inf. com suf.* דַּשְּׁנוֹ: consolar, fortalecer; recolher as cinzas, limpar das cinzas; considerar gordo, aceitar. – PU: *impf. i. p.* תְּדֻשָּׁן, יְדֻשָּׁן: ser fartado, ser engordado. – HOTPAAL: *pf.* הֻדַּשְּׁנָה: engordurar, pingar (Is 34.6).

דֶּשֶׁן (*de* דשׁן) *m., i. p.* דָּשֶׁן, *suf.* דִּשְׁנִי: gordura; cinza gordurosa (que resta da carne queimada em sacrifício).

דָּשֵׁן (*de* דשׁן) *adj., pl.* דְּשֵׁנִים, *cs.* דִּשְׁנֵי: suculento, gordo (Is 30.23; Sl 92.15).

דָּת *f., cs.* דַּת, *pl.* דָּתִים, *cs.* דָּתֵי: mandado, ordem, lei, prescrição.

דָּתָן *n. m.* (Nm 16.1).

דֹּתָן, ★דֹּתַיִן *n. l.* (Gn 37.17).

ה

ה הֵא: quinta letra do alfabeto; *como num.* = 5.

ה *c. dag. forte:* art. definido: o, a, os, as; *como vocativo:* ó...!

הֲ, הַ, הֶ part. interr., *sempre antes da primeira palavra da pergunta.*

הֵא *interj.:* eis!

הֶאָח *interj.:* ah!

I הַב *coort.:* הָבָה, הָבָה (*antes de* א), הָבוּ, הָבִי הָבָה־נָּא *e* הָבָה־לִּי: dá!, dai!; vinde!, eia!

II הַב elefante (?), *v.* שֶׁנְהַבִּים.

הַבְהַב* *em* זִבְחֵי הַבְהָבַי *incerto, cj.* זְבָחִים אָהֵבוּ (Os 8.13).

הֵבוּ (Os 4.18) *incerto, cj.* אָהוֹב אָהֲבוּ.

הבל QAL: *impf.* תֶּהְבָּלוּ, יֶהְבָּלוּ: tornar-se הֶבֶל, *i.é.*, vazio, inútil; palrear, praticar ações inúteis. – HI: *pt.* מַהְבִּלִים: iludir, enganar (Jr 23.16).

I הֶבֶל (*de* הבל)*m., i.p.* הָבֶל, *cs. apenas em* הֲבֵל הֲבָלִים, *suf.* הֶבְלוֹ, הֶבְלְךָ, *pl.* הַבְלֵיהֶם, הַבְלֵי, הֲבָלִים: sopro, fôlego > nulidade; ídolos.

II הֶבֶל *n. m.* (Gn 4.2).

הָבְנִים *m., só pl.:* ébano (Ez 27.15).

הבר QAL: *pt.* הֹבְרֵי *Q* (*K* הָבְרוּ): astrólogo (Is 47.13).

הֵגֶא *n. m.* (Et 2.3).

I הגה QAL: *pf.* הָגִיתָ; *impf.* תֶּהְגֶּה, יֶהְגּוּ; *inf.* הָגֹה: gemer, resmungar; arrulhar, rugir; monologar, planejar, proferir. – HI: *pt.* מַהְגִּים: murmurar (Is 8.19).

II הגה QAL: *pf.* הָגָה; *inf.* הָגוֹ: separar, remover.

הֶגֶה (*de I* הגה) *m.:* gemido.

הָגוּת (*de I* הגה) *f.:* pensamento, planejamento.

הֵגַי *n. m.* (Et 2.8).

הָגִיג *m.:* gemido (*em oração*) (Sl 5.2 *e* 39.4).

הִגָּיוֹן (*de I* הגה) *m., cs.* הֶגְיוֹן, *suf.* הֶגְיוֹנָם: sussurro, cochicho, pensamento, planejamento; melodia.

הֲגִינָה (Ez 42.12) *v.* גִּינַת *ou* גַּנָּה.

הָגָר *n. f.* (Gn 16.1).

הַגְרִי *n. p., gent. de* הָגָר (1 Cr 27.31).

הֵד *m.:* trovão (?) (Ez 7.7).

הֲדַד *n. m.* (Gn 36.35).

הֲדַדְעֶזֶר *n. m.* (2 Sm 8.3).

הֲדַד־רִמּוֹן *n. d., n. l.* (Zc 12.11).

הדה QAL: *pf.* הָדָה: estender (a mão) (Is 11.8).

הֹדּוּ *n. t.* (Et 1.1).

הֲדוּרִים *cj.* *הֲרָרִים: região montanhosa (Is 45.2).

I הֲדוֹרָם *n. p.* (Gn 10.27).

II הֲדוֹרָם *n. m., n. d.* (1 Cr 18.10).

הדך QAL: *imp.* הֲדֹךְ: calcar (aos pés) (Jó 40.12).

הֲדֹם* *m., cs.* = : estrado.

הֲדַס *m.:* murta.

הֲדַסָּה *n. f.* (Et 2.7).

הדף QAL: *pf.* הֲדָפוֹ, הֲדַפְתִּיךָ; *impf.* יֶהְדֹּף; *imp.* הֲדֹף: empurrar, expulsar, puxar.

הדר QAL: *pf.* הָדַרְתָּ; *impf.* תֶּהְדַּר; *pt.* הָדוּר: tratar com distinção. – NI: *pf.* נֶהְדָּרוּ: ser honrado (Lm 5.12). – HIT: *impf.* תִּתְהַדַּר: portar-se arrogantemente (Pv 25.6).

הֲדַר *n. m.* (Gn 36.39).

הָדָר *m., cs.* הֲדַר, הֶדֶר (Dn 11.20), *suf.* הֲדָרְךָ, הֲדָרֶךָ; *pl. cs.* הַדְרֵי: ornamento, esplendor, glória.

הֲדָרָה *f. cs.* הַדְרַת: ornamento, esplendor, glória.

הֲדַרְעֶזֶר *n. m.* (1 Cr 18.3).

הָהּ *interj.:* ah! (Ez 30.2).

הוֹ *interj.:* ai! (Am 5.16).

הוּא *m.,* הִיא *f.; m. pl.:* הֵם, הֵמָּה, *f.* הֵנָּה; *pron. pess.* 3^{a} *sing.:* ele, ela, eles, elas; *pron. dem.:* aquele, aquela, aquilo.

הֱוֵא (Jó 37.6): *v.* I הוה.
I הוֹד *m. suf.* הוֹדוֹ: esplendor, majestade, vigor.
II הוֹד *n. m.* (1 Cr 7.37).
הוֹדְוָה *n. m.* (Ne 7.43).
הוֹדַוְיָה *n. m.* (1 Cr 5.24).
הוֹדַוְיָהוּ *n. m.* (1 Cr 3.24).
הוֹדְיָה *n. m.* (Ne 7.43).
הוֹדִיָּה *n. m.* (1 Cr 4.19).
I הוה QAL: *imp.* הֱוֵא: cair (a neve) (Jó 37.6).
II הוה QAL: *impf.* יְהוּא = יְהוּ *juss.*; *imp.* הֱוֵה, *f.* הֱוִי *pt.* הֹוֶה: tornar(-se); situar; mentir.
I הַוָּה *f.*, *cs.* הַוַּת: cobiça (Mq 7.3); avidez (Pv 10.3).
II הַוָּה *f.*, *suf.* הַוָּתִי: ruína, ameaças.
הֹוָה *f.*: desastre (Is 47.11; Ez 7.26).
הוֹהָם *n. m.* (Js 10.3).
הוֹי *interj.*: ai! ah!
הוֹלֵלוֹת *f. pl.*: loucura, fascinação.
הוֹלֵלוּת *f.*: loucura, fascinação (Ec 10.13).
הוֹלֵם (Is 41.7) *v.* הלם *pt.*
הום QAL: *pf. suf.* הָמָם: lançar em confusão (Dt 7.23). – NI: *impf.* וַתֵּהֹם: alvoroçar.
הוֹמָם *n. m.* (Gn 36.22).
הון HI: *impf.* וַתָּהִינוּ: considerar fácil, arriscar (Dt 1.41).
הוֹן *m.*, *suf.* הוֹנוֹ, *pl. suf.* הוֹנַיִךְ: riqueza, suficiência; *adv.*: basta!
הוֹשָׁמָע *n. m.* (1 Cr 3.18).
הוֹשֵׁעַ *n. m.* (Nm 13.8).
הוֹשַׁעְיָה *n. m.* (Jr 42.1).
הות* POLEL: *impf.* תְּהוֹתְתוּ *c.* עַל: atacar (violentamente), assaltar (Sl 62.4).
הוֹתִיר *n. m.* (1 Cr 25.4).
הזה QAL: *pt.* הֹזִים: ofegar (cão no sono) (Is 56.10).
הִי *interj.*: ai! (Ez 2.10).
הִיא *pron. 3ª f. sing. v.* הוּא.
הֵידָד *interj.*: eia! *m.*: grito.
הֻיְּדוֹת *f. pl.*: cânticos de agradecimento/de louvor (Ne 12.8).
היה QAL: *pf.* הָיִיתִי ,הָיְתָה ,הָיָה/יָתָה ,הָיְתָה/יָתָה (*tb.* 2ª *f.*), הָיִינוּ ,וִהְיִ(י)תֶם ,הֱיִיתֶם; *impf.* ,יֶהֱיֶה ,תִּהְיֶה ,יְהִי ,יֶהִי ,וַיְהִי ,וַיֶּהִי ,יֶהֱיֵי, אֶהְיֶה ,וָאֶהְיֶה ,וָאֱהִי ,יִהְיוּ ,תִּהְיוּ, וַנִּהְיֶה ,תִּהְיֶה ,תִּהְיוּן ,תִּהְיֶ(י)ן ,תִּהְיֶ(י)נָה; *imp.* הֱיֵה ,וֶהְיֵה ,הֱיִי ,הֱיוּ; *inf.* הֱיוֹת (הֱיֵה Ez 21.15), הֱיוֹתִי ,מִהְיוֹת ,בִּ/לִהְיוֹ(ו)ת, מִהְיוֹתָם ,לִהְיֹתְךָ; *abs.* הָיֹה ,הָיוֹ; *pt.* הֹוֶיָה: tornar-se, acontecer, ocorrer, ser, haver, ter. – NI: *pf.* נִהְיָה ,נִהְיְתָה/יָתָה ,נִהְיֵיתָ; *pt.* נִהְיָה: ser, acontecer, ocorrer.
הַיָּתִי ,הַיָּה* (Jó 6.2): *v.* II הַוָּה.
הֵיךְ *adv.*: como? (Dn 10.17; 1 Cr 13.12).
הֵיכָל *m.*, *c. art.* הַהֵיכָל, *cs.* הֵיכַל, *suf.* הֵיכָלְךָ, *pl.* הֵיכָלוֹת, הֵיכְלֵי, הֵיכְלֵיכֶם: palácio, templo.
הֵילֵל *m.*: estrela d'alva (Is 14.12).
הֵימָם *n. m.* (Gn 36.22).
הֵימָן *n. m.* (1 Rs 5.11).
הִין *m.*: hin (*medida para líquidos*) = *cerca de 3.8 litros.*
הכר תַּהְכְּרוּ (Jó 19.3): *v.* חכר.
הַכָּרָה* *f.*, *cs.* הַכָּרַת: parcialidade, preconceito (Is 3.9).
הָלֹא *v.* לֹא.
הלא NI: *pt.*, *f.* הַנַּהֲלָאָה, *col.*: desgarradas (ovelhas) (Mq 4.7).
הָלְאָה *adv.*: para lá, adiante; daí em diante.
הִלּוּלִים (*de II* הלל) *m.*: celebração de louvor (Jz 9.27; Lv 19.24).
הַלָּז *pron. dem.*: este, aquele.
הַלָּזֶה *pron. dem.*: este (Gn 24.65; 37.19); *f.* הַלֵּזוּ (Ez 36.35).
הָלִיךְ* (*de* הלך) *m.*, *pl. c. suf.* הֲלִיכַי: passos (Jó 29.6).
הֲלִיכָה* *f.*, *suf.* הֲלִכָתָם; *pl.* הֲלִיכ(וֹ)ת, *suf.* הֲלִיכוֹתֶיךָ: caminho, direção, caravana, cortejo, andamento.
הלך QAL: *pf.* הָלַךְ/לָךְ ,הָלְכָה, 2ª *f.* הָלַכְתִּי (*K* Jr 31.21), הֲלַכְתֶּם ,הָלְכוּא

(Js 10.24), *impf.* I תְּהֲלַךְ (Sl 73.9), אֶהֱלֹךְ, יַהֲלֹכוּ; *imp.* הֲלֹךְ (Pv 13.20 *K*), הִלְכוּ; *inf.* הֲלֹךְ, הֲלָךְ־. *Impf.* II יֵלֵךְ, יֵלַךְ, יֵלֶךְ־, וַיֵּ֫לֶךְ, וַיֵּלַךְ, תֵּלְכִי, (וָ)אֵלֵךְ, וָאֵלַךְ, אֵלְכָה, אֵילְכָה, וַיֵּ֫לְכוּ, וַיֵּלְכוּ, יֵלְכוּן, תֵּלְכוּן, תֵּלַכְנָה, נֵלֵךְ, וַנֵּלֶךְ, נֵלְכָה; *imp.* לֵךְ, לֶךְ־, לְכָה, לְךָ, לֵכָה, לְכוּ, לֵכְנָה, לְכֶןָ; *inf.* הָלוֹךְ, בְּלֶכְתּוֹ, לֶכֶת, (לָ)לֶ֫כֶת; *pt.* הֹ(וֹ)לֵךְ, הֹלְכָה, הֹלֶכֶת, הֹלַכְתִּי (*K* 2 Rs 4.23), הֹלְכִים, הֹלְכוֹת: ir, andar, seguir; manar; aderir; morrer. – NI: *pf.* נֶהֱלָכְתִּי: morrer (*como obrigação*) (Sl 109.23). PI: *pf.* הִלַּכְתִּי, הִלָּכְתִּי, הִלְּכוּ; *impf.* יְהַלֵּךְ, יְהַלְּכוּ, יְהַלֵּכוּן; *pt.* מְהַלֵּךְ, מְהַלְּכִים: ir, vagar, passar. – HI: *pf.* הֹלִיךְ, הוֹלִיכוֹ/כְךָ; *impf.* יוֹלִ(י)ךְ, וַיּוֹלֶךְ, אוֹלִיךְ, אוֹלִיכָה, וַיּוֹלִכֵנִי; *imp.* הוֹלֵךְ, *f.* הֵילִיכִי, הוֹלִיכוּ; *inf.* הוֹלִיכוֹ, *pt.* מוֹלִיךְ, מוֹלִיכֵךְ/כֶם, מוֹלְכוֹת: trazer, tomar, fazer; deixar ir, guiar. – HIT: *pf.* הִתְהַלֵּךְ/לֶךְ־, הִתְהַלָּכְתָּ, הִתְהַלַּכְתִּי, *impf.* יִתְהַלֵּךְ/לָךְ, אֶתְהַלְּכָה, יִתְהַלְּכוּ/לָכוּ, תִּתְהַלַּכְנָה, יִתְהַלָּכוּן, *imp.* הִתְהַלֵּךְ, הִתְהַלְּכוּ; *inf.* הִתְהַלֵּךְ, הִתְהַלֶּכְךָ; *pt.* מִתְהַלֵּךְ, מִתְהַלֶּ֫כֶת, מִתְהַלְּכִים: percorrer, mover-se, partir, andar.

הֵלֶךְ (*de* הלך) *m.:* viajante (2 Sm 12.4), vertente (de mel) (1 Sm 14.26).

I הלל HI: *impf.* יָהֵל, תָּ֫הֶל, יָהֵ֫לּוּ; *inf.* בְּהִלּוֹ: fazer resplandecer, resplandecer.

II הלל PI: *pf.* הִלְלוּ, הִלַּלְנוּ, הִלַּלְתִּיךָ, הִלְלוּךָ; *impf.* יְהַלֶּל־, תְּהַלֵּל, אֲהַלֵּל, אֲהַלְלָה, יְהַלְלֶךָ, יְהַלְלֶ֫ךָּ, אֲהַלְלֶנּוּ, (וַ)יְהַלְלוּ, וִיהַלְלוּהָ, *imp.* הַלְלִי, הַלְלוּ(הוּ); *inf.* הַלֵּל; *pt.* מְהַלְלִים: elogiar (mulher bonita), louvar (Deus), cantar Aleluia. – PU: *pf.* הֻלְּלָה, הֻלָּלוּ; *impf.* יְהֻלַּל; *pt.* מְהֻלָּל: ser elogiado, ser festejado, ser louvado. – HIT: *impf.* יִתְהַלֵּל, תִּתְהַלָּל, תִּתְהַלְלִי, יִתְהַלְלוּ, יִתְהַלָּלוּ; *imp.* הִתְהַלְלוּ; *inf.* הִתְהַלֵּל; *pt.* מִתְהַלֵּל, מִתְהַלְלִים: jactar-se, ser louvado.

III הלל QAL: *impf.* תָּהֹלּוּ; *pt.* הֹלְלִים: ser enganado, ser confundido. – POEL: *impf.* יְהוֹלֵל: fazer de tolo (alguém), zombar. – POAL: *pt.* מְהוֹלָל: sem sentido (Ec 2.2). – HITPOEL: *pf.* הִתְהוֹלָלוּ; *impf.* יִתְהֹלֵל, יִתְהוֹלְלִי, יִתְהוֹלָלוּ; *imp.* הִתְהֹלְלוּ: fingir-se louco, comportar-se como louco, correr como louco.

הִלֵּל *n. m.* (Jz 12.13).

הַלְלוּיָהּ הַלְלוּ(־)יָהּ: Aleluia.

הלם QAL: *pf.* הָלְמָה, הֲלָמוּנִי; *impf.* יֶהֶלְמֵנִי, יַהֲלֹמוּן; *pt.* הוֹלֵם, *pass.* הֲלוּמֵי: golpear.

הֲלֹם *adv.:* para cá, aqui.

הֶלֶם *n. m.* (1Cr 7.35).

הַלְמוּת (*de* הלם) *f.:* martelo (Jz 5.26).

הָם *n. l.* (Gn 14.5).

הֵם, הֵמָּה *pl. v.* הוּא.

הַמְּדָתָא *n. m.* (Et 3.1, 10).

המה QAL: *pf.* הָמוּ; *impf.* יֶהֱמֶה, תֶּהֱמִי, אֶהֱמָיָה, יֶהֱמוּ, יֶהֱמָיוּן, נֶהֱמֶה; *inf.* הֲמוֹת; *pt.* הֹמֶה, הֹמָה *e* הֹמִיָּה: fazer ruído, bramir, produzir um som, inquietar-se, gemer.

הֵמָּה *v.* הֵם.

הֲמוּלָּה (Jr 11.16): *v.* הֲמֻלָּה.

הָמוֹן *m., cs.* הֲמוֹן, *suf.* הֲמוֹנוֹ, הֲמוֹנֹה, הֲמוֹנֵךְ; *pl.* הֲמוֹנִים, *suf.* הֲמוֹנֶיהָ: agitação, tumulto, animação, ruído, cortejo, pompa, multidão, gasto, riqueza.

הֲמוֹנָה *n. l.* (Ez 39.16).

הֶמְיָה* *f. cs.* הֶמְיַת: som, tom (de instrumentos) (Is 14.11).

הֲמֻלָּה , הֲמוּלָּה *f.:* tempestade (?), som estrondoso (?), multidão de pessoas (?) (Ez 1.24; Jr 11.16).

I המם QAL: *pf.* הָמַם, וְהַמֹּתִי, הֲמָמָם; *impf.* וַיָּהָם, וַיָּ֫הָם (2 Sm 22.15 *Q,K* וַיְהֻמֵּם), וּתְהֻמֵּם; *inf.* הֻמָּם: causar movimento e confusão, *c.* מִן agitar. – NI:

impf. וַתֵּהֹם: alvoroçar.

המם II QAL: *pf.* הֲמָמָנוּ *K*, *Q* הֱמַמַנִי: esgotar (Jr 51.34).

הָמָן *n. m.* (Et 3.1).

הֲמָסִים *pl.*, *m.*: gravetos (Is 64.1).

הֵן, הֶן־ I *ou* הֶן־ *interj. ou conj.*: eis!, se.

הֵן* II *f. de* הֵם: *v.* II הֵנָּה.

הֵנָּה I *adv. le lugar e tempo:* aqui, para cá, aqui… acolá; até agora.

הֵנָּה II *f. de* הֵם, הֵמָּה.

הִנֵּה *adv.*, הִנֵּה נָא, הִנְנִי, הִנֶּנִי, הִנְּךָ, הִנְּכָה, הִנָּךְ, הִנֵּהוּ* Jr 18.3 *K* (*Q* הִנֵּה־הוּא) הִנּוֹ, הִנְנוּ, הִנֵּנוּ, הִנְּכֶם, הִנָּם; *c. nun enérgico* הִנֵּנִי, הִנֶּךָ, הִנֶּנּוּ: eis!, eis que; se (*diante de cláusula condicional*).

הֲנָחָה (*de* נוּחַ) *f.*: isenção de taxas; feriado; anistia (Et 2.18).

הִנֹּם *n. m.*, *apenas em* בֶּן־ה׳ (א)גֵי: *v.* גַּיְא.

הֵנַע *n. l.* (2 Rs 18.34).

הֲנָפָה (*de* נוף) HI, *inf.*: mover (da oferta) (Is 30.28).

הַס *interj.*, *i.p.* הָס, *pl.* הַסּוּ: silêncio!, quieto!

הסה HI: *impf.* וַיַּהַס: calar (Nm 13.30).

הָסוּרִים = הָאֲסוּרִים, *v.* אסר.

הֲפֻגָה* (*de* פוג) *f.*, *pl.* הֲפֻגוֹת: cessação (Lm 3.49).

הפך QAL: *pf.* הָפַךְ, הָפְכָה, הָפַכְתָּ, הֲפַכְתֶּם, הֲפָכָם; *impf.* אֶהְפֹּךְ, וַיַּהֲפָךְ־, וַיֶּהְפֹּךְ, וַיַּהַפְכֵהוּ; *imp.* הֲפֹךְ; *inf.* הֲפֹךְ, הָפְכִּי, הֲפֻכָה; *pt.* הֹפֵךְ, הַהֹפְכִי, הֲפוּכָה: virar, derrubar, destruir, voltar, transformar, mudar, volver; NI: נֶהְפַּךְ, נֶהְפָּךְ, נֶהְפְּכָה, נֶהְפַּכְתְּ, נֶהְפְּכוּ, נֶהְפְּכוּ; *impf.* יֵהָפֵךְ, יֵהָפְכוּ; *inf. abs.* נַהֲפוֹךְ; *pt.* נֶהְפָּךְ, נֶהְפֶּכֶת: virar-se contra, passar (a propriedade), virar-se, ser destruído, mudar-se (coração); – HO: *pf.* הָהְפַּךְ: ser tornado contra (Jó 30.15); – HIT: *impf.* תִּתְהַפֵּךְ; *pt.* מִתְהַפֵּךְ, מִתְהַפֶּכֶת: virar-se para uma e outra direção, transformar-se.

הֶפֶךְ (*de* הפך) *m.*, *suf.* הַפְכְּכֶם: contrário (Ez 16.34); perversidade (Is 29.16).

הֲפֵכָה *f.*: destruição (Gn 19.29).

הֲפַכְפַּךְ *adj.*: tortuoso (Pv 21.8).

הַצָּלָה (*de* נצל) *f.*: livramento (Et 4.14).

הַצְלֶלְפּוֹנִי *n. f.* (1 Cr 4.3).

הֹצֶן (Ez 23.24) *l.* מִצָּפוֹן: do norte.

הַקּוֹץ *v.* III קוֹץ.

הַר *m.*, *c. art.* הָהָר, *loc.* הָרָה, הָהָרָה, *suf.* הַרְכֶם, הַרְרִי, הֲרָרִי, הַרְהָם; *pl.* הָרִים, *cs.* הָרֵי *e* הַרְרֵי, *suf.* הָרַי, הָרָיו, הֲרָרֶיהָ: monte, montanha, serra.

הֹר *sempre* הֹר הָהָר *n. t.* (Nm 20.20).

הָרָא *n. t.* (1 Cr 5.26).

הַרְאֵל *m.*, = *v.* הָ(אֲרִיאֵל) (Ez 43.15,16): o altar dos holocaustos.

הַרְבָּה* *cs.* הַרְבַּת *Q* (*K* הַרְבִּית) 2 Sm 14.11: *v.* I רבה HI.

הַרְבֵּה grande número, muitos, muito; *adv.*: muito, bastante.

הרג QAL: *pf.* הָרַג, הָרַגְתָּ, הָרְגוּ, הֲרַגְתֶּם, הֲרַגְתִּים; *impf.* יַהֲרֹג, יַהֲרָג־, אֶהֱרֹג, אַהַרְגָה, יַהַרְגוּ, יַהַרְגֻנוּ, וָאֶהֶרְגֵהוּ; *imp.* הֲרֹג, הִרְגוּ, הֲרֹגוּ; *inf.* הֲרֹ(וֹ)ג, הָרְגוֹ, לְהָרְגֶךָ, הַלְהָרְגֵנִי, (1 Sm 24.11) לַהֲרָגֶךָ *abs.* הָרֹג; *pt.* הֹ(וֹ)רֵג, הֹרְגִים, הֹרְגֶךָ, *pass.* הֲרוּגִים, הֲרֻגִים, הֲרֻגֵי, הֲרֻגָיו, הֲרֻגֶיהָ: matar, assassinar, executar. – NI: *impf.* יֵהָרֵג, תֵּהָרַגְנָה; *inf.* בֵּהָרֵג (Ez 26.15) < בְּהֵהָרֵג*: ser morto. – PU (*ou pass. qal*) *pf.* הֹרָג: ser morto (Is 27.7, Sl 44.23).

הֶרֶג (*de* הרג) *m.*: matança, assassinato.

הֲרֵגָה *f.*: matança, massacre.

הרה QAL: *pf.* הָרָה, הָרָתָה, הָרִית, הָרִינוּ; *impf.* וַתַּהַר, תַּהֲרִינָה; *inf. abs.* הָרֹה, הָרוֹ; *pt.* הוֹרָתִי, הוֹרָתָם: conceber, estar grávida. – PU (*ou pass. qal*) הֹרָה: ser concebido (Jó 3.3).

הָרֶה* *adj. f.* הָרָה, *cs.* הָרַת, *cs. pl.* הָרוֹת, *suf.* הָרִיּוֹתָיו *e* הָרוֹתֶיהָ, הָרוֹתֵיהֶם: grávida.

הָרוּם *n. m.* (1 Cr 4.8).

הֵרוֹן *m.:* gravidez; prazer sensorial.

הֲרוֹרִי *gent.* (1 Cr 11.27), *l.* הַחֲרֹודִי (2 Sm 23.25).

הֵרָיוֹן *m.:* concepção (Os 9.11 e Rt 4.13).

*הֲרִיסָה *pl. suf.* הֲרִסֹתָיו: ruínas (Am 9.11).

*הֲרִיסוּת *p,. suf.* הֲרִסֻתֵךְ (*K* ־תַיִךְ?): ruínas (Is 49.19).

הָרִ(י)פוֹת *v.* חֲרִיפוֹת.

הָרָם *n. l., v.* בֵּית הָרָם, I בַּיִת(*15*).

*הַרְמוֹן *n. l.* הַהַרְמוֹנָה (Am 4.3) (?).

הָרָן *n. m. ou n. l.* (1 Cr 23.9).

הרס QAL: *pf.* הָרַס, הָרַסְתָּ, הָרָסוּ; *impf.* יֶהֶרְסֶנָּה, יַהֲרֹסוּ, יֶהֶרְסוּ, אֶהֱרֹס, יַהֲרוֹס, יֶהֶרְסֵם, יֶהֶרְסֶהָ, יֶהֶרְסְךָ; *imp.* הֲרָס־, הָרְסֵה; *inf.* הֲרֹ(וֹ)ס; *pt.* הֹרֵס, *pass.* הָרֻס: demolir, destruir. – NI: *pf.* נֶהֶרְסוּ, נֶהֱרָסָה; *impf.* יֵהָרֵס, יֵהָרְסוּן; *pt.* נֶהֱרָסוֹת: ser arrasado. – PI: *impf.* תְּהָרְסֵם; *inf. abs.* הָרֵס; *pt. suf.* מְהָרְסַיִךְ: destruir.

הֶרֶס *n. l. no Egito*, עִיר הַהֶרֶס, *mudança deliberada de* הַחֶרֶס (Is 19.18).

הֲרָרִי *gent. de* *הָרָר (? הַר) *território ou lugar desconhecido.*

הָשֵׁם *n. m.* (1 Cr 11.34).

הַשְׁמָעוּת (*de* שׁמע) *f.:* informação (Ez 24.26).

הָשְׁפוֹת (Ne 3.13) *l.* הָאַשְׁפּוֹת *f.:* monturo.

הִתּוּךְ *pt.* (?): fundido (Ez 22.22).

הִתְחַבְּרוּת (*de* חבר) *f.:* acordo, união (Dn 11.23).

הִתְיַחֵשׂ (*de* יחשׂ): registro.

הֲתָךְ *n. m.* (Et 4.5).

התל PI: *impf.* וַיְהַתֵּל: zombar (1 Rs 18.27).

הֲתֻלִים *m. pl.:* zombaria (Jó 17.2).

התת POEL: *impf.* תְּהוֹתְתוּ: lançar reprimendas (Sl 62.4).

ו

ו וָו: sexta letra do alfabeto; *como num.* = 6; *letra vocálica para ō e ū.*

וְ *formas:* וּ (*diante de* ב, מ, פ *e de consoante c. šᵉva simples*); וָ (*antes da sílaba tônica*); וַ, וֶ, וָ (*diante de consoante c. vogal ḥaṭef respectiva*); וִ (*diante de* יְ); וַ (*c. dag. forte na consoante seguinte*) *e* וָ (*diante de* א) *no impf. cons.:* e; mas; (e) então.

וְאוּצְאָה *Ed 8.17: l. Q* וָאֲצַוֶּה.

וְדָן *n. l.* (?) (Ez 27.19).

וָהֵב *n. l.* (Nm 21.14).

*וָו *pl.* וָוִים, *cs.* וָוֵי, *suf.* וָוֵיהֶם: colchete, gancho, prego.

וָזָר *significado incerto*; carregado de culpa?; incorreto?; desonesto?; *ditogr.?* (Pv 21.8).

וַיְזָתָא *n. m.* Et 9.9).

וָלָד criança (Gn 11.30).

וַנְיָה *n. m.* (Ed 10.36).

וָפְסִי *n. m.* (Nm 13.14).

וַשְׁנִי *n. m.?* (1 Cr 6.13).

וַשְׁתִּי *n. f.* (Et 1.9).

ז

ז זַיִן: sétima letra do alfabeto; *como num.* = 7.

I זְאֵב *m., pl.* זְאֵבִים, זְאֵבֵי: lobo.

II זְאֵב *n. m.* (Jz 7.25).

זֹאת *f. de* זֶה.

זבד QAL: *pf. suf.* זְבָדַנִי: presentear (Gn 30.20).

זֶבֶד (*de* זבד) *m.*: presente (Gn 30.20).

זָבָד *n. m.* (1 Cr 2.36).

זַבְדִּי *n. m.* (Js 7.1).

זַבְדִּיאֵל *n. m.* (1 Cr 27.2).

זְבַדְיָה *n. m.* (1 Cr 8.15).

זְבַדְיָהוּ *n. m.* (1 Cr 26.2).

זְבוּב *m., pl. cs.* זְבוּבֵי: *col.* moscas.

זָבוּד *n. m.* (1 Rs 4.5).

זְבוּדָּה *n. f.* (2 Rs 23.36 *Q*).

זְבוּל *v.* I זְבֻל.

זְבוּלוּן זְבוּלֻן, זְבֻלוּן, זְבֻלֻן: *n. m.* (Gn 30.20) *e n. tr.* (Gn 49.13).

זְבוּלֹנִי *gent.* (Jz 12.11).

זבח QAL: *pf.* זָבַח, זָבַחְתִּי, זְבַחְתֶּם; *impf.* יִזְבַּח, יִזְבְּחוּ/בָּחוּ, נִזְבְּחָה, *suf.* וַיִּזְבָּחֵהוּ, וַתִּזְבָּחִים, תִּזְבָּחֶנּוּ; *imp.* זְבַח, זִבְחוּ; *inf.* זְב(וֹ)חַ, זָבְחוֹ; *pt.* זֹ(וֹ)בֵחַ, זֹבְחִים/חֵי: carnear, abater (animais); carnear, abater, imolar para um sacrifício. – PI: *pf.* זִבַּח, זִבְּחוּ/בֵּחוּ; *impf.* יְזַבֵּחַ, יְזַבְּחוּ; *inf.* לְזַבֵּחַ; *pt.* מְזַבֵּחַ, מְזַבְּחִים: oferecer ou apresentar sacrifício, sacrificar.

I זֶבַח (*de* זבח) *m., i. p.* זָבַח, *suf.* זִבְחִי, *pl.* זְבָחִים, *cs.* זִבְחֵי, *suf.* מִזִּבְחוֹתָם: sacrifício (comunitário).

II זֶבַח *n. m.* (Jz 8.5).

זַבַּי *n. m.* (Ed 10.28).

זְבִידָה *n. f.* (2 Rs 23.36 *K:* זְבִידָה).

זְבִינָא *n. m.* (Ed 10.43).

זבל QAL: *impf. suf.* יִזְבְּלֵנִי: exaltar (Gn 30.20).

I זְבֻל *n. m.* (Jz 9.28).

II זְבֻל morada (de Deus).

זְבֻלוּן *v.* זְבוּלוּן.

זָג semente (*ou* casca?, do bago de uva) (Nm 6.4).

זֵד (*de* זיד) *m., pl.* זֵדִים: atrevido, soberbo, presunçoso, arrogante.

זָדוֹן (*de* זיד) *m., cs.* זְדוֹן, *suf.* זְדֹנְךָ: atrevimento, soberba, presunção, arrogância.

זֶה *pron. dem. e rel., f.* זֹאת (*tb.* זוֹ *e* זֹה), *com.* זוּ, *pl.* אֵלֶּה, אֵל: este, esse; זֶה *e* זֹאת, *tb. em sentido neutro*: isto, isso; זֶה... זֶה esta... aquele, זֹאת... זֹאת esta... aquela; *tb. pode introduzir uma oração relativa, como* אֲשֶׁר; זֶה *adv. de lugar*: aqui, ali, lá; זֶה *adv. de tempo*: agora; *tb. empregado como reforço de part. interrogativa.*

זֹה *f., v.* זוֹ, זֹאת: esta, essa, isto, isso.

זָהָב *m., cs.* זְהַב *e* זֲהַב, *suf.* זְהָבִי, זְהָבָם: ouro.

זהם PI: *pf.* זִהֲמַתּוּ: enojar-se (Jó 33.20).

זַהַם* *i. p.* זָהַם: *n. m.* (2 Cr 11.19).

I זהר HI: *impf.* יַזְהִרוּ: brilhar, resplandecer (Dn 12.3).

II זהר NI: *pf.* נִזְהָר; *imp. e inf.* הִזָּהֵר: aceitar um aviso / uma advertência, dar-se por avisado / advertido; ser avisado / advertido. – HI: *pf.* הִזְהִיר, הִזְהַרְתָּ(ה), הִזְהַרְתֶּם, *suf.* וְהִזְהִירֹה, הִזְהַרְתּוֹ; *inf.* הַזְהִיר: advertir.

זֹהַר (*de I* זהר): resplendor, fulgor (Ez 8.2; Dn 12.3).

זִו zive (*n. do segundo mês*) (1 Rs 6.1, 37).

זוֹ *v.* זֶה *e* זֹה: essa, isso (Sl 132.12; Os 7.16).

זוּ *v.* זֶה, *pron. dem. e rel., com.: dem. f. e neutro*: essa, isso; *rel.* = אֲשֶׁר.

זוב QAL: *pf.* זָב; *impf.* יָזוּב, יָזֻבוּ, וַיָּזוּבוּ; *pt.* זָב, *f.* זָבָה, זָבַת: correr (água), manar, brotar, fluir; escorrer, pingar; sofrer corrimento (gonorréia, menstruação); esvair-se, morrer.

זוֹב (*de* זוב) *m.*, *suf.* זוֹבוֹ: corrimento do homem, gonorréia; corrimento sangüíneo da mulher (dentro ou fora do período regular).

זוד *v.* זיד.

זוּזִים *n. p.* (Gn 14.5).

זוח NI: *impf.* יִזַּח: soltar-se, separar-se, deslocar-se (Êx 28.28; 39.21).

זוֹחֵת *n. m.* (1 Cr 4.20).

זָוִית★ *f.*, *pl.* זָוִיּ(וֹ)ת: canto (do altar) (Zc 9.15; Sl 144.12).

זול QAL: *pt. pl.* זָלִים: esvaziar, derramar (Is 46.6).

זוּלָה★ (*de* זול), *cs.* זוּלַת *e* זוּלָתִי, *suf.* זוּלָתִי, זוּלָתֶךָ, זוּלָתְךָ: *prep.* exceto, afora, com exceção de (*após negação expressa ou implícita*); *conj.* exceto que.

זון *cj.* QAL: *impf.* יָזוּן alimentar (Jó 36.31); HIFIL: *pt.* מֵזִין (Pv 17.4) *v.* I אזן.

זוֹנָה *v.* זָנָה.

זוע QAL: *impf.* יָזֻעוּ; *pt.* זָע: tremer (Ec 12.3; Et 5.9). – PILPEL: *pt. suf.* מְזַעְזְעֶיךָ: fazer tremer, abalar (Hc 2.7).

זַעֲוָה, זַוָעָה (*K* זַוָעָה *e Q* זַעֲוָה) (*de* זוע), *v.* זַעֲוָה: tremor, temor, medo.

I זור QAL:*impf.* וַיָּזַר, *suf.* תְּזוּרֶהָ; *pt.* זוּרֶה, *pass. f.* זוּרָה: pressionar, apertar, espremer, esmagar.

II זור QAL: *pf.* זֹרוּ, זָרוּ, זָרוּ: afastar-se, desviar-se. – NI: *pf.* נָזֹרוּ: afastar-se (Is 1.4; Ez 14.5). – HO: *pt.* מוּזָר: estranho (Sl 69.9).

III זור QAL: *pf.* זָרָה: feder, ser intolerável (Jó 19.17).

זָזָא *n. m.* (1 Cr 2.33).

I זחל QAL: *pt. pl. cs.* זֹחֲלֵי: arrastar-se, rastejar (Dt 32.24; Mq 7.17).

II זחל QAL: *pf.* זָחַלְתִּי: temer (Jó 32.6).

זֹחֶלֶת *n. l.* (1 Rs 1.9).

זיד QAL: *pf.* זָדוּ, זָדָה: agir com arrogância (Êx 18.11; Jr 50.29). – HI: *pf.* הֵזִידוּ; *impf.* יָזִ(י)ד, וַיָּזֶד, וַתָּזִדוּ, יְזִידוּן: cozinhar, preparar (uma comida); esquentar-se, enfurecer-se; agir com arrogância.

זֵידוֹן★ (*de* זיד), *pl.* זֵדוֹנִים: impetuoso (Sl 124.5).

I זִיז *m.*, *cs.* = : *col.* animais pequenos que pululam no campo (Sl 50.11; 80.14).

II זִיז *cs.* = : ubre, teta (Is 66.11).

זִיזָא *n. m.* (1 Cr 4.37).

זִיזָה *n. m.* (1 Cr 23.11).

זִינָא *n. m.* (1 Cr 23.10, *l.* זִיזָא).

זִיעַ *n. m.* (1 Cr 5.13).

I זִיף *n. l.* (Js 15.55).

II זִיף *n. m.* (1 Cr 4.16).

זִיפָה *n. m.* (1 Cr 4.16).

זִיפִי★ *pl.* זִ(י)פִים: *gent.* (1 Sm 23.19).

זִיקוֹת *pl*: flechas incendiárias (Is 50.11).

זַיִת *m.*, *i. p.* זָיִת, *cs.* זֵית, *suf.* זֵיתְךָ, *pl.* זֵיתִים, *suf.* זֵיתֵיכֶם: oliveira; *col.* azeitonas; הַר הַזֵּיתִים *n. t.* (Zc 14.4).

זֵיתָן *n. m.* (1 Cr 7.10).

זַךְ (*de* זכך), *i. p.* זָךְ, *f.* זַכָּה: claro, puro; inocente.

זכה QAL: *impf.* אֶזְכֶּה, יִזְכֶּה: ser, estar, ficar puro. – PI: *pf.* זִכִּיתִי, *impf.* יְזַכֶּה: manter puro. – HIT: *imp.* הִזַּכּוּ: purificar-se (Is 1.16).

זְכוֹכִית (*de* זכך): vidro (como ornamento) (Jó 28.17).

זְכוּר★ (*de* זכר), *suf.* זְכוּרְךָ, זְכוּרֵךְ: *col.* o que é masculino.

זָכוּר (*de* זכר): (estar) lembrado (Sl 103.14).

זַכּוּר *n. m.* (Nm 13.4).

זַכַּי *i. p.* זַכָּי: *n. m.* (Ed 2.9).

זכך QAL: *pf.* זַכּוּ: ser puro / claro; ser

inocente. – HI: *pf.* הֱזִכּוֹתִי: purificar (Jó 9.30).

זכר QAL: *pf.* זָכַר, זָכְרָה, זָכַרְתָּ, *suf.* זְכַרְתַּנִי, זְכַרְתִּיךָ, זְכָרָנוּ; *impf.* יִזְכֹּ(ו)ר, אֶזְכְּרָה, יִזְכְּרָה, *suf.* אֶזְכָּרְךָ, יִזְכָּר־, אֶזְכְּרֵנוּ, אֶזְכָּרֵכִי; יִזְכְּרוּנִי; *imp.* זְכֹר, זָכְרָה, זִכְרוּ, זְכֹרוּ, זָכְרָה, זְכָר־, *suf.* זָכְרֵנִי; *inf.* כִּזְכֹּר, לִזְכֹּר, *abs.* זָכוֹר; *pt. pl.* זֹכְרֵי, *pass. v.* זָכוּר: fazer menção, mencionar; lembrar, lembrar-se. – NI: *pf.* נִזְכַּרְתֶּם; *impf.* יִזָּכֵר, תִּזָּכֵרִי, תִּזָּכַרְנָה, תִּזָּכֵרְךָ; *inf. suf.* הִזָּכֶרְכֶם; *pt.* נִזְכָּרִים: haver menção de; existir lembrança de; ser mencionado; ser imputado. – HI: *pf.* הִזְכִּיר, *suf.* הִזְכַּרְתַּנִי; *impf.* יַזְכִּיר, אַזְכִּירָה, יַזְכִּירוּ; *imp.* הַזְכִּירוּ, *suf.* הַזְכִּירֵנִי; *inf.* הַזְכִּיר, *suf.* הַזְכַּרְכֶם, הַזְכִּרוֹ; *pt.* מַזְכִּיר, מַזְכֶּרֶת, מַזְכִּירִים: lembrar, trazer à memória; mencionar, fazer menção; tornar conhecido, anunciar; confessar, louvar.

זָכָר *m., pl.* זְכָרִים: homem (como ser masculino, em contraposição à mulher), macho (diz-se de homem ou animal).

זֵכֶר (*de* זכר) *m., cs.* = , *suf.* זִכְרִי, זִכְרְךָ: menção; lembrança.

זֶכֶר* *i. p.* זָכֶר: *n. m.* (1 Cr 8.31).

זִכָּרֹן, זִכָּרוֹן (*de* זכר) *m.* , *cs.* זִכְרוֹן, *suf.* זִכְרוֹנְךָ; *pl.* זִכְרֹנוֹת, *suf.* זִכְרֹנֵיכֶם: lembrança, memória; menção; memorial; protocolo.

זִכְרִי *n. m.* (Êx 6.21).

זְכַרְיָה *n. m.* (1 Rs 14.29).

זְכַרְיָהוּ *n. m.* (Is 8.2).

זֻלּוּת vileza (?) (Sl 12.9).

I זלל QAL: *pt.* זוֹלֵל, *f. i. p.* זוֹלֵלָה, *pl.* זוֹלְלִים, זוֹלְלֵי: ser frívolo / insignificante; ser desprezado. – HI: *pf. suf.* הִזִּילוּהָ: desprezar.

II זלל NI: *pf.* נָזֹלּוּ *e* נָזֹלוּ: vacilar.

זַלְעָפָה (*de* זעף) *f., pl.* זִלְעָפוֹת, *cs.* זַלְעֲפוֹת: fúria, furor.

זִלְפָּה *n. f.* (Gn 29.24).

זֻלֻּת *v.* זֻלּוּת.

I זִמָּה *cs.* זִמַּת, *suf.* זִמָּתֵךְ, זִמָּתְכֶנָה, *pl.* זִמּוֹת, *suf.* זִמֹּתַי: plano, intento; *t. t. sacral* infâmia, comportamento infame / vergonhoso.

II זִמָּה *n. m.* (1 Cr 6.5).

זְמוֹרָה *tb.* זְמֹרָה, *cs.* זְמֹרַת, *pl. suf.* זְמֹרֵיהֶם: ramo, galho (de videira).

זַמְזֻמִּים *n. p.* (Dt 2.20).

I זָמִיר (*de I* זמר) *m., cs.* זְמִיר, *pl.* זְמִ(י)רֹ(ו)ת: canto, cântico.

II זָמִיר (*de* II זמר): poda (Ct 2.12).

זְמִירָה *n. m.* (1 Cr 7.8).

זמם QAL: *pf.* זָמַם, זָמָם, זָמְמָה, זַמּוֹתָ, זַמֹּתִי, זָמְמוּ, זַמֹּתִי *e* זַמֹּתִי; *impf.* יָזֹמּוּ; *pt.* זֹמֵם: intentar, planejar, considerar, tramar.

זָמָם* (*de* זמם) *suf.* זְמָמוֹ: plano (Sl 140.9).

זמן PU: *pt.* מְזֻמָּנִים, מְזֻמָּנוֹת: estar determinado / estabelecido.

זְמָן *i. p.* זְמָן, *suf.* זְמַנָּם, *pl.* זְמַנִּים, *suf.* זְמַנֵּיהֶם: tempo determinado, hora.

I זמר PI: *impf.* אֲזַמֵּר, אֲזַמְּרָה, אֲזַמְּרָה, *suf.* יְזַמֶּרְךָ, אֲזַמְּרֶךָּ; *imp.* זַמְּרוּ, זַמֵּרוּ; *inf.* זַמֵּר *e* זַמְּרָה: tocar um instrumento musical, cantar, musicar, louvar.

II זמר QAL: *impf.* תִּזְמֹר: podar (Lv 25.35). – NI: *impf.* יִזָּמֵר: ser podado (Is 5.6).

זֶמֶר* *i. p.* זָמֶר: espécie de gazela (Dt 14.5).

I זִמְרָה (*de* I זמר): música, som.

II זִמְרָה* זִמְרַת = זִמְרָתִי: força.

I זִמְרִי *n. m.* (1 Rs 16.9).

II זִמְרִי *n. p.* (Jr 25.25).

זִמְרָן *n. p.* (Gn 25.2).

זִמְרָת *v.* II זִמְרָה*.

זַן *m., pl.* זְנִים: espécie (Sl 144.13; 2 Cr 16.14).

זנב PI: *pf.* זִנַּבְתֶּם; *impf.* יְזַנֵּב: aniquilar a retaguarda (Dt 25.18; Js 10.19).

זָנָב *m., suf.* זְנָבוֹ, *pl.* זְנָבוֹת, *cs.* זַנְבוֹת: rabo; toco.

זנה QAL: *pf.* זָנוּ, זָנִית, זָנְתָה, זָנָה; *impf.* תִּזְנֶינָה, יִזְנֶה, וַיִּזְנוּ, וַתִּזְנִי, וַתִּזֶן, תִּזְנֶה; *inf.* ז(וֹ)נ(וֹ)ת, זְנוּתֵךְ, *abs.* זָנֹה; *pt.* ז(וֹ)נֶה, ז(וֹ)נָה, זוֹנִים, זוֹנוֹת: ter relações sexuais ilícitas (diz-se da mulher ou noiva envolvida com outro homem ou do homem envolvido com mulher pagã); prostituir-se; *fig.* ser infiel a Deus, desviar-se de Deus, ir atrás de outros deuses. – PU: *pf.* זוּנָּה: procurar para prostituição (Ez 16.34). – HI: *pf.* הִזְנוּ, הִזְנֵיתָ; *impf.* וַיֶּזֶן, וַתַּזְנֶה; *inf.* הַזְנוֹתָהּ, הַזְנוֹת, *abs.* הַזְנֵה: induzir à prostituição; praticar a prostituição, prostituir-se.

זוֹנָה, זֹנָה (*de* זנה): prostituta.

I זָנוֹחַ *n. l.* (Js 15.34).

II זָנוֹחַ *n. m.* (1 Cr 4.18).

זְנוּנִים (*de* זנה) *m. pl.*, *cs.* זְנוּנֵי, *suf.* זְנוּנַיִךְ, זְנוּנֶיהָ: prostituição.

זְנוּת *suf.* זְנוּתֵךְ, זְנוּתָהּ, *pl. suf.* זְנוּתַיִךְ, זְנוּתֵיכֶם: prostituição; infidelidade (em relação a Deus).

זנח QAL: *pf.* זָנַח, זָנַחְתָּ, *suf.* זְנַחְתָּנִי, זְנַחְתִּים; *impf.* יִזְנַח, תִּזְנַח: rejeitar; excluir. – HI: *pf.* הִזְנִיחַ, הֶאֱזְנִיחוּ, *suf.* הִזְנִיחָם; *impf. suf.* יַזְנִיחֲךָ: exalar mau cheiro; rejeitar; tirar do uso; excluir.

זנק PI: *impf.* יְזַנֵּק: saltar (para fora) (Dt 33.22).

זֵעָה (*de* יזע) *cs.* זֵעַת: suor (Gn 3.19).

זַעֲוָה (*de* זוע): tremor, terror.

זַעֲוָן *n. m.* (Gn 36.27).

זעזע Hc 2.7: *v.* זוע.

זְעֵיר um pouco.

זעך NI: *pf.* נִזְעָכוּ: estar apagado (Jó 17.1).

זעם QAL: *pf.* זָעַם, זָעַמְתָּה, *impf.* אֶזְעֹם, *suf.* יִזְעָמוּהוּ; *imp.* זָעֲמָה; *pt.* זֹעֵם, *pass. cs.* זְעוּם, *f.* זְעוּמָה: ralhar, xingar; amaldiçoar, execrar. – NI: *pt. pl.* נִזְעָמִים: estar atingido por maldição (Pv 25.23).

זַעַם (*de* זעם): maldição, imprecação.

זעף QAL: *impf.* יִזְעַף; *pt. pl.* זֹעֲפִים: enfurecer-se, irar-se; *pt.* abatido.

זַעַף (*de* זעף) *m.*, *cs.* = , *suf.* זַעְפּוֹ: fúria, ira.

זָעֵף (*de* זעף): furioso (1 Rs 20.43; 21.4).

זעק QAL: *pf.* זָעֲקָה, זָעַקְתִּי, זָעֲקוּ; *impf.* יִזְעַק, אֶזְעַק, יִזְעֲקוּ, *suf.* וַיִּזְעָקוּךָ; *imp.* זְעַק, זַעֲקִי, זַעֲקוּ, זְעָקוּ; *inf.* זְעֹק, *suf.* זַעֲקֵךְ, זַעֲקָךְ: gritar, clamar; chamar, invocar. – NI: *pf.* נִזְעַקְתָּ, נִזְעֲקוּ; *impf.* וַיִּזָּעֵק, וַיִּזָּעֲקוּ: ser convocado; reunir-se. – HI: *impf.* וַיַּזְעֵק, וַיַּזְעִיקוּ; *imp.* הַזְעֶק־; *inf.* הַזְעִיק: gritar, clamar; convocar; fazer proclamar; chamar.

זְעָקָה (*de* זעק) *f.*, *cs.* זַעֲקַת: clamor; gritaria.

*זִפְרוֹן *c.* ה *loc.* זִפְרֹנָה: *n. l.* (Nm 34.9).

זֶפֶת *f.*, *i. p.* זָפֶת: piche (Êx 2.3; Is 34.9).

I *זֵק *pl.* זִקִּים: grilhão.

II *זֵק *pl.* זִקִּים: flecha incendiária (Pv 26.18).

זקן QAL: *pf.* זָקֵן, זָקֵנָה, זָקַנְתָּה, זָקַנְתָּ, זָקַנְתִּי; *impf.* יִזְקַן: envelhecer; ser / estar velho. – HI: *impf.* יַזְקִין: ficar mais velho, envelhecer (Pv 22.6; Jó 14.8).

זָקָן (*de* זקן) *cs.* זְקַן, *suf.* זְקָנוֹ, זְקַנְכֶם: barba.

זָקֵן *cs.* זְקַן, *pl.* זְקֵנִים, *cs.* זִקְנֵי, *suf.* זְקֵנָיו, זְקֵנֵינוּ, זִקְנֵיכֶם, *f.* זְקֵנוֹת: velho, idoso; o mais velho; *pl.* anciãos.

זֹקֶן (*de* זקן): idade avançada, velhice (Gn 48.10).

זִקְנָה (*de* זקן), *cs.* זִקְנַת, *suf.* זִקְנָתוֹ: (o) envelhecer, idade avançada, velhice.

זְקֻנִים (*de* זקן) *suf.* זְקֻנָיו: idade avançada, velhice.

זקף QAL: *pt.* ז(וֹ)קֵף: levantar, erguer

(Sl 145.14; 146.8).

זקק QAL: *impf.* יָזֹקּוּ: coar, filtrar; lavar (Jó 28.1; 36.27). – PI: *pf.* זִקַּק: purificar (Ml 3.3). – PU: *pt.* מְזֻקָּקִים, מְזֻקָּק: filtrado, purificado.

זָר (*a rigor, pt. de* II זור) *f.* זָרָה, *pl.* זָרוֹת, זָרִים: estranho, estrangeiro, diferente, de outra espécie / estirpe *ou* povo; ilegítimo, proibido; outro.

*זֵר *cs.* = , זֵרוֹ: bordadura (de ouro, ao redor da arca / mesa / altar).

זָרָה nojo (Nm 11.20).

זרב PU: *impf.* יְזֹרְבוּ: secar (Jó 6.17).

זְרֻבָּבֶל *n. m.* (Ed 2.2).

*זֶרֶד *i. p.* זָרֶד: *n. r.* (Nm 21.12).

I זרה QAL: *impf.* וַיִּזֶר, תִּזְרֶה, *suf.* תִּזְרֵם; *imp.* זְרֵה; *inf.* זְרוֹת; *pt.* זֹרֶה: espalhar; padejar, joeirar. – NI: *impf.* וַיִּזָּרוּ; *inf. suf.* הִזָּרוֹתֵיכֶם: ser espalhado (Ez 6.8; 36.19). – PI: *pf.* זֵרִיתָ, זֵרוּ, *suf.* זֵרָם, זֵרִיתָנוּ, זֵרוּהָ; *impf.* אֱזָרֶה, יְזָרוּ; *inf.* זָרוֹת, *suf.* זָרוֹתָם; *pt.* מְזָרֶה, *cs.* מְזָרֵה: espalhar; dissipar; dispersar; joeirar. – PU: *impf.* יְזֹרֶה; *pt. f.* מְזֹרָה: ser espalhado; ser estendido (Pv 1.17; Jó 18.15).

II זרה PI: *pf.* זֵרִיתָ: medir (Sl 139.3).

זְרוֹעַ *tb.* זְרֹעַ, *f.*, *suf.* זְרֹעִי; *pl.* זְרֹעִים, *cs.* זְרֹעֵי, *suf.* זְרֹעָיו *e* זרֹ(וֹ)עֹ(וֹ)ת, זְרֹעֹתַי, זְרֹעֹתֵיכֶם: braço, antebraço; *fig.* força, poder, violência, *pl.* poderio militar.

זֵרוּעַ (*de* זרע) *m.*, *pl. suf.* זֵרוּעֶיהָ: o que se semeia, planta que nasce de semente (Lv 11.37; Is 61.11).

זַרְזִיף (*de* זרף): aguaceiro (Sl 72.6).

*זַרְזִיר *cs.* = *:* galo (?) (Pv 30.31).

זרח QAL: *pf.* זָרַח, זָרְחָה, זָרָחָה; *impf.* יִזְרַח; *inf.* זְרֹחַ: surgir, brilhar (sol, estrela, luz); sair, aparecer (lepra).

I *זֶרַח (*de* זרח), *suf.* זַרְחֵךְ: resplendor (Is 60.3).

II זֶרַח *i. p.* זָרַח: *n. m.* (Gn 38.30).

זַרְחִי *gent.* (Nm 26.20).

זְרַחְיָה *n. m.* (1 Cr 5.32).

זרם QAL: *pf.* זְרַמְתָּם: pôr fim à vida (?) (Sl 90.5). – POEL: *pf.* זֹרְמוּ: derramar (Sl 77.18).

זֶרֶם (*de* זרם) *m.*, *i. p.* זָרֶם: chuva forte, bátega.

*זִרְמָה *cs.* זִרְמַת: falo (?), fluxo de esperma (?) (Ez 23.20).

זרע QAL: *pf.* זָרַע, זָרְעוּ, *suf.* זְרַעְתִּיהָ; *impf.* נִזְרַע, אֶזְרְעָה, יִזְרָע, יִזְרַע, *suf.* יִזְרָעֶהָ, אֶזְרָעֵם; *imp.* זְרַע, זִרְעוּ; *inf.* זְרֹעַ; *pt.* זֹרֵעַ, *pl.* זֹרְעֵי, *pass.* זָרֻעַ, זְרוּעָה: semear. – NI: *pf.* נִזְרְעָה, נִזְרַעְתֶּם; *impf.* יִזָּרֵעַ, תִּזָּרֵעַ: ser semeado; Nm 5.28: estar apta para ser fecundada (?), ser fecundada (?). – PU: *pf.* זֹרָעוּ: ser semeado (Is 40.24). – HI: *impf.* תַּזְרִיעַ; *pt.* מַזְרִיעַ: produzir semente; conceber.

זֶרַע (*de* זרע) *m.*, *i. p.* זָרַע, *cs.* זֶרַע *e* זְרַע, *suf.* זַרְעוֹ, *pl. suf.* זַרְעֵיכֶם: semente, sementeira, semeadura; sêmen de seres humanos e animais; descendência, descendentes; origem.

זֵרֹעִים (*de* זרע), Dn 1.12 *v.* זֵרְעֹנִים.

זֵרְעֹנִים *tb.* זֵרֹעִים: legumes (Dn 1.12, 16).

זרק QAL: *pf.* זָרַק, זָרְקָה, *suf.* זְרָקוֹ; *impf.* יִזְרֹק, וַיִּזְרְקוּ, *suf.* וַיִּזְרְקֵהוּ; *inf.* זְרֹק; *pt.* זֹרֵק: espalhar; atirar, lançar; espargir. – PU: *pf.* זֹרַק: ser espargido (Nm 19.13,20).

I זרר QAL: *pf.* זֹרוּ: ser espremido (Is 1.6).

II זרר POEL: *impf.* וַיְזוֹרֵר: espirrar (2 Rs 4.35).

זֶרֶשׁ *n. f.* (Et 5.10).

זֶרֶת *i. p.* זָרֶת: palmo.

זַתּוּא *n. m.* (Ed 2.8).

זֵתָם *n. m.* (1 Cr 23.8).

זֵתַר *n. m.* (Et 1.10).

ח

ח חֵית: oitava letra do alfabeto; *como num.* = 8.

חֹב* *com suf.* חֻבִּי: bolso (onde se deposita com segurança); peito (Jó 31.33).

חבא NI: *pf.* נֶחְבָּא, נֶחְבְּאוּ, *i. p.* נֶחְבָּאוּ, נַחְבֵּתֶם; *impf.* תֵּחָבֵא, יֵחָבְאוּ; *inf.* הֵחָבֵא; *pt.* נֶחְבָּא, נֶחְבָּאִים: esconder-se; estar escondido. – PU: *pf.* חֻבָּאוּ: esconder-se (Jó 24.4). – HI: *pf.* 3^a *f.* הֶחְבִּיאָה, *suf.* הֶחְבִּיאָנִי; *impf.* תַּחְבִּא, אַחְבִּא, *suf.* יַחְבִּיאֵם: esconder, ocultar. – HO: *pf. i. p.* הָחְבָּאוּ: estar escondido (Is 42.22). – HIT: *pf.* הִתְחַבְּאוּ; *impf.* יִתְחַבֵּא; *pt.* מִתְחַבֵּא, מִתְחַבְּאִים: manter-se escondido.

חבב QAL: *pt.* חֹבֵב: amar (Dt 33.3).

חֹבָב *n. m.* (Nm 10.29).

חבה (*v.* חבא) QAL: *imp. f.* חֲבִי: esconder-se (Is 26.20).

חֻבָּה *n. m.* (1 Cr 7.34); *K.* יְחֻבָּה.

חָבוֹר *n. r.* (2 Rs 17.6).

חַבּוּרָה (*de* I חבר), *com suf.* חַבֻּרָתִי, חַבֻּרָתוֹ, *pl.* חַבֻּרוֹת, *suf.* חַבּוּרֹתָי: ferimento, contusão.

חבט QAL: *impf.* יַחְבֹּט, *pt.* חֹבֵט: bater, tirar; malhar, debulhar. – NI: *impf.* יֵחָבֶט: ser malhado, ser debulhado (Is 28.27).

חֲבַיָּה *n. m.* (Ed 2.61).

חֶבְיוֹן* חֶבְיוֹן* (*de* חבה) *cs.* חֶבְיוֹן: véu, envoltório (Hc 3.4).

I חבל QAL: *pf. i. p.* חָבָל; *impf.* יַחְבֹּל, תַּחְבֹּל *ou* תַּחְבֹּל, יַחְבְּלוּ, *i. p.* יַחְבֹּלוּ; *imp. com suf.* חַבְלֵהוּ; *inf. abs.* חָבֹל; *pt.* חֹבֵל, *pass.* חֲבֻלִים: penhorar (objeto ou pessoa). – NI: *impf.* יֵחָבֶל: ser penhorado (Pv 13.13).

II חבל QAL: *pf.* חָבַלְנוּ; *impf.* אֶחְבֹּל; *inf.* חֲבֹל: agir maldosamente, agir corruptamente. – NI: יֵחָבֶל: ir mal (Pv 13.13 I חבל?). – PI: *pf.* חִבֵּל, *impf.* תְּחַבֵּל, *inf.* חַבֵּל, *pt.* מְחַבְּלִים: arruinar, destruir. – PU: *pf.* חֻבַּל, *f. i. p.* חֻבָּלָה: ser arruinado, ser despedaçado; ser arrancado.

III חבל PI: *pf.*, 3^a *f.* חִבְּלָה, *suf.* חִבְּלָתְךָ; *impf.* ־יְחַבֶּל: estar grávida, entrar em dores de parto (Ct 8.5; Sl 7.15).

I חֶבֶל *m.*: grupo, associação (1 Sm 10.5,10).

II חֶבֶל *m.*, *cs.* חֶבֶל, *suf.* חַבְלוֹ, *pl.* חֲבָלִים, *cs.* חַבְלֵי *ou* חֶבְלֵי, *suf.* חֲבָלֶיךָ, חֲבָלָיו: corda, cordão, cordel, laço, armadilha, cordel (como unidade de medida), propriedade, gleba (de terra), região; *n. t.* (Dt 3.4).

III חֶבֶל (*de* II חבל) *m.*, *pl.* חֲבָלִים: destruição, ruína (Mq 2.10; Jó 21.17).

I חֵבֶל (*de* III חבל) *m.*, *pl.* חֲבָלִים, *cs.* חֶבְלֵי, *suf.* חֲבָלֶיהָ: dores, dores de parto; feto.

II חֵבֶל *n. m.*? (Js 19.29).

חֲבֹל (*de* I חבל) penhor.

חִבֵּל mastro? (Pv 23.34).

חֹבֵל *m.*, *pl. cs.* חֹבְלֵי, *suf. i. p.* חֹבְלָיִךְ: marinheiro, marujo.

חֲבֹלָה* (*de* I חבל) *com suf.* חֲבֹלָתוֹ: penhor (Ez 18.7).

חֹבְלִים união, harmonia (Zc 11.7, 14).

חֲבַצֶּלֶת *bot.*: narciso, lírio (Is 35.1; Ct 2.1).

חֲבַצִּנְיָה *n. m.* (Jr 35.3).

חבק QAL: *inf.* חֲבוֹק, *pt.* חֹבֵק, *f.* חֹבֶקֶת: abraçar; cruzar. – PI: *pf.* חִבְּקוּ, *impf.* יְחַבֵּק, תְּחַבְּקֶנָּה, *suf.* יְחַבְּקֵהוּ, תְּחַבְּקֵנִי; *pt.* מְחַבֵּק: abraçar; acariciar.

חִבֻּק (*de* חבק) (o) cruzar (Pv 6.10; 24.33).

חֲבַקּוּק *n. m.* (Hc 1.1).

I חבר HI: *impf.* אַחְבִּירָה: falar bonito,

brilhar (Jó 16.4).

II חבר QAL: *pf.* חָבְרוּ; *impf. c. suf.* יְחָבְרְךָ; *pt.* חֹבֵר, *pl.* חֹבְרוֹת, *pass. cs.* חֲבוּר: unir-se, estar unido, aliar-se; encostar; encantar, expulsar. – PI: *pf.* חִבֵּר, חִבַּרְתָּ; *impf.* יְחַבֵּר, *suf.* יְחַבְּרֵהוּ; *inf.* חַבֵּר: ligar, juntar, unir; aliar-se. – PU: *pf. i. p.* חֻבָּר, חֻבְּרָה; *impf.* יְחֻבַּר: estar unido, ser unido, ser ligado. – HIT: *pf.* אֶתְחַבַּר, *impf. i. p.* יִתְחַבָּרוּ; *inf.* הִתְחַבְּרוּת, *suf.* הִתְחַבֶּרְךָ: aliar-se.

I חֶבֶר (*de* II חבר) *m., i. p.* חָבֶר, *pl.* חֲבָרִים, *suf.* חֲבָרַיִךְ: união, associação; encantamento, expulsão.

II חֶבֶר *n. m.* (Jz 4.11).

חָבֵר (*de* II חבר) *m., suf.* חֲבֵרוֹ, *pl.* חֲבֵרִים, חֲבֵרַי, חֲבֵרֶךָ, חֲבֵרָו: companheiro, camarada, aliado.

חַבָּר* (*de* II חבר) *m., pl.* חַבָּרִים: companheiro, sócio.

חֲבַרְבֻּרוֹת (*de* I חבר) *suf.* חֲבַרְבֻּרֹתָיו: manchas (Jr 13.23).

חֶבְרָה (*de* II חבר): companhia (Jó 34.8).

חֶבְרוֹן *n. l.* (Gn 13.18); *n. m.* (Êx 6.18).

חֶבְרוֹנִי *gent.* (Nm 3.27).

חֶבְרִי *gent.* (Nm 26.45).

חֲבֶרֶת* *f., suf.* חֲבֶרְתְּךָ: companheira, esposa (Ml 2.14).

חֹבֶרֶת (*de* II חבר) *f., i. p.* חֹבָרֶת: agrupamento de tapetes, série de tapetes.

חבשׁ QAL: *pf.* חָבַשְׁתָּ, חֲבַשְׁתֶּם; *impf.* יַחֲבֹשׁ, יַחֲבוֹשׁ, אֶחֱבֹשׁ, אֶחְבְּשָׁה, *cons.* וַיַּחֲבֹשׁ, *i. p.* יֶחְבָּשׁ; *imp.* חֲבֹשׁ, חִבְשׁוּ; *inf.* חֲבֹשׁ, *suf.* חָבְשָׁה; *pt.* חֹבֵשׁ, חָבוּשׁ, חֲבוּשִׁים: atar, amarrar, cingir, ligar, selar, encilhar; retorcer, trançar (cordas); prender. – PI: *pf.* חִבֵּשׁ; *pt.* מְחַבֵּשׁ: atar, ligar (Sl 147.3); represar (Jó 28.11). – PU: *pf.* חֻבְּשָׁה, *i. p.* חֻבָּשׁוּ: ser atado, ser ligado (Is 1.6; Ez 30.21).

חֲבִתִּים *pl.* sertãs, frigideiras (1 Cr 9.31).

חָג, חַג (*de* חגג) *m., com art.* הֶחָג, *cs.* חַג, *suf.* חַגִּי, *pl.* חַגִּים: procissão; festa.

חָגָּא vergonha, espanto (Is 19.17).

I חָגָב *m., pl.* חֲגָבִים: gafanhoto (espécie de gafanhoto comestível).

II חָגָב *n. m.* (Ed 2.46).

חֲגָבָא, חֲגָבָה *n. m.* (Ne 7.48).

חגג QAL: *pf.* חַגֹּתֶם; *impf.* תָּחֹג, יְחוֹגּוּ, *suf.* תְּחָגֻּהוּ; *imp. f.* חָגִּי; *inf.* חֹג; *pt.* חוֹגֵג, חֹגְגִים: dar saltos; pular; realizar peregrinações; festejar.

חָגוּ, חֲגָוֶה* *pl. cs.* חַגְוֵי: esconderijo, fenda, refúgio.

חֲגוֹר* (*de* חגר) *m., suf.* חֲגוֹרוֹ: cinto.

חָגוֹר* *pl. cs.* חֲגוֹרֵי: cingido (Ez 23.15).

חֲגוֹרָה *f., suf.* חֲגֹרָתוֹ, *pl.* חֲגֹרֹת: cinto.

חַגִּי *n. m.* (Gn 46.16).

חַגַּי *n. m.* (Ag 1.1).

חַגִּיָּה *n. m.* (1 Cr 6.25).

חַגִּית *n. f.* (2 Sm 3.4).

חָגְלָה *n. m.* (Nm 26.33).

חגר QAL: *pf.* חָגַר, חָגְרָה, חָגַרְתָּ, חָגְרוּ; *impf.* יַחְגֹּר, יַחְגְּרוּ, תַּחְגֹּרְנָה, *suf.* יַחְגְּרֶהָ; *imp.* חֲגוֹר, חִגְרִי, חֲגֹרְנָה; *inf.* חֲגֹר; *pt.* חֹגֵר, חָגוּר, חֲגֻרַת, חֲגֻרִים: cingir; cingir-se, armar-se; aprontar-se.

I חַד* (*de* חדד) *adj., f.* חַדָּה: afiado; *n. l.* (Js 19.21).

II חַד (*cf. aram.* חַד; *v.* אֶחָד) um, alguém (Ez 33.30).

חדד QAL: *pf.* חַדּוּ: ser afiado / feroz, ser rápido (Hc 1.8). – HI: afiar (Zc 2.4 *cj.*, Pv 27.17b *cj.*). – HO: *pf.* הוּחַדָּה: ser afiado (Ez 21.14-16).

חֲדַד *n. m.* (Gn 25.15).

I חדה QAL: *impf.* יִחַדְּ, *cons.* וַיִּחַדְּ: alegrar-se (Êx 18.9; Jó 3.6). – PI: *impf. com suf.* תְּחַדֵּהוּ: alegrar, fazer feliz (Sl 21.7).

II חדה (*v.* חזה) *cj.* QAL: *impf.* יַחַד, *i. p.* יָחַד: ver, olhar (*cf.* Sl 33.15; 49.11; Jó 34.29). – *cj.* NI: תֵּחַד: aparecer (*cf.* Gn 49.6; Sl 139.6; Jó 3.6).

חַדּוּד (*de* חדד) *pl. cs.* חַדּוּדֵי: ponta (Jó 41.22).

חֶדְוָה (*de* I חדה) *f., cs.* חֶדְוַת: alegria (Ne 8.10; 1 Cr 16.27, *cj.:* Sl 96.6; Ec 8.1).

חָדִיד *n. l.* (Ed 2.33).

I חדל QAL: *pf.* חָדַל, חָדַלְתָּ, *i. p.* חָדֵלּוּ; *impf.* יֶחְדַּל, יֶחְדָּלוּ, *cons.* וַיֶּחְדַּל; *imp.* חֲדַל, *i. p.* חֲדָל, חִדְלוּ; *inf.* חֲדֹל: parar, cessar, terminar, desistir de fazer algo; inexistir, falhar; abandonar.

II חדל QAL: *pf.* חָדֵלּוּ; *impf.* יֶחְדָּל; *imp.* חֲדַל: engordar; ter sucesso.

חָדֵל (*de* I חדל) *cs.* חֲדַל: (aquele) que desiste; perecível, frágil; abandonado.

חֶדֶל* (*de* II חדל) *i. p.* חָדֶל: mundo (Is 38.11).

חַדְלַי* *i. p.* חַדְלָי: *n. m.* (2 Cr 28.12).

חֵדֶק *i. p.* חָדֶק: (uma espécie de) espinheiro (Mq 7.4; Pv 15.19).

חִדֶּקֶל *n. r.* (Gn 2.14).

חדר QAL: *pt. f.* חֹדֶרֶת: penetrar, (cercar?) (Ez 21.19).

חֶדֶר *m., i. p.* חָדֶר, *cs.* חֲדַר, *suf.* חַדְרוֹ, *pl.* חֲדָרִים, חַדְרֵי: quarto escuro; interior obscuro.

חַדְרָךְ *n. l.* (Zc 9.1).

חדשׁ PI: *pf.* חִדְּשׁוּ; *impf.* תְּחַדֵּשׁ; *imp./inf.* חַדֵּשׁ: renovar, fazer novo. – HIT: *impf.* תִּתְחַדֵּשׁ: renovar-se, rejuvenescer (Sl 103.5).

חָדָשׁ *adj., f.* חֲדָשָׁה, *pl.* חֲדָשִׁים, *f.* חֲדָשׁוֹת: novo, recente, fresco.

I חֹדֶשׁ (*de* חדשׁ) *m., suf.* חָדְשׁוֹ, *pl.* חֳדָשִׁים, *cs.* חָדְשֵׁי, *suf.* חָדְשָׁיו, חָדְשֵׁיכֶם: lua nova; mês; cio.

II חֹדֶשׁ *n. f.* (2 Cr 8.9).

חֲדָשָׁה *n. l.* (Js 15.37).

חָדְשִׁי *n. l.* (2 Sm 24.6 *txt. corr.?*).

חֲדַתָּה *n. l.* (Js 15.25).

חוב *cj.* QAL: *pf.* חַבְתִּי: ter culpa (1 Sm 22.22). – PI: *pf.* חִיַּבְתֶּם tornar culpado, pôr em perigo (Dn 1.10).

חוֹב (*de* חוב) culpa (Ez 18.7).

חוֹבָה *n. l.* (Gn 14.15).

חוג QAL: *pf.* חָג: traçar um círculo, descrever um círculo (Jó 26.10).

חוּג (*de* חוג) círculo, horizonte.

חוד QAL:*pf.* חַדְתָּה; *impf.* אָחוּדָה; *imp.* חוּד, חוּדָה: propor um enigma.

I חוה PI: *impf.* יְחַוֶּה, אֲחַוֶּה, *suf.* אֲחַוְךָ; *inf.* חַוּוֹת: proclamar, anunciar; informar, cientificar.

II חוה (*tradicionalmente entendido como hitpael de* שׁחה, *mas trata-se do tronco śafel, uma conjugação que de resto não aparece no hebraico, contudo cf. ugarit*) EŚTAF: *pf.* הִשְׁתַּחֲוָה, הִשְׁתַּחֲוִיתָ, הִשְׁתַּחֲווּ; *impf.* יִשְׁתַּחֲוֶה, אֶשְׁתַּחֲוֶה, יִשְׁתַּחֲווּ, וַיִּשְׁתַּחוּ, וַתִּשְׁתַּחֲוִיךָ; *imp.* הִשְׁתַּחֲווּ, הִשְׁתַּחֲוִי; *inf.* הִשְׁתַּחֲוֹת; *pt.* מִשְׁתַּחֲוֶה, מִשְׁתַּחֲוִים: prostrar-se, inclinar-se; adorar.

I חַוָּה *f., pl.* חַוּוֹת, *suf.* חַוֹּתֵיהֶם: acampamento, aldeia de tendas.

II חַוָּה *n. f.* (Gn 3.20).

חוֹזַי *n. m.* (2 Cr 33.19 *txt. corr.?*).

I חוֹחַ *m., pl.* חוֹחִים, חֹחִים: espinheiro; gancho (de pescador).

II חוֹחַ* *m., pl.* חֲוָחִים: buraco, fenda (1 Sm 13.6; 2 Cr 33.11).

חוּט *m.*: fio.

חִוִּי *n. p.* (Gn 34.2).

חֲוִילָה *n. t.* (Gn 10.7).

חול QAL: *pf.* חָלָה, חָלוּ; *impf.* יָחוּל, יָחִילוּ, אָחוּלָה; *inf.* חֵל: rodear, vibrar; voltar-se (contra); dançar em roda. – POLEL: *pt.* (מְ)חֹ(וֹ)לְלִים/וֹת: dançar em roda. – HITPOLEL: *pt.* מִתְחוֹלֵל: redemoinhar, rodopiar (Jr 23.19).

חוּל *n. t.* (Gn 10.23).

I חוֹל *m.*: lama; areia.

II חוֹל fênix (Jó 29.18).

חוּם *cor indefinida* (*preto?*). (Gn 30.32s, 35, 40).

חוֹמָה, חֹמָה *f., cs.* חוֹמַת, *pl.* חֹמֹת, חוֹמוֹת, *du.*

חֹמֹתַיִם: muralha (de cidade); muro.

חוס QAL: *pf.* חָסָה, חַסְתָּ; *impf* יָחוּס, יָחֹס, תָּחוּס, תָּחֹס, *cons.* וַתָּחָס; *imp.* חוּסָה: estar triste; ter pena, comiserar-se, condoer-se; poupar.

חוֹף *m.*, *cs.* חוֹף: margem, costa.

חוּפָם *n. m.* (Nm 26.39).

חוּפָמִי *gent.* (Nm 26.39).

חוּץ *com* ה *loc.* חוּצָה, *pl.* חוּצוֹת, חֻצוֹת, *suf.* חוּצוֹתֵינוּ: o que está fora (da casa), do lado de fora, rua, ruela, beco; campo; *c. prep.*: בַּחוּץ: fora; לַחוּצָה: por fora, do lado de fora; מִן הַחוּץ: de fora; *etc.*

חוּקֹק *n. l.* (1 Cr 6.60 *txt. corr.?*).

I חור QAL: *impf.* יֶחֱוָרוּ: empalidecer (Is 29.22; *cj.* Is 19.9).

II חור QAL: *pf.* חָרוּ: diminuir (Is 24.6?).

I חוּר (*de* I חור) linho, tecido branco (Et 1.6; 8.15).

II חוּר *n. m.* (Êx 17.10).

III חוּר, חֹור *v.* חֹר, II חֹר.

חוֹרֵב *v.* חֹרֵב.

חוֹרִי *v.* חֹרִי.

חוֹרָי* *i. p.* חוֹרָי: *txt. corr.* Is 19.9, *l.* חָורוּ (*de* I חור).

חוּרַי *n. m.* (1 Cr 11.32).

חוּרִי *n. m.* (1 Cr 5.14).

חוּרָם *n. m.* (1 Cr 8.5).

חַוְרָן *n. t.* (Ez 47.16, 18).

I חוש QAL: *pf.* חָשׁ, חַשְׁתִּי; *imp.* חוּשָׁה; *inf. com suf.* חוּשִׁי; *pt. pass. pl.* חֻשִׁים: apressar; apressar-se. – HI: *pf.* הֵחִישׁוּ; *impf.* יָחִישָׁה, יָחִישׁ, *cons.* וַתַּחַשׁ, *suf.* אֲחִישֶׁנָּה: apressar-se, acelerar; afastar-se.

II חוש QAL: *impf.* יָחוּשׁ; *imp.* חוּשָׁה: preocupar-se; atentar.

חוּשָׁה *n. m.* (1 Cr 4.4).

חוּשַׁי *n. m.* (2 Sm 15.32).

חוּשִׁים *n. f.* (1 Cr 8.8).

חוּשָׁם *n. m.* (1 Cr 1.45s), *v.* חֻשָׁם.

I חוֹתָם *m.*, *cs.* חוֹתַם, *suf.* חוֹתָמְךָ, חֹתָמוֹ: sinete, selo, anel para selar.

II חוֹתָם *n. m.* (1 Cr 7.32).

חֲזָאֵל *tb.* חֲזָהאֵל: *n. m.* (1 Rs 19.15).

חזה QAL: *pf.* חָזָה, חָזִיתָ, חָזִית, חָזוּ, *suf.* חֲזִיתִיךָ; *impf.* יֶחֱזֶה, יֶחֱזוּ, יֶחֱזוּ, *i. p.* יֶחֱזָיוּן, *cons.* וָאֶחֱזֶה, *apoc.* וְתַחַז; *imp.* חֲזֵה, חֲזוּ; *inf.* חֲזוֹת; *pt.* חֹזֶה: ver, enxergar, escolher.

חָזֶה *m.*, *cs.* חֲזֵה, *pl.* חָזוֹת: peito (do animal sacrificado).

I חֹזֶה (*de* חזה) *m.*, *cs.* חֹזֵה, *pl.* חֹזִים: vidente.

II חֹזֶה aliança? contrato? (Is 28.15).

חֲזָהאֵל *v.* חֲזָאֵל.

חֲזוֹ *n. m.* (Gn 22.22).

חָזוֹן (*de* חזה) *m.*, *cs.* חֲזוֹן: visão; revelação.

חָזוּת (*de* חזה) *f.*, *suf.* חֲזוּתְכֶם: visão; revelação; prestígio, imponência.

חֲזוֹת (*de* חזה) visão (2 Cr 9.29).

חֲזִיאֵל *n. m.* (1 Cr 23.9).

חֲזָיָה *n. m.* (Ne 11.5).

חֶזְיוֹן *n. m.* (1 Rs 15.18).

חִזָּיוֹן (*de* חזה) *m.*, *cs.* חֶזְיוֹן, *suf.* חֶזְינוֹ, *pl.* חֶזְיוֹנוֹת: visão, revelação.

חָזִיז, חֲזִיז* *cs.* חֲזִיז, *pl.* חֲזִיזִים: nuvem de chuva; relâmpago.

חֲזִיר *m.* javali.

חֵזִיר *n. m.* (1 Cr 24.15).

חזק QAL: *pf.* חָזַק, חָזְקָה, חָזַקְתָּ, *suf.* חֲזָקוֹ, חֲזָקַתְנִי; *impf.* יֶחֱזַק, יֶחֶזְקוּ, *cons.* וַיֶּחֱזַק; *imp.* חֲזַק, חִזְקוּ, *i. p.* חֲזָק; *inf. com suf.* חָזְקָה: ser forte, tornar-se forte, ser firme, tornar-se firme; dominar; ter ânimo; ungir. – PI: *pf.* חִזֵּק, חִזַּקְתִּי, חִזְּקוּ, *suf.* חִזַּקְתָּנִי; *impf.* יְחַזֵּק, *cons. com suf.* וַיְחַזְּקֵנִי; *imp.* / *inf.* חַזֵּק; *pt.* מְחַזֵּק: tornar firme / forte / seguro, reforçar, endurecer; cingir; melhorar; apoiar. – HI: *pf.* הֶחֱזִיקָה, הֶחֱזִיק, וְהֶחֱזַקְתִּי, הֶחֱזַקְתָּהוּ, הֶחֱזִיקֶךָ, *suf.* הֶחֱזַקְתַּנִי, *i. p.* וַיַּחֲזֵק, *impf.* יַחֲזִיק, יַחֲזֵק, יַחֲזֵק; *imp.* הַחֲזֵק, וְאַחֲזֵק, יַחֲזִקוּ, *f.* הַחֲזִיקִי;

inf. הַחֲזִיק, *suf.* הַחֲזִיקִי; *pt.* מַחֲזִיק, *suf.* מַחֲזֶקֶת, מַחֲזִקָהּ: agarrar, segurar, tomar a si. – HIT: *pf.* הִתְחַזַּקְתִּי, הִתְחַזֵּק; *impf.* יִתְחַזֵּק, נִתְחַזֵּק, *i. p.* יִתְחַזָּקוּ; *imp.* הִתְחַזֵּק; *inf.* הִתְחַזֵּק; *pt.* מִתְחַזֵּק: mostrar-se de bom ânimo, mostrar força, firmar-se, animar-se.

חָזָק (*de* חזק) *adj.*, *pl.* חֲזָקִים, *cs.* חִזְקֵי, *f.* חֲזָקָה: firme, duro; forte; violento.

חָזֵק (*de* חזק) forte (Êx 19.19; 2 Sm 3.1).

חֵזֶק* (*de* חזק) *com suf.* חִזְקִי: força (Sl 18.2).

חֹזֶק (*de* חזק) *com suf.* חָזְקֵנוּ: força; violência.

חֶזְקָה* (*de* חזק) *cs.* חֶזְקַת, *suf.* חֶזְקָתוֹ: firmeza, o firmar-se.

חָזְקָה (*de* חזק) força, violência (melhoramento? reforma? *cf.* 2 Rs 12.13).

חִזְקִי *n.m.* (1 Cr 8.17).

חִזְקִיָּה *n. m.* (2 Rs 18.1).

חִזְקִיָּהוּ *n. m.* (2 Rs 16.20).

חָח *m.*, *suf.* חַחִי, *pl.* חַחִים: espinho, gancho; fivela.

חטא QAL: *pf.* חָטָא, חָטְאָה, חָטָאת, חָטָאתָ, חָטָאוּ; *impf.* יֶחֱטָא, יֶחֶטְאוּ, תֶּחֶטְאוּ; *inf.* חֲטֹא, חֲטוֹא, *suf.* חֲטֹאתוֹ; *pt.* חוֹטֵא *ou* חוֹטֶא, *pl.* חֹטְאִים, *f.* חֹטֵאת: errar (o alvo), falhar, pecar, cometer pecado, tornar-se pecador. – PI: *pf.* חִטֵּא, חִטֵּאתָ, חִטְּאוֹ, *suf.* חִטְּאוֹ; *impf.* יְחַטֵּא, *suf.* אֲחַטֶּנָּה, יְחַטְּאֶהוּ; *inf.* חַטֵּא; *pt.* מְחַטֵּא: reparar, substituir; purificar; ofertar. – HI: *pf.* הֶחֱטִיא, הֶחֱטִיאוּ, *suf.* הֶחֱטִיאָם; *impf.* יַחֲטִא, יַחֲטִיאוּ; *inf.* הַחֲטִיא; *pt. pl.* מַחֲטִיאִים: errar, induzir ao pecado. – HIT: *impf.* יִתְחַטָּא, תִּתְחַטְּאוּ, *i. p.* יִתְחַטָּאוּ: purificar; afastar-se.

חֵטְא (*de* חטא) *m.*, *com suf.* חֶטְאָה, חֶטְאוֹ, *pl.* חֲטָאִים, *cs.* חֲטָאֵי, *suf.* חֲטָאַי, חֲטָאֵיכֶם: erro, falta, pecado, culpa.

חַטָּא* (*de* חטא) *adj.*, *f.* חַטָּאָה, *pl.* חַטָּאִים, *cs.* חַטָּאֵי, *suf.* חַטָּאֶיהָ: pecaminoso; pecador.

חֶטְאָה (*de* חטא) erro, pecado (Nm 15.28).

חֲטָאָה (*de* חטא) pecado; sacrifício pelo pecado.

חַטָּאָה (*de* חטא) pecado (Êx 34.7; Is 5.18).

חַטָּאת (*de* חטא) *f.*, *cs.* חַטַּאת, *suf.* חַטָּאתִי, חַטַּאתְכֶם, *pl.* חַטָּאוֹת, *cs.* חַטֹּאות, *suf.* חַטֹּאותַי, חַטֹּאתֶיךָ: pecado; expiação, sacrifício pelo pecado.

חטב QAL: *impf.* יַחְטְבוּ; *inf.* חְטֹב; *pt.* חוֹטֵב, חֹטְבִים, *cs.* חֹטְבֵי: juntar, fazer, cortar (lenha). – PU: *pt. pl. f.* מְחֻטָּבוֹת: cortar, talhar (Sl 144.12).

חֲטֻבוֹת panos multicores (Pv 7.16).

חִטָּה *pl.* חִטִּים, חִטִּין: trigo (planta e grãos).

חַטּוּשׁ *n. m.* (Ed 8.2).

חֲטִיטָא *n. m.* (Ed 2.42).

חַטִּיל *n. m.* (Ed 2.57).

חֲטִיפָא *n. m.* (Ed 2.54).

חטם QAL: *impf.* אֶחֱטָם־: conter-se, refrear-se (Is 48.9).

חטף QAL: *pf.* חֲטַפְתֶּם; *impf.* יַחְטֹף; *inf.* חֲטוֹף: capturar, roubar, raptar (Jz 21.21; Sl 10.9).

חֹטֶר *m.*: vara, broto, rebento (Pv 14.3; Is 11.1).

חַטָּת *v.* חַטָּאת.

I חַי (*de* חיה) *pl.* חַיִּים, *cs.* חַיֵּי, *suf.* חַיַּי, חַיֶּיךָ, חַיֵּךְ, חַיֵּיכִי: *sg.* vida; *pl.* tempo de vida, duração da vida; situação de vida; felicidade; sustento.

II חַי (*de* חיה) *adj.*, *i. p.* חָי, *com art.* הַחַי *ou* הֶחָי, *i. p.* הֶחָי, *cs.* חֵי, *f.* חַיָּה, *pl.* חַיִּים, חַיּוֹת: vivo, vivente.

III חַי clã (1 Sm 18.18; *tb.* Sl 42.9?).

חִיאֵל *n. m.* (1 Rs 16.34).

חִידָה *f.*, *suf.* חִידָתִי, חִידָתְךָ, *pl.* חִידוֹת, חִדֹת:

enigma; palavras dúbias, intriga.

חיה QAL: *pf.* חָיְתָה, חָיָה, *impf.* יִחְיֶה, תִּחְיֶינָה, תְּחִיי, *apoc.* יְחִי, *cons.* וַיְחִי; *imp.* וֶחְיֵה, *f.* חֲיִי, חְיוּ; *inf. abs.* חָיֹה, חָיוֹ, *cs.* חְיוֹת, *suf.* חֲיוֹתָם: estar com vida, permanecer em vida, viver, reviver, recuperar a saúde, tornar a viver. – PI: *pf.* חִיִּיתֶם, חִיוּ, חִיָּה, *suf. i. p.* חִיִּתָנִי, *impf.* יְחַיֶּה, יְחַיּוּ, תְּחַיֵּנִי, יְחַיֶּהָ, וִיחַיֵּהוּ, וַתְּחַיֶּיןָ, תְּחַיּוּן, *suf.* *imp. com suf.* חַיֵּנִי, חַיֵּיהוּ; *inf.* חַיּוֹת, *suf.* חַיֹּתוֹ, חַיּוֹתָם; *pt.* מְחַיֶּה: conservar a vida, fazer viver, cultivar (cereal). – HI: *pf.* הֶחֱיָה, הֶחֱיֵיתִי, הַחִיִּתֶם, *suf.* הֶחֱיִתָנוּ; *imp.* הַחֲיוּ, *suf.* הַחֲיֵנִי; *inf.* הַחֲיֵה, הַחֲיוֹת, *suf.* הַחֲיֹתוֹ: conservar a vida, reviver.

חָיֶה* (*de* חיה) *adj.*, *pl. f.* חָיוֹת: cheio de vitalidade, vital, forte (Êx 1.19).

I חַיָּה (*de* חיה) *f.*, *cs.* חַיַּת, חַיְתוֹ, *suf.* חַיָּתוֹ, *pl.* חַיּוֹת: bichos, animais (de toda espécie); animais selvagens, feras.

II חַיָּה (*de* חיה) *cs.* חַיַּת, *suf.* חַיָּתִי: vida; avidez.

III חַיָּה* (*cf.* I חַנָּה): exército; lugar de moradia (2 Sm 23.13; Sl 68.11, *cf.* 1 Cr 11.15).

חַיּוּת (*de* חיה): vida, duração da vida (2 Sm 20.3).

חול, חיל QAL: *pf.* חָלָה, חַלְתִּי, חָלוּ, חַלְנוּ; *impf.* יָחִיל, יְחִילוּ, יְחִילוּן, וַיָּחֶל, וַתָּחֶל; *imp.* חִילוּ; *impf.* תָּחוּל, וַתָּחֹל, אָחוּלָה; *imp.* חוּלִי; *inf.* חוּל: ter dores de parto, contorcer-se, angustiar-se. – POLEL: *impf.* יְחוֹלֵל, תְּחוֹלֶלְכֶם; *inf.* חֹלֵל, *pt.* מְחֹלֶלְךָ: fazer ter dores de parto, fazer ter cria, gerar, dar à luz. – POLAL: *pf.* חוֹלָלְתָּ/תִּי: ser gerado em dores, ser levado a tremer. – HI: *impf.* יָחִיל: fazer tremer (Sl 29.8). – HO: *impf.* יוּחַל: ser gerado, ser trazido à luz. – HITPOLEL: *pt.* מִתְחוֹלֵל: ser atormentado. – HITPALPAL: *impf.* תִּתְחַלְחַל: ser angustiado.

II חיל QAL: *impf.* יָחִיל: durar, ter consistência (Jó 20.21; *tb.* Sl 10.5?).

חַיִל *m.*, *cs.* חֵיל, *suf.* חֵילִי, *pl.* חֲיָלִים, *suf.* חֵיחֵיהֶם: capacidade, força, poder, posse, propriedade; אִישׁ חַיִל proprietário, hábil, capaz; גִּבּוֹר חַיִל proprietário, valente; exército, força militar, elite.

חֵיל (*de* חול) *suf.* חֵילָה, חֵילֵךְ: edificações diande do muro da cidade, muralha, muro.

חִיל (*de* חיל) *m.*: dores de parto, medo *e* dor.

חִילָה dor (Jó 6.10).

חִילֵז *n. l.* (1 Cr 6.43).

חֵילֵךְ *n. t.* (Ez 27.11).

חֵילָם *n. l.* (2 Sm 10.17).

חִילֵן *v.* חִילֵז.

חִין ? (Jó 41.4 *txt. corr.?*).

חַיִץ *m.*: parede interna (Ez 13.10).

חִיצוֹן *adj.*, *f.* חִיצוֹנָה: externo, exterior; profano.

חֵיק, חֵק, חֵיקְ *f.*, *suf.* חֵיקִי, חֵיקְךָ: colo, seio, peito; a vestimenta acima da cintura, cintura; *fig.* o fundo (do carro de combate); *t. t. arquitetônico* sulco que circunda o altar.

חִירָה *n. m.* (Gn 38.1).

חִירָם, חִירוֹם *n. m.* (2 Sm 5.11).

חִירֹת *v.* פִּי הַחִירֹת.

חִישׁ (*de* I חושׁ) *adv.*, rapidamente, apressadamente (Sl 90.10).

חֵךְ *m.*, *suf.* חִכִּי: céu da boca.

חכה QAL: *pt. pl. cs.* חוֹכֵי: esperar, aguardar (Is 30.18). – PI: *pf.* חִכָּה, חִכְּתָה, חִכִּיתִי; *impf.* יְחַכֶּה; *imp.* חַכֵּה, חַכּוּ; *inf.* חַכֵּי; *pt.* מְחַכֶּה, *cs.* מְחַכֵּה, *pl.* מְחַכִּים: esperar, aguardar; ter paciência; vacilar.

חַכָּה *m.*: anzol.
חֲכִילָה *n. l.* (1 Sm 23.19).
חֲכַלְיָה *n. m.* (Ne 1.1).
חַכְלִיל *adj., cs.* חַכְלִילִי: brilhante, vidrado (Gn 49.12).
חַכְלִלוּת chispa, vermelhão (Pv 23.29).
חכם QAL: *pf.* חָכְמוּ, חָכַמְתָּ, חָכְמָה, חָכָם; *impf.* יֶחְכַּם, *i. p.* יֶחְכָּמוּ, אֶחְכָּמָה, יֶחְכָּם; *imp.* חֲכַם: ser sábio, tornar-se sábio, agir sabiamente. – PI: *impf.* יְחַכֵּם, *suf.* תְּחַכְּמֵנִי, יְחַכְּמֵנוּ: ensinar, tornar sábio. – PU: *pt.* מְחֻכָּם, מְחֻכָּמִים: estar instruído, ser experiente (Sl 58.6; Pv 30.24). – HI: *pt. f. cs.* מַחְכִּימַת: tornar sábio (Sl 19.8). – HIT: *impf.* תִּתְחַכַּם, נִתְחַכְּמָה: mostrar-se sábio, demonstrar sabedoria.
חָכָם (*de* חכם) *adj., cs.* חֲכַם, *pl.* חֲכָמִים, חַכְמֵי, *f.* חֲכָמָה, חַכְמַת, *pl.* חֲכָמוֹת, *cs.* חַכְמוֹת: hábil, jeitoso, experiente, prático, *pl.* sábios.
חָכְמָה (*de* חכם) *f., cs.* חָכְמַת, *suf.* חָכְמָתוֹ, חָכְמַתְכֶם: habilidade técnica, jeito, experiência, conhecimento, sabedoria.
חָכְמוֹת (*de* חכם) sabedoria.
חַכְמֹנִי *n. m.* (1 Cr 11.11).
חכר QAL: *impf.* תַּהְכְּרוּ: injuriar (Jó 19.3); *v.* הכר.
חֹל (*de* I חלל) *adj.*: profano.
חלא QAL: *impf.* וַיֶּחֱלָא: adoecer (2 Cr 16.12). – HI: *pf.* הֶחֱלִי: fazer enfermar (enferrujar?) (Is 53.10).
חֶלְאָה* I *f., suf.* חֶלְאָתָהּ: ferrugem (Ez 24.6, 11s).
חֶלְאָה II *n. f.* (1 Cr 4.5).
חֵלָאמָה *n. l.* (2 Sm 10.17); *v.* חֵילָם.
חָלָב *cs.* חֲלֵב, *suf.* חֲלָבִי: leite.
חֵלֶב I *m., cs.* חֵלֶב, *suf.* חֶלְבּוֹ, חֶלְבָּהּ, חֶלְבְּהֶם, *pl.* חֲלָבִים, *cs.* חֶלְבֵי, *suf.* חֶלְבְהֶן: banha, gordura; *fig.* o melhor, o escolhido.

חֵלֶב II *n. m.* (2 Sm 23.29); *v.* חֶלֶד.
חֶלְבָּה *n. l.* (Jz 1.31).
חֶלְבּוֹן *n. t.* (Ez 27.18).
חֶלְבְּנָה gálbano (Êx 30.34).
חלד *cj.* QAL: *pf.* חָלַד: viver (Sl 49.9?).
חֶלֶד *m., i. p.* חָלֶד, *suf.* חֶלְדִּי: vida, duração da vida; mundo.
חֵלֶד *n. m.* (1 Cr 11.30); *v.* חֵלֶב.
חֹלֶד doninha (Lv 11.29).
חֻלְדָּה *n. f.* (2 Rs 22.14).
חֶלְדַּי *n. m.* (Zc 6.10); *v.* חֵלֶב, חֵלֶד.
חלה QAL: *pf.* חָלָה, חָלִית, חָלִיתִי, חָלוּ; *impf. cons.* וַיָּחַל; *inf. com suf.* חֲלֹתוֹ; *pt.* חֹלֶה, חוֹלֶה, *f.* חוֹלָה, *cs.* חוֹלַת: enfraquecer, cansar; estar doente, ficar doente, ter dor. – NI: *pf.* נֶחֱלֵיתִי, נֶחְלוּ; *pt. f.* נַחְלָה: cansar-se, estar cansado, ser acometido de doença. – PI: *pf.* חִלָּה, חִלִּיתִי; *impf.* וַיְחַל, יְחַלּוּ; *imp.* חַל־, חַלּוּ; *inf.* חַלּוֹת: acalmar, adular. – PU: *pf.* חֻלֵּיתָ: ser enfraquecido (Is 14.10). – HI: *pf.* הֶחֱלֵתִי, הֶחֱלוּ; *pt. f.* מַחֲלָה: fazer adoecer. – HO: *impf.* הָחֳלֵיתִי: estar gravemente ferido, estar sem forças. – HIT: *impf. i. p. cons.* וַיִּתְחָל; *imp.* הִתְחָל; *inf.* הִתְחַלּוֹת: adoecer, fingir-se doente (2 Sm 13.2, 5s).
חַלָּה (*de* II חלל) *f., cs.* חַלַּת, *pl.* חַלּוֹת, חַלֹּת: pão (de forma circular), bolo.
חֲלוֹם (*de* חלם) *m., suf.* חֲלוֹמִי, חֲלֹמוֹ, *pl.* חֲלֹמוֹת, *suf.* חֲלֹמֹתָיו: sonho.
חַלּוֹן *f., cs.* חַלּוֹן, *pl.* חַלּוֹנִים/חַלּוֹנוֹת, *suf.* חַלּוֹנֵינִי: buraco na parede, janela.
חֹלֹן, חולון *n. l.* (Js 15.51).
חַלּוֹנַי* *i. p.* חַלּוֹנָי (Jr 22.14); *l.* חַלּוֹנָיו, *v.* חַלּוֹן.
חֲלוּשָׁה (*de* I חלשׁ): derrota (Êx 32.18).
חֲלַח *n. t.* (2 Rs 17.6).
חַלְחוּל *n. l.* (Js 15.58).

חַלְחָלָה (de חיל) *f.* dor, angústia, tremor.

חלט QAL: *impf.* וַיַּחְלְטוּ: considerar como declaração válida (1 Rs 20.33).

חֳלִי (de חלה) *m.*, *i. p.* חֹלִי, *suf.* חָלְיוֹ, *pl.* חֳלָיִים, *suf.* חֳלָיֵנוּ: doença, sofrimento.

I חֲלִי *cs.* חֲלִי, *pl.* חֲלָאִים: enfeite, adorno, jóia (Pv 25.12; Ct 7.2).

II חֲלִי *n. l.* (Js 19.25).

חֶלְיָה *suf.* חֶלְיָתָהּ: adorno, jóia (Os 2.15).

I חָלִיל (de III חלל) *pl.* חֲלִלִים: flauta.

II חָלִיל★ *tb.* חָלִ(י)לָה (de I חלל) *originalmente:* o que é profano, o que é reprovável) longe de, absolutamente não, jamais.

חֲלִיפָה (de חלף) *f.*, *pl.* חֲלִיפוֹת, חֲלִפֹת, *suf.* חֲלִיפֹתַי: substituição, troca; acordo; veste festiva; guarnição.

חֲלִיצָה★ (de I חלץ) *suf.* חֲלִצָתוֹ, *pl.* חֲלִיצוֹתָם: despojo de armamentos (Jz 14.19; 2 Sm 2.21).

חֶלְכָה *pl.* חֶלְכָּאִים: infeliz, miserável (Sl 10.8,10,14).

I חלל NI: *pf.* נִחַל, נִחַלְתְּ, נִחָלוּ; *impf.* תֵּחַל, *i. p.* יֵחָל, וָאֵחַל; *inf.* הֵחַל, *suf.* הֵחַלּוֹ: ser profanado. – PI: חִלֵּל, חִלַּלְתָּ, חִלְּלוּ, *i. p.* חִלֵּלוּ, *suf.* חִלְּלוּהוּ, חִלְּלוּ; *impf.* יְחַלֵּל, *suf.* יְחַלְּלֻנוּ, וָאֲחַלֶּלְךָ, וַתְּחַלְלֶהָ; *inf.* חַלֵּל; *pt.* מְחַלֵּל, מְחַלְלִים: profanar, fazer uso profano. – PU: *pt.* מְחֻלָּל: profanado (Ez 36.23). – HI: *pf.* הֵחֵל, *f.* הֵחֵלָּה, הַחִלּוֹתָ; *impf.* וַיָּחֶל, יָחֵל, אָחֵל, וַיָּחֶלּוּ, וַתְּחִלֶּינָה; *imp.* הָחֵל; *inf. abs. e cs.* הָחֵל, *suf.* הַחִלָּם; *pt.* מֵחֵל: deixar profanar; começar; tornar inválido. – HO: *pf.* הוּחַל: ser começado (Gn 4.26).

II חלל QAL: *pf.* חָלַל, *inf. cs. com suf.* חֲלוֹתִי: estar perfurado (*txt. corr.?* Sl 77.11; 109.22). – *cj.* PI: *impf.* ויחללהו (*cf. Qumrã em* Is 53.10); *pt.* מְחַלְלִים: deixar perfurar, traspassar (Ez 28.9). – PU: *pt. pl. cs.* מְחֻלְלֵי: perfurado (Ez 32.26 *txt. corr.?*. – POLEL: *pf.* חֹלְלָה; *pt. f.* מְחוֹלֶלֶת, *pass.* מְחוֹלָל: perfurar, traspassar. – POLAL: *pt.* מְחֹלָל: traspassado, machucado (Is 53.5).

III חלל PI: *pt.* מְחַלְּלִים: tocar flauta (1 Rs 1.40; *tb.* Ez 28.9?).

חָלָל (de II חלל) *adj.*, *cs.* חֲלַל, *f.* חֲלָלָה, *pl.* חֲלָלִים, *cs.* חַלְלֵי, חֲלָלָיו, חַלְלֵיהֶם: traspassado, perfurado, abatido; deflorado.

חלם QAL: *pf.* חָלַם, חָלַמְתִּי, חָלַמְתִּי/נוּ; *impf.* יַחֲלֹם, וַיַּחֲלְמוּ, יַחֲלֹמוּן, נַחֲלְמָה; *pt.* חֹלֵם, חֹלְמִים: tornar-se robusto, enrobustecer, entesar, sonhar. – HI: *impf.* תַּחֲלִימֵנִי, *pt.* מַחְלְמִים: restaurar, deixar enrobustecer; sonhar (Is 38.16; Jr 29.8).

חֵלֶם *n. m.* (Zc 6.14), *l.* חֶלְדַּי.

חַלָּמוּת *bot.* clara de ovo? beldroega? (Jó 6.6).

חַלָּמִישׁ *cs.* חַלְמִישׁ: seixo, pederneira.

חֵלֹן *n. m.* (Nm 1.9).

I חלף QAL: *pf.* חָלַף, *i. p.* חָלָף, חָלַפְתָּ; *impf.* יַחֲלֹף, *i. p.* יַחֲלֹפוּ; *inf.* חֲלוֹף: revezar-se, alternar, trocar; passar adiante; passar; desaparecer. – PI: *impf.* יְחַלֵּף: trocar, mudar (Gn 41.14; 2 Sm 12.20). – HI: *pf.* הֶחֱלִף; *impf.* יַחֲלִיף, תַּחֲלִף, *suf.* יַחֲלִיפֶנּוּ, תַּחֲלִיפֵם; *imp. pl.* הַחֲלִיפוּ: substituir; alterar, trocar; deixar surgir, fazer brotar.

II חלף QAL: *pf. f.* חָלְפָה; *impf. com suf.* תַּחְלְפֵהוּ: cortar (perfurar?) (Jz 5.26; Jó 20.24).

I חֵלֶף *n. l.* (Js 19.33).

II חֵלֶף *cs.* חֵלֶף; *s./prep.*: como pagamento, como recompensa, por, em lugar de.

חלץ QAL: *pf.* חָלַץ, חָלְצָה; *impf.* תַּחֲלֹץ; *pt.* חָלוּץ, חֲלוּץ, חֲלוּצִים/צֵי: tirar, despir-se; afastar-se; *pt.* armado, preparado para o combate. – NI: נֵחַלֵץ, יֵחָלְצוּן, יֵחָלְצוּ, תֵּחָלְצוּ; *imp.* הֵחָלְצוּ; *pt.* נֶחֱלָץ: ser salvo; armar-se. – PI: *pf.* חִלְּצוּ, חִלַּצְתָּ; *impf.* יְחַלֵּץ, אֲחַלֶּצְךָ, יְחַלְּצֵנִי; *imp.* חַלְּצָה, חַלְּצֵנִי; *inf.* חַלֵּץ: saquear; arrancar fora; retirar, salvar. – HI: *impf.* יַחֲלִיץ: fortificar (Is 58.11).

חֶ֫לֶץ *n. m.* (2 Sm 23.26).

חֲלָצַיִם (*de* חלץ) *du., i. p.* חֲלָצָיִם, *suf.* חֲלָצָיו, חֲלָצֶיךָ: lombo, cintura.

I חלק QAL: *pf.* חָלַק, חָלְקוּ: ser liso, ser falso (Os 10.2; Sl 55.22). – HI: *pf.* הֶחֱלִיק, הֶחֱלִיקָה; *impf.* יַחֲלִיקוּן; *pt.* מַחֲלִיק: alisar, polir; adular.

II חלק QAL: *pf.* חָלַק, חָלְקוּ; *impf.* יַחֲלֹק, וַיֵּחָלְקוּ, *i. p.* יַחֲלֹקוּ, *suf.* וַתַּחְלְקֵם, וַיַּחְלְקוּם; *imp.* חִלְקוּ; *inf.* חֲלֹק; *pt.* חוֹלֵק: repartir, repartir sua parte, distribuir, dar parte, ter parte. – NI: *impf.* יֵחָלֵק, וַיֵּחָלְקֵם: ser distribuído, repartir-se. – PI: *pf.* חִלְּקוּ, חִלַּקְתֶּם, *suf.* חִלַּקְתָּה, חִלְּקָם; *impf.* יְחַלֵּק, תְּחַלֵּק, אֲחַלֵּק, אֲחַלְּקָה, וַיְחַלֵּק, *suf.* אֲחַלְּקֵם; *imp.* חַלֵּק; *inf.* חַלֵּק: distribuir, repartir; separar em partes, dispersar. – PU: *pf.* חֻלַּק; *impf.* תְּחֻלָּק: ser dividido, ser distribuído. – HI: *inf.* לַחֲלִק: participar da partilha (Jr 37.12). – HIT: *pf.* הִתְחַלְּקוּ: dividir entre si (Js 18.5).

III חלק PI: *pf.* חִלְּקָם: destruir (Lm 4.16, *tb.* Sl 17.14?).

חָלָק (*de* I חלק) *adj., pl. m. cs.* חַלְקֵי, *pl. f.* חֲלָקוֹת, חֲלַקּוֹת: liso, adulador; escorregadio; *pl. f.* lisura, falsidade.

I חֵ֫לֶק (*de* I חלק) lisura, lisonja, falsidade (Pv 7.21).

II חֵ֫לֶק (*de* II חלק) *m., suf.* חֶלְקִי, *pl.* חֲלָקִים, חֶלְקֵיהֶם: parte do despojo, quota-parte, porção, parcela, parcela de posse.

III חֵ֫לֶק *n. m.* (Nm 26.30).

חַלֻּק★ (*de* I חלק) *adj., pl. cs.* חַלֻּקֵי: liso (1 Sm 17.40).

I חֶלְקָה★ (*de* I חלק) *cs.* חֶלְקַת: lisura, lisonja (Gn 27.16; Pv 6.24).

II חֶלְקָה *f., cs.* חֶלְקַת, *suf.* חֶלְקָתִי: parcela de terra, gleba, campo.

חֲלֻקָּה★ *cs.* חֲלֻקַּת: parte, secção (2 Cr 35.5).

חֶלְקִי *gent.* (Nm 26.30).

חֶלְקַי *n. m.* (Ne 12.15).

חִלְקִיָּה *n. m.* (2 Rs 18.37).

חִלְקִיָּהוּ *n. m.* (2 Rs 18.18), *cf.* חִלְקִיָּה.

חֲלַקְלַק★ (*de* I חלק) *pf.* חֲלַקְלַקּוֹת: lugar escorregadio, lugar liso; lisura, intriga.

חֶלְקַת *n. l.* (Js 21.31).

I חלשׁ QAL: *impf.* יֶחֱלַשׁ: estar fraco, ficar prostrado (Jó 14.10).

II חלשׁ QAL: *impf.* יַחֲלֹשׁ; *pt.* חוֹלֵשׁ: vencer (Êx 17.13; Is 14.12).

חַלָּשׁ (*de* I חלשׁ) *m.*: fraco, fracote (Jl 4.10).

I חָם★ *m., suf.* חָמִיךְ, חָמִיהָ: pai do esposo, sogro, (*m. para* חָמוֹת).

II חָם (*de* חמם) *adj., pl.* חַמִּים: quente (Js 9.12; Jó 37.17).

III חָם *n. m.* (Gn 5.32); *pode significar* Egito (*ver* Sl 78.51).

חֹם (*de* חמם) *m.*: calor.

חֶמְאָה, חֵמָה *f., cs.* חֶמְאַת: leite coalhado, coalhada, nata, manteiga.

חמד QAL: *pf.* חָמַד, חֲמָדוּ; *impf.* יַחְמֹד, *suf.* אֶחְמְדֵם, נֶחְמְדֵהוּ; *pt. pass. com suf.* חֲמוּדוֹ, חֲמוּדֵיהֶם: desejar, cobiçar; ter agrado, estimar, preferir. – NI: נֶחְמָד, נֶחְמָדִים: desejável, agradável. – PI: *pf.* חִמַּדְתִּי: desejar (Ct 2.3).

חֶ֫מֶד (*de* חמד): esplendor, beleza.

חֶמְדָּה (*de* חמד) *f., cs.* חֶמְדַּת, *suf.* חֶמְדָּתוֹ: coisa desejável, coisa deliciosa.

חֲמוּדֹת,חֲמֻדוֹת (*de* חמד) preciosidade, tesouro, amor.

חֶמְדָּן *n. m.* (Gn 36.26); *cf.* חַמְרָן.

חמה *cj.* QAL: *pf.* חָמְתָ, *imp.* חֲמֵה: ver (Sl 76.11? Jó 36.18? Sl 19.7?). – NI: *pf.* נֶחֱמוּ: vir a ser visível (Jr 13.22).

חֵמָה *f., cs.* חֲמַת, *suf.* חֲמָתִי, *pl.* חֵמֹת, חֵמוֹת: calor; veneno; irritação, raiva, ira.

חַמָּה (*de* חמם) *f., suf* חַמָּתוֹ: fervor, brasa, calor; sol.

חַמּוּאֵל *n. m.* (1 Cr 4.26).

חֲמוּדוֹת *v.* חֲמֻדוֹת.

חֲמוּטַל *tb.* חֲמִיטַל *n. f.* (2 Rs 23.31).

חָמוּל *n. m.* (Gn 46.12).

חָמוּלִי *patr.* (Nm 26.21).

חַמּוֹן *n. l.* (Js 19.28).

***חָמוּץ** *cs.* חֲמוּץ: vermelho berrante (Is 63.1).

***חָמוֹץ** (*de* II חמץ) opressor (Is 1.17).

***חַמּוּק** (*de* חמק) *pl. cs.* חַמּוּקֵי: curva, curvatura (Ct 7.2).

I חֲמֹר, חֲמוֹר *m., pl.* חֲמֹרִים: jumento, burro (*cf.* אָתוֹן jumenta).

II חֲמוֹר montão (1 Sm 16.20; Jz 15.16).

III חֲמוֹר *n. m.* (Gn 33.19).

***חָמוֹת** *f., suf.* חֲמוֹתֵךְ: mãe da esposa, sogra (*f. para* I חָם).

חֲמוֹת דֹּאר *v.* I חַמַּת.

חֹמֶט lagarto? lesma? (Lv 11.30).

חֻמְטָה *n. l.* (Js 15.54).

חֲמִיטַל *n. f.* (2 Rs 24.18), *v.* חֲמוּטַל.

חָמִיץ (*de* I חמץ) *bot.* azedas (Is 30.24).

חֲמִשִׁי, חֲמִישִׁי (*v.* חָמֵשׁ) *ord., f.* חֲמִישִׁית, *suf.* חֲמִשִׁיתוֹ, *pl. com suf.* חֲמִשִׁתָיו: o quinto, uma quinta parte.

חמל QAL: *pf.* חָמַל; *i. p.* חָמָל, חָמַלְתָּ, חֲמַלְתֶּם; *impf.* יַחְמוֹל, וַיַּחְמֹל, תַּחְמְלוּ, *i. p.* יַחְמֹלוּ; *inf.* חֶמְלָה: ter compaixão, compadecer-se; proteger; poupar.

***חֶמְלָה** (*de* חמל) *cs.* חֶמְלַת, *suf.* חֶמְלָתוֹ: compaixão, respeito, misericórdia (Gn 19.16; Is 63.9).

חֶמְלָה (*de* חמל) compaixão (Ez 16.5, *cj.* Is 27.4).

חמם QAL: *pf.* חַמּוֹתִי, חַם; *impf.* יָחֹם, וַיָּחָם, יֵחַם, יַחַם, יֵחַם, *i. p.* יֵחָם, יֵחַמּוּ; *inf.* חֹם, *suf.* חֻמּוֹ, חֻמָּם: aquecer-se, estar quente, sentir calor, aquentar-se, tornar quente; exaltar-se, irritar-se. – NI: *pt.* נֵחָמִים: abrasar, queimar, consumir-se (Is 57.5). – PI: *impf.* תְּחַמֵּם: aquentar (Jó 39.14). – HIT: *impf.* יִתְחַמָּם: deixar-se aquecer (Jó 31.20).

***חַמָּן** *pl.* חַמָּנִים, *suf.* חַמָּנֵיכֶם: altar de incenso.

I חמס QAL: *pf.* חָמְסוּ; *impf.* יַחְמֹס, וַיַּחְמֹס, *i. p.* תַּחְמֹסוּ; *pt.* חֹמֵס: tratar com violência; rejeitar. – NI: *pf.* נֶחְמְסוּ: sofrer violência, ser tratado com violência (Jr 13.22).

II חמס QAL: *impf.* תַּחְמֹסוּ: planejar, inventar (Jó 21.27).

חָמָס (*de* I חמס) *m., cs.* חֲמַס, *suf.* חֲמָסִי, *pl.* חֲמָסִים: ato violento, violência, injustiça.

I חמץ QAL: *pf. i. p.* חָמֵץ; *impf. i. p.* יֶחְמָץ; *inf. com suf.* חֻמְצָתוֹ: ser levedado, – HI: *pt. f.* מַחְמֶצֶת: ter gosto azedo (Êx 12.19s). HIT: *impf.* יִתְחַמֵּץ: mostrar-se amargurado (Sl 73.21).

II חמץ QAL: *pt.* חוֹמֵץ: oprimir (Sl 71.4).

חָמֵץ (*de* I חמץ) alimento levedado.

חֹמֶץ (*de* I חמץ) vinagre.

חמק QAL: *pf.* חָמַק: desviar, ir embora (Ct 5.6). – HIT: *impf.* תִּתְחַמָּקִין: andar errante, hesitar (Jr 31.22).

I חמר QAL: *pf.* חָמַר; *impf.* יֶחְמְרוּ: espumar (Sl 46.4; 75.9). – POALAL: *pf.* חֳמַרְמָרוּ, *i. p.* חֳמַרְמְרוּ: fermentar (? Lm 1.20; 2.11).

II חמר POALAL: *pf.* חֳמַרְמְרָה *K*, חֳמַרְמְרָה *Q:* queimar, arder (Jó 16.16; Lm 1.20; 2.11).

III חמר *cj.* QAL: judiar, esfolar (Jz 15.16?).

IV חמר QAL: *impf. com suf.* תַּחְמְרָה: calafetar (Êx 2.3).

חֶמֶר (*de* I חמר) vinho (Dt 32.16; Is 27.2), *cj.* Sl 75.9).

I חֹמֶר (*de* I חמר) o espumar, rugido (Hc 3.15).

II חֹמֶר (*de* II חמר) *m.* barro, argila; matéria prima; material de construção.

III חֹמֶר *m., pl.* חֳמָרִים: ômer (medida de vaso = 394 litros); montão.

חֵמָר (*de* II חמר / IV חמר) *m.*: asfalto, betume.

חַמְרָן *n. m.* (1 Cr 1.41); *v.* חֶמְדָּן.

חֲמֹרָה *v.* III חֲמוֹר.

חמשׁ (*denom. de* חָמֵשׁ) QAL: *pt. pass.* חֲמֻשִׁים: organizar em grupos de cinqüenta, pôr em ordem para a batalha, preparar para a luta. – PI: *pf.* חִמֵּשׁ: recolher a quinta parte (Gn 41.34).

חָמֵשׁ *cs.* חֲמֵשׁ, *f.* חֲמִשָּׁה, *cs.* חֲמֵשֶׁת: cinco; *pl.* חֲמִשִּׁים; *suf.* חֲמִשָּׁיו, חֲמִשֶּׁיךָ: cinqüenta.

I חֹמֶשׁ a quinta parte, o quinto (Gn 47.26).

II חֹמֶשׁ ventre, barriga, abdômen.

חֲמִשִׁית,חֲמִשִׁי *v.* חֲמִישִׁי.

חֵמֶת *cs.* חֵמַת: odre (Gn 21.14s,19).

חֲמָת *loc.* חֲמָתָה: *n. l.* (2 Rs 14.28).

I חַמַּת *n. l.* (Js 19.35).

II חַמַּת *n. m.* (1 Cr 2.55).

חֲמָתִי *gent.* (Gn 10.18).

חֵן (*de* I חנן) *m., suf.* חִנּוֹ: encanto, favor, graça, agrado, afeição; comiseração.

חֵנָדָד *n. m.* (Ed 3.9).

חנה QAL: *pf.* חָנָה, חָנִיתִי, חָנוּ; *impf.* וַיִּחַן, יַחֲנוּ, וַיַּחֲנוּ, תַּחֲנֶה; *imp.* חֲנֵה, חֲנוּ; *inf.* חֲנוֹת, *suf.* חֲנֹתְכֶם, חֲנֹתֵנוּ; *pt.* חֹנֶה, *suf. i. p.* חֹנָךְ, *pl.* חוֹנִים, חֹנִים, *f.* חֹנָה: declinar; acampar, sitiar; acampar para proteger.

חַנָּה *n. f.* (1 Sm 1.2).

I חֲנוֹךְ *n. m.* (Gn 4.17s).

II חֲנוֹךְ *n. l.* (Gn 4.17).

חָנוּן *n. m.* (2 Sm 10.1).

חַנּוּן (*de* I חנן) *adj.* misericordioso, gracioso, amável.

חָנוּת* (*de* חנה) *pl.* חֲנֻיוֹת: abóbada (Jr 37.16).

I חנט QAL: *pf.* חָנְטָה: sazonar, amadurecer (Ct 2.13).

II חנט QAL: *impf.* וַיַּחַנְטוּ; *inf.* חֲנֹט: embalsamar (Gn 50.2, 26).

חֲנֻטִים (*de* חנט) ato de embalsamar, embalsamamento (Gn 50.3).

חַנִּיאֵל *n. m.* (Nm 34.23).

חֲנֻיוֹת *v.* חָנוּת.

חָנִיךְ* (*de* חנך) *m., pl. com suf.* חֲנִיכָיו: sequaz (Gn 14.14).

חֲנִינָא (*de* I חנן) amabilidade, misericórdia (Jr 16.13).

חֲנִית *f., suf.* חֲנִיתוֹ, חֲנִיתֶךָ, *pl.* חֲנִיתִים, *suf.* חֲנִיתֹתֵיהֶם: lança.

חנך QAL: *pf. com suf.* חֲנָכוֹ; *impf.* וַיַּחְנְכוּ, *suf.* יַחְנְכֶנּוּ; *imp.* חֲנֹךְ: ensinar, instruir; dedicar, consagrar.

חֲנֻכָּה (*de* חנך) *f., cs.* חֲנֻכַּת: consagração, dedicação.

חֲנֹכִי *gent.* (Nm 26.5).

חִנָּם *adv.* sem paga, sem recompensa; gratuitamente; sem causa, em vão, imerecidamente; inocente.

חֲנַמְאֵל *n. m.* (Jr 32.7).

חֲנָמָל chuva devastadora (Sl 78.47).

I חנן QAL: *pf.* חָנַן, חַנֹּתִי, *i. p.* חָנָנוּ, *suf.* חַנַּנִי; *impf.* יָחֹן, וַיָּחָן, *suf.* יְחָנֵּנִי, יְחָנֶּנּוּ, וַיְחֻנֶּנּוּ, תְּחָנֵּם, יְחָנֵּנוּ; *imp. com suf.* חָנֵּנִי, חָנְנֵנִי, *pl.* חָנֻּנִי, *inf. abs.* חָנוֹן, *cs.* חֲנוֹת, *suf.* חֲנַנְכֶם; *pt.* חוֹנֵן: ser misericordioso, ser generoso, favorecer, compadecer-se; agraciar, contemplar. – NI: *pf.*

נַחֲנְתְּ *v.* אנח. – PI: *impf.* יְחַנֵּן: falar suavemente (Pv 26.25). – PO: *impf.* יְחֹנָנוּ, *pt.* מְחוֹנֵן: ter compaixão, compadecer-se (Pv 14.21; Sl 102.15). – HO: *impf.* יֻחַן: encontrar compaixão, receber compaixão (Is 26.10; Pv 21.10). – HIT: *pf.* הִתְחַנַּנְתָּ; *impf.* אֶתְחַנֶּן־, *i. p.* וַיִּתְחַנַּן, אֶתְחַנָּן; *inf.* הִתְחַנֵּן־, *suf.* הִתְחַנְנוֹ: implorar por compaixão.

II חנן QAL: *pf.* וְחַנֹּתִי: cheirar mal, feder (Jó 19.17).

חָנָן *n. m.* (1 Cr 11.43).

חֲנַנְאֵל *n. l.* (Jr 31,38, nome de uma torre em Jerusalém).

חֲנָנִי *n. m.* (1 Rs 16.1).

חֲנַנְיָה *n. m.* (Jr 28.1).

חֲנַנְיָהוּ *n. m.* (Jr 36.12).

חָנֵס *n. l.* (Is 30.4).

I חנף QAL: *pf.* חָנְפָה, *pl. i. p.* חָנֵפוּ; *impf.* וַתֶּחֱנַף, תֶּחֱנַף; *inf. abs.* חָנוֹף: estar contaminado, estar sem Deus; estar profanado; profanar. – HI: *impf.* וַתַּחֲנִיפִי, יַחֲנִיף: profanar (Nm 35.33; Jr 3.2, *cj.* 3.9), levar à apostasia (Dn 11.32 ?).

II חנף *cj.* QAL: *inf.* בְּחַנְפִי: coxear (Sl 35.16?).

חָנֵף (*de* I חנף) *m., pl.* חֲנֵפִים, *cs.* חַנְפֵי: ímpio, afastado de Deus.

חֹנֶף (*de* I חנף) impiedade (Is 32.6).

חֲנֻפָּה (*de* I חנף) *f.* impiedade (Jr 23.15).

חנק NI: *impf.* וַיֵּחָנַק: enforcar-se (2 Sm 17.23). – PI: *pt.* מְחַנֵּק: sufocar, estrangular (Nm 2.13).

חַנָּתוֹן *n. l.* (Js 19.14).

I חסד PI: *impf.* יְחַסֶּדְךָ: vituperar, insultar (Pv 25.10).

II חסד HIT: *impf.* תִּתְחַסָּד: mostrar-se benigno (Sl 18.26; 2 Sm 22.26).

I חֶסֶד (*de* I חסד) torpeza, vergonha, insulto (Lv 20.17; Pv 14.34).

II חֶסֶד *m., i. p.* חָסֶד, *suf.* חַסְדִּי, *pl.* חֲסָדִים, *cs.* חַסְדֵי, *suf.* חֲסָדַי: solidariedade, lealdade, amizade, comprometimento; fidelidade, bondade, favor, benevolência; piedade.

III חֶסֶד *n. m.* (1 Rs 4.10).

חֲסַדְיָה *n. m.* (1 Cr 3.20).

חסה QAL: *pf.* חָסָה, חָסִיתִי, חָסוּ, חָסָיו; *impf.* יֶחֱסֶה, תֶּחֱסֶה, *i. p.* יֶחֱסָיוּן; *imp.* חֲסוּ; *inf.* חֲסוֹת; *pt.* חוֹסֶה, חוֹסִים: buscar refúgio.

I חֹסָה *n. m.* (1 Cr 16.38).

II חֹסָה *n. l.* (Js 19.29).

חָסוּת (*de* חסה) refúgio (Is 30.3).

חָסִיד (*de* I חסד) *adj., f.* חֲסִידָה, *pl.* חֲסִידִים: fiel, leal, piedoso.

חֲסִידָה *f.*: cegonha, garça.

חָסִיל (*de* חסל) *m.* gafanhoto (*tb.* barata?).

חָסִין *adj.*: forte (Sl 89.9).

חסל HI: *impf.* יַחְסְלֶנּוּ: devorar, consumir (Dt 28.38).

חסם QAL: *impf.* תַּחְסֹם; *pt. f.* חֹסֶמֶת: atar, fechar; fechar o caminho; represar (Dt 25.4; Ez 39.11).

חסן NI: *impf.* יֵחָסֵן: ser acumulado, ser depositado (Is 23.18).

חֹסֶן (*de* חסן) *m.*: força, tesouro, depósito.

חָסֹן (*de* חסן) *adj.*: forte, poderoso (Is 1.31; Am 2.9).

חספס PUALAL: *pt.* מְחֻסְפָּס: crepitar, estalar, ranger (Êx 16.14).

חסר QAL: *pf.* חָסֵר, חָסַרְתָּ, *pl. i. p.* חָסֵרוּ; *impf.* יַחְסַר, *i. p.* יֶחְסָר, *pl.* יַחְסְרוּ, יַחְסְרוּן; *inf. abs.* חָסוֹר; *pt.* חָסֵר: diminuir; sentir falta; ter carência. – PI: *impf. com suf.* וַתְּחַסְּרֵהוּ; *pt.* מְחַסֵּר: deixar faltar, fazer sentir falta (Ec 4.8; Sl 8.6). – HI: *pf.* הֶחְסִיר; *impf.* יַחְסִיר: deixar faltar, fazer ter carência (Êx 16.18; Is 32.6).

חָסֵר (*de* חסר) *cs.* חֲסַר: alguém que tem falta de, carente.

חֶסֶר (*de* חסר) *m.*, *cs.* חֶסֶר: carência, falta (Pv 28.22; Jó 30.3).

חֹסֶר (*de* חסר) carência, falta.

חַסְרָה *n. m.* 2 Cr 34.22).

חֶסְרוֹן (*de* חסר) *m.*: carência, déficit (Ec 1.15).

I חַף limpo, íntegro (Jó 33.9).

II חַף *cj.*, *n. d.* (Jr 46.15 *cj.*).

חפא PI: *impf.* וַיְחַפְּאוּ: estar ligado, ser partidário (2 Rs 17.9 ?).

חפה QAL: *pf.* חָפוּ; *pt. pass.* חָפוּי, *cs.* חֲפוּי: cobrir, tapar, esconder. – NI: *pf.* (?) נֶחְפָּה: estar coberto (Sl 68.14). – PI: *pf.* חִפָּה; *impf.* וַיְחַף, וַיְחַפֵּהוּ: cobrir, revestir, forrar (2 Cr 3.5, 7-9).

I חֻפָּה (*de* חפף) *m.*, *suf.* חֻפָּתוֹ: abrigo, dossel; câmara nupcial.

II חֻפָּה *n. m.* (1 Cr 24.13).

חפז QAL: *impf.* תַּחְפִּזוּ, יַחְפּוֹז; *inf. com suf.* בְּחָפְזָם, חָפְזָהּ, חָפְזִי: partir precipitadamente, correr assustadamente. – NI: *pf.* נֶחְפָּזוּ, *impf.* יֵחָפֵזוּן; *inf. com suf.* הֵחָפְזָם; *pt.* נֶחְפָּז: afastar-se rapidamente, apressar-se em fugir.

חִפָּזוֹן (*de* חפז) fuga rápida, pressa.

חֻפִּם, חֻפִּים *n. m.* (Gn 46.21).

חֹפֶן* *du.* חָפְנַיִם, *cs.* חָפְנֵי, *suf.* חָפְנָיו, חָפְנֶיךָ: palma da mão.

חָפְנִי *n. m.* (1 Sm 1.3).

חפף QAL:*pt.* חֹפֵף: proteger, abrigar (Dt 33.12).

I חפץ QAL: *pf.* חָפֵץ, *i. p.* חָפֵצָה, חָפַצְתִּי, חָפַצְנוּ; *impf.* יַחְפֹּץ, *i. p.* יֶחְפָּץ, יֶחְפָּצוּן; *inf.* חֲפֹץ: gostar, querer bem, comprazer-se; ser do agrado; agradar; desejar.

II חפץ QAL: *impf.* יַחְפֹּץ: deixar pender (Jó 40.17).

חָפֵץ (*de* I חפץ) *f.* חֲפֵצָה, *pl.* חֲפֵצִים, *cs.* חֲפֵצֵי, *suf.* חֶפְצֵיהֶם: alguém que se deleita em, alguém que deseja, voluntário.

חֵפֶץ (*de* I חפץ) *m.*, *suf.* חֶפְצִי, *pl.* חֲפָצִים, *suf.* חֲפָצֶיךָ: alegria, agrado, vontade, intenção, desejo; assunto, negócio, interesse; objetivo.

חֶפְצִי־בָהּ *n. f.* (2 Rs 21.1).

I חפר QAL: *pf.* חָפַרְתָּה, חָפַרְתִּי, חָפְרוּ, *i. p.* חָפָרוּ, *suf.* חֲפָרוּהָ; *impf.* וַיַּחְפֹּר, וָאֶחְפֹּר, *suf.* וַיַּחְפְּרֵהוּ; *pt.* חֹפֵר: esgravatar; cavar; procurar; espiar.

II חפר QAL: *pf.* חָפְרוּ, חָפְרָה; *impf.* יַחְפְּרוּ, יֶחְפָּרוּ: envergonhar-se, estar envergonhado. – HI: *pf.* הֶחְפִּיר; *impf.* תַּחְפִּירוּ, יַחְפִּיר; *pt.* מַחְפִּיר: sentir-se envergonhado; fazer vergonha, agir vergonhosamente.

III חפר *cj.* PU: *pf.* וְחֻפַּרְתָּ: estar bem protegido (Jó 11.18?).

I חֵפֶר *n. m.* (Nm 26.32).

II חֵפֶר *n. l.* (Js 12.17).

חֶפְרִי *gent.* (Nm 26.32).

חֲפָרַיִם *n. l.* (Js 19.19).

חָפְרַע *n. m.* (Jr 44.30).

חֲפַרְפָּרָה* (*de* I חפר): musaranho, espécie de rato (Is 2.20).

חפשׂ QAL: *impf.* נַחְפְּשָׂה, יַחְפְּשׂוּ, *suf.* תַּחְפְּשֶׂנָּה; *pt.* חֹפֵשׂ: revistar, buscar, esquadrinhar. – NI: *pf.* נֶחְפְּשׂוּ: ser esquadrinhado (Ob 6). PI: *pf.* חִפַּשְׂתִּי, חִפְּשׂוּ; *impf.* אֲחַפֵּשׂ, וַיְחַפֵּשׂ; *imp.* חַפְּשׂוּ: procurar, revistar, buscar, descobrir. – PU: *impf.* יְחֻפַּשׂ; *pt.* מְחֻפָּשׂ: esconder-se; deixar-se procurar (*txt. corr. em* Sl 64.7; Pv 28.12?). – HIT: *pf.* הִתְחַפֵּשׂ; *impf.* יִתְחַפֵּשׂ: esconder-se; desfigurar-se.

חֵפֶשׂ (*de* חפשׂ) *m.* dissimulação (Sl 64.7).

חפשׁ PU: *pf. 3ª f. i. p.* חֻפָּשָׁה: ser libertado (Lv 19.20). *cj.* HIT: *pf.* הִתְחַפֵּשׂ: querer libertar-se (2 Cr 35.22).

חֹפֶשׁ tecido (baixeiro?) (Ez 27.20).

חָפְשָׁה (*de* חפשׁ) libertação (Lv 19.20).

חָפְשׁוּת *v.* חָפְשִׁית.

חָפְשִׁי (*de* חפשׁ) *adj., pl.* חָפְשִׁים: livre, liberto; livre de tributos.

חָפְשִׁית morada do rei Azarias, quando acometido de lepra; casa separada (?) (*significado incerto*) (2 Rs 15.5; 2 Cr 26.21).

חֵץ (*de* חצץ) *m., suf.* חִצִּי, *pl.* חִצִּים, *cs.* חִצֵּי, *suf.* חִצָּיו, חִצֶּיךָ: flecha.

I חצב QAL: *pf.* חָצַבְתָּ, חָצְבָה, חָצֵב; *impf.* וַיַּחְצֹב, תַּחְצֹב; *inf.* חְצֹב; *pt.* חֹצֵב, *cs.* חֹצְבֵי, חֹצְבִים, חֹצְבֵי, *pass.* חֲצוּבִים: quebrar, esculpir, derribar. – NI: *impf.* יֵחָצְבוּן: ser esculpido (Jó 19.24). – PU: *pf.* חֻצַּבְתֶּם: ser cortado, ser esculpido (Is 51.1). – HI: *pt. f.* מַחְצֶבֶת: abater, despedaçar (Is 51.9).

II חצב QAL: *pt.* חֹצֵב: atiçar (Sl 29.7).

חֹצֵב (*de* I חצב) canteiro, escultor de pedra.

חַצָּבָי* *cj.* canteiro, escultor de pedra (Ed 2.57? Ne 7.59 ?).

חצה QAL: *pf.* חָצָה, חָצִיתָ, וְחָצוּ; *impf.* יֶחֱצֶה, וַיַּחַץ, יֶחֱצוּ, וַיֶּחֱצוּ, וַיֶּחֱצֵם, *suf.* יֶחֱצוּהוּ: partir, repartir, dividir em; chegar até, alcançar. – NI: *impf.* וַיֵּחָצוּ, יֵחָצוּ, תֵּחָץ: dividir-se; ser dividido.

חֲצוֹצְרָה *v.* חֲצֹצְרָה.

I חָצוֹר *n. l.* (Js 19.36).

II חָצוֹר os árabes sedentários (Jr 49.33).

חֲצוֹת (*de* חצה) *cs.* חֲצוֹת: meio, metade.

חֲצוֹת *v.* חוּץ.

חֲצִי *m., i. p.* חֵצִי, *cs.* חֲצִי, חֶצְיוֹ, חֶצְיֵנוּ: metade, meio; meia altura.

חֵצִי flecha (1 Sm 20.36-38; 2 Rs 9.24).

חֲצִי הַמְּנֻחוֹת *n. m.* (1 Cr 2.52) ?; *cj. v.* מָנַחַת.

חָצִין* *cj.* machado (como arma) (2 Sm 23.8; 1 Cr 11.11).

I חָצִיר *m., cs.* חֲצִיר: grama, capim.

II חָצִיר alho silvestre, porro (Nm 11.5).

III חָצִיר junco.

חֹצֶן *suf.* חִצְנִי, חָצְנוֹ: peito, colo.

חצץ QAL: *pt.* חֹצֵץ: manter distância (Pv 30.27). – PI: *pt.* מְחַצְצִים: distribuir (Jz 5.11). – PU: *pf.* חֻצָּצוּ: estar no fim (Jó 21.21).

חָצָץ cascalho, pedra, pedrinha.

חַצְצֹן־תָּמָר *n. l.* (Gn 14.7).

חצצר (*denom. de* חֲצֹצְרָה) PI: *pt. pl.* מַחְצְצְרִים: tocar a trombeta.

חֲצֹצְרָה *f., pl.* חֲצֹצְרוֹת, חֲצוֹצְרוֹת: trombeta.

חָצֵר *f., cs.* חֲצַר, *pl.* חֲצֵרִים, *cs.* חַצְרֵי, *suf.* חַצְרֵיהֶם, חֲצֵרֶיךָ, *cs.* חַצְרוֹת, *suf.* חֲצֵרֹתָיו: acampamento cercado / protegido, área cercada, sítio, moradia, pátio.

חֲצַר־אַדָּר *n. l.* (Nm 34.4).

חֲצַר גַּדָּה *n. l.* (Js 15.27).

חֲצַר סוּסָה *n. l.* (Js 19.5).

חֲצַר עֵינוֹן *n. l.* (Ez 47.17).

חֲצַר שׁוּעָל *n. l.* (Js 15.28).

חֶצְרוֹ *n. m.* (2 Sm 23.35); *v.* חֶצְרַי.

I חֶצְרוֹן, חֶצְרֹן *n. m.* (Gn 46.9).

II חֶצְרוֹן *n. l.* (Js 15.3).

חֶצְרוֹנִי *gent.* (Nm 26.6).

חֲצֵרוֹת, חֲצֵרֹת *n. l.* (Dt 1.1).

חֶצְרַי *n. m.* (2 Sm 23.35).

חֲצַרְמָוֶת *n. t.* (Gn 10.26).

חֵק *v.* חֵיק.

חֹק (*de* חקק) *m., suf.* חֻקִּי, חֻקּוֹ, חָקְךָ, חָקְכֶם, *pl.* חֻקִּים, *cs.* חֻקֵּי, חוּקֵי, חֻקְקֵי: parte, alvo, porção, tarefa, quantia, obrigação; reivindicação; limite, limitação; lei, estatuto, costume, norma, prescrição, determinação.

חקה PU: *pt.* מְחֻקֶּה: gravar. – HIT: *impf.* תִּתְחַקֶּה: gravar, traçar (Jó 13.27).

חֻקָּה (*de* חקק) *f., cs.* חֻקַּת, *pl.* חֻקּוֹת, חֻקֹּת: obrigação, taxa, estatuto, preceito, lei, regulamento.

חֲקוּפָא *n. m.* (Ed 2.51).

חקק QAL: *pf.* חַקּוֹתָ, *suf.* חַקֹּתִיךָ; *imp. com suf.* חֻקָּה; *inf. com suf.* חֻקוֹ; *pt.*

cs. חֹקְקֵי, *pl.* חֹקְקִים, *pass.* חֲקֻקִים: esculpir, entalhar, inscrever, estabelecer, determinar. – PU: *pt.* מְחֻקָּק: prescrever (Pv 31.5). – HO: *impf.* וְיֻחָקוּ: ser anotado, ser inscrito (Jó 19.23). – POAL: *impf.* יְחֹקְקוּ; *pt.* מְחֹקֵק, *suf.* מְחֹקְקִי, *pl.* מְחֹקְקִים / חוֹקְקֵי: ordenar, determinar, guiar; *pt.* guia, chefe, comandante.

חִקְקֵי *v.* חֹק.

חקר QAL: *pf.* חָקַרְתָּ, *suf.* חֲקָרוֹ, חֲקַרְתַּנִי, חֲקַרְנוּהָ; *impf.* יַחְקֹר, יַחְקָר־, תַּחְקְרוּן, *suf.* אֶחְקְרֵהוּ, יַחְקְרֶנּוּ; *imp.* חִקְרוּ, *suf.* חָקְרֵנִי; *inf.* חֲקֹר, *suf.* חָקְרָהּ; *pt.* חֹקֵר: pesquisar, explorar, espiar. – NI: *pf.* נֶחְקַר; *impf.* יֵחָקֵר, יֵחָקְרוּ: ser sondado, ser pesquisado. – PI: *pf.* חִקֵּר: procurar, esquadrinhar (Ec 12.9).

חֵ֫קֶר (*de* חקר) *m.*, *cs.* חֵקֶר, *pl. cs.* חִקְרֵי: pesquisa, aquilo que é pesquisado, objeto de pesquisa.

חַר★ *cj.*, *f.* חָרָה: queimado (Jr 14.4?).

I חֹר★ *m.*, *pl.* חֹרִים, חוֹרִים, *cs.* חֹרֵי: livres, nobres.

II חֹר, חוֹר *m.*, *pl.* חֹרִים, *cs.* חֹרֵי, *suf.* חֹרָיו, חֹרֵיהֶן: buraco, caverna.

III חֹר★ *n. d.*; *v.* חַרְנֶפֶר.

חֻר (*cf.* II חֹר) *pl.* חוּרִים: buraco, caverna (Is 11.8; 42.22).

חֹר הַגִּדְגָּד *n. l.* (Nm 33.32s).

חֲרָאִים★ *cs.* חֲרֵי, *suf.* חַרְאֵיהֶם: fezes, excremento, esterco de pomba.

I חרב QAL: *pf.* חָרְבוּ, *impf.* יֶחֱרַב; *imp. i. p.* חֳרָבִי: secar, estar em ruínas. – NI: *pt.* נֶחֱרֶבֶת, *pl.* נֶחֱרָבוֹת: estar desolado, estar devastado (Ez 26.1; 30.7). – PU: *pf.* חֹרָבוּ: estar seco (Jz 16.7s). – HI: *pf.* הֶחֱרִיב, וְהַחֲרַבְתִּי; *impf.* אַחֲרִיב; *pt. f.* מַחֲרֶבֶת: secar, enxugar; devastar, transformar em ruínas. – HO: *pf.* הָחֳרָבָה: estar devastado, ficar deserto.

II חרב QAL: *imp.* חֲרֹב, חִרְבוּ: assolar, derribar (Jr 50.21,27). – NI: *pf.* נֶחֶרְבוּ: combater um ao outro (2 Rs 3.23).

חָרֵב (*de* I חרב) *adj.*, *f.* חֲרֵבָה: seco; desolado, deserto.

חֶ֫רֶב *f.*, *i. p.* חָרֶב, *suf.* חַרְבִּי, *pl.* חֲרָבוֹת, *cs.* חַרְבוֹת: faca, punhal, espada, cinzel, formão.

חֹ֫רֶב *m.*: seca, estiagem, calor, desolação, deserto.

חֹרֵב, חוֹרֵב *n. l.* (Êx 3.1)

חָרְבָּה (*de* I חרב) *f.* חֳרָבוֹת, *cs.* חָרְבוֹת, *suf.* חָרְבֹתָיו: ruína, desolação, deserto.

חָרָבָה (*de* I חרב) terra seca.

חֲרָבוֹן★ (*de* I חרב) *pl. cs.* חַרְבֹנֵי: calor (Sl 32.4).

חַרְבוֹנָה *tb.* חַרְבוֹנָא: *n. m.* (Et 1.10).

חרג QAL: *impf.* וְיַחְרְגוּ: sair tremendo, sair espavorido (Sl 18.46).

חַרְגֹּל *m.* gafanhoto (espécie de gafanhoto) (Lv 11.22).

חרד QAL: *pf.* חָרַד, חָרְדָה; *impf.* יֶחֱרַד, וַיֶּחֱרַד, יֶחֶרְדוּ; *imp.* חִרְדוּ: tremer; restringir-se. – HI: *pf.* הֶחֱרִיד, הַחֲרַדְתִּי; *inf.* הַחֲרִיד; *pt.* מַחֲרִיד: sobressaltar, assustar.

חָרֵד (*de* חרד) *adj.* medroso, assustado, trêmulo.

חֲרֹד *n. l.* (Jz 7.1).

I חֲרָדָה (*de* חרד) *f.*, *cs.* חֶרְדַּת, *pl.* חֲרָדוֹת: tremor, medo.

II חֲרָדָה *n. l.* (Nm 33.24s).

חֲרֹדִי *gent.* (2 Sm 23.25).

I חרה QAL: *pf.* חָרָה; *impf.* יֶחֱרֶה, יִחַר, וַיִּחַר; *inf.* חָרָה, חֲרוֹת: esquentar-se; inflamar-se, irar-se. – NI: *pf.* נִחֲרוּ; *pt.* נֶחֱרִים: estar zangado. – HI: *pf.* הֶחֱרָה, *impf.* וַיַּחַר: deixar inflamar, ser inflamado (Jó 19.11; Ne 3.20). – HIT: תִּתְחַר: irritar-se, impacientar-se. – TIFEL: *impf.* תְּתַחֲרֶה; *pt.* מְתַחֲרֶה: concorrer, competir

(Jr 12.5; 22.15).

II חרה QAL: *pf.* חָרוּ: diminuir em número (Is 24.6).

חַרְקַיָה *n. m.* (Ne 3.8); *v.* חַרְחֲיָה.

חֲרוּזִים *pl.*: colar de conchas (Ct 1.10).

חָרוּל *pl.* חֲרֻלִים: inço, urtiga; ervilha chata.

חָרוּם *v.* II חרם.

חֲרוּמַף *n. m.* (Ne 3.10).

חָרוֹן (*de* חרה) *m.*, *cs.* חֲרוֹן, *suf.* חֲרוֹנִי, חֲרֹנְךָ, *pl. com suf.* חֲרוֹנֶיךָ: ardor, ira (só de Deus).

חֹרוֹן *v.* בֵּית חֹרוֹן.

חֹרוֹנַיִם *n. l.* (Js 15.5).

חֲרוּפִי *gent.* (1 Cr 12.6 *Q*).

I חָרוּץ *m.*: ouro.

II חָרוּץ (*de* I חרץ) valão (de cidade), circunvalação (Dn 9.25).

III חָרוּץ *pl.* חֲרֻצוֹת: cortante; trilha.

IV חָרוּץ mutilado (Lv 22.22).

V חָרוּץ decisão (Jl 4.14).

VI חָרוּץ *pl.* חָרוּצִים: diligente, aplicado.

VII חָרוּץ *n. m.* (2 Rs 21.19).

חַרְחֲיָה *n. m.* (Ne 3.8); *v.* חַרְהֲיָה.

חַרְחַס *n. m.* (2 Rs 22.14); *v.* חַסְרָה/דָה.

חַרְחֻר (*de* חרר) calor / temperatura de febre (Dt 28.22).

חֶרֶט estilo, estilete (Is 8.1; ? Êx 32.4).

חַרְטֹם *m.*, *pl.* חַרְטֻמִּים: magos, sacerdotes adivinhos.

חֳרִי (*de* חרה) *cs.* חֳרִי: ardor, fervor (*sempre com* אַף).

I חֹרִי pão (branco) (Gn 40.16).

II חוֹרִי, חֹרִי *n. m.* (Gn 36.22).

III חֹרִי *n. p.* (Gn 14.6).

חָרִיט *m.*, *pl.* חֲרִיטִים: recipiente, saco, bolsa (2 Rs 5.23; Is 3.22).

חִרְייוֹנִים (2 Rs 6.25) *v.* חֲרָאִים.

חָרִיף *n. m.* (Ne 7.24).

חֲרִפוֹת *cj.* grãos de areia (2 Sm 17.19, *cj.* Pv 27.22).

חֲרִיפִי *gent.* (1 Cr 12.6).

I ⋆חָרִיץ (*de* חרץ) *pl. cs.* חֲרִצֵי: pedaço, fatia (1 Sm 17.18).

II ⋆חָרִיץ (*de* חרץ) *pl. cs.* חֲרִיצֵי: machado, picareta (2 Sm 12.31; 1 Cr 20.3).

⋆חָרִישׁ (*de* I חרשׁ) *com suf.* חֲרִישׁוֹ: lavra, lavramento; época de aradura.

⋆חֲרִישִׁי cortante, chamuscante (Jn 4.8).

חרך QAL: *impf.* יַחֲרֹךְ: assar (?).

⋆חָרָךְ *pl.* חֲרַכִּים: janela com grades (Ct 2.9).

I חרם HI: *pf.* וְהַחֲרַמְתָּה ,הֶחֱרִים, *suf.* הֶחֱרִימָם ,הַחֲרַמְתִּים, *impf.* יַחֲרִם ,וַיַּחֲרֵם, *suf.* וַיַּחֲרִמֵם ,וַיַּחֲרִמֶהָ, *imp.* הַחֲרֵם, *suf.* הַחֲרִימוּהָ, *inf. abs.* הַחֲרֵם, *cs.* הַחֲרִים: proscrever, dedicar a Deus por meio de destruição. – HO: *impf.* יָחֳרַם, *i. p.* יָחֳרָם: ser proscrito, ser entregue à destruição.

II חרם QAL: *pt. pass.* חָרוּם: ter nariz fendido / mutilado (Lv 21.18). – HI: *pf.* הֶחֱרִים: fender, separar, dividir (Is 11.15, *tb.* Êx 14.16 ?).

I חֵרֶם (*de* חרם) *m.*, *i. p.* חֵרֶם, *suf.* חֶרְמִי: ato de retirar do uso profano / de destinar à destruição / de prever para o uso cultual; consagração; proscrição; aquilo que é proscrito / que é destinado à destruição.

II חֵרֶם *i. p.* חֵרֶם, *pl.* חֲרָמִים: rede.

חָרִם *n. m.* (Ed 2.32).

חֳרֵם *n. l.* (Js 19.38).

חָרְמָה *n. l.* (Nm 14.45).

חֶרְמוֹן *n. t.* (Dt 3.8), *pl.* חֶרְמוֹנִים (Sl 42.7): montanha de Hermon.

חֶרְמֵשׁ foice (Dt 16.9; 23.26, *cj.* 1 Sm 13.20).

I חָרָן *n. l.* (Gn 11.31).

II חָרָן *n. m.* (1 Cr 2.46).

חֹרֹנִי *gent.* (Ne 2.10).

חֹרֹנַיִם *v.* חוֹרֹנַיִם.

חַרְנֶפֶר *n. m.* (1 Cr 7.36).

I חֶרֶס *f.*: sarna (Dt 28.27).

II חֶרֶם *i. p.* חָרֶס: sol (Jó 9.7; Is 19.8?; Jz 14.18 ?).

III חֶרֶם *n. l.* (Jz 8.13).

חַרְסוּת *Q* חַרְסִית: argila; caco (Jr 19.2 שַׁעַר הַחַרְסוּת Porta da Argila / do Oleiro).

I חרף QAL: *impf.* תֶּחֱרָף: hibernar, passar o inverno (Is 18.6).

II חרף QAL: *impf.* יֶחֱרַף, *pt. com suf.* חוֹרְפִי, חוֹרְפֶיךָ: irritar, incomodar; escarnecer. – PI: *pf.* חֵרֵף, חֵרַפְתָּ, חֵרְפוּ, *suf.* חֵרְפוּנִי, *impf.* יְחָרֵף, וַיְחָרֵף, *suf.* יְחָרְפֵנִי, *inf.* חָרֵף, *suf.* חָרְפָם, *pt.* מְחָרֵף: provocar, insultar, escarnecer.

III חרף PI: *pf.* חֵרֵף: confundir, decepcionar (Sl 57.4).

IV חרף NI: *pt.* נֶחֱרֶפֶת: noivar (Lv 19.20).

חָרֵף *n. m.* (1 Cr 2.51).

חֹרֶף *suf.* חָרְפִּי: juventude; inverno.

חֶרְפָּה (*de* II חרף) *f.*, *cs.* חֶרְפַּת, *pl.* חֲרָפוֹת, *cs.* חֶרְפוֹת: injúria, difamação, escárnio, vergonha, opróbrio.

I חרץ QAL: *pf.* חָרַץ, *i. p.* חָרָצְתָּ, *impf.* יֶחֱרַץ, *pt. pass.* חָרוּץ, חֲרוּצִים: mostrar a língua, ameaçar; determinar, decidir. – NI: *pt. f.* נֶחֱרָצָה, *cs.* נֶחֱרֶצֶת: questão / aniquilação / destruição decidida, fim decidido.

II חרץ QAL: *impf. i. p.* תֶּחֱרָץ: apressar-se, dedicar-se, estar atento (2 Sm 5.24).

חַרְצֹב* *pl.* חַרְצֻבּוֹת: algema (Is 58.6); tormento, canseira (Sl 73.4).

חַרְצָן* *pl.* חַרְצַנִּים: uva verde (Nm 6.4).

חרק QAL: *pf.* חָרַק, *impf.* יַחֲרֹק, וַיַּחַרְקוּ, *inf. abs.* חָרֹק, *pt.* חֹרֵק: ranger, mover (os dentes).

I חרר QAL: *pf. f.* חָרָה, *pl.* חָרוּ: arder. – NI: *pf.* נָחַר, *i. p.* נִחַר *e* נָחָר, נִחֲרוּ, *impf. i. p.* יֵחָר, וַיֵּחָרוּ: estar sendo queimado, arder. – PILPEL: *inf.* חַרְחַר: acender, fazer arder (Pv 26.21).

II חרר NI: *pf.* נִחַר: estar rouco (Sl 69.4).

חֲרֵרִים (*de* I חרר) *pl.*: terreno coberto de lava; deserto pedregoso (Is 17.6).

חֶרֶשׂ *m.*, *i. p.* חָרֶשׂ, *pl. cs.* חַרְשֵׂי, *suf.* חֲרָשֶׂיהָ: argila queimada, barro queimado; utensílios de cerâmica; caco de cerâmica.

I חרשׁ QAL: *pf.* חָרְשׁוּ, *impf.* יַחֲרֹשׁ / יַחֲרוֹשׁ, *inf.* חֲרֹשׁ, *pt.* חֹרֵשׁ, *f. pl.* חֹרְשׁוֹת, *pass. f.* חֲרוּשָׁה: arar, lavrar; encravar; preparar, projetar; (*pt.*) técnico, artífice, especialista. – NI: *impf.* תֵּחָרֵשׁ: ser arado / lavrado (Jr 26.18; Mq 3.12). – HI: *pt.* מַחֲרִישׁ: planejar, preparar, maquinar (1 Sm 23.9).

II חרשׁ QAL: *impf.* תֶּחֱרַשׁ, *i. p.* יֶחֱרָשׁ, תֶּחֱרַשְׁנָה: ser surdo. – HI: *pf.* הֶחֱרִישׁ, הֶחֱרַשְׁתִּי, הֶחֱרִישׁוּ, *impf.* יַחֲרִישׁ, אַחֲרִישׁ, תַּחֲרֵשׁ, וַיַּחֲרִישׁוּ, תַּחֲרִישׁוּן, *imp.* הַחֲרֵשׁ, הַחֲרִישִׁי, *inf.* הַחֲרֵשׁ, *pt.* מַחֲרִישׁ, מַחֲרִשִׁים: calar, silenciar, não se opor, permanecer inativo; fazer silenciar. – HIT: *impf.* וַיִּתְחָרְשׁוּ: permanecer em silêncio (Jz 16.2).

I חֶרֶשׁ* *pl.* חֲרָשִׁים: magia, feitiçaria (Is 3.3).

II חֶרֶשׁ (*de* II חרשׁ) silêncio (Js 2.1 *adv.* secretamente).

III חֶרֶשׁ *n. m.* (1 Cr 9.15).

חֹרֶשׁ *pl.* חֳרָשִׁים: mata, bosque (Ez 31.3; 2 Cr 27.4, *tb.* Is 17.9?).

חָרָשׁ (*de* I חרשׁ) *m.*, *cs.* חָרַשׁ, *pl.* חָרָשִׁים, *cs.* חָרָשֵׁי: artífice (lapidador, marceneiro, carpinteiro, pedreiro, ferreiro, serralheiro, armeiro, fundidor).

חֵרֵשׁ (*de* II חרשׁ) *adj.*, *pl.* חֵרְשִׁים: surdo.

חַרְשָׁא *n. m.* (Ed 2.52).

חֹרְשָׁה *n. l.* (1 Sm 23.15).

I חֲרֹשֶׁת (*de* I חרשׁ) trabalho (Êx 31.5; 35.33).

II חֲרֹשֶׁת (*v.* חֹרֶשׁ) *n. l.* (*v.* חֲרֹשֶׁת הַגּוֹיִם).

חרת QAL: *pt. pass.* חָרוּת: encravar, esculpir (Êx 32.16).

חָרֶת* *i. p.* חָרֶת: n. t. (1 Sm 22.5).

חֲשׂוּפָא *n. m.* (Ed 2.43).

חֲשׂוּפַי desnudamento? despojanento? (Is 20.4 *l.* חֲשׂוּפֵי *de* חשף?).

חשך QAL: *pf.* חָשַׂךְ, *i. p.* חָשָׂךְ, חָשַׂכְתָּ, חָשְׂכוּ, *i. p.* חָשָׂכוּ, *impf.* יַחְשֹׂךְ, תַּחְשׂוֹךְ, *i. p.* אֶחֱשָׂךְ־, תַּחְשְׂכִי, *imp.* חֲשֹׂךְ, *pt.* חֹשֵׂךְ, חוֹשֵׂךְ: reter, negar, poupar; cessar. – NI: *impf.* יֵחָשֵׂךְ, יַחָשֵׂךְ: cessar (Jó 16.6), ser poupado (Jó 21.30).

חֹשֶׁךְ* *cj.* (*de* חשך) Jó 37.19.

I חשׂף QAL: *pf.* חָשַׂף, *suf.* חֲשָׂפָהּ, *imp.* חֶשְׂפִּי, *inf. cs.* חֲשׂף, *pt. pass.* חֲשׂוּפָה, חֲשׂוּפַי: descascar; desnudar; escumar, espumar. – *cj.* NI: ser desnudado (Mq 4.11?).

II חשׂף QAL: *impf.* וַיֶּחֱשׂף: fazer dar cria (Sl 29.9).

חָשִׂף* *pl. cs.* חֲשִׂפֵי: *significado incerto* (1 Rs 20.27 pequena quantidade? punhado? cabra recém nascida?).

חשב QAL: *pf.* חָשַׁב, חָשַׁבְתָּ, *i. p.* חָשָׁבוּ, *suf.* חֲשַׁבְנֻהוּ, *impf.* יַחְשֹׁב, יַחְשָׁב־, *i. p.* יַחְשֹׁבוּ, יַחֲשֹׁבוּן, יַחְשְׁבָה, נַחְשְׁבָה, *suf.* יַחְשְׁבֵנִי, וַיַּחְשְׁבֶהָ, וַיַּחְשְׁבֵנִי, תַּחְשְׁבֵנִי, *inf.* חֲשֹׁב, *pt.* חֹשֵׁב *e* חוֹשֵׁב, חֹשְׁבִים, *cs.* חֹשְׁבֵי: estimar, valorizar, considerar, tomar por, atribuir, reputar, planejar, intencionar, pensar, refletir, inventar. NI: *pf.* נֶחְשַׁב, *i. p.* נֶחְשָׁב, נֶחְשָׁבוּ, *impf.* יֵחָשֵׁב, תֵּחָשֵׁב, וַתֵּחָשֵׁב, *pt.* נֶחְשָׁב: ser considerado / estimado / valorizado, ter valor, valer. – PI: *pf.* חִשַּׁב, חִשְּׁבָה, חִשַּׁבְתִּי, *impf.* יְחַשֵּׁב, וַאֲחַשְּׁבָה, תְּחַשְּׁבוּן, *suf.* וַתְּחַשְּׁבֵהוּ, *pt.* מְחַשֵּׁב: calcular, atribuir, pôr em conta, considerar, pensar, planejar; estar em vias de. – HIT: *impf. i. p.* יִתְחַשָּׁב: incluir-se (Nm 23.9).

חֵשֶׁב *m.*: cinto.

חֹשֵׁב (*de* חשב QAL: *pt.*): tecelão, artista, perito, especialista.

חַשְׁבַּדָּנָה *n. m.* (Ne 8.4).

חֲשֻׁבָה *n. m.* (1 Cr 3.20).

I חֶשְׁבּוֹן (*de* חשב) cálculo, projeto, planejamento (Ec 9.10), conclusão, juízo (Ec 7.25, 27).

II חֶשְׁבּוֹן *n. l.* (Nm 21.26).

חִשָּׁבוֹן* (*de* חשב) *m.*, *pl.* חִשְּׁבֹנוֹת: plano, invenção, astúcia (Ec 7.29); instrumento / aparelho / máquina de guerra (2 Cr 26.15).

חֲשַׁבְיָה *n. m.* (Ed 8.19).

חֲשַׁבְיָהוּ *n. m.* (1 Cr 25.3).

חֲשַׁבְנָה *n. m.* (Ne 10.26).

חֲשַׁבְנְיָה *n. m.* (Ne 3.10).

חשה QAL: *impf.* וַיֶּחֱשׁוּ, אֶחֱשֶׁה, תֶּחֱשֶׁה, *inf.* חֲשׁוֹת: calar, silenciar. – HI: *pf.* הֶחֱשֵׁיתִי, *imp.* הֶחֱשׁוּ, *pt.* מַחְשֶׁה, *pl.* מַחְשִׁים: fazer / mandar calar; calar; hesitar.

חַשּׁוּב *n. m.* (1 Cr 9.14).

חָשׁוּק (*de* חשק), *pl.* חֲשׁוּקִים, *suf.* חֲשׁוּקֵיהֶם: verga, travessa.

חֲשֵׁיכָה *v.* חֲשֵׁכָה (Sl 139.12).

חֻשִׁים *n. m.* (Gn 46.23 = שׁוּחָם Nm 26.42), *n. f.* (1 Cr 8.11 = חוּשִׁים 1 Cr 8.8).

חשך QAL: *pf.* חָשַׁךְ, חָשְׁכוּ, *impf.* תֶּחְשַׁךְ, יֶחְשְׁכוּ, תֶּחְשַׁכְנָה: ser escuro, tornar-se escuro, escurecer-se. – HI: *pf.* הֶחְשִׁיךְ, וְהַחֲשַׁכְתִּי, *impf.* יַחְשִׁיךְ, יַחְשִׁךְ, וַיַּחְשִׁךְ, *pt.* מַחְשִׁיךְ: escurecer, tornar-se escuro.

חֹשֶׁךְ (*de* חשך) *m.*, *suf.* חָשְׁכִּי: escuridão, trevas.

חָשֹׁךְ* (*de* חשך) *pl.* חֲשֻׁכִּים: obscuro, desconhecido, insignificante (Pv 22.29).

חֲשֵׁכָה *tb.* חֲשֵׁיכָה *f.*, *cs.* חֶשְׁכַת, *pl.* חֲשֵׁכִים: escuridão.

חשל NI: *pt. pl.* נֶחֱשָׁלִים: retardar (*pt.* retardatários).

חָשֻׁם *n. m.* (Ed 2.19).
חֻשָׁם *n. m.* (Gn 36.34s), חוּשָׁם (1 Cr 1.45s).
חֻשִׁם *n. m.* (1 Cr 7.12) = חֻשִׁים (Gn 46.23) = שׁוּחָם (Nm 26.42).
חֶשְׁמוֹן *n. l.* (Js 15.27).
חַשְׁמַל *i. p. com art.* הַחַשְׁמַלָּה: metal brilhante (*significado exato incerto)* (Ez 1.4,27; 8.2).
⋆חַשְׁמַן *pl.* חַשְׁמַנִּים: objetos de bronze? tecido vermelho / purpúreo? (Sl 68.32).
חַשְׁמֹנָה *n. l.* (Nm 33.29).
חֹשֶׁן *m., cs.* חֹשֶׁן: peitoral.
חשק QAL: *pf.* חָשַׁק, חָשְׁקָה, חָשַׁקְתָּ: ser afeiçoado, estar ligado, amar, desejar. – PI: *pf.* חִשֵּׁק: ligar, juntar (Êx 38.28). – PU: *pt.* מְחֻשָּׁק: ser ligadas / cingidas (Êx 27.17; 38.17).
חֵשֶׁק (*de* חשק) *suf.* חִשְׁקִי: desejo.
⋆חִשֻּׁק (*de* חשק) *pl. com suf.* חִשֻּׁקֵיהֶם: raio (de roda) (1 Rs 7.33).
⋆חִשֻּׁר *pl. suf.* חִשֻּׁרֵיהֶם: cubo, meão (1 Rs 7.33).
⋆חַשְׁרָה *cs.* חַשְׁרַת: peneira (2 Sm 22.12), *cj.* Sl 18.12).
חֲשַׁשׁ capim seco, palha (Is 5.24; 33.11).
חֻשָׁתִי *gent.* (*de* חוּשָׁה) (2 Sm 21.28).
I ⋆חַת (*de* חתת) *i. p.* חָת, *suf.* חִתְּכֶם: medo, pavor (Gn 9.2; Jó 41.25).
II ⋆חַת (*de* חתת) *adj., pl.* חַתִּים: aterrorizado, apavorado (1 Sm 2.4; Jr 46.5).
חֵת)*n. m.* (Gn 10.15).
חתא *cj.*, NI: *impf.* תֵּחָתֶאנָה (*cj.*): ser destroçado (Hc 3.6s).
חתה QAL: *impf.* יַחְתֶּה, *suf.* יַחְתְּךָ, *inf.* חָתוֹת, *pt.* חֹתֶה: retirar, derrubar, destruir.
⋆חִתָּה (*de* חתת) *cs.* חִתַּת: temor, terror (Gn 35.5, *cj.* Jr 10.3).
חִתּוּל atadura, tala (Ez 30.21).

⋆חַתְחַת (*de* חתת) *pl.* חַתְחַתִּים: terror, pavor (Ec 12.5).
חִתִּי *pl.* חִתִּים, *f.* חִתִּית, *pl.* חִתִּיֹּת: *gent.* (Êx 23.28).
חִתִּית (*de* חתת) *suf.* חִתִּיתוֹ: terror, pavor, medo.
חתך NI: *pf.* נֶחְתַּךְ: estar determinado (Dn 9.24).
חתל PU: *pf. i. p.* חֻתָּלְתְּ: ser enfaixado (Ez 16.4). – HO: *inf. abs.* הָחְתֵּל: ser enfaixado (Ez 16.4).
⋆חֲתֻלָּה (*de* חתל) *suf.* חֲתֻלָּתוֹ: fralda (Jó 38.9).
חֶתְלוֹן *n. l.* (Ez 47.15).
חתם QAL: *impf.* וָאֶחְתֹּם, יַחְתּוֹם/יַחְתֹּם, *imp.* חֲתֹם, חִתְמוּ, *inf. cs.* חֲתֹם, *abs.* חָתוֹם, *pt.* חוֹתֵם, *pass.* חָתוּם *e* חָתֻם, חֲתוּמִים: selar, lacrar; confirmar. – NI: *pt. i. p.* נֶחְתָּם, *inf. abs.* נַחְתּוֹם: ser selado (Et 3.12; 8.8). – PI: *pf.* חִתְּמוּ: manter selado / fechado (Jó 24.16). – HI: *pf.* הֶחְתִּים: estancar (Lv 15.3).
חֹתֶמֶת (*de* חתם) selo, sinete, anel para selar (Gn 38.25).
חתן QAL: *v.* חֹתֵן. – HIT: *pf.* וְהִתְחַתַּנְתֶּם, *impf.* וַיִּתְחַתֵּן, תִּתְחַתֵּן, *imp.* הִתְחַתֵּן, הִתְחַתְּנוּ, *inf.* הִתְחַתֵּן: tornar-se genro, aparentar-se.
חֹתֵן (*pt.* QAL: *de* חתן) *m., suf.* חֹתְנוֹ, חֹתֶנְךָ: genro.
חָתָן (*de* חתן) *m., cs.* חֲתַן, *suf.* חֲתָנוֹ, *pl. com suf.* חֲתָנָיו: genro, noivo, recém casado, parente.
⋆חֲתֻנָּה (*de* חתן) *suf.* חֲתֻנָּתוֹ: casamento (Ct 3.11).
חֹתֶנֶת (*pt.* QAL *de* חתן) *f., suf.* חֹתַנְתּוֹ: sogra (Dt 27.23).
חתף QAL: *impf.* יַחְתֹּף: arrebatar (Jó 9.12).
חֶתֶף (*de* חתף) roubo, salteador (Pv 23.28).
חתר QAL: *pf.* חָתַר, *impf.* וָאֶחְתֹּר, יַחְתְּרוּ, *imp.* חֲתָר־: cavar, abrir buraco,

romper, irromper; esforçar-se (remando).

חתת QAL: *pf.* חַת, חַתָּה, *i. p.* וָחָתָּה, חַתּוּ, *i. p.* חָתּוּ, *imp.* חֹתּוּ: quebrantar, abalar-se, estar apavorado. – NI: *pf.* נִחַת, *impf.* יֵחַת, *i. p.* יֵחָת, אֵחַתָּה, יֵחַתּוּ, *i. p.* תֵּחָתּוּ, וַיֵּחַתּוּ: estar destruído, estar abatido, estar atemorizado. – PI: *pf. f.* חִתְּתָה, *suf.* וְחִתַּתַּנִי: espantar (Jó 7.14), ser quebrado (Jr 51.56). – HI: *pf.* הַחִתֹּתָ, הַחְתַּתִּי, הֵחִתַּתִי, *impf. com suf.* יְחִתֵּנִי, יְחִיתַן, אֲחִתְּךָ: destroçar, espantar, apavorar.

I חֲתַת (*de* חתת) susto, espanto (Jó 6.21).

II חֲתַת *n. m.* (1 Cr 4.13).

ט

ט טֵית: nona letra do alfabeto.

טאטא PILPEL: *pf.* וְטֵאטֵאתִיהָ: varrer (Is 14.23).

טָבְאַל (Is 7.6): *v.* טָבְאֵל.

טָבְאֵל *n. m.* (Is 7.6).

טבב QAL: *inf.* טוֹב: falar (Sl 39.3).

טְבוּלִים *m.:* turbantes (Ez 23.15).

טַבּוּר *m.:* umbigo; centro; parte mais elevada (da terra) (Jz 9.37; Ez 38.12).

טבח QAL: *pf.* טָבְחָה, טָבַחְתָּ, טָבְחוּ; *imp.* טְבֹחַ; *inf.* לִטְבוֹחַ; *pt. pass.* טָבוּחַ: abater, trucidar.

I טֶבַח *m.:* abate (animais), massacre (homens).

II טֶבַח *n. m.* (Gn 22.24).

טַבָּח (*de* טבח) *m.*, *pl.* טַבָּחִים: açougueiro, cozinheiro; guarda-costas, verdugo.

טַבָּחָה* (*de* טבח) *f.*, *pl.* טַבָּחוֹת: cozinheira (1Sm 8.13).

טִבְחָה (*de* טבח) *f.*, *suf.* טִבְחָתִי: abate; carne (de gado abatido).

טִבְחַת *n. l.* (1 Cr 18.8).

טבל QAL: *pf.* טָבַלְתָּ; *impf.* יִטְבֹּל, תִּטְבְּלֵנִי: mergulhar, submergir. – NI: *pf.* נִטְבְּלוּ: ser submerso.

טְבַלְיָהוּ *n. m.* (1 Cr 26.11).

טבע QAL: *pf.* טָבַעְתִּי, טָבְעוּ; *impf.* יִטְבַּע: afundar, penetrar. – PU: *pf.* טֻבְּעוּ: ser afundado. – HO: *pf.* הָטְבְּעוּ, הָטְבָּעוּ: ser afundado, ser alicerçado.

טַבָּעוֹת *n. m.* (Ne 7.46).

טַבַּעַת *f.*, *pl.* טַבְּעֹ(וֹ)ת, *cs.* טַבְּעֹ(וֹ)ת, *suf.* טַבְּעֹתֵיהֶם, טַבְּעֹתָיו: anel, anel de sinete, argola.

טַבְרִמּוֹן *n. m.* (1 Rs 15.18).

טֵבֵת Tebete (décimo mês = Dez.–Jan.) (Et 2.16).

טַבָּת *n. l.* (Jz 7.22).

טָהוֹר (*raramente* טָהֹר) *adj*, *cs.* טְהוֹר, טְהָר־, *f.* טְהֹ(וֹ)רָה, טְהָר־, *pl.* טְהוֹרִים, טְהוֹרוֹת: limpo, puro, genuíno.

טהר QAL: *pf.* טָהֵר, טָהֲרָה, טָהֳרָה, טָהַרְתִּי; *impf.* יִטְהַר, תִּטְהָר, תִּטְהֲרִי, אֶטְהָר; *imp.* טְהָר: ser limpo, ser puro. – PI: *pf.* טִהַר, וְטִהַרְתָּ, טִהֲרוּ, טִהַרְתִּים; *impf.* אֲטַהֵר, וַיְטַהֲרוּ, תְּטַהֲרֵם; *imp.* טַהֲרֵנִי; *inf.* טַהֵר, טַהֲרוֹ, טַהֲרָם; *pt.* מְטַהֵר: purificar, limpar, declarar limpo. – PU: *pf.* טֹהָר: ser declarado limpo. – HIT: *pf.* הִטַּהֲרוּ, הִטֶּהָרוּ, הִטַּהַרְנוּ; *impf.* וַיִּטַּהֲרוּ (Ne 12.30 – טָ–); *imp.* הִטַּהֲרוּ; *pt.* מִטַּהֵר, מִטַּהֲרִים: purificar-se (culticamente).

טֹהַר *m.*, *suf.* טָהֳרָהּ: claridade (do céu) (Êx 24.10), pureza (cúltica) (Lv 12.4, 6).

טָהֳרָה (*de* טָהֵר) *f., cs.* טָהֳרַת, *suf.* טָהֳרָתוֹ: pureza (cúltica), determinação da pureza cúltica, purificação.

טוב QAL: טוֹב, טֹובוּ; *impf.* יִיטַב; *inf.* טוֹב *e* טוּב, *abs.* טוֹב: ser bom / alegre / agradável; parecer bom, parecer aconselhável; ser tolerável / confortável / de valor. – HI: *pf.* הֱטִיבוֹתָ: fazer bem, agir corretamente.

טוֹב I *adj., f.* טוֹבָה, *cs.* טוֹבַת; *pl.* טוֹבִים, ט(ו)ב(ו)ת, *f.* ט(ו)ב(ו)ת: bom (nos mais variados sentidos), alegre, agradável, desejável, em ordem, útil, adequado, amável, bondoso.

טוֹב II perfume, cana aromática.

טוֹב III *n.t.* (Jz 11.3).

טוֹב IV (Sl 39.3): *v.* טבב.

טוּב (*de* טוֹב) *m., suf.* טוּבְךָ: o melhor, o bem-estar, beleza, felicidade; sucesso, bênção, salvação (enviados por Javé).

טוֹבָה, טֹבָה (*de* טוֹב) *f., suf.* טוֹבָתִי, ט(ו)ב(ו); *pl. c. suf.* טוֹבֹתָיו: bem, bondade, prosperidade, felicidade, salvação.

טוֹבִיָּה *n. m.* (Ne 2.10).

טוֹבִיָּהוּ *n. m.* (2 Cr 17.8).

טוה QAL: *pf.* טָווּ: fiar.

טוח QAL: *pf.* טָח, טָחוּ, טַחְתֶּם; *inf.* טוּחַ; *pt.* טָחֵי, טָחִים: rebocar, caiar, cobrir (c. ouro ou prata), pintar. – NI: *inf.* הִטּ(ו)חַ: ser rebocado.

ט(ו)טָפֹת (*de* טפף *ou* נטף) *f. pl.*: filactérios.

טול HI: *pf.* הֵטִיל, וְהֵטַלְתִּי; *impf.* וַיָּטֶל, וַיְטִילֵהוּ, אֲטִילְךָ, וַיָּטִלוּ; *imp.* הֲטִילֻנִי: lançar. – HO: *pf.* הוּטְלוּ; *impf.* יוּטַל, יֻטָל: ser lançado. PILPEL: *pt.* מְטַלְטֶלְךָ: arremessar.

טוּר *m., pl.* טוּרִים, טֻרִים: fila.

טוּשׂ QAL: *impf.* יָטוּשׂ: esvoaçar (Jó 9.26).

טחה PILPEL: *pt.* כִּמְטַחֲוֵי קֶשֶׁת: distância de um tiro de arco (Gn 21.16).

טְחוֹן (*de* טחן) *m.*: mó (Lm 5.13).

טֻחוֹת (*de* טוח *ou* טחה) *f. pl.*: em secreto, íntimo, interior.

טחח QAL: *pf.* טַח: estar grudado (Is 44.18).

טחן QAL: *pf.* טָחֲנוּ; *impf.* תִּטְחַן; *imp.* טַחֲנִי; *inf.* טְחוֹן, טָחוֹן; *pt.* טֹחֵן, טֹחֲנָה: moer, triturar.

טַחֲנָה (*de* טחן) *f.*: moinho (Ec 12.4).

טֹחֲנָה* (*de* טחן) *f., pl.* טֹחֲנוֹת: molar (Ec 12.3).

טְחֹרִים (*de* טחר) *m. pl., cs.* טְחֹרֵי, *suf.* טְחֹרֵיהֶם: tumores (por disenteria), hemorróidas.

טִיחַ (*de* טוח) *m.*: caiação (Ez 13.12).

טִיט *m.*: barro.

טִירָה* *f., cs.* טִירַת, *suf.* טִירָתָם; *pl.* טִירוֹת, *suf.* טִרֹתָם: acampamento, fileira de pedras, muralhas.

טַל *m., suf.* טַלְּךָ, טַלָּם: orvalho, garoa.

טלא QAL: *pt. pass.* טָלוּא, טְלֻאִים, טְלֻאוֹת: malhado, colorido. – PU: *pt.* מְטֻלָּאוֹת: remendado (Js 9.5).

טְלָאִים *n. l.* (1 Sm 15.4).

טָלֶה *m., cs.* טְלֵה; *pl.* טְלָאִים: cordeiro.

טַלְטֵלָה (*de* טול) *f.*: arremesso (Is 22.17).

טלל PI: *impf.* וַיְטַלְלֶנּוּ: cobrir (Ne 3.15).

טֶלֶם I *n. l.* (Js 15.24).

טֶלֶם II *n. m.* (Ed 10.24).

טַלְמוֹן *n. m.* (1 Cr 9.17).

טמא QAL: *pf.* טָמֵא, טָמְאָה, טָמֵאת, טָמֵאוּ; *impf.* יִטְמָא, יִטְמְאוּ; *inf.* טָמְאָה: tornar-se impuro (culticamente). – NI: *pf.* נִטְמָא, נִטְמְאָה, נִטְמֵאת, נִטְמֵאתֶם > נִטְמֵתֶם; *pt.* נִטְמְאִים: corromper, poluir-se. – PI: *pf.* טִמֵּא, טִמֵּאת, טִמֵּאתֶם, טִמְּאוּ, טִמְּאוּהָ; *impf.* תְּטַמֵּא, תְּטַמְּאוּ, יְטַמְּאֻנּוּ, וַיְטַמְּאֵהוּ; *inf.* טַמֵּא: desonrar, corromper, profanar, declarar impuro. – PU: *pf.* מְטֻמָּאָה: ser corrompido (Ez 4.14). – HIT: *impf.* יִטַּמָּא, יִטַּמְּאוּ, יִטַּמָּאוּ: tornar-se impuro. – HOTPAAL: *pf.* הֻטַּמָּאָה: ser tocado pela impureza (Dt 24.4).

טָמֵא (*de* טמא) *adj., i. p.* טָמֵא, *cs.* טְמֵא; *f.* טְמֵאָה, *cs.* טְמֵאַת; *pl.* טְמֵאִים: impuro, culticamente impuro.

טֻמְאָה* (*de* טמא) *f., cs.* טֻמְאַת, *suf.* טֻמְאָתוֹ; *pl. cs.* טֻמְאֹת: impureza.

טָמְאָה *l.* לְמְעַט מְלוּמָה (Mq 2.10).

טמה* NI: *pf.* נִטְמִינוּ: ser considerado impuro (Jó 18.3).

טמן QAL: *pf.* טָמַן, טָמַנְתִּי, טָמְנוּ, טָמָנוּ, טְמַנְתֶּם, טְמַנְתִּיו; *impf.* וַיִּטְמֹן, וַיִּטְמְנֵהוּ, וָאֶטְמְנֵהוּ, וַתִּטְמְנֵם; *imp.* טָמְנֵהוּ; *inf.* טְמוֹן, טָמְנוֹ; *pt. pass.* טָמוּן, טְמוּנָה, טְמֻנִים, טְמֻנֵי: esconder, ocultar. – NI: *imp.* הִטָּמֵן: manter-se escondido (Is 2.10). – HI: *impf.* וַיַּטְמִנוּ: manter oculto.

טֶנֶא *m.:* cesto.

טנף PI: *impf.* אֲטַנְּפֵם: sujar (Ct 5.3).

טעה *cj.* QAL: *pt. f.* טֹעִיָּה (por עֹטְיָה): vagar (Ct 1.7). – HI: *pf.* הִטְעוּ: desviar (Ez 13.10).

טעם QAL: *pf.* טָעַם, טָעֲמָה; *impf.* יִטְעַם, יִטְעֲמוּ; *imp.* טַעֲמוּ; *inf.* טְעֹם: provar (alimento), comer; descobrir.

טַעַם (*de* טעם) *m., suf.* טַעְמוֹ, טַעְמֵךְ: gosto, percepção, (bom) senso; decreto.

טען I PU: *pt. pl. cs.* מְטֹעֲנֵי: traspassado (Is 14.19).

טען II QAL: *imp.* טַעֲנוּ: carregar (Gn 45.17).

טַף I (*de* טפף) *m. col., i. p.* טָף, *suf.* טַפֵּנוּ, טַפְּכֶם: crianças, os incapazes de marchar.

טַף II (*de* טפף) *m.:* gotas (Gn 47.12).

טפח I PI: *pf.* טִפְּחָה: estender (os céus) (Is 48.13).

טפח II PI: *pf.* טִפַּחְתִּי: gerar filhos sadios (Lm 2.22).

טֶפַח (*de* I טפח) *m.:* largura da mão (= 4 dedos = 7.5 cm).

טֹפַח (*de* I טפח) *m.:* largura da mão.

טְפָחָה* **I** (*de* I טפח) *pl.* טְפָחוֹת: largura da mão (?) (*como breve medida de tempo*) (Sl 39.6).

טְפָחָה* **II** *pl.* טְפָחוֹת, *t. t. de arquit. desconhecido:* modilhão (?), teto (1 Rs 7.9).

טִפֻּחִים (*de* II טפח) *m. pl.:* saúde e encanto (do recém-nascido) (Lm 2.20).

טפל QAL: *pf.* טָפְלוּ; *impf.* וַתִּטְפֹּל; *pt.* טֹפְלֵי: sujar, lambuzar, encobrir (pecado).

טִפְסָר***,טַפְסָר** *m., pl. suf.* טַפְסְרַיִךְ: oficial (Jr 51.27 militar; Na 3.17 governamental).

טפף QAL: *inf.* טָפֹף: andar a passos curtos, pular (Is 3.16).

טפשׁ QAL: *pf.* טָפַשׁ: ser insensível / sem sentimento (Sl 119.70).

טָפַת *n.f.* (1 Rs 4.11).

טרד QAL: *pt.* טֹ(וֹ)רֵד: gotejar constantemente (Pr 19.13; 27.15).

טְרוֹם *adv.:* antes, Rt 3.14 *K, Q* טֶרֶם.

טרח HI: *impf.* יַטְרִיחַ: carregar (Jó 37.11).

טֹרַח (*de* טרח) *m., suf.* טָרְחֲכֶם: carga (Dt 1.12, Is 1.14).

טָרִי* *adj. m., f.* טְרִיָּה fresco (Jz 15.15 ossos; Is 1.6 feridas).

טֶרֶם *adv.:* ainda não, antes.

טרף QAL: *pf.* טָרַף, טָרָף; *impf.* יִטְרֹף, יִטְרָף (Gn 49.27), אֶטְרֹף; *inf.* טְרֹף, טָרֹף, לִטְרָף־; *pt.* טֹרֵף, טֹרְפֵי: despedaçar. – NI: *impf.* יִטָּרֵף: ser despedaçado. – PU (*qal pass.*): *pf.* טֹרַף, טֹרָף: ser esquartejado. – HI: *imp.* הַטְרִיפֵנִי (*significado abrandado*): fazer alegria, prover (Pv 30.8).

טֶרֶף (*de* טרף) *m., i. p.* טָרֶף, *suf.* טַרְפּוֹ, טַרְפֵּךְ: presa, mantimento.

טָרָף (*de* טרף) *adj., pl. cs.* טַרְפֵּי: novo, recém-colhido (Gn 8.11; Ez 17.9).

טְרֵפָה (*de* טרף) *f.:* animal dilacerado (por feras).

י

י יוֹד: décima letra do alfabeto; *como num.* = 10.

יאב QAL: *pf.* יָאַבְתִּי, *c.* לְ: desejar (Sl 119.131).

יָאַב *v.* יוֹאָב.

יאה QAL: *pf.* יָאֲתָה: convir, ser adequado (Jr 10.7).

יְאוֹר *v.* יְאֹר.

יַאֲזַנְיָה *n. m.* (Jr 35.3).

יַאֲזַנְיָהוּ *n. m.* (Jr 40.8).

יָאִיר *n. m.* (Dt 3.14).

I יאל NI: *pf.* נוֹאַלְנוּ, נוֹאֲלוּ/אֱלוּ: mostrar-se tolo.

II יאל HI: *pf.* הוֹאִיל, הוֹאַלְתָּ/נוּ; *impf.* יֹאֵל, וַיּוֹאֶל; *imp.* הוֹאֶל, הוֹאֶל־, הוֹאִילוּ: fazer o começo (*ger. expressão de polidez ou modéstia*); ser do agrado, resolver, concordar, começar.

יְאוֹר, יְאֹר *m.*, כִּיאֹ(וֹ)ר, כַּיְ/בַּיְ/הַיְאֹר; *suf.* יְאֹרִי, *loc.* הַיְאֹרָה; *pl.* יְאֹרִים, *cs.* יְאֹרֵי, *suf.* יְאֹרָיו, יְאֹרֵיהֶם: o rio Nilo, o grande rio, canais e braços do Nilo; galerias inundadas (de minas).

יָאִרִי *gent. de* יָאִיר (2 Sm 20.26).

יאשׁ NI: *pf.* נוֹאָשׁ; *pt.* נ(וֹ)אָשׁ: *c.* מִן: desesperar, desistir de; *pt.* > *interj. de desesperança:* maldito!. – PI: *inf.* יָאֵשׁ: levar ao desespero (o coração) (Ec 2.20).

יֹאָשׁ *n. m.: v.* יוֹאָשׁ.

יֹאשִׁיָּה *n. m.* (Zc 6.10).

יֹאשִׁיָּהוּ *tb.* יֹאושִׁיָּהוּ: *n. m.* (Jr 27.1).

יָאֲתָה (Jr 10.7): *v.* יאה.

(הָ)יאתוֹן (Ez 40.15): *v. Q* (הָ)אִיתוֹן.

יְאָתְרַי *n. m.* (1 Cr 6.6).

יבב PI: *impf.* וַתְּיַבֵּב: lamentar (Jz 5.28).

יְבוּל, יְבֻל* (*de* יבל) *m.:* produto.

יְבוּס *n. loc.* = יְרוּשָׁלִַם (1 Cr 11.4).

יְבוּסִי, יְבֻסִי *gent. de* יְבוּס (2 Sm 5.8).

יִבְחָר *n. m.* (2 Sm 5.15).

יָבִין *n. m.* (Js 11.1).

יָבֵישׁ (1 Sm 11.3) *e c. n. l.: v.* III יָבֵשׁ; *n. m.* (?): *v.* II יָבֵשׁ.

יבל HI: *impf.* י(וֹ)בִילוּ, יוֹבִילוּן, יוֹבִלוּהָ, אוֹבִלֵם, יוֹבִלֻנִי: trazer. – HO: *impf.* אוּבָלוּ, אוּבַל, יוּבַל, יוּבָל: ser trazido, ser guiado.

I יָבָל* *pl. cs.* יִבְלֵי: correntes de águas (Is 30.25; 44.4).

II יָבָל *n. m.* (Gn 4.20).

יֹבֵל *v.* יוֹבֵל.

יִבְלְעָם *n. l.* (Js 17.11).

יַבֶּלֶת verruga (Lv 22.22).

יבם PI: *pf.* יִבְּמָהּ; *imp.* יַבֵּם; *inf.* יַבְּמִי: cumprir o levirato (casar-se com a viúva do irmão para suscitar-lhe descendência).

יָבָם *m.*, *suf.* יְבָמִי, יְבָמָהּ: cunhado (irmão do marido falecido).

יְבָמָה*, יְבֶמֶת *f.*, *suf.* יְבִמְתּוֹ, יְבִמְתֵּךְ: cunhada (Dt 25.7, 9); concunhada (Rt 1.15).

יַבְנְאֵל *n. l.* (Js 15.11).

יַבְנֶה *n. l.* (2 Cr 26.6).

יִבְנְיָה, יִבְנִיָּה *n. m.* (1 Cr 9.8).

יְבֻסִי *v.* יְבוּסִי.

יַבֹּק *n.r.* (Gn 32.23).

יְבֶרֶכְיָהוּ *n. m.* (Is 8.2).

יִבְשָׂם *n. m.* (1 Cr 7.2).

יבשׁ QAL: *pf.* יָבֵשׁ, יָבְשָׁה, יָבֵשׁוּ, יָבֵשׁוּ; *impf.* יִיבַשׁ, יִיבָשׁ, וַתִּיבַשׁ, יָבֵשׁוּ; *inf.* יְבֹשֶׁת *e* בִּיבֹשׁ, *abs.* יָב(וֹ)שׁ: secar, tornar-se seco, murchar. – PI: *impf.* תְּיַבֵּשׁ, תְּיַבֵּשׁ, וַיְיַבְּשֵׁהוּ: ressecar. – HI: *pf.* ה(וֹ)ב(י)שׁ, הוֹבִישָׁה, ה(וֹ)בַשְׁתִּי, הֹבִשׁוּ; *impf.* אוֹבִישׁ: fazer secar, fazer murchar.

I יָבֵשׁ (*de* יבשׁ) *adj.*, *f.* יְבֵשָׁה; *pl.* יְבֵשִׁים, יְבֵשׁוֹת: seco, ressequido.

II יָבֵשׁ, יָבֵישׁ *n. m.* (2 Rs 15.10).

III יָבֵשׁ, יָבֵישׁ *loc.* יָבֵשָׁה *e* בְּיָבֵשָׁה: *n. l.* (Jz 21.8).

יַבָּשָׁה (*de* יבשׁ) *f.:* terra seca.

יַבֶּשֶׁת (*de* יבשׁ) *f.:* terra seca (Êx 4.9; Sl 95.5).

יִגְאָל *n. m.* (Nm 13.7).

יגב QAL:*pt.* יֹגְבִים: lavrador (?) (2 Rs 25.12, Jr 52.16).

יָגֵב★ *m.:* campo (Jr 39.10).

יָגְבְּהָה *n. l.* (Nm 32.35).

יִגְדַּלְיָהוּ *n. m.* (Jr 35.4).

I יגה NI: *pt. pl.* נוּגוֹת: desolado (Lm 1.4). – PI: *impf.* וַיַּגֶּה: entristecer (Lm 3.33). – HI: *pf.* הוֹגָה, הוֹגָה; *impf.*תּוֹגְיוּן; *pt.* מוֹגַיִךְ: atormentar.

II יגה HI: *pf.* הֹגָה: afastar (2 Sm 20.13).

יָגוֹן (*de* I יגה) *suf.* יְגוֹנָם: tristeza, tormento, amargura.

יָגוּר *n. l.* (Js 15.21).

יָגוֹר temer, recear (Jr 22.25; 39.17).

יָגִיעַ★ (*de* יגע) *adj., pl. cs.* יְגִיעֵי: exausto (Jó 3.17).

יְגִיעַ ,יָגִיעַ★ (*de* יגע) *m., cs.* יְגִיעַ, *suf.* יְגִיעוֹ, יְגִיעֲךָ ,יְגִיעֶךָ; *c.* מִין: מִיגִיעוֹ; *pl., suf.* יְגִיעֵי: trabalho, labor, lucro, produto, propriedade.

יְגִיעָה★ (*de* יגע) *f., cs.* יְגִיעַת: enfado (Ec 12.12).

יָגְלִי *n. m.* (Nm. 34.22).

יגע QAL: *pf.* יָגַעְתְּ★) יָגַעְתָּ ,יָגְעָה *e* יָגַעַת), יָגַעְנוּ; *impf.* יִיגַע ,תִּיגַע, אִיגָא ,יִ(י)גְעוּ ,יִ(י)גָעוּ: cansar, enfadar, exaurir, fatigar. – PI: *impf.* תְּיַגַּע: fatigar, enfadar. – HI: *pf.* הוֹגַעְתִּיךָ/תַּנִי ,הוֹגַעְנוּ ,הוֹגַעְתֶּם: cansar, enfadar.

יָגָע (*de* יגע) *m.:* propriedade (= fruto do trabalho) (Jó 20.18).

יָגֵעַ (*de* יגע) *adj., pl.* יְגֵעִים: cansado, fatigado, aborrecido.

יגר QAL: *pf.* יָגֹרְתִּי ,יָגֹרְתָּ: recear, temer.

יְגַר (Gn 31.47): *aram.* יְגַר שָׂהֲדוּתָא = *hebraico* גַּל עֵד: marco de pedra.

יָד *f., m.* Êx 17.12, *cs.* יַד; *suf.* יָדוֹ, יָדְךָ, יֶדְכֶם ,יֶדְכֶן ,יֶדְהֶם; *du.* יָדַיִם, *cs.* יְדֵי, יָדֶךָ (יְדֵ 2 Rs 12.12 *Q, K* יַד), וּ/כְּ/בִּידֵי, *tb.* מִידֵי, *suf.* יָדָיו *e* יָדֵיהוּ ,יָדֶיךָ *e* יָדֶךָ, יְדֵיכֶם (יְדֵכֶם Sl 134.2), יְדֵיהֶם; *pl.* יָדוֹת, *cs.* יְדוֹת; *suf.* יְדוֹתָיו ,יְדוֹתֶיהָ, יְדוֹתָם: mão, antebraço; pênis (Is 57. 8, 10); mãos (*du.*); *fig.:* lado, próximo, margem, lugar, força; בְּיַד *para enf. de* בְּ: por, através; *sentido especial:* monumento; lugar (para latrina fora do acampamento); eixos (de roda), suportes, encaixes, parte.

יִדְאֲלָה *n. l.* (Js 19.15).

יִדְבָּשׁ *n. m.* (1 Cr 4.3).

ידד QAL: *pf.* יַדּוּ: *c.* גּוֹרָל עַל: lançar.

יְדִדוּת *f.:* amor (= obj. de amor) (Jr 12.7).

I ידה QAL: *imp.* יְדוּ: *c.* אֶל: atirar (Jr 50.14). – PI: *impf.* וַיַּדּוּ; *inf.* יַדּוֹת: lançar (pedras), derribar (?).

II ידה HI: *pf.* הוֹדִינוּ ,הוֹדוּ; *impf.* אוֹ/יוֹדֶה, יוֹדוּ ,נוֹדֶה ,יוֹדְךָ/דֶךָּ ,אוֹדֶךָ ,אוֹדֶנּוּ, אֲהוֹדֶנּוּ *e* אֲהוֹדֶה ,יוֹדֻ/דוּךָ; *imp.* הוֹדוּ; *inf.* הוֹדוֹת: louvar; confessar; agradecer. – HIT: *pf.* הִתְוַדָּה, הִתְוַדּוּ; *impf.* וָאֶתְוַדֶּה ,יִתְוַדּוּ; *inf.* הִתְוַדּוֹתוֹ; *pt.* מִתְוַדֶּה/דִּים: confessar, reconhecer.

יִדּוֹ *n. m.* (1 Cr 27.21).

יָדוֹן *n. m.* (Ne 3.7).

יַדּוּעַ *n. m.* (Ne 10.22).

יְדוּתוּן ,יְדֻתוּן *e* יְדִיתוּן: *n. m.* (Ne 11.7).

יַדַּי *n. m.* (Ed 10.43).

יָדִיד *adj., cs.* יְדִיד, *suf.* יְדִידוֹ; *pl. suf.* יְדִידֶיךָ; *pl.* יְדִידוֹת: amado.

יְדִידָה *n. f.* (2 Rs 22.1).

יְדִידוֹת amor (Sl 45.1).

יְדִידְיָהּ *n. m.* (2 Sm 12.25).

יְדָיָה *n. m.* (Ne 3.10).

יְדִיעֲאֵל *n. m.* (1 Cr 7.6).

יְדִיתוּן 1 Cr 16.38 *e outros v.* יְדוּתוּן.

יִדְלָף *n. m.* (Gn 22.22).

ידע QAL: *pf.* יָדַע ,יָדַעַתְּ/דָעַת ,(ה)יָדַעְתָּ, יָדַעְתְּ Sl 140.13 *e* Jó 42.2 *K,* יָדַעְנוּ ,יְדַעוּ ,יַדְעְתֶּם ,יְדַעוּן ,יָדְעוּ/דָעוּ,

יְדַעֲוּךְ/נוּם, יְדַעְתִּיו/תִּין, יְדַעְתּוֹ/תָּנִי; *impf.* אֵדְעָה, אַל־יֵּדַע, יֵדַע, יֵדְעָ/דָע, וְאֵדְעָ, אֵדָעָה Rt 4.4 (*K.* אֵדַע), תֵּדְעִי, תֵּדָעוּהָ, אֵדָעֵךְ, יֵדָעֻנוּ, תֵּדְעוּן, תֵּדְעִין; *imp.* דַּע, דֶּע, דָּעֵהוּ; *inf.* דַּעַת, דָּעַת (e *v.* דֵּעָה), לְדַעְתּוֹ; *pt.* יֹ(וֹ)דֵעַ, יֹדַעַת, יֹ(וֹ)דְעִים, יֹדְעֵי Sl 119.79 (*l. Q* יֹדְעֵי; *K* יָדְעוּ), *pass.* וִידוּעַ, וִידֻעִים: notar, observar, perceber, descobrir, interessar-se, saber, conhecer; coabitar; selecionar, escolher, compreender. – NI: *pf.* נוֹדַע, נוֹדְעָה, נוֹדַעְנוּ; *impf.* יִוָּדַע/דֵעַ, תִּוָּדְעִי, וָאִוָּדַע; *inf.* הִוָּדְעִי; *pt.* נוֹדָע: tornar-se conhecido, revelar-se, ser notado, ser observado, ser conhecido, conhecer-se. – PI: *pf.* יִדַּעְתָּה (*l. Q.* ־תָּ): fazer saber (Jó 38.12). – PU: *pt.* מְיֻדָּע Rt 2.1 *K* (*Q* מוֹדַע), מְיֻדָּעָיו, מְיֻדָּעַי, מְיֻדָּעַי, מְיֻדָּעִי, מְיֻדַּעַת Is 12.5 *K* (*Q Hofal*): conhecido, confidente. – [POEL: *pf.* יוֹדַעְתִּי 1 Sm 21.3 *txt. (?) proposto* נוֹדַעְתִּי.] – HI: *pf.* הוֹדִיעַ, הוֹדַעְתָּ/דַעְתָּ, הוֹדַעְתָּם/תַּנִי, הוֹדִיעֲנִי, הוֹדַעְתֶּם; *impf.* יוֹדִיעַ, וַיֹּדַע, אוֹדִיעַ, יֹדְעוּ, נוֹדִיעָה, אוֹדִיעֲךָ, יֹדִיעֵם, יוֹדִיעֵנוּ, תּוֹדִיעֵנִי; *imp.* הוֹדַע, הוֹדִיעוּ, הֹ(וֹ)דִיעֵנִי, הוֹדִעֵנִי; *inf.* הֹ(וֹ)דִיעַ, לְהוֹדִיעֵנִי; *pt.* מוֹדִיעֲךָ/עָם, מוֹדִ(י)עִ(י)ם: fazer saber, tornar conhecido, avisar, informar, ensinar, fazer sinal. – HO: *pf.* הוֹדַע; *pt.* מוּדַעַת Is 12.5 *Q*: ser anunciado, ser notificado. – HIT: *impf.* אֶתְוַדַּע; *inf.* הִתְוַדַּע: tornar-se conhecido (Gn 45.1; Nm 12.6).

יָדָע *ou* יָדֵע *n. m.* (1 Cr 2.28).

יְדַעְיָה *n. m.* (1 Cr 9.10).

יִדְּעֹנִי (*de* ידע) *m.*, *pl.* יִדְּעֹנִים: adivinho, feiticeiro.

יָהּ *e* יָה: *forma alternada de* יהוה.

יְהָב★ *suf.* יְהָבְךָ: cuidado, fardo (Sl 55.23).

יהד HIT: *pt.* מִתְיַהֲדִים: declarar-se judeu (Et 8.17).

יְהֻד Js 19.45 *v.* יְהוּד.

יָהְדַי *n. m.* (1 Cr 2.47).

יֵהוּא *n. m.* (2 Rs 9.2).

יְהוּא Ec 11.3: *v.* II הוה.

יְהוֹאָחָז *n. m.* (2 Rs 10.35).

וִיהֻד, יְהוּד Js 19.45: *n. l.*

יְהוּדָה *n. m.* (Gn 29.35); *n. t.* (Js 20.7).

יְהוּדִי I *gent. de* יְהוּדָה (Jr 43.9).

יְהוּדִי II *n. m.* (Jr 36.14).

יְהוּדִית *n. f.* (Gn 26.34).

יהוה *o nome de Deus*; *Q* אֲדֹנָי, *daí* יְהוָה *nos txt. impressos*; *c. prep:* לַ/כַּ/בַּיהוה; וַיהוה (Gn 2.4).

יְהוֹזָבָד *n. m.* (2 Rs 12.22).

יְהוֹחָנָן *n. m.* (1 Cr 26.3).

יְהוֹיָדָע *n. m.* (2 Sm 8.18).

יְהוֹיָכִ(י)ן *n. m.* (Jr 52.31).

יְהוֹיָקִים *n. m.* (2 Rs 23.34).

יְהוֹיָרִיב *n. m.* (Ne 12.6).

יְהוּכַל *n. m.* (Jr 38.1).

יְהוֹנָדָב *n. m.* (2 Sm 13.5).

יְהוֹנָתָן *n. m.* (1 Sm 14.6).

יְהוֹסֵף *n. m.* (Sl 81.6).

יְהוֹעַדָּה *n. m.* (2 Rs 14.2).

יְהוֹעַדִּין (2 Rs 14.2) *Q* ־עַדָּן, *K* ־עָדִין *ou* ־עַדִּין: *n. f.*

יְהוֹצָדָק *n. m.* (Zc 6.11).

יְהוֹרָם *n. m.* (1 Rs 22.51).

יְהוֹשֶׁבַע *n. f.* (2 Cr 22.11).

יְהוֹשַׁבְעַת *n. f.* = יְהוֹשֶׁבַע.

יְהוֹשֻׁעַ, יְהוֹשׁוּעַ *n. m.* (Êx 17.9; Dt 3.21).

יְהוֹשָׁפָט I *n. m.* (1 Rs 15.24).

יְהוֹשָׁפָט II *n. t.* (Jl 4.2).

יָהִיר *adj.*: arrogante, presunçoso (Hc 2.15; Pv 21.24).

יַהֵל Is 13.20; < יַאֲהֵל, *v.* I אהל.

יְהַלֶּלְאֵל *n. m.* (1 Cr 4.16).

יַהֲלֹם, יָהֲלֹם *pedra preciosa, de significado incerto.*

יַהַץ *n. l.* (Jr 48.34).

יוֹאָב *n. m.* (Ne 7.16).

יוֹאָח *n. m.* (2 Rs 18.18).

יוֹאָחָז *n. m.* (2 Cr 34.8).
יוֹאֵל *n. m.* (1 Sm 8.2).
יוֹאָשׁ, יֹאָשׁ 2 Cr 24.1: *n. m.* (2 Rs 11.2).
יוֹב *n. m.* Gn 46.13 *l.* I יָשׁוּב (1 Cr 7.1).
I יוֹבָב *n.p.* (Gn 10.29; 1 Cr 1.23).
II יוֹבָב *n. m.* (Gn 36.33).
יוֹבֵל, יֹבֵל *m., pl.* יוֹבְלִים: carneiro; שְׁנַת הַיּוֹבֵל: ano do jubileu.
I יוּבַל (*de* יבל) ribeiro, canal (Jr 17.8).
II יוּבַל *n. m.* (Gn 4.21).
יוֹזָבָד *n. m.* (2 Rs 12.22).
יוֹזָכָר *n. m.* (2 Rs 12.22).
יוֹחָא, יֹחָא *n. m.* (1 Cr 8.16).
יוֹחָנָן *n. m.* < יְהוֹחָנָן (2 Rs 25.23).
יוּטָּה, יֻטָּה *n. l.* (Js 21.16).
יוֹיָדָע *n. m.* < יְהוֹיָדָע (Ne 3.6).
יוֹיָכִין *n. m.* < יְהוֹיָכִין (Ez 1.2).
יוֹיָקִים *n. m.* < יְהוֹיָקִים (Ne 12.10).
יוֹיָרִיב *n. m.* < יְהוֹיָרִיב (Ed 8.16).
יוֹכֶבֶד *n. f.* (Êx 6.20).
יוּכַל *n. m.* = *v.* יְהוּכַל.
I יוֹם *m., cs.*= , *suf.* יוֹמְךָ, יוֹמָם; *du.* יוֹמַיִם, יוֹמָיִם; *pl.* יָמִים, *cs.* יְמֵי, מִ/כִּ/וּ/בִימֵי; *suf.* יָמָיו (יָמָו Jr 17.11: *Q* יָמָיו, *K* יָמוֹ); *pl.* Dn 12.13 יָמִין; *pl. cs.* יְמוֹת Dt 32.7; Sl 90.15; *loc.* יָמִימָה: dia, dia (24 horas); existência, um ano, hoje; בְּיוֹם: quando; בְּיוֹם, כְּיוֹם: cada dia.
II יוֹם vento, tempestade; fôlego (Jó 30.25).
יוֹמָם *adv.:* durante o dia, de dia.
יָוָן *pl.* יְוָנִים: *n. m. e n.p.* (Is 66.19).
יָוֵן *c.s.* יְוֵן: lama, lamaçal (Sl 40.3; 69.3).
יוֹנָדָב *n. m.* < יְהוֹנָדָב (2 Sm 13.5).
I יוֹנָה *f., cs.* יוֹנַת, *suf.* יוֹנָתִי; *pl.* יוֹנִים, *cs.* יוֹנֵי: pomba.
II יוֹנָה *n. m.* (2 Rs 14.25; Jn 1–4).
III יוֹנָה *v.* ינה.
יְוָנִי* *pl.* יְוָנִים: *gent. de* יָוָן (Jl 4.6).
יוֹנֵק, יֹנֵק *m., pl.* יוֹנְקִים, *cs.* יוֹנְקֵי: infante (lactente), criança; rebento, renovo.
יוֹנֶקֶת* *f. de* יוֹנֵק: *suf.* י(וֹ)נַקְתּוֹ, *pl. suf.* י(וֹ)נְקוֹתֶיהָ: rebento, criança.
יוֹנָתָן *n. m.* < יְהוֹנָתָן: (1 Sm 13.2).
יוֹסֵף *n. m.* (Gn 30.24); *n.p. e tribo* (Gn 49.22-26).
יוֹסִפְיָה *n. m.* (Ed 8.10).
יוֹעֵאלָה *n. m.* (1 Cr 12.8).
יוֹעֵד *n. m.* (Ne 11.7).
יוֹעֶזֶר *n. m.* (1 Cr 12.7).
יוֹעֵץ (*de* יעץ) *m., f.* יוֹעֶצֶת, *suf.* יוֹעַצְתּוֹ: *pt. de* יעץ: conselheiro.
יוֹעָשׁ *n. m.* (1 Cr 7.8).
יוֹצֵאת (*de* יצא) *f., pt. de* יצא: aborto (do gado) (Sl 144.14).
יוֹצָדָק *n. m.* < יְהוֹצָדָק (Ed 32.8).
יוֹצֵר (*de* יצר) *m., pt. de* יצר, *pl.* יוֹצְרִים, *cs.* יֹצְרֵי: oleiro, fundidor.
יוֹקִים *n. m.* (1 Cr 4.22).
יוֹרֶא (Pv 11.25) *v. hofal de* II ירה.
I יוֹרֶה* (*de* I ירה) *m., pl.* י(וֹ)רִים: flecheiro (1Cr 10.3; 2 Cr 35.23).
II יוֹרֶה (*de* II ירה) chuva temporã (*fim de out. – começo de dez.*) (Dt 11.4; Jr 5.24).
יוֹרָה *n. m.* (Ed 2.18).
יוֹרַי *n. m.* (1 Cr 5.13).
יוֹרָם *n. m.* < יְהוֹרָם (2 Rs 8.21).
יוּשַׁב חֶסֶד *n. m.* (1 Cr 3.20).
יוֹשִׁבְיָה *tb.* יוּשַׁבְיָה: *n. m.* (1 Cr 4.35).
יוֹשָׁה *n. m.* (1 Cr 4.34).
יוֹשַׁוְיָה *n. m.* (1 Cr 11.46).
יוֹשָׁפָט *n. m.* < יְהוֹשָׁפָט (1 Cr 11.43; 15.14).
יוֹתָם *n. m.* (2 Rs 15.5).
יוֹתֵר, יֹתֵר *pt. de* יתר: restante; *adv.:* tanto, extremamente; *c.* לְ: preferência vantagem; *c.* מִן: mais do que; *c.* שֶׁ: além de.
יְזוּאֵל (1 Cr 12.3 *K*) *v.* יְזִיאֵל.
יְזִיאֵל 1 Cr 12.3 *Q*, *K* יְזוּאֵם: *n. m.*
יִזִּיָּה *n. m.* (Ed 10.25).
יָזִיז *n. m.* (1 Cr 27.31).
יִזְלִיאָה *n. m.* (1 Cr 8.18).

יזן Jr 5.8 *Q* מְיֻזָּנִים *pual, K* מוּזָנִים *hofal:* ser sensual, estar no cio.

יְזַנְיָה *n. m.* (Jr 42.1).

יְזַנְיָהוּ *n. m.* (Jr 40.8).

יֶזַע, יָזַע suor (Ez 44.18).

יִזְרָח *c. art.* 1 Cr 27.8, *l.* הַזַּרְחִי.

יִזְרַחְיָה *n. m.* (Ne 12.42).

יִזְרְעֶאל I *n. m.* (Os 1.4).

יִזְרְעֶאל II = I *e n. l.* (1 Rs 18.45s).

יִזְרְעֵאלִי *gent. de* II יִזְרְעֶאל.

יְחֻבָּה 1 Cr 7.34: *K* (1 MS Q) יַחְבָּה, *l. Q* וְחֻבָּה.

יחד QAL: *impf.* תֵּחַד: unir. – PI: *imp.* יַחֵד: concentrar (Sl 86.11).

יַחַד, יָחַד Jr 48.7 יַחְדָּ = *K* יַחַד, *Q* יַחְדָּו (*de* יחד): união, comunidade; *adv.:* com cada um, juntos, ao mesmo tempo, completamente.

יַחְדָּו (יַחְדָּיו Jr 46.12, 21) *adv.:* junto, com cada um, igualmente.

יַחְדּוֹ, יַחְדּוֹ *n. m.* (1 Cr 5.14).

יַחְדִּיאֵל *n. m.* (1 Cr 5.24).

יֶחְדְּיָהוּ *n. m.* (1 Cr 24.20).

יְחוּאֵל *Q v.* יְחִיאֵל, *K* יְחוּאֵל (?): *n. m.* (2 Cr 29.14).

יַחֲזִיאֵל *n. m.* (1 Cr 12.5).

יַחְזְיָה *n. m.* (Ed 10.15).

יְחֶזְקֵאל *n. m.* (Ez 24.24).

יְחִזְקִיָּה *n. m.* (Os 1.1).

יְחִזְקִיָּהוּ *n. m.* (2 Rs 20.10).

יַחְזֵרָה *n. m.* (Ne 11.13).

יְחִיאֵל *n. m.* (1 Cr 15.18).

יָחִיד (*de* יחד) *s. e adj. m., f.* יְחִידָה, *suf.* יְחִידָתִי; *pl.* יְחִידִים: único; sozinho, abandonado.

יְחִיָּה *n. m.* (1 Cr 15.24).

יָחִיל Lm 3.26: *l.* יָחִיל (*hifil de* יחל).

יחל [NI: *pf.* נוֹחֲלָה Ez 19.5 *l.* נוֹאֲלָה (*nifal de* יאל); *impf.* וַיִּיָּחֶל Gn 8.12 *l.* וַיְיַחֵל]. – PI: *pf.* יִחַלְתִּי, יִחֲלוּ, יִחֵלוּ, יִחַלְתָּנִי, יִחַלְנוּ; *impf.* אֲיַחֵלָה, יְיַחֵל, יְיַחֵלוּן, יְיַחֵלוּ; *imp.* יַחֵל; *pt.* מְיַחֲלִים: esperar, fazer esperar. – HI: *pf.* הוֹחַלְתִּי, הוֹחָלְתִּי; *impf.* אוֹחִיל, תּוֹחֵל, אוֹחִילָה; *imp.* הוֹחִילִי: aguardar.

יַחְלְאֵל *n. m.* (Gn 46.14).

יחם QAL: *impf.* וַיֵּחַמְנָה, וַיֶּחֱמוּ: estar em cio (Gn 30.38 ss.). – PI: *pf.* יֶחֱמַתְנִי; *inf.* יַחֵם, *suf.* 3ª *pl. f.* יַחְמֵנָה Gn 30.41: estar em cio, estar em ardor, conceber em ardor (sexual), pôr (rebanhos) em cio.

יַחְמוּר (*de* III חמר) corço (Dt 14.5; 1 Rs 5.3).

יַחְמַי *n. m.* (1 Cr 7.2).

יָחֵף *adj.:* descalço.

יַחְצְאֵל *n. m.* (Gn 46.24).

יַחְצִיאֵל *n. m.* (1 Cr 7.13).

יחר ? וַיֵּיחַר 2 Sm 20.5 *K; v.* HI אחר.

יחש HIT: *pf.* הִתְיַחֲשׂוּ; *inf.* הִתְיַחֵשׂ, *suf.* הִתְיַחְשָׂם; *pt.* מִתְיַחְשִׂים: registrar-se em linhagem genealógica; *inf.* = registro, genealogia.

יַחַשׂ (*de* יחשׂ) *m.:* genealogia.

יַחַת *n. m.* (1 Cr 4.2).

יֵחַת *v.* NI חתת; *v.* QAL נחת.

יטב QAL: *impf.* (*tb. representa o verbo* טוב) יִ(י)טַב, תֵּיטְבִי Na 3.8, וַיִּיטְבוּ: = טוב, ir bem, agradar. – HI: *pf.* הֵיטִיב, הֵיטַבְתָּ, הֵיטַבֹתִי, וְהֵיטִבוּ, הֵיטַבְנוּ, וְהֵיטִבְךָ; *impf.* יֵיטִיב (יֵיטִיב Jó 24.21 *é um erro*), יֵיטֵב, וַיֵּיטֶב, תֵּיטִיבִי, וַיֵּיטִיבוּ; *imp.* הֵיטִיבָה, הֵיטִיבִי; *inf.* הֵ(י)טִיב, הֵיטִבְךָ, הֵיטִיבִי, לְהֵיטִיבִי, הֵיטֵ(י)ב; *pt.* מֵ(י)טִ(י)ב, מֵיטִבִים, מֵיטִ(י)בִי: tratar bondosamente, tratar graciosamente, fazer bem a alguém, tornar algo bom; comportar-se bem; *adv.:* bem, profundamente.

יָטְבָה *n. l.* (2 Rs 21.19).

יָטְבָתָה *n. l.* (Nm 33.33).

יֻטָּה *n. l.: v.* יוּטָּה (Js 21.16).

יְטוּר *n. m.* (Gn 25.15).

יַיִן *m., cs.* יֵין, *suf.* יֵינוֹ, יֵינְךָ: vinho.

יַךְ *v.* HI נכה; 1 Sm 4.13 *l. c. Q* יַד.

יְכָנְיָה (Jr 27.20, *Q* / יְכָנְ, *K*?): *n. m.* = יְהוֹיָכִין.

יכח NI: *impf.* נִוָּכְחָה; *pt.* נוֹכָח, נֹכַחַת:

argumentar (judicialmente); ser justificado. – HI: *pf.* הֹ(וֹ)כִ(י)חַ, הוֹכַחְתָּ, *suf.* הוֹכַחְתִּיו; *impf.* יוֹכִיחַ, יוֹכַחְנוּ, יוֹכִיחוּ, אוֹכִיחַ, וַיּוֹכַח, יוֹכַח, תּוֹכִחֶךָ, אוֹכִיחֲךָ, אוֹכִיחֶךָּ, יוֹכִחֶךָ, יוֹכִחֵנִי; *inf.* הוֹכֵחַ, *cs.* הוֹכִיחַ *e* הוֹכַח; *imp.* הוֹכַח; *pt.* מוֹכִיחַ, מוֹכִיחִים: reprovar, repreender, julgar, decidir; מוֹכִיחַ: árbitro; determinar, designar. – HO: *pf.* הוּכַח: ser reprovado (Jó 33.19). – HIT: *impf.* יִתְוַכָּח: argumentar.

יְכִילְיָה *n. f.: l. c. Q* יְכָלְיָה (2 Cr 26.3).

יָכִין *n. m.* (2 Cr 3.17).

יָכִינִי *gent. de* יָכִין.

יכל QAL: *pf.* יָכֹ(וֹ)ל, יָכְלָה, וְיָכָלְתָּ, יָכֹלְתִּי, יְכָלְתִּיו, יָכְלוּ/כֹלוּ; *impf.* וַיֵּכַל, יוּכַל/כָל, יוּכְלוּ, יוּכְלוּן, יָכְלוּ, אוּכַל/כָל, וַתּוּכָל, נוּכְלָה, נוּכַל, תּוּכְלוּ; *inf. cs.* יְכֹלֶת, *abs.* יָכוֹל: segurar, suportar, ser capaz de, ter poder, poder, ousar; ser superior, prevalecer, vencer, conquistar; apreender, compreender.

יְכָלְיָהוּ *n. f.* (2 Rs 15.2).

יְכָנְיָהוּ (Jr 24.1), יְכָנְיָה: *n. m.*

ילד QAL: *pf.* יָלַד, יָלְ/לְדָה, יָלַדְתִּי, יָלְ/לְדוּ, *2ª f.* יְלִדְתִּנִי Jr 15.10, *1ª sg.* יְלִדְתִּיךָ, יְלָדַתְךָ/דָתְךָ; *impf.* יֵלֵד, תֵּלֵד, וַתֵּלֶד, יֵלֶד, וַיֵּלְדוּ, תֵּלַדְנָה/ןָ, יֵלְדוּ, וְאֵלֵד Pv 27.1, יֵלֵדוּן; *inf.* לָלֶדֶת, לְלֶדָה *e* לָלֶת 1 Sm 4.19, לְדְתִּי, לְדְתָּנָה Jó 19.2, *abs.* יָלוֹד; *pt.* יֹלֵד, יֹלֶדֶת, יֹלַדְתְּ וְיֹלַדְתְּ Gn 16.11, Jz 13.5-7 (*forma combinada c.* וְיֹלַדְתְּ), יוֹלֵדָה, יוֹלַדְתּוֹ/תֵּךְ, יוֹלַדְתְּכֶם, הַיּוֹלְדוֹת, *pass.* יָלוּד, *cs.* יְלוּד, הַיִּלּוֹדִים: dar à luz, gerar, parir; tornar-se pai. – NI: *pf.* נוֹלַד, נוֹלְדוּ; *impf.* יִוָּלֵד, אִוָּלֵד־, יִוָּלְדוּ, יִוָּלֵדוּ; *inf.* הִוָּלֵד, הִוָּלְדוֹ; *pt.* נוֹלַד, הַנּוֹלַד־לוֹ Gn 31.3, נוֹלָדִים: nascer, ser nascido. – PI: *inf.* יַלֶּדְכֶם; *pt.* מְיַלֶּדֶת, מְיַלְּדוֹת: ajudar a dar à luz; parteira. – PU: *pf.* יֻלַּד/יוּלַּד, יֻ/יֻלְּדָה, יֻלַּדְתִּי, יֻלְּדוּ/לָּדוּ, יֻלַּדְתֶּם; *pt.* הַיִּלּוֹד, יִלֹּד Jz 13.8: nascer, ser nascido. HI: *pf.* הוֹלִיד, הוֹלַדְתָּ, הוֹלִידָה, הוֹלִידוּ; *impf.* יוֹלִיד, וַיּוֹלֶד; *imp.* הוֹלִידוּ; *inf.* הוֹלִידוֹ, הוֹלֵד; *pt.* מוֹלִיד, מוֹלִדִים: gerar, fazer dar à luz. – HO: *inf.* הוּלֶדֶת *e* הֻלֶּדֶת: ser nascido. – HIT: *impf.* וַיִּתְיַלְדוּ: ter a descendência reconhecida.

יֶלֶד (*de* ילד) *m., pl.* יְלָדִים, *cs.* יַלְדֵי *e* יִלְדֵי (Is 57.4), *i. p.* יָלֶד, *suf.* יְלָדָיו, יַלְדֵיהֶם: menino, criança, filhote (animais).

יַלְדָּה *f., pl.* יְלָדוֹת: moça.

יַלְדוּת (*de* ילד) *f., suf.* יַלְדוּתֶךָ, יַלְדֻתֶךָ: infância, juventude.

ילה QAL: *impf.* וַתֵּלַהּ: estar ansioso (Gn 47.13).

יִלּוֹד (*de* ילד) *adj.:* nascido.

יָלוֹן *n. m.* (1 Cr 4.17).

יָלִיד (*de* ילד) *adj., cs.* יְלִיד; *pl. cs.* יְלִידֵי: filho, escravo (nascido em casa).

ילל HI: *pf.* הֵילִיל; *impf.* יְיֵלִיל, אֵילִיל, תְּיֵלִילוּ, יְהֵילִילוּ Is 52.5, יְיֵלִילוּ, אֵילִילָה, תְּהֵילִילוּ; *imp.* הֵילֵל, הֵילִילִי, הֵילִ(י)לוּ: uivar, lamentar.

יְלֵל (*de* ילל) uivo, lamento (Dt 32.10).

יְלָלָה (*de* ילל) *f., cs.* יִלְלַת, *suf.* יִלְלָתָהּ: lamento.

יָלַע *v.* I לעע.

יַלֶּפֶת *f.:* impigem (Lv 21.20; 22.22).

יֶלֶק *m., i. p.* יָלֶק: gafanhoto.

יַלְקוּט (*de* לקט): surrão de pastor (1 Sm 17.40).

יָם *m., cs. ger.* (־)יָם, *mas sempre* יַם־סוּף; *loc.* יָמָּה, *suf.* יַמָּהּ; *pl.* יַמִּים: mar; oeste.

יְמוּאֵל *n. m.* (Nm 26.12).

יְמִימָה *n. f.* (Jó 42.14).

I יָמִין (*de* ימן) *f., cs.* יְמִין, בִּימִין, מִימִין, *suf.* יְמִינוֹ: direito (lado); juramento; sul.

II יָמִין *n. m.* (Gn 46.10).

יְמִינִי Ez 4.6 *e* 2 Cr 3.17: *Q* הַיְמָנִי, *K* הַיְמִינִי: *adj.:* direito.

יְמִינִי *gent. de* בִּנְיָמִין: בֶּן־יְמִינִי (1 Sm 9.21); בֶּן־הַיְמִינִי (1 Rs 2.8); *pl.* בְּנֵי־יְמִינִי (Jz 19.16); אִישׁ־יְמִינִי (2 Sm 20.1); בֶּן־אִישׁ יְמִינִי (1 Sm 9.1); אֶרֶץ־יְמִינִי (1 Sm 9.4).

יִמְלָא 2 Cr 18.7 ss. *e* יִמְלָה 1 Rs 22.8 ss: *n. m.*

יַמְלֵךְ *n. m.* (1 Cr 4.34).

יֵמִם *tradicionalmente*: mulas; *Vulgata*: fontes termais; *outros*: víboras; Gn 36.24.

ימן HI: *impf.* תְּאֲמִינוּ, אֵימִינָה; *imp.* הֵימִינוּ; *inf.* לְהֵמִין; *pt.* מַיְמִינִים: conservar a direita, ir para a direita; *pt.* o que usa a mão direita.

יִמְנָה *n. m.* (Gn 46.17).

יְמָנִי *K* Ez 4.6 *e* 2 Cr 3.17 יְמִינִי; *adj., f.* יְמָנִית: direito; meridional.

יִמְנָע *n. m.* (1 Cr 7.35).

ימר HI: *pf.* הֵימִיר: trocar (Jr 2.11). – HIT: *impf.* תִּתְיַמָּרוּ Is 61.6: *v.* II אמר.

יִמְרָה *n. m.* (1 Cr 7.36).

ימשׁ HI: *impf.* הֲיִמְשֵׁנִי Jz 16.26: *K* יְהֵימִשֵׁנִי, *l. Q* וַהֲמִישֵׁנִי: *v.* I מושׁ.

ינה QAL: *pt. f.* יוֹנָה, *pl.* יוֹנִים: ser violento, oprimir. – HI: *pf.* הוֹנָה, הוֹנוּ; *impf.* תּוֹנֻנוּ, תּ(ו)נוּ, יוֹנֶה; *inf.* הוֹנָתָם; *pt.* מוֹנַיִךְ: oprimir.

יָנוֹחַ *n. l., loc.* יָנוֹחָה (Js 16.6).

יָנוּם *K* יָנִים: *n. l.* (Js 15.53).

יְנִיקָה★ (*de* ינק) *f., pl. suf.* יְנִיקוֹתָיו: renovo (da planta) (Ez 17.4).

ינק QAL: *pf.* יָנָקְתְּ; *impf.* תִּינָקִי, יִינָק, אִינָק, תִּינְקוּ, יִינָקוּ, *pt. v.* יוֹנֵק *e* יוֹנֶקֶת: mamar, chupar. – HI: *pf.* הֵינִיקָה, הֵינִיקוּ; *impf.* וַיְנִקֵהוּ, וַתֵּינֶק, תֵּינִיק, וַתְּנִיקֵהוּ Êx 2.9; *imp.* הֵינִקֵהוּ; *inf.* הֵינִיק; *pt. v.* מֵינֶקֶת, מֵינִקְתָּהּ, *pl.* מֵינִיקוֹת, *suf.* מֵינִיקֹתַיִךְ: amamentar, aleitar; fazer mamar.

יַנְשׁוּף *e* Is 34.1 יַנְשׁוֹף (*de* נשׁף): íbis, bufo.

יסד I QAL: *pf.* יָסַד, יָסַדְתִּי, יְסָדָהּ, יְסַדְתּוֹ, וִיסַדְתִּיךְ; *inf.* יְסוֹד, לִיסוֹד, 2 Cr 31.7 לְיִסּוֹד, יָסְדִי; *pt.* יֹסֵד: lançar o fundamento; destinar, designar. – NI: *impf.* תִּוָּסֵד; *inf. suf.* הִוָּסְדָהּ: ser fundado. – PI: pf. יִסַּד, יִסְּדוּ; *impf.* יְיַסְּדֶנָּה; *inf.* יַסֵּד: fundar, pôr os alicerces; determinar, apontar, empossar. – PU: *pf.* יֻסַּד; *pt.* מְיֻסָּד; *pl.* מְיֻסָּדִים, *f. cs.* מְיֻסְּדוֹת Ez 41.8 *K*: ser fundado, ser fundamentado; *pt. pl.*: fundamentos. – HO: *inf.* הוּסַד; *pt.* מוּסָד: ser fundamentado.

יסד II NI: *pf.* נוֹסְדוּ; *inf.* הִוָּסְדָם: associar-se, conspirar.

יְסֻד Ed 7.9: *l.* יִסַּד.

יְסוֹד (*de* יסד) *f.* Ed 13.17, *m.* Jó 22.16, *suf.* יְסֹדוֹ, *pl. suf.* יְסוֹדֶיהָ, יְסוֹדֹתֶיהָ: alicerce, base.

יִסּוֹד 2 Cr 31.7: *v.* QAL I יסד.

יְסוּדָה★ (*de* I יסד) *f., suf.* יְסוּדָתוֹ: fundação, estabelecimento (Sl 87.1).

יִסּוֹר (*de* יסר) *m.* censurador (?) (Jó 40.2).

יְסוּרַי Jr 17.3: *l.* וְסוּרֶיךָ.

יִסְכָּה *n.f.* (Gn 11.29).

יִסְמַכְיָהוּ *n. m.* (2 Cr 31.13).

יסף QAL: *pf.* יָסַף, יָסַף, יָסְפוּ, יָסַפְנוּ; *imp.* סְפוּ; *inf.* (לִ)סְפוֹת; *pt.* יוֹסֵף 1 Sm 27.4 *K* (*Q pf.*), יֹסְפִים: acrescentar, continuar a. – NI: *pf.* נוֹסַף, נוֹסְפָה; *pt.* נוֹסָף, נוֹסָפוֹת: ser acrescentado. – HI: *pf.* הוֹסִיף, ה(ו)סַפְתִּי; *impf.* י(ו)סִ(י)ף, יוֹסֵף, וַיֹּ(ו)סֶף, תּ(ו)סִיף, וַתּוֹסֶף, תּוֹסֵף, תּוֹסַף, תּוֹסֶף, אֹ(ו)סִ(י)ף, אֹ(ו)סֵף, אֹסְפָה, תּ/יֹ(ו)סִ(י)פוּן; *inf.* ה(ו)סִיף; *pt.* מוֹסִיפִים: acrescentar, superar, aumentar, continuar a fazer; *c. negação*: não mais.

יסר I QAL: *pt.* יֹסֵר: ensinar (Sl 94.10). – NI: *impf.* יִוָּסֵר, תִּוָּסְרוּ; *imp.* הִוָּסְרִי, הִוָּסְרוּ: deixar-se instruir, buscar conselho. – PI: *pf.* יִסַּר, יִסַּרְתִּי, יִסְּרוּ, יִסְּרוּנִי, יִסַּרְתִּיו, יִסַּרְתַּנִי, יִסְּרוּ/רָנִי; *impf.* אֲ/יְיַסֵּר, תְּיַסְּרֵנִי/רֶנִּי, תְּיַסְּרֶךָּ; *imp.* יַסֵּר,

יִסְּרוּ, יִסְּרֵנִי; *inf.* יַסְּרָה Lv. 26.18; יַסֵּרְךָ; *pt.* מְיַסֶּרְךָ: castigar, disciplinar, censurar, ensinar, treinar, guiar. – NITPAEL *pf.* נִוַּסְּרוּ: deixar-se admoestar (Ez 23.48).

II יסר PI: *pf.* יִסַּרְתִּי, יִסַּרְתָּ: fortalecer.

יָסֹר 1 Cr 15.22: inspetor, instrutor.

★יָעֶה?, ★יָע *pl.* יָעִים, *suf.* יָעָיו: pá.

יַעְבֵּץ *n. l. e n. m.* (1 Cr 4.9).

יעד QAL: *pf.* יָעֲדוֹ, יְעָדָהּ; *impf.* יִיעָדֶנָּה: designar. – NI: *pf.* נ(וֹ)עַדְתִּי, נוֹעֲדוּ/עָדוּ; *impf.* וַיִּוָּעֲדוּ; *pt.* נוֹעָדִים: aparecer, vir, juntar-se, concordar, revelar-se. – HI: *impf.* יוֹעִדֵנִי, יֹעִדֵנִי: intimar. – HO: *pf.* מֻעָדוֹת: dirigido, ordenado (Ez 21.21).

יַעְדָּה *cj. por* יַעְרָה 1 Cr 9.42 (*c. alguns MSS e Versões*): *n. m.*

יֶעְדּוֹ *Q, K* יֶעְדִּי: *n. m.* (2 Cr 9.29).

יעה QAL: *pf.* יָעָה: arrebatar (Is 28.17).

יְעוּאֵל *muitas vezes Q* יְעִיאֵל: *n. m.* (1 Cr 9.6).

יְעוּץ *n. m.* (*ou tr.*): (1 Cr 8.10).

יָעוּר *n. m.* 1 Cr 20.5 *K, v. Q* יָעִיר.

יְעוֹרִים Ez 34.25: *v.* I יַעַר.

יְעוּשׁ Gn 36.5,14 *e* 1 Cr 7.10 *Q, K* יְעִישׁ: *n. m.*

יעז NI: *pt.* נוֹעָז: insolente (Is 33.19).

יַעֲזִיאֵל *n. m.* (1 Cr 15.18).

יַעֲזִיָּהוּ *n. m.* (1 Cr 24.26).

יַעְזֵר, יַעֲזֵיר : *n. l.* (1 Cr 6.66).

★יעט Is 61.10: *v.* עטה.

יְעִיאֵל *n. m., K v.* יְעוּאֵל (1 Cr 5.7).

יָעִיר *Q, K* יָעוּר: *n. m.* (1 Cr 20.5).

יְעִישׁ *n. m.* 1 Cr 7.10 *K, v.* יְעוּשׁ

יַעְכָּן *n. m.* (1 Cr 5.13).

יעל HI: *pf.* הוֹעִיל; *impf.* יוֹעִיל, אֹעִיל, יֹ(וֹ)עִ(י)לוּ, יוֹעִילוּךָ; *inf.* הוֹעִיל, *abs.* הוֹעֵ(י)ל (Jr 23.32); *pt.* מוֹעִיל: ajudar, ser útil; ter proveito, levar vantagem.

I יָעֵל *pl.* יְעֵלִים, *cs.* יַעֲלֵי: cabrito montês.

II יָעֵל *n.f.* (Jz 4.17).

יַעְלָא Ne 7.58 *e* יַעֲלָה Ed 2.56: *n. m.*

★יַעֲלָה cabrita montês (Pv 5.19).

יַעֲלָה Ed 2.56: *n. m.*: *v.* יַעֲלָה.

יַעְלָם *n. m.* (Gn 36.5).

יַעַן *prep.*: por causa de; יַעַן מֶה: por quê?; *conj.*: porque.

יָעֵן Lm 4.3 כִּי עֵנִים, *l. Q* כַּיְעֵינִים (*K*?): avestruz, *v.* יַעֲנָה.

יַעֲנָה *f., sing.* בַּת הַיַּעֲנָה Dt 14.15, *pl.* בְּנוֹת יַעֲנָה Is 13.21: avestruz.

יַעְנַי *n. m.* (1 Cr 5.12).

I יעף QAL: *pf.* יָעֵפוּ; *impf.* יִיעַף, וַיִּיעָף, יִעֲפוּ, יִעָפוּ: cansar.

II יעף HO: *pt.* מֻעָף Dn 9.21: profundamente cansado.

יָעֵף (*de* יעף) *adj, pl.* יְעֵפִים: fatigado, exausto.

יְעָף vôo (Dn 9.21).

יעץ QAL: *pf.* יָעַץ, יָעַץ, יָעֲצָה/צָנִי, יְעָצָה, יָעֲצוּ, יְעָצָהוּ; *impf.* אִיעָצְךָ/צֵךְ, אִיעָצָה; *pt.* י(וֹ)עֵץ, יֹעֲצֵךְ, יֹעֲצוֹ, *pl.* יוֹעֲצִים, *cs.* יֹעֲצֵי, *suf.* יְעֲצַיִךְ, *pass.* יְעוּצָה: avisar, aconselhar, planejar, decidir. – NI: *pf.* נוֹעַץ, נוֹעֲצוּ; *impf.* וַיִּוָּעֵץ, יִוָּעֲצוּ, נִוָּעֲצָה, *pt.* נוֹעָצִים: deixar-se aconselhar, consultar, deliberar, avisar (após consulta), decidir. – HIT: *impf.* יִתְיָעֲצוּ: aconselhar-se (Sl 83.4).

יַעֲקוֹב, יַעֲקֹב *n. m.* (Gn 32.28), *n.p.* (Jr 10.25).

יַעֲקֹבָה *n. m.* (1 Cr 4.36).

יַעֲקָן *n. l.* (1 Cr 1.42).

I יַעַר, יָעַר *m., suf.* יַעְרוֹ, יַעֲרוֹ/רָהּ *loc.* הַיַּעְרָה; *pl.* יְעָרִים: sarça, mata, floresta; parque.

II יַעַר *pl. cs.* יַעֲרֵי: favo de mel (1 Sm 14.26, Ct 5.1).

I ★יַעֲרָה (*de* II יער) *f., cs.* יַעֲרַת: favo de mel (1 Sm 14.27).

II ★יַעֲרָה *cj.* (*de* II יער) *f., pl.* יְעָרוֹת: cabrito (Sl 29.9).

יְעָרָה, יַעְרָה *n. m.* (1 Cr 9.42).

יַעְרֵי *n. m.* (2 Sm 21.19).

יַעֲרֶשְׁיָה *n. m.* (1 Cr 8.27).

יַעֲשָׂו *n. m.* (Ed 10.37).

יַעֲשִׂיאֵל *n. m.* (1 Cr 11.47).

יִפְדְיָה *n. m.* (1 Cr 8.25).

יפה QAL: *pf.* יָפִית; *impf.* וַיִּיף (*forma combinada de qal e piel* Ez 31.7), וַתִּיפִי: tornar-se belo. – PI: *impf.* וַיְיַפֵּהוּ: enfeitar, adornar (Jr 10.4). – HIT: *impf.* תִּתְיַפִּי: embelezar-se (Jr 4.30).

יָפֶה (*de* יפה) *adj.*, *cs.* יְפֵה, *f.* יָפָה, יְפַת, *suf.* יָפָתִי; *pl. f.* יָפוֹת, *cs.* יְפוֹת: elegante, bonito; = טוֹב: correto, apropriado.

יְפֵיפִיָּה *cj. m.* ★יְפֵפֶה: muito formosa (Jr 46.20).

יָפוֹ, יָפוֹא : *n. l.* (Jn 1.3).

יפח HIT: *impf.* תִּתְיַפֵּחַ: arfar, ofegar (Jr 4.31).

יָפֵחַ *adj. cs.* וִיפֵחַ: ofegante (?) Sl 27.12; *txt. corr.*

★יְפִי, יֳפִי *m. cs.* יְפִי, *suf.* יָפְיֵךְ, יָפְיוֹ: beleza.

I יָפִיעַ *n. l.* (Js 19.12).

II יָפִיעַ *n. m.* (2 Sm 5.15).

יַפְלֵט *n. m.* (1 Cr 7.32).

יַפְלֵטִי *gent. de* יַפְלֵט > *n. l.* (Js 16.3).

יְפֻנֶּה *n. m.* (Nm 13.6).

יפע HI: *pf.* הוֹפִיעַ, הוֹפַעְתָּ; *impf.* תּוֹפַע, וַתּוֹפַע; *imp.* הוֹפִיעָה: resplandecer, raiar, mostrar-se radiante.

★יִפְעָה (*de* יפע) *f.*, יִפְעָתֵךְ: resplendor (Ez 28.7, 17).

יֶפֶת *n. m.* (Gn 5.32).

I יִפְתָּח *n. l.* (Js 15.43).

II יִפְתָּח *n. m.* (1 Sm 12.11).

יִפְתַּח־אֵל *n. l.* (Js 19.14).

יצא QAL: *pf.* יָצָא, יָצְאָה, יָצָאתָ, יָצָאתִי *e* יָצָתִי, יָצְאוּ/צָאוּ; *impf.* יֵצֵא, וַיֵּצֵא, יֵצְאוּ/צֵאוּ, וַתֵּצֶאנָ(ה); *imp.* צֵא, צְאָה, צְאִי, צְאִינָה, צֵאִי; *inf.* צֵאת, לָצֵאת, *cs.* לְצֵאת, צֵאתְךָ, צֵאתוֹ, בְּצֵאתוֹ, *abs.* יָצ(וֹ)א; *pt.* יֹ(וֹ)צֵא, יוֹצְאָה (> יֹצְאָה) *e* יֹצֵאת (> יוֹצֵאת), יֹצְאִים, יֹצְאֵי: sair, apresentar-se, avançar, expor, proceder. – HI: *pf.* הוֹצִיא, הוֹצֵאתָ, הוֹצִיאוֹ, הוֹצֵאתֶם, הוֹצִיאַנִי/אָנִי, הוֹצִיאֲךָ, הוֹצֵאתִיךָ, ה(וֹ)צֵאתַנִי/תָנִי; *impf.* יֹ(וֹ)צִ(י)א, וַיּוֹצֵא, וַיֹּצֵא, וַיּוֹצִאָה, תּוֹצִיא/צֵא, וַתּוֹצֵא, אוֹצִ(י)אָה, וָאוֹצִ(י)אָה, וַיּוֹצִ(י)אוּם, וַיֹּצִאֵהוּ, וָאוֹצִיאֵם; *imp.* הוֹצֵא, הוֹצֵא (K הוֹצֵא, Q הַיְצֵא) הַוְצֵא, הוֹצִיאִי, הוֹצִיאֵם, הוֹצִאֵהוּ; *inf.* הוֹצִיא, הוֹצִיאֲךָ, הוֹצִיאָם, הוֹצִיאֵהוּ, לְהוֹצִיאֵהוּ; *pt.* מוֹצִיא, מוֹצֵא, מוֹצֵאת, מוֹצִיאִים, מוֹצִיאֵי: fazer sair, levar para fora, produzir. – HO: *pf.* הוּצָאָה; *pt.* מוּצֵאת, מוּצָאִים, מוּצָאוֹת: ser levado para fora, ser excluído.

יצב HIT: *pf.* הִתְיַצְּבוּ; *impf.* יִתְיַצֵּב, יִתְיַצֵּב, יִתְיַצָּב, אֶתְיַצְּבָה, *por* וַתֵּתַצַּב Êx 2.4 *l.* וַתִּתְיַצֵּב; *imp.* הִתְיַצֵּב, הִתְיַצְּבָה, הִתְיַצְּבוּ; *inf.* הִתְיַצֵּב: posicionar-se, permanecer firme; aparecer, surgir; resistir.

יצג HI: *pf.* הִצִּיגַנִי, הִצַּגְתִּיו; *impf.* וַיַּצֵּג, תַּצִּיג, אַצִּיגָה, וַיַּצִּגוּ; *imp.* הַצִּיגוּ; *inf.* הַצֵּג; *pt.* מַצִּיג: colocar, pôr, apresentar, produzir. – HO: *impf.* יֻצַּג: ser deixado atrás (Êx 10.24).

I יִצְהָר (*de* צהר) *m.*, *suf.* יִצְהָרֶךָ: óleo de oliva.

II יִצְהָר *n. m.* (Êx 6.18).

יִצְהָרִי *gent. de* II יִצְהָר (Nm 3.27).

I ★יָצוּעַ (*de* יצע) *pl.* יְצוּעֵי, יְצוּעָי: leito, cama.

II יָצוּעַ 1 Rs 6.5,10 *K*: *v.* יָצִיעַ *Q*.

יִצְחָק *n. m.* (Gn 17.17).

יָצְחַק 1 Cr 4.7: *n. m.*; *l. Q v.* וְצֹחַר, *K* ? יִצְחַר.

יָצִיא 2 Cr 32.21 *Q* מִיצִיאֵי (מִן *c. cs. pl.*), *K* ?: descendente: מִיצִיאֵי מֵעָיו: alguns dos seus próprios filhos.

★יָצִיעַ 1 Rs 6.5, 10 *Q*, *K* II יָצוּעַ; *t.t. arquit. desconhecido; ger:* anexo (da construção).

יצע HI: *impf.* יַצִּיעַ, אַצִּיעָה: estender o

leito (Is 58.5; Sl 139.8). – HO: *impf.* יֻצַּע: ser estendido para leito.

יצק QAL: *pf.* יָצַק, יָצַקְתָּ, יְצָקָם; *impf.* וַיִּצֹק, וַתִּצֹק, וַיִּצֶק, וַיִּצְקוּ; *imp.* יְצֹק *e* צַק; *inf.* צֶקֶת; *pt. pass.* יָצוּק, יְצוּקִים, יְצֻקִים: servir (alimento), fundir, derramar, espalhar. – HI: *impf.* וַיַּצִּקֵם, וַיַּצִּקוּ; *pt.* מוֹצֶקֶת 2 Rs 4.5 *Q* (*K* מֵיצֶקֶת *ou* מְיַצֶּקֶת): esvaziar (Js 7.23); encher (2 Rs 4.5). – HO: *pf.* הוּצַק; *impf.* יוּצַק; *pt.* מוּצָק, מֻצָק, *cs.* מוּצַק: ser esvaziado / derramado; ser fundido / bem fundamentado.

יְצֻקָה* (*de* יצק) *f.*, *suf.* יְצֻקָתוֹ: fundição (1 Rs 7.24).

יצר QAL: *pf.* יָצַר, יָצָר, יְצָרוֹ, יְצַרְתָּם, יְצַרְתִּיו; *impf.* וַיִּ(י)צֶר, יִצְּרֵהוּ, אֶצָּורְךָ (*Q* אֶצָּרְךָ, *K* אֶצּוֹרְךָ) Jr 1.5; *pt.* יֹ(וֹ)צֵר, יֹצְרוֹ, יֹצְרֵנוּ, יֹצֶרְךָ, *pl.* יֹצְרִים, יֹצְרֵי: plasmar, formar, amoldar, criar. – NI: *pf.* נוֹצַר: ser formado (Is 43.10). – PU (*ou qal pass.*): *impf.* יוּצַּר: ser plasmado (por Deus) (Is 54.17).

יֹצֵר *v.* יוֹצֵר: *pt. de* יצר.

I יֵצֶר (*de* יצר) *m.*: forma; pensamento, desígnio, impulso.

II יֵצֶר *n. m.* (Gn 46.24).

יְצֻרִים (*de* יצר) *m. pl.*, *suf.* יְצֻרַי:?, membros ou órgãos internos (Jó 17.7).

יצת QAL: *impf.* וַתִּצַּת, יִצְּתוּ, תִּצַּתְנָה: *c.* בְּ: acender; *c.* בָּאֵשׁ: queimar. – NI: *pf.* נִצְּתָה, נִצְּתוּ: tornar-se inflamado; ser queimado. – HI: *pf.* הִצִּית, הִצַּתִּי, הִצִּיתוּ; *impf.* וַיַּצֶּת־, וַיַּצִּ(י)תוּ, תַּצִּיתוּ; *imp.* הַצִּיתוּהָ 2 Sm 14.30 *Q* (*K* הוציתיה); *pt.* מַצִּית: incendiar, pôr fogo.

יֶקֶב, יֶ֫קֶב (*de* יקב) *m.*, *suf.* יִקְבֶךָ, *pl.* יְקָבִים, *cs.* יִקְבֵי: lagar.

יְקַבְצְאֵל* *n. l.* Ne 11.25: *v.* קַבְצְאֵל.

יקד QAL: *impf.* יֵקַד, יִתְיַקַּד; *pt.* יֹקֶדֶת: queimar. – HO: *impf.* תּוּקַד: ser aceso.

יְקֹד queima (Is 10.16).

יָקְדְעָם *n. l.* (Js 15.56).

יָקֶה *n. m.* (Pv 30.1).

יְקָהָה, יִקְּהָה* *f.*, *cs.* יִקְּהַת, לִיקֲּהַת: obediência (Gn 49.10; Pv 30.17).

יְקוֹד lareira (Is 30.14).

יָקוֹט Jó 8.14: *txt. corr.*; *l.* קִשְׁרֵי קַיִט: verão.

יְקוּם (*de* קום) הַיְקוּם: o que subsiste.

יָקוֹשׁ Sl 91.3 *e* Pv 6.5, יָקוּשׁ Os 9.8: *pl.* יְקוּשִׁים: passarinheiro.

יְקוּתִיאֵל *n. m.* (1 Cr 4.18).

יקח *cj.* HI: *impf.* *l.* וַיֵּקַח *por* וַיִּקַּח: ter audácia (Nm 16.1).

יָקְטָן *n. m.* (Gn 10.25).

יָקִים *n. m.* (1 Cr 8.9; 24.12).

יַקִּיר (*de* יקר) *adj.*: precioso, querido (Jr 31.20).

יְקַמְיָה *n. m.* (1 Cr 2.41).

יְקַמְעָם *n. m.* (1 Cr 23.19).

יָקְמְעָם 1 Cr 6.53 e יָקְמְעָם 1 Rs 4.12: *n. l.*

יָקְנְעָם *n. l.* (Js 12.22).

יקע QAL: *impf.* (וַ)תֵּקַע: virar-se abruptamente; deslocar (junta da coxa). – HI: *pf.* הוֹקַעֲנוּם; *impf.* וַיֹּקִיעוּם; *imp.* הוֹקַע: expor (os mortos?) com membros quebrados. – HO: *pt.* מוּקָעִים: ser exposto (o morto) com os membros quebrados (2 Sm 21.13).

יִקְפָּאוּן Zc 14.6: *l.* וְקִפָּאוֹן.

יקץ QAL: *impf.* וַיִּ(י)קַץ, וַיִּיקַץ (HI קיץ) וָאִיקָץ, יִקְצוּ Hc 2.7: acordar.

יקר QAL: *pf.* יָקְרָה, יָקַרְתִּי; *impf.* יֵ(י)קַר, וַיֵּיקַר, תֵּיקַר: ser difícil, ter valor, ser precioso / raro / honrado. HI: *impf.* אוֹקִיר; *imp.* הֹקַר: tornar precioso / raro; *c.* רֶגֶל: visitar raramente.

יָקָר (*de* יקר) *adj.*, *f.* יְקָרָה, *cs.* יְקַרַת; *pl.* יְקָרִים, *f.* יְקָר(וֹ)ת: raro, precioso, caro, de valor, nobre.

יְקָר (*de* יקר) *m., cs.* יְקָר, *suf.* יְקָרוֹ: preciosidade, esplendor, valor, honra.

יקשׁ QAL: *pf.* יָקֹשְׁתִּי, יָקְשׁוּ; *pt.* יֹקְשִׁים: apanhar (pássaros) com armadilha. – NI: *pf.* נוֹקַשְׁתְּ, נוֹקְשׁוּ; *impf.* תִּוָּקֵשׁ: ser apanhado; ser enredado. – PU: *pt.* יוּקָשִׁים: apanhado.

יָקְשָׁן *n. m.* (Gn 25.2).

יָקְתְאֵל *n. l.* (2 Rs 14.7).

I ירא QAL: *pf.* יָרֵא, יָרֵאָה, יָרֵאתִי, יְרֵאתֶם, יְרֵאוּנִי, יְרֵאוּהוּ, יָרֵאנוּ; *impf.* יִירָא, יִרְאוּ, וָאִירָא, תִּירָא, תִּירְאִי, תִּירָאִי, וַיִּירָא, וַתִּירֶאנָה, תִּירָאוּן, וְיִרְאוּן, וַיִּירָאוּ, וַיִּירְאוּ, יִ(י)רָאוּךָ, אִירָאֶנִּי, וַיִּירָאֵנִי, יִרָאֶךָּ, וַנִּירָא, תִּירָאֵם, תִּירָאוּם; *imp.* יְרָא, יִרְאוּ *e* יִירְאוּ Js 24.14; *inf.* יְרֹא, לְרֹא, *ger.* יִרְאָה; *pt. v.* יָרֵא: temer, tributar reverência, ter medo. – NI: *impf.* תִּוָּרֵא; *pt.* נוֹרָא, נוֹרָאָה, נוֹרָאוֹת, נוֹרְאֹתֶיךָ: ser temido, ser reverenciado, ser venerado; temido, temível. – PI: *pf.* יֵרְאוּנִי; *inf.* יָרְאֵנִי, יָרְאָם; *pt.* מְיָרְאִים: intimidar, alarmar.

II ירא *v.* I ירה QAL, HI; – III ירא: *v.* II ירה HO.

יָרֵא (*de* I ירא) *m., cs.* יְרֵא, *f. cs.* יִרְאַת; *pl.* יְרֵאִים, יִרְאֵי: temor; temeroso.

יִרְאָה (*de* I ירא) *f. cs.* יִרְאַת, *suf.* יִרְאָתוֹ: temor, reverência.

יִרְאוֹן *n. l.* (Js 19.38).

יִרְאִיָּיה *n. m.* (Jr 37.13s).

יָרֵב Os 5.13 *e* 10.6: *designação do rei assírio:* = "grande rei".

יְרֻבַּעַל *n. m.* (Jz 6.32).

יָרָבְעָם *n. m.* (2 Rs 13.13).

יְרֻבֶּשֶׁת *n. m., deformação* < יְרֻבַּעַל (2 Sm 12.21).

ירד QAL: *pf.* יָרַד, יָרֵד, *2ª f.* יָרַדְתִּי Rt 3.3 *K*; *impf.* יֵרֵד, וַיֵּרֶד, וַיֵּרַד, תֵּרֵד, אֵרְדָה, וָאֵרֵד, (וַ)תֵּרֶד, תֵּרֶד, תֵּרַד, נֵרְדָה, נֵרֵד, תֵּרַדְנָה, יֵרְדוּ; *imp.* רֵד, רְדָה, רֵדָה, רְדִי, רְדוּ; *inf.* (מִ/לְ/בְּ)רֶדֶת, בְּרִדְתִּי, מִיָּרְדִי Sl 30.4 *Q, abs.* יָרֹד; *pt.* יֹ(וֹ)רֵד, יֹרְדָה, יֹ(וֹ)רְדִים, יֹ(וֹ)רְדֵי, יֹ(וֹ)רְדוֹת: *maioria das vezes* descer, *ocasionalmente* subir, precipitar. – HI: *pf.* הוֹרִד, הוֹרִידוּ, הוֹרַדְתֶּם/נוּ, הוֹרַדְתִּיךָ, הוֹרִדֵהוּ, וַיֹּ(וֹ)רֶד, וַיֹּרִדֵהוּ; *impf.* וַיּוֹרִידוּם, יוֹרִידוּ, וַתּוֹרִדֵם, תּוֹרֵד; *imp.* הוֹרֵד, הוֹרִדֻמוֹ, הוֹרִידִי/דוּ; *inf.* הוֹרִיד, הוֹרִידִי; *pt.* מוֹרִיד: trazer / lançar para baixo, fazer cair (a chuva), submeter. – HO: *pf.* הוּרַד, הוּרַדְתְּ; *impf.* תּוּרַד: ser levado para baixo, derrubar.

יֶרֶד *n. m.* (Gn 5.15).

יַרְדֵּן Sl 42.7 *e* Jó 40.23, *em outros lugares* הַיַּרְדֵּן *e* הַיַּרְדֵּנָה: *n.r.*

I ירה QAL: *pf.* יָרָה, יָרִיתִי; *impf.* וַנִּירָם; *imp.* יְרֵה; *inf.* לִירוֹא, לִירוֹת, *abs.* יָרֹה; *pt.* יֹרֶה, יֹ(וֹ)רִים: lançar, atirar. – NI: *impf.* יִיָּרֶה ser frechado (Êx 19.13). – HI: *pf.* הוֹרָנִי; *impf.* יוֹרֶה, וַיּוֹר, אוֹרֶה, יֹרוּ, וַיֹּרֵם, יֹרֵהוּ; *pt.* מוֹרֶה, מוֹרִים, וַיֹּראוּ הַמּוֹרְאִים 2 Sm 11.24 (*Q* וַיֹּרוּ הַמּוֹרִים): atirar, lançar.

II ירה HI: *impf.* יוֹרֶה: dar de beber (Os 6.3); *fig. c.* צֶדֶק: chover (Os 10.12). – HO: Pv 11.25 יוֹרֶא: *MSS* יוּרֶה: dessedentado.

III ירה HI: *pf.* הוֹרָנִי, הוֹרָהוּ, הוֹרֵיתִי, הֹ(וֹ)רֵיתִיךָ; *impf.* יוֹרֶה, וַיֹּרֵנִי, יוֹרוּ(ךָ), אוֹרְךָ, תֹּרֶךָ, (?)תֹּרְךָ, יֹ(וֹ)רֵנִי/רֵם; *imp.* הוֹרוּנִי, הֹ(וֹ)רֵנִי; *inf.* הוֹרוֹת; *pt.* מוֹרֶה (Is 9.14 *e* Hc 2.18 מוֹרֶה שָׁקֶר *cs* ?), *pl.* מוֹרֶיךָ, מוֹרָי: instruir, ensinar.

ירה QAL: *impf.* תִּרְהוּ: estar estupefato (Is 44.8).

יְרוּאֵל *n. l.* (2 Cr 20.16).

יָרוֹחַ *n. m.* (1 Cr 5.14).

יָרוּם *ger. como impf. de* רום, *mas sugestão*: *pt.* QAL *pass. de* ירם: ser exaltado.

יָרוֹק plantas verdejantes (Jó 39.8).

יְרוּשָׁא *n.f.* 2 Rs 15.33 < יְרוּשָׁה 2 Cr 27.1.

יְרוּשָׁלַםִ *tb.* יְרוּשָׁלֵם, *sempre assim, exceto* Jr 26.18; Et 2.6; 1 Cr 3.5; 2 Cr 21.1 יְרוּשָׁלַיִם, *e* 2 Cr 32.9 יְרוּשָׁלַיְמָה, *Q perpetuum, K* יְרוּשָׁלֵם: *n.l.*

I יֶרַח *m., pl.* יְרָחִים, *cs.* יַרְחֵי: mês.

II יֶרַח *n. m.* (Gn 10.26).

יָרֵחַ *m., suf.* וִירֵחֶךָ: lua.

יְרִיחוֹ, יְרֵחוֹ *e* יְרִיחֹה: *n.l.* (1 Rs 16.34).

יְרֹחָם *n. m.* (2 Cr 23.1).

יְרַחְמְאֵל *n. m.* (Jr 36.26).

יְרַחְמְאֵלִי *gent. de* יְרַחְמְאֵל (1 Sm 27.10).

יַרְחָע *n. m.* (1 Cr 2.34).

ירט QAL: *pf.* יָרַט; *impf.* יִרְטֵנִי: empurrar; lançar, jogar.

יְרִיאֵל *n. m.* (1 Cr 7.2).

I יָרִיב* (*de* ריב) *suf.* יְרִיבֵךְ; *pl. suf.* יְרִיבָי: adversário (Is 49.25; Sl 35.1).

II יָרִיב *n. m.* (Ed 8.16).

יְרִיבַי *n. m.* (1 Cr 11.46).

יְרִיָּה *n. m.* (1 Cr 26.31).

יְרִיָּהוּ *n. m.* (1 Cr 23.19).

יְרִיחֹה 1 Rs 16.34, יְרִיחוֹ: *v.* יְרֵחוֹ.

יְרִימוֹת *n. m.* (2 Cr 11.18).

יְרִיעָה *pl.* יְרִיעֹ(וֹ)ת, *suf.* יְרִיעֹתַי, יְרִיעוֹתֵיהֶם: toldo, tenda.

יְרִיעוֹת *n.f.* (1 Cr 2.18).

יָרֵךְ (*de* ירך) *f., cs.* יֶרֶךְ, *suf.* יְרֵכִי; *du.* יְרֵכַיִם, *suf.* יְרֵכֶיךָ: coxa; lado.

יְרֵכָה* (*de* ירך) *f., suf.* יַרְכָתוֹ; יַרְכָתָם Ez 46.19 *K*; *du* יַרְכָתַיִם, יַרְכָתָיִם, *cs.* יַרְכְּתֵי 1 Rs 6.16 *Q*: termo, parte posterior, flanco.

יַרְמוּת *n.l.* (Js 10.3).

יְרָמוֹת Ed 10.29 *v.* יְרֵמוֹת.

יְרֵמוֹת *n. m.* (1 Cr 25.4).

יִרְמְיָה *n. m.* (Jr 27.1).

יִרְמְיָהוּ *n. m.* (Jr 1.1).

ירע QAL: *pf.* יָרְעָה: tremer, hesitar (Is 15.4).

יִרְפְּאֵל *n.l.* (Js 18.27).

ירק QAL: *pf.* יָרַק, יָרְקָה; *inf. abs.* יָרֹק: cuspir.

יָרָק verdes, verdura.

יֶרֶק *m., cs.* יֶרֶק: erva verde.

יַרְקוֹן *n.r.* (Js 19.46).

יֵרָקוֹן *m.*: ferrugem, míldio, palidez.

יָרְקְעָם *n.l.* (1 Cr 2.44).

יְרַקְרַק *adj.* verde-gaio, verde-amarelo.

I ירשׁ QAL: *pf.* יָרַשׁ, יָרַשְׁנוּ, יְרִשְׁתֶּם *e* וִירִשְׁתֶּם, וִירִשְׁתָּהּ/וִירִשְׁתּוּהָ; *impf.* יִ(י)רַשׁ, וַיִּירַשׁ, תִּירַשׁ, תִּירְשׁוּ, יִירָשׁוּן, תִּירָשׁוּן, נִירָשׁ, נִירְשָׁה, יִירָשֶׁךָ/שֶׁךְ, יִירָשֻׁהָ, אִ/תִּירָשֶׁנָּה, וַיִּירָשׁוּהָ, יִירָשֵׁם/שׁוּם; *imp.* רֵשׁ, רָשׁ, יְרָשָׁה, רְשׁוּ; *inf.* רֶשֶׁת/רָ, רִשְׁתּוֹ, רִשְׁתֵּנוּ, יָרְשֵׁנוּ Jz 14.15 *v.* PI; *pt.* יוֹ(וֹ)רֵשׁ, יֹרֶשֶׁת: obter, tomar a posse de, herdar, desalojar (alguém de sua propriedade). – NI: יִוָּרֵשׁ: ser privado de propriedade, empobrecer. – PI: *impf.* יְיָרֵשׁ; *inf.* לְיָרְשֵׁנִי Jz 14.15: apossar-se de. – HI: *pf.* הוֹרִישׁ, הוֹרַשְׁתֶּם, הוֹרִישׁוּ, הוֹרַשְׁתָּם/תִּים; *impf.* יוֹרִישׁ, וַיּ(וֹ)רֶשׁ, תּוֹרִישׁוּ, יוֹ(וֹ)רִשֶׁנָּה, יוֹרִישְׁךָ, יוֹרִשֵׁם, וַיֹּרִשֵׁם, תּוֹרִשֵׁמוֹ, אוֹרִשֶׁנּוּ; *inf.* לְהוֹרִישָׁם; *pt.* מוֹרִישׁ; *c. suf.* מוֹרִשָׁם: tomar posse de, desapossar; fazer sofrer.

II ירשׁ QAL: *impf.* תִּירוֹשׁ: pisar (a vindima) (Mq 6.15).

יְרֵשָׁה (*de* I ירשׁ) *f.*: propriedade (Nm 24.18).

יְרֻשָּׁה (*de* I ירשׁ) *f. cs.* יְרֻשַּׁת, *suf.* יְרֻשָּׁתוֹ, יְרֻשַּׁתְכֶם: propriedade.

יִשְׂחָק *n. m.*: *v.* יִצְחָק (Jr 33.26).

יְשִׂימִאֵל *n. m.* (1 Cr 4.36).

יִשְׂרָאֵל *n. m. e n. p.* (Is 1.3).

יִשְׂרְאֵלִי *gent. de* יִשְׂרָאֵל; *f.* יִשְׂרְאֵלִית (2 Sm 17.25).

יִשָּׂשכָר *Q perpetuum* יִשָּׂכָר; *K* ?; *n. m. e n.p.* (Dt 27.12).

יֵשׁ יֶשׁ־, יֵשׁ־, הֲיֵשׁ־ *e* וְיֵשׁ; *suf.* יֶשְׁךָ, יֶשְׁכֶם, יֶשְׁנוֹ, יֶשְׁכֶם: há, existe; propriedade; *c.* אֵת: com; *c. pt.*: muitos.

ישׁב QAL: *pf.* יָשַׁב, יָשָׁב, יָשַׁבְתָּ, יָשְׁבוּ, יָשָׁבוּ; *impf.* יֵשֵׁב, יֵשֶׁב, וַיֵּשֶׁב/שֵׁב, תֵּשַׁבְנָה, יֵשְׁבוּ, יֵשֵׁבוּ/שֵׁבוּ, וָאֵשְׁבָה/שֵׁבָה Ez 35.9 *K* (*Q* תָּשֹׁבְנָה *de* שׁוב); *imp.*

שֵׁבוּ, שְׁבוּ, שְׁבָה, שֵׁב־, שֵׁב; *inf.* יָשֹׁב *abs.* שִׁבְתִּי, לָשֶׁבֶת *cs.* (לְ)שֶׁבֶת; *pt.* יֹ(ו)שֵׁב, הַיֹּשְׁבִי, *f.* יֹשְׁבָה, *cs.* ★יוֹשַׁבְתִּי *K*, *Q* יוֹשֶׁבֶת (Jr 10.17 *e* Lm 4.21), *pl.* יֹשְׁבִים, יֹ(ו)שְׁבֵי, יֹ(ו)שְׁבוֹת: sentar-se, agachar, habitar, viver, ser habitado. – NI: *pf.* נוֹשָׁבָה, נוֹשָׁבוּ, נוֹשָׁבוּ; *pt.* נוֹשֶׁבֶת, נוֹשָׁבוֹת: ser habitado. – PI: *pf.* יִשְּׁבוּ: estabelecer (Ez 25.4). – HI: *pf.* הֹשִׁיב, הוֹשַׁבְתִּי, הוֹשִׁבַנִי, הוֹשַׁבְתִּיךָ/תִּים; *impf.* אוֹשִׁיבְךָ, 1 Rs 2.24 *Q* וַיּוֹשִׁיבֵינִי, וַיֹּשְׁבוּם, וַנּוֹשֶׁב; *imp.* הוֹשֵׁב; *inf.* הוֹשִׁיב; *pt.* מוֹשִׁיב, *cs.* מוֹשִׁיבִי: fazer sentar, radicar-se, fazer habitar, estabelecer, ficar atrás, casar. – HO: *pf.* הוּשַׁבְתֶּם; *impf.* תּוּשַׁב: ser habitado: *denom. de* יוֹשֵׁב: ser radicado, ser proprietário.

יֹשֵׁב בַּשֶּׁבֶת *n. m.* (2 Sm 23.8).

יֶשֶׁבְאָב *n. m.* (1 Cr 24.13).

יִשְׁבָּח *n. m.* (1 Cr 4.17).

יִשְׁבַּעַל *cj. n. m.* (1 Cr 11.11).

יָשָׁבְעָם *n. m.* (1 Cr 11.11).

יִשְׁבָּק *n. m.* (Gn 25.2).

יָשְׁבְּקָשָׁה *n. m.* (?) (1 Cr 25.4).

I יָשׁוּב *n. m.* (Nm 26.24).

II יָשׁוּב *cj. n.l.* (?) (Js 17.7).

יָשֻׁבִי *gent. de* I יָשׁוּב (1 Cr 4.22).

יִשְׁוָה *n. m.* (Gn 46.17).

יְשׁוֹחָיָה *n. m.* (1 Cr 4.36).

יִשְׁוִי *n. m. e gent.* (Nm 26.44).

I יֵשׁוּעַ *n. m.* (Ed 2.2).

II יֵשׁוּעַ *n.l.* (Ne 11.26).

יְשׁוּעָה (*de* ישע) *f.*, *cs.* יְשׁוּעַת, *suf.* יְשׁוּעָתִי, יְשֻׁעָתִי, יְשׁוּעָתְךָ, יְשׁוּעָתָהּ, יְשׁוּעָתֵנוּ; *pl.* יְשׁוּעוֹת, יְשׁוּעֹ(וֹ)ת: ajuda, salvação, assistência, prosperidade.

★יֶשַׁח *suf.* יֶשְׁחֲךָ: excremento.

ישט HI: *impf.* יוֹשִׁט, וַיּוֹשֶׁט: estender.

יִשַׁי *n. m.* (1 Sm 16.1).

יָשִׁיב *n. m.* (1 Cr 7.1).

יִשִּׁיָּה *n. m.* (1 Cr 7.3).

יִשִּׁיָּהוּ *n. m.* (1 Cr 12.7).

יְשִׁימוֹן, יְשִׁמוֹן *m.*: deserto; *m. l. ou n. t.* (1 Sm 23.19).

יְשִׁימוֹת *v.* יְשִׁימוֹת *e* בֵּית יְשִׁימוֹת.

יַשִּׁימָוֶת Sl 55.16: *ger. Q* יַשִּׁיא מָוֶת, HI II נשׁא: trocar, *ou* HI שׁוא: usar o mal; *sugestão*: devastação.

יָשִׁישׁ (*de* ישׁשׁ) *adj.*, *pl.* יְשִׁישִׁים: idoso, encanecido.

יְשִׁישַׁי *n. m.* (1 Cr 5.14).

יִשְׁמָא *n. m.* (1 Cr 4.3).

יִשְׁמָעֵאל *n. m.* (Gn 16.11).

יִשְׁמְעֵאלִי *gent. de* יִשְׁמָעֵאל; > יִשְׁמְעֵלִי 1 Cr 27.30; *pl.* יִשְׁמְעֵאלִים (1 Cr 2.17).

יִשְׁמַעְיָה *n. m.* (1 Cr 12.4).

יִשְׁמַעְיָהוּ *n. m.* (1 Cr 27.19).

יִשְׁמְעֵלִי 1 Cr 27.30: *v.* יִשְׁמְעֵאלִי.

יִשְׁמְרַי *n. m.* (1 Cr 8.18).

I ישׁן QAL: *pf.* יָשֵׁנוּ, יָשַׁנְתִּי; *impf.* יִישַׁן, וַיִּישָׁן/שָׁן, אִישָׁן/שָׁן, וְאִישָׁנָה, יִשְׁנוּ; *inf.* לִישׁוֹן: adormecer, dormir. – PI: *impf.* תְּיַשְּׁנֵהוּ: fazer dormir (Jz 16.19).

II ישׁן NI: נוֹשַׁנְתֶּם; *pt.* נוֹשָׁן, נוֹשֶׁנֶת: envelhecer.

יָשָׁן (*de* II ישׁן) *adj.*, *f.*, יְשָׁנָה; *pl.* יְשָׁנִים: velho.

I יָשֵׁן (*de* I ישׁן) *adj.*, *f.* יְשֵׁנָה, *pl.* יְשֵׁנִים, יְשֵׁנֵי: adormecido; *pl.* = os mortos.

II יָשֵׁן *n. m.* (2 Sm 23.32).

יְשָׁנָה *n.l.* (2 Cr 13.19).

ישע NI: *pf.* נוֹשַׁע, נוֹשַׁעְתֶּם, נוֹשָׁעְנוּ; *impf.* יִוָּשֵׁעַ, תִּוָּשַׁע, תִּוָּשְׁעִי, אִוָּשֵׁעַ/שֵׁעָה, תִּוָּשְׁעוּן, נִוָּשֵׁעַ/שֵׁעָה; *imp.* הִוָּשְׁעוּ; *pt.* נוֹשָׁע: receber ajuda, ser vitorioso, ser auxiliado. – HI: *pf.* הוֹשִׁיעַ, הוֹשַׁעְתָּ, הוֹשִׁיעוּ, הוֹשִׁיעוֹ, הוֹשַׁעְתָּנוּ/תִּים; *impf.* יוֹשִׁיעַ (יְהוֹשִׁיעַ), וַיֹּ(ו)שַׁע, יוֹשַׁע, יוֹשִׁיעֵךְ, וַיּוֹשִׁיעֵן, יֹשִׁעֲנוּ, יֹשַׁעֲכֶם, יוֹשִׁיעֻנוּ, אוֹשִׁיעַ/שִׁיעָה, אוֹשִׁיעֵם, יוֹשִׁעוּ, וַיּוֹשִׁיעוּם, יוֹשִׁיעוּ, תּוֹשִׁיעוּן; *imp.* הוֹשַׁע, הוֹשִׁיעָה, הוֹשִׁיעָה נָּא, הוֹשִׁיעֵנִי; *inf.* הוֹשֵׁעַ,

מוֹשִׁיעַ. *pt.* הוֹשִׁיעָה, הוֹשִׁיעֲךָ; לְהוֹשִׁיעַ
מוֹשִׁיעִים, מ(וֹ)שִׁיעִי, מוֹשִׁיעוֹ/עֵךְ:
ajudar, salvar, socorrer, dar assistência.

יֵשַׁע (*de* ישע) *m.*, *cs.* = , *suf.* יִשְׁעִי, יִשְׁעֲךָ, יִשְׁעֵךְ: ajuda, libertação, salvação, socorro, segurança, bem-estar.

יֶשַׁע★ יִשְׁעֲכֶם Is 35.4: ajuda.

יִשְׁעִי *n. m.* (1 Cr 2.31).

יְשַׁעְיָה *n. m.* (1 Cr 3.21).

יְשַׁעְיָהוּ *n. m.* (Is 1.1).

יְשֻׁעָתָה Sl 80.3: *v.* יְשׁוּעָה.

יִשְׁפָּה *n. m.* (1 Cr 8.16).

יָשְׁפֵה jaspe.

יִשְׁפָּן *n. m.* (1 Cr 8.22).

ישר QAL: *pf.* יָשַׁר, יָשְׁרָה; *impf.* יִישַׁר, וַתִּישַׁר, יִישְׁרוּ, וַיִּשַּׁרְנָה: ser direito / reto / plano; seguir reto, agradar. – PI: *pf.* יִשַּׁרְתִּי; *impf.* יְיַשֵּׁר, יְיַשֶּׁר־, אֲיַשֵּׁר, אֲוַשֵּׁר Is 45.2 *Q* /אֲיַ (*K* אוֹשִׁר★); 2 Cr 32.30 וַיְיַשְּׁרֵם *Q* וַיִּשְּׁרֵם > *K* וַיְיַשְּׁרֵם; *imp.* יַשְּׁרוּ; *pt.* מְיַשְּׁרִים: endireitar, dirigir em linha reta, seguir direito; manter com exatidão. – PU: *pt.* מְיֻשָּׁר: aplainado (1 Rs 6.35). – HI: *impf.* יַיְשִׁרוּ; *imp.* הַיְשַׁר Sl 5.9 *Q*: endireitar; olhar direito para frente (Pv 4.25).

יָשָׁר (*de* ישר) *adj.*, *cs.* יְשַׁר, *f.* יְשָׁרָה; *pl.* יְשָׁרִים, יִשְׁרֵי, *f.* יְשָׁרוֹת: reto, esticado, direito, correto, certo, conveniente, justo.

יֵשֶׁר *n. m.* (1 Cr 2.18).

יֹשֶׁר (*de* ישר) *m.*, *suf.* יָשְׁרוֹ, יָשְׁרֵהוּ; *pl.* יְשָׁרִים: retidão, honestidade, integridade; *adv.*: corretamente; *pl.*: acordo.

יִשְׁרָה★ (*de* ישר) *f.*, *cs.* יִשְׁרַת: sinceridade (1 Rs 3.6).

יְשֻׁרוּן *n.p.* (?): *nome honorário para Israel* (Dt 32.15).

יָשֵׁשׁ decrépito (2 Cr 36.17).

יָתֵד *f.*, *cs.* יְתַד, יְתֶד, יָתֵד; *pl.* יְתֵדוֹת, *cs.* יִתְדוֹת, *suf.* יְתֵדֹתָיו: estaca (de tenda), cavilha, pino, prego.

יָתוֹם *pl.* יְתוֹמִים, *suf.* יְתוֹמָיו: órfão.

יְתוּר Jó 39.8: *l.* יָתוּר (*de* תור).

יַתִּר, יַתִּיר *n.l.* (Js 15.48).

יִתְלָה *n.l.* (Js 19.42).

יִתְמָה *n. m.* (1 Cr 11.46).

I יתן★ *cj.* QAL: *impf. cj.* יִתַּן (= יִיתַּן) Pv 12.12 *e* (?) Is 33.16: ser constante, ser durável.

II יתן★ *cj.* QAL: *pt. cj.* יֹתֵן: dar (2 Sm 22.41 *e* Sl 18.33).

יַתְנִיאֵל *n. m.* (1 Cr 26.2).

יִתְנָן *n.l.* (Js 15.23).

יתר QAL: *pt. v.* יוֹתֵר, יֹתֶרֶת. – NI: *pf.* נוֹתַר, נוֹתְרָה, נוֹתַרְתִּי; *impf.* יִוָּתֵר, יִוָּתֵר, וָאִוָּתֵר, יִוָּתְרוּ; *pt.* נוֹתָר, נוֹתֶרֶת, נוֹתָרִים, נוֹתָרוֹת: ser preterido, ser deixado como resto. – HI: *pf.* הוֹתִיר, הוֹתִרָה, הוֹתַרְתִּי, הוֹתִירְךָ; *impf.* יוֹתֵר, וַיּוֹתֵר, וַתּוֹתֵר, וַיּוֹתִרוּ, נוֹתֵר; *imp.* הוֹתֵר; *inf.* הוֹתֵר: fazer restar, ter de sobra, dar em abundância; ter preferência, ser o primeiro.

I יֶתֶר (*de* יתר) *m.*, *suf.* יִתְרוֹ: resto, sobra, remanescente; *adv.*: excessivamente.

II יֶתֶר (*de* יתר) *m.*, *suf.* יִתְרָם, *pl.* יְתָרִים: tendão, corda (de arco), cabo.

III יֶתֶר *n. m.* (1 Cr 2.32).

יֶתֶר *n. m.*: *v.* יוֹתֵר.

יַתִּר *n.l.*: *v.* יַתִּיר.

יִתְרָא *n. m.* (2 Sm 17.25).

יִתְרָה Is 15.7 *e* יִתְרַת (*cs.* ?) Jr 48.36: economias.

יִתְרוֹ *n. m.* (Êx 3.1).

יִתְרוֹן (*de* יתר): vantagem, lucro, benefício.

יִתְרִי *gent. de* III יֶתֶר (1 Cr 2.53).

יִתְרָן *n. m.* (Gn 36.26).

יִתְרְעָם *n. m.* (2 Sm 3.5).

יוֹתֶרֶת, יֹתֶרֶת : redenho, rede.

יְתֵת *n. m.* (Gn 36.40).

כ

כ, ךּ כַּף: décima primeira letra do alfabeto; *como num.* = 20.

כְּ *v.* כַּמָּה, כַּמֶּה, כְּהַיּוֹם *e* כַּיּוֹם; כַּאֲשֶׁר, כְּמוֹ, כַּאֲבוֹתָם, כַּאדֹנָיו, כַּיהוה, כַּאבִיר Is 10.13 (*Q* כַּבִּיר, *l. K* כְּאַבִּיר), כֵּאלֹהִים, כֶּאֱמוֹר, כָּהֶם, כָּכֶם; *suf.* כַּגְּבִירְתָּהּ, כְּבִרִיתִי, כָּהֵנָּה, כָּהֵן, כָּהֵמָּה: *partícula de comparação:* como, tanto quanto, cerca de, correspondente a, segundo, conforme.

כאב QAL: *impf.* יִכְאַב, יִכְאָב; *pt.* כֹּאֵב, כֹּאֲבִים: sentir dores. – HI: *pf.* הִכְאַבְתִּיו; *impf.* יַכְאִיב, תַּכְאִיב; *pt.* מַכְאִיב: causar dor; *fig:* danificar.

כְּאֵב (*de* כאב) *m., suf.* כְּאֵבִי: dor.

כאה NI: *pf.* נִכְאָה: desamparar (Dn 11.30). – HI: *inf.* הַכְאוֹת Ez 13.22 *l.* הַכְאִיב.

כָּאֲרִי Sl 22.17: ??: *v.* I כרה *ou* IV כרה.

כַּאֲשֶׁר כְּ *e* אֲשֶׁר: *conj.*: como, conforme, assim como, porque, quando, depois.

כבד QAL: *pf.* כָּבֵד (*v. adj.* כָּבֵד), כָּבַד, כָּבְדוּ, כָּבֵדָה, כָּבְדָה; *impf.* יִכְבַּד, יִכְבָּד, נִכְבַּד, יִכְבְּדוּ, וַתִּכְבְּדִי: ser pesado / insensível / duro / importante / honrado. – NI: נִכְבַּד, נִכְבַּדְתָּ, נִכְבַּדְתִּי; *impf.* אֶכָּבֵד Ag 1.8 *K* (*Q* אֶכָּבְדָה), אִכָּבְדָה, אִכָּבֵדָה; *imp.* הִכָּבֵד; *inf.* הִכָּבְדִי; *pt.* נִכְבָּד, נִכְבָּדִים, נִכְבַּדֵּי *e* נִכְבָּדוֹת, נִכְבְּדֵיהֶם, נִכְבַּדֶּיהָ: ser honrado / respeitado, comportar-se com dignidade, ser glorificado. – PI: *pf.* כִּבְּדוּ, כִּבַּדְתּוֹ/תָנִי, כִּבְּדוּנִי, כִּבַּדְתָּנוּךָ; *impf.* יְכַבֵּד, תְּכַבְּדוּ, אֲכַבְּדֵהוּ, יְכַבְּדָנְנִי, תְּכַבֵּדְךָ; *imp.* כַּבֵּד, כַּבְּדוּהוּ; *inf.* כַּבֵּד, כַּבְּדְךָ; *pt.* מְכַבֵּד, מְכַבְּדוֹ, מְכַבְּדַי, מְכַבְּדֶיךָ: tornar duro / insensível; honrar, venerar, reverenciar. – PU: *impf.* יְכֻבָּד; *pt.* מְכֻבָּד: ser honrado, digno de honra. – HI: *pf.* הִכְבִּיד, הִכְבַּדְתָּ, הִכְבַּדְתִּים; *impf.* וַיַּכְבֵּד; *inf.* הַכְבֵּד; *pt.* מַכְבִּיד: fazer pesado, dificultar, endurecer, tornar honrado, fazer numeroso. – HIT: *imp.* הִתְכַּבֵּד, הִתְכַּבְּדִי; *pt.* מִתְכַּבֵּד: multiplicar, recrudescer; vangloriar-se.

I כָּבֵד (*de* כבד) *adj., cs.* כְּבַד *e* כְּבֵד; *pl.* כְּבֵדִים, כִּבְדֵי: pesado, opressivo, molesto, cruel, duro, endurecido, insensível, desajeitado, vagaroso.

II כָּבֵד *suf.* כְּבֵדִי, כְּבֵדוֹ: fígado; consultar o fígado dos animais (*para oráculo*).

כֹּבֶד (*de* כבד): peso, fardo, massa (*pesada*).

כָּבֹד *v.* כָּבוֹד.

כְּבֵדֻת (*de* כבד) *f.*: dificuldade (Êx 14.25).

כבה QAL: *pf.* כָּבוּ; *impf.* יִכְבֶּה, תִּכְבֶּה: apagar-se. – PI: *pf.* כִּבּוּ; *impf.* תְּכַבֶּה, וַיְכַבּוּ, יְכַבֶּנָּה; *inf.* כַּבּוֹת, כַּבּוֹתְךָ; *pt.* מְכַבֶּה: extinguir, apagar.

כָּבוֹד, כָּבֹד *m. e f., cs.* כְּבוֹד, *suf.* כְּבוֹדוֹ: 1) *não teológico:* peso, fardo, propriedade, aparência, reputação, esplendor, magnificência, distinção, respeito, honra. 2) *teológico:* glória, honra, poder, autoridade.

כְּבוּדָּה (*de* כבד) *f.*: bens (Jz 18.21).

כָּבוּל *n. l.* (Js 19.27).

כַּבּוֹן *n. l.* (Js 15.40).

כַּבִּיר (*de* כבר) *adj., pl.* כַּבִּרִים: forte, poderoso.

כָּבִיר* *cs.* כְּבִיר: algo trançado (1 Sm 19.13, 16).

כֶּבֶל *pl. cs.* כַּבְלֵי: grilhões (Sl 105.18 *e* 149.8).

כבס QAL: *pt.* כּוֹבֵס: pisoar. – PI: *pf.* כִּבֵּס, כִּבֶּס, כִּבְּסוּ, כִּבַּסְתֶּם; *impf.* יְכַבֵּס, תְּכַבְּסִי, תְּכַבְּסֵנִי; *imp.* כַּבְּסִי, כַּבְּסֵנִי; *pt.* מְכַבְּסִים: pisoar; *fig.:*

lavar. – PU: *pf.* כֻּבַּס: ser lavado. – HOTPAEL: *pf.* הֻכַּבֵּס: ser apisoado.

כבר HI: *impf.* יַכְבִּר: multiplicar (Jó 35.16 *e* 36.31).

I כְּבָר *adv.*: já, há muito.

II כְּבָר *n.r.* (Ez 1.1).

I כְּבָרָה *f.*: peneira (Am 9.9).

II כִּבְרָה★ *tb.* ★כִּבְרָה: *cs.* כִּבְרַת: distância.

כֶּבֶשׂ *pl.* כְּבָשִׂים, *suf.* כְּבָשַׂי: bode novo.

כַּבְשָׂה, כִּבְשָׂה *f.*, *pl.* כְּבָשׂוֹת, *cs.* כִּבְשׂוֹת: ovelha pequena.

כבשׁ QAL: *pf.* כָּבְשׁוּ; *impf.* תִּכְבְּשׁוּ, וַיִּכְבְּשׁוּם Jr 34.11 *Q* (*K* HI); *imp.* כִּבְשֻׁהָ; *inf.* לִכְבּ(וֹ)שׁ; *pt.* כֹּבְשִׁים: subjugar; violentar (mulher). – NI: *pf.* נִכְבְּשָׁה; *pt.* נִכְבָּשׁוֹת: ser subjugado; ser degradado (*sexualmente?*). – PI: *pf.* כִּבֵּשׁ: subjugar (2 Sm 8.11). – HI: *impf.* וַיַּכְבִּישׁוּם: subjugar (Jr 34.11 *K*).

כֶּבֶשׁ escabelo (2 Cr 9.18).

כִּבְשָׁן *m.*: forno.

כַּד *f.*, *suf.* כַּדָּהּ, כַּדֵּךְ; *pl.* כַּדִּים: cântaro.

כַּדּוּר bola (Is 22.18).

כְּדֵי *v.* דַּי.

כַּדְכֹּד, כַּדְכֹד uma pedra preciosa (rubi?) (Is 54.12 *e* Ez 27.16).

כְּדֻמָה Ez 27.32(?): como um silêncio(?), como algo destruído(?).

כְּדָרְלָעֹמֶר *tb.* כְּדָר־לָעֹמֶר: *n. m.* (Gn 14.17).

כֹּה *adv.*: aqui, agora, assim, de sorte que.

I כהה QAL: *pf.* כָּהֲתָה; *impf.* יִכְהֶה, וַתֵּכַה, תִּכְהֶיךָ; *inf. abs.* כָּהֹה: tornar-se inexpressivo (*olhos*). – PI: *pf.* כִּהֲתָה, כֵּהָה: ser incolor; ser tímido.

II כהה PI: *pf.* כִּהָה: repreender (1 Sm 3.13).

כֵּהֶה (*de* I כהה) *adj.*, *f.* כֵּהָה; *pl.* כֵּהוֹת: descorado, sombrio, tímido, baço.

כֵּהָה (*de* I כהה) *f.*: extinção (?) (Na 3.19) *ou l.* גֵּהָה: cura?.

כהן PI: *pf.* כִּהֵן, כִּהֲנָה; *impf.* יְכַהֵן, וַיְכַהֲנוּ; *inf.* כַּהֵן, כַּהֲנוֹ: exercer o sacerdócio.

כֹּהֵן *m.*, *pl.* כֹּהֲנִים, *cs.* כֹּהֲנֵי, *suf.* כֹּהֲנַי: sacerdote, sumo-sacerdote.

כְּהֻנָּה (*de* כהן) *f.*, *cs.* כְּהֻנַּת, *suf.* כְּהֻנָּתָם; *pl.* כְּהֻנּוֹת: sacerdócio.

כּוּב Ez 30.5: *n.p.*, *l.* לוּד.

כּוֹבַע = *v.* קוֹבַע; *m.*, *i.p.* כּוֹבַע, *cs.* כֹּבַע; *pl.* כּוֹבָעִים: capacete.

כוה *cj.* QAL: *pt.* כֹּוֶה *por* כֹּה: queimar, crestar (Jr 23.29). – NI: *impf.* תִּכָּוֶה, תִּכָּוֶינָה: ser crestado (Is 43.2, Pv 6.28).

כּוֹחַ Dn 11.6: *v.* I כֹּחַ.

כְּוִיָּה (*de* כוה) *f.*: queimadura (Êx 21.25).

כּוֹכָב *m.*, *cs.* כּוֹכַב; *pl.* כּוֹכָבִים, כּוֹכְבֵי, *suf.* כּוֹכְבֵיהֶם: estrela.

כול QAL: *pf.* כָּל: segurar (Is 40.12). – PILPEL: *pf.* כִּלְכַּל, כִּלְכַּלְתִּי, כִּלְכְּלוּ, *impf.* יְכַלְכֵּל, אֲ/יְכַלְכְּלֵם, וַיְכַלְכְּלֵם; כִּלְכְּלָם; *inf.* יְכַלְכְּלֵהוּ, יְכַלְכֶּלְךָּ; כַּלְכֵּל (Jr 20.7 כַּלְכֹל); *pt.* מְכַלְכֵּל: segurar, encerrar, abarcar; prover, abastecer; executar. – POLPAL: *pf.* כָּלְכְּלוּ: ser abastecido (*c. alimento*) (1 Rs 20.27). – HI: *impf.* יָכִיל, יָכִילוּ, יְכִילֶנָּה; *inf.* הָכִיל: comportar, reter; conter, suportar.

כּוּמָז *ornamento femimino para o pescoço e peito.*

כון QAL: *impf.* וַיְכֻנֶנּוּ Jó 31.15, *l. c. outros Mss* וַיְכוֹנְנֵנוּ. – NI: *pf.* נָכוֹנָה, נָכֹ(וֹ)נוּ; *impf.* יִכּוֹן, וַתִּכּוֹן, יִכֹּנוּ; *imp.* הִכּ(וֹ)ן, הִכּוֹנוּ 2 Cr 35.4 *K* (*Q* HI); *pt.* נָכוֹן, *cs.* נְכוֹן, *f.* נְכוֹנָה, *pl.* נְכוֹנִים: ficar firme / teso, ser estável, estar seguro, estabelecer, ser durável, estar pronto. POLEL: *pf.* כּוֹנֵן, כּוֹנַנְתָּ, כּוֹנַנְתָּה, כּוֹנְנוּ, כּוֹנְנָהּ, כּוֹנַנְתָּהּ; *impf.* יְכוֹנֵן, יְכוֹנְנֶהָ, וַיְכוֹנְנֶךָ, וַיְכוֹנְנוּנִי; *imp.* כּוֹנֵן, כּוֹנְנָה, כּוֹנְנֵהוּ:

estabelecer, preparar; fundar; apontar, formar, dar estabilidade, fazer pontaria. – POLAL: *pf.* כּוֹנָנוּ: estar preparado (Ez 28.13). – HI: *pf.* הֵכִין, הֲכִינ(וֹ)תָ(ה), הֲכִינֹתִי, הֵכִינוּ, הֲכִינֹנוּ, הֵכַנּוּ, הֱכִינוּ, הֱכִינַנִי; *impf.* יָכִין, וַיָּכֶן, אָכִין, אָכִינָה, וַיָּכִינוּ, תְּכִינֶהָ; *imp.* הָכֵן, הָכִינוּ; *inf.* הָכִין (*cs. e abs.*); *pt.* מֵכִין: aprontar, determinar, apontar, preparar; consolidar, considerar; tornar firme. – HO: *pf.* הוּכַן, הוּכָן, הֻכַן; *pt.* מוּכָן, מוּכָנִים: estar estabelecido; ser treinado. – HITPOLEL: *impf.* יִכּוֹנָנִי, תְּכוֹנָנִי, תִּכּוֹנֵן *e* יִתְכּוֹנֵן: tomar posição; estar firmemente fundamentado.

כּוּן *n. l.* (1 Cr 18.8).

כַּוָּן* *pl.* כַּוָּנִים: bolos (*para oferta*) (Jr 7.18; 44.19).

כָּונַנְיָהוּ *n. m.*: *K* כּוֹ׳, *Q* כָּ׳ (2 Cr 35.9).

I כּוֹס *f.*, *suf.* כּוֹסִי; *pl.* כֹּסוֹת: cálice.

II כּוֹס mocho.

כּוּר pequeno forno *ou* forja.

כּוֹר עָשָׁן *n. l.* (Js 15.42).

כּוֹרֶשׁ *n. m.* (Is 44.28).

I כּוּשׁ *n.t.* (Gn 2.13).

II כּוּשׁ *n. m.* (Sl 7.1).

I כּוּשִׁי, כֻּשִׁי *gent. de* I כּוּשׁ; *n.p.* (Nm 12.1); *f.* כֻּשִׁית; *pl.* כּוּשִׁים, כֻּשִׁים, כֻּשִׁיִּים (Am 9.7).

II כּוּשִׁי *n. m.*; = *I* (Jr 36.14, Sf 1.1).

כּוּשָׁן *n.p.* (Hc 3.7).

כּוּשַׁן רִשְׁעָתַיִם *n. m.* (Jz 3.8, 10).

כּוֹשָׁרָה* *f.*, *pl.* כּוֹשָׁרוֹת: prosperidade, fortuna (Sl 68.7).

כּוּת 2 Rs 17.30, כּוּתָה 17.24: *n. l.*

כּוּתָה 2 Rs 17.24: *v.* כּוּת.

כּוֹתֶרֶת *v.* כֹּתֶרֶת.

כזב QAL: *pt.* כֹּזֵב: mentir (Sl 116.11). – NI: *pf.* נִכְזַבָה, נִכְזַבְתְּ: provar-se mentiroso. – PI: *pf.* כִּזֵּב; *impf.* יְכַזֵּב, תְּכַזְּבִי, אֲכַזֵּב; *inf.* כַּזֶּבְכֶם: mentir; enganar, iludir. – HI: *impf.* יַכְזִיבֵנִי: estigmatizar como mentiroso (Jó 24.25).

כָּזָב (*de* כזב) *m.*, *pl.* כְּזָבִים, *suf.* כִּזְבֵיהֶם: mentira.

כֹּזֵבָא *n. l.* (1 Cr 4.22).

כָּזְבִּי *n.f.* (Nm 25.15).

כְּזִיב *n. l.* (Gn 38.5).

I כֹּחַ, כּוֹחַ *m.* כֹּחוֹ, כֹּחֲךָ, כֹּחֶךָ, כֹּחֲכֶם: força, poder, capacidade, habilidade, recursos.

II כֹּחַ *tipo de* lagarto (Lv 11.30).

כחד NI: *pf.* נִכְחַד, נִכְחָד; *impf.* יִכָּחֵד; *pt.* נִכְחֶדֶת, נִכְחָדוֹת: estar oculto; ser destruído / eliminado. – PI: *pf.* כִּחֵד, כִּחַדְתִּי, כִּחֲדוּ, כִּחֵדוּ; *impf.* תְּכַחֵד, תְּכַחֲדִי, אֲכַחֵד, תְּכַחֲדוּ: manter escondido, encobrir. – HI: *pf.* הִכְחַדְתִּיו; *impf.* וַיַּכְחֵד, יַכְהִידֶנָּה, וְאַכְחִיד, נַכְחִידֵם; *inf.* הַכְחִיד: fazer desaparecer; destruir, eliminar; esconder.

כחל QAL: *pf.* כָּחַלְתְּ: maquilar (Ez 23.40).

כחש QAL: *pf.* כָּחַשׁ: emagrecer (Sl 109.24). – NI: *impf.* וַיִּכָּחֲשׁוּ: fingir submissão (Dt 33.29). – PI: *pf.* כִּחֵשׁ, כִּחֶשׁ, כִּחֲשׁוּ; *impf.* יְכַחֵשׁ, יְכַחֲשׁ, וַתְּכַחֵשׁ, יְכַחֲשׁוּ, תְּכַחֲשׁוּן; *inf.* כַּחֵשׁ: negar, contestar; mentir, enganar, abandonar, renegar, fingir submissão. – HIT: *impf.* יִתְכַּחֲשׁוּ: fingir submissão.

כַּחַשׁ (*de* כחש) *m.*, *i.p.* כָּחַשׁ, *suf.* כַּחֲשִׁי; *pl. suf.* כַּחֲשֵׁיהֶם: emagrecimento; mentira, decepção.

כֶּחָשׁ* (*de* כחש) *adj.*, *pl.* כֶּחָשִׁים: mentiroso (Is 30.9).

I כִּי (*de* כוה) cicatriz (de queimadura) (Is 3.24).

II כִּי *part. dem.*: sim, realmente, verdadeiramente, não, não! (*sem dag. lene*), exceto; *conj.*: porque, pois, que, quando, se, caso, apesar de.

כִּי־אִם *tb.* ־כִּי אִם; כִּי *e* אִם *apresentam 2 cláusulas distintas:* 1) *como part. afirmativa:* entretanto, realmente, verdadeiramente. 2) *part. que expressa exceção após negativa:* antes, a não ser que, exceto, mas.

כִּידוֹ, כִּיד* Jó 21.20 *txt. corr.: do contexto:* ruína.

כִּידוֹד* *m., pl. cs.* כִּידוֹדֵי: filho, כִּידוֹדֵי אֵשׁ = faíscas (Jó 41.11).

כִּידוֹן *tradicionalmente* dardo; *mas achados de Qumran indicam uma* espada curta *para cortar e cravar, e para caçar, ou* espada curva.

כִּידוֹר ataque, batalha (Jó 15.24).

כִּידֹן *n. m.* (2 Sm 6.6).

כִּיּוּן pedestal (*para imagens*); *mas ger. vocalizado* כֵּיוָן: *n.d.* (Am 5.26).

כִּיּוֹר, כִּיֹּר *m., pl.* כִּיֹּר(וֹ)ת *e* כִּיּוֹרִים: bacia, caldeira; plataforma.

כִּילַי Is 32.5 *e* כֵּלַי 32.7: velhaco?

כֵּילַף* (?) *pl.* כֵּילַפּוֹת: alavanca (Sl 74.6).

כִּימָה plêiade.

כִּיס *m.:* bolsa.

כִּיר* *du* כִּירַיִם: fogão portátil (*para 2 panelas*) (Lv 11.35).

כִּיֹּר *v.* כִּיּוֹר.

כִּישׁוֹר fuso (Pv 31.19).

כָּכָה *adv.:* assim, desta maneira.

כִּכָּר *f., cs.* כִּכַּר; *pl.* כִּכָּרִים, *cs.* כִּכְּרֵי *e* כִּכְּרוֹת; *du.* כִּכָּרַיִם, כִּכְּרַיִם: pão redondo; disco de chumbo; talento (*normalmente cerca de 35 kg de ouro ou prata*), circuito, vizinhança.

כֵּל* *v.* כְּלִי.

כֹּל, כּוֹל Jr 33.8 *K: cs.* כֹּל, *ger.* ־כָּל; כָּל; *suf.* כֻּלּוֹ, כֻּלֹּה, *f.* כֻּלָּה *e* כֻּלָּא; *2ª m.* כֻּלְּךָ, *2ª f.* כֻּלֵּךְ, כֻּלָּךְ; כֻּלָּם, כּוּלָּם, כֻּלְּהֶם, *f.* כֻּלָּנָה *e* כֻּלְּהֵנָּה, כֻּלְּכֶם, כֻּלָּנוּ: totalidade; tudo, cada um, todo, qualquer, totalmente.

I כלא QAL: *pf.* כָּלְאָה, כָּלָאוּ; *impf.* תִּכְלָא, תִּכְלְאִי, אֶכְלָא; *imp.* כְּלָאֵם; *inf.* כְּלוֹא; *pt. pass* כָּלֻא; *formas de transição para* I כלה: *pf.* כְּלִתִינִי, כָּלוּ, כָּלְאתִי; *impf.* יִכְלֶה: deter, impedir, ser mantido em prisão. – NI: *impf.* וַיִּכָּלֵא, וַיִּכָּלְאוּ: ser detido, ser impedido.

II כלא *inf.* PI כַּלֵּא Dn 9.24; *forma secundária de* I כלה.

כֶּלֶא (*de* I כלא) *suf.* כִּלְאוֹ; *pl.* כְּלָאִים: confinamento, aprisionamento; prisão.

כֻּלָּא Ez 36.5: *l.* כֻּלָּה.

כִּלְאָב *n. m.* (2 Sm 3.3).

כִּלְאַיִם *i.p.* כִּלְאָיִם: de dois tipos.

כֶּלֶב *m., i.p.* כָּלֶב, *pl.* כְּלָבִים, כַּלְבֵי, *suf.* כְּלָבֶיךָ: cão; *fig.:* sodomita.

כָּלֵב *n. m.* (Nm 13.6).

כָּלִבּוֹ 1Sm 25.3 *Q* כָּלִבִּי *gent. de* כָּלֵב; *K* כְּלִבּוֹ (?).

I כלה QAL: *pf.* כָּלָה, כָּלְתָה, כָּלָתָה, כָּלִיתִי, כָּלוּ *e* כָּלוּ, כְּלִיתֶם, כָּלִינוּ; *impf.* יִכְלֶה, תִּכְלֶה, וַתֵּכֶל, יִכְלוּ, יִכְלָיוּן, תִּכְלֶינָה, יִכֶל (־לֶנָה Jó 17.5); *inf.* כְּלוֹת, כַּלֹּתוֹ, כְּלוֹתָם; *pt. v.* כָּלֶה*: acabar, concluir, completar; desaparecer, perecer; ser destruído / arruinado; ser resolvido / consumado; enfraquecer. – PI: *pf.* כִּלָּה, כִּלְּתָה, כִּלִּיתָ, כִּלֵּיתִי, כִּלּוּ, *suf.* כִּלִּיתֶם, כִּלָּם, כִּלַּתּוּ, כִּלִּיתָם, כִּלִּיתִים; *impf.* כִּלּוּנִי, וַיְכַל, תְּכַלֶּה/אֲ, וָאֲכַל, אֲכַלֵּךְ, אֲכַלֵּם, תְּכַלֶּנָּה, וַיְכַלֵּהוּ, וַיְכַלּוּ, וִיכַלּוּ Êx 33.3; *imp.* כַּלּוּ; *inf.* כַּלֹּ(וֹ)ת, כַּלֹּ(וֹ)תוֹ, לְכַלֵּא *e* כַּלֵּה; *pt.* מְכַלֶּה, מְכַלּוֹת: completar, encerrar, concluir; gastar, exaurir; destruir, exterminar. – PU: *pf.* כֻּלּוּ; *impf.* וַיְכֻלּוּ: ser completado / encerrado.

II כלה* *v.* כלא.

כָּלֶה* (*de* I כלה) *adj., pl. f.* כָּלוֹת: *serve como pt. de* I כלה: ansioso, desfalecendo.

כָּלָה (*de* I כלה) destruição, eliminação.

כַּלָּה *f.*, *suf.* כַּלָּתְךָ ,כַּלָּתֵךְ ,כַּלָּתוֹ; *pl. suf.* כַּלֹּתֶיךָ: noiva; nora (*jovem*); recém-casada.

כְּלֻהַי *n. m.* (Ed 10.35).

כְּלוּא Jr 37.4 e 52.31 *Q*: *v.* כֶּלֶא.

I כְּלוּב *m.*: cesta; gaiola.

II כְּלוּב *n. m.* (1 Cr 4.11).

כְּלוּבָי *n. m.* (1 Cr 2.9).

כְּלוּלֹת* *f.*, *suf.* כְּלוּלֹתָיִךְ: noivado *ou* período de noivado (Jr 2.2).

I כֶּלַח *m.*, *i.p.* כָּלַח: maturidade (Jó 5.26); virilidade (Jó 30.2).

II כֶּלַח *i.p.* כָּלַח: *n. l.* (Gn 10.11).

כָּל־חֹזֶה *n. m.* (Ne 3.15).

כְּלִי *m.*, *i.p.* כֶּלִי, *suf.* כֶּלְיְךָ; *pl.* כֵּלִים, *cs.* כְּלֵי, *suf.* כֵּלֶיהָ ,כֵּלָיו ,כְּלֵיהֶם: vaso, receptáculo, vasilha; equipamento, ornamento; armas; navio.

כֵּלַי Is 32.7: *v.* כִּילַי.

כְּלִיא Jr 37.4; 52.31: *K* כְּלִיא, *Q* כְּלוּא; *v.* כֶּלֶא.

כִּלְיָה* *f.*, *pl.* כְּלָי(וֹ)ת, *cs.* כִּלְיוֹת, *suf.* כִּלְיוֹתַי, כִּלְיוֹתֵיהֶם: rins (*parte mais íntima do homem*).

כִּלָּיוֹן (*de* I כלה) *m.*: destruição, extermínio.

כִּלְיוֹן *n. m.* (Rt 1.2).

כָּלִיל (*de* כלל) *adj.*, *cs.* כְּלִיל, *f. cs.* כְּלִילַת: inteiro, completo, perfeito.

כַּלְכֹּל *n. m.* (1 Rs 5.11).

כלל QAL: *pf.* כָּלְלוּ: fazer completo (Ez 27.4,11).

כְּלָל *n. m.* Ed 10.30).

כלם NI: *pf.* נִכְלַמְתְּ ,נִכְלַמְנוּ; *impf.* תִּכָּלֵם, תִּכָּלְמִי; *imp.* הִכָּלְמוּ; *inf.* הִכָּלֵם; *pt.* נִכְלָם ,נִכְלָמִים: ser envergonhado / desgraçado, sentir-se envergonhado; ser confundido. – HI: *pf.* הִכְלִימוּ ,הֶכְלַמְנוּם; *impf.* יַכְלִים, וַתַּכְלִימֻנוּ ,תַּכְלִימוּנִי; *inf.* הַכְלִים; *pt.* מַכְלִים: desgraçar, ferir, abusar, envergonhar, insultar. – HO: *pf.* הָכְלַמְנוּ: ser prejudicado / humilhado / envergonhado.

כִּלְמַד *n.t.* (Ez 27.23).

כְּלִמָּה (*de* כלם) *f.*, *suf.* כְּלִמָּתוֹ ,כְּלִמָּתָם; *pl.* כְּלִמּוֹת: insulto.

כְּלִמּוּת (*de* כלם) *f.*: desgraça (Jr 23.40).

כַּלְנֵה *n. l.* (Gn 10.10).

כמה QAL: *pf.* כָּמַהּ: buscar (*ansiosamente*) (Sl 63.2).

כַּמֶּה ,כַּמָּה *v.* מָה.

כִּמְהָם *tb.* כִּמְהָן ,כְּמוֹהָם *l. Q* כִּמְהָם (*K*?): *n. m.*

כְּמוֹ *v.* כְּ; *suf.* כָּמוֹנִי, כָּמוֹךָ, כָּמוֹהָ, כָּמֹהוּ, כָּמוֹנוּ, כְּמוֹכֶם, כְּמוֹהֶם: assim como (= כְּ); como; quando.

כְּמוֹהָם Jr 41.17 *l. Q* כִּמְהָם: *n. m.*

כְּמוֹשׁ *n.d.* (1 Rs 11.7).

כְּמִישׁ Jr 48.7: *v.* כְּמוֹשׁ.

כַּמֹּן cominho (Is 28.25, 27).

כמס QAL: *pt. pass.* כָּמֻס: entesourar (Dt 32.34).

כמר NI: *pf.* נִכְמְרוּ ,נִכְמָרוּ: ficar exaltado.

כֹּמֶר (*de* כמר) *m.*, *pl.* כְּמָרִים, *suf.* כְּמָרָיו: sacerdote (*de ídolos, apenas*).

כִּמְרִיר* *cj.*: trevas espessas (Jó 3.5).

I כֵּן *pl.* כֵּנִים: corretamente, justamente, habilidosamente; reto, honesto; לֹא כֵן = errado; naturalmente.

II כֵּן כֶּן־ *adv.*: assim, da mesma forma, por isso, tanto; כְּ...כֵּן: como...assim; כְּכֹל...כֵּן: segundo...assim; então; בְּכֵן: assim...ao passo que.

III כֵּן, כֶּן־ *suf.* כַּנּוֹ: pedestal, enxárcia.

IV כֵּן *suf.* כַּנֶּךָ ,כַּנּוֹ: lugar, posição, ofício.

V כֵּן *pl.* כִּנִּים: mosquito.

כנה PI: *impf.* אֲכַנְּךָ ,אֲכַנֶּה: dar nome de honra. – PU: *cj.*: Is 44.5 *l.* יְכֻנֶּה: ser denominado.

כַּנֵּה *n. l.* (Ez 27.23).

כַּנָּה Sl 80.16: *l.* כַּנָּהּ, *v.* III כֵּן.

כִּנּוֹר *suf.* כִּנֹּרִי; *pl.* כִּנֹּרֶיךָ, כִּנֹּ(וֹ)רוֹת, כִּנֹּרוֹתֵינוּ: harpa.

כָּנְיָהוּ *n. m.* (Jr 22.24).

כַּנְּלֹתְךָ Is 33.1: *v.* נלה! *Leia prov.* כְּכַלֹּתְךָ (*de* כָּלָה).

כִּנָּם mosquitos (Êx 8.13 ss.).

כְּנָנִי *n. m.* (Ne 9.4).

כְּנַנְיָה *n. m.* (1 Cr 15.22).

כְּנַנְיָהוּ *n. m.* (1 Cr 26.29).

כנם QAL: *pf.* כָּנַסְתִּי; *inf.* כְּנוֹס; *pt.* כֹּנֵס: recolher. – PI: *pf.* כִּנַּסְתִּי, כִּנַּסְתִּים; *impf.* יְכַנֵּס: reunir. – HIT: *inf.* הִתְכַּנֵּס: enrolar-se (Is 28.20).

כנע NI: *pf.* נִכְנַע, נִכְנְעוּ; *impf.* יִכָּנַע, יִכָּנְעוּ, יִכָּנֵעוּ; *inf.* הִכָּנְעוֹ: ser rebaixado, ser humilhado, humilhar-se. – HI: *pf.* הִכְנִיעַ, הִכְנַעְתִּי; *impf.* אַכְנִיעַ, וַתַּכְנַע, תַּכְנִיעַ, יַכְנִיעֵם; *imp.* הַכְנִיעֵהוּ: humilhar.

כִּנְעָה* (כִּנְעָה?): *suf.* כִּנְעָתֵךְ: trouxa, carga (Jr 10.17).

כְּנַעַן, כְּנָעַן *n. m., n.p., n.t.* (Gn 9.18).

כְּנַעַן* *tb.* כְּנַעַן* *ou* כְּנַעֲנִי: *pl. suf.* כִּנְעָנֶיהָ: mercador (Is 23.8).

כְּנַעֲנָה *n. m.* (1 Cr 22.11).

כְּנַעֲנִי *gent. de* כְּנַעַן; *m.*: mercador (Zc 14.21).

כנף NI: *impf.* יִכָּנֵף: esconder-se (Is 30.20).

כָּנָף *f., cs.* כְּנַף, *suf.* כְּנָפִי, כְּנָפְךָ; *pl. cs.* כַּנְפוֹת, *du.* כְּנָפַיִם, כְּנָפָיִם, *cs.* כַּנְפֵי, *suf.* כַּנְפֵיהֶם, כְּנָפָיו, כְּנָפַיִךְ, כְּנָפֶיךָ: asa; cauda (*da vestimenta*); extremidade.

כִּנֶּרֶת, כִּנְּרֶת *n. l.* (Js 11.2).

כִּנְּרוֹת, כִּנֲרוֹת = כִּנֶּרֶת.

כְּנָת* Ed 4.7: *Q* כְּנָוֹתָיו, *K* כְּנָוָתוֹ: companhia.

כֶּסֶא Pv 7.20 *e* כֶּסֶה Sl 81.4: lua cheia.

כִּסֵּא 1 Rs 10.19 כִּסֵּה: *m., cs.* כִּסֵּא, *suf.* כִּסְאִי, כִּסְאֲךָ, כִּסְאֶךָ; *pl.* כִּסְאוֹת, *suf.* כִּסְאוֹתָם: cadeira, assento de honra, trono.

כסה QAL: *pt.* כֹּסֶה, *pass. cs.* כְּסוּי: cobrir, perdoar, encobrir. – NI: *pf.* נִכְסְתָה; *inf.* הִכָּסוֹת: ser coberto. – PI: *pf.* כִּסָּה, כִּסְּתָה, כִּסִּית, כִּסֵּ(י)תִי, כִּסָּתְנִי, כִּסָּמוֹ, כִּסָּהוּ, כִּסִּינוּ, כִּסּוּ, כִּסִּיתִי, כִּסִּיתִיךְ, כִּסּוּךְ; *impf.* יְכַסֶּה, וַיְכַס, תְּכַסֶּה, וַיְכַסֵּהוּ, וַיְכַסּוּ, אֲכַסֶּה, תְּכַסִּי, וַתְּכַס, יְכַסֶּנָּה, יְכַסֵּנוּ, יְכַסֵּימוֹ Sl 140.10 *Q* (*K* -סּוּמוֹ), יְכַסֶּךָ, יְכַסְּךָ, תְּכַסְּךָ, תְּכַסֶּךָ, יְכַסְיֻמוּ, וַיְכַסֵּהוּ, וַתְּכַסִּים, תְּכַסֵּנוּ; *imp.* כַּסֵּנוּ; *inf.* כַּסּ(וֹ)ת, כַּסֹּתוֹ; *pt.* מְכַסֶּה, מְכַסּוֹת, מְכַסִּים: cobrir, ocultar, encobrir; vestir. – PU: *pf.* כֻּסּוּ; *impf.* יְכֻסֶּה, וַיְכֻסּוּ; *pt.* מְכֻסִּים, מְכֻסּוֹת: ser coberto. – HIT: *impf.* וַיִּתְכַּס, יִתְכַּסּוּ, וַתִּתְכַּס; *pt.* מִתְכַּסֶּה, מִתְכַּסִּים: cobrir-se.

כֶּסֶה Sl 81.4: *v.* כֶּסֶא.

כִּסֵּה 1 Rs 10.19: *v.* כִּסֵּא.

כָּסוּי* *cs.* כְּסוּי: coberta (Nm 4.6,14).

כְּסוּלוֹת *n.l.* (Js 19.18).

כְּסוּת *f., cs.* = , *suf.* כְּסוּתָהּ, כְּסוּתוֹ: coberta, vestimenta; *fig.*: כְּסוּת עֵינַיִם: *declaração da reputação incólume da mulher*.

כסח QAL: *pt. pass. f.* כְּסוּחָה, *pl.* כְּסוּחִים: cortar (Is 33.12; Sl 80.17). – PI: *cj. impf.* יְכַסֵּחַ: destruir, cancelar (Jó 33.17).

כֵּסְיָהּ Êx 17.16: *l.* נֵס יָהּ *v.* נֵס; outros כִּסֵּא יָהּ.

I כְּסִיל (*de* כסל) *pl.* כְּסִילִים: tolo, estúpido.

II כְּסִיל *pl. suf.* כְּסִילֵיהֶם: órion.

III כְּסִיל *n.l.* (Js 15.30).

כְּסִילוּת (*de* I כְּסִיל) *f.*: estupidez, tolice.

כסל QAL: *impf.* יִכְסָלוּ: ser tolo (Jr 10.8).

I כֶּסֶל (*de* כסל): *m., suf.* כִּסְלֶךָ, *pl.* כְּסָלִים, *suf.* כְּסָלַי: coxa, lombo.

II כֶּסֶל *m.*: confiança, (*falsa*) autoconfiança, estupidez.

כִּסְלָה (*de* II כֶּסֶל) *f., suf.* כִּסְלָתֵךְ: confiança (Sl 85.9, Jó 4.6).

כִּסְלֵו *nome do nono mês (nov./dez)*: quisleu (Zc 7.1; Ne 1.1).

כִּסְלוֹן *n.l.* (Nm 34.21).

כְּסָלוֹן *n.m.* (Js 15.10).

כַּסְלֻחִים *n. p.* (Gn 10.14).

כִּסְלֹת תָּבֹור *n. l.* (Js 19.12).

כסם QAL: *impf.* יִכְסְמוּ; *inf.* כָּסוֹם:

aparar (*cabelo*) (Ez 44.20).

כֻּסְּמִים Ez 4.9: *v.* כֻּסֶּמֶת.

כֻּסֶּמֶת *f., pl.* כֻּסְּמִים: centeio.

כסס QAL: *impf.* תָּכֹסּוּ; *c.* עַל: calcular (Êx 12.4).

כסף QAL: *impf.* יִכְס(וֹ)ף: *c.* לְ: ansiar. – NI: *pf.* נִכְסַפְתָּה, נִכְסְפָה; *inf.* נִכְסוֹף; *pt.* נִכְסָף: ter saudade.

כֶּסֶף *m., i.p.* כָּסֶף, *suf.* כַּסְפִּי, כַּסְפָּם, כַּסְפֵּנוּ; *pl. suf.* כַּסְפֵּיהֶם: prata, dinheiro.

כָּסִפְיָא *n. l.* (Ed 8.17).

כֶּסֶת* *f., pl.* כְּסָתוֹת, *suf.* כִּסְתוֹתֵיכֶנָה: invólucros (*de feiticeiros*) (Ez 13.18,20).

כעס QAL: *pf.* כָּעַס, כָּעָס; *impf.* יִכְעַס, אֶכְעָס; *inf.* כְּעוֹס: estar irritado, aborrecido. – PI: *pf.* כִּעֲסַתָּה (*3ª f. c. suf.*), כִּעֲסוּנִי: provocar a irritação. – HI: *pf.* הִכְעִיס, הִכְעַסְתָּ, הִכְעִסוּנִי, הִכְעִיסוּ, וְהִכְעַסְתִּי; *impf.* יַכְעִיסֵהוּ, תַּכְעִיסוּ, תַּכְעֵסְנָה, וַיַּכְעֵס; *inf.* הַכְעִיס, הַכְעִ(י)סֵנִי (Jr 25.7 *Q*); *pt.* מַכְעִ(י)סִים: provocar, perturbar, ofender, insultar, provocar a raiva.

כַּעַס (*de* כעס) *m., suf.* כַּעְסוֹ, כַּעְסוֹ, כַּעְסִי, כַּעַסְךָ; *pl.* כְּעָסִים: irritação, ira, provocação, aborrecimento.

כַּעַשׂ *v.* כַּעַס: כָּעַשׂ; *m., suf.* כַּעְשִׂי, כַּעַשְׂךָ: problema, irritação, ira.

כַּף, כָּף *f., suf.* כַּפִּי, כַּפְּךָ, כַּפֶּךָ, כַּפְּכָה; *du.* כַּפַּיִם, *cs.* כַּפֵּי, *suf.* כַּפַּי, כַּפֵּיהֶם; *pl.* כַּפּוֹת, *suf.* כַּפֹּתָיו: palma da mão, a mão; כַּף רֶגֶל: sola (*do pé*).

כֵּף* *pl.* כֵּפִים: rocha (Jr 4.29; Jó 30.6).

כפה QAL: *impf.* יִכְפֶּה: abrandar (Pv 21.14).

כַּפָּה*, כִּפָּה *f., pl.* כַּפּוֹת: ramo, junco, folha de palmeira.

I כְּפוֹר *m.*: tigela (*de ouro ou prata*).

II כְּפוֹר *m.*: geada.

כָּפִיס *m.*: estuque (Hc 2.11).

כְּפִיר *m., pl.* כְּפִירִים, *suf.* כְּפִירַיִךְ: leãozinho.

כְּפִירָה *ou* הַכְּפִירָה: *n.l.* (Js 9.17).

כְּפִירִים Ne 6.2 /בַּכְּ: *ger. l. c. versões* בַּכְּפָרִים = numa das aldeias; *melhor*: *n.l. ignorado.*

כפל QAL: *pf.* כָּפַלְתָּ; *pt. pass.* כָּפוּל: dobrar. – NI: *impf.* תִּכָּפֵל: ser dobrado (Ez 21.19).

כֶּפֶל *du.* כִּפְלַיִם: dobro.

כפן QAL: *pf.* כָּפְנָה: torcer, voltar (Ez 17.7).

כָּפָן fome (Jó 5.22; 30.3).

כפף QAL: *inf.* כֹּף; *pt. pass.* כְּפוּפִים: curvar. NI: *impf.* אִכַּף: curvar-se (Mq 6.6).

כפר QAL: *pf.* וְכָפַרְתָּ: *c.* כֹּפֶר: calafetar com betume (Gn 6.14). – PI: *pf.* כִּפֶּר, כִּפַּרְתֶּם, כִּפַּרְתָּהּ; *impf.* יְכַפֵּר, תְּכַפְּרֵם, יְכַפְּרֶנָּה, אֲכַפְּרָה, אֲכַפֵּר; *imp.* כַּפֵּר; *inf.* כַּפֵּר, כַּפְּרִי, כַּפְּרָהּ, כַּפֶּרְךָ: *c.* פָּנָיו בְּ: apaziguar; remediar; prover reconciliação; *c.* עָוֹן: expiar. – PU: *pf.* כֻּפַּר; *impf.* יְכֻפַּר, תְּכֻפָּר: ser removido / expiado / coberto. – HIT: *impf.* יִתְכַּפֵּר: ser expiado. – NITPAEL: *pf.* וְנִכַּפֵּר: ser expiado.

כָּפָר* *m., cs.* כְּפַר, *pl.* כְּפָרִים: aldeia.

כְּפַר הָעַמּוֹנָי *Q* ־נָה: *m.l.* (Js 18.24).

I כֹּפֶר = כָּפָר: aldeia (1 Sm 6.18).

II כֹּפֶר *m.*: betume (Gn 6.14).

III כֹּפֶר (*bot.*) *m., pl.* כְּפָרִים: hena, alfena.

IV כֹּפֶר suborno; resgate.

כִּפֻּרִים (*de* כפר): expiação.

כַּפֹּרֶת tampa (*da arca da aliança*), propiciatório; בֵּית הַכַּ׳: santo dos santos.

כפשׁ HI: *pf.* הִכְפִּישַׁנִי: calcar (Lm 3.16).

I כַּפְתּוֹר *n. t.* (Am 9.7).

II כַּפְתּוֹר *tb.* כַּפְתֹּר *m., pl. suf.* כַּפְתֹּרֶיהָ, כַּפְתֹּרֵיהֶם: maçaneta (*do castiçal*), capitel.

כַּפְתֹּרִי* *pl.* כַּפְתֹּרִים: *gent. de* I כַּפְתּוֹר

(Gn 10.14).

I כַּר (*de* כרר) *m.*: cordeiro; aríete.

II כַּר *m., pl.* כָּרִים: pastagem (Is 30.23).

III כַּר alforje (Gn 31.34).

כֹּר *m.*: alqueire (*medida de capacidade: 350–400 litros*).

כרבל PU: *pt.* מְכֻרְבָּל: envolto (1 Cr 15.27).

I כרה QAL: *pf.* כָּרָה, כָּרִיתָ, כָּרוּהָ; *impf.* יִכְרֶה, וַיִּכְרוּ; *pt.* כֹּרֶה: cavar, escavar. – NI: *impf.* יִכָּרֶה: ser cavado (Sl 94.13).

II כרה QAL: *impf.* יִכְרוּ, וָאֶכְּרֶהָ: negociar, comprar; barganhar.

III כרה QAL: *impf.* וַיִּכְרֶה: *c.* כֵּרָה: oferecer banquete (2 Rs 6.23; Jó 40.30).

IV כרה *cj.* QAL: *pf. l.* כָּרוּ *por* כָּאֲרִי: amarrar (Sl 22.17).

כֵּרָה (*de* III כרה) *f.*: banquete (2 Rs 6.23).

I כְּרוּב *m., pl.* כְּרוּבִים, כְּרֻבִים: querubim.

II כְּרוּב *n. l.* (Ed 2.59).

כָּרִי *n. p.* (2 Sm 20.33).

כְּרִית *n.r.* (1 Rs 17.3).

כְּרִיתוּת *tb.* כְּרִתֻת (*de* כרת) *f., pl. suf.* כְּרִיתֻתֶיהָ: repúdio, divórcio.

כַּרְכֹּב *m.*: rebordo, orla (Êx 27.5; 38.4).

כַּרְכֹּם *m.*: açafrão (Ct 4.14).

כַּרְכְּמִישׁ *n. l.* (Jr 46.2).

כַּרְכַּס *n.m.* (Et 1.10).

כִּרְכָּרָה* *tb.* כִּרְכֶּרֶת: *f., pl.* כִּרְכָּרוֹת: dromedária (Is 66.20).

I כֶּרֶם *m., i.p.* כָּרֶם, *suf.* כַּרְמוֹ; *pl.* כְּרָמִים, *cs.* כַּרְמֵי, *suf.* כְּרָמֶיהָ, כַּרְמֵיכֶם: vinha.

II כֶּרֶם *n. l.* (Js 15.59).

כֹּרֵם *denom. pt. de* כֶּרֶם: *pl.* כֹּרְמִים, *suf.* כֹּרְמֵיכֶם: vinhateiro.

כַּרְמִי *n.m.*; *patr. de* כַּרְמִי (Nm 26.6).

כַּרְמִיל *m.*: carmesim.

I כַּרְמֶל *m., suf.* כַּרְמִלּוֹ: pomar; plantação de árvores em geral.

II כַּרְמֶל *n. l., loc.* הַכַּרְמֶ֫לָה (1 Sm 25.2).

III כַּרְמֶל *n. de monte*(1 Rs 18.19).

IV כַּרְמֶל *m.*: espiga verde.

כַּרְמְלִי *gent. de* II כַּרְמֶל: *f.* כַּרְמְלִית.

כְּרָן *n.m.* (Gn 36.26).

כרסם PI: *impf.* יְכַרְסְמֶנָּה: devorar, devastar (Sl 80.14).

כרע QAL: *pf.* כָּרַע, כָּרְעוּ; *impf.* יִכְרַע, וָאֶכְרְעָה, יִכְרְעוּן, תִּכְרְעוּ, תִּכְרַעְנָה, נִכְרְעָה; *inf.* כְּרֹעַ; *pt.* כֹּרֵעַ, כֹּרְעִים, כֹּרְעוֹת: ajoelhar-se, arquear, curvar-se, dobrar-se, tombar. – HI: *pf.* הִכְרִיעַ, הִכְרַעְתָּנִי; *impf.* תַּכְרִיעַ; *imp.* הַכְרִיעֵנִי; *inf.* הַכְרֵעַ: forçar a ajoelhar-se; *fig.*: lançar na miséria.

כְּרָעַ* (*de* כרע) *f., pl. suf.* כְּרָעָיו: perna, perônio.

כַּרְפַּס *m.*: linho (Et 1.6).

כרר PILPEL: *pt.* מְכַרְכֵּר: dançar (2 Sm 6.14,16).

כָּרֵשׂ* *m., suf.* כְּרֵשׂוֹ: barriga (Jr 51.34).

כַּרְשְׁנָא *n.m.* (Et 1.14).

כרת QAL: *pf.* כָּרַת, כָּרָתָ, כָּרַתִּי, כָּרְתוּ, כְּרָתוֹ; *impf.* אֶכְרֹת, וַיִּכְרָת־, וַיִּכְרֹת, נִכְרֹת, תִּכְרֹתוּן, תִּכְרְתוּ, יִכְרֹתוּ, אֶכְרָות־, נִכְרְתֶנּוּ, וַיִּכְרְתֵהוּ, נִכְרְתָה, נִכְרָת־; *imp.* כְּרֹת, כִּרְתוּ, כָּרְתָה, כְּרָת־, כְּרֹת; *inf.* כְּרֹת, כָּרְתִי, לִכְרוֹת, כְּרָת־, *abs.* כָּרוֹת; *pt.* כֹּרֵת, *pass.* כָּרוּת, *cs.* כְּרוּת, *pl. f.* כְּרֻתֹת: cortar, derrubar, abater; כֹּרֵת: lenhador; *c.* בְּרִית: fazer aliança; *c.* לְ: estabelecer um pacto; *c.* עִם: firmar um pacto; *c.* דָּבָר: fazer um acordo; *c.* אֲמָנָה: chegar a um acordo. – NI: *pf.* נִכְרַת, נִכְרֶתָה, נִכְרָתָה, נִכְרָת, נִכְרְתָה, נִכְרַתָּ, נִכְרְתוּ, נִכְרָתוּ; *impf.* יִכָּרֵת, יִכָּרֵת־, יִכָּרֵתוּ, יִכָּרֵתוּן; *inf.* הִכָּרֵת: ser cortado / derrubado / desarraigado / eliminado / removido / excluído; ser mastigado. – PU: *pf.* כָּרַת, כֹּרְתָה: ser cortado (Jz 6.28; Ez 16.4). –

HI: *pf.* הִכְרִית, הִכְרִיתָה, הִכְרַתִּי, הִכְרִיתוֹ, הִכְרַתִּיו, הִכְרַתִּיךָ; *impf.* יַכְרִית, יַכְרֵת, וָאַכְרִית, תַּכְרִיתֵךְ, תַּכְרִיתֶנָּה, נַכְרִיתֶנָּה; *inf.* הַכְרִית, הַכְרִיתֵךְ: *c.* מִן/מֵעִם/מֵעַל/מִפְּנֵי: desarraigar, eliminar; destruir; remover. – HO: *pf.* הָכְרַת: ser arrancado / eliminado / cortado (Jl 1.9).

כְּרֵת *ditogr. de* נוֹת *ou pl. cs. de* II כַּר Sf 2.6).

כְּרֻת(וֹ)ת (*de* כרת): viga.

כְּרֵתִי *col.*; *pl.* כְּרֵתִים: n. p. (Ez 25.16).

כֶּשֶׂב *m.*, *pl.* כְּשָׂבִים: cordeiro.

כִּשְׂבָּה *f. de* כֶּשֶׂב: cordeira (Lv 5.6).

כֶּשֶׂד *n.m.* (Gn 22.22).

כַּשְׂדִּים *tb.* כַּשְׂדִּיים *n. p. e n. t.* (2 Rs 24.2).

כשה QAL: *pf.* כָּשִׂיתָ: ser teimoso / obstinado (Dt 32.15).

כשח *cj.* QAL: *impf.* תִּכְשַׁח (*por* תִּשְׁכַּח): ressecar (Sl 137.5).

כֻּשִׁי, כֻּשִׁים★ *e* כֻּשִׁית: *v.* I כּוּשִׁי.

כַּשִּׁיל (*de* כשל) *m.*: machado (Sl 74.6).

כשל QAL: *pf.* כָּשַׁל, כָּשַׁלְתָּ, כָּשְׁלוּ/שָׁלוּ; *impf.* יִכְשְׁלוּ; *inf. abs.* כָּשׁוֹל; *pt.* כּוֹשֵׁל, כּוֹשְׁלוֹת: tropeçar, cambalear. – NI: *pf.* נִכְשַׁל, נִכְשְׁלוּ, נִכְשָׁלוּ; *impf.* יִכָּשֶׁל־, יִכָּשֵׁל, תִּכָּשֵׁל, יִכָּשְׁלוּ, יִכָּשֵׁלוּ; *inf.* הִכָּשְׁלָם, בְּהִכָּשְׁלוֹ; *pt.* נִכְשָׁל, נִכְשָׁלִים: tropeçar, cambalear. – PI: *impf.* תְּכַשְּׁלִי (Ez 36.14) *l.* תְּשַׁכְּלִי *c. alguns Mss.* – HI: *pf.* הִכְשִׁיל, הִכְשַׁלְתֶּם; *impf.* יַכְשִׁילוּ, יַכְשִׁילֵךְ; *inf.* הַכְשִׁיל, הַכְשִׁילוֹ: fazer tropeçar / cambalear. – HO: *pt.* מֻכְשָׁלִים: ser levado à ruína (Jr 18.23).

כִּשָּׁלוֹן (*de* כשל) *m.*: tropeço, queda (Pv 16.18).

כשף PI: *pf.* כִּשֵּׁף; *pt.* מְכַשֵּׁף, מְכַשֵּׁפָה, מְכַשְּׁפִים: praticar feitiçaria.

כֶּשֶׁף★ (*de* כשף) *m.*, *pl.* כְּשָׁפִים, *suf.* כְּשָׁפַיִךְ, כְּשָׁפֶיהָ: feitiçaria.

כַּשָּׁף★ (*de* כשף) *m.*, *pl. suf.* כַּשָּׁפֵיהֶם: feiticeiro (Jr 27.9).

כשר QAL: *pf.* כָּשֵׁר; *impf.* יִכְשַׁר: *c.* לִפְנֵי: agradar; *abs.*: prosperar (Et 8.5; Ec 11.6). – HI: *inf.* הַכְשֵׁיר: fazer aplicação correta (?; *txt. corr.*) (Ec 10.10).

כִּשְׁרוֹן (*de* כשר) *m.*: sucesso, prosperidade.

כתב QAL: *pf.* כָּתַב, כָּתַבְתָּ, כָּתְבוּ, כְּתַבְתֶּם; *impf.* וַיִּכְתֹּב, וַיִּכְתָּב־, וָאֶכְתֹּב, אֶכְתּוֹב־ (*Q* אֶכְתָּב־), יִכְתְּבוּ, יִכְתְּבֵם, וַיִּכְתְּבוּהָ, אֶכְתְּבֶנָּה; *imp.* כְּתֹב, כְּתָב־, כְּתוֹב־, כִּתְבוּ, כְּתָבָה, כְּתָבֵם; *inf.* כְּתוֹב, לִכְתֹּב, *abs.* כָּתוֹב; *pt.* כֹּתֵב, כֹּתְבִים, *pass.* כָּתוּב, כְּתוּבָה, כְּתוּבִים, כְּתוּבוֹת: escrever, registrar, anotar; assinar; gravar. – NI: *pf.* נִכְתַּב; *impf.* וַיִּכָּתֵב, תִּכָּתֵב, תִּכָּתֵב, יִכָּתְבוּ, יִכָּתֵבוּן; *pt.* נִכְתָּב: ser escrito / lavrado / registrado; ser decretado. – PI: *pf.* כִּתְּבוּ; *pt.* מְכַתְּבִים: continuar a escrever (Is 10.1).

כְּתָב (*de* כתב) *m.*, *suf.* כְּתָבָם: documento; registro, escrito; lista.

כְּתֹבֶת (*de* כתב) *f.*: כְּ׳ קַעֲקַע: tatuagem (Lv 19.28).

כִּתִּיִּים *tb.* כִּתִּיים Is 23.12 (*Q* כִּתִּים), כִּתִּים, כִּתִּים: *n. p.* (Gn 10.4).

כָּתִית (*de* כתת) *adj.*: batido; puro.

כֹּתֶל★ *m.*, *suf.* כָּתְלֵנוּ: parede (Ct 2.9).

כִּתְלִישׁ *n. l.* (Js 15.40).

כתם NI: *pt.* נִכְתָּם: permanecer maculado (Jr 2.22).

כֶּתֶם *m.*, *i.p.* כָּתֶם: ouro.

כֻּתֹּנֶת *f.*, *cs.* כְּתֹנֶת, *suf.* כֻּתָּנְתּוֹ, כֻּתָּנְתֶּךָ; *pl. abs.* כֻּתֳּנֹת *e* כָּתְנֹת, *cs.* כָּתְנוֹת, *suf.* כָּתְנֹתָם: túnica.

כָּתֵף *f.*, *cs.* כֶּתֶף, *suf.* כְּתֵפִי; *pl.* כְּתֵפ(וֹ)ת, *cs.* = *e* כִּתְפוֹת, *suf.* כְּתֵ(י)פָיו, כְּתֵפֶיהָ: ombro, omoplata; *t. t. arquit.*: עַל/אֶל־כֶּתֶף: lado; encosta.

כֹּתֶף (Jó 21.12): *v.* תֹּף.

I כתר PI: *imp.* כַּתַּר: *c.* לְ: esperar, ter paciência (Jó 36.2).

II כתר PI: *pf.* כִּתְּרוּנִי, כִּתְּרוּ: cercar (Sl 22.13; Jz 20.43 *txt. corr.*).– HI: *impf.* יַכְתִּרוּ; *pt.* מַכְתִּיר: cercar (Hc 1.4); congregar (Sl 142.8).

III כתר HI: *impf.* יַכְתִּרוּ: usar algo como ornamento sobre a cabeça (Pv 14.18).

כֶּתֶר (*de* II *ou?* III כתר) *m.*: turbante; ornamento (*para cabeça de cavalo*).

כֹּתֶרֶת (*de* II כתר) *f.*: capitel de pilar.

כתשׁ QAL: *impf.* תִּכְתּוֹשׁ: pilar (Pv 27.22).

כתת QAL: *pf.* כַּתּוֹתִי; *impf.* וָאֶכּוֹת; *imp.* כֹּתּוּ; *pt. pass.* כָּתוּת: triturar. – PI: *pf.* כִּתְּתוּ, כִּתַּת: moer, triturar. – PU: *pf.* כֻּתְּתוּ: despedaçar-se (2 Cr 15.6). – HI: *impf.* וַיַּכְּתוּ, וַיַּכְּתוּם: dispersar (Nm 14.45; Dt 1.44). – HO (*pass. qal?*): *impf.* יֻכַּתּוּ, יֻכַּת: ser triturado; ser dispersado.

ל

לָמֶד ל: décima segunda letra do alfabeto; *como num.* = 30.

לְ *suf.* לִי, לְךָ, לְכָה, לָךְ, *f.* לָךְ *e* לָכִי, לוֹ (*tb.* לֹא), לָהּ *e* לָה, לָנוּ, לָכֶם, *f.* לָכֶנָה, לָהֵנָּה, לָהֵן, לָהֶן, לָמוֹ *e* לָהֵמָּה, לָהֶם: *(só aparece como) prep. que expressa um ser, estar ou acontecer* em direção a, oposto a, para, *podendo ser reproduzida por: (em sentido local)* para, a, em direção a, junto a; *(em sentido temporal)* até, em torno de, por volta de, quando de, ao, depois de, no espaço de; *(em lugar do dat.)* em relação a, no tocante a, para; a fim de, com o objetivo de, para; a respeito de, sobre; por causa de. *Além disso,* לְ *pode expressar:* pertença, posse, propriedade; disponibilidade, atribuição; resultado ou produto de uma ação;como; relação de genitivo; estado de coisas, situação; *(para certos verbos:)* o ac.; ênfase.

לֹא, לוֹא (*tb.* לוֹ) *part. de negação:* não; sem, nenhum; *s.* nada.

לא *v.* לוֹ.

לֹא דְבָר *v.* לוֹ דְבָר.

לאה QAL: *impf.* וַיִּלְאוּ, וַתֵּלֶא, תִּלְאֶה: cansar-se, estar / ficar cansado; desistir. – NI: *pf.* נִלְאֵית, נִלְאָה, נִלְאוּ, נִלְאֵיתִי; *pt. f.* נִלְאָה: cansar-se, esgotar-se; estar / ficar cansado / esgotado; não poder; estar cansado / saturado (de algo). – HI: *pf. suf.* הֶלְאֵתִיךָ, הֶלְאָנִי; *impf.* תַּלְאוּ, *suf.* יַלְאוּךָ; *inf.* הַלְאוֹת: cansar (*tr.*), esgotar (*tr.*).

לֵאָה *n. f.* (Gn 29.16).

לאום *v.* לְאֹם.

לאט *v.* לוט.

לָאַט, לְאַט *v.* אַט.

לָאט בַּלָּאט, Jz 4.21: mansamente; *em outras passagens sempre* בַּלָּט, *v.* לָט.

לָאִיתִיאֵל *v.* אִיתִיאֵל.

לָאֵל *n. m.* (Nm 3.24).

לְאֹם, לְאוֹם *m., suf.* לְאֻמִּי, *pl.* לְאֻ(וּ)מִּים: povo, nação; povo (*no sentido de:* a gente).

לְאֻמִּים *n. p.* (Gn 25.3).

לֹא עַמִּי *n. simb.* (Os 1.9).

לֹא רֻחָמָה *n. simb.* (Os 1.6).

לֵב, לֵבָב *m.; de* לבב: *cs.* לֵב, לֶב־, לִב־, *suf.* לִבִּי,

לִבֵּךְ, לִבְּכֶם, *pl.* לִבּוֹת, *suf.* לִבֹּ(וֹ)תָם; *de* לֵבָב: *cs.* לְבַב, *suf.* לְבָבִי, לְבָבְךָ, לְבָבֵנוּ, *pl.* לְבָבוֹת, *suf.* לְבָבְהֶן: coração.

★לָבִא *pl.* לְבָאִם: leão (Sl 57.5).

★לְבִאָה *f. de* לָבִא, *pl. suf.* לִבְאֹתָיו: leoa (Na 2.13).

לְבָאוֹת *n. l.* (Js 15.32).

I לבב NI: *impf.* יִלָּבֵב: tornar-se sensato / sábio (Jó 11.12). – PI: *pf. 2ª f. suf.* לִבַּבְתִּנִי: arrebatar o coração (Ct 4.9).

II לבב PI: *impf.* תְּלַבֵּב: fazer bolos (2 Sm 13.6, 8).

לֵבָב *v.* לֵב.

★לְבִבָה *f., pl.* לְבִבוֹת: (espécie de) bolo.

לְבַד *v.* I בַּד.

★לַבָּה *cs.* לַבַּת: chama (Êx 3.2).

★לִבָּה *suf.* לִבָּתֵךְ: raiva (contra ti) (*ou trata-se de uma forma secundária de* לֵב?) (Ez 16.30).

I לְבוֹנָה *v.* לְבֹנָה.

II לְבוֹנָה *n. l.* (Jz 21.19).

לָבוּשׁ, לָבֻשׁ (*de* לבשׁ), *cs.* לְבוּשׁ, *pl. cs.* לְבֻשֵׁי: vestido de.

לְבֻשׁ, לְבוּשׁ (*de* לבשׁ), *suf.* לְבֻ(וּ)שׁוֹ, *pl. suf.* לְבֻשֵׁיהֶם: veste, vestimenta, roupa.

לבט NI: *impf.* יִלָּבֵט: arruinar-se.

לָבִיא leoa.

לְבִיָּא *f.*: leoa (Ez 19.2).

לְבִים *v.* ★לוּב.

I לבן HI: *pf.* הִלְבִּינוּ; *impf.* אַלְבִּין, יַלְבִּינוּ; *inf.* לְלַבֵּן: branquear, tornar branco, embranquecer (*tr.*); ficar / tornar-se branco, embranquecer (*intr.*). – HIT: *impf.* יִתְלַבְּנוּ: ser embranquecido (Dn 12.10).

II לבן QAL: *impf.* נִלְבְּנָה; *inf.* לְבֹן: fazer tijolos.

I לָבָן *cs.* לְבֶן־, *pl.* לְבָנִים, *f.* לְבָנָה, *pl.* לְבָנ(וֹ)ת: branco.

II לָבָן *n. m.* (Gn 24.29).

III לָבָן *n. l.* (Dt 1.1).

לִבְנֶה *m.*: espécie de árvore (?), choupo(?) (Gn 30.37; Os 4.13).

לִבְנָה *n. l.* (Js 10.29).

I לְבָנָה (*f. de* I לָבָן): lua cheia.

II לְבָנָה *n. m.* (Ed 2.45).

לְבֵנָה (*de* II לבן), *cs.* לִבְנַת, *pl.* לְבֵנִים, *suf.* לִבְנֵיכֶם: tijolo; laje.

לְבֹנָה, לְבוֹנָה *f., suf.* לְבֹנָתָהּ: incenso.

לְבָנוֹן *n. de monte* (Dt 1.7).

לִבְנִי *n. m.* (Êx 6.17).

לִבְנַת *v.* שִׁיחוֹר לִבְנָת.

לֵב קָמָי *n. t.* (Jr 51.1).

לבשׁ QAL: *pf.* לָבֵשׁ *e* לָבֵשׁ, לָבְשָׁה, לָבַשְׁתָּ, *suf.* לְבֵשָׁם; *impf.* יִלְבַּשׁ, יִלְבָּשׁ, *suf.* יִלְבָּשְׁנִי, תִּלְבָּשְׁן, תִּלְבְּשִׁי, יִלְבָּשֵׁם/שָׁם; *imp.* לְבַשׁ, לִבְשִׁי; *inf.* לִלְבֹּשׁ, *abs.* לָבוֹשׁ; *pt.* לֹבְשִׁים: vestir, trajar; vestir-se de; usar (roupa ou jóia). – PU: *pt.* מְלֻבָּשִׁים: vestido de; paramentado. – HI: *pf.* הִלְבִּישָׁה, הִלְבַּשְׁתָּ, *suf.* הִלְבַּשְׁתִּיו, הִלְבִּישַׁנִי; *impf.* וַיַּלְבֵּשׁ, תַּלְבִּישׁ, *suf.* וַיַּלְבִּשֵׁהוּ, תַּלְבִּישֵׁנִי; *inf.* הַלְבִּישׁ, *abs.* הַלְבֵּשׁ; *pt.* מַלְבִּישִׁים: vestir (alguém); vestir (de); vestir (alguém de).

לְבֻשׁ *v.* לָבוּשׁ.

לְבֻשׁ *v.* לְבוּשׁ.

לֹג *m.*: unidade de medida para líquidos (Lv 14.10).

לֹד *n. l.* (Ed 2.33).

לִדְבִר *n. l.* (Js 13.26).

לֵדָה (*de* ילד): (o) dar à luz, parto.

לה הֲלֹה, Dt 3.11, *l.* הֲלֹא.

לַהַב *m., pl.* לְהָבִים, *cs.* לַהֲבֵי: chama; lâmina (de espada).

לֶהָבָה *f., cs.* לֶהָבַת, *pl.* לְהָבוֹת, *cs.* לַהֲבוֹת: chama.

לְהָבִים *n. p.* (Gn 10.13).

לַהַג (o) estudar (Ec 12.12).

לַהַד *n. m.* (1 Cr 4.2).

להה HITPALPEL: *pt.* מִתְלַהְלֵהַּ: comportar-se como louco (Pv 26.18).

להה QAL: *impf.* וַתֵּלַהּ: desfalecer (Gn 47.13).

I להט QAL: *pt.* לֹהֵט: chamejar (Sl 104.4). – PI: *pf.* לִהֲטָה, לִהַט; *impf.* תְּלַהֵט, *suf.* וַתְּלַהֲטֵהוּ: queimar, devorar, consumir (pelo fogo).

II להט QAL: *pt.* לֹהֲטִים: devorar (Sl 57.5).

לַהַט (*de* I להט): chama, *fig.* = lâmina (Gn 3.24).

לְהָטִים★ *suf.* לַהֲטֵיהֶם: ciências ocultas (Êx 7.11).

להם HIT: *pt.* מִתְלַהֲמִים: deixar-se engolir avidamente, *pt. pl.* = guloseimas (Pv 18.8; 26.22).

לָהֵן por isso (Rt 1.13).

לָהֶן *em:* לָהֶן שׁוּעַ Jó 30.24, *l. talvez:* לֹה (=לֹא) יְשַׁוֵּעַ.

לַהֲקָה★ *cs.* לַהֲקַת: a venerável congregação (de profetas) (?) (1 Sm 19.20).

לוֹ 1 Sm 2.16; 20.2 *l.* לֹא; Jó 6.21 *l.* לִי.

לוּ, לֻא, לוּא *part. que expressa desejo:* se..., ah..., ah se..., queira..., quisera.

לוֹא *v.* לֹא *e* לוֹ (לְ *c. suf.*).

לוּב★ *pl.* לֻ(וּ)בִים: *n. p.* (Na 3.9).

לוּד *pl.* לוּדִים: *n. p.* (Gn 10.13).

לוֹ דְבָר *n. l.* (2 Sm 9.4).

I לוה QAL: *impf. suf.* יִלְוֶנּוּ: acompanhar (Ec 8.15). – NI: *pf.* נִלְוָה, נִלְווּ; *impf.* יִלָּוֶה, יִלָּווּ; *pt. pl.* נִלְוִים: unie-se a, juntar-se a.

II לוה QAL: *pf.* לָוִינוּ; *impf.* תִּלְוֶה; *pt.* לֹוֶה: tomar emprestado. – HI: *pf.* הִלְוִיתָ; *impf.* תַּלְוֶה, *suf.* יַלְוְךָ, תַּלְוֶנּוּ; *pt.* מַלְוֶה, *cs.* מַלְוֵה: emprestar.

לוז QAL: *impf.* יָלֻזוּ: apartar-se (dos olhos) (Pv 3.21). – NI: *pt.* נָלוֹז, *cs.* נְלוֹז, *pl.* נְלוֹזִים: andar caminho errado; *s.* perversidade. – HI: *impf.* יַלִּיזוּ: apartar-se (dos olhos) (Pv 4.21).

I לוּז amendoeira (Gn 30.37).

II לוּז *c.* ה *loc.* לוּזָה: *n. l.* (Gn 28.19).

לוּחַ *m.*, *pl.* לֻ(וּ)חֹ(וֹ)ת, *du.* לוּחֹתַיִם: tábua, prancha; lousa, chapa ou lâmina de pedra.

לוּחִית, לֻחִית *n. l.* (Is 15.5).

לוֹחֵשׁ (*c. art.*): *n. m.* (Ne 3.12).

לוט QAL: *pf.* לָאט; *pt.* לוֹט, *pass. f.* לוּטָה: envolver, enrolar, cobrir (1 Sm 21.10; 2 Sm 19.5). – HI: *impf.* וַיָּלֶט: envolver, cobrir (1 Rs 19.13).

I לוֹט (*de* לוט) *m.*: véu (Is 25.7).

II לוֹט *n. m.* (Gn 11.27).

לוֹטָן *n. m.* (Gn 36.20).

לֵוִי *n. m.* (Gn 29.34); *n. tr.* (Gn 49.5); *designação de cargo:* levita; membro da tribo de Levi; *pl.* לְוִיִּם: levitas.

לִוְיָה★ (*de* I לוה) *cs.* לִוְיַת: coroa (Pv 1.9; 4.9).

לִוְיָתָן *m.:* Leviatã (figura mitológica, monstro marinho).

לוּל★ *pl.* לוּלִים, *t. t. arquit. de significado incerto:* alçapão (?), escada de caracol (?) (1 Rs 6.8).

לוּלֵא, לוּלֵי se não (fosse o que, na realidade, é); certamente.

I לון NI: *impf.* וַיִּלֹּ(וֹ)נוּ: murmurar (contra). – HI: *pf.* הֲלִינוֹתֶם; *impf.* וַיָּלֶן, וַיַּלִּינוּ; *pt.* מַלִּינִ(י)ם: murmurar (contra).

II לון *v.* לין.

לוע *v.* לעע.

לוץ *v.* ליץ.

לוש QAL: *impf.* וַתָּלָשׁ, וַתָּלוֹשׁ; *imp.* לוּשִׁי; *inf.* לוּשׁ; *pt. pl. f.* לָשׁוֹת: amassar.

לוּשׁ *n. m.* (2 Sm 3.15).

לָז★ **,לָזֶה, לֵזוּ** *v.* הַלָּז, הַלָּזֶה (*f.* הַלֵּזוּ).

לָזוּת★ (*de* לוז), *cs.* לְזוּת: perversidade (Pv 4.24).

לַח *i. p.* לָח, *pl.* לַחִים: úmido, fresco, verde (contrário de maduro), novo.

לֵחַ* *m., suf.* לֵחֹה: vigor (Dt 34.7).

לְחוּם* (*de* II לחם), *suf.* לְחוּמוֹ, לְחֻמָם: carne, corpo (Sf 1.17; Jó 20.23).

I לְחִי *f., i. p.* לֶחִי, *suf.* לֶחֱיוֹ, *du.* לְחָיַיִם, *cs.* לְחָיֵי, *suf.* לְחָיָו, לְחָיַי, לְחֵיהֶם: queixada, queixo; face.

II לְחִי* *i. p.* לֶחִי: *n. l.* (Jz 15.9).

לַחַי רֹאִי *v.* רָאִי.

לֻחִית *v.* לוּחִית.

לחך QAL: *inf.* לְחֹךְ: lamber, devorar (Nm 22.4). – PI: *pf.* לִחֲכָה; *impf.* יְלַחֲכוּ, יְלַחֲכוּ: lamber, devorar.

I לחם QAL: *imp.* לְחַם; *pt.* לֹחֵם, *pl.* לֹחֲמִים, *suf.* לֹחֲמָי: combater. – NI: *pf.* נִלְחַם, נִלְחָם, נִלְחַמְתָּ, נִלְחֲמוּ, נִלְחָמוּ; *impf.* יִלָּחֵם, יִלָּחֶם, וַיִּלָּחֲמוּ, תִּלָּחֲמוּ, נִלָּחֲמָה, *suf.* וַיִּלָּחֲמוּנִי; *imp.* הִלָּחֲמוּ; *inf.* הִלָּחֵם, הִלָּחֶם, *suf.* הִלָּחֲמוֹ, *abs.* נִלְחֹם; *pt.* נִלְחָם, נִלְחָמִים: lutar, pelejar, combater, guerrear.

II לחם QAL: *pf.* לָחֲמוּ; *impf.* תִּלְחַם, אֶלְחַם; *imp.* לַחֲמוּ; *inf.* לְחֹם; *pt. pass. cs.* לְחֻמֵי: comer; provar; estar à mesa, tomar uma refeição.

לֶחֶם *m., i. p.* לָחֶם, *suf.* לַחְמִי: pão; cereal (do qual se faz pão); comida, alimento.

לַחְמִי *n. m.* (1 Cr 20.5).

לַחְמָם *n. l.* (Js 15.40).

לחץ QAL: *pf.* לָחַץ; *impf.* תִּלְחַץ, יִלְחָצוּ, *suf.* וַיִּלְחָצוּם, יִלְחָצֵנִי; *pt.* לֹחֲצִים, לֹחֲצֵיהֶם: empurrar, apertar, comprimir, pressionar (em certa direção); oprimir, atormentar, afligir. – NI: *impf.* וַתִּלָּחֵץ: apertar-se (Nm 22.25).

לַחַץ (*de* לחץ) *m., i. p.* לָחַץ, *suf.* לַחֲצֵנוּ: opressão, aflição.

לחש PI: *pt.* מְלַחֲשִׁים: encantar (serpentes) (Sl 58.6). – HIT: *impf.* יִתְלַחֲשׁוּ; *pt.* מִתְלַחֲשִׁים: cochichar (uns com os outros) (2 Sm 12.19; Sl 41.8).

לַחַשׁ (*de* לחש), *i. p.* לָחַשׁ, *pl.* לְחָשִׁים: encantamento; amuleto (?).

לָט (*de* לוט), *pl. suf.* לָטֵיהֶם: (o que é) secreto; בַּלָּט em segredo, secretamente, furtivamente, às escondidas; *pl.* ciências ocultas.

לֹט ládano (?), goma resinosa extraída da casca da pistácia (?) (Gn 37.25; 43.11).

לְטָאָה lagartixa (Lv 11.30).

לְטוּשִׁם *n. p.* (Gn 25.3).

לטש QAL: *impf.* יִלְט(וֹ)שׁ; *inf.* לְטוֹשׁ; *pt.* לֹטֵשׁ: afiar, amolar, aguçar. – PU: *pt.* מְלֻטָּשׁ: ser afiado (Sl 52.4).

לֹיָה* *pl.* לֹיוֹת: (ornamento arquit). guirlanda.

לַיִל, לַיְלָה *m., i. p.* לַיִל, לָיְלָה, לֵיל, לַיִל, לַיְלָ, *cs.* לֵיל, *pl.* לֵילוֹת: noite.

לַיְלָה *v.* לַיִל.

לִילִית *f.*: Lilit (demônio feminino) (Is 34.14).

לין QAL: *pf.* לָן, 3ª *f. sing.* לָנָה, לָנוּ; *impf.* יָלִין, וַיָּלֶן, תָּלִין, תָּלֶן, תָּלַן, תָּלִינִי, אָלִין, וַיָּלִ(י)נוּ, נָלִין, נָלִינָה; *imp.* לִין, לִינוּ, לִינִי: *inf.* לִין *e* לוּן; *pt.* לָן, לֵנִים: passar a noite, pernoitar; ficar durante a noite; permanecer, morar, demorar-se, habitar, viver. – HITPOLAL: *impf.* יִתְלוֹנָן: pernoitar, demorar-se (Sl 91.1; Jó 39.28).

ליץ QAL: *pf.* לַצְתָּ: bazofiar, blasonar (Pv 9.12). – POLEL: *pt.* לֹצְצִים: *pt.* escarnecedores (Os 7.5). – HI: *pf. suf.* הֱלִיצֻנִי; *impf.* יָלִיץ; *pt.* מֵלִיץ, *pl. cs.* מְלִיצֵי, *suf.* מְלִיצֶיךָ, מְלִיצֵי: zombar, escarnecer, ridicularizar; *pt.* porta-voz, intérprete. – HITPOLAL: *impf.* תִּתְלוֹצָצוּ: portar-se com insolência / petulância / arrogância (Is 28.22).

I לַיִשׁ *m.:* leão.
II לַיִשׁ *n. m.* (1 Sm 25.44).
III לַיִשׁ *c.* ה *loc.* לָיְשָׁה: *n. l.* (Jz 18.7).
לַיְשָׁה *n. l.* (Is 10.30).
לכד QAL: *pf.* לָכַד, לָכֶד, לָכָד, לְכָדָנוּ, *suf.* לְכָדָהּ, לְכָדָהּ; *impf.* יִלְכּוֹד, יִלְכֹּד, וַיִּלְכֹּד, יִלְכְּדָה, *suf.* יִלְכְּדוּ, יִלְכֹּדוּ, וַיִּלְכְּד־, יִלְכְּדֵנוּ, תִּלְכְּדוּ, תִּלְכְּדוּהָ, וַיִּלְכְּדֻנוֹ, יִלְכְּדֵנוּ; *imp.* לִכְדוּ, *suf.* לָכְדָהּ; *inf. cs. suf.* לָכְדָהּ, לָכְדֵנִי, *abs.* לָכוֹד; *pt.* לֹכֵד: capturar, apanhar, prender; tomar, conquistar, ocupar; cortar (águas); designar (por sorte); assumir (o poder). – NI: *pf.* נִלְכַּד, נִלְכְּדָה, נִלְכָּדוּ; *impf.* יִלָּכֵד, יִלָּכֶד, יִלָּכְדוּ(ן), יִלָּכֵדוּ; *pt.* נִלְכָּד: ser apanhado / capturado / preso; ser tomado / conquistado; ser designado (por sorte). – HIT: *impf.* יִתְלַכְּדוּ, יִתְלַכָּדוּ: contrair-se, compactar-se; encaixar-se, ajustar-se (Jó 38.30; 41.9).
לֶכֶד* (*de* לכד), *i. p.* לָכֶד: captura (armadilha?) (Pv 3.26).
I לְכָה *v.* הלך *imp.*
II לְכָה = לְךָ, *v.* לְ.
לֵכָה *n. l.* (1 Cr 4.21).
לָכִישׁ *n. l.* (Js 10.3).
לָכֵן por isso; por certo.
לֻלָאוֹת *f. pl., cs.* לֻלְאֹת: laços, laçadas.
למד QAL: *pf.* לָמַד, לָמַדְתִּי, לָמְדוּ; *impf.* יִלְמַד, אֶלְמַד, אֶלְמְדָה, יִלְמְדוּ(ן), תִּלְמְדוּ; *imp.* לִמְדוּ; *inf. cs. suf.* לָמְדִי, *abs.* לָמֹד; *pt. pass. cs.* לְמוּדֵי: aprender. – PI: *pf.* לִמֵּד, 2ª *f.* לִמַּדְתְּ *e* לִמַּדְתִּי: *suf.* לִמַּדְתַּנִי, לִמְּדוּם; *impf.* יְלַמֵּד, יְלַמֶּד־, אֲלַמְּדָה, תְּלַמְּדֵנוּ, יְלַמְּדֵהוּ, *suf.* יְלַמֵּד(וּ)ן, אֲלַמֶּדְכֶם; *imp.* לַמֵּדְנָה, *suf.* לַמְּדֵנִי; *inf.* לַמֵּד, *suf.* לַמְּדָם; *pt.* מְלַמֵּד, *suf.* מְלַמֶּדְךָ: ensinar. – PU: *pf.* לֻמָּד; מְלֻמָּד, מְלֻמְּדֵי, מְלֻמָּדָה: ser instruído / versado / entendido / treinado; ser aprendido.
לָמֻד, לִמּוּד (*de* למד), *pl.* לִמּוּדִים, *cs.* לִמּוּדֵי, לִמֻּדֵי, *suf.* לִמֻּדָי: acostumado, ensinado, instruído, treinado; aluno, discípulo.
לָמָה *tb.* לָמָּה, לָמָה: *v.* מָה.
לָמוֹ = לָהֶם, *tb.* לוֹ.
לְמוֹ *forma dilatada de* לְ.
לְמוּאֵל *tb.* לְמוֹאֵל *n. m.* (Pv 31.1).
לֶמֶךְ *i. p.* לָמֶךְ: *n. m.* (Gn 4.18).
לְמַעַן por causa de, porque; *v.* מַעַן.
לֵן* לֵנִים, Ne 13.21, *v.* לין *pt.*.
לֹעַ* (*de* II לעע), *suf.* לֹעֶךָ: garganta (queixo?, mandíbula?) (Pv 23.2).
לעב HI: *pt.* מַלְעִבִים: zombar (2Cr 36.16).
לעג QAL: *pf.* לָעֲגָה; *impf.* יִלְעַג, יִלְעָג, יִלְעֲגוּ; *pt.* לֹעֵג: escarnecer, ridicularizar. – NI: *pt. cs.* נִלְעַג: falar gaguejando = falar língua estrangeira (Is 33.19). – HI: *impf.* תַּלְעִיג, וַיַּלְעִג, יַלְעִגוּ; *pt.* מַלְעִגִים: zombar.
לַעַג (*de* לעג), *suf.* לַעְגָּם, *pl. cs.* לַעֲגֵי: zombaria, escárnio (gaguice?).
לָעֵג* לַעֲגֵי, Is 28.11, *v.* לַעַג; Sl 35.16, *v.* לעג QAL.
לַעְדָּה *n. m.* (1Cr 4.21).
לַעְדָּן *n. m.* (1Cr 7.26).
לעז QAL: *pt.* לֹעֵז: falar de modo incompreensível, falar língua estrangeira (Sl 114.1).
לעט HI: *imp. suf.* הַלְעִיטֵנִי: deixar engolir rapidamente (Gn 25.30).
לָעִיר *n. l.* (2 Rs 19.13).
לַעֲנָה losna.
I לעע QAL: *pf.* לָעוּ; *impf.* יָלַע: gaguejar, falar precipitadamente, falar delirantemente (Pv 20.25; Jó 6.3).
II לעע QAL: *pf.* וְלָעוּ: sorver (Ob 16).
לַפִּיד *m., pl.* לַפִּ(י)ד(י)ם, *cs.* לַפִּידֵי: tocha; relâmpago.
לַפִּידוֹת *n. m.* (Jz 4.4).

לפת QAL: *impf.* יִלְפֹּת: abraçar (Jz 16.29). – NI: *impf.* יִלָּפֵת, יִלָּפְתוּ: desviar-se; apalpar ao redor de si (Jó 6.18; Rt 3.8).

לֵץ (*de* ליץ) *pl.* לֵצִים: tagarela insolente e arrogante, escarnecedor.

לָצוֹן (*de* ליץ): insolência, arrogância, escarnecimento.

לַקּוּם *n. l.* (Js 19.33).

לקח QAL: *pf.* לָקַח, לָקָח, לָקַחְתָּ, לָקַחְתְּ, לָקְחוּ, לָקָחוּ, *suf.* לְקָחָם; *impf.* יִקַּח, יִקָּח, אֶקְחָה, יִקְחוּ, יִקָּחוּ, נִקַּח, נִקְחָה, *suf.* יִקָּחֵנִי, יִקָּחֶנָּה, אֶקָּחֲךָ, אֶקָּחֵהוּ, יִקָּחוּם; *imp.* קַח (*tb.* לְקַח), קָח, קְחָה, קְחִי (*tb.* לִקְחִי), קְחוּ, קָחוּ, *suf.* קָחֵנוּ, קָחֵם, קָחֵם־נָא, קָחֶ(וּ)הוּ: *inf.* קַחַת, קַחַת־, לָקַחַת, *suf.* קַחְתִּי, לְקַחְתּוֹ, *abs.* לָקֹ(וֹ)חַ; *pt.* לֹקֵחַ, לֹקְחִים, לֹקְחֵי, *pass.* לְקֻחִים: tomar, pegar, agarrar, apanhar, segurar; levar (consigo); receber, aceitar; adquirir; acolher; buscar, trazer; arrebatar, tirar; tomar sobre si. – NI: *pf.* נִלְקַח, נִלְקָח, נִלְקָחָה; *impf.* תִּלָּקַח, אֶלָּקַח; *inf.* הִלָּקַח, *suf.* הִלָּקְחוֹ: ser tirado, ser levado, ser arrebatado, ser buscado, ser apanhado, ser trazido. – PU: *pf.* לֻקַּח, לֻקָּח, לֻקָּחָה, לֻקַּחְתְּ, לֻקְּחוּ; *impf.* יֻקַּח, יֻקָּח, תֻּקַּח; *pt.* לֻקָּח: ser tomado, ser apanhado, ser agarrado, ser arrebatado; ser buscado, ser trazido. – HIT: *pt.* מִתְלַקַּחַת: palpitar, lampejar (fogo) (Êx 9.24; Ez 1.4).

לֶקַח (*de* לקח) *m., suf.* לִקְחִי, לִקְחָהּ: ensinamento, doutrina, entendimento, discernimento.

לִקְחִי *n. m.* (1 Cr 7.19).

לקט QAL: *pf.* לָקְטוּ, לָקֲטוּ; *impf.* יִלְקְטוּ, יִלְקֹטוּן, *suf.* תְּלַקְּטֵהוּ; *imp.* לִקְטוּ; *inf.* לְקֹט: colher, recolher. – PI: *pf.* לִקְּטָה, לִקֵּטָה, לִקַּטְתָּ; *impf.* יְלַקֵּט, אֲלַקֳּטָה; *pt.* מְלַקֵּט, מְלַקְּטִים: colher, recolher. – PU: *impf.* תְּלֻקְּטוּ: ser colhido (Is 27.12). – HIT: *impf.* וַיִּתְלַקְּטוּ: ajuntar-se (Jz 11.3).

לֶקֶט* (*de* לקט), *cs.* = : respiga (Lv 19.9; 23.22).

לקק QAL: *pf.* לָקְקוּ; *impf.* יָלֹק, יָלֹקּוּ: lamber. – PI: *pt. pl.* מְלַקְקִים: lamber (Jz 7.5).

לקש PI: *impf.* יְלַקֵּשׁוּ: recolher, raspar, segar (Jó 24.6).

לֶקֶשׁ *i. p.* לָקֶשׁ: erva serôdia, feno tardio (Am 7.1).

לָשָׁד* *cs.* לְשַׁד, *suf.* לְשַׁדִּי: bolo (Nm 11.8); gordura (?), medula (?), vigor(?) (Sl 32.4).

לָשׁוֹן, לָשֹׁן *m. e f., cs.* לְשׁוֹן, *suf.* לְשֹׁ(וֹ)נוֹ, *pl.* לְשֹׁנוֹת: língua (como parte do corpo, como instrumento da fala, e = linguagem).

לִשְׁכָּה *f., cs.* לִשְׁכַּת, *pl.* לְשָׁכוֹת, *cs.* לִשְׁכוֹת: vestíbulo; quarto, sala, câmara, cela.

I לֶשֶׁם pedra preciosa (*desconhecida*) (Êx 28.19; 39.12)

II לֶשֶׁם *n. l.* (Js 19.47).

לשן HI: *impf.* תַּלְשֵׁן: caluniar (Pv 30.10). – POEL: *pt.* מְלָושְׁנִי: caluniar (Sl 101.5).

לָשֹׁן *v.* לָשׁוֹן.

לֶשַׁע* *i. p.* לָשַׁע: *n. l.* (Gn 10.19).

לַשָּׁרוֹן *n. l. (?)* (Js 12.18).

לַת 1 Sm 4.19, לָלַת, *v.* ילד, *inf. qal.*

לֶתֶךְ medida de capacidade (Os 3.2).

מ

מ *final* ם, מֵם: décima terceira letra do alfabeto; *como num.* = 40.

־מ enclítico *no TM entendido e vocalizado como suf.* (*v.* Sl 29.6, וַיַּרְקִידֵם) *ou desinência pl.* (*v.* Jz 5.13, לְאַדִּירִים).

.מַ *v.* מַה.

.מִ *v.* מִן.

מַאֲבוּס* (*de* אבס) *m.*, *suf. pl.* מַאֲבֻסֶיהָ: celeiro (Jr 50.26).

מְאֹד *suf.* מְאֹדוֹ, מְאֹדֶךָ: *s.m.* força, poder (Dt 6.3; 2 Rs 23.25); *adv.* muito, extremamente; מְאֹד מְאֹד *enf.*: excessivamente, extraordinariamente.

מֵאָה I *f.*, *cs.* מְאַת: cem (מֵאָה אֶלֶף = 100.000); *du.* מָאתַיִם = 200; *pl.* מֵאוֹת, מֵאיוֹת, *Q* מֵאוֹת, *K* מְאָיוֹת: centenas; cem (*unidade militar*).

מֵאָה II *em* מִגְדַּל הַמֵּ׳ *n. l.* (Ne 3.1).

מַאֲוַיִּים* (*de* אוה) *m.*, *cs.* מַאֲוַיֵּי: desejos (Sl 140.9).

מאוּם (Jó 31.7). *v.* מוּם.

מְאוּם (Dn 1.4) *v.* מוּם.

מְאוּמָה *var.* מוּמָה, *pron. indef.*: alguma cousa; *c.* אַל, אַיִן, לֹא: nada.

מָאוֹס (*de* מאס) *inf. como s.*: refugo, lixo (Lm 3.45).

מָאוֹר, מָאֹר (*de* אור) *m.*, *cs.* מְאוֹר, *pl.* מְאוֹרִים, *cs.* מְאוֹרֵי, *e* מְאוֹרוֹת: lugar luminoso; corpo luminoso, luzeiro (sol, lua); lâmpada.

מְאוּרָה* *f.*, *cs.* מְאוּרַת: olhos ardentes (?), *mas prov. l.* מְעָרַת cova (Is 11.8).

מֹאזְנַיִם (*de* II אזן) *m.*, *cs.* מֹאזְנֵי: os dois pratos da balança, balança.

מְאָיוֹת* *v.* I מֵאָה.

מֵאַיִן *v.* II אַיִן.

מַאֲכָל (*de* אכל) *m.*, *cs.* מַאֲכַל, *suf.* מַאֲכָלוֹ: comida, alimento (para homens e animais); manjar; עֵץ מ׳ árvore frutífera.

מַאֲכֶלֶת (*de* אכל) *f.*, *pl.* מַאֲכָלוֹת: cutelo.

מַאֲכֹלֶת *tb.* מַכֹּלֶת (*de* אכל): alimento, sustento, pasto.

מַאֲמָץ* (*de* אמץ) *m.*, *pl. cs.* מַאֲמַצֵּי: esforço (Jó 36.19).

מַאֲמָר* (*de* I אמר) *m.*, *cs.* מַאֲמַר: ordem, mandado, edito.

מאן PI: *pf.* מֵאֵן, מֵאֲנָה, מֵאַנְתָּ, מֵאֲנוּ; *impf.* יְמָאֵן, וַיְמָאֲנוּ; *inf.* מָאֵן; *pt.* מָאֵן *resultou de* מְמָאֵן* *e* הַמֵּאֲנִים *resultou de* הַמְמָאֲנִים* *que resultou de* הַמְמָאֲנִים*: recusar, negar; recusar-se, opor-se.

מאס I QAL: *pf.* מָאַס, מָאֲסוּ/אָסוּ, מְאַסְתֶּם; *impf.* יִמְאַס, תִּמְאָס, אֶמְאָסְךָ (Os 4.6, *K* ־סאך), יִמְאָסוּן, תִּמְאָסוּנִי, יִמְאָסֶם; *inf.* מָא(וֹ)ס, מָאֳסָם *e* מָאָסְכֶם; *pt.* מוֹאֵס, מֹאֶסֶת: rejeitar, repudiar, refugar. – NI: *impf.* תִּמָּאֵס; *pt.* נִמְאָס: ser rejeitado, repudiado; *pt.* desprezado, desdenhado.

מאס II NI: *impf.* יִמָּאֲסוּ, וַיִּמָּאֵס: desaparecer, dissolver-se (Sl 58.8; Jó 7.5).

מְאַסֵּף (*de* אסף) *m.*, הַמְאַסֵּף: retaguarda (Js 6.9,13).

מַאֲפֶה* (*de* אפה) *m.*, *cs.* מַאֲפֵה: cousa cozida (no forno), massa (Lv 2.4).

מַאֲפֵל *m.*: escuridão (Js 24.7).

מַאְפֵּלְיָה *f.*: escuridão profunda *ou* densa, negror (Jr 2.31).

מאר HI: *pt.* מַמְאִיר, מַמְאֶרֶת: doloroso, dorido, maligno.

מָאֹר *v.* מָאוֹר.

מַאֲרָב (*de* ארב) *m.*, *cs.* מַאֲרַב: emboscada.

מְאֵרָה (*de* ארר) *f.*, *cs.* מְאֵרַת, *pl.* מְאֵרוֹת: maldição.

מֵאֵת = מִן + II אֵת.

מְבָא* *ou* מְבָה*, *suf.* מְבוֹאֶךָ (2 Sm 3.25): *v.* מוֹבָא*.

מִבְדָּלוֹת (*de* בדל) *f.:* selecionados, separados (Js 16.9).

מָבוֹא (*de* בוא) *m.*, *cs.* מְבוֹא, *pl.* מְבֹ(ו)אוֹת, *cs.* מְבוֹאֵי, *v. tb.* ⋆מוֹבָא: entrada; מְבוֹא הַשֶּׁמֶשׁ poente, ocaso; oeste, ocidente; o ato de entrar.

מְבוּכָה (*de* בוך) *f.*, *suf.* מְבוּכָתָם: confusão (Is 22.5; Mq 7.4).

מַבּוּל *m.:* oceano celestial; dilúvio.

מְבוֹנִים (2 Cr 35.3) *Q* מְבִי־: *v.* HI *de* בין; *K* מְבוֹ־: *confusão de pt.* NI *de* בין.

מְבוּסָה (*de* בוס) *f.:* pisoteio, esmagamento.

מַבּוּעַ (*de* נבע) *m.:* fonte (de água), manancial.

מְבוּקָה *f.:* desolação, devastação (Na 2.11).

⋆מְבוּשִׁים (*de* I בוש) *m.*, *c. suf.* מְבֻשָׁיו: órgãos genitais (do homem) (Dt 25.11).

מִבְחוֹר (*de* II בחר) *m.:* escolhido, seleto, melhor (2 Rs 3.19; 19.23).

I מִבְחָר (*de* II בחר) *m.*, *cs.* מִבְחַר, *pl. suf.* מִבְחָרָיו: escolhido, seleto, melhor.

II מִבְחָר *n. m.* (1 Cr 11.38).

מַבָּט (*de* נבט) *m.*, *suf.* מַבָּטָם/טֵנוּ ,מֶבָּטָהּ: esperança (*i. e.* a base ou o alvo da expectativa) (Is 20.5s; Zc 9.5).

מִבְטָא (*de* בטא/ה) *m.:* afirmação precipitada, promessa irrefletida (Nm 30.7, 9).

מִבְטָח (*de* I בטח) *m.*, *cs.* מִבְטַח, *suf.* מִבְטַחוֹ/חֵךְ/חִי ,מִבְטֶחָה *e* מִבְטֶחָם, *pl.* מִבְטַחִים: confiança, esperança (*i.e.* pessoa ou cousa em que se confia), amparo.

cj. **⋆מַבָּךְ** *em* מִבְּכִי *l. pl. cs.* מַבְּכֵי: fonte, goteira (Jó 28.11).

⋆מַבְלִיגִית *l.* מִבְּלִי גֵהָה/גְהוֹת: sem cura (Jr 8.18).

מְבֻלָּקָה (*de* בלק) *Pual pt. f. como s.:* devastação, destruição (Na 2.11).

מִבְנֶה (*de* בנה) *m.*, *cs.* מִבְנֵה: estrutura (Ez 40.2).

מְבֻנַּי *n. m.* (2 Sm 23.27).

cj. **מַבְנִית** (*de* בנה): estrutura, corpo (Jó 20.3).

I מִבְצָר (*de* III בצר) *m.*, *cs.* מִבְצַר, *pl.* מִבְצְרוֹת ,מִבְצָרִים, *cs.* מִבְצְרֵי, *suf.* מִבְצָרָיו ,מִבְצְרֵיהֶם: lugar fortificado, fortificação, fortaleza.

II מִבְצָר *n. m.* (Gn 36.42).

⋆מִבְרָח (*de* I ברח) *m.*, *K* מִבְרְחוֹ, *Q* מִבְרָחָיו: fugitivo, refugiado (Ez 17.21).

מִבְשָׂם *n. m.* (Gn 25.13).

מְבַשֵּׂר (*de* בשׂר) *m.*, *f.* מְבַשֶּׂרֶת, *pl.* מְבַשְּׂרוֹת: mensageiro, emissário, embaixador.

מְבַשֶּׂרֶת *v.* מְבַשֵּׂר.

מְבֻשָׁיו *v.* ⋆מְבוּשִׁים.

מְבַשְּׁלוֹת (*de* בשׁל) *f.:* lugares para cozer, lares, lareiras (Ez 46.23).

מָג *m.: título de alto funcionário babilônico* (Jr 39.3, 13).

מַגְבִּישׁ *n. m.* (*ou n. l.?*) (Ed 2.30).

מִגְבָּלוֹת *f.:* correntes (forjadas) (Êx 28.14).

⋆מִגְבָּעָה *f.*, *pl.* מִגְבָּעוֹת: turbante, tiara (de sacerdote).

מֶגֶד *m.*, *pl.* מְגָדִים *e* מִגְדָּנ(וֹ)ת, *suf.* מְגָדָיו: presente, dom excelente / precioso; o que é mais excelente, o melhor.

מְגִדּוֹ *n. l.* (Js 12.21).

מִגְדּוֹל (Jr 46.14) *v.* מִגְדֹּל.

מְגִדּוֹן (Zc 12.11) *v.* מְגִדּוֹ.

מַגְדִּיאֵל *n. m.* (Gn 36.43).

מִגְדִּיל (2 Sm 22.51) *Q* מִגְדּוֹל, *l.* *K e* Sl 18.51 מַגְדִּיל, *hi. de* גדל.

I מִגְדָּל (*de* גדל) *m.*, *cs.* מִגְדַּל, *pl.* מִגְדָּלִים, מִגְדָּלוֹת, *cs.* מִגְדְּלוֹת: torre, cidadela, fortaleza; plataforma (de madeira), tablado.

II מִגְדָּל *n. l.*, *usado em vários nomes*

compostos: מִגְדַּל־אֵל (Js 19.38); מִגְדַּל־גָּד (Js 15.37); מִגְדַּל־עֵדֶר (Gn 35.21); מִגְדַּל־שְׁכֶם (Jz 9.46).

מִגְדּוֹל, מִגְדֹּל : *n. l.* (Êx 14.2).

מִגְדָּנ(וֹ)ת *v.* מֶגֶד.

מָגוֹג *n.t.* (Ez 38.2).

I מָגוֹר (*de* III גור) *m.*: espanto, horror; terror (objeto do horror).

II מָגוֹר★ (*de* I גור) *m.*, *pl.* מְגוּרִים *ou* מְגוֹרִים, *suf.* מְגוּרֵיהֶם, מְגוּרָיו, מְגֻרֶיךָ: lugar de residência temporária (de peregrino / estrangeiro), peregrinação; domicílio, lugar de residência (em geral), morada.

III מָגוֹר★ (*de* אגר?) = מְגוּרָה, *suf.* מְגוּרָם: cova de armazenagem de grãos ou cereais, celeiro; *fig.* coração, mente? (Sl 55.16).

מְגוֹרָה★ *f. de* I מָגוֹר, *cs.* מְגוֹרַת, *suf.* מְגוּרֹתָם/תַי: horror.

מְגוּרָה *f. de* II מָגוֹר: cova de armazenagem de grãos / cereais, celeiro (Ag 2.19).

מַגְזֵרָה★ (*de* I גזר) *f.*, *pl. cs.* מַגְזְרוֹת: machado (2 Sm 12.31).

מַגָּל *m.*: foice, segadeira (Jr 50.16; Jl 4.13).

מְגִלָּה (*de* I גלל) *f.*, *cs.* מְגִלַּת: rolo (de escrever ou escrito).

מְגַמָּה★ *f.*, *cs.* מְגַמַּת: totalidade (Hc 1.9).

מגן PI: *pf.* מִגֵּן; *impf.* אֲמַגֶּנְךָּ, תְּמַגְּנֶךָּ: entregar, abandonar; *c. 2 ac.* presentear.

I מָגֵן (*de* גנן) *m.*, *cs.* =, *pl.* מָגִנִּים, *cs.* מָגִנֵּי, *suf.* מָגִנָּיו *e* מְגִנּוֹת: escudo (como arma / ornamento); *fig.* proteção, defesa; escama (de crocodilo).

II מָגֵן *m.*: descarado, insolente, desavergonhado (Pv 6.11; 24.34).

מֶגֶן★ *ou* ★מָגָן (*de* מגן) *pl. suf.* מָגִנֶּיהָ: presente, dádiva (Os 4.18).

מְגִנָּה★ *f.*, *cs.* מְגִנַּת: insolência, descaramento (Lm 3.65).

מִגְעֶרֶת (*de* גער) *f.*: ameaça, repreensão (Dt 28.20).

מַגֵּפָה (*de* נגף) *f.*, *cs.* מַגֵּפַת, *pl. suf.* מַגֵּפֹתַי: praga, peste, epidemia.

מַגְפִּיעָשׁ *n. m.* (Ne 10.21).

מגר QAL: *pt. pass.* מְגוּרֵי *l.* מֻגָרֵי (*de* נגר) (Ez 21.17). – PI: *pf.* מִגַּרְתָּה: *c.* לְ derrubar para, deitar por (Sl 89.45).

מְגֵרָה (*de* גרר) *f.*: serra (para cortar pedra); וּבַמְּגֵרוֹת (1 Cr 20.3) *l.* וּבְמַגְזְרוֹת (*cf.* 2 Sm 12.31).

מִגְרוֹן *n. l.* (1 Sm 14.2).

מִגְרָע★ (*de* I גרע) *f.*, *pl.* מִגְרָעוֹת: *t. t. de arquitetura:* ressalto, supressão, reentrância (na parede) (1 Rs 6.6).

מֶגְרָפָה★ (*de* גרף) *f.*, *suf.* מֶגְרְפֹתֵיהֶם: pá, enxada (Jl 1.17).

מִגְרָשׁ *m.*, *cs.* מִגְרַשׁ, *suf.* מִגְרָשָׁהּ, *pl. cs.* מִגְרְשֵׁי, *suf.* מִגְרָשֶׁיהָ, מִגְרְשֵׁיהֶם: pastagem (pertencente a *e* circundante de uma cidade), arredor, cercania.

מַד★ (*de* מדד) *m.*, *suf.* מַדּוֹ *e* מִדּוֹ, *pl. suf.* מַדָּיו *e* מִדּוֹתָיו (*tb. pl.* מִדִּין Jz 5.10): vestimenta, vestuário, veste.

I מִדְבָּר *m.*, *cs.* מִדְבַּר, *suf.* מִדְבָּרָהּ: pastagem, estepe, deserto (*i.e.* área não cultivada).

II מִדְבָּר (*de* II דבר) *m.*: instrumento de fala = boca (Ct 4.3, *Q* מִדְבָּרֵךְ, *K* מִדְבָּרַיִךְ).

מדד QAL: *pf.* מָדַד/דָד, מַדֹּתִי, מַדֹּתֶם, מָדְדוּ; *impf.* וַיָּמָד, תָּמֹד, וַיָּמֹדּוּ; *inf.* (לָ)מֹד: medir. – NI: *impf.* יִמַּד, יִמַּדּוּ: ser medido. – PI: *impf.* אֲמַדֵּד, וַיְמַדְּדֵם: medir, mensurar. – [POEL: *impf.* וַיְמֹדֶד: *v.* מוד (Hc 3.6)]. – HIT: *impf.* וַיִּתְמֹדֵד: *c.* עַל estender-se (1 Rs 17.21).

I מִדָּה (*de* מדד) *f.*, *cs.* מִדַּת, *pl.* מִדּוֹת, *suf.* מִדּוֹתֶיהָ: medida, dimensão, tamanho; padrão, modelo (de medida); medição.

II מִדָּה★ *f., cs.* מִדַּת: imposto, tributo (Ne 5.4).

מַדְהֵבָה *l.* מַרְהֵבָה (Is 14.4).

מַדּוּ★ *ou* I מַדְוֶה★, *pl. suf.* מַדְוֵיהֶם: veste, roupa (2 Sm 10.4; 1 Cr 19.4).

II מַדְוֶה★ (*de* דוה) *m., cs.* מַדְוֵה, *pl. cs.* מַדְוֵי: doença, enfermidade, moléstia (Dt 7.15; 28.60).

מַדּוּחִים (*de* נדח) *m.:* seduções (Lm 2.14).

I מָדוֹן (*de* דין) *m., pl.* מְדוֹנִים, מְדָנִים, מִדְיָנִים, *cs.* מִדְיְנֵי: desavença, disputa, discussão, contenda, rixa.

II מָדוֹן *n. l.* (Js 11.1).

מַדֻּעַ, מַדּוּעַ por que?

מְדוּרָה (*de* I דור) *f., suf.* מְדוּרָתָהּ: pilha de lenha (circular) (Is 30.33; Ez 24.9).

מִדְחֶה (*de* דחה) *m.:* ruína, queda (Pv 26.28).

מַדְחֵפוֹת (*de* דחף) *f., pl.:* golpes (Sl 140.12).

מָדַי *i. p.* מָדָי: *n. m.* (Gn 10.2); *n.t.* (2 Rs 17.6); *n. p.* (Is 13.17).

מָדִי *gent. de* מָדַי (Dn 11.1).

(לְ)מַדַּי *v.* דַּי.

מִדַּי *v.* דַּי.

מִדִּין *n. l.* (Js 15.61).

I מִדְיָן★ (*de* דין) *m., pl.* מִדְיָנִים, *cs.* מִדְיְנֵי: *v.* I מָדוֹן.

II מִדְיָן *n. m.* (Gn 25.2); *n. p.* (Gn 36.35).

מְדִינָה (*de* דין) *f., pl.* מְדִינוֹת: província, distrito.

מִדְיָנִי *gent. m. de* II מִדְיָן, *f.* מִדְיָנִית, *pl.* מִדְיָנִים.

מְדֹכָה (*de* דוך) *f.:* almofariz, gral, pilão (Nm 11.8).

מַדְמֵן *n. l.* (Jr 48.2).

I מַדְמֵנָה (*de* דֹּמֶן) *f.:* esterqueira, estrumeira, monturo (Is 25.10).

II מַדְמֵנָה *n. l.* (Is 10.31).

מַדְמַנָּה *n. l.* (Js 15.31); *n. m.* (1 Cr 2.49).

I מְדָן *n. m. e n.p.* (Gn 25.2; 1 Cr 1.32).

II מְדָן★ (*de* דין) *m., pl.* מְדָנִים: *v.* I מָדוֹן.

מַדָּע (*de* ידע) *m., suf.* מַדָּעֲךָ: conhecimento; mente, pensamento.

מַדֻּעַ por que? (Ez 18.19), v. מַדּוּעַ.

מֹדָע (Pv 7.4), מוֹדַע (Rt 2.1 *Q*) (*de* ידע) *m.:* parentesco; parente (distante).

מֹדַעַת★ (*de* ידע) *f. formal de* מוֹדָע, *suf.* מוֹדַעְתָּנוּ: parente (distante).

מַדְקֵרָה★ (*de* דקר) *f., pl. cs.* מַדְקְרוֹת: estocada (de espada) (Pv 12.18).

מַדְרֵגָה (*de* דרג) *f., pl.* מַדְרֵגוֹת: penhasco, alcantil, despenhadeiro, precipício (Ez 38.20; Ct 2.14).

מִדְרָךְ★ *m., cs.* מִדְרַךְ: pegada, pisada (Dt 2.5).

מִדְרָשׁ★ (*de* דרשׁ) *m., cs.* מִדְרַשׁ: comentário, relato, exposição, escrito, obra (escrita) (2 Cr 13.22; 24.27).

מְדֻשָׁה★ (*de* דושׁ) *f., suf.* מְדֻשָׁתִי: pisado, calcado, trilhado, debulhado (*fig. do povo,* Is 21.10).

מָה מַה־ *e* מֶה; מֶה־ *e* מָה; מָה־ *tb. c. dag.*; מָ *em* מָהֶם (Ez 8.6, *Q* מָה הֵם); מַ *c. dag.:* 1) *pron.:* que? o que; *após verbos relacionados c. falar, ver, perguntar, examinar, etc.* o que, aquilo que; *após neg.* o que = nada; *c.* ...שֶׁ qualquer coisa que, tudo o que (*em* Ec.). 2) *adv.:* o que, como, quão, quanto. 3) o que, como; *neg.:* não, nada, nenhum. 4) *c. prep.:* בַּמֶּה, בַּמָּה em que? com que? como?; כַּמֶּה, כַּמָּה quanto?; לָמֶּה, לָמָּה, לָמָּה, לְמָה, לָמָה para que? = por que? *e tb. conj.* para que... não; עַד־מָה, עַד־מֶה até quando?; עַל מֶה, עַל־מָה sobre que? por que?

מהה HITPALPEL: *pf.* הִתְמַהְמָהְתִּי, הִתְמַהְמָהְנוּ, הִתְמַהְמְהוּ; *impf.*

יִתְמַהְמַהּ/מָהּ; *inf.* לְהִתְמַהְמֵהַּ, הִתְמַהְמְהָם; *pt.* מִתְמַהְמֵהַּ: hesitar, tardar, demorar, demorar-se.

מָהוּל *v.* מהל.

מְהוּמָה (*de* הום) *f., cs.* מְהוּמַת, *pl.* מְהוּמֹת: perturbação, sobressalto, pânico, confusão, tumulto.

מְהוּמָן *n. m.* (Et 1.10).

מְהֵיטַבְאֵל *n. m.* (Ne 6.10); *n.f.* (Gn 36.39).

מָהִיר (*de* I מהר) *m., cs.* מְהִיר: hábil, habilidoso, perito, versado, experiente.

מהל QAL: *pt. pass.* מָהוּל: mudado (pelo acréscimo de água), adulterado, corrompido.

מַהֲלָךְ (*de* הלך) *m., cs.* מַהֲלַךְ, *suf.* מַהֲלָכְךָ, *pl.* מַהֲלָכִים: caminho, passagem, passeio; distância (extensão do caminho); jornada, viagem.

מַהֲלָל* (*de* III הלל) *m., suf.* מַהֲלָלוֹ: louvor, reconhecimento (por outros), elogio, reputação (Pv 27.21).

מַהֲלַלְאֵל *n. m.* (Gn 5.12).

מַהֲלֻמוֹת (*de* הלם) *f., pl.:* pancadas, açoites (Pv 18.6; 19.29).

מָהֵם (Ez 8.6): *l. Q* מָה הֵם.

מַהֲמֹר* *f., pl.* מַהֲמֹרוֹת: poço (de chuva), abismo, voragem (Sl 140.11).

מַהְפֵּכָה (*de* הפך) *f., cs.* מַהְפֵּכַת: derrota, demolição, arrasamento, destruição.

מַהְפֶּכֶת *i. p.* מַהְפָּכֶת (*de* הפך) *f.:* tronco (instrumento de tortura).

מְהֻקְצָעוֹת (*de* קצע): compartimento (de canto de um edifício?) (Ez 46.22).

I מהר PI: *pf.* מִהַר, מִהֲרָה, מִהַרְתָּ, מִהֲרוּ/מִ; *impf.* יְמַהֵר, יְמַהֲרוּ, וַתְּמַהֵרְנָה; *imp.* מַהֵר, מַהֲרָה/רִי, מַהֲרוּ; *inf.* מַהֵר; *pt.* מְמַהֵר *e* מַהֵר, מְמַהֲרוֹת: apressar-se (para algum lugar); *antes de verbo finito, usado como adv.:* depressa, prontamente, apressadamente; *c. ac.:* trazer (alguém ou alguma cousa) depressa; *inf. abs.* מַהֵר *adv.:* depressa, rapidamente. – NI: *pf.* נִמְהָרָה; *pt.* נִמְהָר, נִמְהָרִים, נִמְהֲרֵי: precipitar-se, arrojar-se precipitadamente; *pt.* apressado, precipitado, arrojado, impetuoso, *c.* לֵב consternado, desalentado.

II מהר *denom. de* מֹהַר, QAL: *impf.* יִמְהָרֶנָּה; *inf.* מָהֹר: adquirir (alguém como) esposa (pagando o מֹהַר) (Êx 22.15).

מֹהַר *m.:* dote (compensação entregue à família da noiva).

מַהֵר (Sf 1.14) *v.* I מהר.

מְהֵרָה (*de* I מהר) *f.:* pressa, rapidez; *tb. adv.* apressadamente.

מַהֲרַי *n. m.* (2 Sm 23.28).

מַהֵר *em* מַהֵר־שָׁלָל־חָשׁ־בַּז *n. simb.* (Is 8.1, 3).

מַהֲתַלָּה* (*de* התל) *f., pl.* מַהֲתַלּוֹת: engano, ilusão (Is 30.10).

מוֹאָב *n. m.* (Gn 19.30); *n.t. e n.p.* (Gn 19.35).

מוֹאָבִי *gent. m. de* מוֹאָב, *f.* מוֹאֲבִיָּה *e* מוֹאָבִית, *pl.* מֹאָבִים, מ(ו)אֲבִיּוֹת (Dt 23.4).

מוֹאל (Ne 12.38) *var.* מוּל: *v.* מוּל *ou l.* שְׂמֹאל.

מוֹבָא* (*de* בוא) *m., resultou de* מָבוֹא (*segundo* מוֹצָא), *suf.* מְבוֹאֶךָ *l.* מֹבָאֶךָ (2 Sm 3.25), מְבוֹאָיו *l.* מוֹבָאָיו (Ez 43.11): entrada (ato de entrar e abertura de edifício por onde se entra).

מוג QAL: *impf.* תָּמוּג, וַתָּמוֹג; *inf.* מוּג: vacilar, derreter (Am 9.5; Sl 46.7). – NI: pf. נָמוֹג, נָמֹגוּ; *pt.* נְמֹגִים: vacilar, cambalear, mover-se para lá e para cá, dissolver-se; desanimar, esmorecer. – POLEL: *impf.* תְּמוֹגְגֶנָּה/גֵנִי: amolecer, diluir; dissolver, desfazer (Sl 65.11; Jó 30.22). – HITPOLEL: *pf.* הִתְמֹגָגוּ; *impf.* תִּתְמוֹגַגְנָה: agitar-se, abalar-se, dissolver-se, derreter-se.

מוד POLEL: *impf.* וַיְמֹדֶד: pôr em movimento, fazer tremer, agitar, sacudir (Hc 3.6).

מוֹדָע (Rt 2.1 *Q*): *v.* מֹדָע.

מוט QAL: *pf.* מָטוּ ,מָטָה; *impf.* תָּמוּט, תְּמוּטֶנָה; *inf.* לָמוּט ,בְּמוֹט; *pt.* מָט, מָטִים: vacilar, tremer, titubear, cambalear; decair (economicamente). – NI: *pf.* נָמוֹטוּ; *impf.* אֶ/יִמּוֹט, יִמּוֹטוּ: ser levado a vacilar, tropeçar; ser abalado, desmoralizado; ser levado a oscilar, cambalear. – HITPOLEL: *pf.* הִתְמוֹטְטָה: mover-se, abalar-se, agitar-se (Is 24.19; 54.10).– HI: *impf.* יָמִיטוּ (Sl 55.4 *l.* יָעִיטוּ?; 140.11 *l.* יַמְטֵר?): fazer cair, fazer descer.

מוֹט (*de* מוט) *m.*: pau, vara (para levar utensílios e carga).

מֹטָה, מוֹטָה *f., pl.* מֹ(וֹ)טֹ(וֹ)ת: jugo, canga, opressão; canzil; pau, vara (para levar utensílios e carga).

מוך QAL: *pf.* מָךְ; *impf.* יָמוּךְ: vir abaixo, empobrecer.

מוֹכִיחַ *v. hi. de* יכח.

I מול QAL: *pf.* מָל, מָלוּ, וּמַלְתָּ/תֶּם; *impf.* וַיָּמָל; *pt. pass.* מוּל, מֻלִים: circuncidar. – NI: *pf.* נִמּוֹל, נִמֹּלוּ, וּנְמַלְתֶּם; *impf.* יִמּוֹל, וַיִּמֹּלוּ; *imp.* הִמֹּלוּ; *inf.* הִמֹּ(וֹ)ל, הִמּוֹל; *pt.* נִמֹּלִים: circuncidar-se, ser circuncidado.

II מול HI: *impf.* אֲמִילַם: repelir, afugentar (Sl 118.10-12).

מוֹל (Dt 1.1) *v.* מוּל.

מוּל *tb.* מוֹל, מוֹאל, *suf.* מֻלִי: *s.* parte anterior, frente; *prep.* em frente de, defronte de; *em combinação*: אֶל־מוּל para a frente, para; מוּל־פְּנֵי à frente de; מִמּוּל defronte de, da frente de, na direção de.

מוֹלָדָה *n. l.* (Js 15.26).

מוֹלֶדֶת (*de* ילד) *f., suf.* מוֹלַדְתִּי/תְּךָ, מוֹלַדְתּוֹ/תֵּנוּ, מוֹלַדְתָּם, *pl.* מוֹלְדוֹת, *suf.* מֹ(וֹ)לְדֹ(וֹ)תַיִךְ: descendência; parentesco, parentes, parentela; origem, nascimento, progênie.

★מוּלָה (*de* I מול) *f., pl.* מוּלֹת: circuncisão (Êx 4.26).

מוֹלִיד *n. m.* (1 Cr 2.29).

מוּם *tb.* מְאוּם *e* מְאוֹם *m., suf.* מוּמוֹ/מָם: mancha, mácula (corporal e moral).

מוּמָה *v.* מְאוּמָה.

מְוּמֻכָן *n. m.* (Et 1.16 *Q* מְמוּכָן).

מוּסַב־ (Ez 41.7) *v. ho. pt. de* סבב.

מוּסָד (*de* I יסד) *m., cs.* מוּסַד: fundação, lançamento da pedra fundamental (Is 28.16; 2 Cr 8.16).

מוֹסָד (*de* I יסד) *m., pl. cs.* מוֹסְדֵי: alicerce; fundamento.

מוּסָדָה (*de* I יסד) *f., pl. cs.* מוּסְדוֹת: alicerce (Ez 41.8; Is 30.32).

מוֹסָדָה (*de* I יסד) *f., pl.* מוֹסָדוֹת, *cs.* מוֹסְדוֹת: alicerce; fundamento.

★מוּסָךְ (2 Rs 16.18), *cs. Q* מוּסַךְ, *K* מֵיסַךְ: *t. t. de arquitetura desconhecido.*

מוֹסֵר (*de* אסר) *m., pl. cs.* מוֹסְרֵי, מוֹסֵרֵי, מוֹסְרֵיכֶם: cadeia, grilhão.

מוּסָר (*de* I יסר) *m. e f., cs.* מוּסַר, *suf.* מוּסָרְךָ: castigo, correção; disciplina, educação; advertência, admoestação, exortação.

I מוֹסֵרָה (*de* אסר) *f., pl.* מוֹסֵרוֹת, *cs.* מוֹסְרוֹת, *suf.* מוֹסְרוֹתֵימוֹ, מוֹסְרוֹתֶיךָ: cadeia, grilhão.

II מוֹסֵרָה מֹסֵרוֹת: *n. l.* (Dt 10.6).

מֹעֵד, מוֹעֵד (*de* ידע) *m., suf.* מוֹעֲדוֹ/דֶךָ, *pl. cs.* מוֹעֲדֵי, *suf.* מוֹעָדַי/דֵיכֶם: ponto de encontro, lugar de assembléia, lugar de reunião; encontro, reunião, assembléia; momento combinado, tempo marcado, data, época, estação, prazo; festa, festival, período de festa; אֹהֶל מוֹעֵד tenda do encontro.

מוֹעָד★ (*de* ידע) *m.*, *pl. suf.* מוֹעָדָיו: bando? multidão? hoste? lugar de concentração? ponto de encontro? (Is 14.31).

מוּעָדָה (*de* ידע) *f.*: compromisso, acordo, combinação, indicação (Js 20.9).

מוֹעַדְיָה *n. m.* (Ne 12.17).

מוּעָף *m.*: vislumbre, sombra, obscuridade (Is 8.23).

מוֹעֵצָה★ *tb.* מֹעֵצָה (*de* יעץ) *f.*, *pl.* מֹעֵצוֹת, *suf.* מֹ(וֹ)עֲצ(וֹ)תָם/תֵיהֶם: conselho; plano, desígnio, intento.

מוּעָקָה (*de* עוק) *f.*: aperto, aflição, tormento (Sl 66.11).

מוּפָז (1 Rs 10.18) *v. ho. de* I פזז.

מוֹפַעַת (Jr 48.21 *K*) *l. Q* מֵיפַעַת: *n. l.*

מוֹפֵת *m.*, *suf.* מֹ(וֹ)פֶתְכֶם, *pl.* מוֹפְתִים, *suf.* מוֹפְתָיו: símbolo, sinal, maravilha, milagre, prodígio, agouro.

מֹצָא, מוֹצָא I (*de* יצא) *m.*, *cs.* =, *suf.* מוֹצָאֲךָ/צָאוֹ, *pl. cs.* מוֹצָאֵי, *suf.* מוֹצָאָיו, מוֹצָאֵיהֶם: lugar de saída, saída (de água: fonte, manancial; do sol: oriente; da prata: mina); saída (ato de sair e abertura de edifício por onde se sai); o que sai (dos lábios, da boca), enunciação, expressão, declaração.

מוֹצָא II *n. m.* (1 Cr 2.46).

מוֹצָאָה★ (*de* יצא) *f.*, *pl.* מוֹצָאוֹת, *suf.* מוֹצָאוֹתָיו: origem (Mq 5.1); latrina (2 Rs 10.27 *Q*, *K* מַחֲרָאוֹת).

מוּצָק I (*de* יצק) *m.*, *cs.* מֻצַק: fundição.

מוּצָק II (*de* צוק) *m.*: estreiteza, aperto; tormento, aflição (Jó 37.10; Is 8.23).

מוּצָקָה★ (*de* יצק) *f.*, *suf.* מֻצַקְתּוֹ, *pl.* מוּצָקוֹת: fundição (2 Cr 4.3); *pl.* tubos (de lâmpadas) (Zc 4.2).

מוק HI: *impf.* יָמִיקוּ: escarnecer, ridicularizar, mofar (Sl 73.8).

מוֹקֵד (*de* יקד) *m.*, *pl. cs.* מוֹקְדֵי: fornalha, fogueira.

מוֹקְדָה (Lv 6.2) *l.* מוֹקְדָה (*v.* מוֹקֵד).

מוֹקֵשׁ (*de* יקשׁ) *m.*, *pl.* מֹ(וֹ)קְשִׁים, *cs.* מֹ(וֹ)קְשֵׁי: laço, armadilha, cilada, calce.

מור NI: *pf.* נָמָר: mudar, alterar-se (*intr.*) (Jr 48.11). – HI: *pf.* הֵימִיר (Jr 2.11); *impf.* אָמִיר, יָמֵר, יָמ(י)ר, יְמִירֶנּוּ, וַיָּמִירוּ; *inf.* הָמֵר, *cs.* בְּהָמִיר: trocar; mudar, alterar-se, transtornar-se (*intr.*).

מוֹר *v.* מֹר: mirra.

מֹרָא, מוֹרָא *tb.* מוֹרָה(*de* I ירא) *m.*, *suf.* מוֹרָאוֹ, מוֹרַאֲכֶם, *pl.* מוֹרָאִים: medo, receio, pavor; susto, espanto, horror; respeito, temor.

מוֹרַג *m.*, *pl.* מֹ(וֹ)רַגִּים: debulhador, trilho (de madeira, em forma de trenó, com farpas de ferro ou pedra por baixo).

מוֹרָד (*de* ירד) *m.*, *cs.* מוֹרַד: declive, ladeira, descida; מַעֲשֵׂה מוֹרָד: (1 Rs 7.29) *t. t. de arquitetura desconhecido.*

מוֹרֶה I (*de* I ירה) *m.*, *pl.* מוֹרִים: arqueiro, atirador (1 Sm 31.3; 2 Sm 11.24).

מוֹרֶה II (*de* II ירה) *m.*: chuva (Jl 2.23; Sl 84.7).

מוֹרֶה III (*de* III ירה) *m.*, *suf.* מוֹרֶיךָ, *pl. suf.* מוֹרַי: mestre.

מוֹרֶה IV *n. l. em* אֵלוֹן מוֹרֶה (Gn 12.6) *e* אֵלוֹנֵי מוֹרֶה (Dt 11.30); גִּבְעַת מוֹרֶה (Jz 7.1).

מוֹרָה *m.*: instrumento de barbear, navalha.

מוֹרָה II (Sl 9.21) *l.* מוֹרָא *ou* מְאֵרָה.

מוֹרִיָּה *n. de monte*: 2 Cr 3.1 הַר הַמּ־.

מוֹרָשׁ I (*de* ירשׁ) *m.*, *cs.* מוֹרַשׁ: posse, propriedade, herança, patrimônio (Is 14.23; Ob 17).

מוֹרָשׁ★ **II** (*de* ארשׁ) *m.*, *pl. cs.* מוֹרָשֵׁי: desejo (Jó 17.11).

מוֹרָשָׁה (*de* ירשׁ) *f.*: aquisição, posse, domínio, propriedade.

מוֹרֶשֶׁת גַּת *n. l.* (Mq 1.14).

מוֹרַשְׁתִּי *tb.* מֹרַשְׁתִּי: *gent. de* מוֹרֶשֶׁת (Jr 26.18; Mq 1.1).

I מוּשׁ QAL: *impf.* אֲמֻשְׁךָ: apalpar (Gn 27.21). – HI: *impf.* יְמִישׁוּן; *imp.* וַהֲמִישֵׁנִי (Jz 16.26 *Q, K* יְהֵימִשֵׁנִי *de* ימשׁ): deixar apalpar, apalpar (Jz 16.26; Sl 115.7).

II מוּשׁ, מִישׁ QAL: *pf.* מָשׁ, מַשְׁתִּי, מָשׁוּ; *impf.* יָמִישׁ *e* יָמֻשׁ, יָמוּשׁוּ, תָּמֻשׁ, תָּמוּשׁ, יָמוּשׁ, אָמִישׁ, תָּמִישׁ: retirar-se, apartar-se, retroceder; *c.* מִן afastar-se de, partir de; *c. inf.* largar, parar. – HI: *impf.* תָּמִישׁוּ: afastar, tirar (Mq 2.3).

מוֹשָׁב (*de* ישׁב) *m.*, *cs.* מוֹשַׁב, *suf.* מוֹשָׁבִי, מוֹשָׁבֶךָ, *pl. cs.* מוֹשְׁבֵי, *suf.* מֹ(וֹ)שְׁבֹתָם, מוֹשְׁבֹתֵיכֶם: lugar (para se sentar), assento, posição, situação; residência, habitação, morada; período de permanência; בֵּית מוֹשָׁב casa de habitação, casa de moradia, residência.

מֻשִׁי, מוּשִׁי *n. m.* (Êx 6.19); *gent.* (Nm 3.20).

מוֹשִׁיעַ (*de* ישׁע) *m.*, *suf.* מֹ(וֹ)שִׁ(י)עוֹ/עֵךְ, מוֹשִׁיעֵךְ/עֵךְ/עָם, *pl.* מֹ(וֹ)שִׁ(י)עִים: ajudador, salvador, resgatador, libertador (*usado para homens e para Deus*).

מוֹשָׁעָה★ (*de* ישׁע) *f.*, *pl.* מוֹשָׁעוֹת: assistência, amparo (Sl 68.21).

מוּת QAL: *pf.* מֵת, מֵתָה, מַתָּ/תִּי, מֵתוּ, מָ/מַתְנוּ; *impf.* יָמוּת, יָמֻת (Pv 19.16 *Q, K* יוּמַת), יָמוּת, וַיָּמָת, תָּמֹ(וּ)ת, מֹת/יָמֻ(וּ)תוּ, אָמוּתָה, אָמֻת/מוּת, וַתָּמָת, תְּמוּתֶנָה, תְּמֻ(וּ)תוּן; *imp.* מֻת; *inf.* לָמוּת, מוֹת, מֻתָן, מֻ/מוּתֵנוּ; *pt.* מֵת, מֵתִי, מוּתִי, מֵתָה, מֵתֶיךָ, מֵתִים/תֵי: morrer, falecer. – POLEL: *pl.* מוֹתַתִּי, מוֹתְתֵנִי; *impf.* אֲמֹתֵת, תְּמוֹתֵת, וַאֲמֹתְתֵהוּ; *imp.* מֹ(וֹ)תְתֵנִי; *inf.* לְמוֹתֵת; *pt.* מְמוֹתֵת: matar, dar o golpe mortal; assassinar. – POLAL: *pt.* מְמוֹתָתִים (2 Rs 11.2 *K*): os quais seriam mortos, os que deveriam ser mortos. – HI: *pf.* הֵמִית, הֱמִיתֶךָ, הֵמַתֶּן, הֵמִיתוּ, וְהֵמַתָּה/תִּי, הֱמִתָּתְהוּ, וַהֲמִתִּיהָ, וַהֲמִיתִיו, הֱמִיתָנִי, וַהֲמִיתֵהוּ; *impf.* יָמִית, וַיָּמֶת, נְמִיתֵם/תֶךָ, תְּמִיתֵנִי, וַיְמִיתֵהוּ/תֵם; *imp.* הֲמִיתוֹ/תֵם, הֲמִיתֵנִי; *inf.* הָמִית, הָמִיתוֹ, הָמֵת; *pt.* מֵמִית, מְמִ(י)תִים: matar, fazer morrer, assassinar; executar. – HO: *pf.* הוּמָת, הֻמְתוּ; *impf.* יוּמַת/מָת, יוּמָתוּ, יוּמְתוּ, וַתּוּמַת; *pt.* מוּמָתִים, מוּמָת/מֻ: ser morto; מוֹת יוּמַת sofrer a morte, certamente ser morto (ser punido com a morte).

מָוֶת, מָוְתָה *m.*, *cs.* מוֹת, *suf.* מֹ(וֹ)תוֹ, מֹ(וֹ)תָם, *pl. cs.* מוֹתֵי, *suf.* מְתָיו: 1) morte, falecimento. 2) doença mortal, epidemia, peste. 3) *personificado:* deus da morte, Morte. 4) reino dos mortos.

מָוְתָה (Sl 116.15): *v.* מָוֶת.

מוֹתָר (*de* יתר) *m.*, *cs.* מוֹתַר: vantagem, proveito.

מִזְבֵּחַ (*de* זבח) *m.*, *cs.* מִזְבַּח, *suf.* מִזְבְּחִי, מִזְבַּחֲךָ/חֶךָ, *loc.* הַמִּזְבֵּחָה, *pl. abs. e cs.* מִזְבְּחֹ(וֹ)ת, *suf.* מִזְבְּחֹ(וֹ)תֵיהֶם: altar.

מֶזֶג *i.p.* מָזֶג: vinho misto, bem temperado (Ct 7.3).

מַזֶּה *resultou de* מַה־זֶּה (Êx 4.2).

מִזֶּה *resultou de* מִן־זֶה (Sl 75.9).

מִזָּה *n. m.* (Gn 36.13).

מָזוּ★ *pl. suf.* מְזָוֵינוּ: armazém, depósito, celeiro (Sl 144.13).

מְזוּזָה *f.*, *cs.* מְזוּזַת, *suf.* מְזוּזָתִי, *pl.* מְזוּזֹ(וֹ)ת: ombreira (da porta), umbral.

מָזוֹן *m.:* alimento, comida.

I מָזוֹר *m.*, *suf.* מְזֹרוֹ: abscesso, úlcera, furúnculo (Jr 30.13; Os 5.13).

II מָזוֹר : armadilha (Ob 7).

I מֵזַח (Is 23.10):? (*talvez l.* מָחוֹז).

II מֵזַח *m.:* cinto (Sl 109.19).

מְזֵי *m.*, *pl. cs.:* enfraquecido (Dt 32.24).

I מחא QAL: *impf.* יִמְחֲאוּ; *inf.* מַחֲאֲךָ: *c.* יָד *ou* כַּף bater palmas.

II מחא PU: *pt.* מְמֻחָאִים (Is 25.6 *Q*): *l. K* מְמֻחִים (*v.* מחה).

★מַחֲבֵא (*de* חבא) *m., cs.* =: esconderijo (do vento) (Is 32.2).

★מַחֲבֹא (*de* חבא) *m., pl.* מַחֲבֹאִים: esconderijo (1 Sm 23.23).

מְחַבְּרוֹת (*de* II חבר) *f. pl.: t.t. de arquitetura:* ganchos (de ferro); vigas, traves (de madeira) (1 Cr 22.3; 2 Cr 34.11).

מַחְבֶּרֶת (*de* II חבר) *f., i. p.* מַחְבָּרֶת, *suf.* מֶחְבַּרְתּוֹ: juntura (ponto de junção do efod ou estola sacerdotal); laço, laçada, ilhó (em cortina).

מַחֲבַת *f.:* chapa (metálica, para grelhar e cozer), assadeira; bolo, pão (cozido sobre a chapa).

מַחֲגֹרֶת (*de* חגר) *f.:* cinto (de pano de saco) (Is 3.24).

I מחה QAL: *pf.* מָחִיתִי, מָחֲתָה, מָחָה; *impf.* יִמְחֶה, וַיִּמַח, אֶמְחֶה, אֶמְחֶנּוּ; *imp.* מְחֵה, מְחֵנִי; *inf.* מְחוֹת, מָחֹה: limpar, enxugar, apagar; exterminar, riscar, extinguir. – NI: *pf.* נִמְחוּ; *impf.* יִמָּחוּ, תִּמָּחֶה/יִ, יִמַּח, תִּמָּח: ser limpado / apagado; ser exterminado / aniquilado. – HI: *impf.* תֶּמַח, תֶּמְחִי; *inf.* לַמְחוֹת: deixar / fazer apagar, exterminar (*ou l. talvez todos estes como* QAL).

II מחה QAL: *pf.* מָחָה: *c.* עַל tocar, dar com, atingir (Nm 34.11).

III מחה PU: *pt. K* מְמֻחָיִם: (alimentos, manjares) recheados / temperados de tutano (Is 25.6).

מְחוּגָה (*de* חוג) *f.:* compasso (para fazer círculos) (Is 44.13).

★מָחוֹז *m., cs.* מְחוֹז: porto (Sl 107.30).

מְחוּיָאֵל *tb.* מְחִיָּיאֵל: *n. m.* (Gn 4.18).

מַחֲוִים *gent.* (1 Cr 11.46).

I מָחוֹל (*de* חול) *m., cs.* מְחוֹל, *suf.* מְחוֹלֵנוּ: dança de roda, dança.

★מָזִיחַ *m., cs.* מְזִיחַ: cinto (Jó 12.21).

מֵזִין (Pv 17.4) *resultou de* מֵאֲזִין *que resultou de* מַאֲזִין: *v. hi de* I אזן.

מַזְכִּיר *pt. hi. de* זכר *desenvolveu para s.:* secretário.

★מַזָּל *pl.* מַזָּלוֹת: constelação zodiacal (2 Rs 23.5).

מַזְלֵג *m., pl.* מִזְלָג(וֹ)ת, *suf.* מִזְלְגֹתָיו: garfo (tridente, para espetar carne).

מְזִמָּה (*de* זמם), הַמְזִמָּתָה *f., suf.* מְזִמָּתוֹ, *pl.* מְזִמּוֹת, *suf.* מְזִמּוֹתָיו: 1) reflexão, plano. 2) plano vil, atentado maldoso, vileza; *pl.* intrigas. 3) inteligência, prudência.

מִזְמוֹר (*de* I זמר) *m.: (t.t.)* salmo.

מַזְמֵרָה (*de* II זמר) *f., pl.* מַזְמֵרוֹת, *suf.* מַזְמְרֹתֵיכֶם: podadeira.

★מְזַמֶּרֶת (*de* II זמר) *f., pl.* מְזַמְּרוֹת: espevitadeira.

מִזְעָר *m.:* bagatela, insignificância, um pouco.

cj. מזר QAL: *cj. pt. pass. f.* מְזֻרָה: estirar, estender (uma rede) (Pv 1.17).

מְזֹרָה (Pv 1.17) *l.* מְזֻרָה: *v.* מזר.

מִזְרֶה (*de* I זרה) *m.:* garfo (para joeirar) (Is 30.24; *fig.* Jr 15.7).

מְזֹרוֹ (Os 5.13) *v.* I מָזוֹר.

מַזָּרוֹת *f. pl.,* ?= מַזָּלוֹת: astros, constelações (Jó 38.32).

מִזְרָח (*de* זרח) *m., cs.* מִזְרַח, מִזְרְחָה, *loc.* מִזְרָחָה: *c.* הַשֶּׁ/שֶׁמֶשׁ nascer do sol; leste, oriente.

מְזָרִים *pi. pt. pl. de* I זרה: ventos do norte (que trazem e espalham o frio) (Jó 37.9).

★מִזְרָע (*de* זרע) *m., cs.* מִזְרַע: seara, sementeira (Is 19.7).

מִזְרָק (*de* זרק), *pl.* מִזְרָקִים, *cs.* מִזְרְקֵי, *e pl.* מִזְרָקוֹת, *suf.* מִזְרְקוֹתָן: bacia (metálica) de aspersão.

★מֵחַ *pl.* מֵחִים: ovelha cevada / gorda (Is 5.17; Sl 66.15).

מֹחַ (*de* מחח): medula, miolo, tutano (Jó 21.24).

מָחוֹל II *n. m.* (1 Rs 5.11).
מְחוֹלָה *em* אָבֵל מְ׳: *n. l.* (Jz 7.22).
מַחֲזֶה (*de* חזה) *m., cs.* מַחֲזֵה: visão.
מֶחֱזָה (*de* חזה) *f.:* abertura (para iluminação), vista, janela? (1 Rs 7.4,5).
מַחֲזִיאוֹת *n. m.* (1 Cr 25.4).
מְחִי (*de* II מחה) *m.:* golpe (Ez 26.9).
מְחִידָא *n. m.* (Ed 2.52).
מִחְיָה (*de* חיה) *f., cs.* מִחְיַת, *suf.* מִחְיָתֶךָ: preservação da vida; formação, surgimento; subsistência, meio de sobrevivência; revivescimento; (algo, alguém) vivo.
מְחִיָּיאֵל (Gn 4.18, *Q* מְחִיָּאֵל) *v.* מְחוּיָאֵל.
מְחִיר I *m., suf.* מְחִירָהּ, *pl. suf.* מְחִירֵיהֶם: valor equivalente, preço; dinheiro; recompensa, salário.
מְחִיר II *n. m.* (1 Cr 4.11).
cj. *מְחַלֵּב *ou* *מַחֲלֵב: *n. l.* (em lugar de מֵחֶבֶל, Js 19.29).
*מַחֲלֶה (*de* חלה) *m., cs.* מַחֲלֵה, *suf.* מַחֲלֵהוּ: doença (Pv 18.14; 2 Cr 21.15).
מַחֲלָה (*de* I חלה) *f.:* doença.
מַחְלָה *n. m. e f.* (1 Cr 7.18).
*מְחֹלָה (*de* חול) *f., cs.* מְחֹלַת, *pl.* מְחֹל(וֹ)ת: dança de roda, dança.
*מְחִלָּה (*de* II חלל) *f., pl.* מְחִלּוֹת: caverna (Is 2.19).
מַחְלוֹן *n. m.* (Rt 1.2).
מַחְלִי *n. m. e patr.* (Êx 6.19); *gent.* (Nm 3.33).
מַחֲלֻיִים (*de* I חלה) *m.:* doenças; בְּמַ׳ רַבִּים gravemente doente (2 Cr 24.25).
*מַחֲלָף *m., pl.* מַחֲלָפִים: faca? (Ed 1.9).
*מַחְלָפָה (*de* I חלף) *f., pl. cs.* מַחְלְפוֹת: trança (de cabelo) (Jz 16.13,19).
מַחֲלָצוֹת *f.:* vestidos de festa (Is 3.22; Zc 3.4).
מַחְלְקוֹת *em* סֶלַע הַמַּ׳: *n.t.* (1 Sm 23.28).
מַחֲלֹקֶת (*de* II חלק), *suf.* מַחֲלֻקְתּוֹ, *pl. abs. e cs.* מַחְלְקוֹת, *suf.* מַחְלְק(וֹ)תָם/תֵיהֶם: parte, porção, quinhão; divisão, separação, repartição.
מָחֲלַת I *termo musical de significado desconhecido* (Sl 53.1; 88.1).
מָחֲלַת II *n.f.* (2 Cr 11.18).
מָחֲלַת *n.f.* (Gn 28.9).
מְחֹלָתִי *gent. de* אָבֵל מְחוֹלָה (1 Sm 18.19; 2 Sm 21.8).
מַחְמָאֹת (Sl 55.22): alimentos de leite (*mas l.* מֵחֶמְאָה, *v.* חֶמְאָה).
*מַחְמָד (*de* חמד) *m., cs.* מַחְמַד, *pl.* מַחֲמַדִּים, *cs.* מַחֲמַדֵּי, *suf.* מַחֲמַדֵּיהֶם (Lm 1.11 *Q, K* מַחְמוֹד׳): algo desejável, preciosidade; *fig.* deleite dos olhos.
מַחְמֹד (*de* חמד), *pl. suf.* מַחֲמֻדֶּיהָ: preciosidades (Lm 1.7, 11 *K*).
*מַחְמָל (*de* חמל) *m., cs.* מַחְמַל: *c.* נֶפֶשׁ saudade, ânsia, desejo, anelo (Ez 24.21).
מַחְמֶצֶת (*de* I חמץ) *f.:* algo de gosto azedo = cousa levedada (Êx 12.19,20).
מַחֲנֶה (*de* חנה) *m. ou f., cs.* מַחֲנֵה, *suf.* מַחֲנֶךָ (*var.* ־נֶיךָ), מַחֲנֵהוּ, מַחֲנֵיכֶם (*sing.* Am 4.10), *pl.* מַחֲנִים *e* מַחֲנוֹת, *du.* מַחֲנָיִם, מַחֲנַיִם: acampamento, arraial; pessoas e animais de um acampamento, bando; exército, tropa, multidão (fora do arraial), cortejo; מַחֲנֵה אֱלֹהִים (אֱלֹהִים *é sing. ou pl.*?) exército de espíritos? exército de Deus?
מַחֲנֵה־דָן *n. l.* (Jz 13.25).
מַחֲנַיִם *n. l.* (Gn 32.3).
מַחֲנָק (*de* חנק) *m.:* sufocação, asfixia, estrangulação (Jó 7.15).
מַחֲסֶה, מַחְסֶה (*de* חסה) *m., cs.* מַחְסֵה, *suf.* מַחְ/חֲסִי, מַחְסֵהוּ/סֵנוּ: (lugar de) refúgio, asilo; *fig.* abrigo, refúgio, recurso.
מַחְסוֹם (*de* חסם) *m.:* mordaça, açaimo, açamo, focinheira (Sl 39.2).
מַחְסוֹר (*de* חסר) *m., suf.* מַחְסֹרוֹ, מַחְסוֹרְךָ, מַחְסֹרֶיךָ: falta, carência, penúria, necessidade, pobreza.

מַחְסֵיָה *n. m.* (Jr 32.12).

מחץ QAL: *pf.* מָחַץ, מָחֲצָה; *impf.* יִמְחַץ, יִמְחָץ, אֶמְחָצֵם; *imp.* מְחַץ: destroçar, moer, quebrar, esmagar, ferir.

מַ֫חַץ* *m., cs.* = : ferida, chaga (resultante de golpes) (Is 30.26).

מַחְצֵב (*de* I חצב) *m.:* talhamento; אַבְנֵי מ׳ pedras lavradas, cantaria, pedras de talha.

מֶחֱצָה (*de* חצה) *f., cs.* מֶחֱצַת: metade (Nm 31.36,43).

מַחֲצִית (*de* חצה) *f., cs.* מַחֲצִ(י)ת, *suf.* מַחֲצִיתִי: metade, meio; מַ׳ הַיּוֹם meio-dia.

מחק QAL: *pf.* מָחֲקָה: esmagar, quebrar (a cabeça de alguém) (Jz 5.26).

מֶחְקָר* (*de* חקר)*m., pl. cs.* מֶחְקְרֵי: âmago, parte mais profunda, profundeza (inexplorada) (Sl 95.4).

מָחָר 1) (no) dia seguinte, amanhã; הַיּוֹם וּמָחָר hoje e amanhã; כָּעֵת מָחָר, מָחָר כָּעֵת הַזֹּאת amanhã a esta mesma hora. 2) (no) futuro.

מַחֲרָאָה* *f., pl.* מַחֲרָאוֹת: latrina, privada (2 Rs 10.27 *K*).

מַחֲרֵשָׁה* *ou* *מַחֲרֶשֶׁת (*de* I חרש) *f., suf.* מַחֲרַשְׁתּוֹ *e* מַחֲרֶשְׁתּוֹ, *pl.* מַחֲרֵשֹׁת: relha (de arado) (1 Sm 13.20,21).

מָחֳרָת *f., cs.* מָחֳרַת: *s.* o dia seguinte (יוֹם הַמָּ׳, לְמָחֳרַת הַיּוֹם, לַמָּ׳=); *adv.* no dia seguinte (*freqüentemente c.* מִן, מִמָּחֳרָת =).

מַחְשֹׂף (*de* I חשׂף) *m.:* descorticamento, descascamento, descorticando (Gn 30.37).

מַחֲשָׁבָה *tb.* מַחֲשֶׁבֶת, *i.p.* מַחֲשָׁבֶת, *suf.* מַחֲשַׁבְתּוֹ, *pl.* מַחֲשָׁב(ו)ֹת, *cs.* מַחְשְׁב(ו)ֹת, *suf.* מַחְשְׁבֹתֵיהֶם, מַחְשָׁב(ו)ֹתָיו: pensamento, idéia, intenção, propósito; plano, projeto; invenção, criação, arte.

מַחְשָׁךְ (*de* חשׁך) *m., pl.* מַחֲשַׁכִּים, *cs.* מַחֲשַׁכֵּי: lugar escuro / tenebroso; esconderijo.

מַ֫חַת *n. m.* (1 Cr 6.20).

מְחִתָּה (*de* חתת) *f., cs.* מְחִתַּת: susto, medo, espanto, terror; ruína, escombro, perdição.

מַחְתָּה (*de* חתה) *f., suf.* מַחְתָּתוֹ, *pl.* מַחְתּ(ו)ֹת, *suf.* מַחְתֹּתֶיהָ, מַחְתֹּתָיו: utensílio para carregar brasas e cinzas, balde, braseiro; incensório, turíbulo; (pequena) bacia (como utensílio do candelabro).

מַחְתֶּ֫רֶת (*de* חתר) *f.:* arrombamento, assalto, invasão (Êx 22.1; Jr 2.34).

מַטְאֲטֵא (*de* טאטא): vassoura (Is 14.23).

מַטְבֵּחַ (*de* טבח) *m.:* matadouro, matança, massacre (Is 14.21).

מָ֫טָה *v.* מוט.

מַטֶּה (*de* נטה) *m.* (*f.* Mq 6.9), *cs.* מַטֵּה, *suf.* מַטֵּהוּ, מַטְּךָ, *pl.* מַט(ו)ֹת, מַטֹּתָם: 1) vara, bastão, pau, bordão; cajado; cepa; flecha, dardo. 2) tribo.

מַ֫טָּה (*de* נטה), *i.p.* מָ֫טָּה: 1) *adv.* embaixo, debaixo, abaixo. 2) *c / prep.* לְמַטָּה para baixo; מִלְּמַטָּה debaixo de, por baixo.

מִטָּה (*de* נטה) *f., cs.* מִטַּת, *suf.* מִטָּתוֹ, *pl.* מִטּוֹת: leito, cama (de panos, cobertores e travesseiros estendidos).

מֹטָה *v.* מוֹטָה.

מֻטֶּה (*de* נטה): flexão (*fig.* do direito), corrupção, perversidade (Ez 9.9).

מֻטָּה* (*de* נטה): estiramento, extensão (de asas), envergadura (Is 8.8).

מִטְּהָר* (Sl 89.45) *em lugar de* מִטְּהָרוֹ (*v.* *טְהָר) *l.* מִטְּהָרוֹ (*de* טהר): pureza, esplendor (do rei).

מַטְוֶה (*de* טוה) *m.:* o que é fiado, filaça, fiado, fio (Êx 35.25).

מְטִיל* *m., cs.* מְטִיל בַּרְזֶל (Jó 40.18): barra (de ferro)?

מַטְמוֹן (*de* טמן) *m., pl.* מַטְמֹ(ו)נִים, *cs.* מַטְמֻנֵי: tesouro (oculto).

מַטָּע (*de* נטע) *m., cs.* מַטַּע, *suf.* מַטָּעָה, *pl.*

מֵיטָב (*de* יטב) *m.*, *cs.* מֵיטַב: o melhor, a melhor parte.

מִיכָא *n. m.* (2 Sm 9.12).

מִיכָאֵל *n. m.* (Nm 13.13).

מִיכָה *n. m.* (Mq 1.1).

מִיכָהוּ *n. m.* (2 Cr 18.8).

מִיכָיָה *n. m.* (2 Rs 22.12).

מִיכָיָהוּ *n. m. ou f.* (2 Cr 17.7; 2 Cr 13.2).

מִיכָיְהוּ *n. m.* (Jz 17.1).

מִיכָל* *cs.* מִיכַל (הַמָּיִם): acumulação, recipiente, depósito (2 Sm 17.20).

מִיכָל, מִיכַל *n.f.* (1 Sm 14.49).

מַיִם *i.p.* מַיִם, מָיִם, *cs.* מֵי *e* מֵימֵי, *suf.* מֵימָיו, מֵימֶיךָ, מֵימֵינוּ, מֵימֵיהֶם, *loc.* הַמָּיְמָה, הַמָּיְמָה: 1) água. 2) *outros líquidos*: מֵי רֹאשׁ água venenosa; מֵימֵי רַגְלַיִם urina; esperma? 3) *em nomes de localidades*: מֵי דִימוֹן (Is 15.9); מֵי יְרִיחוֹ (Js 16.1); מֵי מְגִדּוֹ (Jz 5.19); מֵי מְרִיבָה (Nm 20.13); מֵי נִמְרִים (Is 15.6); מֵי נֶפְתּוֹחַ (Js 15.9); עִיר הַמַּיִם (2 Sm 12.27); מֵי עֵין שֶׁמֶשׁ (Js 15.7).

מִיָּמִן, מִנְיָמִין *n. m.* (Ne 12.5).

מִיָּמִן *n. m.* (Ed 10.25), *v.* מִנְיָמִין.

מִין* *suf.* מִינֵהֶם, מִינָהּ, מִינֵהוּ *e* מִינוֹ: espécie, gênero.

מֵנֶקֶת, מֵינֶקֶת (*pt. hi. de* ינק) *f.*, *suf.* מֵ(י)נִקְתּוֹ/תָּהּ, *pl.* מֵינִיקוֹת, *suf.* מֵינִיקוֹתַיִךְ: ama (de leite).

מֵיסַךְ (2 Rs 16.18), *Q* מוּסַךְ, *K* מֵיסַךְ: *t.t. de arquitetura desconhecido.*

מֵיפַעַת *ou* מֵפַעַת: *n. l.* (Js 13.18).

מִיץ *m.:* o apertar, o prensar, o espremer, compressão (Pv 30.33).

מִיצִיאִים (2 Cr 32.21) *v.* יָצִיא.

מִישׁ *v.* II מוּשׁ.

מֵישָׁא *n. m.* (1 Cr 8.9).

מִישָׁאֵל *n. m.* (Êx 6.22).

מִישׁוֹר *ou* מִישֹׁר (*de* ישׁר) *m.:* 1) terreno plano, solo plano. 2) planície, campina, várzea. 3) *n.t. para determinadas planícies:* o planalto

cs. מַטָּעֵי: (ato e lugar de) plantação; *tb. fig.* a comunidade.

מַטְעָם* (*de* טעם), *pl.* מַטְעַמִּים *e* מַטְעַמּוֹת, *suf.* מַטְעַמּוֹתָיו: manjar delicioso, petisco, guloseima.

מִטְפַּחַת (*de* I טפח) *f.*, *pl.* מִטְפָּחוֹת: manto, mantilha, mantelete, xale.

מטר (*denom. de* מָטָר) NI: *impf.* תִּמָּטֵר: ser regado pela chuva (Am 4.7). – HI: *pf.* הִמְטִיר, הִמְטַרְתִּי; *impf.* יַמְטֵר, אַמְטִיר; *inf.* הַמְטִיר; *pt.* מַמְטִיר: derramar chuva; fazer chover. – *cj.* HO: *em lugar de* מְטֹהָרָה (Ez 22.24) *l. pt.* מֻמְטָרָה (*outros preferem pu. pt.* מְמֻטָּרָה): receber chuva (Ez 22.24).

מָטָר *m.*, *cs.* מְטַר, *pl.* מִטְרוֹת: chuva, aguaceiro.

מַטָּרָא (Lm 3.12) *v.* מַטָּרָה.

מַטְרֵד *n.f.* (Gn 36.39).

מַטָּרָה *ou* מַטָּרָא (*de* נטר): alvo, mira; guarda.

מַטְרִי *n. m.* (1 Sm 10.21).

מַי (מַי־לִי, Is 52.5) *Q* מַה־לִּי, *K* מִי־לִי.

מִי 1) *pron. interr.:* quem? 2) *partitivo*: מִי בְכָל quem dentre todos? 3) מִי *c. oração dependente*: מִי אַתָּה קָרָאתָ quem és tu que grites; מִי אָנֹכִי כִּי quem sou eu que. 4) מִי *em oração dependente*: יָדַעְנוּ מִי sabemos quem. 5) מִי *c. impf.*: מִי יֹאמַר quem diria (ousaria dizer)? *como desejo inatingível* מִי יְשִׂמֵנִי שֹׁפֵט quem me faria juiz? *como expressão de desejo* מִי יִתֵּן quem dera. 6) *pron. indef.:* quem, quem quer que, (todo) aquele que. 7) מִי *como interj.:* como?! onde?.

מֵידְבָא *n. l.* (Nm 21.30).

מֵידָד *n. m.* (Nm 11.26).

מֹידַע (Rt 2.1), *K* מְיֻדָּע, *l. Q* מוֹדַע.

מֵי זָהָב *n. m.* (*ou n. l.?*) (Gn 36.39).

מֵי הַיַּרְקוֹן *n. l.* (*ou n. r.?*) (Js 19.46).

(do Arnom, Dt 3.10; de Golã, 1 Rs 20.23). 4) *fig.*: retidão, eqüidade, justiça.

מֵישַׁךְ *n. m.* (Dn 1.7).

מֵישַׁע *n. m.* (2 Rs 3.4).

מֵישָׁע *n. m.* (1 Cr 2.42).

מִישֹׁר *v.* מִישׁוֹר.

מֵישָׁרִים *ou* מֵשָׁרִים (*de* ישׁר): 1) caminho plano (*fig.*). 2) *c. Deus:* ordem; justamente, retamente; *ac. adv.* com justiça. 3) *c. homens:* sinceridade, retidão; verdade; *c.* עָשָׂה fazer (chegar a) um convênio / acordo / pacto.

מֵיתָר *m., pl. suf.* מֵיתָרָיו, מֵיתְרֵיהֶם: fio, cordão (de arco); corda (de tenda).

מָךְ *v.* מוּךְ.

מַכְאֹב (*de* כאב) *m.,* מַכְאֹבוֹ, *pl.* מַכְאֹ(וֹ)בִים *e* מַכְאֹבוֹת, *suf.* מַכְאֹבָיו: dor; sofrimento.

מַכְבִּיר (Jó 36.31) *v.* כבר *hi.*

מַכְבֵּנָה *n. m.* (1 Cr 2.49).

מַכְבַּנַּי *n. m.* (1 Cr 12.14).

מַכְבֵּר algo que foi trançado, coberta, cobertor, colcha. (2 Rs 8.15).

מִכְבָּר *cs.* מִכְבַּר: grade, grelha.

מַכָּה (*de* נכה) *f., cs.* מַכַּת, *suf.* מַכָּתוֹ/תֵךְ, *pl.* מַכּוֹת *e* מַכִּים, *suf.* מַכּוֹתֶיךָ/תֶיהָ *e* מַכֹּ(וֹ)תֶהָ *e* מַכֹּתֵךְ: golpe, pancada; ferida, chaga; calamidade, praga, flagelo; derrota.

מִכְוָה (*de* כוה) *f., cs.* מִכְוַת: queimadura.

מָכוֹן (*de* כון) *m., cs.* מְכוֹן, *suf.* מְכוֹנוֹ, *pl. suf.* מְכוֹנֶיהָ: posição, posto, lugar, residência; apoio, suporte, base.

מְכוֹנָה, מְכֹנָה (*de* כון) *f., suf.* מְכֻנָתָהּ, *pl.* מְכֹנוֹת, *suf.* מְכוֹנֹתָיו: lugar (próprio, devido), residência; *utensílio do templo:* armação (com rodas, para sustentação), base, suporte (de pias de bronze).

מְכוּרָה* *f., suf.* מְכוּרָתָם, *pl. suf.* מְכֹרֹתַיִךְ *e* מְכֻרוֹתַיִךְ: origem.

מָכִי *n. m.* (Nm 13.15).

מָכִיר *n. m. e tribo* (Gn 50.23).

מָכִירִי *gent. de* מָכִיר (Nm 26.29).

מכך QAL: *impf.* וַיָּמֹכּוּ: afundar-se, corromper-se, perder-se (Sl 106.43). – NI: *impf.* יִמַּךְ: baixar, desabar, sucumbir (Ec 10.18). – HO: *pf.* הֻמְּכוּ: abaixar-se (*ou cj. ni. imp.* הִמַּכּוּ).

מִכְלָא* *ou* מִכְלָה (*de* I כלא), *cs. pl.* מִכְלְאֹת, *suf.* מִכְלְאֹתֶיךָ: curral (de ovelhas), aprisco.

מִכְלָה (Hc 3.17) *v.* מִכְלָא*.

מִכְלוֹל (*de* כלל) *m.:* perfeição; לְבֻשֵׁי מ׳ perfeitamente / magnificamente vestidos (Ez 23.12; 38.4).

מִכְלוֹת (*de* I כלה): perfeição? מ׳ זָהָב ouro puríssimo (2 Cr 4.21).

מִכְלָל* (*de* כלל) *m., cs.* מִכְלַל: perfeição, מ׳ יֹפִי beleza perfeita (Sl 50.2).

מַכְלֻלִים (*de* כלל) *m.:* vestes luxuosas / finas (não especificadas) (Ez 27.24).

מַכֹּלֶת (1 Rs 5.25) *v.* מַאֲכֹלֶת.

מִכְמָן* *m., pl.* מִכְמַנִּים: tesouro (oculto) (Dn 11.43).

מִכְמָס *ou* מִכְמָשׂ: *n. l.* (Ed 2.27).

מִכְמָר *ou* מַכְמֹר* (*pl. suf.* מַכְמֹרָיו) *m.:* rede (de caça e pesca, *fig.*) (Is 51.20; Sl 141.10).

מִכְמֶרֶת* *ou* מִכְמֹרֶת *f., suf.* מִכְמַרְתּוֹ: rede (de pesca) (Is 19.8; Hc 1.15, 16).

מִכְמָשׂ *n. l.* (1 Sm 13.2), *v.* מִכְמָס.

מִכְמְתָת (*sempre* הַמִּ׳) *n. l.* (Js 16.6).

מַכְנַדְבַי *n. m.?* (Ed 10.40).

I מְכֹנָה *v.* מְכוֹנָה.

II מְכֹנָה *n. l.* (Ne 11.28).

מִכְנָסַיִם* (*de* כנס), *cs.* מִכְנְסֵי: calções (de linho que faziam parte das vestes sacerdotais).

מֶכֶס tributo (ligado ao culto a Deus).

מִכְסָה* *f., cs.* מִכְסַת: número (de pessoas); importância, soma, montante (Êx 12.4; Lv 27.23).

מִכְסֶה (*de* כסה) *m., cs.* מִכְסֵה, *suf.* מִכְסֵהוּ: cobertura (da arca, da tenda).

מְכַסֶּה *pt. pi. de* כסה *como s., suf.* מְכַסֶּיךָ: coberta, cobertor; *anat.* membrana gordurosa que envolve as entranhas, omento, epíploon.

מַכְפֵּלָה (*sempre* מְעָרַת הַמַּ׳) *n. l.* (Gn 23.9).

מכר QAL: *pf.* מָכַר, *suf.* מְכָרוֹ/רָנוּ; *impf.* יִמְכֹּר/כָּר־, תִּמְכְּרוּ, תִּמְכְּרֵם, נִמְכְּרֶנּוּ, תִּמְכְּרֶנָּה; *imp.* מִכְרָה, מִכְרִי; *inf.* לִמְכֹּר, מְכֹר, מָכְרָם; *pt.* מ(וֹ)כֵר, מֹכֶרֶת, מֹכְרִים, מֹכְרֵי, מֹכְרֵיהֶם: vender; *c. Deus como suj.* entregar, abandonar. – NI: *pf.* נִמְכַּר, נִמְכַּרְנוּ; *impf.* יִמָּכֵר; *inf.* הִמָּכְרוֹ; *pt.* נִמְכָּרִים: ser vendido *c.* בְּ por (*preço*), *c.* בְּ por (*causa*), *c.* לְ a, para (*destino*), *c.* לְעֶבֶד como escravo; vender-se (à escravidão). – HIT: *pf.* הִתְמַכֵּר; *impf.* וַיִּתְמַכְּרוּ; *inf.* הִתְמַכֶּרְךָ: *c.* לְ deixar vender-se, pôr-se à venda; *c.* לַעֲשׂוֹת הָרַע vender-se, prestar-se a.

מֶכֶר (*de* מכר) *m., suf.* מִכְרָהּ, מִכְרָם: preço (de compra), valor; mercadoria.

מַכָּר* (*de* מכר) *m., suf.* מַכָּרוֹ, *pl. suf.* מַכָּרֵיכֶם: negociante, mercador. (*Outros, de* נכר: conhecido, amigo.) (2 Rs 12.6, 8).

מִכְרֶה* (*de* I כרה) *m., cs.* מִכְרֵה: fossa, cova (de sal) (Sf 2.9).

מְכֵרָה* *f., pl. suf.* מְכֵרֹתֵיהֶם: plano, conselho (Gn 49.5).

מִכְרִי *n. m.* (1 Cr 9.8).

מְכֵרָתִי *gent. de n. l. ou. n.t.* *מְכֵרָה *desconhecido* (1 Cr 11.36).

מִכְשׁוֹל *ou* מִכְשֹׁל (*de* כשל) *m., suf.* מִכְשֹׁלָם, *pl.* מִכְשֹׁלִים: algo em que se tropeça, tropeço, obstáculo.

מַכְשֵׁלָה (*de* כשל) *f., pl.* מַכְשֵׁלוֹת: montão de destroços / ruínas (Is 3.6; Sf. 1.3).

מִכְתָּב (*de* כתב) *m., cs.* מִכְתַּב: escritura, inscrição, gravação; escrito.

מְכִתָּה* (*de* כתת) *f., suf.* מְכִתָּתוֹ: fragmentos (Is 30.14).

מִכְתָּם *termo encontrado nos títulos de alguns salmos, sentido incerto:* sobrescrito, título, epígrafe.

I מַכְתֵּשׁ (*de* כתשׁ) *m.:* (dente) molar; almofariz, gral, pilão (Jz 15.19; Pv 27.22).

II מַכְתֵּשׁ *n.t.* (Sf 1.11).

מָל *v.* I מול.

מלא QAL: *pf.* מָלֵא, מָלְאָה, מָלֵאתִי *e* מָלֵתִי, מָלוּ *e* מָלְאוּ/לֵאוּ, *suf.* מְלָאוֹ; *impf.* יִמְלְאוּ, תִּמְלָאֵמוֹ; *imp.* מִלְאוּ; *inf.* מְל(וֹ)את; *pt.* מָלֵא, מְלֵאִים: 1) estar cheio; *de dias:* completar-se, cumprir-se, estar no fim. 2) *c. ac.:* encher. 3) *c. ac. da matéria:* estar cheio de; encher-se de. 4) *c. duplo ac., da matéria e do recipiente:* encher de. 5) *var.:* מָלְאָה צְבָאָהּ terminar, chegar ao fim; מ׳ עַל־גְּדוֹתָיו transbordar; מָלֵא שְׁלָטִים agarrar; מָלֵא יָדוֹ (לַיהוה) dedicar-se ao serviço (de Javé); מָלֵא לֵב *c.* לְ *c. inf.* cobrar ânimo para. – NI: *impf.* יִמָּלֵא, וַתִּמָּלֵא, תִּמָּלְאִי, יִמָּלְאוּ(ן); *pt.* נִמְלָא: 1) *c. ac. da matéria:* ser enchido com, encher-se de. 2) *c. dias como suj.:* passar-se. 3) *abs.:* ser enchido, encher-se. – PI: *pf.* מִלֵּא *e* מִלָּא, מִלֵּאתָ, מִלֵּאתִי, וּמִלֵּאתֶם, מִלְאוּ *e* מִלְאוּהָ, מִלֵּאנוּ, מִלֵּאתִיךָ; *impf.* יְמַלֵּא/אֶ, יְמַלֵּהוּ, וַיְמַלְאוּ/אוּם, תְּמַלֶּאנָה, וָאֲמַלְאֵהוּ; *imp.* מַלֵּא, מַלְאוּ; *inf.* מַלֵּא, מַלֵּא(וֹ)ת, מַלְאָם; *pt.* מְמַלֵּא, מְמַלְאִים: 1) *c. duplo ac.:* encher algo (alguém) de (com). 2) *c. tempo:* completar, terminar, passar. 3) *c.* מִלֵּא יַד (פְּ׳): encher a mão (de alguém), *i.e.*, consagrá-lo *ou* ordená-lo como sacerdote. 4) cumprir, executar, realizar, confirmar. 5) *c.* אַחֲרֵי: seguir, permanecer fiel. 6) *c.* בְּ *e ac. da matéria:* guarnecer, incrustar algo com; colocar algo em. 7) *var.*: קִרְאוּ מַלְאוּ chamar *ou* gritar em alta voz; *c.* עַל transbordar, inundar; *c.* נֶפֶשׁ saciar. – PU: *pt. pl.* מְמֻלָּאִים: guarnecidos, incrustados de (Ct 5.14). – HIT: *impf.* יִתְמַלָּאוּן: reunir-se (Jó 16.10).

מָלֵא (*de* מלא), *cs.* מְלֵא, *f.* מְלֵאָה, הַמְלֵאָה, הַמְּלֵאָה, *cs.* מְלֵאתִי, *pl.* מְלֵאִים, *f.* מְלֵא(ו)ת:*adj.* cheio; *s.f.* mulher grávida / realizada; *abs. c. ac.* cheio de.

מְלֹא *tb.* מְלוֹא, מְלוֹ (*de* מלא) *m.*, *suf.* מְלֹאוֹ, מְלֹאָהּ: o que enche, conteúdo, punhado, abada; abundância, plenitude, número completo, multidão, extensão, tamanho.

מִלֹּא *em* בֵּית מ׳ *n. l.* (2 Rs 12.21).

I מְלֵאָה *f. do adj.* מָלֵא: cheia.

II מְלֵאָה (*de* מלא) *f.*, *suf.* מְלֵאָתְךָ: colheita *ou* ceifa inteira, todo o produto.

מִלֻּאָה* (*de* מלא) *f.*, *cs.* מִלֻּאַת, *pl. suf.* מִלּוּאֹתָם, מִלֻּאֹתָם: guarnição, incrustação, engaste (de pedras preciosas, jóias).

מִלֻּאִים *tb.* מִלּוּאִים(*de* מלא) *m.*, *suf.* מִלֻּאֵיכֶם: consagração, dedicação, ordenação; guarnição, incrustação, engaste (de pedras preciosas, jóias).

מַלְאָךְ *m.*, *cs.* מַלְאַךְ, *suf.* מַלְאָכִי, מַלְאָכוֹ, *pl.* מַלְאָכִים, *cs.* מַלְאֲכֵי, *suf.* מַלְאָכָיו: mensageiro (enviado por homens ou por Deus); anjo (mensageiro do céu).

מְלָאכָה *f.*, *cs.* מְלֶאכֶת, מְלָאכֶת, *suf.* מְלַאכְתְּךָ/תּוֹ, מְלַאכְתֶּךָ, *pl. cs.* מַלְאֲכוֹת, *suf.* מַלְאֲכוֹתֶיךָ: missão (comercial), viagem de negócios; negócio, obra, ocupação; trabalho, ofício, colocação, tarefa; mercadoria, artigo, gêneros, bens, cousa; serviço (prestado ao rei); serviço religioso, culto.

מַלְאָכוּת* *f.*, *cs.* מַלְאֲכוּת: mensagem (Ag 1.13).

מַלְאָכִי *n. m.* (Ml 1.1, *talvez* ''meu mensageiro,'' *v.* Ml 3.1).

מְלֶאכֶת *v.* מְלָאכָה.

מִלֵּאת *significado incerto:* abundância de água? lago? incrustação (dos olhos, como pedras preciosas)? engaste (dos dentes)? (Ct 5.12).

מִלְּבַד (1 Rs 12.33) *K* מִלְּבַד (*v.* I בַּד), *l. Q* מִלִּבּוֹ.

מַלְבּוּשׁ (*de* לבשׁ) *m.*, *suf.* מַלְבּוּשֶׁךָ, *pl. suf.* מַלְבּוּשֵׁי/שֵׁיהֶם: veste (cara, custosa).

מַלְבֵּן molde, forma (quadrangular de fazer tijolos); terraço (de tijolos), pavimento (argiloso).

מלה QAL: מָלוּ (Ez 28.16). – PI: יְמַלֵּה *etc.*: *v.* מלא.

מִלָּה (*de* III מלל) *f.*, *suf.* מִלָּתוֹ, *pl.* מִלִּים *e* מִלִּין, *suf.* מִלֵּיהֶם, מִלֶּיךָ, מִלָּי: palavra (expressão vocal).

מְלוֹ (Ez 41.8) *v.* מְלֹא.

I מִלּוֹא (*de* מלא): enchimento, aterro, rampa (feita em terraço).

II מִלּוֹא *em* בֵּית מ׳ *n. l.* (Jz 9.6).

מִלּוּאָה *v.* מִלֻּאָה.

מִלּוּאִים *v.* מִלֻּאִים.

מַלּוּחַ (*de* מֶלַח) planta salgada (Jó 30.4).

מַלּוּךְ *n. m.* (1 Cr 6.29).

מְלוּכָה *ou* מְלֻכָה 1) realeza, reino. 2) עָשָׂה מ׳ עַל reinar, governar sobre; קָרָא מ׳ proclamar a realeza; מִשְׁפַּט הַמ׳ o direito real (do rei); כִּסֵּא הַמ׳ o trono real; זֶרַע הַמ׳ a linhagem real; צְנִיף מ׳ turbante real.

מְלוּכִי (Ne 12.14) *Q* מְלִיכוּ, *K* מַלּוּכִי: *v.* מַלּוּךְ.

מָלוֹן (*de* לין) *m.*, *cs.* מְלוֹן: acampamento (noturno), pousada, hospedaria.

מְלוּנָה (*de* לין) *f.*: armação (de ramos,

(para o guarda que cuida da plantação à noite), palhoça, cabana (Is 1.8; 24.20).

מַלּוֹתִי *n. m.* (1 Cr 25.4).

I מלח NI: *pf.* נִמְלָחוּ: ser dilacerado *ou* despedaçado, esfarrapar-se, desfazer-se (Is 51.6).

II מלח *denom. de* מֶלַח, QAL: *impf.* תִּמְלָח: salgar, temperar com sal (Lv 2.13). – PU: *pt.* מְמֻלָּח: ser salgado (Êx 30.35). – HO: *pf.* הָמְלַחַת; *inf.* הָמְלֵחַ: ser esfregado com água salgada (*p. ex.*, recém-nascido); *outros:* ser mergulhado em sal (Ez 16.4).

I ⋆מֶלַח (*de* I מלח): pedaço de pano velho, trapo, farrapo (Jr 38.11, 12).

II מֶלַח sal.

⋆מַלָּח *m., pl. suf.* מַלָּחֵיהֶם, מַלָּחַיִךְ: marinheiro.

מְלֵחָה (*de* II מלח) *f.*: terra salgada (estéril, árida), salina.

מִלְחָמָה *ou* מִלְחֶמֶת (*de* I לחם) *f., suf.* מִלְחַמְתִּי, *pl.* מִלְחָמוֹת, *cs.* מִלְחֲמוֹת, *suf.* מִלְחֲמֹתָיו: aperto, pressão, ímpeto, peleja, combate, luta, batalha, guerra; (determinada) arma, lança, clava.

I מלט NI: *pf.* נִמְלַט, נִמְלַטְתִּי, נִמְלְטוּ/לָטוּ; *impf.* יִמָּלֵט, אִמָּלְטָה, יִמָּלְטוּ; *imp.* הִמָּלְטִי; *inf.* הִמָּלֵט; *pt.* נִמְלָט, נִמְלָטָה: colocar-se em segurança, escapar. – PI: *pf.* מִלֵּט, מִלֶּט־, *suf.* מִלְּטָנוּ; *impf.* יְמַלֵּט, אֲ/יְמַלְּטוּ, *suf.* יְמַלְּטֵהוּ, אֲמַלֶּטְךָ; *imp.* מַלְּטָה, מַלְּטוּ, מַלְּטוּנִי; *inf. abs. e cs.* מַלֵּט; *pt.* מְמַלֵּט, מְמַלְּטִים: 1) *c. ac.* salvar (alguém); deixar (alguém) escapar. 2) מ׳ נַפְשׁוֹ salvar-se. 3) não molestar, deixar em paz. 4) pôr e chocar (ovos). – HI: *impf.* הִמְלִיטָה, הִמְלִיט: libertar; dar à luz (Is 31.5; 66.7). – HIT: *impf.* יִתְמַלָּטוּ: faiscar, espalhar (faíscas) (Jó 41.11).

II מלט HIT: *impf.* וָאֶתְמַלְּטָה: ser calvo (Jó 19.20).

מֶלֶט terreno / pavimento argiloso? (Jr 43.9).

מְלַטְיָה *n. m.* (Ne 3.7).

מְלִי *v.* מוּל.

מְלִיכוּ *n. m.* (Ne 12.14 *Q*), *v. K* מַלּוּכִי.

⋆מְלִילָה (*de* IV מלל) *f., pl.* מְלִילוֹת: espiga (de trigo, arrancada quando ainda leitosa) (Dt 23.26).

מֵלִיץ 1) Oficial, intermediário; intérprete; enviado, mediador. 2) ser celestial subordinado, anjo-intercessor.

מְלִיצָה (*de* ליץ) *f.*: dito enigmático, dito (Pv 1.6; Hc 2.6).

I מלך QAL: *pf.* מָלַךְ, מָלָךְ, מָלַכְתָּ, מָלְכוּ; *impf.* יִמְלֹךְ־, אֶ/יִמְלֹ(ו)ךְ; *imp.* מְלֹךְ־, מָלְכָה (Jz 9.8 *K* מְלוֹכָה), מָלְכִי (Jz 9.12 *K* מְלוֹכִי); *inf.* מְלֹךְ, מְלָךְ־, מָלְכוֹ; *pt.* מֹלֶכֶת: ser rei, reinar, dominar (*tb.* *usado para Deus*). – HI: *pf.* הִמְלִיךְ, הִמְלַכְתִּי, הִמְלַכְתָּ, *suf.* וְהִמְלַכְתַּנִי, הִמְלִכוּ; *impf.* וַיַּמְלֵךְ, וָאַמְלִיךְ, וַיַּמְלִ(י)כוּ, *suf.* וַיַּמְלִיכֶהָ, וַיַּמְלִ(י)כֻהוּ, נַמְלִ(י)ךְ; *inf.* הַמְלִיךְ, *suf.* הַמְלִיכוֹ; *pt.* מַמְלִיךְ: fazer (alguém) rei, instalar (alguém) como rei. – HO: *pf.* הָמְלַךְ: tornar-se rei (Dn 9.1).

II מלך NI: *impf.* וַיִּמָּלֵךְ: tomar conselho consigo mesmo (Ne 5.7).

I מֶלֶךְ (*de* I מלך) *m., cs.* = , *suf.* מַלְכִּי, *pl.* מְלָכִים (מְלָכִין Pv 31.3), *cs.* מַלְכֵי, *suf.* מְלָכֶיהָ, מַלְכֵיהֶם: rei.

II מֶלֶךְ *n. m.* (1 Cr 8.35; 9.41).

מֹלֶךְ *tb.* הַמֹּלֶךְ, לַמֹּלֶךְ: *n.d.* (Lv 20.5).

⋆מַלְכֹּדֶת (*de* לכד) *f., suf.* מַלְכֻּדְתּוֹ: laço, armadilha (no caminho) (Jó 18.10).

מַלְכָּה *f. de* I מֶלֶךְ: *cs.* מַלְכַּת, *pl.* מְלָכוֹת: esposa de rei; rainha.

מִלְכָּה *n.f.* (Gn 11.29).

מְלֻכָה (1 Sm 10.25) *v.* מְלוּכָה.

מַלְכוּת *ou* מַלְכֻת (*de* I מלך) *f., cs.* = , *suf.*

מַלְכוּתוֹ, *pl.* מַלְכֻיּוֹת: poder real, domínio; dignidade real, realeza; atividade governamental; (período do) reinado; reino; = real; *de* יהוה: domínio.

מַלְכִּיאֵל *n. m.* (Gn 46.17).

מַלְכִּיָּה *n. m.* (Jr 21.1).

מַלְכִּיָּהוּ *n. m.* (Jr 38.6).

מַלְכִּי־צֶדֶק *n. m.* (Gn 14.18).

מַלְכִּירָם *n. m.* (1 Cr 3.18).

מַלְכִּי־שׁוּעַ *n. m.* (1 Sm 14.49).

מַלְכָּם *n. m.* (1 Cr 8.9).

מִלְכֹּם *n.d.* (1 Rs 11.5).

מַלְכֵּן (2 Sm 12.31 *K*) *v. Q* מַלְבֵּן.

מְלֶכֶת* (*em* מְלֶכֶת הַשָּׁמַיִם), *entendido como* מְלֶאכֶת, exército (dos céus), *mas é distorção de* *מַלְכַּת: rainha (dos céus = Astarte *e* outras deusas da fertilidade).

מֹלֶכֶת *n.f.* (1 Cr 7.17).

I מלל QAL (*ou* NI): *impf.* יִמָּלוּ, יִמַּל: murchar, secar. – POEL: *impf.* יְמוֹלֵל: murchar (Sl 90.6). – HITPOEL: *impf.* יִתְמוֹלְלוּ: secar (Sl 58.8).

II מלל QAL: *imp.* מֹל: circuncidar (Js 5.2). – NI: *pf.* נְמַלְתֶּם: deixar circuncidar-se (Gn 17.11).

III מלל QAL: *pf. v.* מַלּוֹתִי: falar; *como n. m.* (1 Cr 25.4,26). – PI: *pf.* מִלֵּל, מִלְּלוּ; *impf.* יְמַלֵּל, תְּמַלֶּל־: dizer, anunciar, declarar.

IV מלל QAL: *pt.* מֹלֵל: *c.* בְּרַגְלָיו arranhar, raspar (com os pés), dar um sinal (Pv 6.13).

מִלֲלַי *n. m.* (Ne 12.36).

מַלְמָד* (*de* למד) *m., cs.* מַלְמַד: aguilhada (com ferrão na ponta) (Jz 3.31).

מלץ NI: *pf.* נִמְלְצוּ: deslizar (*fig. da palavra de Deus que facilmente desliza para a boca*) (Sl 119.103).

מֶלְצַר, מֶלְצָר chefe, supervisor, guarda (Dn 1.11, 16).

מלק QAL: *pf.* מָלַק: cortar, arrancar (cabeça de passarinho) com a unha (Lv 1.15; 5.8).

מַלְקוֹחַ (*de* לקח) *m., cs.* = : despojo de guerra, presa.

מַלְקוֹחַיִם* (*de* לקח), *du., suf.* מַלְקוֹחָי: palato, céu da boca (Sl 22.16).

מַלְקוֹשׁ *m.:* últimas chuvas.

מֶלְקָחַיִם (*de* לקח) *m. du., suf.* מֶלְקָחֶיהָ: espevitadeira.

מֶלְתָּחָה vestiário, guarda-roupa (2 Rs 10.22; *cj.* Jr 38.11).

מַלְתָּעוֹת* *cs.* מַלְתְּעוֹת: osso maxilar, queixal (Sl 58.7); *v.* מְתַלְּעוֹת.

מַמְאִיר *pt. hi. de* מאר.

מַמְּגוּרָה* *f., pl.* מַמְּגֻרוֹת: celeiro (Jl 1.17).

מֵמַד* *ou* *מָמָד, *pl. suf.* מְמַדֶּיהָ: medida (Jó 38.5).

מְמוּכָן *n. m.* (Et 1.14).

מָמוֹת* (*de* מות), *pl. cs.* מְמוֹתֵי: (um tipo de) morte (Jr 16.4; Ez 28.8).

מַמְזֵר *col.:* bastardo (Dt 23.3; Zc 9.6).

מְמֻחָיִם (*K* Is 25.6) *v.* III מחה.

מִמְכָּר (*de* מכר) *m., cs.* מִמְכַּר, *suf.* מִמְכָּרוֹ, *pl. suf.* מִמְכָּרָיו: algo vendido; algo vendável; venda.

מִמְכֶּרֶת *f.:* venda (de escravos) (Lv 25.42).

מַמְלָכָה (*de* I מלך), *cs.* מַמְלֶכֶת, *suf.* מַמְלַכְתּוֹ, *pl.* מַמְלָכוֹת, *cs.* מַמְלְכוֹת: reino, domínio; poder *ou* dignidade real; rei.

מַמְלָכוּת* (*de* I מלך) *sempre cs.* מַמְלְכוּת: poder real, domínio; reino.

מִמְסָךְ (*de* מסך) *m.:* jarro (para misturar vinho) (Is 65.11; Pv 23.20).

מֶמֶר (*de* מרר) *m.:* amargura, tristeza, aflição (Pv 17.25).

I מַמְרֵא *n. l.* (Gn 23.17).

II מַמְרֵא *n. m.* (Gn 14.13, 24).

מַמְּרֹרִים (*de* מרר): amarguras (Jó 9.18).

מִמְשַׁח (Ez 28.14) *inexplicado.*

מִמְשָׁל (*de* II משל) *m., pl.* מִמְשָׁלִים:

domínio, autoridade soberana; בְּנֵים הַמִּמְשָׁלִים soberanos, regentes.

מֶמְשָׁלָה (*de* II משל) *f., cs.* מֶמְשֶׁלֶת, *suf.* מֶמְשַׁלְתְּךָ, מֶמְשַׁלְתֶּךָ, *pl. cs.* מֶמְשְׁלוֹת, *suf.* מַמְשְׁלוֹתָיו: domínio, autoridade (sobre); אֶרֶץ מֶ׳ (território sobre o qual se exerce) domínio, autoridade; força militar.

מִמְשָׁק★ (*de* משק) *m., cs.* מִמְשַׁק: מִ׳ חָרוּל solo (coberto de erva daninha) (Sf 2.9).

מַמְתַקִּים (*de* מתק) *m., pl.:* doçuras; *c.* שׁתה bebidas doces (Ct 5.16; Ne 8.10).

I מָן *m., suf.* מַנְךָ: maná.

II מָן (Êx 16.15) = מַה: que?

***cj.* מַן** *suf.* מַנֵהוּ (Sl 68.24): quem?

מֵן★ *pl.* מִנִּים: corda; *pl.* instrumentos de corda (Sl 150.4; Sl 45.9).

מִן *formas paralelas* מִנֵּי־, מִנִּי; *normalmente na forma* מִן־ *antes de art.*; *ger. assimilado*, מִבֵּן; *antes de guturais e* ר *ger.* מֵ, מֵאָדָם, *mas* מִחוּץ, מִהְיוֹת; *antes de cs. c. švā* כְּמִשְׁלֹשׁ (Gn 38.24); *antes de* יְ, מִידֵי, *mas* מִיְּשֵׁנֵי (Dn 12.2); *suf.* מִמֶּנִּי, מִמְּךָ, מִמֵּךְ, *mas* מִמֶּנָּה, מִמֶּנּוּ, מִמֶּךָּ, *tb.* מִנִּי *e* מֶנִּי, מֶנְהוּ (Jó 4.12), מִן־הוּא (Is 18.2,7); מֵהֶן, מִנְהֶם, מֵהֵמָּה, מֵהֶם, מִכֶּם (Ez 16.47,52): de (*sentido básico*): 1) *espacial:* (a) *indica o ponto inicial de um movimento:* de; (b) *c.* אֶל *indica a direção do movimento*; (c) *indica o lugar, em cuja direção* (= onde) *algo se encontra.* 2) *temporal:* (a) de, desde (o tempo de); (b) logo após; (c) depois. (d) *indica o tempo em que algo acontece:* em. 3) *designa:* (a) *o material do qual algo é feito;* (b) *o lugar de origem.* 4) *designa:* (a) *a causa:* por causa de; (b) *o causador:* de = por vontade de; (c) *o agente da voz passiva:* por. 5) *designa a posição ou o padrão de alguém:* (a) מִן קָטֹנְתִּי (sou indigno) de (Gn 32.11); (b) *especialmente como expressão de comparação:* mais do que. 6) *designa a causa lógica:* em conseqüência de, por causa de. 7) *c. os verbos temer, esconder, proteger, prevenir:* de, contra. 8) *partitivo:* (a) *parte de um todo:* de; (b) *após um adj., às vezes, superlativo.* 9) מִן *c. inf.:* (a) de = por causa de; (b) para; (c) *temporal:* depois de. 10) *c. outras prep.:* (a) *antes de outras prep.*: מֵאֵת, מֵעַל, מִבַּעַד, מִבֵּין, מֵאַחַר, מִתַּחַת, מֵעִם *v. respectivas prep.*; (b) *depois de outras prep.*: לְמִן de, desde. 11) Dt 33.11 מִן־יְקוּמוּן: *conj.* para que não (*se a leitura for correta*).

מְנָאוֹת (Ne 12.44) *v.* מְנָת.

מַנְגִינָה★ (*de* נגן) *f., suf.* מַנְגִּינָתָם: canção de escárnio / satírica (Lm 3.63).

מנה QAL: *pf.* מָנִיתִי, מָנָה; *impf.* תִּמְנֶה, יִמְנוּ; *imp.* מְנֵה; *inf.* מְנוֹת; *pt.* מוֹנֶה: dividir em partes, contar; acrescentar, entregar. – NI: *pf.* נִמְנָה; *impf.* יִמָּנֶה, יִמָּנוּ; *inf.* הִמָּנוֹת: deixar-se contar, poder ser contado; ser contado, ser calculado. – PI: *pf.* מִנָּה, מִנּוּ; *impf.* וַיְמַן: distribuir, repartir, determinar; oferecer. – PU: *pt.* מְמֻנִּים: encarregados, designados (1 Cr 9.29).

מָנֶה *m., pl.* מָנִים: mina (unidade de peso em ouro e prata, pouco maior do que ½ kg).

מָנָה (*de* מנה) *f., pl.* מָנוֹת, *suf.* מְנָתָהּ: porção, parte (de sacrifício / petisco).

מֹנֶה★ (*de* מנה), *pl.* מֹנִים: parte, vez (Gn 31.7, 41).

מִנְהָג (*de* I נהג) *m., cs.* מִנְהַג: modo de

guiar (carro) (2 Rs 9.20).

מִנְהָרָה★ *f., pl.* מִנְהָרוֹת: cova, buraco (em solo rochoso para depósito subterrâneo) (Jz 6.2).

מָנוֹד★ (*de* נוד) *m., cs.* מְנוֹד: abanar, meneio (de cabeça) (Sl 44.15).

I מָנוֹחַ (*de* I נוח) *m., cs.* מְנוֹחַ, *pl. suf.* מְנוּחָיְכִי: lugar de repouso, pousada, repouso.

II מָנוֹחַ *n. m.* (Jz 13.2).

מְנֻחָה, מְנוּחָה (*de* נוח) *f., suf.* מְנֻחָתְךָ, מְנֻחָתוֹ, מְנוּחָתִי, *pl.* מְנוּחוֹת, מְנֻחוֹת: descanso, repouso; *espacial:* lugar de repouso, descanso, repouso; *psicológico:* sossego, tranqüilidade.

cj.★**מָנוֹל** (Jó 15.29) *l.* מְנֹלָם *em vez. de* מִנְלָם: propriedade, posses, bens.

מָנוֹן *m.:* altivo, arrogante, atrevido, rebelde? (Pv 29.21).

מָנוֹס (*de* נוס) *m., suf.* מְנוּסִי: refúgio.

מְנוּסָה (*de* נוס) *f., cs.* מְנֻסַת: refúgio (Lv 26.36; Is 52.12).

מָנוֹר★ *m., cs.* מְנוֹר: מ׳ אֹרְגִים eixo / cilindro (de tecelão).

מְנֹרָה, מְנוֹרָה *f., cs.* מְנ(וֹ)רַת, *pl.* מְ(נוֹ)רוֹת: candelabro, castiçal.

מִנְּזָר★ *m., pl. suf.* מִנְּזָרַיִךְ: cortesão (Na 3.17).

מֻנָּח espaço aberto, passagem? (Ez 41.9, 11).

מִנְחָה *f., cs.* מִנְחַת, *suf.* מִנְחָתִי, מִנְחָתְךָ, מִנְחָתֶךָ, *pl. suf.* מִנְחֹתֵיכֶם, מִנְחֹתֶךָ: dádiva, presente; respeito, veneração; agradecimento; homenagem; amizade (política); tributo; oferta, sacrifício; oferta de manjares, oferenda.

מְנֻחָה *v.* מְנוּחָה.

מְנַחֵם *n. m.* (2 Rs 15.14).

I מָנַחַת *n. m.* (Gn 36.23).

II ★מָנַחַת *ou* מָנָחַת: *n. l.* (1 Cr 8.6).

מָנַחְתִּי *gent. de II* מָנַחַת *(1 Cr 2.54).*

מְנִי *n.d.* (Is 65.11).

I מִנִּי *n. p. e região da Armênia* (Jr 51.27).

II מִנִּי 1) *e* מִנֵּי (Is 30.11): *v.* מִן. 2) מִנִּים (Sl 45.9; 150.4): *v.* מֵן.

מְנָיוֹת *pl. de* מְנָת.

מִנְיָמִין *n. m.* (2 Cr 31.15).

I מִנִּית *n. l. em Amom* (Jz 11.33).

II מִנִּית (חִטֵּי מִנִּית, Ez 27.17?): (trigo de) Minite? arroz?

מִנְלָם (Jó 15.29) *v. cj.* מָנוֹל.

מנע QAL: *pf.* מָנַע, מָנַעְתִּי, *suf.* מְנָעֵךְ; *impf.* אֶמְנַע, יִמְנַע, *suf.* יִמְנָעֵנִי, יִמְנָעֶנָּה; *imp.* מְנַע, מִנְעִי; *pt.* מֹנֵעַ: reter, segurar, deter, conter; negar, recusar; *c.* מִן impedir de, manter afastado de. – NI: *pf.* נִמְנַע; *impf.* יִמָּנַע: ser negado, ser cortado; deixar-se deter, recusar.

מַנְעוּל (*de* נעל), *pl. suf.* מַנְעוּלָיו: fecho, tranca, ferrolho.

מִנְעָל★ (*de* נעל) *m., pl. suf.* מִנְעָלֶיךָ: ferrolho (Dt 33.25).

מַנְעַמִּים (*de* נעם) *m. pl., suf.* מַנְעַמֵּיהֶם: petiscos (Sl 141.4).

מְנַעַנְעִים *m. pl.:* sistros, pandeiros (2 Sm 6.5).

מְנַקִּית★ *pl.* מְנַקִּיּוֹת, *suf.* מְנַקִּיֹּתָיו: taça (em que se oferecem libações).

מֵנֶקֶת (Gn 24.59) *v.* מֵינֶקֶת.

מְנֹרָה *v.* מְנוֹרָה.

מְנַשֶּׁה *n. m. e n. de tribo* (Gn 41.51; Nm 26.28).

מְנַשִּׁי *gent. de* מְנַשֶּׁה (Dt 4.43).

מְנָת★ (*de* מנה), *pl. cs.* מְנָאוֹת, מְנָיוֹת: porte, porção.

מָס (Jó 6.14) *m.*: לַמָּס desanimado? desesperado?

מַס, מָס *m., pl.* מִסִּים: trabalho forçado, serviço na frente.

מֵסַב★ *ou* ★מֵסֵב (*de* סבב), *suf.* מְסִבּוֹ, *pl. cs.* מְסִבֵּי, *suf.* מְסִבַּי: mesa redonda, círculo de festeiros; *pl.* arredores, imediações, vizinhança; *adv.* ao redor.

מְסִבָּה★ *f., pl.* מְסִבּוֹת: *adv.* ao redor

(Jó 37.12); *cj.* Ez 41.7 passagem circular.

I **מַסְגֵּר** (*de* סגר) *m.*: prisão, cárcere.

II **מַסְגֵּר** *m.*, *col.*: operário metalúrgico, serralheiro, ferreiro.

מִסְגֶּרֶת (*de* סגר) *f.*, *suf.* מִסְגַּרְתּוֹ, *pl. abs.!* מִסְגְּרוֹת, *suf.* מִסְגְּרוֹתֵיהֶם, מִסְגְּרוֹתֶיהָ: prisão, cárcere; borda (de mesa), moldura, beira, remate.

מַסַּד, מַסָּד (*de* יסד) *m*: fundamento (1 Rs 7.9).

מִסְדְּרוֹן★ *loc.* מִדְּרוֹנָה: vestíbulo? latrina? (Jz 3.23).

מסה HI: *pf.* הִמְסִיו; *impf.* אַמְסֶה, וַתֶּמֶס, יַמְסֵם: fazer derreter, derreter; fazer nadar, banhar.

I **מַסָּה**★ (*de* נסה) *f.*, *pl.* מַסּוֹת, מַסֹּת: provação, tentação.

II **מַסָּה**★ *f.*, *cs.* מַסַּת: desespero (Jó 9.23).

III **מַסָּה** *n. l.* (Êx 17.7).

מִסָּה★ *cs.* מִסַּת: medida (Dt 16.10).

מַסְוֶה *m.*: cobertura, véu (Êx 34.33-35).

מְסוּכָה *f.*: sebe de espinhos (*v.* מְשׂוּכָה).

מַסָּח *m.*: substituição; *adv.* alternativamente (2 Rs 11.6).

מִסְחַר (1 Rs 10.15) *l.* וּמִסַּחַר.

מסך QAL: *pf.* מָסַךְ, מָסַכְתִּי; *inf.* מְסֹךְ: misturar.

מֶסֶךְ (*de* מסך) *m.*: mistura de tempero (Sl 75.9).

מָסָךְ (*de* סכך) *m.*, *cs.* מְסַךְ: coberta; cortina, reposteiro.

מְסֻכָה★ (*de* סכך) *f.*, *suf.* מְסֻכָתֶךָ: coberta (Ez 28.13).

I **מַסֵּכָה** (*de* I נסך) *f.*, *cs.* מַסֵּכַת, *pl.* מַסֵּכוֹת, *suf.* מַסֵּכֹתָם: fundição (de metal), imagem de fundição, deuses / ídolos fundidos; libação, *c.* I נסך, *acompanhando a realização de um tratado, assim* = fazer uma aliança.

II **מַסֵּכָה** (*de* II נסך) *f.*: coberta (Is 25.7; 28.20).

מִסְכֵּן pobre (Ec 4.13; 9.15s).

מְסֻכָּן (Is 40.20, הַמְ׳ תְּרוּמָה): *pu. pt. de* II סכן: o qual é muito pobre para tal presente; *mas talvez l. cj.* הַמְסַכֵּן תְּמוּנָה: o qual assenta uma imagem.

מִסְכְּנוֹת *f. pl.*: depósitos, provisões, despensas, armazéns.

מִסְכֵּנֻת *f.*: pobreza, miséria (Dt 8.9).

מַסֶּכֶת★ *ou* מַסֶּכֶת *f.*: urdidura (de um tear) (Jz 16.13s).

מְסִלָּה (*de* סלל)*f.*, *cs.* מְסִלַּת, *suf.* מְסִלָּתוֹ, *pl.* מְסִלּוֹת, *suf.* מְסִלֹּתַי, מְסִלּוֹתָם: estrada (feita com uma camada de pedras ou cascalho).

מַסְלוּל (*de* סלל) *m.*: estrada.

מַסְמֵר★ *ou* מִסְמֵר★ *pl.* מַסְמְרִים, מַסְמְרוֹת, מִסְמְרוֹת, מִסְמְרִים: prego, pino.

מסס QAL: *inf.* מְסֹס (Is 10.18) *e* מְשׂוֹשׂ (Is 8.6; Jó 8.19?): desanimar. – NI: *pf.* נָמֵס, נָמָס, נָמַסּוּ; *impf.* יִמַּס, יִמַּסּוּ, יִמָּס; *inf.* הִמֵּס; *pt.* נָמֵס: dissolver-se, derreter-se, diluir-se; enfraquecer. – HI: *pf.* הֵמַסּוּ; *impf.* יַמֵס: fazer derreter-se.

מַסַּע (*de* נסע) *m.*, *pl. cs.* מַסְעֵי, *suf.* מַסָּעָיו, מַסְעֵיהֶם: partida, levantar (acampamento); *pl.* ordem de partida.

מַסָּע (*de* נסע): corte (de pedras); אֶבֶן מַסָּע pedra bruta (1 Rs 6.7; Jó 41.18).

מִסְעָד (*de* סעד) *m.*: *t. t. de arquitetura desconhecido:* corrimão? degrau? (1 Rs 10.12).

מִסְפֵּד (*de* ספד) *m.*, *cs.* מִסְפַּד, *suf.* מִסְפְּדִי: exéquias, rito fúnebre, pranto, lamentação; costumes relacionados ao pranto fúnebre.

מִסְפּוֹא *m.*: pasto, forragem.

מִסְפָּחָה★ *f.*, *pl.* מִסְפָּחוֹת, *suf.* מִסְפְּחֹתֵיכֶם: cobertura (da cabeça), véu (Ez 13.18, 21).

מִסְפַּחַת erupção (inofensiva) da pele, inflamação, pústula (Lv 13.6-8).

I מִסְפָּר (*de* ספר) *m.*, *cs.* מִסְפַּר, *suf.* מִסְפָּרָם, מִסְפַּרְכֶם, מִסְפָּרֵי: número, quantidade, resultado (do censo); contável, poucos; numeroso, considerável, inumerável; narração.

II מִסְפָּר *n. m.* (Ed 2.2).

מִסְפֶּרֶת *n. m.*(!) (Ne 7.7).

מסר QAL: *inf.* ־לִמְסָר (Nm 31.16) *l.* ־לִמְעָל. – NI: *impf.* וַיִּמָּסְרוּ: ser contado = ser escolhido / elevado (Nm 3.5).

מֹסֵרוֹת *n. l.* (Nm 33.30).

מֹסָרָם (Jó 33.16) *l.* בְּמֹרָאִים *e* יְחִתֵּם.

מָסֹרֶת (Ez 20.37, מָ׳ הַבְּרִית) *f.*: *tradicionalmente:* tradição, disciplina, vínculo *ou* compromisso; *mas sugere-se suprimir* הַבְּרִית (*ditogr. de* וּבָרוֹתִי *vers.* 38) *e l.* מִסְפָּר: contando = (trazer) contados.

מִסְתּוֹר (*de* סתר) *m.:* esconderijo, abrigo (Is 4.6).

מַסְתֵּר (Is 53.3) *l.* מַסְתִּיר *hi. pt. de* סתר: (como) alguém de quem se esconde a face (em horror).

מִסְתָּר (*de* סתר) *m.*, *pl.* מִסְתָּרִים, *suf.* מִסְתָּרָיו: esconderijo.

מַעֲבָד* (*de* עבד) *m.*, *pl. suf.* מַעְבָדֵיהֶם: feito, obra (Jó 34.25).

מַעֲבֶה* (*de* עבה), *cs.* מַעֲבֵה: fundição (em terra) (1 Rs 7.46).

מַעֲבָר* (*de* I עבר) *m.*, *cs.* מַעֲבַר: movimento, golpe, pancada (de vara); vau (de um rio); passagem, garganta, penha.

מַעְבָּרָה (*de* I עבר) *f.*, *pl.* מַעְבָּרוֹת, *cs.* מַעְבְּרוֹת: vau; passagem, garganta, penha.

I מַעְגָּל *m.*, *loc.* הַמַּעְגָּלָה: acampamento, arraial (1 Sm 17.20; 26.5, 7).

II מַעְגָּל *cs.* מַעְגַּל, *pl. cs.* מַעְגְּלֵי, *suf.* מַעְגָּלֶיךָ *e* מַעְגְּלֹתֶיךָ: carril, pegada, trilho, sulco (de carros).

מעד QAL: *pf.* מָעֲדוּ; *impf.* תִּמְעַד, עֲמָעֵד; *pt.* מוֹעֲדֵי: vacilar, claudicar, titubear. – PU: *pt.* מוּעֶדֶת (Pv 25.19) *l.* מוֹעֶדֶת *qal pt.* – HI: *imp.* הַמְעַד: fazer vacilar (Sl 69.24).

מֹעֵד (Dt 31.10) *v.* מוֹעֵד.

מַעֲדַי *n. m.* (Ed 10.34).

מַעַדְיָה *n. m.* (Ne 12.5).

מַעֲדַנִּים (*de* עדן), *cs.* מַעֲדַנֵּי: iguarias, petiscos; *fig.* alívio, bálsamo, delícias.

מַעֲדַנּוֹת *ou* מַעֲדַנֹּת 1) laços, cadeias (das Plêiades *ou* do Sete-estrelo). 2) *ac. adv. c.* הלך: em laços, manietado; *outros:* tremendo, *ou:* alegre, animado, calmo (Jó 38.31; 1 Sm 15.32).

מַעְדֵּר (*de* II עדר) *m.:* sachola, enxada (Is 7.25).

מָעָה* *pl. suf.* מְעֹתָיו: grão (de areia) (Is 48.19).

מֵעֶה* *du. cs.* מְעֵי, *suf.* מֵעַי, מֵעֶיךָ, מֵעָיו, מֵעֵיהֶם: vísceras, intestinos, entranhas; corpo, ventre (como sede da origem do homem); entranhas (como sede do sentimento e de excitação), íntimo; ventre, abdômen.

מָעוֹג *m.:* provisão, suprimento, estoque? (1 Rs 17.12); Sl 35.16, לַעֲגֵי מָ׳, *sugere-se l.* לֹעֲגֵי מָעוֹג: zombadores / escarnecedores de um aleijado.

מָעוֹז (*de* עוז), *cs.* =, *suf.* מָעֻזִּי, מָעֻזְּךָ, מָעֻזְּכֶם, מָעֻזָּהּ *e* מָעוּזּוֹ, *pl.* מָעֻזִּים, *cs.* מָעוּזֵּי: fortaleza (erguida numa montanha), lugar de refúgio, baluarte; *Deus como* מָעוֹז: fortaleza.

מָעוֹזֶן* (*de* עוז), *pl. suf.* מָעֻזְנֶיהָ (Is 23.11): refúgio; *mas talvez contaminação de* מָעוֹז *e* מָעוֹן.

מָעוֹךְ *n. m.* (1 Sm 27.2).

I מָעוֹן ajuda, auxílio, socorro (Sl 90.1).

II מָעוֹן *m., cs.* מְעוֹן, *suf.* מְעוֹנוֹ, מְעוֹנֶךָ: toca, covil; morada, habitação (*especialmente* de Deus).

III מָעוֹן *n. m.* (1 Cr 2.45).

IV מָעוֹן *n. l.* (1 Sm 25.2).

מְעוֹנָה *v.* מְעֹנָה.

מְעוּנִים *n. de tribo* (1 Cr 4.41).

מְעוֹנֹתַי *n. m.* (1 Cr 4.14).

מְעוּף (Is 8.22) *l.* מֵעִיף (*de* II עוף).

מָעוֹר* *m., pl. suf.* מְעוֹרֵיהֶם: *col. pl.* órgãos sexuais, nudez (Hc 2.15).

מַעַזְיָה *n. m.* (Ne 10.9).

מַעַזְיָהוּ *n. m.* (1 Cr 24.18).

מעט QAL: *impf.* יִמְעַט, יִמְעָט, יִמְעֲטוּ, תִּמְעָטוּ; *inf.* מְעֹט: 1) ser poucos; tornar-se poucos, diminúir. 2) *c.* מִן *c. inf.:* ser (muito) pequeno; *c.* אֵת considerar pouco / pequeno. – PI: *pf.* מִעֲטוּ: tornar-se poucos, diminuir (Ec 12.3). – HI: *pf.* הִמְעִיטָה, הִמְעַטְתִּים; *impf.* יַמְעִיט, תַּמְעִיטֵנִי, תַּמְעִיטוּ; *pt.* מַמְעִיט: colher poucos, colher menos, tomar poucos, usar poucos; diminuir, reduzir; destruir (pela diminuição).

מְעַט *tb.* מְעָט, מְעָט (*de* מעט), *pl.* מְעַטִּים: *s. abs.* pouco; *c. gen.* um pouco, poucos; *adj.* o menor, o mais pobre; *adv.* um pouco, quase; muito pouco.

מְעֻטָּה (Ez 21.20); *normalmente cj.* מֹרָטָה (*cf.* Ez 21.15).

מַעֲטֶה* (*de* I עטה) *m., cs.* מַעֲטֵה: capa, veste, invólucro (*fig.* Is 61.3).

מַעֲטֶפֶת* (*de* I עטף) *f., pl.* מַעֲטָפוֹת: manto, capa (Is 3.22).

מְעִי (Is 17.1); *ditogr. de* מֵעִיר? *ou* לְעִי?

מָעַי *n. m.* (Ne 12.36).

מְעִיל *m., suf.* מְעִ(י)לוֹ, *pl. suf.* מְעִילֵיהֶם: manto (sem mangas); túnica (sacerdotal).

מֵעִים *v.* מֵעֶה*.

מַעְיָן *cs.* מַעְיַן *e* מַעְיְנוֹ, *suf.* מַעְיָנוֹ, *pl.* מַעְיָנִים, *cs.* מַעְיְנֵי, *suf.* מַעְיָנַי, *e pl.* מַעְיָנוֹת, *cs.* מַעְיְנוֹת, *suf.* מַעְיְנֹתֶיךָ: (lugar de) fonte (de água); *fig. da vida sexual:* fonte.

מעך QAL: *pt.* מָעוּךְ, מְעוּכָה: apertar, apalpar (os seios); esmagar (testículos); *c.* בְּ fincar, enfiar. – PU: *pf.* מֹעֲכוּ: ser apalpado, ser apertado (Ez 23.3).

I מַעֲכָה, מַעֲכַת : *n.t.* (2 Sm 10.6).

II מַעֲכָה *n. m. e f.* (Gn 22.24).

מַעֲכָת (Js 13.13) *v.* I מַעֲכָה.

מַעֲכָתִי *gent. de* I *e* II מַעֲכָה (Dt 3.14).

מעל QAL: *pf.* מָעַל, מָעֲלָה, מָעַלְתָּ, מְעַלְתֶּם, מָעַלְנוּ; *impf.* יִמְעֹל, תִּמְעֹל, תִּמְעֲלוּ, תִּמְעָלוּ; *inf.* מְעֹל, לִמְעָל־, *suf.* מַעֲלָם, *abs.* מָעוֹל: agir contra seu dever, ser infiel, cometer infidelidade; tomar, pegar, apanhar (bens consagrados ao extermínio).

I מַעַל, מָעַל (*de* מעל) *m., suf.* מַעֲלוֹ, מַעֲלוֹ, מַעֲלָם: deslealdade, infidelidade (*sempre* contra Deus); engano, falsidade, decepção.

II מַעַל, מָעַל (*de* עלה) *m., loc.* מַעְלָה, מָעְלָה: *adv.* em cima; *loc.* para cima.

מֵעַל *v.* עַל (+ מִן).

מֹעַל (*de* עלה) *m. cs.:* elevação, levantamento (das mãos (Ne 8.6).

מַעֲלֶה* (*de* עלה) *m., cs.* מַעֲלֵה, *suf.* מַעֲלוֹ (*K, Q* מַעֲלָיו, Ez 40.31,34,37): subida, escada, ladeira, rampa; tribuna, estrado; andar, piso.

מַעֲלָה (*de* עלה) *f., pl.* מַעֲלֹ(וֹ)ת, *cs.* =, *suf.* מַעֲלֹתוֹ, מַעֲלֹתֵהוּ; (o ato de) subir, subida, volta, retorno (da Babilônia); *pl.* subida (de caravanas a Jerusalém); degrau, escada, escadaria; *fig. c.* רוּחַ pretensões, maquinações.

מָעְלָה *v.* II מַעַל.

מַעֲלִיל* (Zc 1.4 *K*) *v.* מַעֲלָל.

מַעֲלָל* (*de* I עלל) *m.*, *pl.* מַעֲלָלִים, *cs.* מַעַלְלֵי, *suf.* מַעֲלָלָיו, מַעֲלָלֶיךָ, מַעֲלָלֵינוּ, מַעַלְלֵיכֶם: obra (boa *ou* má do homem), feito; obras (de Deus).

מַעֲמָד (*de* עמד) *m.*, *cs.* מַעֲמַד, *suf.* מַעֲמָדְךָ, מַעֲמָדָם: atendimento, serviço; posto, cargo, posição.

מָעֳמָד (*de* עמד) *m.:* solo / terreno firme (Sl 69.3).

מַעֲמָסָה (*de* עמס) *f.:* levantamento; אֶבֶן מ׳ pedra de levantamento de peso (*atletismo*) (Zc 12.3).

מַעֲמַקִּים* (*de* עמק) *m. pl.*, *cs.* מַעֲמַקֵּי: profundezas, profundidade.

מַ֫עַן *sempre c.* לְ, *suf.* לְמַעֲנִי, לְמַעַנְךָ, לְמַעַנְכֶם: 1) *prep.:* com referência a, por causa de, por amor de. 2) *conj.*: *c. inf.* a fim de; *c. impf.* para que.

I מַעֲנֶה (*de* I ענה) *m.*, *cs.* מַעֲנֵה: resposta.

II מַעֲנֶה* *suf.* מַעֲנֵהוּ: propósito, fim (Pv 16.4).

מַעֲנָה *f.*, *pl. suf.* מַעֲנוֹתָם: sulco (de arado), (extensão de um) sulco (1 Sm 14.14; Sl 129.3).

מְעֹנָה *f.*, *suf.* מְע(ו)נָתוֹ, *pl.* מְעוֹנוֹת, *cs.* מְעֹנוֹת, *suf.* מְעֹנֹתֶיהָ, מְעוֹנֹתֵינוּ: esconderijo, cova, covil (para leões e outros animais); morada (de Deus).

מַעֲנִית* (Sl 129.3 *Q*) *v.* מַעֲנָה.

מַעַץ *n. m.* (1 Cr 2.27).

מַעֲצֵבָה (*de* II עצב) *f.:* lugar de tormento (Is 50.11).

מַעֲצָד *m.:* machado, cinzel (Is 44.12; Jr 10.3).

מַעְצוֹר *ou* מַעְצָר (*de* עצר) *m.:* obstáculo, impedimento, barreira; *fig.* domínio próprio (1 Sm 14.6; Pv 25.28).

מֹעֵצוֹת *v.* מוֹעֵצָה*.

מַעֲקֶה *m.:* balaustrada, parapeito (Dt 22.8).

מַעֲקַשִּׁים (*de* עקשׁ) *m.*, *pl.:* terreno acidentado (Is 42.16).

מַעַר (*de* ערה) *m.*, *suf.* מַעְרֵךְ: nudez (Na 3.5; 1 Rs 7.36).

I מַעֲרָב* (*de* I ערב)*m.*, *suf.* מַעֲרָבֵךְ, *pl. suf.* מַעֲרָבַיִךְ: mercadoria para troca, artigos para troca.

II מַעֲרָב (*de* IV ערב), *cs.* מַעֲרַב, *loc.* מַעֲרָ֫בָה: pôr-de-sol, crepúsculo, oeste; *loc.* para o oeste; *c.* לְ para o lado do oeste.

מַעֲרָבָה (Is 45.6) *l.* מַעֲרָבָה(II מַעֲרָב).

מַעֲרֶה* *cs. em* מִמַּעֲרֵה־גָבַע (Jz 20.33): nudez, clareira? *l.* מִמַּעֲרַב־הַגָּבַע para o oeste de גֶּבַע.

I מְעָרָה *f.*, *cs.* מְעָרַת, *pl.* מְעָרוֹת, *cs.* = : caverna.

II מְעָרָה* (*de* ערה) *f.*, *pl.* מְעָרוֹת: campo desnudado (Is 32.14).

מַעֲרָךְ* (*de* ערך) *m.*, *pl. cs.* מַעַרְכֵי: reflexão, consideração, plano, projeto (Pv 16.1).

מַעֲרָכָה (*de* ערך), *pl. cs.* מַעַרְכֹ(ו)ת: fileira, camada, carreira, ordem; *t. t. militar:* ordem de batalha.

מַעֲרֶכֶת (*de* ערך)*f.*, *i. p.* מַעֲרָכֶת, *pl.* מַעֲרָכוֹת: exposição, disposição, fileira, camada; לֶחֶם הַמַּ׳ pão disposto *ou* pão exposto.

מַעֲרֹם* *m.*, *pl. suf.* מַעֲרֻמֵּיהֶם: pessoa nua (2 Cr 28.15).

cj.* מַעֲרָץ *para* מַעֲרִץ* (Is 8.13) *l.* מַעֲרַצְכֶם *para* מַעֲרִצְכֶם: terror.

מַעֲרָצָה (*de* ערץ) *f.:* poder terrível, violência (Is 10.33); *mas talvez l.* מַעֲצָד: machado.

מַעֲרָת *n. l.* (Js 15.59).

מַעֲשֶׂה (*de* עשה), *cs.* מַעֲשֵׂה (מַעֲשֵׂי *sing.*? Sl 138.8), *suf.* מַעֲשֵׂהוּ, מַעֲשֶׂךָ, מַעֲשֶׂיךָ (Sl 66.3), מַעֲשֵׂנוּ, *pl.* מַעֲשִׂים, *cs.* מַעֲשֵׂי, *suf.* מַעֲשָׂיו, מַעֲשַׂי, מַעֲשֵׂיכֶם: o fazer, atividade, feito; o que sucede (a alguém); trabalho; obra, produto; obras e feitos (de Deus).

מַעֲשַׂי *n. m.* (1 Cr 9.12).

מַעֲשֵׂיָה *n. m.* (Jr 21.1).

מַעֲשֵׂיָהוּ *n. m.* (Jr 35.4).

מַעֲשֵׂר (*de* עשׂר) *m., cs.* מַעְשַׂר, מַעֲשַׂר (Ne 10.39), *suf.* מַעְשְׂרוֹ, *pl.* מַעַשְׂרוֹת, *suf.* מַעְשְׂרֹתֵיכֶם: décima parte (em medidas), um décimo; dízimo (como oferta).

מַעֲשַׁקּוֹת (*de* עשׁק) *f. pl.*: *col.* extorsão (Is 33.15; Pv 28.16).

מֹף *n. l.* (Os 9.6), *v.* נֹף.

מְפִבֹשֶׁת *v.* מְפִיבֹשֶׁת.

מִפְגָּע (*de* פגע) *m.*: alvo (Jó 7.20).

מַפָּח (*de* נפח) *m.*: expiração, exalação (da alma) = aflição profunda (Jó 11.20).

מַפֻּחַ (*de* נפח) *m.*: fole (Jr 6.29; *cj.* Pv 26.21).

מְפִיבֹשֶׁת *n. m.* (2 Sm 21.8).

מֻפִּים *n. m.* (Gn 46.21).

מֵפִיץ (Pv 25.18) *v.* מֵפֵץ: clava.

מַפָּל* (*de* נפל) *m., cs.* מַפַּל, *pl. cs.* מַפְּלֵי: refugo (do trigo); *pl.* dobras / partes carnudas, papada (Am 8.6; Jó 41.15).

מִפְלָאוֹת* (*de* פלא) *f. pl., cs.* מִפְלְאוֹת: maravilhas (Jó 37.16).

מִפְלַגָּה* (*de* פלג) *f., pl.* מִפְלַגּוֹת: divisão, grupo familiar (de leigos) (2 Cr 35.12).

מַפֵּלָה, מַפָּלָה (*de* נפל) *f.*: montão de destroços / escombros; ruínas (Is 17.1; 23.13; 25.2).

מִפְלָט (*de* פלט) *m.*: lugar de refúgio, refúgio (Sl 55.9; *cj.* Sl 18.3; 144.2 *e* 2 Sm 22.2).

מִפְלֶצֶת (*de* פלץ) *f., suf.* מִפְלַצְתָּהּ: imagem vergonhosa / indecente (1 Rs 15.13; 2 Cr 15.16).

מִפְלָשׂ* *m., pl. cs.* מִפְלְשֵׂי: flutuação, pairo, equilíbrio (Jó 37.16; *cj.* Jó 36.29).

מַפֶּלֶת (*de* נפל) *f., suf.* מַפַּלְתֵּךְ, מַפַּלְתּוֹ: algo caído, cadáver, carcaça; tronco abatido (de árvore); queda.

מִפְעָל* (*de* פעל), *pl. cs.* מִפְעֲלוֹת, *suf.* מִפְעָלָיו: obra, feito (de Deus) (Sl 46.9; 66.5; Pv 8.22).

מֵפַעַת *n. l.* (Js 13.18), *v.* מֵיפַעַת.

מַפָּץ* (*de* I נפץ) *m., suf.* מַפָּצוֹ: destruição, destroço; כְּלִי מַפָּצוֹ instrumento / arma de destruição (Ez 9.2).

מַפֵּץ (*de* I נפץ) *m.*: clava, maça (Jr 51.20; *cj.* Pv 25.18).

מִפְקָד (*de* פקד) *m., cs.* מִפְקַד: ordem, comando; censo, recenseamento; *n. l.* (Ne 3.31; Ez 43.21)?

מִפְרָץ* (*de* פרץ) *m., pl. suf.* מִפְרָצָיו: baía, enseada (Jz 5.17).

מַפְרֶקֶת* (*de* פרק) *f., suf.* מַפַרַקְתּוֹ: nuca, pescoço (1 Sm 4.18).

מִפְרָשׂ* (*de* פרשׂ) *m., suf.* מִפְרָשֵׂךְ, *pl. cs.* מִפְרְשֵׂי: vela; *c.* עָב expansão, extensão.

מִפְשָׂעָה *f.*: assento, nádegas (1 Cr 19.4).

מִפְתָּח* (*de* I פתח) *m., cs.* מִפְתַּח: abertura (dos lábios) (Pv 8.6; *cj.* 1 Cr 9.27).

מַפְתֵּחַ (*de* I פתח) *m., cs.* =: chave.

מִפְתָּן *m., cs.* מִפְתַּן: limiar, soleira, entrada.

מֵץ (Is 16.4, הַמֵּץ) *l.* חָמוֹץ.

מֹץ *m.*: debulho, moinha, palha.

מצא QAL: *pf.* מָצָא, מָֽצְאָה, מָצָאתָ, וּמָצָאתָ, מָצָאנוּ, מְצָאתֶם, מָצָתִי, מָצָאת, וּמָצָאתְ, *suf.* מְצָאוֹ, מְצָאַתְנוּ, מְצָאֻתְנוּ, מְצָאתָהּ, מְצָאתִים, מְצָאתִיהוּ, מְצָאתַנִי, מְצָאֻתַם (2ª *f.*), מְצָאנֻהוּ, מְצָאָהוּ; *impf.* יִמְצָא, תִּמְצְאִי, יִמְצָאוּ, *suf.* תִּמְצָאֶנָּ, תִּמְצָאֵךְ, יִמְצָאֻהוּ, יִמְצָאֻנְנִי, יִמְצָאוּנְהָ; *imp.* מְצָא־, מְצָאוּ, מְצָאֶנָּ; *inf.* מְצֹ(וֹ)א, לִמְצֹא, *suf.* מְצֹאֲכֶם; *pt.* מוֹצֵא, מוֹצֵא, מֹ(וֹ)צֵאת, מוֹצְאֵת, מֹצְאִים, מֹצְאֵי, מֹצְאוֹת, *suf.* מֹצְאֵי, מֹצְאֵיהֶם: alcançar; encontrar, topar com, achar; achar (o que se procura), surpreender; obter, conseguir. – NI: *pf.* נִמְצָא, נִמְצֵאת, נִמְצְאוּ, נִמְצָאוּ, נִמְצֵאתִי; *impf.* יִמָּצֵא, תִּמָּצְאִי, יִמָּצְאוּ(ן), תִּמָּצֶאינָה; *inf.* תִּמָּצֵא *suf.* תִּמָּצְאוֹ; *pt.* נִמְצָא, נִמְצָאָה, נִמְצָאִים,

נִמְצְאוּ, נִמְצָאוֹת, נִמְצָאִים, *suf.* נִמְצָאֵךְ: ser achado, ser encontrado; ser apanhado, ser surpreendido; (*de Deus*) deixar encontrar-se, permitir que seja achado; נִמְצָא לְ ser suficiente, bastar. – HI: *pf.* הִמְצִיאוּ, הִמְצִיתְךָ; *impf.* וַיַּמְצִאוּ, יַמְצִאֶנּוּ, יַמְצִאֵהוּ; *pt.* מַמְצִיא: alcançar (algo), trazer, apresentar; fazer tocar; deixar cair (na mão de alguém).

מֹצָא *v.* מוֹצָא.

מַצָּב (*de* I נצב) *m., cs.* מַצַּב, *suf.* מַצָּבֶךָ: lugar (em que se põem os pés); posto avançado, guarnição; posição, cargo, ofício.

מֻצָּב *m.*: *t. t. militar desconhecido:* trincheira? tranqueira? (Is 29.3; Jz 9.6, *l.* הַמַּצֵּבָה).

מַצָּבָה (*de* I נצב) *f.*: posto, posto avançado, guarnição (1 Sm 14.12).

מַצֵּבָה (*de* I נצב) *f., cs.* מַצֵּבַת *e* מַצֶּבֶת, *suf.* מַצַּבְתָּהּ, *pl.* מַצֵּבוֹת, *cs.* מַצְּבוֹת, *suf.* מַצְּבֹתֶיךָ, מַצְּבֹתֵיהֶם, מַצְּבֹתָם: coluna, estela (*normalmente* uma pedra bruta erigida, para culto, pedra sepulcral ou de propósitos memoriais).

מְצֹבָיָה (הַמְּ׳, 1 Cr 11.47): *gent.* de צוֹבָא? *forma mista de* מְצֹבָה *e* הַצֹּבָתִי*.

מַצֶּבֶת (*de* I נצב) *v.* מַצֵּבָה, *suf.* מַצַּבְתָּהּ: coluna, estela, monumento; tronco (2 Sm 18.18; Is 6.13).

מְצָד, מְצַד *pl.* מְצָדוֹת, *cs.* = : lugar de difícil acesso (para combatentes, fugitivos, tocaieiros), fortaleza.

מְצֻדָה, מְצֻדָּה *v.* :מְצוּדָה,מְצוֹדָה.

מצה QAL: *pf.* מָצִית; *impf.* וַיִּמֶץ, יִמְצוּ: espremer; sorver, beber, engolir. – NI: *pf.* נִמְצָה; *impf.* יִמָּצֵה: ser espremido (Lv 1.15; 5.9; Sl 73.10?).

מֹצָה *n. l.* (Js 18.26).

I מַצָּה *pl.* מַצּ(וֹ)ת: pão ázimo (pão folhado de farinha e água, rapidamente cozido).

II מַצָּה (*de* I נצה) *f.*: contenda, conflito, briga, rixa (Is 58.4; Pv 13.10; 17.19).

מֻצְהָב *pt. ho. de* צהב: (bronze) polido; brilho (do ouro)?; latão (Ed 8.27).

מִצְהָלוֹת* (*de* I צהל) *f. pl., cs.* מִצְהֲלוֹת, מִצְהֲלוֹתַיִךְ: relincho, rincho, grito (Jr 8.16; 13.27).

I מָצוֹד* (*de* צוד) *m., pl.* מְצוֹדִים: laço, rede (Jó 19.6? Ec 7.26; *cj.* Sl 116.3).

II מָצוֹד* *m., cs.* מְצוֹד, *pl.* מְצוֹדִים: refúgio seguro, fortaleza, cidadela (Pv 12.12, *mas texto?*).

I מְצוֹדָה (*de* צוד) *f., suf.* מְצוֹדָתִי: rede de caça; caça, caçada (Ez 12.13; 17.20; 13.21).

II מְצוּדָה *tb.* מְצֻדָה *f., cs.* מְצֻדַת, *suf.* מְצוּדָתִי, מְצֻדָתִי, *pl.* מְצוּדוֹת: refúgio seguro, fortaleza, cidadela.

מְצוֹדָה (*de* צוד) *f., suf.* מְצֹדָתָהּ, *pl.* מְצֹדוֹת: rede (Ec 9.12; Is 29.7? Ez 19.9?).

מִצְוָה (*de* צוה) *f., cs.* מִצְוַת, *pl.* מִצְוֹת, מִצְווֹת, *suf.* מִצְוֹתָיו: encargo, mandamento, (resumo de todos os) mandamentos, direito, reivindicação.

מְצוֹלָה *tb.* מְצֹלָה, מְצוּלָה *f., pl.* מְצֹ(וּ)ל(וֹ)ת, מְצֻלֹת, מְצוּלֹת: profundidade, profundeza.

מָצוֹק (*de* צוק) *m.*: aperto, tormento, aflição, opressão.

מָצוּק* *ou* מָצוֹק* *m., pl. cs.* מְצֻקֵי: pilar, coluna (1 Sm 2.8; 14.5 *ditogr.?*).

מְצוּקָה (*de* צוק) *f., pl. suf.* מְצוּקוֹתַי, מְצוּקוֹתֵיהֶם: aflição, aperto, angústia.

I מָצוֹר (*de* I צור) *m., cs.* מְצוֹר, *suf.* מְצוֹרֵךְ: aflição; cerco, sítio.

II מָצוֹר *m.*: fortificação, cidade fortificada.

III מָצוֹר *n. t.* (Mq 7.12) = מִצְרַיִם.

I cj. ⋆מְצוּרָה (Sl 66.11, מְצוּדָה) f.: aflição.

II מְצוּרָה tb. מְצֻרָה f., pl. מְצֻרֹת, מְצוּרוֹת: fortificação; עָרֵי מְצוּרָה/וֹת cidades fortificadas.

מַצּוּת (de I נצה) f., suf. מַצֻּתֶךָ: contenda, rixa, conflito, briga (Is 41.12).

מֵצַח suf. מִצְחוֹ, מִצְחֵךְ, מִצְחֲךָ, pl. cs. מִצְחוֹת testa; descaramento.

⋆מִצְחָה f., cs. מִצְחַת: caneleiras, perneiras (1 Sm 17.6).

⋆מְצִלָּה (de I צלל) f., pl. cs. מְצִלּוֹת: campainha (pequena, colocada em cavalos) (Zc 14.20).

מְצֻלָּה v. מְצוֹלָה.

מְצִלְתַּיִם tb. מְצִלְתָּיִם (de I צלל) du.: (um par de) címbalos.

מִצְנֶפֶת (de צנף) f.: faixa (em forma de turbante, usada por reis e sacerdotes), diadema.

מַצָּע (de יצע) m.: cama, leito (Is 28.20)

⋆מִצְעָד (de צעד) m., pl. cs. מִצְעֲדֵי, suf. מִצְעָדָיו: passo; rasto, pisada.

מִצְעָר (de צער) m., cs. מִצְעַר: pequena quantidade; *como predicativo*: pequeno, modesto; *c. gen.*: poucos; *em n. t.* (Sl 42.7?).

I מִצְפֶּה (de I צפה) m.: ponto elevado (de uma montanha); posto de observação, torre de observação/vigilância (2 Cr 20.24; Is 21.8).

II מִצְפֶּה = I, cs. מִצְפֵּה: *muito usado em n. l., tanto sozinho como em combinações, p. ex.* Js 15.38; Jz 11.29.

מִצְפָּה, loc. הַמִּצְפָּתָה: n. l. = I מִצְפֶּה (Gn 31.49).

⋆מַצְפּוֹן (de צפן) m., pl. suf. מַצְפֻּנָיו: tesouros escondidos? esconderijos? (Ob 6).

מצץ QAL: impf. תָּמֹצּוּ: sorver (Is 66.11; cj. Sl 73.10).

מֻצָק (Jó 11.15) v. ho. de יצק; ־מֻצַק (1 Rs 7.16) v. מוּצָק.

מֻצַקְתּוֹ (2 Cr 4.3) v. ⋆מוּצָקָה.

מֵצַר (de I צרר) m., pl. מְצָרִים: dificuldade, aflição, aperto, miséria, angústia (Sl 118.5; Lm 1.3; Sl 116.3, l. מְצָדֵי).

מִצְרִי gent. de מִצְרַיִם (Dt 23.8).

מִצְרַיִם n. p. e n. t. (Gn 10.6).

מַצְרֵף (de צרף) m.: crisol, cadinho (Pv 17.3; 27.21).

⋆מַצַּת v. ⋆מַצּוּת.

מַק, מָק (de מקק) m.: cheiro podre / mofado, podridão (Is 3.24; 5.24).

מַקֶּבֶת (de נקב) f., pl. מַקָּבוֹת: escavação, cavidade (*outros*: pedreira); martelo.

מַקֵּדָה n. l. (Js 10.10).

מִקְדָּשׁ tb. מִקְּדָשׁ (Êx 15.17) (de קדשׁ) m., cs. מִקְדַּשׁ, suf. מִקְדָּשׁוֹ, מִקְדְּשׁוֹ (Nm 18.29), מִקְדָּשֵׁנוּ, pl. מִקְדָּשִׁים, cs. מִקְדְּשֵׁי, suf. מִקְדָּשֶׁיךָ, מִקְדְּשֵׁיכֶם: lugar santo, santuário = tabernáculo, = templo, = vasos sagrados; tributo sagrado.

⋆מַקְהֵל (de קהל) m., pl. מַקְהֵלִים, f. pl. מַקְהֵלוֹת: assembléia (Sl 26.12; 68.27).

מַקְהֵלֹת n. l. (Nm 33.25).

מִקְוֵא (2 Cr 1.16) = II מִקְוֶה.

I מִקְוֶה (de I קוה) m., cs. מִקְוֵה: esperança, confiança, segurança.

II מִקְוֶה (de II קוה), cs. מִקְוֵה: acúmulo, ajuntamento, reservatório, depósito; מִקְוֵה *em* 1 Rs 10.28 *e* מִקְוֵא *em* 2 Cr 1.16: *l.* מִקְוֶה, *v.* קְוֵא/קְוֵה.

מִקְוָה (de II קוה) f.: reservatório, depósito (Is 22.11).

מָקֹם, מָקוֹם (Êx 29.31) (de קום) com., cs. מְקוֹם, suf. מְקֹ(וֹ)מוֹ, pl. מְקֹ(וֹ)מ(וֹ)ת: estrado, assento; lugar, local; espaço; povoação; lugar sagrado.

מָקוֹר (de קור) m., cs. מְקוֹר, suf. מְקֹ(וֹ)רוֹ, מְקֹרָהּ: fonte, manancial; *fig.* fonte (de lágrimas/de água viva, etc.).

⋆מִקָּח (de לקח) m., cs. מִקַּח: recepção, aceitação (2 Cr 19.7).

מַקָּחוֹת (*de* לקח) *f. pl.*: mercadorias (Ne 10.32).

מִקְטָר* (*de* קטר) *m., cs.* מִקְטַר: מִזְבֵּחַ מ׳ קְטֹרֶת (altar para) queima (de incenso) = altar para queimar incenso *ou* altar de incenso (Êx 30.1).

מֻקְטָר (*de* קטר): sacrifício de incenso (Ml 1.11).

מְקַטֶּרֶת* *ou* *מְקַטְּרָה (*de* קטר) *f., pl.* מְקַטְּרוֹת: altar de incenso (2 Cr 30.14).

מִקְטֶרֶת (*de* קטר) *f., suf.* מִקְטַרְתּוֹ: incensário, turíbulo (de metal) (Ez 8.11; 2 Cr 26.19).

מַקֵּל *com., cs.* = *e* מַקַּל, *suf.* מַקְלִי, מַקְלוֹ, מַקֶּלְכֶם, *pl.* מַקְלוֹת: vara, ramo; bastão, cajado.

מִקְלוֹת *n. m.* (1 Cr 8.32).

מִקְלָט *m., cs.* מִקְלַט, *suf.* מִקְלָטוֹ: abrigo, refúgio, asilo.

מִקְלַעַת* (*de* II קלע) *f., cs.* =, *pl.* מִקְלָעוֹת, *cs.* מִקְלְעוֹת: entalhe, baixo-relevo, escultura.

מִקְנֶה (*de* I קנה), *cs.* מִקְנֵה, *suf.* מִקְנְךָ, מִקְנֵהוּ, מִקְנֵנוּ, *tb. sing.* מִקְנֵי, מִקְנֶיךָ, מִקְנֵיהֶם, מִקְנֵיכֶם: aquisição, posses, bens; propriedade, terreno; *principalmente*: bens em gado, rebanho, gado.

מִקְנָה (*de* I קנה) *f., cs.* מִקְנַת, *suf.* מִקְנָתוֹ: aquisição, compra.

מִקְנֵיָהוּ *n. m.* (1 Cr 15.18).

מִקְסָם* (*de* קסם) *m., cs.* מִקְסַם: enunciação de oráculo, oráculo, profecia, vaticínio (Ez 12.24; 13.7; *cj.* Is 2.6).

מָקַץ *n. l.* (1 Rs 4.9).

מִקְצ(וֹ)עַ (*de* II קצע), *pl. cs.* מִקְצוֹעֵי, *f. pl.* מִקְצֹעוֹת, *suf.* מִקְצְעוֹתָם: canto, ângulo; *n. de lugares em Jerusalém*.

מַקְצֻעָה* (*de* I קצע) *f., pl.* מַקְצֻעוֹת: cinzel, buril (Is 44.13).

מִקְצָת *v.* קְצָת.

מקק NI: *pf.* נָמַקּוּ, נְמַקֹּתֶם; *impf.* יִמַּקּוּ, יִמָּקּוּ, תִּמַּקְנָה; *pt.* נְמַקִּים: apodrecer, putrefazer; *fig.* desfazer-se. – HI: *inf.* הָמֵק: fazer apodrecer (Zc 14.12).

מָקֹם (Êx 29.31) *v.* מָקוֹם.

מָקֹר *v.* מָקוֹר.

מִקְרָא (*de* I קרא) *m., pl. cs.* מִקְרָאֵי, *suf.* מִקְרָאֶהָ: 1) convocação; assembléia. 2) leitura.

מִקְרֶה (*de* קרה) *m., cs.* מִקְרֵה, *suf.* מִקְרֶהָ: acontecimento, ocorrência, acaso, acidente, azar; destino, sorte.

מְקָרֶה (*pt. pi. de* קרה) *s.m.*: vigamento, teto (Ec 10.18).

מְקֵרָה (*de* קרר) *f.*: refrigério; *daí em forma construta*: refrigerado, refrescante, fresco (Jz 3.20, 24).

מִקֵּשׁ *v.* מוֹקֵשׁ.

מִקְשֶׁה : cabelos encrespados/entrançados (Is 3.24).

I מִקְשָׁה *f.*: obra batida/amolgada/torcida (em metal).

II מִקְשָׁה *f.*: campo de pepinos, pepinal (Is 1.8; Jr 10.5).

מֹקְשִׁים *v.* מוֹקֵשׁ.

I מַר, מָר (*de* מרר) *m., f.* מָרָה *e* מָרָא (Rt 1.20), *cs.* מָרַת, *pl.* מָרִים, *cs.* מָרֵי: *adj.* amargo; *s.* amargura.

II מַר : gota (Is 40.15).

מֹר, מוֹר (*de* מרר) *m., cs.* מָר־ (Êx 20.23): mirra.

I מרא QAL: *pt. f.* מוֹרְאָה (Sf 3.1): *tradicionalmente* = מרה: rebelde, obstinada.

II מרא HI: *impf.* תַּמְרִיא (Jó 39.18): *sentido incerto, mas sugere-se*: levantar-se de um salto? bater o ar com as asas?

III מרא *cj.* QAL: *impf.* יִמְרְאוּ (*por* וּמְרִיא, Is 11.6): engordar, pastar.

מָרָא (Rt 1.20) *v.* I מַר.

מֹרָא (Dt 26.8) *v.* מוֹרָא.

מַרְאֶה (*de* ראה) *m., cs.* מַרְאֵה (Ec 11.9 *K* מַרְאֵי), *suf.* מַרְאֵהוּ, מַרְאֶהָ, מַרְאַיִךְ

(Ct 2.14 *Q* מַרְאֵךְ), *tb. sing.* מַרְאָיו, מַרְאֵינוּ: vista; aparência, aspecto, semblante; aparição, visão; brilho, luz, clarão.

מַרְאָה (*de* ראה) *f., pl. cs.* מַרְא(וֹ)ת: aparição, visão; espelho.

מֻרְאָה★ *f., suf.* מֻרְאָתוֹ: papo (de ave) (Lv 1.16).

מְרֹאוֹן *n. l.* (Js 12.20).

מָרֵאשָׁה *n. l.* (Js 15.44), *v.* I מָרֵשָׁה.

מְרַאֲשׁוֹת★ *ou* מְרַאֲשׁוֹת★ *f. pl., suf.* מְרַאֲשֹׁתָיו: o que está junto à cabeça, algo em que se apóia a cabeça, travesseiro; *ac. de lugar*: à cabeça de.

מֵרַב *n. f.* (1 Sm 14.49).

מַרְבַד★ (ב *sem dag.*), *pl.* מַרְבַדִּים: coberta, cobertor, colcha (Pv 7.16; 31.22).

מִרְבָּה (Ez 23.32) *l.* מַרְבָּה (*pt. hi. de* I רבה).

מַרְבֶּה (*de* רבה) *m.*: 1) Is 33.23, שָׁלָל מַרְבֶּה: *ger. como s.*: abundância, grande quantidade, *mas sintaxe?*; *outros*: *pt. hi. de* רבה, *atributivo*: numeroso?; *ou*: *pt. pu.*? 2) Is 9.6, *Q* לְמַרְבֵּה: para o aumento, *mas l.* לם *ditogr.*

מַרְבִּית (*de* רבה) *f., suf.* מַרְבִּיתָם: grande parte, maioria, grande quantidade; aumento, juros; מ׳ בֵּית (1 Sm 2.33) nova geração.

מַרְבֵּץ *tb.* ★מִרְבָץ (*de* רבץ), *cs.* מִרְבַץ: aprisco, curral; toca, covil (Ez 25.5; Sf 2.15).

מַרְבֵּק *m.*: engorda.

מַרְגּוֹעַ (*de* רגע) *m.*: lugar de repouso, repouso (*fig. para a* נֶפֶשׁ) (Jr 6.16; *cj.* 31.2).

מֹרִגִּים *v.* מוֹרַג.

מַרְגְּלוֹת★ *f. pl.*: lugar junto aos pés, aos pés.

מַרְגֵּמָה (*de* רגם) *f.*: *em* Pv 26.8, כִּצְרוֹר אֶבֶן בְּמַרְגֵּמָה: *ger.*: como atar uma pedra na funda; *outros*: como atirar uma pedra preciosa num montão de ruínas; *melhor*: como embrulhar uma pedra em apedrejamento, *i.e.* para evitar ferimento.

מַרְגֵּעָה (*de* רגע) *f.*: lugar de descanso, descanso (Is 28.12).

מרד QAL: *pf.* מָרַד, מָרָדְ, מָרָדוּ, מָרַדְנוּ; *impf.* יִמְרֹד־, תִּמְרְדוּ, תִּמְרֹד; *inf.* מְרֹ(וֹ)ד, *suf.* מָרְדְכֶם; *pt.* מוֹרְדִים, מוֹרְדֵי: sublevar-se, insurgir-se, revoltar-se, rebelar-se (politicamente e contra Deus).

מֶרֶד I (*de* מרד) *m.*: rebelião, revolta (Js 22.22).

מֶרֶד II *tb.* מָרֶד: *n. m.* (1 Cr 4.17).

מַרְדּוּת (*de* מרד) *f.*: rebelião, revolta (1 Sm 20.30).

מְרֹדָךְ *n. d.* (Jr 50.2).

מְרֹדַךְ־בַּלְאֲדָן *n. m.* (Is 39.1; *var.* בְּרֹאדַךְ־, 2 Rs 20.12).

מָרְדֳּכַי *tb.* מָרְדְּכַי: *n. m.* (Et 2.5).

מֻרְדָּף (*de* רדף) *m.*: perseguição (Is 14.6).

מרה QAL: *pf.* מָרָה, מָרְתָה, מָרִיתָ, מָרוּ, מָרִינוּ; *inf. abs.* מָרֹה; *pt.* מ(וֹ)רֶה, מֹרִים: ser rebelde/obstinado/teimoso/recalcitrante. – HI: *pf.* הִמְרוּ; *impf.* יַמְרֶה, וַתֶּמֶר, תַּמְרוּ, יַמְרוּהוּ; *inf.* לַמְרוֹת (*para* ★לְהַמְרוֹת), *suf.* הַמְרוֹתָם; *pt.* מַמְרִים: agir obstinadamente, obstinar.

מָרָה I *v.* I מַר.

מָרָה II ,*loc.* מָרָתָה: *n. l.* (Êx 15.23).

מֹרָה★ *f., cs.* מֹרַת *e* מָרַת: amargura, desgosto, tristeza, aflição (Gn 26.35; Pv 14.10).

מֹרֶה (Dt 11.30) *v.* מוֹרֶה.

מַרְהֵבָה★ *f.*: ataque, assalto (*cj. para* מַדְהֵבָה, Is 14.4).

מָרוּד★ *ou* מָרוֹד★, *suf.* מְרוּדִי, *pl.* מְרוּדִים, *suf.* מְרוּדֶיהָ: desterro, degredo, banimento; *pl.* desterrados, apátridas (Lm 1.7; 3.19; Is 58.7).

מֵרוֹז *n. l.* (Jz 5.23).

*מְרוֹחַ *m., cs.* מְרוֹחַ: triturado, socado, esmagado (Lv 21.20).

מָרוֹם (*de* רום) *m., cs.* מְרוֹם, *pl.* מְרֹ(ו)מִים, *cs.* מְרֹ(ו)מֵי, *suf.* מְרוֹמָיו: altura: 1) elevação. 2) local elevado, alto. 3) *ac. adv.*: para cima. 4) posição (social) elevada. 5) *moral c.* מִן: de cima, arrogantemente, com arrogância. 6) céu.

מֵרוֹם *n. l.* (Js 11.5).

מֵרוֹץ (*de* רוץ) *m.*: corrida (Ec 9.11).

I *מְרוּצָה (*de* רוץ) *f., cs.* מְרֻצַת, מְרוּצַת, *suf.* מְרוּצָתָם (Jr 8.6 *Q, K* מְרֻצוֹתָם): maneira de correr, corrida (2 Sm 18.27; Jr 8.6; 23.10).

II מְרוּצָה (*de* רצץ): opressão, extorsão (Jr 22.17).

*מְרוּקִים (*de* מרק) *m., suf.* מְרוּקֵיהֶם: tratamento cosmético (com massagem e ungüentos) (Et 2.12).

*מְרוֹרָה *v.* *מְרֹרָה.

מָרוֹת *n. l.* (Mq 1.12).

*מַרְזֵחַ *cs.* מַרְזֵחַ: festival religioso; refeição fúnebre, luto (Am 6.7; Jr 16.5).

מרח QAL: *impf.* יִמְרְחוּ: aplicar (pasta de figos em ferida) (Is 38.21).

מֶרְחָב (*de* רחב) *m., pl. cs.* מֶרְחֲבֵי: largura, amplidão, vastidão, extensão, dimensão, expansão; *fig.* espaço aberto, lugar espaçoso, lugar aberto.

מֶרְחָק (*de* רחק) *m., pl.* מֶרְחַקִּים *e* מֶרְחַקִּים (Jr 8.19), *cs.* מֶרְחַקֵּי: distância; *ger. em combinações c.* אֶרֶץ: distante, longínqua, região longínqua.

מַרְחֶשֶׁת *f.*: frigideira, panela (Lv 2.7; 7.9).

מרט QAL: *impf.* אֶמְרְטֵם, אֶמְרְטָה; *inf.* מָרְטָה; *pt.* מְרוּטָה, מֹרְטִים: arrancar (cabelos); limpar, amolar, afiar (espada); esfregar, esfolar (ombros). – NI: *impf.* יִמָּרֵט: tornar-se careca/calvo (Lv 13.40s). – PU: *pf.* (*ou qal pass.*) מֹרָטָה; *pt.* מְמוֹרָט, מוֹרָט (Is 18.7): ser polido; (pele) lisa, luzidia, lustrosa.

מֶרִי, מְרִי (*de* מרה) *m., suf.* מֶרְיְךָ: obstinação; obstinado.

מְרִיא (*de* III מרא) *m.*, מְרִיאִים, *cs.* מְרִיאֵי, *suf.* מְרִיאֵיכֶם: gado/animal cevado.

cj. *מָרִיב (*de* ריב) *m., pl. cs.* מְרִיבֵי: contenda (Os 4.4).

מְרִיב *n. m. em* מְרִיב בַּעַל (*var.* מְרִי־בַעַל) (1 Cr 8.34).

I מְרִיבָה (*de* ריב) *f., cs.* מְרִיבַת: contenda, discórdia, conflito (Gn 13.8; Nm 27.14).

II מְרִיבָה *n. l.* (Êx 17.7).

מְרִי־בַעַל *n. m.* (1 Cr 9.40).

מְרָיָה *n. m.* (Ne 12.12).

מֹרִיָּה *n. t.*: Gn 22.2 אֶרֶץ הַמֹּ־.

מְרָיוֹת *n. m.* (Ne 11.11).

מִרְיָם *n. f.* (Êx 15.20); n. m.! (1 Cr 4.17).

מְרִירוּת (*de* מרר) *f.*: amargura, tristeza, aflição; *c.* בְּ amargamente (Ez 21.11).

מְרִירִי (*de* מרר) *adj. m.*: amargo (Dt 32.24).

מֹרֶךְ (*de* רכך) *m.*: desalento, desespero, pânico (Lv 26.36).

מֶרְכָּב (*de* רכב) *m., suf.* מֶרְכָּבוֹ: sela, assento; parque (de carros de combate), frota.

מֶרְכָּבָה (*de* רכב) *f. cs.* מִרְכֶּבֶת, *suf.* מֶרְכַּבְתּוֹ, *pl.* מַרְכָּבוֹת, *cs.* מַרְכְּב(ו)ת, *suf.* מַרְכְּבֹתֵיהֶם, מַרְכְּבֹ(ו)תָיו: veículo de duas rodas, carro (de combate/de gala/para viajar).

*מַרְכֹּלֶת (*de* רכל) *f., suf.* מַרְכֻּלְתֵּךְ: comércio, negócio (Ez 27.24).

I מִרְמָה (*de* II רמה) *f., pl.* מִרְמוֹת: perfídia, engano, fraude, falsidade, traição; decepção, desapontamento, ilusão.

II מִרְמָה *n. m.* (1 Cr 8.10).

מְרֵמוֹת *n. m.* (Ed 8.33).

מִרְמָס (*de* רמס) *m.*, *cs.* מִרְמַס: ato de pisar, pisadela; o que é pisado/pisoteado, objeto de pisoteio, terreno pisoteado.

מֵרֹנֹתִי *gent. de* ★מֵרֹנֹת (*n. l. desconhecido*) (Ne 3.7).

מֶרֶס *n. m.* (Et 1.14).

מַרְסְנָא *n. m.* (Et 1.14).

מֵרַע *tb.* מֵרָע (*de* I רעע): mal, crime, atrocidade (Dn 11.27).

I מֵרֵעַ (*de* II רעה) *m.*, *suf.* מֵרֵעֵהוּ *e* מְרֵעֵהוּ (Pv 19.7), מֵרֵעֶךָ, *pl.* מֵרֵעִים: amigo íntimo.

II ★מֵרֵעַ *v. pt. hi. de* I רעע.

מִרְעֶה (*de* I רעה) *m.*, *cs.* מִרְעֵה, מִרְעֵהוּ, מִרְעֵיכֶם: pasto, pastagem.

מַרְעִית (*de* I רעה) *f.*, *suf.* מַרְעִיתוֹ: (lugar de) pastagem, pasto.

מַרְעֲלָה *n. l.* (Js 19.11).

I מַרְפֵּא *tb.* מַרְפֵּה (*de* I רפא) *m.*: cura; remédio, medicina.

II מַרְפֵּא (*de* I רפה) *m.*: calma, serenidade; suavidade, bondade.

מַרְפֵּה (Jr 8.15) *v.* מַרְפֵּא.

★מִרְפָּשׂ (*de* רפשׂ) *m.*, *cs.* מִרְפַּשׂ: poça, charco, charqueiro (Ez 34.19).

מרץ NI: *pf.* נִמְרְצוּ; *pt.* נִמְרָץ, נִמְרֶצֶת: ser mau / pernicioso, ser doloroso. – HI: *impf.* יַמְרִיצְךָ: provocar, irritar (Jó 16.3).

מְרֻצָוֹתָם (Jr 8.6) *v.* מְרוּצָה.

מַרְצֵעַ (*de* רצע) *m.*: sovela (Êx 21.6; Dt 15.17).

מַרְצֶפֶת (*de* רצף) *f.*: pavimento (de pedras) (2 Rs 16.17).

מרק QAL: *impf.* מִרְקוּ; *pt.* מָרוּק: polir, afiar (Jr 46.4; 2 Cr 4.16). – PU (*ou qal pass.*): *pf.* מֹרַק: ser esfregado (Lv 6.21). – HI: *impf. Q* תַּמְרִיק (*K v.* תַּמְרוּק *s.*): limpar, purificar (Pv 20.30).

מָרָק *m.*, *cs.* מְרַק: caldo (Jz 6.19s; Is 65.4; *cj.* Ez 24.10).

★מֶרְקָח (*de* רקח) *m.*, *pl.* מֶרְקָחִים: ervas aromáticas (Ct 5.13).

מֶרְקָחָה (*de* רקח) *f.*: jarro/vaso de ungüento (Jó 41.23; Ez 24.10 *l.* מָרָק).

מִרְקַחַת (*de* רקח) *f.*: mistura de ungüentos/especiarias (Êx 30.25; 1 Cr 9.30; 16.14).

מרר QAL: *pf.* מַר, מָר, מָרָה; *impf.* יֵמַר: 1) ser amargo. 2) estar desesperado. 3) מַר *impessoal*: é amargo; מַר לִי estou aflito. – PI: *impf.* אֲמָרֵר, יְמָרְרֻהוּ *e* יְמָרְרוּ: fazer amargo, amargar. – HI: *pf.* הֵמַר; *impf.* תַּמֵּר (Êx 23.21, *l.* תַּמֵּר, *hi. de* מרה); *inf.* הָמֵר: causar amargura, afligir, amargurar; *c.* עַל chorar amargamente. – HITPALPEL: *impf.* יִתְמַרְמַר: irritar-se, enfurecer-se, exasperar-se.

מָרֹר, מָרוֹר (*de* מרר) *adj. m.*, *pl.* מְרֹ(ו)רִים, *f. pl.* מְרֹ(ו)רֹ(ו)ת: amargo; *pl.* מְרוֹרִים ervas amargas; bebida amarga.

★מְרֵרָה (*de* מרר) *f.*, *suf.* מְרֵרָתִי: vesícula biliar (Jó 16.13).

★מְרֹרָה (*de* מרר) *f.*, *cs.* מְרוֹרַת, *suf.* מְרֹרָתוֹ: vesícula biliar; bílis, fel: veneno (Jó 20.14,25).

מְרָרִי *n. m.* (Gn 46.11).

I מָרֵשָׁה *tb.* מָרֵאשָׁה: *n. l.* (Mq 1.15).

II מָרֵשָׁה *n. m.* (1 Cr 2.42).

מִרְשַׁעַת (*de* רשע) *f.*: descrença, pecaminosidade, perversidade, maldade, perversão; *outros propõem pt. hi.* מַרְשַׁעַת: sedutora (2 Cr 24.7).

מֹרַשְׁתִּי (Mq 1.1) *v.* מוֹרַשְׁתִּי.

מָרָתָה (Êx 15.23) *loc. de* II מָרָה.

מְרָתַיִם (*de* מרה) *f. du.*: *alcunha para* בָּבֶל: duplamente teimosa/obstinada/rebelde (Jr 50.21).

I מַשָּׂא (*de* נשׂא) *m.*, *suf.* מַשָּׂאוֹ, מַשַּׂאֲכֶם: (o ato de) levar, carregar; carga; fardo, peso, sofrimento, anseio.

II מַשָּׂא (*de* נשׂא) *f.*, *pl. cs.* מַשְּׂאוֹת: sentença, oráculo, pronunciamento.

III מַשָּׂא *n. m. e n. p.* (Gn 25.14).

מַשְׂכֹּרֶת (de שׂכר) f., suf. מַשְׂכֻּרְתִּי, מַשְׂכֻּרְתְּךָ, מַשְׂכֻּרְתֶּךָ: salário.

מַשְׂמֵרָה*, מַסְמֵר*, pl. מַשְׂמְרוֹת: prego, pino (Ec 12.11).

מִשְׂפָּח : violação de lei (Is 5.7; cj. Os 10.4).

מִשְׂרָה f.: domínio, soberania, governo (Is 9.5s).

מִשְׂרָפוֹת (de שׂרף) f. pl., es. מִשְׂרְפוֹת: incineração, queima (Is 33.12; Jr 34.5); מִשְׂרְפוֹת מַיִם: n. l. (Js 11.8; 13.6, l. מִיָּם: no oeste).

מַשְׂרֵקָה n. l. (Gn 36.36).

מַשְׂרֵת frigideira, sertã (2 Sm 13.9).

מָשׁ pf. qal de II מוּשׁ.

מַשׁ n. m. (Gn 10.23).

מַשָּׁא (de I נשׁא) m.: dívida ativa, empréstimo (Ne 5.10; 10.32); נָשָׁא מַשָּׁא בְּ (Ne 5.7): fazer alguém seu devedor?; impor um fardo?; impor um penhor pessoal?; praticar usura?

מֵשָׁא n.t. (Gn 10.30).

מַשְׁאָב* (de שׁאב) m., pl. מַשְׁאַבִּים: canal, calha (de água = bebedouro de animais) (Jz 5.11).

מַשָּׁאָה* ou מַשָּׁאת* (de I נשׁא) f., cs. מַשַּׁאת, pl. מַשָּׁאוֹת: penhor, fiança (Dt 24.10; Pv 22.26; cj. Ne 5.11).

מְשֹׁאָה (Jó 30.3; 38.27) v. מְשׁוֹאָה.

מַשָּׁאוֹן (de II נשׁא) m.: engano, decepção (Pv 26.26).

מַשֻּׁאוֹת : montão de destroços, ruínas (Sl 74.3).

מִשְׁאָל n. l. (Js 19.26).

מִשְׁאָלָה* (de שׁאל) f., pl. cs. מִשְׁאֲלוֹת, suf. מִשְׁאֲלוֹתֶיךָ: desejo (Sl 20.6; 37.4).

מִשְׁאֶרֶת* f., suf. מִשְׁאַרְתֶּךָ, מִשְׁאַרְתְּךָ, pl. suf. מִשְׁאֲרוֹתֶיךָ, מִשְׁאֲרֹתָם: masseira, amassadeira.

מִשְׁבְּצוֹת (de שׁבץ) f. pl., cs. = : engastes; vestes recamadas (de ouro), brocado.

מְשֻׁבָה v. מְשׁוּבָה.

מַשֹּׂא (de נשׂא) m.: c. פָּנִים: parcialidade (2 Cr 19.7).

מַשָּׂאָה (de נשׂא) f.: elevação, levantamento (Is 30.27).

מַשְׂאוֹת (de נשׂא): 1) Ez 17.9, do contexto: arrancar (árvore)?. 2) Lm 2.14, v. II מַשָּׂא: oráculo; 3) Gn 43.34 מַשְׂאוֹת e Ez 20.40 מַשְׂאוֹתֵיכֶם, v. מַשְׂאֵת: parte, porção.

מַשְׂאֵת (de נשׂא) f., cs. מַשְׂאַת, pl. מַשְׂאוֹת, cs. =, suf. מַשְׂאוֹתֵיכֶם: elevação, levantamento; entrega, donativo, presente, dádiva.

מִשְׂגָּב (de שׂגב) m., cs. מִשְׂגַּב, suf. מִשְׂגַּבּוֹ: lugar elevado, elevação, alto, outeiro; fig. de Deus: refúgio.

מַשֶּׂגֶת (de נשׂג) f.: alcançar (1 Cr 21.12; Lv 14.21). v. pt. hi. de נשׂג.

מְשׂוּכָּה* (de שׂוך), suf. מְשׂוּכָּתוֹ: sebe de espinheiros (Is 5.5).

מַשּׂוֹר m.: serrote (Is 10.15).

מְשׂוּרָה f.: medida de capacidade (de líquido).

מָשׂוֹשׂ I (de שׂישׂ), cs. מְשׂוֹשׂ, suf. מְשׂוֹשִׂי: alegria, regozijo.

מָשׂוֹשׂ* II ,cs. מְשׂוֹשׂ: algo apodrecido, podricalho (Jó 8.19; Is 8.6), v. מסס.

מִשְׂחָק (de שׂחק) m.: riso, risada (Hc 1.10).

מַשְׂטֵמָה (de שׂטם) f.: inimizade, ódio (Os 9.7s).

מְשֻׂכָה* (Pv 15.19) v. מְשׂוּכָּה*.

מַשְׂכִּיל : t.t. não esclarecido, usado em muitos salmos, mas sugere-se: hino litúrgico; ensinamento; cântico de sabedoria adaptado à música; na forma é pt. hi. de I שׂכל: compreensivo.

מַשְׂכִּית f., suf. מַשְׂכִּ(י)תוֹ, pl. מַשְׂכִּיּוֹת, suf. מַשְׂכִּיֹּתָם: imagem, figura, quadro, escultura, utensílio (ornamentado = bandeja? Pv 25.11); fig. pl. c. לֵבָב: imagens mentais, pensamentos, ilusões.

מַשְׁבֵּר (*de* I שׁבר) *m.*, *cs.* מַשְׁבֵּר: *anat.*: orifício / boca do útero.

מִשְׁבָּר★ (*de* I שׁבר) *m.*, *pl. cs.* מִשְׁבְּרֵי, *suf.* מִשְׁבָּרֶיךָ: rebentação, vaga, vagalhão.

מִשְׁבָּת★ (*de* שׁבת) *m.*, *pl. suf.* מִשְׁבַּתֶּהָ: término, cessação, fim (Lm 1.7, *l. sing.* מִשְׁבַּתָּהּ).

מִשְׁגֶּה (*de* שׁגה) *m.*: equívoco, engano (Gn 43.12).

משׁה QAL: *pf.* מְשִׁיתִהוּ: tirar (da água) (Êx 2.10). – HI: *impf.* יַמְשֵׁנִי: tirar, puxar para fora (da água) (2 Sm 22.17; Sl 18.17).

מֹשֶׁה *n. m.* (Êx 2.10).

מַשֶּׁה (*de* I נשׁא) *m.*, *cs.* מַשֵּׁה: empréstimo (Dt 15.2).

מְשׁוֹאָה *tb.* מְשֹׁאָה (*de* I שׁאה) *f.*: desolação, deserto, terra desolada (Sf 1.15; Jó 30.3; 38.27).

מַשּׁוּאָה★ (*de* II נשׁא) *f.*, *pl.* מַשּׁוּאוֹת: engano, ilusão, decepção; *outros*: ruínas (*v.* מַשֻּׁאוֹת) (Sl 73.18).

מְשׁוֹבָב *n. m.* (1 Cr 4.34).

מְשֻׁבָה, מְשׁוּבָה (*de* I שׁוב) *f.*, *cs.* מְשׁוּבַת, *suf.* מְשׁוּבָתָם, מְשׁוּבָתִי, *pl. suf.* מְשׁוּבֹתֵיכֶם, מְשׁוּבֹתֵינוּ, מְשֻׁ(וּ)בֹ(וֹ)תַיִךְ, מְשֻׁבוֹתֵיהֶם: (ato de) infidelidade, deslealdade, traição, deserção, apostasia.

מְשׁוּגָה★ (*de* שׁגה *ou* שׁגג) *f.*, *suf.* מְשׁוּגָתִי: falta, erro, ofensa (Jó 19.4).

מָשׁוֹט (*e* ★מִשּׁוֹט? Ez 27.6) (*de* I שׁוט), *pl. suf.* מְשׁוֹטַיִךְ: remo (Ez 27.6,29).

מְשׁוֹסָה Is 42.24) *v. Q* מְשִׁסָּה.

משׁח QAL: *pf.* מָשַׁח, וּמָשַׁחְתָּ, וּמְשַׁחְתּוֹ, מְשָׁחוֹ, מְשָׁחֲךָ; *impf.* יִמְשַׁח, תִּמְשָׁח, מְשָׁחֵהוּ, יִמְשָׁחֻהוּ, וַיִּמְשָׁחֻם, וַיִּמְשָׁחֲךָ; *imp.* מִשְׁחוּ; *inf.* מְשֹׁחַ, מָשְׁחָה (Êx 29.29), מָשְׁחוֹ, לִמְשָׁחֲךָ; *pt.* מָשׁוּחַ, מֹשְׁחִים, מְשֻׁחִים: untar, barrar, pintar; ungir. – NI: *pf.* נִמְשַׁח; *inf.* הִמָּשַׁח: ser ungido.

I מִשְׁחָה (*de* משׁח) *f.*, *cs.* מִשְׁחַת: unção.

II מִשְׁחָה★ *f.*, *cs.* מִשְׁחַת: parte, porção (Lv 7.35).

I מָשְׁחָה (*de* משׁח) *f.*, *suf.* מָשְׁחָתָם: unção (Êx 29.29; 40.15).

II מָשְׁחָה *f.*: parte, porção (Nm 18.8).

מַשְׁחִית (*de* שׁחת) *m.*, *suf.* מַשְׁחִיתִי: destruidor, saqueador; destruição; armadilha.

מִשְׁחָר *m.*: aurora, alva (Sl 110.3).

מַשְׁחֵת★ (*de* שׁחת) *m.*, *suf.* מַשְׁחֵתוֹ: aniquilamento, extermínio, destruição (Ez 9.1).

מִשְׁחַת (*de* שׁחת?) *m.*: *sentido incerto*, *c.* מֵאִישׁ: muito desfigurado, desumanamente desfigurado (Is 52.14).

מָשְׁחָת★ (*de* שׁחת) *m.*, *suf.* מָשְׁחָתָם: defeito (Lv 22.25).

מִשְׁטוֹחַ *tb.* ★מִשְׁטָח (*de* שׁטח) *m.*, *cs.* מִשְׁטַח: secadouro, enxugadouro (de redes) (Ez 26.5,14; 47.10).

מִשְׁטָר★ *m.*, *suf.* מִשְׁטָרוֹ: céu estrelado (Jó 38.33).

מֶשִׁי *m.*: seda? tecido fino? (Ez 16.10,13).

מֻשִׁי (1 Cr 6.4) *v.* מוּשִׁי.

מְשֵׁיזַבְאֵל *n. m.* (Ne 3.4).

מָשִׁיחַ (*de* משׁח) *m.*, *cs.* מְשִׁיחַ, *suf.* מְשִׁיחוֹ, *pl. suf.* מְשִׁיחָי: ungido (reis, sacerdotes, patriarcas); Messias (libertador escatológico, Sl 2.2).

משׁיעים *v.* מוֹשִׁיעַ.

משׁך QAL: *pf.* מָשַׁךְ, מָשַׁכְתִּי, *suf.* מְשַׁכְתִּיךְ; *impf.* תִּמְשֹׁךְ, יִמְשְׁכוּ, *suf.* אֶמְשְׁכֵם, תִּמְשְׁכֵנִי; *imp.* מִשְׁכוּ *e* מָשְׁכוּ (Ez 32.20), *suf.* מָשְׁכֵנִי; *inf.* מְשֹׁךְ, *suf.* מָשְׁכוֹ; *pt.* מֹשֵׁךְ, מֹשְׁכִים, מֹשְׁכֵי: agarrar, arrebatar; puxar, tirar, arrastar; prorrogar, estender; *intr. c. outro verbo*: ir tirar / escolher; *denom.*: *pt.* semeador. – NI: *impf.* תִּמָּשֵׁךְ, יִמָּשְׁכוּ: ser estendido / prorrogado, demorar-se (Is 13.22; Ez 12.25, 28). – PU: *pt.*

מְמֻשָּׁכָה, מְמֻשָּׁךְ: adiar, tardar; estendido, alto (Pv 13.12; Is 18.2,7).

I מֶשֶׁךְ (*de* משך) *m.*: bolsa, saco (de couro, para sementes, pérolas); *fig. para* sabedoria (Sl 126.6; Jó 28.18).

II מֶשֶׁךְ *n. p.* (Gn 10.2).

מִשְׁכָּב (*de* שכב) *m.*, *cs.* מִשְׁכַּב, *suf.* מִשְׁכָּבוֹ, מִשְׁכַּבְכֶם, *pl. cs.* מִשְׁכְּבֵי, *suf.* מִשְׁכְּבוֹתָם: leito, cama; ato de deitar; מ׳ צָהֳרַיִם sesta.

מֹשְׁכוֹת (*de* משך) *f. pl.*: laços, cadeias (Jó 38.31).

מִשְׁכָּן (*de* שכן) *m.*, *cs.* מִשְׁכַּן, *suf.* מִשְׁכָּנוֹ, *pl.* מִשְׁכָּנוֹת, *suf.* מִשְׁכְּנוֹתֵינוּ, מִשְׁכְּנוֹתָיו: moradia, habitação, residência; = túmulo, sepultura; = santuário, tabernáculo.

I משל QAL: *impf.* יִמְשֹׁל, יִמְשְׁלוּ; *imp.* מְשֹׁל; *pt.* מֹשֵׁל, מֹשְׁלִים, מֹשְׁלֵי: fazer / criar / compor / repetir um provérbio; usar / dizer provérbios escarnecedores; *pt.* o que enuncia provérbios, poeta. – NI: *pf.* נִמְשַׁל, נִמְשַׁלְתִּי: ser como, tornar-se como. – PI: *pt.* מְמַשֵּׁל: *c.* מָשָׁל proferir enigmas, falar em parábolas (Ez 21.5). – HI: *impf.* תַּמְשִׁילוּנִי: *c.* לְ comparar com (Is 46.5). – HIT: *impf.* אֶתְמַשֵּׁל: tornar-se semelhante a (algo), tornar-se como (algo) (Jó 30.19).

II משל QAL: *pf.* מָשַׁל, מָשָׁל, מָשְׁלָה; *impf.* יִמְשֹׁל, יִמְשָׁל־, יִמְשְׁלוּ; *imp.* מְשָׁל־; *inf.* לִמְשֹׁל, מָשׁוֹל; *pt.* מ(ו)שֵׁל, מֹשְׁלָה, מֹשְׁלִים, מֹשְׁלֵי, מֹשְׁלָו (Is 52.5, *Q* מֹשְׁלָיו, *K* מֹשְׁלוֹ): governar, dominar, reinar; obter / exercer domínio (sobre); *pt.* soberano, tirano. – HI: *pf.* הִמְשִׁילָם; *impf.* תַּמְשִׁילֵהוּ; *inf.* הַמְשֵׁל: fazer senhor (sobre), dar domínio (sobre); *inf.* domínio.

I מָשָׁל (*de* I משל) *m.*, *cs.* מְשַׁל, *suf.* מְשָׁלוֹ, *pl.* מְשָׁלִים, *cs.* מִשְׁלֵי: sentença, dito; provérbio, adágio; dito de sabedoria, ditado; canção satírica; *título de uma coleção*: מִשְׁלֵי שְׁלֹמֹה.

II מָשָׁל (1 Cr 6.59): *n. l.*, *l.* מִשְׁאָל.

I מֹשֶׁל (*de* I משל) *m.*, *suf.* מָשְׁלוֹ: semelhança, similaridade (Jó 41.25).

II מֹשֶׁל (*de* II משל), *suf.* מָשְׁלוֹ: domínio, império (Zc 9.10; Dn 11.4).

מִשְׁלוֹחַ *tb.* מִשְׁלֹחַ (*de* שלח) *m.*, *cs.* = : remessa, troca (de porções de alimento como presentes) (Et 9.19, 22); מִשְׁלוֹחַ יָדָם: sobre o que se coloca a mão, alcance, esfera de influência, domínio (Is 11.14).

מִשְׁלָח* (*de* שלח) *m.*, *cs.* מִשְׁלַח יָד :מִשְׁלַח: aquilo para o que se estende a mão, empreendimento, empresa, operação; מִשְׁלַח שׁוֹר: pastagem, pasto.

מִשְׁלַחַת (*de* שלח) *f.*: מִשְׁלַחַת בַּמִּלְחָמָה: demissão, baixa (do serviço militar) (Ec 8.8); grupo, multidão, bando, companhia, legião (Sl 78.49).

מְשֻׁלָּם *n. m.* (2 Rs 22.3).

מְשִׁלֵּמוֹת *n. m.* (Ne 11.13).

מְשֶׁלֶמְיָה *n. m.* (1 Cr 9.21).

מְשֶׁלֶמְיָהוּ *n. m.* (1 Cr 26.1).

מְשִׁלֵּמִית *n. m.* (1 Cr 9.12).

מְשֻׁלֶּמֶת *n. f.* (2 Rs 21.19).

מִשְׁלֹשׁ (Gn 38.24)): כְּמִשְׁלֹשׁ, *ger.* כְּ + מִן + שְׁלֹשׁ: depois de cerca de três (meses); *outros, s.* מִשְׁלֹשׁ: período de três (meses).

מְשַׁמָּה (*de* שמם) *f.*, *pl.* מְשַׁמּוֹת: horror, espanto, terror; *pl.* lugares de devastação / horror, deserto, ermo, desolação.

מִשְׁמָן* (*de* שמן) *m.*, *cs.* מִשְׁמַן, *pl. cs.* מִשְׁמַנֵּי, *suf.* מִשְׁמַנֵּיהֶם, מִשְׁמַנָּיו: gordura, obesidade; *pl. concreto*: gordos, obesos, imponentes, robustos;

pl. regiões férteis.
מִשְׁמַנָּה *n. m.*! (1 Cr 12.11).
מִשְׁמַנִּים (*de* שׁמן) *m. pl.*: (deliciosos) alimentos festivos (preparados com muita gordura), alimentos gordurosos, carnes gordas (Ne 8.10).
I ★מִשְׁמָע (*de* שׁמע) *m., cs.* מִשְׁמַע: o que se ouve, boato, rumor (Is 11.3).
II מִשְׁמָע *n. m. e n. de tribo* (Gn 25.14).
★מִשְׁמַעַת (*de* שׁמע), *suf.* מִשְׁמַעְתְּךָ, מִשְׁמַעְתּוֹ: guarda pessoal; os que devem obediência, súditos (de), sujeitos(a).
מִשְׁמָר (*de* שׁמר) *m., cs.* מִשְׁמַר, *suf.* מִשְׁמַרְכֶם, *pl. suf.* מִשְׁמָרָיו: guarda, vigilância, prisão, cárcere; guarda, sentinela; divisão de serviço, turno de serviço; *pl.* servos (do templo)?; instituições?; serviços?.
מִשְׁמֶרֶת *i. p.* מִשְׁמָרֶת (*de* שׁמר) *f., suf.* מִשְׁמַרְתּוֹ, *pl.* מִשְׁמָרוֹת, *cs.* מִשְׁמְרוֹת, *suf.* מִשְׁמְרוֹתֵיהֶם, מִשְׁמְרוֹתָם: o que deve ser guardado / preservado; guarda, custódia; guarda, sentinela; obrigação, dever, compromisso; dever, serviço, tarefa, incumbência.
מִשְׁנֶה (*de* שׁנה) *m., cs.* מִשְׁנֵה, *suf.* מִשְׁנֵהוּ, *pl.* מִשְׁנִים: segundo, duplicado; segunda ordem; dobrado, duas vezes tanto; cópia.
מְשִׁסָּה (*de* שׁסס) *f., pl.* מְשִׁסּוֹת: saque, pilhagem, despojo.
מִשְׁעוֹל desfiladeiro, trilha (Nm 22.24).
מִשְׁעוֹ *v.* מוֹשִׁיעַ.
מִשְׁעִי (Ez 16.4): לְמִשְׁעִי, *ger. pelo contexto*: para limpeza.
מִשְׁעָם *n. m.* (1 Cr 8.12).
מִשְׁעָן (*de* שׁען) *m., cs.* מִשְׁעַן: apoio, sustento.
מַשְׁעֵן *tb.* מַשְׁעֵנָה (*de* שׁען): sustento, apoio; *as duas palavras usadas conjuntamente = totalidade*: todo sustento (Is 3.1).
מִשְׁעֶנֶת (*de* שׁען) *f., suf.* מִשְׁעַנְתּוֹ, מִשְׁעֲנֹתָם: bastão, bordão.
מִשְׁפָּחָה *f., cs.* מִשְׁפַּחַת, *suf.* מִשְׁפַּחְתּוֹ, *pl.* מִשְׁפָּחוֹת, *cs.* מִשְׁפְּחוֹת, *suf.* מִשְׁפְּחֹתָיו, מִשְׁפְּחֹתֵיהֶם: família (*no sentido amplo*: todos os que têm laços de consangüinidade), parentela, clã; *pl.* raças, subdivisões (étnicas e de grupos nacionais); *fig.* espécies (de animais e desastres); associação.
מִשְׁפָּט (*de* שׁפט) *m., cs.* מִשְׁפַּט, *suf.* מִשְׁפָּטוֹ, *pl.* מִשְׁפָּטִים, *cs.* מִשְׁפְּטֵי, *suf.* מִשְׁפָּטַי, מִשְׁפָּטֶךָ (Sl 36.7), מִשְׁפְּטֵיהֶם: sentença arbitral, arbítrio, decisão legal; *pl.* juízos, decretos; processo legal, julgamento, controvérsia jurídica; direito, direito a; conformidade; justiça.
מִשְׁפְּתַיִם *du.*: os dois cestos (de um animal de carga), alforje (Gn 49.14; Jz 5.16).
מֶשֶׁק Gn 15.2), בֶּן מֶשֶׁק: *inexplicado.*
★מַשָּׁק (*de* שׁקק) *m., cs.* מַשַּׁק: ataque, avanço, assalto (dos gafanhotos) (Is 33.4).
★מְשֻׁקָּד *m., pl.* מְשֻׁקָּדִים: em forma de flor de amendoeira (cálices do candelabro) (Êx 25.33s; 37.19s).
מַשְׁקֶה (*de* שׁקה) *m., cs.* מַשְׁקֵה, *suf.* מַשְׁקֵהוּ, *pl. suf.* מַשְׁקָיו:(*pt.*) copeiro; (*pt.*) abundante em água, bem regada (terra); bebida; cargo / ofício de copeiro.
מִשְׁקוֹל (*de* שׁקל) *m.*: peso (Ez 4.10).
מַשְׁקוֹף (*de* שׁקף) *m.*: verga (da porta) (Êx 12.7, 22s).
מִשְׁקָל (*de* שׁקל) *m., cs.* מִשְׁקַל, *suf.* מִשְׁקָלוֹ: peso.
★מִשְׁקֹלֶת, *i. p.* מִשְׁקָלֶת(Is 28.17), *e* מִשְׁקֹלֶת (2 Rs 21.13): nível (instrumento para determinar a horizontali-

dade de um plano).

מִשְׁקָע★ (*de* שׁקע) *m.*, *cs.* מִשְׁקַע: *c.* מַיִם água clara / límpida (que se assentou) (Ez 34.18).

מִשְׁרָה★ *cs.* מִשְׁרַת: líquido; *c.* עֲנָבִים suco ou extrato de uvas (Nm 6.3).

מֵשָׁרִים (Pv 1.3) *v.* מֵישָׁרִים.

מִשְׁרָעִי *gent. de* ★מִשְׁרָע (*desconhecido*) (1 Cr 2.53).

משׁשׁ QAL: *impf.* יְמֻשֵּׁנִי, יְמֻשֵּׁהוּ: apalpar, tocar (Gn 27.12,22). – PI: *pf.* מִשַּׁשְׁתָּ; *impf.* יְמַשֵּׁשׁ, יְמַשְׁשׁוּ; *pt.* מְמַשֵּׁשׁ: revistar, rebuscar; tatear, andar às apalpadelas. – HI: *impf.* יָמֵשׁ: *c.* חֹשֶׁךְ deixar apalpar, fazer tocar, pegar em, agarrar (Jz 16.26 וַהֲימִשֵׁנִי, *v.* ימשׁ).

מִשְׁתֶּה (*de* II שׁתה) *m.*, *cs.* מִשְׁתֵּה, *suf.* (*todos sing.*) מִשְׁתֵּיכֶם, מִשְׁתָּיו, מִשְׁתֵּיהֶם: o ato de beber / tomar, hora do brinde; bebida (apropriada para uma festa); banquete, festim (com vinho).

מַשְׁתִּין *v. hi. de* שׁין.

מֵת morto, cadáver, *v.* מות.

I ★מת (*vocalização incerta*: ★מֹת, ★מְתוּ), *pl.* מְתִים, *cs.* מְתֵי, *suf.* מְתָיו, מְתַיִךְ: homens (*m.*); pessoas, gente.

II ★מת (★מֹת?), *pl. cs.* מְתֵי (Is 41.14): piolho?

מַתְבֵּן (*denom. de* תֶּבֶן)*m.*: montão de palha (Is 25.10).

מֶתֶג *m.*, *suf.* מִתְגִּי: freio.

מָתוֹק (*de* מתק) *m.*, *f.* מְתוּקָה, *pl.* מְתוּקִים: *adj.* doce, saboroso, agradável.

מְתוּשָׁאֵל *n. m.* Gn 4.18).

מְתוּשֶׁלַח *tb.* מְתוּשְׁלַח: *n. m.* (Gn 5.21).

מתח QAL: *impf.* וַיִּמְתָּחֵם: estender (o céu) (Is 40.22).

cJ. ★מִתְחָה (*de* מתח): *cj.* מִתְחַת *para* מִתַּחַת (Dt 33.27): (o) estender (dos braços).

מָתַי quando? *c. impf.* ; לְמָתַי para quando?; עַד־מָתַי até quando?, quando tempo?, por quando tempo?; *c.* לֹא quando afinal?.

מַתְכֹּנֶת (*de* תכן) *f.*, *suf.* מַתְכֻּנְתּוֹ, מַתְכֻּנְתָּם: medição, medida, quantia, composição, combinação, proporção.

מַתְּלָאָה (Ml 1.13) å מַה־תְּלָאָה: que calamidade!

מְתַלְּעוֹת *tb.* מַלְתְּעוֹת (Sl 58.7): maxilas, mandibulas, maxilares.

מְתֹם (*de* תמם) *m.*: lugar sadio / são, parte ilesa.

I מַתָּן (*de* נתן) *m.*:dom, doye, dádiva, presente; *c.* אִישׁ generoso.

I מַתָּן *n. m.* (2 Rs 11.18).

I מַתָּנָה (*de* נתן) *f.*, *cs.* מַתְּנַת, *pl.* מַתָּנוֹת, *cs.* מַתְּנוֹת, *suf.* מַתְּנֹתֵיכֶם, מַתְּנוֹתָם: presente, dom, dádiva.

II מַתָּנָה *n. l.*? (Nm 21.18s).

מִתְנִי *gent. de* ★מֶתֶן *ou* ★מַתָּן (*n. l. desconhecido) (1 Cr 11.43)*.

מַתְּנַי *n. m.* (Ed 10.33).

מַתַּנְיָה *n.m.* (2 Rs 24.17).

מַתַּנְיָהוּ *n. m.* (1 Cr 25.4).

מָתְנַיִם *du.*, *cs.* מָתְנֵי, *suf.* מָתְנָיו, מָתְנֵיכֶם: a musculatura robusta que une as duas partes do corpo, lombo, quadris, espinha.

מתק QAL: *pf.* מָתְקוּ; *impf.* יִמְתְּקוּ, יִמְתָּקוּ: ser / tornar-se doce. – HI: *impf.* נַמְתִּיק, תַּמְתִּיק: ter gosto doce, ser de gosto doce (Jó 20.12); (*causativo*) cultivar comunhão íntima (*c.* סוֹד, Sl 55.15).

מֶתֶק★ (*de* מתק) *m.*, *cs.* מֶתֶק: doçura; *c.* שְׂפָתַיִם graça, encanto (no falar) (Pv 16.21).

מֹתֶק★ (*de* מתק) *m.*, *pl. cs.* מָתְקִי: doçura (Jz 9.11).

מִתְקָה *n. l.* (Nm 33.28s).

מִתְרְדָת *n. m.* (Ed 1.8).

מַתַּת★ (*de* נתן) *f.*, *cs.* å *ou* מַתָּת: presente, dádiva; מַתַּת יָדוֹ o que puder dar.

מַתַּתָּה *n. m.* Ed 10.33).

מַתִּתְיָה *n. m.* (Ed 10.43).

מַתִּתְיָהוּ *n. m.* (1 Cr 15.18).

נ

נ *final* ן, נוּן: décima quarta letra do alfabeto: *como num.* = 50.

I נָא *part. enclítica que expressa ênfase, urgência; sua tradução pode variar, conforme o sentido; por exemplo:* por favor!, vamos!.

II נָא cru, mal cozido (Êx 12.9).

נֹא *n. l.* (Jr 46.25).

נֹאד, נֹאוד, נֹד *m., suf.* נֹאדֶךָ, *pl.* נֹאדוֹת: odre.

נאה PAEL: pf. נָאווּ, נָאֲוָה: ser belo, formoso, gracioso.

נֹאוד *v.* נֹאד.

נָאוֶה (*de* נאה) *f.* נָאוָה: belo, formoso, gracioso; conveniente, próprio, adequado, oportuno.

נְאוּפִים *v.* נִאֻפִים.

נְאוֹת *v.* ★נָוֶה.

נְאֻם *prov. cs. de* ★נָאוּם: (*orig.* = sussurro), dito, declaração.

נאף QAL: *impf.* יִנְאַף, וַיִּנְאָפוּ; *inf.* נָאֹ(וֹ)ף; *pt.* נֹאֵף, נֹאֶפֶת, *pl.* נֹאֲפוֹת: cometer adultério, adulterar. – PI: *pf.* נִאֵפָה, נִאֲפוּ; *impf.* וַיְנָאֲפוּ, תְּנָאַפְנָה; *pt.* מְנָאֵף, מְנָאֶפֶת, *pl.* מְנָאֲפִים: cometer adultério.

★נִאֻפִים *tb.* נאופים (*de* נאף), *suf.* נִאֻפַיִךְ: adultério (Jr 13.27; Ez 23.43).

★נַאֲפוּפִים (*de* נאף) *pl., suf.* נַאֲפוּפֶיהָ: adultérios (Os 2.4).

נאץ QAL: *pf.* נָאַץ, נָאֲצוּ/אָצוּ; *impf.* יִנְאַץ, וַיִּנְאָץ, יִנְאָצוּן: desprezar, desdenhar, rejeitar. – PI: נִאֵץ, נִאַצְתָּ, נִאֲצוּ/אֲצוּ, נִאֲצוּנִי, יְנָאֵץ; *impf.* יְנַאֲצוּנִי; *inf.* נַאֵץ; *pt. pl. suf.* מְנַאֲצַי, מְנָאֲצָיךָ: rejeitar insultuosamente, desrespeitar, tratar com desprezo ou irreverência. – HITPOEL: *pt.* מִנֹּאָץ: ser blasfemado (Is 52.5).

נְאָצָה (*de* נאץ): opróbrio, ignomínia, vergonha (2 Rs 19.3; Is 37.3).

★נֶאָצָה (*de* נאץ) *pl.* נֶאָצוֹת, *suf.* נֶאָצוֹתֶיךָ: blasfêmias.

נאק QAL: *pf.* נָאַק; *impf.* יִנְאֲקוּ: gemer (Ez 30.24; Jó 24.12).

★נְאָקָה (*de* נאק), *cs.* נַאֲקַת, *suf.* נַאֲקָתָם, *pl.* נַאֲקוֹת: gemido.

נאר PI: *pf.* נֵאַר, נֵאַרְתָּה: rejeitar (Sl 89.40; Lm 2.7).

נֹב *n. l.* (Is 10.32).

נבא NI: *pf.* נִבָּא, נִבֵּאתָ, נִבְּאוּ/בָּאוּ; *impf.* יִנָּבֵא, יִנָּבְאוּ; *imp. e inf.* הִנָּבֵא; *inf. suf.* הִנָּבְאִי/וֹ; *pt.* נִבָּא, *pl.* (הַ)נִּבְּאִים, נִבְּאֵי, נִבָּאִים: estar em transe profético, comportar-se como profeta; falar como profeta; tocar (um instrumento) em arrebatamento profético. – HIT: *pf.* הִתְנַבִּיתָ, הִתְנַבֵּאתִי, הִתְנַבְּאוּ; *impf.* יִתְנַבֵּא; *inf.* הִתְנַבּוֹת; *pt.* מִתְנַבֵּא, *f. pl.* מִתְנַבְּאוֹת: comportar-se como profeta, profetizar; ficar fora de si, ter um acesso de raiva.

I נְבוֹ *n. l.* (Ed 2.29), *n. de monte* (Dt 32.49).

II נְבוֹ *n. d.* (Is 46.1).

נְבוּאָה (*de* נבא), *cs.* נְבוּאַת: profecia, palavra profética.

נָבוּב *cs.* נְבוּב: oco.

נְבוּזַרְאֲדָן *n. m.* (2 Rs 25.8).

נְבוּכַדְנֶאצַּר *v.* נְבוּכַדְרֶאצַּר.

נְבוּכַדְרֶאצַּר *tb.* נְבוּכַדְנֶצַּר, נְבֻכַדְנֶאצַּר, נְבוּכַדְנֶאצַּר, נְבֻכַדְנֶצַּר: *n. m.* (Jr 21.2; 2 Rs 24.1; 25.22; Et 2.6; Dn 1.18).

נְבוּשַׁזְבָּן *n. m.* (Jr 39.13).

נָבוֹת *n. m.* (1 Rs 21.1).

נבח QAL: *inf.* לִנְבֹּחַ: ladrar (Is 56.10).

I נֹבַח *n. m.* (Nm 32.42).

II נֹבַח *n. l.* (Nm 32.42; Jz 8.11).

נִבְחַז *n. d.* (2 Rs 17.31).

נבט PI: *pf.* נִבַּט, *c.* לְ: olhar para (Is 5.30). – HI: *pf.* הִבִּיט, הִבִּיטוּ, הִבַּטְתֶּם; *impf.* יַבִּיט, תַּבֵּט, אַבִּיט; *imp.* הַבֵּט, הַבֵּט־ הַבִּיט, הַבִּיטָה, הַבִּיטִי/הַבִּיטוּ; *inf.* הַבִּיט; *pt.* מַבִּיט: olhar; fitar os olhos ou a vista em, olhar para; olhar atentamente, olhar fixamente, contemplar, mirar, observar; ver, divisar; perceber; encarar.

נְבָט *n. m.* (1 Rs 11.26).

נָבִיא *m., pl.* נְבִיאִים, *cs.* נְבִיאֵי, *suf.* נְבִיאָיו, נְבִיאֵיכֶם: profeta.

נְבִיאָה *f.:* profetisa; esposa de um profeta.

נְבָיֹת, נְבָיוֹת *n. m.* (Gn 25.13) *e n. p.* (Is 60.7).

נֵבֶךְ★ *pl. cs.* נִבְכֵי: mananciais (Jó 38.16; *cj.* Pv 8.24).

נבל I QAL: *pf.* נָבֵל, נָבַלְתָּ; *impf.* יִבּוֹל, יִבֹּלוּ, יִבּוֹלוּן; *inf.* נְבֹל, נָבֹל; *pt.* נֹבֵל, נֹבֶלֶת: murchar e cair (folhas e flores); decair, mirrar, cair em ruína, desfazer-se.

נבל II QAL: *pf.* נָבַלְתָּ: agir com menosprezo (Pv 30.32). – PI: *pf. suf.* נִבַּלְתִּיךְ; *impf.* תְּנַבֵּל; *pt.* מְנַבֵּל: menosprezar, tratar com desdém.

נָבָל I (*de* II נבל) *pl.* נְבָלִים, *f.* נְבָלוֹת: insensato, tolo, doido; ímpio.

נָבָל II *n. m.* (1 Sm 25.3).

נֵבֶל I *m., cs.* =, *pl.* נְבָלִים, *cs.* נִבְלֵי, *suf.* נִבְלֵיהֶם: jarra, cântaro, talha (para armazenamento de cereais, vinho, óleo, farinha).

נֵבֶל, נֶבֶל II *m., pl.* נְבָלִים, *suf.* נְבָלֶיךָ: instrumento de cordas (harpa?).

נְבָלָה (*de* II נבל): estupidez, insensatez; pecado grave.

נְבֵלָה (*de* I נבל) *f., cs.* נִבְלַת, *suf.* נִבְלָתִי, נִבְלָתוֹ, נִבְלָתְךָ: cadáver (de pessoa ou animal), carcaça, carniça.

נַבְלוּת★ (*de* II נבל) *suf.* נַבְלֻתָהּ: órgão genital (feminino) (Os 2.12).

נְבַלָּט *n. l.* (Ne 11.34).

נבע QAL: *pt.* נֹבֵעַ: borbulhar, borbotar (Pv 18.4). – HI: *impf.* תַּבַּעְנָה, יַבִּיעַ: fazer borbulhar, expelir aos borbotões, derramar.

נִבְשָׁן *n. l.* (Js 15.62).

נֶגֶב *c.* ה *loc.* נֶגְבָּה: 1) *n. t.* (Gn 24.62). 2) Sul.

נגד HI: *pf.* הִגִּיד, הִגִּידָה; *impf.* יַגִּיד, וַיַּגֵּד, יַגֶּד־, יַגִּדוּ, *suf.* יַגִּידֶהָ, יַגִּדָהּ, יַגֶּדְךָ; *imp.* הַגֵּד, הַגֶּד־, הַגִּידָה; *inf.* הַגִּיד, לְהַגִּיד, לַגִּיד, *abs.* הַגֵּ(י)ד; *pt.* מַגִּיד, מַגֶּדֶת: expor, denunciar, declarar, relatar, anunciar, narrar, comunicar. – HO: *pf.* הֻגַּד; *impf.* וַיֻּגַּד; *inf. abs.* הֻגֵּד: ser anunciado / relatado / narrado.

נֶגֶד *c.* ה *loc.* נֶגְדָּה, *suf.* נֶגְדּוֹ, נֶגְדְּךָ: 1) *orig. s.* o que está em contraposição, o que corresponde. 2) *como prep.* (*c. gen. ou suf.*) na presença de, diante de, defronte, contra, oposto a, junto de, correspondentemente. 3) כְּנֶגֶד conforme (Gn 2.18,20); לְנֶגֶד diante de, defronte, oposto a, contra, na presença de, referente a; מִנֶּגֶד *como prep.* para longe de (a partir de diante de), oposto a, *como adv.* defronte, do outro lado; עַד נֶגֶד até defronte de (Ne 3.16).

נגה QAL: *pf.* נָגַהּ; *impf.* יִגַּהּ: brilhar. – HI: *impf.* יַגִּיהַּ: fazer brilhar, iluminar.

נֹגַהּ I (*de* נגה) *f., cs.* =, *suf.* נָגְהָם: brilho, resplendor, clarão, claridade.

נֹגַהּ II *n. m.* (1 Cr 3.7).

נְגֹהָה★ (*de* נגה), *pl.* נְגֹהוֹת: resplendor (Is 59.9).

נגח QAL: *impf.* יִגַּח, יִגָּח: chifrar. – PI: *impf.* יְנַגַּח, תְּנַגְּחוּ, נְנַגֵּחַ; *pt.* מְנַגֵּחַ: marrar, chifrar, cornear, empurrar, derrubar, abater. – HIT: *impf.* יִתְנַגַּח: chocar-se com (Dn 11.40).

נַגָּח (*de* נגח): dado a (acostumado a) chifrar (Êx 21.29).

נָגִיד (*de* נגד) *m., cs.* נְגִיד, נְגִד, *pl.* נְגִידִים: chefe, líder; soberano, príncipe; funcionário (graduado); chefe de família; pessoa investida de autoridade civil, militar ou religiosa.

נְגִינָה, נְגִינַת* (*de* נגן), *suf.* נְגִינָתָם, *pl.* נְגִינוֹת: música (de instrumentos de cordas); instrumento de cordas; canção satírica.

נגן QAL: *pt. pl.* נֹגְנִים: *pt.* tocador de instrumento de cordas (Sl 68.26). – PI: *pf.* נִגֵּן; *impf.* נְנַגֵּן; *inf.* נַגֵּן; *pt.* מְנַגֵּן: tocar (um instrumento de cordas).

נגע QAL: *pf.* נָגַע, נָגְעָה, נָגְעוּ, *suf.* נְגָעֲנוּךָ; *impf.* יִגַּע, יִגְּעוּ, תִּגָּעוּ; *imp.* גַּע; *inf.* נְגוֹעַ, לִנְגֹּעַ *e* לָגַעַת, *suf.* נָגְעֲךָ; *pt.* נֹגֵעַ, נוֹגֵעַ, *f.* נֹגַעַת, נֹגַעַת: tocar, apalpar; machucar, ferir, lesar; estender-se até, alcançar, atingir. – NI: *impf.* וַיִּנָּגְעוּ: ser vencido (por um exército) (Js 8.15). – PI: *pf. suf.* נִגְּעוֹ; *impf.* וַיְנַגַּע: atingir, ferir, golpear. – PU: *impf.* יְנֻגָּעוּ: ser golpeado (Sl 73.5). – HI: *pf.* הִגִּיעַ, הִגַּעְתְּ; *impf.* יַגִּיעַ, וַיַּגַּע; *inf.* הַגִּיעַ, *suf.* הַגִּיעֵנוּ; *pt.* מַגִּיעַ, *f.* מַגַּעַת: tocar, apalpar, atingir, alcançar; fazer tocar, encostar, juntar; chegar, vir.

נֶגַע (*de* נגע) *m.*, *i.p.* נָגַע, *suf.* נִגְעוֹ, *pl.* נְגָעִים, *cs.* נִגְעֵי: golpe, pancada, ferimento físico; (golpe com o qual Deus atinge uma pessoa =) praga, sofrimento, aflição, doença, dano.

נגף QAL: *pf.* נָגַף, *suf.* נְגָפוֹ, נְגָפָנוּ; *impf.* יִגֹּף, וַיִּגֹּף, *suf.* וַיִּגְּפֵהוּ, יִגְּפֶנּוּ; *inf.* נָגֹף, לִנְגֹּף, *suf.* נָגְפּוֹ; *pt.* נֹגֵף: marrar, bater, dar pancada(s), golpear, ferir, agredir. – NI: נִגַּף, נִגְּפוּ, נִגְּפוּ; *impf.* יִנָּגֵף, וַיִּנָּגֵף, וַיִּנָּגְפוּ: ser batido, ser golpeado, ser ferido. – HIT: *impf.* יִתְנַגְּפוּ: tropeçar (Jr 13.16).

נֶגֶף (*de* נגף) *i.p.* נָגֶף: golpe, praga (castigo de Deus); tropeço.

נגר NI: *pf.* נִגְּרָה; *pt.* נִגָּרִים, נִגָּרוֹת: ser derramado, derramar-se, verter. – HI: *pf.* הִגַּרְתִּי; *impf.* וַיַּגֵּר, *suf.* יַגִּירֵהוּ; *imp. suf.* הַגִּרֵם: derramar; rolar (*tr.*); entregar. – HO: *pt.* מֻגָּרִים: ser derramado, precipitar-se (Mq 1.4).

נגשׂ QAL: *pf.* נָגַשׂ; *impf.* יִגֹּשׂ, תִּנְגְּשׂוּ; *pt.* נֹ(וֹ)גֵשׂ, *pl.* נֹגְשִׂים, *suf.* נֹגְשָׂיו, נֹגְשֶׂיהֶם: tocar (animais), tanger, forçar, pressionar, oprimir, cobrar, exigir; *pt.* opressor, tirano, *pl.* governo. – NI: *pf.* נִגַּשׂ: ser oprimido, ser afligido, ser pressionado; oprimir-se mutuamente.

נגשׁ QAL: *impf.* יִגַּשׁ; *imp.* גַּשׁ, גֶּשׁ־, גְּשָׁה, גְּשִׁי, גְּשׁוּ *e* גֹּשׁוּ: chegar perto, acercar-se, aproximar-se. NI: *pf.* נִגַּשׁ, נִגְּשָׁה, נִגְּשׁוּ; *pt.* נִגָּשִׁים: achegar-se, aproximar-se. – HI: *pf.* הִגִּישׁוּ, *suf.* הִגִּישׁוֹ; *impf.* יַגֵּשׁ, וַיַּגֵּשׁ, וַיַּגִּשׁ, תַּגִּישׁ, יַגִּישׁוּ, תַּגִּ(י)שׁוּן; *imp.* הַגִּישָׁה, הַגִּישׁוּ; *pt.* מַגִּישׁ, מַגִּשִׁים, מַגִּישֵׁי: trazer para perto, aproximar; oferecer (sacrifício); trazer, apresentar. – HO: *pf.* הֻגָּשׁוּ; *pt.* מֻגָּשׁ: ser trazido (2 Sm 3.34), ser oferecido (sacrifício) (Ml 1.11). – HIT: *imp.* הִתְנַגְּשׁוּ: aproximar-se, achegar-se (Is 45.20).

נֵד dique, paredão, barreira.

נֹד *v.* נֹאד.

נדא QAL *ou* HI: *impf.* וידא (וַיַּדָּא *ou* וַיַּדֵּא) (2 Rs 17.21 *K, Q* = וַיַּדַּח): afastar.

נדב QAL: *pf.* נָדַב, נְדָבָה; *impf. suf.* יִדְּבֶנּוּ: incitar, impelir. – HIT: *pf.* הִתְנַדְּבוּ; *impf.* וַיִּתְנַדְּבוּ; *inf.* הִתְנַדֵּב, הִתְנַדֵּב־; *pt.* מִתְנַדֵּב: oferecer-se / alistar-se / apresentar-se voluntariamente, oferecer voluntariamente.

נָדָב *n. m.* (1 Rs 14.20).

נְדָבָה (*de* נדב), *cs.* נִדְבַת, *pl.* נְדָבוֹת, *cs.* נִדְבוֹת, *suf.* נִדְבוֹתֶיךָ, נִדְבוֹתָם: voluntariedade, espontaneidade; oferta voluntária, dádiva espontânea.

נְדַבְיָה *n. m.* (1 Cr 3.18).

נדד QAL: *pf.* נָדְדוּ, נָדְדָה; *impf.* יִדּוֹד, יִדּוֹדוּן, וַתִּדַּד; *inf.* נְדֹד; *pt.* נֹ(וֹ)דֵד, נֹדְדִים, נוֹדֶדֶת: fugir, escapar; vaguear; mover, agitar (כָּנָף). – POLEL: *pf.* נוֹדַד: fugir (Na 3.17). – HI: *impf. suf.* יְנִדֻהוּ: afugentar (Jó 18.18). – HO: *impf.* יֻדַּד, *pt.* מֻנָּד: ser afugentado (Jó 20.8), ser lançado fora (2 Sm 23.6).

נְדֻדִים (*de* נדד): agitação (Jó 7.4).

נדה PI: *pt.* מְנַדִּים, *suf.* מְנַדֵּיכֶם: excluir, lançar para longe (Is 66.5), supor (que algo está) longe (Am 6.3).

נֵדֶה presente, recompensa (Ez 16.33).

נִדָּה, נִידָה *f.*, *cs.* נִדַּת, *suf.* נִדָּתָהּ: fluxo menstrual, menstruação; excreção, imundícia, coisa detestável / abominável.

נדח QAL: לִנְדֹּחַ: brandir (o machado) (Dt 20.19). – NI: נִדְּחָה, נִדַּחְתָּ, *suf.* נִדְּחוֹ, נִדַּחֲךָ; *pt.* נִדָּח, *suf.* נִדַּחֲכֶם, *pl.* נִדָּחִים, *cs.* נִדְחֵי *e* נִדְּחֵי, *suf.* נִדָּחַי, *f.* נִדָּחָה *e* נִדַּחַת: ser dispersado, extraviar-se, ser banido / desterrado / expulso, ser desviado, ser seduzido. – PU: *pt.* מְנֻדָּח: ser expulso, ser lançado (Is 8.22). – HI: *pf.* הִדִּיחַ, הִדַּחְתִּי, *suf.* הִדִּיחֲךָ, הִדַּחְתִּים, הִדַּחְתָּם; *impf.* יַדִּיחוּ, וַיַּדַּח, *suf.* אַדִּיחֵם, וַתַּדִּחוּם; *inf.* הַדִּיחַ, *suf.* הַדִּיחֲךָ, הַדִּחִי: expulsar, afugentar, lançar fora, dispersar; desviar, desencaminhar; seduzir; lançar (desgraça) sobre alguém. – HO: *pt.* מֻדָּח: afugentada (gazela) (Is 13.14).

נָדִיב (*de* נדב), *cs.* נְדִיב, *f.* נְדִיבָה, *pl.* נְדִיבִים, *cs.* נְדִיבֵי, *suf.* נְדִיבֵמוֹ: voluntário, pronto a, disposto a; (pessoa) nobre, (indivíduo) generoso.

נְדִיבָה★ *suf.* נְדִיבָתִי, *pl.* נְדִיבוֹת: honra (Jó 30.15), coisas nobres (Is 32.8).

I נָדָן★ *suf.* נְדָנָהּ: bainha (1 Cr 21.27).

II נָדָן★ *pl. suf.* נְדָנַיִךְ: presente, recompensa (por amor) (Ez 16.33).

נדף QAL: *impf.* תִּנְדֹּף, *suf.* יִדְּפֶנּוּ: espalhar, dispersar, dissipar; afugentar – NI: *pf.* נִדַּף; *inf.* הִנְדֹּף; *pt.* נִדָּף: ser espalhado / disperso / dissipado.

נדר QAL: *pf.* נָדַר, נָדְרָה, נָדַרְנוּ; *impf.* יִדֹּר, וַיִּדַּר, תִּדּוֹר, תִּדְּרוּ; *imp.* נִדְרוּ; *inf.* לִנְדֹּר; *pt.* נֹ(וֹ)דֵר: fazer um voto, fazer uma promessa.

נֶדֶר, נֵדֶר *m.*, *suf.* נִדְרִי, *pl.* נְדָרִים, *cs.* נִדְרֵי, *suf.* נִדְרֵיכֶם, נְדָרַי: voto, promessa.

נֹהַּ *significado desconhecido* (Ez 7.11).

I נהג QAL: *pf.* נָהַג, נָהֲגוּ; *impf.* יִנְהַג, יִנְהָג, יִנְהֲגוּ, יִנְהָגוּ, *suf.* אֶנְהָגְךָ; *imp.* נְהַג; *pt.* נֹהֵג, נֹהֲגִים: tanger (o gado), levar, tocar (animais, prisioneiros); conduzir, guiar, dirigir. – PI: *pf.* נִהַג; *impf.* יְנַהֵג, *suf.* יְנַהֶגְךָ, וַיְנַהֲגֵהוּ: levar, conduzir para longe; conduzir, guiar; fazer soprar.

II נהג PI: *pt. pl. f.* מְנַהֲגוֹת: gemer (Na 2.8).

I נהה QAL: *pf.* נָהָה; *imp.* נְהֵה: lamentar (Ez 32.18; Mq 2.4).

II נהה NI: *impf.* וַיִּנָּהוּ *c.* אַחֲרֵי: permanecer fiel (1 Sm 7.2).

נְהִי (*de* I נהה) *i.p.* נֶהִי: lamentação.

נהל PI: *pf.* נֵהַלְתָּ; *impf.* יְנַהֵל, *suf.* יְנַהֲלֵם, יְנַהֲלוּם; *pt.* מְנַהֵל: dirigir, conduzir, guiar cuidadosamente, levar; suprir, abastecer. – HIT: *impf.* אֶתְנַהֲלָה: seguir adiante vagarosamente (Gn 33.14).

נַהֲלָל *n. l.* (Js 19.15).

I נַהֲלֹל★ *pl.* נַהֲלֹלִים: bebedouro (Is 7.19).

II נַהֲלֹל *n. l.* (Jz 1.30).

נהם QAL: *pf.* נָהֲמָה; *impf.* יִנְהֹם; *pt.* נֹהֵם: rugir, bramir, gemer.

נַהַם (*de* נהם): rugido (Pv 19.12; 20.2).

נְהָמָה* (*de* נהם) *cs.* נַהֲמַת: rugido (gemido?, Sl 38.9); bramido (Is 5.30).

נהק QAL: *impf.* יִנְהָקוּ, יִנְהַק: zurrar (Jó 6.7); gritar (Jó 30.7).

I נהר QAL: *pf.* נָהֲרוּ; *impf.* יִנְהֲרוּ: jorrar.

II נהר QAL: *pf.* נָהֲרוּ, נָהֲרוּ, נָהַרְתְּ: brilhar.

נָהָר *m.*, *cs.* נְהַר, *pl.* נְהָרִים *e* נְהָרוֹת, *cs.* נַהֲרֵי *e* נַהֲרוֹת, *suf.* נַהֲרֹתָם: rio.

נְהָרָה (*de* II נהר) *f.*: luz (Jó 3.4).

נַהֲרַיִם *i.p.* נַהֲרָיִם: *n.t.* (Gn 24.10).

נוא QAL: *impf.* תְּנוּאוּן, Nm 32.7, *l. Q* תְּנִיאוּן (*v.* HI). – HI: *pf.* הֵנִיא; *impf.* תְּנִיאוּן, וַיָּנִיאוּ, יָנִי *e* יָנִיא: impedir, frustrar (planos).

נוב QAL: *impf.* יְנוּבוּן, יָנוּב: prosperar, crescer. – POLEL: *impf.* יְנוֹבֵב: fazer florescer (Zc 9.17).

נוב Is 57.19, *l. Q* נִיב.

נוֹבַי Ne 10.20, *l. Q* נֵיבַי.

נוג* *cs. pl.* נוּגֵי, Sf. 3.18, *l.* כִּימֵי; *pl. f.* נוּגוֹת, Lm 1.4, *l.* נֻהֲגוֹת.

נוד QAL: *pf.* נָדוּ; *impf.* יָנוּד, תָּנֹד, וַיָּנֻדוּ; *imp.* נוּדוּ, נֻדוּ; *inf.* לָנוּד; *pt.* נָד: oscilar, balançar-se; vaguear, errar (sem pátria e sem destino); expressar simpatia, expressar condolências. – HI: *impf.* יָנִיד, *suf.* תְּנִידֵנִי; *inf.* הָנִיד: menear (a cabeça); expulsar. – HITPOLEL: *pf.* הִתְנוֹדְדָה; *impf.* תִּתְנוֹדָד; *pt.* מִתְנוֹדֵד: cambalear; menear; lamentar.

נוֹד *n.t.* (Gn 4.16).

נוֹדָב *n.p.* (1 Cr 5.19).

I נוה QAL: *impf.* יִנְוֶה: atingir o objetivo (?), permanecer(?) (Hc 2.5).

II נוה HI: *impf. suf.* אַנְוֵהוּ: louvar (Êx 15.2).

I נָוֶה (*de* I נוה) *m.*, *cs.* נְוֵה, *suf.* נָוֵהוּ, נְוֵהֶן: morada, lugar de residência, permanência, habitação; pasto, campina, várzea.

II נָוֶה* (*de* II נוה) *f.* נָוָה, *cs.* נְוַת: formosa, bela (Jr 6.2; Sl 68.13).

נָוֶה* *cs.* נְוַת, *pl. cs.* נְוֹת, נְווֹת *e* נְאוֹת: pasto, campo, pastagem; lugar, residência, morada.

I נוח QAL: *pf.* נָחוּ, נָחוּ, נָחְתִּי, נָחָה, נָחָה, נָחְנוּ; *impf.* יָנוּחוּ, יָנֻחַ, וַיָּנַח; *inf.* נוֹחַ, לָנוּחַ, *suf.* נֻחֹה: assentar-se, estabelecer-se; descansar, repousar; aguardar. – HI (*duas formas e dois significados*: הֵנִיחַ *e* הִנִּיחַ): HI I הֵנִיחַ: *pf.* הֵנִיחַ, הֵנ(י)ח(ו)תִי; *impf.* תָּנַח, וַיָּנַח, יָנִיחַ, *suf.* תְּנִיחֵנוּ, יְנִיחֵנִי; *imp.* הָנַח, הַנִּיחָה, הַנִּיחוּ, הַנִּחוּ; *inf.* הָנִיחַ, *suf.* הֲנִיחִי; *pt.* מֵנִיחַ: repousar (*tr.*), baixar (*tr.*), levar a algum lugar, alojar, colocar, deitar (*tr.*), deixar, deixar em paz, subjugar, dar descanso, satisfazer, apaziguar. – HI II הִנִּיחַ: *pf.* הִנִּיחַ *e* הִנַּח, הִנַּחְתָּ, הִנִּיחוּ, *suf.* הִנִּיחוֹ, הִנַּחְתִּיו, הִנִּיחוּךָ; *impf.* יַנִּיחַ, וַיַּנַּח, תַּנַּח, *suf.* וַיַּנִּחֵם, תַּנִּחֵנוּ, אַנִּחֶנּוּ, וַיַּנִּ(י)חֵהוּ; *imp.* הַנַּח, הַנִּ(י)חוּ; *inf. suf.* הַנִּיחוֹ; *pt.* מַנִּיחַ: pôr, colocar, deitar (*tr.*), depositar; pôr de lado, guardar; deixar deitado, deixar (para trás); estacionar (*tr.*); deixar; permitir. – HO (*corresponde ao duplo HI*): HO I: *pf.* הוּנַח: ter descanso (ser deixado em paz) (Lm 5.5; Zc 5.11 *l. prov.* וְהִנִּיחָהָ). – HO II: *pt.* מֻנָּח: deixado vazio, livre, aberto (Ez 41.9).

II נוח QAL: *impf.* אָנוּחַ: lamentar (Hc 3.16).

נוֹחַ (*de* I נוח), *suf.* נוֹחֶךָ: descanso, repouso; lugar de repouso.

נוֹחָה *n.m.* (1 Cr 8.2).

נוט QAL: *impf.* תָּנוּט: tremer (Sl 99.1).

נְוָיֹת *v.* נָיוֹת.

נום QAL: *pf.* נָמוּ; *impf.* יָנוּם; *inf.* נוּם: dormitar, cochilar, estar sonolento.

נוּמָה (*de* נום): sonolência (Pv 23.21).

נוּן, נוֹן : *n.m.* (Êx 33.11).

נוס QAL: *pf.* נָסוּ, נָסָה, נַסְתָּה, נָס; *impf.* יָנוּס, וַיָּנָס, וַיָּנֻס, יָנֻ(ו)סוּ, יְנוּסוּן, נָנוּס; *imp.* נֻסוּ; *inf.* נוֹס, *cs.* נֻ(ו)ס, *suf.* נֻ(ו)סָם, נֻסְךָ; *pt.* נָס, נָסִים: fugir, escapar. – POLEL: *pf.* נֹסְסָה: impelir (para a frente) (Is 59.19). – HI: *pf.* הֵנִיס; *impf.* יָנִיסוּ; *inf.* הָנִיס: perseguir; pôr (algo ou alguém) a salvo; fugir. – HIT-POLEL: *inf.* הִתְנוֹסֵס: fugir (Sl 60.6).

נוע QAL: *pf.* נָעוּ; *impf.* וַיָּנַע, תָּנוּעַ, יְנוּעוּן, יָנוּעוּ; *inf.* נוֹעַ, לָנוּעַ; *pt.* נָע, *pl.* *f.* נָעוֹת: estremecer, tremer, cambalear, oscilar, vacilar; ser errante, vaguear (sem lar), vagabundear. – NI: *impf.* יִנּוֹעַ, יִנּוֹעוּ: ser sacudido (cereal, figos (Am 9.9; Na 3.12). – HI: *pf.* הֵנִיעָה, הֲנִיעוֹתִי; *impf.* יָנִיעַ, יָנַע, תְּנִיעֵנִי, יְנִיעוּן, יָנִיעוּ, אָנִיעָה, *suf.* יְנִעֵם, אֲנִיעֶךָ; *imp. suf.* הֲנִיעֵמוֹ: fazer ou deixar (alguém) andar errante, fazer ou deixar vaguear; mexer; sacudir, brandir, menear.

נוֹעַדְיָה *n.m.* (Ed 8.33) *e n.f.* (Ne 6.14).

I נוף HI: *pf.* הֵנִיף, הֵנַפְתָּ, הֲנִיפוֹתִי; *impf.* תָּנִיף, וַיָּנֶף, *suf.* יְנִיפֶהוּ, יְנִיפֶנּוּ; *imp.* הָנִיפוּ; *inf.* הָנִיף, *suf.* הֲנִיפְכֶם; *pt.* מֵנִיף, *suf.* מְנִיפוֹ: sacudir, agitar vibrando, vibrar (*tr.*), brandir, abanar, mover para um e outro lado, para frente e para trás. – HO: *pf.* הוּנַף: ser oferecido com movimentos oscilatórios (Êx 29.27). – POLEL: *impf.* יְנוֹפֵף: brandir / agitar ameaçadoramente (Is 10.32).

II נוף QAL: *pf.* נַפְתִּי: borrifar (Pv 7.17). – HI: *impf.* תָּנִיף: fazer cair (chuva), derramar (Sl 68.10).

נוֹף altura (?), elevação (?) (Sl 48.3).

נוץ QAL: *pf.* נָצוּ: afastar-se (Lm 4.15).

נוֹצָה, נֹצָה : plumagem, penas.

נוק* וַתְּנִיקֵהוּ, Êx 2.9, *l. prov.* וַתֵּינִיקֵהוּ (*de* ינק HI).

נוש* וָאָנוּשָׁה, Sl 69.21, *l. prov.* וַאֲנוּשָׁה (*v.* אָנוּשׁ).

נזה QAL: *impf.* יִזֶּה, וַיִּז, וַיֵּז: ser borrifado, ser salpicado; borrifar, salpicar. – HI: *pf.* הִזָּה, הִזֵּיתָ; *impf.* יַזֶּה, וַיַּז; *imp.* הַזֵּה; *pt. cs.* מַזֵּה: borrifar, salpicar.

נָזִיד (*de* זיד), *cs.* נְזִיד: prato (de comida); comida.

נָזִיר (*de* נזר) *m.*, *cs.* נְזִיר, *pl.* נְזִ(י)רִים, *suf.* נְזִירֶיהָ: *adj.* não aparado / podado; *s.* alguém apartado / dedicado / consagrado, nazireu, príncipe.

נזל QAL: *impf.* יִזַּל, יִזְּלוּ; *pt. pl.* נוֹזְלִים: escorrer, fluir, pingar, gotejar, manar.

נֶזֶם *m.*, *suf.* נִזְמָהּ, *pl.* נְזָמִים, *cs.* נִזְמֵי: anel.

נֵזֶק perturbação, aborrecimento (Et 7.4).

נזר NI: *impf.* יִנָּזֵר; *inf.* הִנָּזֵר dedicar-se, consagrar-se (a uma divindade); alienar-se, separar-se de alguém; abster-se; *adv.* em abstinência, com jejum. – HI: *pf.* הִזִּיר, הִזַּרְתֶּם; *impf.* יַזִּיר; *inf.* הַזִּיר, *suf.* הַזִּירוֹ: manter alguém afastado de algo, fazer com que se abstenha de algo; viver como nazireu, assumir os votos de nazireu; abster-se.

נֵזֶר (*de* נזר) *m.*, *suf.* נִזְרוֹ: consagração, ordenação, sagração, dedicação; diadema, faixa com que se enfeita a cabeça.

נֹחַ *n. m.* (Gn 5.29).

נַחְבִּי *n. m.* (Nm 13.14).

נחה QAL: *pf.* נָחִיתָ, *suf.* נָחַם, נָחַנִי, נָחֲךָ; *imp.* נְחֵה, *suf.* נְחֵנִי: guiar, dirigir, conduzir. – HI: *pf. suf.* הִנְחַנִי, הִנְחִיתָם; *impf.* תַּנְחֶה, *suf.* תַּנְחֵם, אַנְחֶנָּה; *inf. suf.* לַנְחֹתָם *e* לְהַנְחֹתָם: guiar, dirigir, conduzir.

נָחוּם *n. m.* (Na 1.1).

נְחוּם *v.* רְחוּם.

נִחוּמִים *v.* נִחֻמִים.

נָחוֹר *n. m.* (Gn 11.22).

נָחוּשׁ de bronze (Jó 6.12).

נְחוּשָׁה *tb.* נְחֻשָׁה: bronze.

נְחִילוֹת *t.t. musical de significado incerto* (Sl 5.1).

נָחִיר* *du. suf.* נְחִירָיו: narinas (Jó 41.12).

נחל QAL: *pf.* נָחַל, *suf.* נְחַלְתָּנוּ; *impf.* יִנְחַל, תִּנְחָל, יִנְחָלוּ, יִנְחֲלוּ, *suf.* יִנְחָלוּם: receber ou obter propriedade ou posse; receber ou aceitar como propriedade; herdar; tomar posse, apropriar-se de; distribuir, dar posse de uma herança. – PI: *pf.* נִחַל, נִחֲלוּ; *inf.* נַחֵל: distribuir como propriedade, repartir posses de terra. – HIT: *pf.* הִתְנַחַלְתֶּם, *suf.* הִתְנַחֲלוּם; *impf.* תִּתְנֶחָלוּ, תִּתְנַחֲלוּ; *inf.* הִתְנַחֵל: conseguir ou obter propriedade (de terra); legar (propriedade); tomar posse. – HI: *pf.* הִנְחַלְתִּי, *impf.* יַנְחִ(י)ל, יַנְחִילְךָ, *suf.* יַנְחִלֵם; *inf.* הַנְחִיל, הַנְחֵל, *suf.* הַנְחִילוֹ; *pt.* מַנְחִיל: dar ou repartir como propriedade; proporcionar propriedade; repartir herança; passar adiante como herança; dar como partilha. – HO: *pf.* הָנְחַלְתִּי: tornar-se herdeiro ou proprietário de.

נַחַל *m., i. p.* נָחַל, *pl.* נְחָלִים, *cs.* נַחֲלֵי, *suf.* נְהָלֶיהָ, *du.* נַחֲלַיִם: vale com leito de um curso de água; leito de um curso de água; curso de água, riacho, corrente; poço (de uma mina), galeria.

נַחֲלָה (*de* נחל) *f., cs.* נַחֲלַת, *suf.* נַחֲלָתוֹ, *pl.* נְחָלוֹת: propriedade, herança, possessão, posse, quinhão, partilha.

נַחֲלִיאֵל *n. l.* (Nm 21.19).

נֶחֱלָמִי *gent.* (Jr 29.24).

נחם NI: *pi.* נִחַם, נִחָם, נִחָמְתִּי; *impf.* וַיִּנָּחֶם, וַיִּנָּחֵם, יִנָּחֲמוּ; *inf.* הִנָּחֵם; *pt.* נִחָם: arrepender-se; ter pena, ter compaixão; encontrar consolo / conforto, consolar-se, ser consolado; observar tempo ou ritos de luto. – PI: *pf.* נִחַם, *suf.* נִחַמְתִּים, נִחַמְתָּנִי; *impf.* יְנַחֵם, יְנַחֲמוּן, *suf.* יְנַחֲמֵנִי, אֲנַחֶמְכֶם, יְנַחֲמֵנוּ; *imp.* נַחֲמוּ, *suf.* נַחֲמֵנִי; *inf.* נַחֵם, *suf.* נַחֲמוֹ, נַחֶמְךָ; *pt.* מְנַחֵם, מְנַחֲמִים, *suf.* מְנַחֶמְכֶם: consolar, confortar, expressar condolências. – PU: *pf.* נֻחָמָה; *impf.* תְּנֻחָמוּ: ser consolado. – HIT: *pf.* הִנֶּחָמְתִּי, הִתְנַחֵם; *impf.* וְאֶתְנֶחָם, יִתְנֶחָם; *inf.* הִתְנַחֵם; *pt.* מִתְנַחֵם: consolar-se, confortar-se; ter pena / compaixão; encontrar consolo / conforto.

נַחַם *n. m.* (1 Cr 4.19).

נֹחַם *m.*: compaixão (Os 13.14).

נֶחָמָה* (*de* נחם) *f., suf.* נֶחָמָתִי: consolo (Sl 119.50; Jó 6.10).

נְחֶמְיָה *n. m.* (Ne 1.1).

נִחֻמִים (*de* נחם) *pl., suf.* נִחוּמָי: consolos, consolação; compaixões.

נַחֲמָנִי *n. m.* (Ne 7.7).

נַחְנוּ *i. p.* נָחְנוּ: nós.

נחץ QAL: *pt. pass.* נָחוּץ: urgente(?) (1 Sm 21.9).

נחר QAL: *pf.* נָחַר: bufar (Jr 6.29).

נַחַר* (*de* נחר), *suf.* נַחְרוֹ: (o) bufo (do cavalo) (Jó 39.20).

נַחֲרָה* (*de* נחר), *cs.* נַחְרַת: (o) bufo (do cavalo) (Jr 8.16).

נַחְרַי, נַחֲרַי : *n. m.* (2 Sm 23.37; 1 Cr 11.39).

נחש PI: *pf.* נִחֵשׁ, נִחַשְׁתִּי; *impf.* יְנַחֵשׁ; *inf.* נַחֵשׁ; *pt.* מְנַחֵשׁ: praticar adivinhação, pressagiar; tomar por (bom) presságio.

נַחַשׁ (*de* נחש), *pl.* נְחָשִׁים: encantamento, feitiço (Nm 23.23); maldição (Nm 24.1).

I נָחָשׁ *m., cs.* נְחַשׁ; *pl.* נְחָשִׁים: serpente.

II נָחָשׁ *n. l.* (1 Cr 4.12).

III נָחָשׁ *n. m.* (1 Sm 11.1).

נַחְשׁוֹן *n. m.* (Êx 6.23).

I נְחֹשֶׁת *suf.* נְחֻשְׁתִּי, נְחֻשְׁתָּהּ, *du.* נְחֻשְׁתַּיִם: cobre, bronze.

II נְחֹשֶׁת★ *suf.* נְחֻשְׁתֵּךְ: órgão genital feminino(?), menstruação (?) (Ez 16.36).

נְחֻשְׁתָּא *n.f.* (2 Rs 24.8).

נְחֻשְׁתָּן *n. da serpente-ídolo de bronze* (2 Rs 18.4).

נחת QAL: *impf.* יֵחַת, תִּנְחַת: marchar para baixo; descer; penetrar. – NI: *pf.* נִחֲתוּ: penetrar (Sl 38.3). – PI: *pf.* נִחַת, נִחֲתָה; *inf.* נַחֵת: pressionar para baixo; aplainar. – HI: *imp.* הַנְחַת: fazer descer, mandar descer (Jl 4.11).

I נַחַת (*de* נחת): descida (do braço = golpe) (Is 30.30).

II נַחַת *i. p.* נָחַת: calma, tranqüilidade.

III נַחַת *n. m.* (Gn 36.13).

נָחֵת★ (*de* נחת) *pl.* נְחִתִּים: (eles estão) descendo (2 Rs 6.9, *l. prov.* נֹחֲתִים).

נטה QAL: נָטָיו, נָטוּ, נָטִיתָ, נָטָה; *impf.* יִטֶּה, יֵט, וַיֵּט, וַיֶּט־, וַיִּטּוּ, נִטֶּה; *imp.* נְטֵה; *inf.* נְטֹ(וֹ)ת, *suf.* נְטוֹתוֹ; *pt.* נֹ(וֹ)טֶה, *suf.* נוֹטֵיהֶם (*sing.*), *pass.* נָטוּי, נְטוּיָה, נְטֻיוֹת, נְטֻוֹת: estender, esticar, estirar; baixar, curvar para baixo; estender-se; estender / dobrar / virar / inclinar numa certa direção. – NI: *pf.* נִטָּיוּ; *impf.* יִנָּטֶה, יִנָּטוּ: ser estendido, estender-se. – HI: *pf.* הִטָּה, הִטִּיתָ, הִטּוּ, *suf.* הִטָּהוּ, הִטַּתּוּ; *impf.* וָאַט, אַט, תַּט, וַיַּט, יַטֶּה, יַטּוּ, *suf.* יַטֶּךָּ, יַטֶּנּוּ, וַיַּטֵּהוּ; *imp.* הַטֵּה, הַטִּי, הַט; *inf.* הַטּ(וֹ)ת; *pt.* מַטֶּה, מַטִּים, מַטֵּי: estender, estirar, esticar; inclinar, curvar para baixo; desviar; desencaminhar; desviar-se; dobrar; perverter; mover, forçar; repelir.

נְטוֹפָתִי *tb.* נְטֹפָתִי *gent.* (2 Sm 23.28).

נָטִיל★ (*de* נטל), *pl. cs.* נְטִילֵי: (os) que pesam (Sf 1.11).

נָטִיעַ★ (*de* נטע), *pl.* נְטִעִים: rebento (de planta), renovo (Sl 144.12).

נְטִיפוֹת *v.* נְטִפָה.

נְטִישׁוֹת (*de* נטשׁ) *pl., suf.* נְתִישׁוֹתֶיהָ: ramos de trepadeira, sarmentos.

נטל QAL: *pf.* נָטַל; *impf.* יִטּוֹל; *pt.* נֹטֵל: impor; pesar. – PI: *impf. suf.* וַיְנַטְּלֵם: erguer (Is 63.9).

נֵטֶל (*de* נטל) peso (Pv 27.3).

נטע QAL: *pf.* נָטַע, נָטָע, נָטַעְ, נָטְעָ, *suf.* נְטַעְתָּם, נְטַעְתִּים; *impf.* יִטַּע, יִטְּעוּ, וַיִּטַּע, תִּטָּעוּ, *suf.* תִּטָּעֵמוֹ, וַיִּטָּעֵהוּ; *imp.* נִטְעוּ; *inf.* נְטֹעַ, טַעַת; *pt.* נוֹטֵעַ, *cs.* נֹטַע, *pass.* נָטוּעַ, נְטוּעִים: plantar; fincar. – NI: *pf.* נִטָּעוּ: ser plantado (Is 40.24).

נֶטַע★ (*de* נטע) *i. p.* נֶטַע, *cs.* נְטַע, *suf.* נִטְעֵךְ, *pl. cs.* נִטְעֵי: plantação; muda, planta nova.

נְטָעִים *n. l.* (1 Cr 4.23).

נטף QAL: *pf.* נָטְפוּ, נָטָפוּ; *impf.* תִּטֹּף, יִטְּפוּ; *pt.* נֹטְפוֹת: pingar, gotejar. – HI: *pf.* הִטִּיפוּ; *impf.* אַטִּיף, תַּטִּיף, יַטִּיפוּן; *imp.* הַטֵּף; *pt.* מַטִּיף: fazer pingar, fazer fluir, fazer jorrar.

נָטָף (*de* נטף): estoraque (Êx 30.34).

נֶטֶף★ (*de* נטף), *pl. cs.* נִטְפֵי: pingo (Jó 36.27).

נְטֹפָה *n. l.* (Ed 2.22).

נְטִפָה★ *tb.* נְטִיפָה (*de* נטף), *pl.* נְטִ(י)פוֹת: brinco (Jz 8.26; Is 3.19).

נטר QAL: *pf.* נָטַרְתִּי; *impf.* יִנְטוֹר, יִטּוֹר, תִּטֹּר; *pt.* נֹטֵרָה, נוֹטֵר, נֹטְרִים: cuidar, guardar.

נטשׁ QAL: *pf.* נָטַשׁ, *suf.* נְטַשְׁתָּה, נְטָשָׁנוּ; *impf.* יִט(וֹ)שׁ, נִטֹּשׁ, *suf.* יִטְּשֵׁנוּ, יִטְּשֵׁהוּ; *pt. pass.* נְטֻשִׁים: abandonar, deixar alguém entregue a si próprio; deixar cair; desistir; desconsiderar; renunciar; permitir. – NI: *pf.* נִטְּשָׁה; *impf.* וַיִּנָּטְשׁוּ: estar entregue a si próprio, estar abandonado; estender-se, espalhar-se, alastrar-se; estar frouxo. – PU: *pf.* נֻטָּשׁ: ser abandonado (Is 32.14).

נְי* (*de* I נהה) *suf.* נִיהֶם: lamentação (Ez 27.32).

נִיב *m., suf.* נִיבוֹ: fruto (Is 57.19; Ml 1.12?).

נֵיבַי* *i. p.* נֵיבָי: *n. m.* (Ne 10.20).

נִיד* (*de* נוד) *m., cs.* = : condolência(?), consolo(?) (Jó 16.5).

נִידָה *v.* נִדָּה.

נָיוֹת *significado desconhecido.*

נִיחֹ(וֹ)חַ (*de* I נוח) *suf.* נִיחֹחִי, נִיחֹחֲכֶם, *pl. suf.* נִיחֹחֵיהֶם: apaziguamento.

נִין *suf.* נִינִי: descendente.

נִינְוֵה *n. l.* (Gn 10.11).

נִיס *K* Jr 48.44, *Q* נָס (*de* נוס *pt.*).

נִיסָן nisã (nome do primeiro mês do ano) (Et 3.7; Ne 2.1).

נִיצוֹץ (*de* נצץ): faísca (Is 1.31).

ניר QAL: *imp.* נִירוּ: lavrar (pela primeira vez um terreno ainda não cultivado) (Jr 4.3; Os 10.12).

I נִיר luz, lâmpada.

II נִיר (*de* ניר): campo lavrado (pela primeira vez).

נֵירִי 2 Sm 22.29, *v.* I נֵר.

נכא NI: *pf.* נִכְּאוּ: ser escorraçado (a chicote) (Jó 30.8).

נָכָא* (*de* נכא), *pl.* נְכָאִים: abatido (Is 16.7).

נָכֵא* (*de* נכא), *f.* נְכֵאָה: abatido.

נְכֹאת uma resina (ládano?) (Gn 37.25; 43.11).

נֶכֶד *suf.* נֶכְדִּי: descendente.

נכה NI: *pf.* נִכָּה: ser ferido / golpeado (2 Sm 11.15). – PU: *pf.* נֻכְּתָה, נֻכּוּ: ser arruinado / destruído (Êx 9.31s). – HI: *pf.* הִכָּה, הִכִּיתָ, הִכֵּיתִי, הִכּוּ, *suf.* הִכָּהוּ, הִכַּנִי, הִכְּךָ, הִכִּיתָנוּ, הִכִּיתִיךָ, הִכֵּהוּ, הִכּוּנִי; *impf.* יַכֶּה, וַיַּךְ, וָאַכֶּה, וָאַךְ, וַיַּכּוּ, נַכֶּה, *suf.* וַיַּכּוֹ *e* וַיַּכֵּהוּ, יַכְּכָה, אַכֶּנּוּ, נַכֵּהוּ; *imp.* הַכֵּה, הַךְ, *suf.* הַכֵּנִי, הַכֵּהוּ; *inf.* הַכּוֹת, *abs.* הַכֵּה, *suf.* הַכֹּתִי; *pt.* מַכֶּה, *cs.* מַכֵּה, *suf.* מַכֵּהוּ, *pl.* מַכִּים: bater, golpear, ferir; destruir, arruinar; abater, matar; atacar; punir. – HO: *pf.* הֻכָּה *e* הוּכָּה, הֻכְּתָה, הֻכֵּיתִי, הֻכּוּ; *impf.* תֻּכּוּ, וַיֻּכּוּ; *pt.* מֻכֶּה, *cs.* מֻכֵּה, *f.* מֻכָּה, *pl. cs.* מֻכֵּי: ser golpeado / batido / ferido; ser abatido / morto.

נָכֶה* (*de* נכה) *cs.* נְכֵה: golpeado, batido, ferido; aleijado; abatido, triste.

נֵכֶה* (*de* נכה) *pl.* נֵכִים, Sl 35.15, *l.* נָכְרִים?.

נְכוֹ, נְכֹה *n. m.* (2 Rs 23.29; Jr 46.2).

I נָכוֹן (*de* נכה) empurrão (Jó 12.5).

II נָכוֹן *n. m.* (2 Sm 6.6).

נֹכַח *cs.* =, *suf.* נִכְחוֹ: *s.* o que se situa defronte, no lado oposto; *prep.* oposto a, defronte de, contra, diante de.

נָכֹחַ* *suf.* נְכֹחוֹ, *f.* נְכֹחָה, *pl.* נְכֹחִים, נְכֹחוֹת: em frente, direto, reto, direito; (o que é) reto, correto, certo.

נכל QAL: *pt.* נוֹכֵל: o que age enganosamente / ardilosamente (Ml 1.14). – PI: *pf.* נִכְּלוּ: agir ardilosamente contra alguém (Nm 25.18). – HIT: *impf.* וַיִּתְנַכְּלוּ; *inf.* הִתְנַכֵּל: portar-se ardilosamente (Gn 37.18; Sl 105.25).

נֵכֶל* (*de* נכל), *pl. suf.* נִכְלֵיהֶם: ardil (Nm 25.18).

נְכָסִים *m.*: riqueza, fortuna.

נכר NI: *pf.* נִכְּרוּ; *impf.* יִנָּכֵר: dissimular (Pv 26.24); ser reconhecido (Lm 4.18). – PI: *pf.* נִכַּר; *impf.* יְנַכְּרוּ, תְּנַכֵּרוּ: julgar erroneamente, iludir-se; desfigurar, tornar irreconhecível; considerar cuidadosamente. – HIT: *impf.* וַיִּתְנַכֵּר, יִתְנַכֵּר־; *pt.* מִתְנַכֵּרָה: disfarçar-se; agir como estranho, não se dar a conhecer; dar-se a conhecer (permitir que se seja reconhecido). – HI: *pf.* הִכִּיר, *suf.* הִכִּירוֹ, הִכִּירֻהוּ; *impf.* וַיַּכֵּר, יַכִּיר, וְאַכִּירָה, *suf.* וַיַּכִּרֵהוּ, יַכִּירֶנּוּ; *imp.* הַכֶּר־; *inf.* הַכֵּר־, *suf.* הַכִּירֵנִי; *pt.* מַכִּיר, *suf.* מַכִּירֵךְ, *pl.* מַכִּירִים: investigar, observar cuidadosamente; reconhecer; conhecer, estar familiarizado com, apreciar; saber.

נֵכֶר, נֹכֶר★ (*de* נכר), *suf.* נָכְרוֹ: infortúnio (Ob 12; Jó 31.3).

נֵכָר (*de* נכר), *cs.* נֵכַר: estrangeiro (*s.* = terra estrangeira), estranja.

נָכְרִי (*de* נכר), *f.* נָכְרִיָּה, *pl.* נָכְרִים, נָכְרִיּוֹת: estrangeiro; estranho.

נְכֹת★ *suf.* נְכֹתֹה: casa do tesouro (2 Rs 20.13; Is 39.2).

נלה כְּנַלֹּתְךָ, Is 33.1, *l. prov.* כְּכַלֹּתְךָ.

נְמִבְזָה 1 Sm 15.9, *l.* נִבְזָה (*de* בזה NI *pt.*).

נְמוּאֵל *n. m.* (Nm 26.9).

נְמוּאֵלִי *gent.* (Nm 26.12).

נְמָלָה *pl.* נְמָלִים: formiga (Pv 6.6; 30.25).

נָמֵר *pl.* נְמֵרִים: leopardo, pantera.

נִמְרֹ(ו)ד *n. m.* (Gn 10.8).

נִמְרָה *n. l.* (Nm 32.3).

נִמְרִים *n.t.* (Is 15.6).

נִמְשִׁי *n. m.* (1 Rs 19.16).

נֵס (*de* II נסס), *suf.* נִסִּי: haste de sinalização; sinal, estandarte, bandeira, flâmula.

נְסִבָּה (*a rigor, de* סבב NI *pt.*) *f.*: disposição (de Deus) (2 Cr 10.15).

נסה PI: *pf.* נִסָּה, נִסְּתָה, נִסִּיתִי, *suf.* נִסָּהוּ, נִסִּיתוֹ, נִסּוּנִי; *impf.* אֲנַסֶּה, תְּנַסּוּ, תְּנַסּוּן, וַיְנַסּוּ, *suf.* יְנַסֵּם, אֲנַסֶּנּוּ, אֲנַסְּכָה; *imp.* נַס, *suf.* נַסֵּנִי; *inf.* נַסּוֹת, *suf.* נַסֹּ(ו)תוֹ; *pt.* מְנַסֶּה: pôr à prova, testar; exercitar, treinar; tentar (= tratar de conseguir), fazer uma tentativa.

נסח QAL: *impf.* יִסַּח, יִסְּחוּ, *suf.* יִסָּחֲךָ: pôr abaixo; arrancar. – NI: *pf.* נִסַּחְתֶּם: ser arrancado (Dt 28.63).

I נָסִיךְ★ (*de* I נסך), *suf.* נְסִיכָם, *pl. cs.* נְסִיכֵי, *suf.* נְסִיכֵהֶם, נְסִיכֵמוֹ: libação; imagem fundida, ídolo.

II נָסִיךְ★ *pl. cs.* נְסִיכֵי, *suf.* נְסִיכֵמוֹ, נְסִיכֵיהֶם: príncipe.

I נסך QAL: נָסַךְ, נָסַכְתִּי; *impf.* יִסְּכוּ; *inf.* נְסֹךְ: derramar; consagrar; fundir (imagens de metal). – NI: *pf.* נִסַּכְתִּי: ser consagrado (Pv 8.23). – PI: *impf.* וַיְנַסֵּךְ: derramar (como libação) (1 Cr 11.18). – HI: *pf.* הִסִּיכוּ; *impf.* וַיַּסֵּךְ, אַסִּיךְ; *imp.* הַסֵּךְ; *inf.* הַסֵּ(י)ךְ: derramar, oferecer. – HO: *impf.* יֻסַּךְ: ser oferecido (como libação) (Êx 25.29; 37.36).

II נסך QAL: *pt. pass.* נְסוּכָה: tecer, trançar (Is 25.7).

I נֶסֶךְ, נֵסֶךְ (*de* I נסך), *i. p.* נָסֶךְ, *suf.* נִסְכּוֹ, נִסְכָּה, נִסְכָּהּ, *pl.* נְסָכִים, *suf.* נְסָכֶיהָ, נִסְכֵּיהֶם: libação.

II נֶסֶךְ★ (*de* נסך), *suf.* נִסְכּוֹ; *pl. suf.* נִסְכֵּיהֶם: imagem fundida.

I נסס QAL: *pt.* נֹסֵס: cambalear (?), adoecer (?) (Is 10.18).

II נסס HITPOEL: *inf.* הִתְנוֹסֵס; *pt. pl. f.* מִתְנוֹסְסוֹת: reunir-se (em torno do estandarte) (Sl 60.6; Zc 9.16).

נסע QAL: *pf.* נָסַע, נָסְעוּ, נָסָעוּ; *impf.* יִסַּע, יִסְעוּ, יִסָּעוּ *e* יִסְעוּ, וַנִּסַּע, וַנִּסְעָה, *suf.* וַיִּסָּעֵם; *imp.* סְעוּ; *inf.* נְסֹעַ, נָסְעָה, *cs.* נְסוֹעַ, נָסְעוּ, נָסְעָם; *pt.* נֹסֵעַ, נֹסְעִים: arrancar; partir, levantar acampamento, pôr-se a caminho; levantar-se (o vento, = soprar subitamente e com ímpeto). – NI: *pf.* נִסַּע: ser arrancado (Is 38.12; Jó 4.21). – HI: *impf.* יַסַּע, תַּסִּיעַ, תַּסִּיעִי, וַיַּסְּעוּ; *pt.* מַסִּיעַ: remover, tirar, pôr de lado; fazer (alguém) partir ou levantar acampamento, fazer (o vento) soprar.

נִסְרֹךְ *n.d.* (2 Rs 19.37).

נֵעָה *n. l.* (Js 19.13).

נֹעָה *n.f.* (Nm 26.33).

נְעֻ(וּ)רִים (*de* I נער?), *pl. m., suf.* נְעוּרַי, נְעוּרַיִךְ, נְעוּרֶיהֶן, נְעֻרָיו: juventude; período em que a נַעֲרָה ainda não está casada nem noiva.

נְעִיאֵל *n. l.* (Js 19.27).

נָעִים (*de* נעם), *cs.* נְעִים, *pl.* נְעִ(י)מִים, נְעִמוֹת: agradável, gracioso, belo, encantador.

נעל QAL: *pf.* נָעַל, נָעֲלָה; *impf. suf.* וָאֶנְעָלֵךְ; *imp.* נְעֹל; *pt. pass.* נָעוּל, נְעֻלוֹת: amarrar, fechar (a porta ou portão com correias); calçar (alguém). – HI: *impf. suf.* וַיַּנְעִלוּם: suprir (alguém) de calçados (2 Cr 28.15).

נַעַל (*de* נעל) *f., suf.* נַעַלְךָ, נַעֲלוֹ, *du.* נַעֲלַיִם, *pl.* נְעָלִים, *suf.* נְעָלָיו, נַעֲלֵיכֶם, *f.* נְעָלוֹת: sandália.

נעם QAL: *pf.* נָעֵמָה, נָעַמְתְּ, נָעַמְתָּ, נָעֵמוּ; *impf.* יִנְעָם: ser agradável / gracioso / belo / encantador / querido.

נַעַם* *i. p.* נָעַם: *n. m.* (1 Cr 4.15).

נֹעַם (*de* נעם) *m., cs.* = : beleza, encanto, amabilidade.

נַעֲמָה I *n.f.* (Gn 4.22).

נַעֲמָה II *n. l.* (Js 15.41).

נָעֳמִי *n.f.* (Rt 1.2).

נַעֲמִי *gent.* (Nm 26.40).

נַעֲמָן *n. m.* (Gn 46.21).

נַעֲמָנִים formosura(?), beleza(?) (Is 17.10, *na expressão* נִטְעֵי נַעֲמָנִים = jardins de Adonis).

נַעֲמָתִי *gent.* (Jó 2.11).

נַעֲצוּץ *pl.* נַעֲצוּצִים: espinheiro (Is 7.19; 55.13).

נער I QAL: *pf.* נָעֲרוּ: rugir (Jr 51.38).

נער II QAL: *pf.* נָעַרְתִּי; *pt.* נֹעֵר, *pass.* נָעוּר: sacudir, agitar, abanar (em gesto que indica recusa). – NI: *pf.* נִנְעַרְתִּי; *impf.* אִנָּעֵר, יִנָּעֲרוּ: libertar-se (sacudir de si o que prende); ser sacudido. – PI: *pf.* נִעֵר; *impf.* יְנַעֵר: sacudir. – HIT: *imp. f.* הִתְנַעֲרִי: sacudir-se (Is 52.2).

נַעַר (*de* I נער?) *m., i. p.* נָעַר, *suf.* נַעַרְךָ, נַעֲרוֹ, *pl.* נְעָרִים, *cs.* נַעֲרֵי, *suf.* נְעָרָיו, נַעֲרֵיהֶם: menino, garoto, jovem; rapaz, moço, homem jovem; criado, servo, escudeiro, acompanhante; *em certas passagens* = I נַעֲרָה, *em outras o pl. pode compreender ambos os sexos.*

נֹעַר (*de* I נער?): juventude.

נַעֲרָה, נַעֲרָ I (*de* I נער?): *pl.* נְעָרוֹת, *cs.* נַעֲרוֹת, *suf.* נַעֲרוֹתֶיךָ: moça (em idade de casar, mas ainda virgem); mulher recém-casada; menina; criada, serva, acompanhante.

נַעֲרָה II *n.f.* (1 Cr 4.5).

נַעֲרָה* III *c.* ה *loc.* נַעֲרָתָה: *n. l.* (Js 16.7).

נְעֻרוֹת* (*de* I נער?), *suf.* נְעֻרֹתֵיהֶם: juventude (Jr 32.30).

נַעֲרַי *n. m.* (2 Sm 23.35).

נְעַרְיָה *n. m.* (1 Cr 3.22).

נְעֻרִים *v.* נְעֻ(וּ)רִים.

נַעֲרָן *n. l.* (1 Cr 7.28).

נְעֹרֶת (*de* II נער): estopa (Jz 16.9; Is 1.31).

נַעֲרָתָה *v.* III נַעֲרָה*.

נֹף *n. l.* (Is 19.13).

נֶפֶג *n. m.* (Êx 6.21).

נָפָה* I (*de* I נוף), *cs.* נָפַת: peneira (Is 30.28).

נָפָה* II *cs.* נָפַת, *pl. cs.* נָפוֹת: serra (região montanhosa).

נְפוּסִים *n. m.* (Ed 2.50, *Q*).

נְפוּשְׁסִים Ne 7.52, *l.* נְפוּסִים.

נפח QAL: *pf.* נָפְחָה; *impf.* וַיִּפַּח; *imp.* פְּחִי; *inf.* פַּחַת; *pt.* נֹפֵחַ, *pass.* נָפוּחַ: soprar; atiçar, assoprar o fogo; respirar com dificuldade, ofegar. – PU: *pf.* נֻפָּח: ser atiçado /

assoprado (Jó 20.26) – HI: *pf.* הִפַּחְתֶּם, הִפָּחְתִּי: enfurecer (tr.) (Ml 1.13); fazer ofegar (Jó 31.39).

נֹפַח *n. l.* (Nm 21.30).

נְפִילִים *tb.* נְפִלִים *m., pl.*: gigantes (Gn 6.4; Nm 13.33).

נְפִיסִים *n. m.* (Ed 2.50 *K*, *v.* נְפוּסִים).

נָפִישׁ *n. m. e n. p.* (Gn 15.25).

נֹפֶךְ pedra semipreciosa.

נפל QAL: *pf.* נָפַל, נָפָל, נָפְלָה, נָפְלוּ; *impf.* יִפֹּ(וֹ)ל, וַיִּפָּל־, יִפְּלוּ, יִפֹּלוּ, נִפְּלָה; *imp.* נִפְלוּ; *inf.* נְפֹל, *suf.* נִפְלָם, נִפְלוֹ *e* נָפְלוֹ, *abs.* נָפוֹל; *pt.* נֹפֵל, נֹפֶלֶת, נֹפְלִים: cair. – HI: *pf.* הִפִּ(י)ל, הִפַּלְתִּי, הִפִּילוּ, *suf.* הִפִּילוֹ, הִפַּלְתָּם; *impf.* יַפִּיל, וַיַּפֵּל, תַּפֵּל, וַיַּפִּילֵם, יַפִּלֵם, *suf.* נַפִּילָה, יַפִּלוּן, יַפִּילוּ; *imp.* הַפִּילוּ, *suf.* הַפִּלֶהָ; *inf.* הַפִּיל, לַנְפִּל; *pt.* מַפִּיל, מַפִּילִים: fazer cair; deixar cair; lançar, atirar (para baixo); abater. – HIT: *pf.* הִתְנַפַּלְתִּי; *impf.* וָאֶתְנַפֵּל; *inf.* הִתְנַפֵּל; *pt.* מִתְנַפֵּל: cair sobre, atacar; prostrar-se.

נֵפֶל (*de* נפל): aborto.

נְפִלִים *v.* נְפִילִים.

I נפץ QAL: *inf.* נָפוֹץ; *pt. pass.* נָפוּץ: quebrar (Jz 7.19; Jr 22.28). – PI: *pf.* נִפֵּץ, נִפַּצְתִּי, *suf.* נִפַּצְתִּים; *impf.* יְנַפֵּצוּ, *suf.* תְּנַפְּצֵם: quebrar, esmagar, despedaçar, esfacelar. – PU: pt. מְנֻפָּצוֹת: ser despedaçado (Is 27.9).

II נפץ QAL: *pf.* נָפַץ, נָפְצָה, נָפֹצוּ: espalhar-se, ser disperso; povoar-se.

נֶפֶץ (*de* II נפץ): o cair da chuva com ruído (Is 30.30).

נפשׁ NI: *impf.* יִנָּפֵשׁ, יִנָּפַשׁ: tomar fôlego.

נֶפֶשׁ (*de* נפשׁ) *f.*, *i. p.* נָפֶשׁ, *suf.* נַפְשִׁי, *pl.* נְפָשׁ(וֹ)ת, *cs.* נַפְשׁוֹת, *suf.* נַפְשֹׁתָם, נַפְשֹׁתֵינוּ: garganta; respiração, fôlego; ser (*s.*), pessoa(s), gente; personalidade, individualidade; vida; alma, desejo, estado de ânimo, sentimento, vontade; pessoa morta, cadáver.

נֶפֶת* *i. p.* נָפֶת: outeiro(?) (Js 17.11).

נֹפֶת *m., cs.* = : mel.

נֶפְתּוֹחַ *n. l.* (Js 15.9).

נַפְתּוּלִים* (*de* פתל), *cs.* נַפְתּוּלֵי: lutas (Gn 30.8).

נַפְתֻּחִים *n. p.* (Gn 10.13).

נַפְתָּלִי *n. m. e n. p.* (Gn 30.8).

I נֵץ (*de* נצץ) *m.*: falcão.

II נֵץ* (*de* נצץ), *suf.* נִצָּהּ: flor (Gn 40.10).

נצא QAL: *inf. abs.* נָצֹא: voar(?) (Jr 48.9).

נצב NI: *pf.* נִצַּב, נִצָּבָה, נִצָּבְתָּ, נִצְּבוּ; *pt.* נִצָּב, נִצָּבִים, *f.* נִצֶּבֶת, נִצָּבוֹת: colocar-se, posicionar-se; estar ou permanecer colocado / estacionado / posicionado / parado; estar firme, estar pronto. – HI: *pf.* הִצִּיב, הִצַּבְתָּ, הִצִּיבוּ; *impf.* יַצִּיב, וַיַּצֵּב, וַיַּצֶּב־, *suf.* וַיַּצִּיבֵנִי; *imp.* הַצִּיבִי; *inf.* הַצִּיב; *pt.* מַצִּיב: colocar, pôr, erguer, estabelecer, fixar. – HO: *pf.* הֻצַּב; *pt.* מֻצָּב: ser colocado (Gn 28.12).

נִצָּב (*de* נצב): cabo (Jz 3.22).

נְצִבֵי 1 Sm 10.5, *v.* I נְצִיב.

I נצה NI: *imp.* יִנָּצוּ; *pt.* נִצִּים: brigar. – HI: *pf.* הִצּוּ; *inf. suf.* הַצֹּתָם, הַצּוֹתוֹ: mover uma contenda, lutar (Nm 26.9; Sl 60.2).

II נצה QAL: *impf.* תִּצֶּינָה: ser destruído (Jr 4.7). – NI: *pf.* נִצְּתָה: ser destruído / devastado.

נִצָּה (*de* נצץ) *f.*, *suf.* נִצָּהּ, נִצָּתוֹ, *pl.* נִצָּנִים: flor.

נֹצָה* *suf.* נוֹצָתָהּ: penugem (Lv 1.16).

נְצוּרִים (*de* נצר), *pl.*: lugares secretos(?) (Is 65.4).

נצח PI: *inf.* נַצֵּחַ; *pt.* מְנַצֵּחַ, מְנַצְּחִים: dirigir, supervisar; (*em certos textos, aparentemente*, indicação musical *de significado incerto*). –

NI: *pt. f.* נִצַּחַת: constante, contínuo (Jr 8.5).

I נֶצַח, נֵצַח (*de* נצח), *suf.* נִצְחִי, *pl.* נְצָחִים: fulgor, glória; perenidade, perpetuidade, eternidade.

II ★נֵצַח *suf.* נִצְחָם: seiva (de vida), sangue (Is 63. 3,6).

I נְצִיב (*de* נצב), *pl.* נְצ(י)בִים, *cs.* נְצִבֵי: coluna; posto, guarnição (militar).

II נְצִיב *n.l.* (Js 15.43).

נְצִיחַ *n. m.* (Ed 2.54; Ne 7.56).

★נָצִיר *pl. cs.* נְצִירֵי, Is 49.6 *K*, *l. Q* נְצוּרֵי, *v.* נצר.

נצל NI: *pf.* נִצַּלְנוּ; *impf.* יִנָּצֵל, תִּנָּצְלִי, אִנָּצְלָה; *imp. e inf.* הִנָּצֵל: ser salvo, ser socorrido; salvar-se, escapar. – PI: *pf.* נִצַּלְתֶּם; *impf.* יְנַצְּלוּ: saquear, roubar, despojar; tomar, abocanhar, arrebatar (para si); arrancar, salvar. – HI: *pf.* הִצִּיל, הִצַּלְתִּי, הִצִּילוּ, *suf.* הִצִּילַנִי, הִצִּילָנוּ; *impf.* יַצִּיל, יַצֵּל, וַיַּצֵּל, וָאַצִּ(י)ל, *suf.* וַיַּצִּלֵהוּ, יַצִּילֵם, יַצִּלְךָ; *imp.* הַצֵּל, הַצִּילָה; *inf.* הַצִּיל, *suf.* הַצִּילוֹ, הַצִּילְךָ, *abs.* הַצֵּל; *pt.* מַצִּיל: arrancar, tirar, recuperar, arrebatar; tomar, retirar; salvar, socorrer. – HO: *pt.* מֻצָּל: ser tirado / arrebatado (Am 4.11; Zc 3.2). – HIT: *impf.* וַיִּתְנַצְּלוּ: tirar, desembaraçar-se de algo (Êx 33.6).

נִצָּנִים *v.* נִצָּה.

נצע *v.* יצע.

נצץ QAL: *pt.* נֹצְצִים: brilhar, cintilar (Ez 1.7). – HI: *pf.* הֵנֵצוּ; *impf.* יָנֵאץ (Ct 6.11; Ec 12.5).

נצר QAL: *pf.* נָצַרְתִּי, *suf.* נְצָרָתַם; *impf.* יִצֹּר, אֶצֹּר, אֶצְּרָה, אֶצֳּרָה, יִצְּרוּ, יִנְצֹרוּ, *suf.* תִּצְּרֵנִי, תִּנְצְרֶכָּה *e* תִּצְּרֶךָּ, אֶצָּרְךָ, אֶצְּרֶכָּה, יִנְצְרֶנְהוּ, יִצְּרוּנִי, יִנְצְרֵהוּ; *imp.* נְצֹר, נִצְּרָה, *suf.* נִצְּרֶהָ; *inf.* נְצֹר, *abs.* נָצוֹר; *pt.* נֹ(ו)צֵר, *suf.* נֹצְרָהּ, *pl.* נוֹצְרִים, נֹצְרֵי, *pass. f.* נְצוּרָה, *cs.* נְצֻרַת, *pl. cs.* נְצֻ(ו)רֵי, *f.* נְצֻרוֹת: observar, cuidar, guardar, proteger, preservar, seguir (mandamentos), manter armazenado / em reserva.

נֵצֶר *m.:* rebento, broto.

נקב QAL: *pf.* נָקַבְתָּ, *suf.* נְקָבָהּ; *impf.* תִּקֹּב, יִנְקָב־, וָאֶקּוֹב, *suf.* יִקְּבֶנּוּ, יִקְּבֵהוּ; *imp.* נָקְבָה; *pt.* נֹקֵב, *pass.* נָקוּב, נְקֻבֵי: furar, perfurar; estipular, especificar, determinar, designar; distinguir (tornar notável); amaldiçoar, blasfemar. – NI: *pf.* נִקְּבוּ (*c.* בְּשֵׁמוֹת): ser designado.

נֶקֶב (*de* נקב), *pl. suf.* נְקָבֶיךָ: passagem (*no n.l.* Js 19.33); mina (Ez 28.13).

נְקֵבָה *f.:* mulher, fêmea (*s.*); fêmeo (*adj.*).

נָקֹד *pl.* נְקֻדִּים, נְקֻדּוֹת: salpicado, manchado (animal).

נֹקֵד *pl.* נֹקְדִים: criador de ovelhas (2 Rs 3.4; Am 1.1).

★נְקֻדָּה *pl.* נְקֻדּוֹת: conta (pequena esfera).

נִקֻּדִים *pl.:* esmigalhado; pequeno bolo.

נקה QAL: *inf. abs.* נָקֹה, Jr 49.12, *combinado c.* תִּנָּקֶה, NI. – NI: *pf.* נִקָּה, נִקְּתָה, נִקֵּיתָ, נִקֵּיתִי; *impf.* יִנָּקֶה, תִּנָּקוּ; *imp.* הִנָּקִי; *inf.* הִנָּקֵה: ser livre, estar isento de; ser inocente; ficar impune; ser esvaziado. – PI: *pf.* נִקֵּיתִי; *impf.* יְנַקֶּה, *suf.* תְּנַקֵּנִי, אֲנַקֶּךָּ; *imp. suf.* נַקֵּנִי; *inf.* נַקֵּה: deixar impune; inocentar, declarar inocente, eximir de punição.

נְקוֹדָא *n. m.* (Ed 2.48).

נָקִיא, נָקִי (*de* נקה), *cs.* נְקִי, *pl.* נְקִיִּ(י)ם: inocente, livre, isento.

נִקָּיֹ(ו)ן (*de* נקה), *cs.* נִקְיֹ(ו)ן: limpeza, brancura; inocência.

★נָקִיק *cs.* נְקִיק, *pl. cs.* נְקִיקֵי: fenda (de rocha).

נקם QAL: *pf. suf.* נְקָמַנִי; *impf.* יִקֹּ(ו)ם, תִּקֹּ(ו)ם; *inf.* נְקֹם, *abs.* נָקֹם; *pt.* נֹקֵם, *f.*

נִקְּמַת: vingar-se, vingar (*tr.*). – NI: *pf.* נִקַּמְתִּי, נִקְמוּ; *impf.* אִנָּקְמָה, יִנָּקֵם, וַיִּנָּקְמוּ; *imp.* הִנָּקֵם, הִנָּקְמוּ; *inf.* הִנָּקֵם: ser vingado; vingar-se; vingar (*tr.*). – PI: *pf.* נִקַּמְתִּי: vingar (*tr.*) (2 Rs 9.7; Jr 51.36). – HO: *impf.* יֻקַּם, יֻקָּם: ser vingado; sofrer vingança. – HIT: *impf.* תִּתְנַקֵּם: vingar-se.

נָקָם (*de* נקם), *cs.* נְקַם: vingança.

נְקָמָה (*de* נקם) *f.*, *cs.* נִקְמַת, *suf.* נִקְמָתִי, נִקְמָתָם, *pl.* נְקָמוֹת: vingança (humana ou divina); sede de vingança.

נקע QAL: *pf.* נָקְעָה: afastar-se (de alguém).

I נקף PI: *pf.* נִקַּף, נִקְּפוּ: pôr abaixo, derrubar, cortar (Is 10.34; Jó 19.26?).

II נקף QAL: *impf.* יִנְקֹפוּ: completar o ciclo anual (Is 29.1). – HI: *pf.* הִקִּיף, הִקִּיפָה, הִקַּפְתֶּם, *suf.* הִקִּיפוּנִי; *impf.* וַיַּקֵּף, יַקִּיפוּ, וַיַּקִּפוּ; *imp. suf.* הַקִּיפוּהָ; *inf.* הַקֵּ(י)ף: rodear, circundar; completar um ciclo ou turno; cercar; aparar (o cabelo).

***נֹקֶף** (*de* I נקף), *cs.* = : varejadura (da oliveira) (Is 17.6; 24.13).

נִקְפָּה (*de* II נקף): corda (que cinge o corpo) (Is 3.24).

נקר QAL: *impf.* יִקֹּר, *suf.* יִקְּרוּהָ; *inf.* נְקוֹר: vazar (os olhos), arrancar (os olhos a bicadas) (1 Sm 11.2; Pv 30.17). – PI: *pf.* נִקֵּר; *impf.* תְּנַקֵּר, וַיְנַקְּרוּ: vazar (os olhos), arrancar (os olhos); perfurar, verrumar. – PU: *pf.* נֻקַּרְתֶּם: ser cavado (Is 51.1).

***נְקָרָה** (*de* נקר), *cs.* נִקְרַת, *pl. cs.* נִקְרוֹת: fenda (Êx 33.22; Is 2.21).

נקשׁ QAL: *pt.* נוֹקֵשׁ: enlear-se (Sl 9.17). – NI: *impf.* תִּנָּקֵשׁ: ser enlaçado (Dt 12.30). – PI: *impf.* וַיְנַקְשׁוּ: armar cilada, colocar armadilha (Sl 38.13). – HIT: *pt.* מִתְנַקֵּשׁ: armar cilada, preparar armadilha (1 Sm 28.9).

I נֵר *suf.* נֵרִי, נֵרָהּ, *pl.* נֵר(וֹ)ת, *suf.* נֵרֹתֶיהָ, נֵרֹתֵיהֶם: lâmpada.

II נֵר *n. m.* (1 Sm 14.50).

נֵר luz, lâmpada (Pv 21.4).

נֵרְגַל *n.d.* (2 Rs 17.30).

נֵרְגַל שַׂר־אֶצֶר *n. m.* (Jr 39.3, 13).

נֵרְדְּ *suf.* נִרְדִּי, *pl.* נְרָדִים: nardo.

נֵרִיָּה *n. m.* (Jr 32.12).

נֵרִיָּהוּ *n. m.* (Jr 36.14).

נשׂא QAL: *pf.* נָשָׂא, נָשְׂאָה, נָשָׂאתָ, נָשְׂאוּ, נָשָׂאוּ, נָשָׂא, *suf.* נְשָׂאָךְ, נְשָׂאַתְנִי, נְשָׂאתַנִי, נְשָׂאתִים; *impf.* יִשָּׂא, יִשְׂאוּ, תִּשֶּׂנָה *e* תִּשֶּׂאינָה, תִּשָּׂאנָה, תִּשָּׂאוּן, יִשָּׂאוּ, *suf.* יִשָּׂאֵהוּ, יִשָּׂאֶנָּה, יִשָּׂאוּם, יִשָּׂאוּנְךָ, וַיִּשָּׂאֵהוּ; *imp.* שָׂא, שְׂאִי, שְׂאוּ, *suf.* שָׂאֵהוּ, שָׂאוּנִי (Sl 10.12: נְשָׂא); *inf.* נְשׂ(וֹ)א, שְׂאֵת, בִּשְׂאֵת, בְּשׂוֹא, *cs.* לָשֵׂאת, *suf.* שְׂאֵתוֹ, שְׂאֵתִי (*raramente* נְשׂ(וֹ)א, *suf.* נְשָׂאִי), *abs.* נָשׂ(וֹ)א, *aram.* מַשְּׂאוֹת; *pt.* נֹשֵׂא, *f.* נֹשֵׂאת, נֹשֵׂאת, *pass. cs.* נְשׂוּא, נְשֻׂא *e* נְשׂוּי: levantar, erguer; carregar, suportar; levar, levar embora, tomar; conter. – NI: *pf.* נִשָּׂא, נִשֵּׂאת; *impf.* יִנָּשֵׂא, יִנָּשְׂאוּ, יִנָּשֵׂאוּ, תִּנָּשֶׂאנָה; *imp.* הִנָּשֵׂא, הִנָּשְׂאוּ; *inf.* הִנָּשֵׂא, נִשֵּׂאת, *suf.* הִנָּשְׂאָם; *pt.* נִשָּׂא, *f.* נִשָּׂאָה *e* נִשֵּׂאת, *pl.* נִשָּׂאִים, *f.* נִשָּׂאוֹת: ser levado / carregado / levado embora; levantar-se, erguer-se, elevar-se; ser levantado / erguido; ser exaltado. – PI: *pf.* נִשֵּׂא *e* נִשָּׂא, נִשְּׂאוּ, *suf.* נִשְּׂאוֹ; *impf. suf.* יְנַשְּׂאֵהוּ, יְנַשְּׂאֵהוּ; *imp. suf.* נַשְּׂאֵם; *pt.* מְנַשְּׂאִים: levantar, erguer; exaltar; carregar, suportar; anelar, desejar. – HI: *pf.* הִשִּׂיאוּ: fazer carregar (Lv 22.16; 2 Sm 17.13?). – HIT: *impf.* יִתְנַשֵּׂא, תִּתְנַשֵּׂא, יִנַּשֵּׂא, יִנַּשְּׂאוּ; *inf.* הִתְנַשֵּׂא; *pt.* מִתְנַשֵּׂא: erguer-se, levantar-se; elevar-se, exaltar-se, ensoberbecer-se, ser ambicioso.

נשג HI: *pf.* הִשִּׂיג, הִשִּׂיגָה, *suf.* הִשִּׂיגוֹ, הִשִּׂיגוּהָ, הִשִּׂיגֶךָ, הִשַּׂגְתֶּם, הִשִּׂיגָנוּ; *impf.* וַיַּשִּׂ(י)גֵם, וַיַּשִּׂגוּ, וַיַּשֵּׂג, יַשֵּׂג, יַשִּׂיג, *suf.* אַשִּׂגֵנוּ, תַּשִּׂיגֵהוּ; *inf.* הַשֵּׂג; *pt.* מַשִּׂיג, *f.* מַשֶּׂגֶת, *suf.* מַשִּׂיגֵהוּ: alcançar, atingir, conseguir.

נְשׂוּאָה* (*de* נשׂא), *pl. suf.* נְשֻׂאֹתֵיכֶם: carga (Is 46.1).

I נָשִׂיא (*de* נשׂא) *m.*, *cs.* נְשִׂיא, *pl.* נְשִׂ(י)אִ(י)ם, *cs.* נְשִׂיאֵי: chefe, líder, representante, príncipe, rei.

II נָשִׂיא* (*de* נשׂא), *pl.* נְשִׂיאִים: vapor (que forma as nuvens).

נשׂק NI: *pf.* נִשְּׂקָה: acender-se (Sl 78.21). – HI: *pf.* הִשִּׂיקוּ; *impf.* יַשִּׂיק: acender (Is 44.15; Ez 39.9).

I נשׁא QAL: *pf.* נָשׁוּ, נָשִׁיתִי, נָשָׁא; *pt.* נֹשֶׁא *e* נֹשֶׁה, *cs.* נֹשֵׁא, *pl.* נֹשִׁים *e* נֹשְׁאִים, *suf.* נוֹשַׁי: emprestar, dar em empréstimo; tomar um empréstimo; *pt.* credor, usurário, agiota. – HI: *impf.* יַשֶּׁה, תַּשֶּׁה: emprestar (algo a alguém) (Dt 15.2; 24.10).

II נשׁא NI: *pf.* נִשְּׁאוּ: estar enganado (Is 19.13). – HI: *pf.* הִשִּׁיא, הִשֵּׁאתָ, *suf.* הִשִּׁיאַנִי, הִשִּׁיאֶךָ; *impf.* יַשִּׁיא, יַשֵּׁא, יַשִּׁיאוּ, תַּשִּׁאוּ, *suf.* יַשִּׁאֶךָ; *inf.* הַשֵּׁא: enganar, iludir.

נשׁב QAL: *pf.* נָשְׁבָה: soprar (do vento) (Is 40.7). – HI: *impf.* יַשֵּׁב: fazer soprar; enxotar (Sl 147.18; Gn 15.11).

I נשׁה QAL: *pf.* נָשִׁתִי: esquecer (Lm 3.17). – NI: *impf. suf.* תִּנָּשֵׁנִי: ser esquecido (Is 44.21). – PI: *pf. suf.* נַשַּׁנִי: fazer esquecer (Gn 41.51). – HI: *pf. suf.* הִשָּׁהּ; *impf.* יַשֶּׁה: fazer esquecer (Jó 11.6; 39.17).

II נשׁה *v. certas formas de* I נשׁא.

נָשֶׁה nervo (do quadril, nervo ciático) (Gn 32.33).

נְשִׁי* (*de* I נשׁה) *suf.* נִשְׁיֵכִי (נִשְׁיֵךְ *Q*, *K* נִשְׁיכִי *ou* נְשִׁיכִי): dívida (2 Rs 4.7).

נְשִׁיָּה (*de* I נשׁה): esquecimento (Sl 88.13).

נָשִׁים mulheres (*v.* אִשָּׁה).

נְשִׁיקָה* (*de* I נשׁק) *f.*, *pl.* נְשִׁיקוֹת: beijo (Pv 27.6; Ct 1.2).

I נשׁךְ QAL: *pf.* נָשַׁךְ, *suf.* נְשָׁכוֹ; *impf.* יִשֹּׁךְ, יִשָּׁךְ, *suf.* יִשְּׁכֶנּוּ; *pt.* נֹשֵׁךְ, *pass.* נָשׁוּךְ: morder. – PI: *pf.* נִשְּׁכוּ; *impf.* יְנַשְּׁכוּ: morder (Nm 21.6; Jr 8.17).

II נשׁךְ QAL: *impf.* יַשִּׁךְ; *pt. pl. suf.* נֹשְׁכֶיךָ: emprestar (com juros) (Dt 23.20; Hc 2.7). – HI: *impf.*: emprestar (com juros) (Dt 23.20).

נֶשֶׁךְ (*de* II נשׁךְ), *cs.* = : juro.

נִשְׁכָּה *suf.* נִשְׁכָּתוֹ, *pl.* נְשָׁכוֹת: quarto, câmara, cela.

נשׁל QAL: *pf.* נָשַׁל; *impf.* יִשַּׁל, *imp.* שַׁל: soltar, tirar, descalçar; expulsar; soltar-se. – PI: *impf.* יְנַשֵּׁל: expulsar (2 Rs 16.6).

נשׁם QAL: *impf.* אֶשֹּׁם: ofegar (Is 42.14).

נְשָׁמָה (*de* נשׁם)*f.*, *cs.* נִשְׁמַת, *suf.* נִשְׁמָתוֹ, *pl.* נְשָׁמוֹת: (o) resfolgar; respiração; fôlego (de vida); sopro; *pl.* seres (que respiram).

נשׁף QAL: *pf.* נָשַׁף, נָשַׁפְתָּ: soprar (Êx 15.10; Is 40.24).

נֶשֶׁף (*de* נשׁף)), *i. p.* נָשֶׁף, *suf.* נִשְׁפּוֹ: crepúsculo (matutino e vespertino); escuridão.

I נשׁק QAL: *pf.* נָשַׁק, נָשְׁקָה, נָשְׁקוּ; *impf.* יִשַּׁק, יִשָּׁק, אֶשְּׁקָה, *suf.* יִשָּׁקֵנִי, אֶשָּׁקְךָ; *imp.* וּשְׁקָה־; *inf.* נְשָׁק־: beijar. – PI: *impf.* וַיְנַשֵּׁק־, וַיְנַשֶּׁק; *imp.* נַשְּׁקוּ; *inf.* נַשֵּׁק: beijar (longamente, impetuosamente, repetidamente). – HI: *pt. pl. f.* מַשִּׁיקוֹת: tocar-se (mutuamente) (Ez 3.13).

II נשׁק QAL: *pt. pl. cs.* נֹשְׁקֵי: estar equipado com, armar-se com.

נֵשֶׁק, נֶשֶׁק *i. p.* נָשֶׁק, *cs.* נֵשֶׁק: armadura, armamento, armas, equipamento.

נֶשֶׁר *m.*, *i. p.* נָשֶׁר, *pl.* נְשָׁרִים, *cs.* נִשְׁרֵי: águia.

נשׁת QAL: *pf.* נָשָׁתָּה,נָשְׁתָה: secar-se (Is 41.17; Jr 51.30). – NI: *pf.* נִשְּׁתוּ: secar (Is 19.5; Jr 18.14).

נִשְׁתְּוָן carta (Ed 4.7; 7.11).

נְתוּנִים Ed 8.17 *K, Q* = נְתִינִים, *v.* ⋆נָתִין.

נתח PI: *pf.* נִתַּח; *impf.* תְּנַתֵּחַ, וַיְנַתַּח, *suf.* וַיְנַתְּחֵהוּ, וָאֲנַתְּחֶהָ: cortar em pedaços.

נֵתַח (*de* נתח) *m., pl.* נְתָחִים, *suf.* נְתָחָיו, נְתָחֶיהָ: pedaço (de carne).

נָתִיב *m., cs.* נְתִיב: caminho, vereda, senda.

נְתִיבָה *suf.* נְתִיבָתִי, *pl.* נְתִיב(וֹ)ת, *suf.* נְתִיבוֹתֵיהֶם, נְתִיב(וֹ)תָיו: caminho, vereda, senda.

⋆נָתִין (*de* נתן) *m., pl.* נְתִינִים: (os que são doados) escravos ou servidores do templo.

נתך QAL: *impf.* וַיִּתְּכוּ, תִּתַּךְ: derramar-se. – NI: *pf.* נִתַּךְ, נִתְּכָה, נִתַּכְתֶּם; *pt. f.* נִתֶּכֶת: derramar-se; ser fundido. – HI: *pf.* הִתִּיכוּ, הִתַּכְתִּי; *impf.* וַיַּתִּיכוּ, *suf.* תַּתִּיכֵנִי; *inf.* הַנְתִּיךְ: derramar (*tr.*); fundir (*tr.*). – HO: *impf.* תֻּתְּכוּ: ser fundido (Ez 22.20).

נתן QAL: *pf.* נָתַתָּ, נָתָנָה, נָתְנָה, נָתָן, נָתַן, נָתַתָּה, נָתַתְּ, נָתַתִּי, נָתְנוּ, נָתַנּוּ, נְתַתֶּם, נְתַתִּיהוּ, נְתָנַנִי, נְתָנְךָ, נְתָנוֹ, *suf.* נְתַנּוּ, נְתַתִּיו; *impf.* אֶתֵּן, תִּתֵּן, וַיִּתֵּן, יִתֶּן־, יִתֵּן, נִתֵּן, נִתַּן, *suf.* תִּתְּנוֹ, יִתֶּנְךָ, יִתְּנֶנּוּ; *imp.* תְּנוּ, תְּנִי, תְּנָה, תֶּן־, תֵּן־, תֵּן, *suf.* תְּנֵם, תְּנֶנָּה, תְּנֵהוּ; *inf.* נְתָן־, נְתֹן, *ger.* לָתֵת, לָתֶת־, לָתֶת, לָתֵן, תֵּת, *suf.* תִּתּוֹ, תִּתִּי, תִּתְּנוּ, *abs.* נָת(וֹ)ן; *pt.* נ(וֹ)תֵן, *suf.* נֹתְנֶךָ, *pass.* נָתוּן, *pl.* נְתֻ(וּ)נִים, נְתֻנוֹת: dar, presentear, oferecer, tornar, conceder, entregar, apresentar, produzir, transmitir, permitir; pôr, colocar, estabelecer, impor, tomar, assestar, dirigir, instalar, instituir; fazer, fazer com que, operar. – NI: *pf.* נִתַּן, נִתְּנָה, נִתָּנָה, נִתְּנוּ, נִתַּתֶּם, נִתַּנּוּ; *impf.* יִנָּתֵן, יִנָּתֶן, וַיִּנָּתֵן; *inf.* הִנָּתֵן, *abs.* הִנָּתֹן; *pt.* נִתָּן: ser dado, ser entregue, ser confiado, ser comissionado, ser promulgado, ser permitido; ser posto, ser colocado. – HO (QAL *pass.?*): *impf.* יֻתַּן: ser dado, ser colocado.

נָתָן *n. m.* (2 Sm 7.2).

נְתַנְאֵל *n. m.* (Nm 1.8).

נְתַנְיָה *n. m.* (1 Cr 25.2).

נְתַנְיָהוּ *n. m.* (Jr 36.14).

נְתַן־מֶלֶךְ *n. m.* (2 Rs 23.11).

נתס QAL: *pf.* נָתְסוּ: destruir (Jó 30.13).

נתע NI: *pf.* נִתָּעוּ: ser quebrado ou arrancado (violentamente) (Jó 4.10).

נתץ QAL: *pf.* נָתַץ, נָתָץ, נָתְצוּ, נְתַצְתֶּם; *impf.* יִתֹּץ, אֶתֹּץ, וַתִּתְצוּ, תִּתֹּצוּ, תִּתֹּצוּן, *suf.* יִתָּצֵנִי, יִתָּצְךָ, יִתְּצֵהוּ; *imp.* נְתֹץ; *inf.* לִנְתוֹץ; *pt. pass.* נְתֻצִים: derrubar, demolir, pôr abaixo, destruir, quebrar. – NI: *pf.* נִתְּצוּ: ser destruído / derrubado / demolido. – PI: *pf.* נִתַּץ; *impf.* וַיְנַתֵּץ: derrubar, demolir, pôr abaixo. – PU: *pf.* נֻתַּץ: ser derrubado (Jz 6.28). – HO (QAL *pass.*): *impf.* יֻתָּץ: ser demolido (Lv 11.35).

נתק QAL: *pf. suf.* נְתַקְנוּהוּ; *impf. suf.* אֶתְּקֶנְךָ; *pt. pass.* נָתוּק: arrancar; atrair (alguém para longe). – NI: *pf.* נִתַּק, נִתְּקוּ, נִתָּקוּ; *impf.* יִנָּתֵק, יִנָּתְקוּ, וַיִּנָּתְקוּ: ser rasgado / rompido em dois; ser separado, ser afastado, ser solto, ser arrancado; soltar-se. – PI: *pf.* נִתַּקְתִּי, נִתְּקוּ; *impf.* אֲנַתֵּק, יְנַתֵּק, נְנַתְּקָה, *suf.* וַיְנַתְּקֵם: arrancar, rasgar, lacerar, romper, despedaçar. – HI: *imp. suf.* הַתִּקֵם; *inf. suf.* הַתִּיקֵנוּ: apartar, separar; tirar, atrair para fora (Jr 12.3; Js 8.6). – HO: *pf.* הָנְתְּקוּ: ser atraído para longe (Jz 20.31).

נֶתֶק (*de* נתק) *m.*: tinha (*s.*).

נתר QAL: *impf.* יִתַּר: saltar (de medo) (Jó 37.1). – PI: *inf.* נַתֵּר: saltar (Lv 11.21). – HI: *impf.* וַיַּתֵּר, יַתֵּר, *suf.* יַתִּירֵהוּ; *inf.* הַתֵּר; *pt.* מַתִּיר: fazer saltar, libertar; soltar, tirar.

נֶתֶר natrão (usado na composição do sabão, Jr 2.22; Pv 25.20).

נתשׁ QAL: *pf.* נָתַשׁ, *suf.* נְתַשְׁתִּים; *impf.* אֶתּוֹשׁ, *suf.* וַיִּתְּשֵׁם; *inf.* לִנְתוֹשׁ, *suf.* נָתְשִׁי, *abs.* נָתוֹשׁ; *pt.* נֹתֵשׁ, *suf.* נֹתְשָׁם: arrancar, extirpar; expulsar. – NI: *impf.* יִנָּתֵשׁ, יִנָּתְשׁוּ: ser arrancado / extirpado. – HO (QAL *pass.*): *impf.* וַתֻּתַּשׁ: ser arrancado / extirpado (Ez 19.12).

ס

ס סָמֶךְ: décima-quinta letra do alfabeto; semelhante a שׂ; *algumas palavras são escritas tanto com* ס, *quanto com* שׂ; *como num.* = 60.

סְאָה *f.*, *pl.* סְאִים, *du.* סָאתַיִם: uma medida de cereal (= 1/3 *do* אֵיפָה *que contém aproximadamente 30 litros*).

סְאוֹן bota (para soldados), coturno (Is 9.4).

סאן (*denom. de* סְאוֹן) QAL: *pt.* סֹאֵן: usar botas, pisar, pisotear (Is 9.4).

סאסא (Is 27.8: סַאסְּאָה) *significado incerto*: afugentar (Is 27.8).

סבא QAL: *impf.* נִסְבְּאָה, *pt.* סֹבֵא, *pl.* סֹבְאִים, *cs.* סֹבְאֵי, *pass.* סְבוּאִים: beber em excesso; (*pt.*) beberrão.

סָבָא* (*de* סבא) *pl.* סָבָאִים: bêbado, beberrão (?), vento (?) (Ez 23.42, *v.* Na 1.10).

סֹבֶא (*de* סבא) *m.*, *suf.* סָבְאֵךְ, סָבְאָם: cerveja (de trigo) (Is 1.22, *incerto em*: Na 1.10; Os 4.18).

סְבָא *n. p.* (Gn 10.7), *n. t.* (Sl 72.10).

סְבָאִים *sent.* (Is 45.14).

סבב QAL: *pf.* סַבֹּתֶם, סָבְבוּ, סָבַב, *suf.* סַבּוּנִי, סְבָבוּם, סְבָבוּנִי, סְבָבֻהוּ, *impf.* יָסֹב, נָסֹב, תְּסֻבֶּינָה, יָסֹבּוּ, וַיָּסָב, יִסֹּב, יְסֻבֶּנּוּ, *suf.* וַתִּסֹּב, תְּסוֹב, תִּסֹּב *e* יִסּוֹב, יְסוֹבְבֵנִי, יְסֻבּוּהוּ, *imp.* סֹב, סֹבִּי, *inf.* סֹב, *pt.* סוֹבֵב *e* סֹבֵב: desviar-se do rumo correto, voltar-se, afastar-se; circundar, rodear, cercar, afastar-se; mudar de direção, percorrer, colocar-se, postar-se. – NI: *pf.* נָסַב, נָסַבָּה, נָסַבּוּ, *impf.* יִסַּבּוּ: mudar de direção, voltar-se, cercar; passar à posse de outrem. – PI: *inf.* סַבֵּב: mudar. – POEL: *impf.* תְּסוֹבֵב, אֲסֹבְבָה, *suf.* יְסוֹבְבֵנִי, תְּסוֹבְבֶךָּ: circundar, cercar, rodear, vaguear. – HI: *pf.* הֵסֵב, הֲסִבֹּתָ, וַהֲסִבֹּתִי, הֵסַבּוּ, *impf.* יַסֵּב, וַיַּסֵּבּוּ, נָסֵבָּה, *suf.* וַיְסִבֵּנִי, *imp.* הָסֵב, הָסֵבִּי, *inf.* הָסֵב, הָסֵבִּי, *pt.* מֵסֵב, *pl. com suf.* מְסִבַּי: mudar a direção, dar volta, afastar, virar(-se), fazer passar. – HO: *impf. i. p.* יוּסָב, *pt. pl.* מוּסַבֹּת, מֻסַבֹּת: fazer girar, ser mudado; ser engastado.

סִבָּה (*de* סבב) *f.*: mudança, propósito, vontade (1 Rs 12.15).

סָבִיב (*de* סבב) *cs.* סְבִיב, *m.*, *pl. cs.* סְבִיבֵי, *suf.* סְבִיבָיו, סְבִיבֶיךָ, *f.*, *pl.* סְבִיבוֹת, *suf.* סְבִיבוֹתָיו: *sing.* redor, arredor; ao redor, derredor; מִסָּבִיב de todos os lados, em derredor; *pl.*, *m., f.* cercanias, circunvizinhanças; cursos, circuitos.

סבך QAL:*pt. pass.* סְבֻכִים: estar entrelaçado (Na 1.10). – PU: *impf. i. p.* יְסֻבָּכוּ: estar / ser entrelaçado (Jó 8.17).

סְבַךְ* (*de* סבך) *m., pl. cs.* סִבְכֵי: mata espessa e emarranhada, brenha.

סְבֹךְ* (*de* סבך) *cs.* סֲבַךְ־, *suf.* סֻבְּכוֹ: mata espessa e emarranhada, brenha (Jr 4.7; Sl 74.5).

סִבְּכַי *n. m.* (2 Sm 21.18).

סבל QAL: *pf. i. p.* סָבָלְנוּ, *suf.* סְבָלָם, *impf.* יִסְבֹּל, *suf.* יִסְבְּלֵהוּ, *inf.* סְבֹל: carregar, levar. – PU: *pt. pl.* מְסֻבָּלִים: estar carregado (Sl 144.14). – HIT: *impf.* יִסְתַּבֵּל: andar de arrasto (Ec 12.5).

סַבָּל (*de* סבל) *m., pl.* סַבָּלִים: carregador.

סֵבֶל (*de* סבל) carga, trabalho forçado.

סֹבֶל (*de* סבל) *m., suf.* סֻבֳּלוֹ: carga.

סְבָלָה, סִבְלָה (*de* סבל) *pl. cs.* סִבְלֹת/לוֹת, *suf.* סִבְלֹתֵיכֶם, סִבְלֹתָם: trabalho forçado, carga.

סִבֹּלֶת *pronúncia efraimita para* שִׁבֹּלֶת (Jz 12.6).

סִבְרַיִם *n. l.* (Ez 47.16).

סַבְתָּא *tb.* סַבְתָּה: *n. p., n. t.* (Gn 10.7).

סַבְתְּכָא , סַבְתְּכָה: *n. p., n. t.* (Gn 10.7).

סגד QAL: *impf.* וַיִּסְגָּד, יִסְגּד: curvar-se, prostrar-se.

סְגוֹר envoltura, proteção (Os 13.8? Jó 28.15, *cj.* Jó 41.7).

סָגוּר (*sempre em conexão com* זָהָב): ouro puro, ouro em folha para dourar (*v. pt. pass. de* סגר).

סִגִים *v.* סִיג.

סְגֻלָּה *cs.* סְגֻלַּת, *suf.* סְגֻלָּתוֹ: posse, propriedade.

סָגָן* *pl.* סְגָנִים, *suf.* סְגָנֶיהָ: vice-rei, delegado governante, sátrapa; magistrado, chefe, superior, dirigente.

סגר QAL: *pf.* סָגַר, סָגְרוּ, *i. p.* סָגָרוּ, *impf.* וַיִּסְגֹּר, יִסְגֹּר, *imp.* סְגֹר, סִגְרוּ, *inf.* סְגוֹר, *pt.* סֹגֵר, סֹגֶרֶת, *pass.* סָגוּר: fechar, prender. – NI: *pf.* נִסְגַּר, *impf.* יִסָּגֵר, *i. p.* יִסָּגֵרוּ, *imp.* הִסָּגֵר: ser fechado, encerrar-se, ser excluído. – PI: *pf.* סִגַּר, *impf. c. suf.* יְסַגֶּרְךָ: entregar. – PU: *pf.* סֻגַּר, *pt. f.* מְסֻגֶּרֶת: ser fechado. – HI: *pf.* הִסְגִּיר, הִסְגַּרְתִּי, הִסְגַּרְתַּנִי, *suf.* הִסְגִּירוֹ, *impf.* יַסְגִּיר, וַיַּסְגֵּר, תַּסְגֵּר, *suf.* יַסְגִּירֵנִי, יַסְגִּרֵנוּ, יַסְגִּרֵנִי, *inf.* הַסְגִּיר: fechar, prender; entregar, transmitir.

סָגָר* machado de dois fios (*cj.* Sl 35.3).

סַגְרִיר aguaceiro (Pv 27.15).

סַד tronco (Jó 13.27; 33.11).

סָדִין *pl.* סְדִינִים: tecido usado junto ao corpo sob as demais roupas, roupa debaixo, um tipo de camisa/camiseta.

סְדֹם *n. l.* (Gn 10.19).

סֵדֶר *pl.* סְדָרִים: ordem (Jó 10.22).

סַהַר curvatura (Ct 7.3).

סֹהַר prisão (Gn 39.20ss).

סוֹא *n. m.* (2 Rs 17.4).

I סוג QAL: *pf.* סָג, *impf.* נָסוֹג, *inf.* (*adv.?*) סוּג: desviar-se, abandonar, afastar-se. – NI: *pf.* נָסוֹג *ou* נָשׂוֹג, נְסוּגוֹתִי, נָסֹגוּ, *impf.* יִסֹּגוּ, *inf. abs.* נָסוֹג, *pt. pl.* נְסוֹגִים: retirar-se, afastar-se, abandonar. – HI: *pf.* הִסִּיג, *impf.* יַשִּׂיגוּ, תַּסֵּג, תַּסִּיג, *pt.* מַסִּיג, *pl. cs.* מַסִּיגֵי: remover, deslocar, afastar. – HO: *pf.* הֻסַּג: ser expulso / enxotado (Is 59.14).

II סוג QAL: *pt. pass.* סוּגָה: cercar (Ct 7.3).

סוּג Ez 22.18 *K v. QAL inf. de* I סוג; *Q* סִיג.

סוּגַר (*de* סגר) jaula (Ez 19.9).

סוֹד *m., suf.* סוֹדִי, סֹדָם: conversa confidencial, intimidade; aconselhamento; segredo; círculo, conselho.

סוֹדִי *n. m.* (Nm 13.10).

סוּחַ *n. m.* (1 Cr 7.36).

סוּחָה imundície, lixo (Is 5.25, *cj.* Jó 9.31).

סוֹטַי *n. m.* (Ne 7.57).

I **סוּךְ** PILEL: *pf.* סִכְסַכְתִּי, *impf.* יְסַכְסֵךְ: instigar, incitar (Is 9.10; 19.2).

II **סוּךְ** QAL: *pf.* סַכְתִּי, וָסַכְתְּ, *impf.* תָּסוּךְ, אָסוּךְ, *suf.* וַיְסֻכוּם, אֲסֻכֵךְ, *inf. abs.* סוּךְ: untar-se, ungir-se; ungir. – HI: *impf.* וַיָּסֶךְ: untar-se, ungir-se (2 Sm 12.20). – HO: *impf.* יִיסָךְ: ser untado (Êx 30.32).

סוֹלְלָה *v.* סֹלְלָה.

סְוֵנֵה *n. l.* (Ez 29.10).

I **סוּס** *v.* סִיס.

II **סוּס** *m., pl.* סוּסִים, *cs.* סוּסֵי, *suf.* סוּסִי: cavalo.

סוּסָה* *v. de* סוּס, *suf.* סֻסָתִי: égua (Ct 1.9).

סוּסִי *n. m.* (Nm 13.11).

סוּף QAL: *pf.* וְסָפוּ, סָפוּ, *impf.* יָסוּף, יָסֻפוּ: terminar, ter fim. – HI: *impf.* אָסֵף, *suf.* אֲסִיפֵם: terminar, liquidar (Sf 1.2,3; Jr 8.13 *der. de* אסף?).

סוֹף (*de* סוּף) *suf.* סֹפוֹ: fim; retaguarda.

I **סוּף** *m.*: junco, alga.

II **סוּף** יַם־סוּף: Mar dos Juncos (*localização discutida)*.

III **סוּף** *n. l.* (Dt 1.1).

I **סוּפָה** (*de* סוּף) *f., suf.* סוּפָתְךָ, *pl.* סוּפוֹת: tempestade, vendaval, redemoinho, tufão.

II **סוּפָה** *n. l.* (Nm 21.14).

סוּר QAL: *pf.* סָר, סָרָה, סָרוּ, *i. p.* סָרְתֶּם, סַרְתֶּם, *impf.* יָסוּר *e* יָסֻר, יָסֻרוּ, וַיָּסַר, סוּרָה, נָסוּרָה, יָסֻרוּ *e* יְסוּרוּ, *imp.* סוּר, סוּרָה, *inf. cs.* סוּר, *suf.* שׂוּרִי, *abs.* סוֹר *e* סַר, *pt.* סָר, *f.* סָרָה, סָרַת: desviar-se do rumo; entrar, hospedar-se; afastar-se, retirar-se. – HI: *pf.* הֵסִיר, הֵסִירָה, הֲסִרֹתִי, הֲסִירוֹתִי, וַהֲסִרֹתִי, *suf.* הֱסִירָהּ, *impf.* יָסִיר, וַיָּסַר, יָסֵר, *suf.* יְסִירֶהוּ, יְסִירֶהָ, וַיְסִרֶהָ, יְסִירֶנָּה, *imp.* הָסֵר, הָסִרוּ, הָסִירוּ, *inf. cs.* הָסִיר, *suf.* הֲסִירְךָ, הֲסִירְכֶם, *abs.* הָסֵר, *pt.* מֵסִיר: afastar, remover; vomitar; cortar; apartar-se; revogar. – HO: *pf.* הוּסַר, *impf.* יוּסַר, *pt.* מוּסָר, *pl.* מוּסָרִים: ser afastado / abolido. – PILEL: *pf.* סוֹרֵר: contundir, desarranjar (Lm 3.11).

I **סוּר*** (*de* סור) *adj., f.* סוּרָה, *pl.* סוּרִים, *cs.* סוּרֵי: afastado, repelido, rebelde, degenerado.

II **סוּר** *nome de um dos portões do templo* (שַׁעַר סוּר) (2 Rs 11.6).

סוּרִי* *f.* סוּרִיָּה: fedorento, podre (*cj.* Jr 2.21).

סות HI: *pf.* הֲסִתָּה, *suf.* הֱסִיתְךָ, הֱסִיתְךָ, הֱסִיתוּךָ, *impf.* יַסִּית, וַיָּסֶת, *suf.* יְסִיתְךָ, וַיְסִיתֵם, *pt.* מַסִּית: desencaminhar, seduzir, instigar, incitar.

סוּת* *suf.* סוּתֹה: veste, vestimenta (Gn 49.11).

סחב QAL: *pf.* סְחָבְנוּ, *impf c. suf.* יִסְחָבוּם, *inf. cs.* סְחֹב, *abs.* סָחוֹב: puxar, arrastar. – *cj.* NI: *impf.* יִסָּחֲבוּ: ser arrastado (*cj.* Jr 49.20; 50.45).

סְחָבָה* *pl.* סְחָבוֹת: roupa usada, trapo (Jr 38.11s).

סחה *cj.* NI: *impf.* יִסָּחוּ: ser varrido (*cj.* Pv 2.22). – PI: *pf.* סְחֵיתִי: varrer (Ez 26.4).

סְחִי (*de* סחה) lixo, cisco, refugo (Lm 3.45).

סְחִיפָה *cj. (de* סחף): aguaceiro (*cj.* Jó 14.19).

סָחִישׁ aquilo que brota após a colheita do cereal (2 Rs 19.29, *v.* שָׁחִיס Jr 37.30).

סחף QAL: *pt.* סֹחֵף: arrastar (Pv 28.3). – NI: *pf.* נִסְחַף: ser derrubado (Jr 46.15).

סחר QAL: *pf.* סָחֲרוּ, *impf.* יִסְחֲרוּ, *i. p.* תִּסְחָרוּ, *imp. c. suf.* סְחָרוּהָ, *pt.* סֹחֵר *e* סוֹחֵר, *pl.* סֹחֲרִים, סֹחֲרַיִךְ, *f. c. suf.*

סֹחַרְתֵּךְ: andar, percorrer, negociar; (*pt.*) ambulante, comprador e vendedor itinerante, mercador, mascate. – PEALAL: *pf.* סְחַרְחַר: palpitar (Sl 38.11).

סַחַר *m.*, *cs.* סְחַר, וּסְחַר, *suf.* סַחְרָהּ: lucro comercial, aquisição.

סְחֹרָה* (*de* סחר) *cs.* סְחֹרַת: negociante (?), mercador (?) (Ez 27.15).

סֹחֵרָה defesa (?), fortificação (?), escudo (?) (Sl 91.4).

סֹחֶרֶת* *i. p.* סֹחָרֶת: *um valioso revestimento de pavimento, prov. de pedra preciosa, eventualmente de madeira.*

סֵטִים *significado incerto; se estiver relacionado aos verbos* שׂוּט *ou* שׂטה, *então significa*: aqueles que se desviam, infiéis.

סִיג (*de* I סוג) *pl.* סִיגִים *e* סִגִים, *suf.* סִגַיִךְ: escória, resíduo.

סִיד* *cj.* = שִׂיד: cal (*cj.* Jó 13.27).

סִיוָן *m.*: sivã (*terceiro mês*) (Et 8.9).

סִיחֹן *tb.* סִיחוֹן *n. m.* (Nm 21.21).

I סִין *n. l.* (Ez 30.15s).

II סִין *n. t.* (Êx 16.1).

סִינִי *gent.* (Gn 10.17).

סִינַי *i. p.* סִינָי: Sinai.

סִינִים *n. t.* (Is 49.12).

סִיס um pássaro: andorinha?, zirro? (Jr 8.7 Q, *cj.* Is 38.14).

סִיסְרָא *n. m.* (Jz 4.2).

סִיעָא *n. m.* (Ed 2.44).

סִיר *m. e f.*, *pl.* סִירוֹת *e* סִירֹת *e* סִרוֹת, *suf.* סִירֹתֵיכֶם, סִירֹתָיו: panela; bacia.

סִירָה* *pl.* סִירִים, סִירוֹת: espinheiro, espinho, anzol.

סָךְ Sl 42.5 *significado incerto*, *v.* סֹךְ.

סֹךְ* *tb.* שֹׂךְ (*de* סכך) *m.*, סֻכּוֹ, סוּכּוֹ, סֻכֹּה: ramada, esconderijo, caverna.

סֻכָּה (*de* סכך) *f.*, *pl.* סֻכּוֹת *e* סֻכֹּת: ramada, esconderijo.

סֻכּוֹת (*de* סכך) *n.l.* (Gn 33.17).

סֻכּוֹת בְּנוֹת *n. d.* (2 Rs 17.30).

סִכּוּת *n. d.* (Am 5.26, *l.* סַכּוּת?).

סֻכִּיִּים *n. p.* (2 Cr 12.3).

סכך QAL: *pf.* וְשַׂכֹּתִי, וְסַכֹּתָ, סַכֹּתָה, סַכּוֹתָה, *impf.* וַיָּסֹכּוּ, *suf.* יְסֻכֵּהוּ, תְּסֻכֵּנִי, *pt.* סֹכֵךְ, סוֹכֵךְ, *pl.* סֹכְכִים: guardar, guarnecer, fechar, trancar, manter guarnecido, ser inacessível. – *cj.* NI: *pf.* נִסַּכֹּתִי: ser mantido em esconderijo (Pv 8.23). – HI: *impf.* תָּסֵךְ, וַיָּסֶךְ, *inf.* הָסֵךְ, *pt.* מֵסִיךְ: trancar, tornar inacessível; escarranchar (*euf. para*: urinar *ou* defecar).

סֹכֵךְ (*de* סכך) obstrução, comporta (Na 2.6).

סְכָכָה *n. l.* (Js 15.61).

סכל PI: *impf.* יְסַכֵּל, *imp.* סַכֶּל: fazer aparecer como tolice, converter em loucura (2 Sm 15.31; Is 44.25, *v.* שׂכל). – NI: *pf.* נִסְכַּלְתָּ, *i. p.* נִסְכָּלְתָּ: proceder de modo insensato, pecar. – HI: *pf.* הִסְכַּלְתָּ: proceder de modo insensato (Gn 31.28; 1 Sm 26.21).

סָכָל (*de* סכל) *m.*, *pl.* סְכָלִים: insensato, tolo.

סֶכֶל (*de* סכל) *m.* : insensatez; insensato (Ec 10.6).

סִכְלוּת (*de* סכל) insensatez, tolice.

I סכן QAL: *impf.* יִסְכּוֹן *e* יִסְכֹּן, יִסְכָּן־: merecer atenção; ser útil, ser de proveito. – NI: *impf.* יִסָּכֶן: expor-se ao perigo, ter de precaver-se (Ec 10.9). – HI: *pf.* הִסְכַּנְתָּה, *imp.* הַסְכֶּן־, *inf.* הַסְכֵּן: zelar por; estar habituado, ter o costume, estar familiarizado; reconciliar-se.

II סכן PU: *pt.* מְסֻכָּן: *significado muito incerto*: pobre? madeira? *txt. corr.?* (Is 40.20).

סֹכֵן (*de* I סכן?)*m.*, *f.* סֹכֶנֶת: intendente, administrador (Is 22.15); criada (1 Rs 1.2,4).

סכסך *v.* סוך.

I סכר NI: *impf.* וַיִּסָּכְרוּ, יִסָּכֵר: ser obstruído, ser fechado (Gn 8.2; Sl 63.12). – PI: *pf.* וְסִכַּרְתִּי (= סִגַּרְתִּי): entregar (Is 19.4).

II סכר QAL: *pt.* סֹכְרִים: subornar (Ed 4.5).

סכת HI: *imp.* הַסְכֵּת: manter-se em silêncio, silenciar (Dt 27.9).

סַל *m.*, *i. p.* סָל, *pl.* סַלִּים: cesto.

סלא *v.* II סלה.

סִלָּא *n. l.* (2 Rs 12.21).

סַלָּא *v.* סַלּוּא.

סלד PI: *impf.* אֲסַלְּדָה: saltar (Jó 6.10).

סֶלֶד *n. m.* (1 Cr 2.30).

I סלה QAL: *pf.* סָלִיתָ: rejeitar, recusar (Sl 119.118, *cj.* Ez 2.6). – PI: *pf.* סִלָּה: rejeitar (Lm 1.15).

II סלה PU: *impf.* תְּסֻלֶּה, *pt.* מְסֻלָּאִים: ser pago (Jó 28.16,19; Lm 4.2).

סֶלָה Selá; *t. t. de significado incerto: anotação musical? pausa na recitação?*

סַלּוּ *n. m.* (Ne 12.7), *v.* סַלַּי.

סַלּוּא *n. m.* (1 Cr 9.7), *var.* סַלָּא (Ne 11.7).

סָלוּא *n. m.* (Nm 25.14).

סִלּוֹן *m.*, *pl.* סִלּוֹנִים: espinho (Ez 2.6; 28.24).

סלח QAL: *pf.* סָלַחְתָּ, *i. p.* סָלָחְתָּ, *impf.* אֶסְלַח, יִסְלַח, *imp.* סְלָחָה, סְלַח, *inf.* סְלוֹחַ e סְלֹחַ, *pt.* סֹלֵחַ: perdoar (*só Deus como sujeito*). – NI: *pf.* נִסְלַח: ser perdoado.

סַלָּח (*de* סלח) pronto/disposto a perdoar (Sl 86.5).

סַלַּי *i. p.* סַלָּי, *n. m.* (Ne 11.8) (= סַלּוּ).

סְלִיחָה (*de* סלח) *pl.* סְלִיחוֹת e סְלִחוֹת: perdão.

סַלְכָה *n. l.* (Dt 3.10).

סלל QAL: *impf,* וַיָּסֹלּוּ, *imp.* סֹלּוּ, *suf.* סָלּוּהָ, *pt. pass. f.* סְלֻלָה e סְלוּלָה: aterrar, construir, amontoar. – PILPEL: *imp. c. suf.* סַלְסְלֶהָ: erguer, levantar (Pv 4.8). – HITPOLEL: *pt.* מִסְתּוֹלֵל: proceder altivamente, opor-se (Êx 9.17).

סֹלְלָה, סוֹלְלָה *f.*, *pl.* סֹלְלוֹת: aterro, terrapleno, trincheira (para sitiar).

סֻלָּם *m.*: escada (Gn 28.12).

סַלְסִלָּה* *pl.* סַלְסִלּוֹת: renovo, broto, sarmento (Jr 6.9).

סֶלַע *m.*, סַלְעִי, *pl.* סְלָעִים: rocha, rochedo.

סָלְעָם gafanhoto (Lv 11.22).

סלף PI: *impf.* יְסַלֵּף, *pt.* מְסַלֵּף: distorcer, perverter, transtornar, confundir, arruinar.

סֶלֶף (*de* סלף) *m.*: maldade, perversidade (Pv 11.3; 15.4).

סלק QAL: *impf.* אֶסַּק: subir (Sl 139.8).

סֹלֶת *f.*, *suf.* סָלְתָּהּ: sêmola de trigo, flor de farinha de trigo.

סַם* (*de* סמם) *pl.* סַמִּים: pasta, aroma, perfume.

סַמְגַּר נְבוֹ *n. m.* (Jr 39.3).

סְמָדַר *m.*: botão de flor (Ct 7.13), flor (Ct 2.13,15).

סמך QAL: *pf.* סָמַךְ, *suf.* סְמָכַתְנִי, סְמָכָתְהוּ, סְמַכְתִּיו, *impf.* וַיִּסְמֹךְ, יִסְמֹךְ, *suf.* יִסְמְכֵנִי, *imp. c. suf.* סָמְכֵנִי, *pt.* סוֹמֵךְ, *pl. cs.* סֹמְכֵי, *pass.* סָמוּךְ: apoiar, escorar, encostar, colocar, pôr, sustentar, prover; atacar; (*pt. pass*). apoiado, firme, estável. – NI: *pf.* נִסְמַכְתִּי, *i. p.* נִסְמָכוּ, *impf.* וַיִּסָּמֵךְ, יִסָּמֵךְ: estar apoiado, apoiar-se. – PI: *imp. c. suf.* סַמְּכוּנִי: sustentar, refrescar (Ct 2.5).

סְמַכְיָהוּ *n. m.* (1 Cr 26.7).

סֶמֶל, סֵמֶל *m.*, *i. p.* סָמֶל: estátua? ídolo?

סמם HI: *impf.* וַתָּשֶׂם, תָּשֶׂם: pintar (2 Rs 9.30, ? Jó 13.27).

סמן NI: *pt.* נִסְמָן: *significado desconhecido; txt. corr.?* (Is 28.25).

סמר QAL: *pf.* סָמַר: arrepiar-se (Sl 119.120). – PI: *impf.* תְּסַמֵּר: arrepiar (Jó 4.15).

סַעַר *m., i. p.* סָעַר, *suf.* סַעַרְךָ: tempestade.

סְעָרָה (*de* סער) *f., cs.* סַעֲרַת, *pl.* סְעָרוֹת, סַעֲרוֹת: tempestade.

I סַף *i. p.* סָף, *cs.* סַף, *pl.* סִפִּים *e* סִפּוֹת *e* סַפּוֹת: bacia, taça; (?) tapete.

II סַף *m., i. p.* סָף *e* סַף, *suf.* סִפִּי, סִפָּם, *pl.* סִפִּים: soleira, umbral.

III סַף *n. m.* (2 Sm 21.18).

ספד QAL: *pf.* סָפְדָה, סָפְדוּ, *impf.* תִּסְפֹּד, אֶסְפְּדָה, תִּסְפְּדוּ, *imp.* סִפְדוּ, שְׂפֹדְנָה, *inf.* סְפֹד, *abs.* סָפוֹד, *pt. pl.* סֹפְדִים: bater (no peito, *em sinal de luto*), prantear, lamentar. – NI: *impf.* יִסָּפְדוּ: ser pranteado/lamentado (Jr 16.4; 25.33).

ספה QAL: *pf.* סָפְתָה, סָפוּ, *impf.* תִּסְפֶּה, *inf.* סְפוֹת: fazer desaparecer, afastar, arrancar, destruir, perecer. – NI: *pf.* נִסְפָּה, *impf.* תִּסָּפֶה, אֶסָּפֶה, *pt.* נִסְפֶּה: ser afastado, perecer. – HI: *impf.* אַסְפֶּה: amontoar (Dt 32.23, *mudar vocalização?*).

סִפּוּן* *cj.* (*v.* ספן): forro, revestimento (Jr 22.14?).

ספח QAL: *imp. c. suf.* סְפָחֵנִי: admitir a, agregar (1 Sm 2.36). – NI: *pf.* נִסְפְּחוּ: achegar-se, associar-se, juntar-se (Is 14.1). – PI: *pt.* מְסַפֵּחַ: acrescentar (Hc 2.15). – PU: *impf. i. p.* יְסֻפָּחוּ: ajuntar-se, acocorar-se (Jó 30.7). – HIT: *inf. cs.* הִסְתַּפֵּחַ: juntar-se, associar-se (1 Sm 26.19).

סַפַּחַת dartro, escama, pústula (Lv 13.2; 14.56).

סִפַּי *v.* III סַף.

I סָפִיחַ* *pl. c. suf.* סְפִיחֶיהָ: aguaceiro (Jó 14.19).

II סָפִיחַ *cs.* סְפִיחַ, *pl. c. suf.* סְפִיחֶיהָ: aquilo que brota sem haver sido semeado, aquilo que cresce espontaneamente, brotação.

סְפִינָה navio (Jn 1.5).

סָמָר (*de* סמר) *adj.*: eriçado.

סְנָאָה *n. m.* (Ed 2.35).

סַנְבַלַּט *n. m.* (Ne 2.10).

סְנֶה *m.*: arbusto espinhento (*difícil de definir*: sarça? amora-da-mata? (Êx 3.2-4; Dt 33.16).

סֶנֶּה *n. l.* (1 Sm 14.4).

סְנוּאָה *n. m.* (Ne 11.9).

סַנְוֵרִים *pl.* cegueira, bebida (Gn 19.11; 2 Rs 6.18, *cj.* Is 61.1).

סַנְחֵרִב *tb.* סַנְחֵרִיב *n. m.* (2 Rs 18.13).

סַנְסַנָּה *n. l.* (Js 15.31).

סַנְסִנָּה* *pl. c. suf.* סַנְסִנָּיו: panícula/ramo/fruto de tamareira (Ct 7.9).

סְנַפִּיר barbatana (Lv 11.9s; Dt 14.9s).

סָס *m.*: traça (Is 51.8).

סִסְמַי *i. p.* סִסְמָי: *n. m.* (1 Cr 2.40).

סעד QAL: *pf.* סָעַד, *impf. i. p.* יִסְעָד, *suf.* יִסְעָדֶךָ, יִסְעָדֵנוּ, *imp.* סְעָד־, וּסְעָדָה, *pl.* סַעֲדוּ, סְעָדֵנִי, *inf. c. suf.* סַעֲדָהּ: apoiar, fortificar, consolidar, restaurar, reconfortar.

סעה QAL: *pt. f.* סֹעָה: caluniar (Sl 55.9).

I סָעִיף* *cs.* סְעִיף, *pl. cs.* סְעִיפֵי: fenda, gruta.

II סָעִיף* *pl. cs.* סְעִפֶּיהָ: ramo, galho (Is 17.6; 27.10).

סעף PI: *pt.* מְסָעֵף: cortar, desbastar (Is 10.33).

סֵעֵף* *adj., pl.* סֵעֲפִים: dividido *ou* vacilante? vulgar *ou* desprezível? (Sl 119.113).

סְעַפָּה* *pl. c. suf.* סְעַפֹּתָיו: ramo, galho (Ez 31.6,8).

סְעִפִּים muletas (1 Rs 18.21).

סער QAL: *impf.* יִסְעֲרוּ, *pt.* סֹעֵר: tornar-se tempestuoso. – NI: *impf.* יִסָּעֵר: agitar-se, ficar perplexo (2 Rs 6.11). – PI: *impf. c. suf. i. p.* וְאֵסָעֲרֵם: espalhar (Zc 7.14). – POEL: *impf.* יְסֹעֵר: voar (Os 13.3). – PU: *pf.* סֹעֲרָה: ser espalhado (Is 54.11).

סַפִּיר *pl.* סַפִּרִים: safira.

סֵ֫פֶל taça, tigela (Jz 5.25; 6.38).

ספן QAL: *impf.* וַיִּסְפֹּן, *pt. pass.* סָפוּן *e* סָפֻן, *pl.* סְפוּנִים: cobrir, revestir, forrar.

סִפֻּן (*de* ספן) teto (1 Rs 6.15).

ספף HITPOEL: *inf.* הִסְתּוֹפֵף: parar/ permanecer na soleira (*v.* II סַף).

ספק QAL: *pf.* סָפַק, סָפַקְתִּי, *suf.* סְפָקָם, *impf.* יִשְׂפֹּק, וַיִּסְפֹּק, יִסְפּוֹק, *imp.* סְפֹק: bater (*as mãos ou nas ancas em sinal de desgosto*).

ספר QAL: *pf.* סָפַר, סָפַרְתָּה, וְסָפַרְתָּ, *suf.* סְפָרָם, *impf.* יִסְפֹּר, וַיִּסְפֹּר, *suf.* אֶסְפְּרֵם, *imp.* סְפֹר, סִפְרוּ, *inf.* סְפֹר, *pt.* סוֹפֵר: numerar, enumerar, contar, medir, anotar, escrever, (*pt.*) escriba, escrevedor, escrivão. – NI: *impf.* יִסָּפֵר: ser contado. – PI: סִפַּרְתִּי, סִפְּרוּ, *impf.* יְסַפֵּר, וַיְסַפֶּר־, אֲסַפְּרָה, *i. p.* אֲסַפֵּרָה, *suf.* יְסַפְּרֶהָ, אֲסַפְּרֶנָּה, יְסַפְּרוּם, *imp.* סַפֵּר, סַפְּרָה, *inf.* סַפֵּר, *pt.* מְסַפֵּר: contar, enumerar, tornar conhecido, proclamar, narrar, relatar. – PU: *pf.* סֻפַּר, *impf.* יְסֻפַּר: ser contado, ser informado, ser relatado.

סֵ֫פֶר (*de* ספר) *m.*, *cs.* סֵפֶר, *suf.* סִפְרִי, סִפְרְךָ, *pl.* סְפָרִים: inscrição, documento, carta, rolo, livro, escrita.

סֹפֵר, סוֹפֵר (*pt. QAL de* ספר) *m.*: escriba, escrevedor, escrivão, secretário.

I סְפָר (*de* ספר) censo (2 Cr 2.16).

II סְפָר *n. l.* (Gn 10.30).

סְפָרַד *n. l.* (Ob 20).

★סִפְרָה (*f. de* סֵפֶר) *suf.* סִפְרָתֶךָ: escrita, livro (Sl 56.9).

★סְפֹרָה (*de* ספר) *pl.* סְפֹרוֹת: número? letra? (Sl 71.15).

סְפַרְוַיִם *n. l.* (2 Rs 18.34).

סְפַרְוִים *gent.* (2 Rs 17.31).

סֹפֶ֫רֶת *n. m.* (Ed 2.55).

סקל QAL: *pf.* סְקַלְתֶּם, *suf.* סְקָלֻנִי, סְקַלְתּוֹ, *impf.* וַיִּסְקְלוּ, *suf.* יִסְקְלֻנוּ, *imp. c. suf.* סִקְלֻהוּ, *inf. c. suf.* סָקְלוֹ, *abs.* סָקוֹל: apedrejar. – NI: *impf.* יִסָּקֵל: ser apedrejado. – PI: *impf.* וַיְסַקֵּל, *suf.* וַיְסַקְּלֵהוּ, *imp.* סַקְּלוּ: atirar (com pedras); limpar de pedras, remover as pedras. – PU: *pf.* סֻקַּל: ser apedrejado (1 Rs 21.14s).

סַר (*de* סרר) *adj.*, *f.* סָרָה: desgostoso, mal humorado, aborrecido (1 Rs 20.43; 41.4s).

★סָרָב *pl.* סָרָבִים: obstinado, rebelde (Ez 2.6).

סַרְגוֹן *n. m.* (Is 20.1).

סֶ֫רֶד *n. m.* (Gn 46.14).

סַרְדִּי *gent.* (Nm 26.26).

I סָרָה (*de* סור) ato de cessar / deter (Is 14.6).

II סָרָה (*de* סרר) obstinação, rebelião, rebeldia.

סִרָה *n. l.* (2 Sm 3.26).

סָרוּחַ (*de* סרח) *pl.* סְרוּחִים, *cs.* סְרוּחֵי: que sobra, que pende, pendente, estendido.

I סרח QAL: *impf.* תִּסְרַח, *pt. f.* סֹרַחַת: sobressair, pender (Êx 26.12), pulular, vicejar (Ez 17.6).

II סרח NI: *pf.* נִסְרְחָה: arruinar, deteriorar, feder (Jr 49.7).

סֶ֫רַח (*de* סרח) a parte que restar / sobrar (Êx 26.12).

★סִרְיוֹן *c. suf.* סִרְיֹנוֹ, *pl.* סִרְיֹנוֹת: couraça (Jr 46.4; 51.3, *cj.* Jó 41.5).

סָרִיס *m.*, *cs.* סְרִיס, *pl.* סָרִיסִים, *cs.* סָרִיסֵי *e* סְרִיסֵי, *suf.* סָרִיסָיו: funcionário da corte, cortesão, eunuco.

★סֶ֫רֶן *pl. cs.* סַרְנֵי: eixo (*de roda*) (1 Rs 7.30).

סְרָנִים *m.*, *cs.* סַרְנֵי, *suf.* סַרְנֵיכֶם: príncipes (*refere-se sempre aos príncipes filisteus*).

★סַרְעַפָּה (*de* סעף) *f.*, *pl. c. suf.* סַרְעַפֹּתָיו: ramo, galho (Ez 31.5).

סרף PI: *pt.* מְסָרֵף: queimar, incinerar (Am 6.10, *txt corr?*).

נִסְתָּר, נִסְתָּרִים, נִסְתָּרוֹת: esconder-se ocultar-se, estar escondido / oculto, ser protegido, ficar abrigado. – PI: *imp.* סַתְּרִי: esconder (Is 16.3). – PU: *pt. f. i. p.* מְסֻתֶּרֶת: manter em segredo, estar escondido (Pv 27.5). – HI: *pf.* הִסְתִּיר, וְהִסְתַּרְתִּי, *suf.* הִסְתִּירָנִי, *impf.* יַסְתִּיר, יַסְתֵּר, וַיַּסְתֵּר, *suf.* יַסְתִּרֵנִי, וַתַּסְתִּירֵהוּ, *imp.* הַסְתֵּר, *inf.* סַתֵּר, הַסְתֵּר, *pt.* מַסְתִּיר: esconder, ocultar. – HIT: *impf. i. p.* תִּסְתַּתָּר, *pt.* מִסְתַּתֵּר: esconder-se, manter-se escondido, estar escondido.

סֵתֶר (*de* סתר) *i. p.* סָתֶר, *suf.* סִתְרִי, *pl.* סְתָרִים: esconderijo, refúgio, abrigo; בַּסֵּתֶר secretamente, em segredo.

סִתְרָה *f. de* סֵתֶר: proteção, esconderijo (Dt 32.38).

סִתְרִי *n. m.* (Êx 6.22).

סִרְפַּד *prov.* urtiga (Is 55.13).

סרר QAL: *pf.* סָרַר, *pt.* סוֹרֵר, *pl.* סוֹרְרִים, *f.* סוֹרֵרָה *e* סֹרֶרֶת, *i. p.* סוֹרָרֶת: ser teimoso / recalcitrante / obstinado / rebelde / cabeçudo.

סְתָו *m.*: inverno, época de chuva (Ct 2.11).

סְתוּר *n. m.* (Nm 13.13).

סתם QAL: *pf.* סָתַם, *impf.* וַיִּסְתְּמוּ, *i. p.* יִסְתֹּמוּ, *imp.* סְתֹם, *inf.* סְתוֹם, *pt. pass.* סָתוּם *e* סָתֻם: tapar, entupir, entulhar, obstruir; manter em sigilo, guardar silêncio; בְּסָתֻם secretamente (Sl 51.8). – NI: *inf.* הִסָּתֵם: ser fechado (Ne 4.1). – PI: *pf. c. suf.* סִתְּמוּם, *impf. c. suf.* וַיְסַתְּמוּם: entulhar, entupir (Gn 26.15,18).

סתר NI: *pf. i. p.* נִסְתָּר, נִסְתְּרָה, *i. p.* נִסְתָּרָה, נִסְתָּרְנוּ, *impf.* אֶסָּתֵר, יִסָּתֵר, יִסָּתֵרוּ, *imp.* הִסָּתֵר, *inf.* הִסָּתֵר, *pt.*

ע

ע עַיִן: décima sexta letra do alfabeto; *como num.* = 70.

I עָב *cs.* עָב, *pl.* עֻבִּים: *t.t. arquit. de significado incerto* alpendre? baldaquino? (1 Rs 7.6; Ez 41.25s).

II עָב (*de* עוב) *m., cs.* עַב/עָב, *pl.* עָבִים, *cs.* עָבֵי, *suf.* עָבָיו: nuvem.

III עָב★ *cs.* עֲבִי: matagal, mata espessa (Jr 4.29).

עבד QAL: *pf.* עָבַד, *i. p.* עָבָדְתָּ, עָבָדוּ, *suf.* עֲבָדוּם, עֲבָדְךָ, עֲבָדוֹ, *impf.* יַעֲבֹד, אֶעֱבוֹד, יַעַבְדוּ, *i. p.* יַעֲבֹדוּ, *suf.* יַעַבְדֻנִי, נַעַבְדֶנּוּ, *imp.* עֲבֹד, עֲבוֹד, עִבְדוּ, *i. p.* עֲבֹדוּ, *suf.* עָבְדֵהוּ, *inf.* עֲבֹד, עֲבָד־, *suf.* עָבְדוֹ, *pt.* עֹבֵד: trabalhar, preparar (*o solo*), trabalhar (*como escravo*), servir, adorar (*a Deus*), render culto. – NI: *pf. i. p.* נֶעֱבַדְתֶּם, נֶעֱבָד, *impf.* יֵעָבֵד ser trabalhado, ser cultivado. – PU: *pf.* עֻבַּד: ter trabalhado (Dt 21.3); ser escravizado (Is 14.3). – HI: *pf.* הֶעֱבִיד, *suf.* הֶעֱבַדְתִּיךָ, הֶעֱבַדְתַּנִי, *impf.* וַיַּעֲבֵד, וַיַּעֲבִדוּ, *inf.* הַעֲבִיד, *pt.* מַעֲבִדִים: fazer trabalhar, obrigar ao trabalho, manter na escravidão, escravizar. – HO: *impf. com suf.* נָעָבְדֵם, תָּעָבְדֵם: deixar-se induzir a um serviço / culto.

I עֶבֶד (*de* עבד) *m., i. p.* עָבֶד, *suf.* עַבְדִּי, *pl.* עֲבָדִים, *cs.* עַבְדֵי, *suf.* עֲבָדֶיךָ, עַבְדֵיהֶם: escravo, servo, empregado, criado.

II עֶבֶד *n. m.* (Jz 9.26).

עֲבָד★ (*de* עבד), *pl. com. suf.* עֲבָדֵיהֶם: feito, obra (Ec 9.1).
עֹבֵד־אֱדוֹם *tb.* עֹבֵד אֱדֹם: *n. m.* (2 Sm 6.10).
עֶבֶד־מֶלֶךְ *n. m.* (Jr 38.7).
עֲבֵד נְגוֹ *tb.* עֲבֵד נְגוֹא: *n. m.* (Dn 1.7).
עַבְדָּא *n. m.* (1 Rs 4.6) (*v.* עֹבַדְיָה).
עַבְדְּאֵל *n. m.* (Jr 36.26).
עֲבֹדָה *tb.* עֲבוֹדָה (*de* עבד) *f., cs.* עֲבֹדַת, *suf.* עֲבֹדָתוֹ, עֲבֹדַתְכֶם: trabalho, serviço, trabalho forçado, serviço cultual, culto, costume religioso.
עֲבֻדָּה (*de* עבד) *f.*: escravos (Gn 26.14; Jó 1.3, *cj.* Sl 104.14).
I עַבְדּוֹן *n. m.* (Jz 12.13).
II עַבְדּוֹן *n. l.* (Js 21.30).
עַבְדוּת★ *suf.* עַבְדֻתֵנוּ, עַבְדֻתָם: servidão (Ed 9.8s; Ne 9.17).
עַבְדִּי *n. m.* (1 Cr 6.29).
עַבְדִּיאֵל *n. m.* (1 Cr 5.15).
עֹבַדְיָה *n. m.* (Ob 1).
עֹבַדְיָהוּ *n. m.* (1 Rs 18.3).
עַבְדֻת★ *v.* עַבְדוּת★.
עבה QAL: *pf.* עָבָה, עָבִיתָ: ser gordo.
עֲבוֹט (*de* עבט) *suf.* עֲבֹטוֹ: penhor (Dt 24.10-12).
I עֲבוּר★ *prep. sempre junto a outra prep.*: בַּעֲבוּר, *suf.* בַּעֲבוּרָהּ, בַּעֲבוּרֶךָ: por causa de, porque; ao preço de, por; *conj.* para que, a fim de que.
II עֲבוּר produto (Js 5.11s).
I עָבֹת, עָבוֹת *adj., f.* עֲבֻתָּה: galhudo, frondoso, viçoso.
II עֲבֹת★ (*de* עבת), *pl.* עֲבֹתִים: galho, ramo (Sl 118.27; Ez 19.11).
I עבט (*denom. de* עֲבוֹט)QAL: *impf.* תַּעֲבֹט, *inf.* עֲבֹט: pedir emprestado (Dt 15.6), tomar um penhor (Dt 24.10). – HI: *pf.* הַעֲבַטְתָּ, *impf. c. suf.* תַּעֲבִיטֶנּוּ, *inf.* הַעֲבֵט: emprestar mediante penhor (Dt 15.6,8).
II עבט PI: *impf.* יְעַבְּטוּן: mudar, abandonar, afastar-se (Jl 2.7).
עַבְטִיט (*de* I עבט) dívida garantida pelo penhor, hipoteca (Hc 2.6).

עֳבִי★ (*de* עבה), *cs.* עֳבִי, *suf.* עָבְיוֹ: espessura.
I עבר QAL: *pf.* עָבַר, *i. p.* עָבָר, עָבְרוּ, *i. p.* עָבָרוּ, *suf.* עֲבָרוֹ, *impf.* יַעֲבֹר, יַעֲבוֹר, יַעֲבָר־, וַיַּעֲבֹר, תַּעֲבוּרִי, אֶעְבְּרָה, *i. p.* יַעֲבֹרוּן, יַעַבְרוּ, *i. p.* יַעֲבְרוּ, אֶעֱבֹרָה, יַעֲבֹרוּם, *suf.* יַעַבְרֶנְהוּ/רֶנְהוּ, יַעַבְרֶנּוּ, *imp.* עֲבֹר, עִבְרִי, *i. p.* עֲבֹרִי, *inf. cs.* עֲבֹר/וֹר, *suf.* עָבְרוֹ, עָבְרוֹ, עָבְרִי, *abs.* עָבוֹר, *pt.* עֹבֵר, עוֹבֵר: atravessar, passar, ultrapassar, transpor, percorrer, cruzar. – NI: *impf.* יֵעָבֵר: ser atravessado / transposto (Ez 47.5). – PI: *pf.* עִבֵּר, *impf.* וַיְעַבֵּר: cobrir, reproduzir (Jó 21.10); passar, revestir (? 1 Rs 6.21). – HI: *pf.* הֶעֱבִיר, הֶעֱבַרְתָּ, וְהַעֲבַרְתָּ, וְהַעֲבַרְתִּי, הֶעֱבַרְתִּי, *impf.* יַעֲבִיר, וַיַּעֲבֵר, וַיַּעֲבֶר־, *suf.* וַיַּעֲבִירֵהוּ, יַעֲבִירוּנִי, *imp.* הַעֲבֵר, הַעֲבֶר־, *suf.* הַעֲבִירוּנִי, *inf.* הַעֲבִיר, *suf.* הַעֲבִרוֹ, *pt.* מַעֲבִיר, מַעֲבִרִים: fazer passar, transpor, fazer atravessar, perdoar, oferendar.
II עבר HIT: *pf.* הִתְעַבֵּר, הִתְעַבַּרְתָּ, *impf.* יִתְעַבֵּר, *i. p.* יִתְעַבָּר, *pt.* מִתְעַבֵּר: mostrar-se enfurecido, irritar-se, enfurecer-se.
I עֵבֶר (*de* I עבר) *m., suf.* עֶבְרוֹ, *pl. cs.* עֶבְרֵי, *suf.* עֲבָרָיו, עֶבְרֵיהֶם: o outro lado; margem.
II עֵבֶר *n. m.* (Gn 10.24); *n.p.* (Nm 24.24).
עֲבָר★ (*de* I עבר), *pl.* עֲבָרִים: passagem, passo (Nm 21.11; 33.44), *v.* עִיִּים.
עֶבְרָה (*de* II עבר) *f., cs.* עֶבְרַת, *suf.* עֶבְרָתוֹ, *pl.* עֲבָרוֹת, *cs.* עַבְרוֹת: agitação, emoção; arrogância; ira, raiva.
עֲבָרָה★ (*de* I עבר) *f., pl. cs.* עַבְרוֹת: vau, passo.
עִבְרִי *m., pl.* עִבְרִים/עִבְרִיִּים, *f.* עִבְרִיָּה, *pl.* עִבְרִיּוֹת/יֹת: hebreu (*gent. ?*).
עֲבָרִים *n.t.* (Nm 27.12).
עַבְרֹנָה *n. l.* (Nm 33.34s).

עבשׁ QAL: *pf.* עָבְשׁוּ: ressecar (Jl 1.17).

עבת PI: *impf. c. suf.* וַיְעַבְּתוּהָ: *significado incerto* torcer? (Mq 7.3).

עָבֹת *v.* I עָבוֹת.

עֲבֹת (*de* עבת), *cs.* עֲבוֹת, *suf.* עֲבֹתוֹ, *pl.* עֲבֹתוֹת/תֹת/תִים: corda, cordão.

עֻג *v.* עוֹג.

עגב QAL: *pf.* עָגְבָה, *i. p.* עָגָבָה, *impf.* וַתַּעְגְּבָה, וַתַּעְגַּב, *pt.* עֹגְבִים: desejar, cobiçar (*sexualmente*).

עֻגָב *v.* עוּגָב.

עֲגָבָה★ (*de* עגב), *c. suf.* עַגְבָתָהּ: cobiça, desejo, fornicação (Ez 23.11; *cf.* Ez 33.32, *v.* עֲגָבִים).

עֲגָבִים (*de* עגב; *pl. de* עֲגָבָה?): amor, cobiça (Ez 33.32).

עֻגָה (*de* עוג) *f., cs.* עֻגַת, *pl.* עֻגוֹת, עֻגֹת: pão, bolo.

עָגוֹל *v.* עָגֹל.

עָגוּר grou, andorinha (Is 38.14; Jr 8.7).

עָגִיל *pl.* עֲגִלִים: brinco (Nm 31.50; Ez 16.12).

עֲגִילָה★ *cj., pl.* עֲגִילוֹת: escudo redondo (cj. Sl 46.10).

עָגֹל, עָגוֹל *f.* עֲגֻלָּה, *pl.* עֲגֻלּוֹת: redondo, circular.

עֵגֶל *m., suf.* עֶגְלֵךְ, *pl.* עֲגָלִים, *cs.* עֶגְלֵי: vitelo, bezerro, touro novo.

I עֶגְלָה (*f. de* עגל) *f., cs.* עֶגְלַת, *suf.* עֶגְלָתִי, *pl. cs.* עֶגְלוֹת: novilha, vaca nova.

II עֶגְלָה *n. f.* (2 Sm 3.5).

עֲגָלָה *f., suf.* עֶגְלָתוֹ, *pl.* עֲגָלוֹת, *cs.* עֶגְלוֹת: carro, carroça.

I עֶגְלוֹן *n. m.* (Jz 3.12).

II עֶגְלוֹן *n. l.* (Js 10.3).

עֶגְלַיִם *v.* עֵין עֶגְלַיִם *em* עַיִן.

עגם QAL: *pf.* עָגְמָה: ter compaixão (Jó 30.25).

עגן NI: *impf.* תֵּעָגֵנָה: negar-se, renunciar (Rt 1.13).

I עַד *i. p.* עֶד, עַד *na expressão* לְעוֹלָם וָעֶד: eternidade, futuro; *c. prep.* לָעַד para sempre; מִנִּי־עַד desde sempre; עֲדֵי־עַד para sempre; *em conexão com* עוֹלָם וָעֶד: עוֹלָם continuamente e sempre; לָעַד לְעוֹלָם para sempre.

II עַד (*em poesia* עֲדֵי) *suf.* עָדַי, עָדֶיךָ, עָדָיו, עֲדֵיכֶם, עַד־הֵם: *designa a distância, a proximidade e a aproximação de algo*: *prep.* até (*em sentido local e temporal*); enquanto, durante; em direção de; *conj.* até que, enquanto.

III עַד (*de* I עדה) presa, saque, despojo (Gn 49.27; Is 9.5).

עֵד (*de* עוד) *m., suf.* עֵדִי, *pl.* עֵדִים, *cs.* עֵדֵי, *suf.* עֵדַי, עֵדֵיהֶם: testemunha.

עֹד *v.* עוֹד.

עִדֹּא *n. m.* (1 Rs 4.14), *v.* עִדּוֹ

עֹדֵד *v.* עוֹדֵד.

I עדה QAL: *pf.* עָדָה: passar, atravessar (Jó 28.8). – HI: *pt.* מַעֲדֶה: remover, tirar (Pv 25.20).

II עדה QAL: *pf.* 2ª *f.* עָדִית, *impf.* תַּעְדֶּה, וַתַּעַד, 2ª *f.* תַּעְדִּי, *suf.* וָאֶעְדֵּךְ, *imp.* עֲדֵה: adornar, enfeitar.

עָדָה *n. f.* (Gn 4.19).

I עֵדָה (*de* יעד) *f., cs.* עֲדַת, *suf.* עֲדָתִי, עֲדָתְךָ: reunião, assembléia, grupo, congregação; comunidade cultual.

II עֵדָה *f. de* עֵד: testemunha.

עִדָּה★ *pl.* עִדִּים: menstruação (Is 64.5, *cj.* Ez 16.7).

עִדּוֹ *n. m.* (2 Cr 12.15).

עֵדֻת, עֵדוּת (*de* עד) *f., pl.* עֵדֹת, *suf.* עֵדְוֹתֶיךָ, עֵדְוֹתָיו, עֵדֹתֶךָ: sinal, memorial, documento, testemunho, sinal de advertência, ordem, lei.

עֲדִי (*de* II עדה), *i. p.* עֶדִי, *cs.* עֲדִי, *suf.* עֶדְיוֹ, *pl.* עֲדָיִים: enfeite, adorno, ornamento.

עַדָיָא *n. m.* (Ne 12.16 *K*) (*Q* עִדּוֹא).

עֲדִיאֵל *n. m.* (1 Cr 4.36).

עֲדָיָה *n. m.* (2 Rs 22.1).

עֲדָיָהוּ *n. m.* (2 Cr 23.1).

עִדִּים *v.* עִדָּה.

I ★עֲדִין (*de* עדן), *f.* עֲדִינָה: voluptuoso, sensual (Is 47.8;? 2 Sm 23.8).

II עָדִין *n. m.* (Ed 2.15).

עֲדִינָא *n. m.* (1 Cr 11.42).

עֲדִיתַיִם *n. l.* (Js 15.36).

★עַדְלַי *n. m., i. p.* עַדְלָי (1 Cr 27.29).

עֲדֻלָּם *n. l.* (Js 12.15).

עֲדֻלָּמִי *gent.* adulamita (Gn 38.1, 12, 20).

עדן HIT: *impf.* וַיִּתְעַדְּנוּ: viver em delícias / regalias (Ne 9.25).

I ★עֵדֶן (*de* עדן), *pl.* עֲדָנִים, *suf.* עֲדָנֶיךָ, עֶדְנִי: delícias, prazeres (Sl 36.9); adornos, jóias (1 Sm 1.24; Jr 51.34).

II עֵדֶן *n.t.* (Gn 2.8).

III עֵדֶן *n. m.* (2 Cr 29.12).

עֶדֶן *n.t.* (Ez 27.23).

עֲדֶן (*formado de* עַד־הֵן) até ali, ainda (Ec 4.3).

עַדְנָא *n. m.* (Ne 12.15).

עֲדֶנָה *formado de* עַד־הֵנָּה) até ali, ainda (Ec 4.2).

עַדְנָה *n. m.* (2 Cr 17.14).

עֶדְנָה (*de* עדן) *f.*: prazer, desejo (Gn 18.12).

עַדְנַח *n. m.* (1 Cr 12.21).

עַדְעָדָה *n. l.* (Js 15.22, *l.* עַרְעָרָה?).

עדף QAL: *pt.* עֹדֵף, עֹדֶפֶת, *pl.* עֹדְפִים: sobrar, restar, exceder. – HI: *pf.* הֶעְדִּיף: ter sobra / abundância (Êx 16.18).

I עדר QAL: *pt. pl. cs.* עֹדְרֵי, *inf.* עֲדֹר: reunir-se, alinhar-se (1 Cr 12.34,39).

II עדר NI: *impf.* יֵעָדֵר, יֵעָדְרוּן: ser cavado / sachado (Is 5.6; 7.25).

III עדר NI: *pf.* נֶעְדַּר, *i. p.* נֶעְדָּר, *f.* נֶעְדָּרָה, *pt.* נֶעְדָּר, *f.* נֶעְדֶּרֶת: sentir falta, estar desaparecido. – PI: *impf.* יְעַדְּרוּ: deixar faltar (1 Rs 5.7).

I עֵדֶר *m., suf.* עֶדְרוֹ, *pl.* עֲדָרִים, *cs.* עֶדְרֵי, *suf.* עֶדְרֵיהֶם: rebanho; *fig.* povo.

II עֵדֶר *n. m.* (1 Cr 23.23).

III עֵדֶר *n. l.* (Js 15.21).

עֵדֶר *n. m., i. p.* עָדֶר (1 Cr 8.15).

עַדְרִיאֵל *n. m.* (1 Sm 18.19).

★עֲדָשָׁה *pl.* עֲדָשִׁים: lentilha.

עַוָּא 2 Rs 17.24 *v.* עִוָּה.

עוב HI: *impf.* יָעִיב: cobrir de nuvens, obscurecer (Lm 2.1).

עֹבֵד, עוֹבֵד *n. m.* (Rt 4.17).

עוֹבָל *n.p.* (Gn 10.28).

עוג QAL: *impf. c. suf.* תְּעֻגֶנָּה: assar (Ez 4.12).

עֹג, עוֹג *n. m.* (Nm 21.33).

עֻגָב, עוּגָב *suf.* עֻגָבִי: flauta.

עוד QAL: *impf. c. suf.* אֲעוּדֵךְ (Lm 2.13 *K*) *l. Q* אֲעִידֵךְ. – PI: *pf. suf.* עִוְּדֻנִי: envolver, cercar. – HI: *pf.* הֵעִד/יד, הַעִידֹתִי/הַעִדֹתִי, הַעִידֹתָה/תָ, *impf.* וָאָעִידָה, וָאָעִד/וָאָעִיד/וָאָעִד, וַיָּעַד, תָּעִיד, *suf.* וַיְעִידֵהוּ, וַיְעִדֵהוּ, אֲעִידֵךְ, *imp.* הָעֵד, הָעִידוּ, *inf. abs.* הָעֵד, *pt.* מֵעִיד: repetir, advertir, admoestar, asseverar; (*denom. de* עד) chamar / tomar como testemunha, ser testemunha, testemunhar. – HO: *pf.* הוּעַד: ser avisado / advertido (Êx 21.29). – PILEL: *impf.* יְעוֹדֵד, *pt.* מְעוֹדֵד: sustentar, restabelecer (Sl 146.9; 147.6). – HITPOLEL: *impf. i. p.* וַנִּתְעוֹדָד: levantar, manter-se de pé (Sl 20.9).

עֹד, עוֹד (*de* עוד) *suf.* עוֹדְךָ, עוֹדִי, עוֹדָם, עוֹדֶנִּי, עוֹדֶנּוּ, עוֹדֶנָּה, עוֹדֵינוּ: *s.* repetição, continuação, continuidade, duração; ainda; *adv.* continuamente, novamente, constantemente, mais uma vez, ainda assim, além disso, ainda; *c. prep.* בְּעוֹד enquanto ainda, durante; מֵעוֹד desde que.

עֹדֵד, עוֹדֵד *n. m.* (2 Cr 15.1).

עוה QAL: *pf.* עָוִינוּ, עָוְתָה: agir mal, cometer iniqüidade (Et 1.16; Dn 9.5). – NI: *pf.* נַעֲוֵיתִי, *pt. cs.* נַעֲוֵה, *f.* נַעֲוַת: estar perturbado / confuso, estar curvado. – PI: *pf.* עִוָּה:

perturbar, pôr em confusão (Is 24.1; Lm 3.9). – HI: *pf.* הֶעֱוָה, הֶעֱוִינוּ, הֶעֱוֵיתִי, *inf. c. suf.* הַעֲוֹתוֹ: perverter, distorcer, violar, errar, proceder perversamente / erradamente.

I עַוָּה (*de* עוה *pi.*) ruína (Ez 21.32).

II עַוָּה, עִוָּה *n. l.* (2 Rs 17.24).

עוֹז *v.* עֹז.

עוז QAL: *impf.* יָעֹז, *inf. cs.* עוֹז: buscar socorro, tomar refúgio (Is 30.2; Sl 52.9). – HI: *pf.* הֵעִיזוּ, *imp.* הָעֵז, הָעִיזוּ: recolher-se, procurar abrigo, salvar-se.

עֲוִיל (*de* II עול) *m., pl.* עֲוִילִים, *suf.* עֲוִילֵיהֶם: criança, rapaz.

עַוִּים *n.p.* (Dt 2.23), *n. l.* (Js 18.23), habitantes de II עַוָּה.

עֲוִית *n. l.* (Gn 36.35).

I עול PI: *impf.* יְעַוֵּל, *pt.* מְעַוֵּל: praticar o mal, agir erradamente / criminosamente (Is 26.10; Sl 71.4, *cj. inf.* Jó 34.10).

II עול QAL: *pt. pl. f.* עָלוֹת: amamentar.

עוּל, עֻל (*de* II עול) *m., suf.* עוּלָהּ: criancinha de peito, lactente (Is 49.15; 65.20, *cj.* Jó 24.9).

עָוֶל (*de* I עול) *m., cs.* עֲוֶל, *suf.* עַוְלוֹ: injustiça, maldade.

עַוָּל (*de* I עול) *m.*: injusto, malvado, malfeitor.

עַוְלָה (*de* I עול) *f., pl.* עוֹלֹת: injustiça, perversidade, maldade.

I עוֹלָה (Js 61.8) *v.* עַוְלָה.

II עוֹלָה *v.* עֹלָה.

עוֹלֵל (*de* II עול) *m., pl.* עֹלָלִים/עוֹלָלִים, *cs.* עֹלְלֵי, *suf.* עֹלְלֵיהֶם: criança, menino.

עוֹלָל (*de* II עול) *m., pl.* עוֹלָלִים, *suf.* עוֹלָלֶיהָ, עוֹלָלַיִךְ: criança, menino.

עוֹלֵלוֹת *v.* עֹלֵלוֹת.

עוֹלָם, עֹלָם *suf.* עֹלָמוֹ, *pl.* עוֹ/עֹלָמִים, *cs.* עוֹלְמֵי: continuidade, duração, tempo contínuo / longo, tempo / época vindoura, futuro, eternidade; *adv.* para todos os tempos, para sempre; tempo / época passada, tempos remotos, passado, antigüidade.

עָוֹן, עָוֹון (*de* עוה) *m., cs.* עֲוֹן *ou* עֲווֹן, *suf.* עֲוֹנִי, עֲוֹנֵכִי, עֲוֹנוֹ, עֲוֹנֵךְ, *pl.* עֲוֹנֹת/וֹת, *suf.* עֲוֹנֹתַי, עֲוֹנוֹתַי, עֲוֹנֹתָם, עֲוֹנֹתֶיךָ, עֲוֹנֹתָיו, עֲוֹנוֹתֵיכֶם/עֲוֹנֹתֵיכֶם: falta, transgressão, delito, crime, injustiça, pecado, culpa, castigo, punição.

עוֹנָה *v.* עֹנָה.

עוֹנוֹת* *suf.* עוֹנֹתָם: sulcos? (Os 10.10 *Q*), *prov. txt. corr.* (*l.* עֲוֹנֹתָם?).

עִוְעִים (*de* עוה) *pl.*: confusão (Is 19.14).

I עוף QAL: *pf.* עָפוּ, *impf.* יָעוּף, וַיָּעָף, *i. p.* תְּעוּפֶינָה, יָעֻפוּ, אָעוּפָה, וַיָּעֹף, וַנָּעֻפָה, *inf.* עוּף, *pt. f.* עָפָה, עָפוֹת: voar, esvoaçar; passar, desaparecer. – HI: *impf.* תָּעִיף: fazer voar, pousar, fitar (Pv 23.5 *Q*). – POLEL: *impf.* יְעוֹפֵף, *inf. c. suf.* עוֹפְפִי, *pt.* מְעוֹפֵף: flutuar, vibrar, brandir, pairar, voar. – HITPOLEL: *impf.* יִתְעוֹפֵף: voar embora, sumir, esvoaçar (Os 9.11).

II עוף QAL: *impf.* 3ª *f.* תָּעֻפָה: estar escuro, cobrir com trevas (Jó 11.17, *l.* תְּעֻפָה *de s. cj.* תְּעוּפָה escuridão).

עוֹף (*de* I עוף) *m., col.*: animais que voam; aves, pássaros; insetos.

עוּפַי (Jr 40.8 *Q*) *v.* עֵיפַי *K.*

עוֹפֶרֶת *v.* עֹפֶרֶת.

עוץ QAL: *imp.* עֻצוּ: aconselhar, consultar (Jz 19.30; Is 8.10).

I עוּץ *n. m.* (Gn 10.23).

II עוּץ *n.t.* (Jó 1.1).

עוק QAL: *impf.* תָּעִיק: *significado discutido* estar impedido? oscilar? *prov.* abrir o chão, fazer sulcos (Am 2.13). – HI: *pt.* מֵעִיק: fazer oscilar? *prov.* fazer sulcos (Am 2.13).

I עור PI: *pf.* עִוֵּר, *imp.* יְעַוֵּר: furar / vazar (*os olhos*), cegar.

II עור NI: *impf.* תֵּעוֹר: ser desnudado? (Hc 3.9 *txt. corr.? l.* תְּעָרֶה *de* ערה?).

III עור QAL: *impf. c. suf.* יְעוּרֶנּוּ, *imp.* עוּרִי ,עוּרָה, *pt.* עֵר: mover-se, despertar, estar alerta. – NI: *pf.* נֵעוֹר, *impf.* יֵעוֹר ,יֵעוֹרוּ *ou* יֵעֹרוּ: levantar-se, por-se em movimento, ser agitado. – PILEL: *pf.* עוֹרֵר ,עוֹרַרְתִּי, *suf.* עוֹרַרְתִּיךָ, *impf.* תְּעוֹרֵר ,תְּעוֹרְרוּ, *imp.* עוֹרְרָה, *inf.* עוֹרֵר: pôr em movimento, suscitar, acordar, despertar, agitar, vibrar, brandir. – HI: *pf.* הֵעִיר ,הַעִירוֹתִי, *suf.* הַעִירֹתִהוּ, *impf.* וְיָעֵר ,וַיָּעַר ,יָעִיר, אָעִירָה, *suf.* וַיְעִירֵנִי, *imp.* הָעִירָה, הָעִירוּ, *inf.* הָעִיר, *pt.* מֵעִיר, *suf.* מְעִירָם: despertar, suscitar, agitar, pôr em movimento, concitar, inflamar-se, atiçar. – HITPOLEL: *pf.* הִתְעוֹרַרְתִּי, *impf. i. p.* יִתְעֹרָר, *imp.* הִתְעוֹרְרוּ, *pt.* מִתְעוֹרֵר: despertar-se, inquietar-se. – PILPEL: *impf.* יְעֹעֵרוּ: erguer-se, ecoar (Is 15.5 *txt. corr.*?).

עוֹר *m.*, *suf.* עוֹרוֹ *ou* עֹרוֹ, *pl.* עוֹרוֹת *ou* עֹרֹת: pele, couro.

עִוֵּר (*de* I עור) *adj.*, *pl.* עִוְרוֹת/רִים: cego, caolho, zarolho.

עוֹרֵב *v.* I עֹרֵב.

עִוָּרוֹן (*de* I עור) cegamento, cegueira (Dt 28.28; Zc 12.4).

עֲוָרִים (Is 30.6 *K*) *Q* = עֲיָרִים, *v.* עַיִר.

עַוֶּרֶת (*de* I עור) cegueira (Lv 22.22).

עוּשׁ QAL: *imp.* עוּשׁוּ: vir em auxílio, socorrer, apressar-se (Jl 4.11, *txt. corr.*?).

I עות PI: *pf. c. suf.* עִוְּתוּנִי ,עִוְּתוֹ ,עִוְּתָנִי, *impf.* יְעַוֵּת ,יְעַוֶּת־, *inf.* עַוֵּת: entortar, torcer, falsificar, transtornar. – PU: *pt.* מְעֻוָּת: estar torto (Ec 1.15). – HIT: *pf.* הִתְעַוְּתוּ: curvar-se, encurvar-se (Ec 12.3).

II עות QAL: *inf. cs.* עוּת: apoiar? (Is 50.4 *txt. corr.*?).

עַוָּתָה* (*de* I עות) *suf.* עַוָּתִי: opressão (Lm 3.59).

עוּתַי *n. m.* (1 Cr 9.4).

עַז (*de* עזז) *adj.*, *i. p.* עָז, *f.* עַזָּה, *pl.* עַזִּים, *cs.* עַזֵּי ,עַזּוֹת: forte, impetuoso, violento, duro.

עֵז *pl.* עִזִּים, *suf.* עִזֶּיךָ: cabra, bode, cabrito; (*pl.*) pelos / crinas de cabra.

I עֹז (*de* עזז) *m.*, *cs.* עָז־ ,עֹז־, *suf.* עֻזּוֹ, עָזִּי ,עֻזִּי ,עֻזֵּךְ ,עֻזָּהּ ,עָזְּךָ ,עֻזְּךָ ,עֻזָּה, עֻזָּמוֹ ,עֻזְּכֶם ,עוּזֵּנוּ: vigor, força, poder, firmeza.

II עֹז (*de* עוז) *suf.* עָזִּי/עֻזִּי/עָזִּי ,עֻזְּךָ, עוּזֵּנוּ ,עָזְּךָ: proteção, refúgio, abrigo.

עֻזָּא *n. m.* (2 Sm 6.3), *v.* עֻזָּה.

עֲזָאזֵל Lv 16.8,10,26, *termo de difícil definição* demônio de deserto?

I עזב QAL: *pf.* עָזַב, *i. p.* עָזָב ,עָזְבָה ,עָזְבוּ, *suf.* עֲזָבוֹ ,עֲזָבַנִי, *i. p.* עֲזָבָנִי ,עֲזַבְתָּנִי, עֲזָבוּנִי ,עֲזָבֻנִי, *impf.* יַעֲזֹב ,יַעֲזוֹב, יַעֲזָב־ ,וַיַּעֲזֹב־ ,אֶעֱזֹב ,אֶעֶזְבָה ,תַּעַזְבוּ, *i. p.* תַּעֲזֹבוּ, *suf.* יַעַזְבֶנָּה ,תַּעַזְבֶהָ, תַּעַזְבֵהוּ ,אֶעֱזָבְךָ ,יַעַזְבֶךָ, *i. p.* אֶעֶזְבֵךְ, *imp.* עֲזֹב ,עִזְבָה ,עִזְבוּ, *inf.* עֲזֹב, *suf.* עָזְבָה ,עָזְבֵךְ ,עָזְבְכֶם, *inf. abs.* עָזֹב *ou* עָזוֹב, *pt.* עֹזֵב, *cs.* עֹזְבֵי, *pass.* עָזוּב, עֲזֻבָה ,עֲזֻבוֹת: abandonar, deixar, deixar para trás, deixar sobrar, entregar, confiar. – NI: *pf.* נֶעֱזַב, *impf.* תֵּעָזֵב ,תֵּעָזֵב, *pt.* נֶעֱזָב, *pl. f.* נֶעֱזָבוֹת: ser abandonado, ser negligenciado. – PU: *pf. i. p.* עֻזָּב, 3^a *f.* עֻזְּבָה: ficar abandonado / desolado (Is 32.14; Jr 49.25).

II עזב QAL: *impf.* וַיַּעַזְבוּ: *t.t.* calçar? restaurar? (Ne 3.8,34).

עִזְּבוֹנִים* (*de* I עזב) *pl.*, *suf.* עִזְּבוֹנַיִךְ, עִזְּבוֹנָיִךְ: objetos deixados por navios e caravanas para a venda, depósito, mercadoria (Ez 27.12, 14, 16, 19, 27, 33)

עַזְבּוּק *n. m.* (Ne 3.16).

עַזְגָּד *n. m.* (Ed 2.12).

עַזָּה *n. l.* (Gn 10.19).

עֻזָּה *n. m.* (1 Cr 6.14), *v.* עֻזָּא.

עֲזוּבָה I *v.* עזב *QAL pt. pass.*

עֲזוּבָה II *n. f.* (1 Rs 22.42).

עֱזוּז* (*de* עזז), *cs.* עֱזוּז, *suf.* עֱזוּזוֹ: força, poder, violência.

עִזּוּז (*de* עזז) forte, valente (Is 43.17; Sl 24.8).

עַזּוּר *v.* עַזֻּר.

עזז QAL: *impf.* וַתָּעָז, יָעֹז, יָעוֹז, *imp.* עוּזָּה, *inf.* עֻזּוֹ: mostrar-se forte, ser forte. – NI: *pt.* נוֹעָז: ser insolente / arrogante (Is 33.19). – PI: *cj. inf. c. suf.* עַזְּזוֹ: tornar forte (*cj.* Pv 8.28). – HI: *pf.* הֵעֵז, *3ª f.* הֵעֵזָה: (*c.* בְּפָנָיו/פָּנִים) mostrar-se arrogante, ostentar feições arrogantes, dar ares de firmeza (Pv 7.13; 21.29).

עָזָז *n. m.* (1 Cr 5.8).

עֲזַזְיָהוּ *n. m.* (1 Cr 15.21).

עֻזִּי *n. m.* (1 Cr 15.31).

עֻזִּיָּא *n. m.* (1 Cr 11.44).

עֲזִיאֵל *n. m.* (1 Cr 15.20).

עֻזִּיאֵל (Êx 6.18).

עָזִּיאֵלִי *gent. de* עֻזִּיאֵל (Nm 3.27).

עֻזִּיָּה *n. m.* (2 Rs 15.13).

עֻזִּיָּהוּ *n. m.* (2 Rs 15.32), *v.* עֻזִּיָּה.

עֲזִיזָא *n. m.* (Ed 10.27).

עַזְמָוֶת *n. m.* (2 Sm 23.31).

עַזָּן *n. m.* (Nm 34.26).

עָזְנִיָּה *um pássaro*: águia-marinha? xofrango? (Lv 11.13; Dt 14.12).

עזק PI: *impf. c. suf.* וַיְעַזְּקֵהוּ: cavar, sachar (Is 5.2).

עֲזֵקָה *n. l.* (Js 10.10).

עזר QAL: *pf.* עָזַרְתָּ, עָזְרוּ, *suf.* עֲזָרוֹ, עֲזָרָנוּ, עֲזָרָנִי, עֲזָרֶךָ, *impf.* יַעֲזָר־, יַעְזְרֵהוּ, *suf.* יַעְזוֹרוּ, *i. p.* וַיַּעַזְרוּ, וַיַּעְזָר־, יַעְזְרֵנִי, וַיַּעְזְרֵם, יַעְזְרֶךָּ, *imp. c. suf.* עָזְרֵנִי, עָזְרֵנִי, *inf.* עֲזֹר, עֲזוֹר *ou* עְזוֹר, *suf.* עָזְרֵנִי, *pt.* עוֹ/עֹזֵר, *pass.* עָזֻר: ajudar, apoiar, auxiliar, socorrer, ir em ajuda. – NI: *pf. i. p.* נֶעֱזָרְתִּי, *impf.* יֵעָזְרוּ, *inf.* הֵעָזֵר: encontrar / receber ajuda. – HI: *pt. pl.* מַעְזְרִים, *inf.* לַעְזִיר: ajudar (2 Sm 18.3; 2 Cr 28.23, *txt. corr.?*).

עֵזֶר, עֶזֶר I (*de* עזר) *m.*, *suf.* עֶזְרִי, עֶזְרֶךָ, עֶזְרֹה: ajuda, auxílio; aquele que ajuda / auxilia.

עֵזֶר II *n. m.* (1 Cr 4.4).

עֵזֶר I *em n. l.* (1 Sm 7.12).

עֵזֶר II *n. m.* (Ne 12.42).

עַזּוּר, עַזֻּר *n. m.* (Jr 28.1).

עֶזְרָא *n. m.* (Ed 7.1).

עֲזַרְאֵל *n. m.* (1 Cr 12.6).

עֶזְרָה I *f. de* I עֵזֶר, *cs.* עֶזְרַת, *suf.* עֶזְרָתִי, עֶזְרָתֵנוּ: ajuda, auxílio, assistência.

עֶזְרָה II *n. m.* (1 Cr 4.17).

עֲזָרָה *f.* barreira, plataforma (pedestal?), cercado, pátio.

עֶזְרִי *n. m.* (1 Cr 27.26).

עַזְרִיאֵל *n. m.* (Jr 36.26).

עֲזַרְיָה *n. m.* (2 Rs 14.21).

עֲזַרְיָהוּ *n. m.* (2 Rs 15.6).

עַזְרִיקָם *n. m.* (1 Cr 3.23).

עֶזְרָת *v.* עֶזְרָה.

עַזָּתִי *gent. de* עַזָּה, *pl.* עַזָּתִים (Js 13.3).

עֵט *m.*: estilete, lápis; cálamo.

עטה I QAL: *pf.* עָטוּ, *impf.* יַעְטֶה, וַיַּעַט, תַּעְטֶה, תַּעְטוּ, *pt.* עֹטֶה: cobrir, tapar, esconder; cobrir-se, envolver-se. – HI: *pf.* הֶעֱטִיתָ, *impf.* יַעְטֶה: cobrir, envolver (Sl 89.46, ? Is 61.10, ? Sl 84.7).

עטה II QAL: *pf.* עָטָה, *impf.* יַעְטֶה, *pt. f.* עֹטְיָה: agarrar (Is 22.17), catar, limpar (Jr 43.12).

עָטוּף* (*de* II עטף), *pl.* עֲטֻ/עֲטוּפִים: enfraquecido, desfalecido, fraco (Gn 30.42; Lm 2.19).

*עֲטִין *pl. c. suf.* עֲטִינָיו: entranhas? (Jó 21.24 *txt. corr.?*).

*עֲטִישָׁה *f., pl. c. suf.* עֲטִישֹׁתָיו: espirro (Jó 41.10).

עֲטַלֵּף *pl.* עֲטַלֵּפִים: morcego.

*עָטָם *pl. c. suf.* עֲטָמָיו: coxa (*cj.* Jó 21.24).

I עטף QAL: *impf.* יַעֲטְפוּ, יַעֲטָף־, יַעֲטֹף: voltar-se para, envolver-se, envolver.

II עטף QAL: *impf.* יַעֲטוֹף, *inf.* עֲטֹף: enfraquecer, desfalecer, desmaiar. – NI: *inf.* בֵּעָטֵף: desfalecer (Lm 2.11). – HI: *inf.* הַעֲטִיף: estar fraco / enfraquecido (Gn 30.42). – HIT: *impf.* תִּתְעַטֵּף, *i.p.* תִּתְעַטָּף, *inf. c. suf.* הִתְעַטְּפָם: enfraquecer, desfalecer, desanimar.

עטר QAL: *impf. c. suf.* תַּעְטְרֶנּוּ, *pt.* עֹטְרִים: cercar, rodear, proteger (1 Sm 23.26; Sl 5.13). – PI: *pf.* עִטְּרָה, עִטַּרְתָּ, *impf. c. suf.* תְּעַטְּרֵהוּ, *pt. c. suf.* מְעַטְּרֵכִי: coroar; trançar (*uma coroa*). – HI: *pt. f.* מַעֲטִירָה: doar / distribuir coroas (Is 23.8).

I עֲטָרָה *f., cs.* עֲטֶרֶת, *pl.* עֲטָרוֹת: grinalda, coroa, diadema.

II עֲטָרָה *n. f.* (1 Cr 2.26).

עֲטָרוֹת *n. l.* (Nm 32.3).

עַי *n. l.* (Js 7.2).

עִי (*de* עוה), *pl.* עִיִּים *ou* עִיִּין, *cs.* עִיֵּי: monte de ruínas, ruína, escombro; (Jó 30.24 בְּעִי *prov. txt. corr.; l.* טֹבֵעַ?).

עַיָּא *n. l.* (Ne 11.31), *v.* עַיָּה.

עיב *v.* עוב.

I עֵיבָל *n. de um monte* (Dt 11.29).

II עֵיבָל *n. m.* (Gn 36.23).

עַיָּה *n. l.* (*f. de* עַי) (1 Cr 7.28).

עִיּוֹן *n. l.* (1 Rs 15.20).

עֲיּוּת 1 Cr 1.46 *Q, v.* עֲוִית.

עיט QAL: *impf.* וַתַּעַט, וַיַּעַט: vociferar, avançar aos berros, assaltar gritando (1 Sm 15.19; 25.14, *cj.* 14.32). – *cj.* HI: *impf.* יָעִיטוּ: gritar, vociferar (*cj.* Sl 55.4).

עַיִט *m., i.p.* עָיִט, *cs.* עֵיט, *col.:* aves de rapina.

עֵיטָם *n. l.* (Jz 15.8).

עִיִּים *cs.* עִיֵּי: *n. l.* (Js 15.29).

עֵילוֹם = עוֹלָם (2 Cr 33.7).

עִילַי *n. m.* (1 Cr 11.29).

עֵילָם *n. m.* (Gn 10.22), *n.t.* (Gn 14.1), *n.p.* (Is 22.6).

*עֲיָם *cs.* עֲיָם: *significado incerto* violência? (Is 11.15).

עין QAL: *pt.* עֹוֵן (1 Sm 18.9 *K, Q* עוֹיֵן): olhar com suspeita (1 Sm 18.9, *cj.* Sl 49.6).

עַיִן *f., i.p.* עָיִן, *loc.* הָעַיְנָה, *cs.* עֵין, *suf.* עֵינִי, עֵינוֹ, *du.* עֵינַיִם, *cs.* עֵינֵי, *suf.* עֵינַי, עֵינֵיכֶם, עֵינֵכֶם, עֵינֵמוֹ, עֵינֵיהוּ, *pl.* עֲיָנוֹת, *cs.* עֵינוֹת, עֵינוֹת: olho, vista, pupila, íris; aparência, aspecto; fonte.

עֵין גֶּדִי *n. l.* (Js 15.62).

עֵין גַּנִּים *n. l.* (Js 15.34).

עֵין דֹּאר/דּוֹר *tb.* עֵין דֹּר: *n. l.* (Sl 83.11).

עֵין חַדָּה *n. l.* (Js 19.21).

עֵין חָצוֹר *n. l.* (Js 19.37).

עֵין חֲרֹד *n. l.* (Jz 7.1).

עֵין מִשְׁפָּט *n. l.* (Gn 14.7).

עֵין עֶגְלַיִם *n. l.* (Ez 47.10).

עֵין הַקּוֹרֵא *n. l.* (Jz 15.19).

עֵין רֹגֵל *n. l.* (Js 15.7).

עֵין רִמּוֹן *n. l.* (Ne 11.29).

עֵין שֶׁמֶשׁ *n. l.* (Js 15.7).

עֵין הַתַּנִּין *n. l.* (Ne 2.13).

עֵין תַּפּוּחַ *n. l.* (Js 17.7).

עֵינוֹן *v.* חֲצַר עֵינוֹן.

עֵינַיִם *n. l.* (Gn 38.14,21), *v.* עֵינָם.

עֵינָם *n. l.* (Js 15.34), *v.* עֵינַיִם.

עֵינָן *n. m.* (Nm 1.15).

עיף QAL: *pf.* I עָיְפָה, *impf.* וַיָּעַף: estar cansado / exausto.

עָיֵף *adj., f.* עֲיֵפָה, *pl.* עֲיֵפִים: cansado, exausto, esgotado.

I עֵיפָה escuridão, treva (Am 4.13; Jó 10.22).

II עֵיפָה *n. l.* (Is 60.6).

III עֵיפָה *n. m.* (1 Cr 2.47), *n. f.* (1 Cr 2.46).

עֵיפַי *n. m.* (Jr 40.8 *Q*).

עֲיֵפָתָה *v.* I עֵיפָה.

I עִיר *f., loc.* הָעִירָה, *suf.* עִירִי, עִירוֹ, עִירֹה, *pl.* עָרִים, *cs.* עָרֵי, *suf.* עָרָיו: cidade; uma parte da cidade, 'bairro' (עִיר הַמַּיִם 2 Sm 12.27, *cj.* 26); população (da cidade); *n. l.* עִיר הַמֶּלַח (Js 15.62); עִיר שֶׁמֶשׁ (Js 19.41); עִיר הַתְּמָרִים (Dt 34.3); אֲשֶׁר בַּנַּחַל הָעִיר (Dt 2.36).

II עִיר (*de* III עור): agitação, medo (Jr 15.8,? Os 11.9).

III עִיר *n. m.* (1 Cr 7.12).

IV עִיר = עַיִר, *suf.* עִירֹה: jumento (Gn 49.11).

עַיִר *m., pl.* עֲיָרִים/רִים: garanhão, potro; jumento; zebra.

עִירָא *n. m.* (2 Sm 20.26).

עִירָד *n. m.* (Gn 4.18).

עִירוּ *n. m.* (1 Cr 4.15).

עִירִי *n. m.* (1 Cr 7.7).

עִירָם *n. m.* (Gn 36.43).

עֵירֹם, עֵרֹם *pl.* עֵירֻמִּם: *adj.* nu, despido; *s.* nudez.

עַיִשׁ *f.*: (*constelação da*) Ursa (Jó 38.32), *v.* עָשׁ.

עַיַּת *v.* עַי.

עַכְבּוֹר *n. m.* (Gn 36.38).

עַכָּבִישׁ aranha (Is 59.5; Jó 8.14, *cj.* 27.18).

עַכְבָּר *m., pl. cs.* עַכְבְּרֵי, *suf.* עַכְבְּרֵיכֶם: rato.

עַכּוֹ *n. l.* (Jz 1.31).

עָכוֹר *n. l.* (Js 7.24).

עָכָן *n. m.* (Js 7.1).

עכס QAL: *cj. inf.* עֲכֹס: algemar. – PI: *impf.* תְּעַכַּסְנָה: tilintar, tinir (Is 3.16).

עֶכֶס (*de* עכס) *pl.* עֲכָסִים: anel de tornozelo (Is 3.18, ?Pv 7.22).

עַכְסָה *n. f.* (Js 15.16).

עכר QAL: *pf.* עָכַר, עֲכַרְתֶּי, *suf.* עֲכַרְתָּנוּ, *impf. c. suf.* יַעְכָּרְךָ, *pt.* עֹכֵר, *pl. c. suf.* עֹכְרֵי: transformar em tabu, incompatibilizar, tornar odiado, desgraçar. – NI: *pf.* נֶעְכַּר, *pt.f.* נֶעְכָּרֶת: tornar-se tabu, agravar-se, recrudecer (Pv 15.6; Sl 39.3).

עָכָר *n. m.* (1 Cr 2.7), *v.* עָכָן.

עָכְרָן *n. m.* (Nm 1.13).

עַכְשׁוּב áspide (Sl 140.4).

I עַל (*de* עלה) *s.*: altura; montante.

II עַל *prep., suf.* עָלַי, עָלֶיךָ, עָלַיִךְ, עָלָיו, עָלֵינוּ, עֲלֵיהֶם, עֲלֵהֶם, עָלֵימוֹ: sobre, acima de, em cima de; diante de; por causa de, por; em vistas a, concernente a; = אֶל; conforme, segundo; apesar de, a despeito de; contra, em oposição a; *c. outras prep.*: כְּעַל conforme; מֵעַל de cima, além de, de longe de; מֵעַל לְ acima de; עַד מֵעַל até acima de; *conj.* עַל־בְּלִי enquanto não; עַל אֲשֶׁר *ou* עַל porque; עַל לֹא porque não; עַל כִּי porque.

עֹל, עוֹל *m., suf.* עֻלּוֹ, עֻלֵּנוּ: canga, jugo.

עֻלָּא *n. m.* (1 Cr 7.39).

עַלְבוֹן (*substituto para* בַּעַל) *v. n. m.* אֲבִי עַלְבוֹן (2 Sm 23.31).

עִלֵּג* *pl.* עִלְּגִים: gago (Is 32.4).

עלה QAL: *pf.* עָלָה, עָלְתָה, *i.p.* עָלָתָה, *impf.* יַעֲלֶה, וַתַּעַל, וַיַּעַל, יַעַל, *i.p.* וַיַּעַל, וַתַּעֲלֶינָה, וַתַּעֲלֶנָה, *imp.* עֲלֵה, עֲלִי, עֲלוּ, *inf. abs.* עָלֹה, *cs.* עֲלוֹת, עֲלֹת, *suf.* עֲלֹתוֹ, *pt.* עוֹ/עֹלֶה, *pl.* עֹלִים, *f.* עֹלָה, עֹלַת *ou* עֹלוֹת: subir, escalar, ascender; cobrir, copular; apoderar-se. – NI: *pf.* נַעֲלָה, נַעֲלֵיתָ, *impf.* יֵעָלֶה, וַיֵּעָלוּ, וַתֵּעָלוּ, *inf.* הֵעָלוֹת, *suf.* הֵעָלֹתוֹ, *imp.* הֵעָלוּ: erguer-se, ser excelso, retirar-se, bater em retirada, ser conduzido. – HI: *pf.* הֶעֱלָה, וְהַעֲלִתָה, הֶעֱלִיתָ, הֶעֱלִיתָ, וְהַעֲלִיתָ,

הֶעֱלוּ ,הֶעֱלִיתֶם ,הַעֲלִיתֶם, *suf.* הֶעֶלְךָ ,הֶעֱלָנוּ,
הֶעֱלוּךָ ,הַעֲלִיתִיהוּ ,הֶעֱלִיתָנוּ ,הֶעֱלָתַם,
וַיַּעַל ,וַיַּעַל ,יַעַל ,יַעֲלֶה ,*impf.* הֶעֱלִיתָנוּ,
תַּעֲלוּ ,וַיַּעַל ,וַיַּעֲלוּ ,וָאַעַל ,אַעֲלֶה ,וַתַּעֲלִי,
אַעַלְךָ ,תַּעֲלֵנִי ,תַּעֲלֶנָּה ,וַיַּעֲלֵנִי ,יַעֲלֵם *suf.*
וַיַּעֲלֵהוּ, *inf.* הַעֲלֵה ,הַעֲלוֹת/לֹת, *suf.*
הַעֲלֹתִי, *imp.* הַעַל ,הַעֲלִי ,הַעֲלוּ, *suf.*
הַעֲלֵהוּ, *pt.* מַעֲלֶה, *cs.* מַעֲלֵה, *suf.* מַעַלְךָ,
pl. מַעֲלִים, *cs.* מַעֲלֵי, *f.* מַעֲלָה, *cs.*
מַעֲלַת: fazer subir, conduzir / levar ao alto, elevar, erguer; ofertar, sacrificar; ruminar. – HO: *pf.* הֹעֲלָה, *3ª f. i.p.* הָעֳלָתָה: ser sacrificado / oferecido, ser levado embora, ser inscrito. – HIT: *impf.* יִתְעַל: erguer-se, vangloriar-se (Jr 51.3).

עָלֶה I (*de* עלה) *m.*, *cs.* עֲלֵה *ou* עֲלֵי, *suf.* עָלֵהוּ ,עָלֶהָ: (*col.*) folhas, folhagens.

עָלֶה* II (*de* עלה) altura, *v. n.l.* אֶלְעָלֵה/לֵא.

עוֹלָה, עֹלָה I (*de* עלה) *f.*, *cs.* עוֹ/עֹלַת, *suf.* עֹלָתְךָ, עֹלָתוֹ, *pl.* עוֹ/עֹלוֹת *ou* עֹלֹת, *suf.* עוֹלֹתֵיהֶם ,עֹלֹתֶיךָ: holocausto; animal a ser queimado.

עֹלָה II *v.* עַוְלָה.

עַלְוָה I desobediência; injustiça (Os 10.9).

עַלְוָה II *n. l.* (Gn 36.40), *v.* עַלְיָה.

עֲלוּמִים* (*cf.* עֶלֶם) *m.*, *suf.* עֲלוּמָיו ,עֲלוּמֶיךָ, עֲלוּמָו: mocidade, juventude, vigor / força juvenil.

עַלְוָן *n. m.* (Gn 36.23), *v.* עַלְיָן.

עֲלוּקָה sanguessuga (Pv 30.15).

עלז QAL: *impf.* יַעֲלֹז ,וַיַּעֲלֹז ,יַעַלְזוּ, *i.p.* יַעֲלֹזוּ ,וְאֶעֱלֹז, *imp.* עִלְזִי ,עִלְזוּ, *inf.* עֲלוֹז: exultar, jubilar.

עָלֵז (*de* עלז) exultante (Is 5.14).

עֲלָטָה *f.*: escuridão, trevas (Gn 15.17; Ez 12.6s,12).

עֵלִי *n. m.* (1 Sm 1.3).

עֱלִי (*de* עלה) pilão (Pv 27.22).

עִלִּי* (*de* עלה) *f.* עִלִּית, *pl.* עִלִּיּוֹת: superior, de cima (Js 15.19; Jz 1.15).

עַלְיָה *n. l.* (1 Cr 1.51), *v.* II עַלְוָה.

עֲלִיָּה (*de* עלה) *f.*, *cs.* עֲלִיַּת, *suf.* עֲלִיָּתוֹ, *pl.* עֲלִיּוֹת, *suf.* עֲלִיּוֹתָיו: sala / quarto de cima / superior, câmara superior.

עֶלְיוֹן (*de* עלה), *f.* עֶלְיוֹנָה, *pl.* עֶלְיוֹנֹת: superior, de cima, alto; (*de Deus*) superior, altíssimo.

עַלִּיז (*de* עלז) *adj.*, *f.* עַלִּיזָה, *pl.* עַלִּיזִים, עַלִּיזֵי: exultante, alegre, vibrante, presunçoso, insolente.

עֲלִיל (*de* II עלל) entrada (Sl 12.7).

עֲלִילָה (*de* I עלל) *f.*, *pl.* עֲלִילֹת *ou* עֲלִלוֹת, *suf.* עֲלִילֹתָיו ,עֲלִילוֹתָם: ato, feito, ação, obra.

עֲלִילִיָּה Jr 32.19, *l.* עֲלִילָה.

עַלְיָן *n. m.* (1 Cr 1.40), *v.* עַלְוָן.

עַלִּיץ* = עַלִּיז presunçoso (*cj.* Sl 37.35).

עֲלִיצֻת* (*de* עלץ), *suf.* עֲלִיצֻתָם: júbilo, alegria, insolência (Hc 3.14).

עַל־כֵּן *conj.*: por isso.

עלל I POLEL: *pl.* עוֹלְלָה ,עוֹלַלְתָּ, *impf.* תְּעוֹלֵל ,יְעוֹלְלוּ, *suf.* וַיְעֹלְלֵהוּ, *imp. e inf.* עוֹלֵל: lidar, tratar, ocupar-se; rebuscar; (doer?). – POAL: *pf.* עוֹלַל: ser atormentado (Lm 1.12). – HIT: *pf.* הִתְעַלֵּל ,הִתְעַלַּלְתְּ ,הִתְעַלְּלוּ, *impf.* וַיִּתְעַלְּלוּ: tratar, provocar, zombar, abusar, maltratar. – HITPOEL: *inf.* הִתְעוֹלֵל: perpetrar, cometer, tratar maldosamente (Sl 141.4).

עלל II POLEL: *pf.* עֹלַלְתִּי: mergulhar, inserir (Jó 16.15).

עֹלֵלוֹת (*de* I עלל), *cs.* עֹלְלֹת: rebusca, rebuscamento.

עלם QAL: *pt. pass. c. suf.* עֲלֻמֵנוּ: ocultar (Sl 90.8 segredo). – NI: *pf.* נֶעְלַם ,נֶעֶלְמָה, *pt.* נֶעְלָם, *pl.* נַעֲלָמִים: estar oculto, ser obscuro. – HI: *pf.* הֶעְלִים ,הֶעֱלִימוּ, *impf.* תַּעְלֵם, אַעְלִים ,יַעְלִימוּ, *inf.* הַעְלֵם, *pt.* מַעְלִים: ocultar, fechar, cobrir, encobrir. – HIT: *pf.* הִתְעַלַּמְתָּ, *impf.* ־יִתְעַלֵּם, תִּתְעַלָּם ,תִּתְעַלַּם, *inf.* הִתְעַלֵּם:

ocultar-se, ficar indiferente, furtar-se, esconder-se.

עֶלֶם *m., i. p.* עָלֶם: homem jovem (1 Sm 17.56; 20.22, *cj.* 16.12; Jr 15.8).

עֹלָם *v.* עוֹלָם.

עַלְמָה *f., cs.* עַלְמוֹת: mulher jovem.

עַלְמוֹן *n. l.* (Js 21.18).

עַלְמוֹן *em* עַלְמוֹן־דִּבְלָתָיְמָה: *n. l.* (Nm 33.46s).

עַל־מוּת *t. t., significado desconhecido* (Sl 9.1; 48.15).

עֲלָמוֹת *v.* עַלְמָה.

I עָלֶמֶת *n. l.* (1 Cr 6.45).

II עָלֶמֶת *n. m., i. p.* עָלָמֶת (1 Cr 7.8).

עלס QAL: *impf.* יַעֲלֹס: alegrar-se, gozar (Jó 20.18). – NI: *pf. i. p.* נֶעֱלָסָה: mostrar-se alegre (Jó 39.13). – HIT: *impf.* נִתְעַלְּסָה: gozar, desfrutar, alegrar-se (Pv 7.18).

עלע PI: *impf.* יְעַלְעוּ: sorver (Jó 39.30) (*txt. corr?*).

עלף NI: *cj. pt.* נֶעֱלָפָה: ser impotente (Na 3.11?) – PU: *pf.* עֻלְּפוּ, *pt. f.* מְעֻלֶּפֶת: cobrir; desmaiar (Ct 5.14; Js 51.20). – HIT: *impf.* וַיִּתְעַלָּף, תִּתְעַלַּפְנָה: cobrir-se; desmaiar.

עֻלְפֶּה *adj.?* debilitado, abatido (Ez 31.15 *txt. corr.?*).

עלץ QAL: *pf.* עָלַץ, *impf.* יַעֲלֹץ, יַעַלְצוּ, וְיַעְלְצוּ, אֶעֶלְצָה, *inf.* עֲלֹץ: alegrar-se, exultar, triunfar.

עֹלָתָה *v.* עַוְלָה (Jó 5.16).

עַם, עָם *m., c. art.* הָעָם, *suf.* עַמִּי, עַמּוֹ, עַמְּךָ, *pl.* עַמִּים, עֲמָמִים, *cs.* עַמֵּי, עַמְמֵי, *suf.* עֲמָמֶיךָ, עַמֶּיךָ, עַמֶּיהָ, עַמָּיו: familiar, parente, companheiro de clã / tribo; família, clã; povo, nação; população; *parte ou grupo do* povo; עַם הָאָרֶץ: o povo da terra.

עִם *prep., suf.* עִמִּי, עִמִּי, עִמְּךָ *i. p.* עִמָּךְ, עִמָּךְ, עִמּוֹ, עִמָּהּ, עִמָּנוּ, עִמָּכֶם, עִמָּם, עִמָּהֶם: em companhia de, junto de, com (*v.* עִמָּד*).

עמד QAL: *pf.* עָמַד, *i. p.* עָמָד, עָמְדָה, עָמַדְתָּ, עָמְדוּ/עָמָדוּ, עֲמַדְתֶּן, *impf.* יַעֲמֹד, יַעֲמָד־, יַעֲמוֹד, וַיַּעֲמֹד, אַעֲמֹד, *i. p.* וַיַּעַמְדוּ, יַעֲמֹדוּ, *i. p.* יַעֲמֹדוּ, אֶעֱמֹדָה, נַעַמְדָה, נַעֲמֹד, וַתַּעֲמֹדְנָה, עֲמֹדְנָה, *imp.* עֲמֹד, עֲמָד־, עִמְדִי, עִמְדוּ, *i. p.* עֲמֹדוּ, עֲמֹדְנָה, *inf.* עֲמֹד, *suf.* עָמְדוֹ, עָמְדְךָ, *abs.* עָמֹד, *pt.* עֹמֵד, עוֹמֵד, *f.* עֹמֶדֶת, עֹמָדֶת, *pl.* עֹמְדִים, עֹמְדוֹת: colocar-se, pôr-se, parar-se: estar parado, estar de pé, permanecer. – HI: *pf.* הֶעֱמִיד, הֶעֱמַדְתָּ, הֶעֱמַדְתָּה, וְהַעֲמַדְתָּ, *suf.* הֶעֱמִידוֹ, הֶעֱמִידָהּ, הֶעֱמַדְתִּיךָ, *impf.* יַעֲמִיד, וַיַּעֲמֶד־, וַיַּעֲמֵד, וְאַעֲמִיד, וָאַעֲמִידָה, *suf.* יַעֲמִידֵנִי, וַתַּעֲמִדֵנִי, *imp.* הַעֲמֵד, *suf.* הַעֲמִידֶהָ, *inf.* הַעֲמִיד, *suf.* הַעֲמִידוֹ, *abs.* הַעֲמֵיד, *pt.* מַעֲמִיד: pôr em pé, fazer parar, colocar, firmar, manter, estabelecer, constituir. – HO: *pf. cj.* הָעֳמַדְתִּי, *impf.* יָעֳמַד, *pt.* מָעֳמָד: ser colocado.

עִמָּד* *só usado c. suf.* עִמָּדִי: em companhia de (*v.* עִם).

עֹמֶד* (*de* עמד), *suf.* עָמְדִי, עָמְדְךָ: lugar.

עֶמְדָּה* (*de* עמד), *suf.* עֶמְדָּתוֹ: refúgio, posto (Mq 1.11).

I עֻמָּה* *cs.* עֻמַּת, *ger. c. suf.* לְעֻמָּתִי, לְעֻמָּתוֹ, לְעֻמָּתָם: perto de, ao lado de; correspondente a, como.

II עֻמָּה *n. l.* (Js 19.30).

עַמּוּד (*de* עמד) *m., cs.* עַמֻּד/וּד, *suf.* עַמּוּדוֹ, *pl.* עַמֻּדִים/וּדִים, *cs.* עַמֻּדֵי/וּדֵי, *suf.* עַמּוּדַי, עַמֻּדָיו: coluna, pilar, suporte.

עַמּוֹן *n. p.* (Gn 19.38).

עַמּוֹנִי *tb.* עַמֹּנִי: *gent., pl.* עַמּוֹנִים, *f.* עַמּוֹנִית, *pl.* עַמֹּנִיּוֹת (Dt 23.4).

עָמוֹס *n. m.* (Am 1.1).

עָמוֹק *n. m.* (Ne 12.7, 20).

עַמִּיאֵל *n. m.* (Nm 13.12).

עַמִּיהוּד *n. m.* (Nm 1.10).

עַמִּיזָבָד *n. m.* (1 Cr 27.6).

עַמִּיחוּר *n. m.* (2 Sm 13.37 *K*) (*Q:* עַמִּיהוּד).

עַמִּינָדָב *n. m.* (Êx 6.23).
עָמִיר (*de* I עמר) *col.* espigas cortadas, feixes.
עַמִּישַׁדַּי *n. m.* (Nm 2.25).
עָמִית* *m., suf.* עֲמִיתִי, עֲמִיתְךָ, עֲמִיתוֹ: compatriota, companheiro, camarada.
עמל QAL: *pf.* עָמַל־, עָמַלְתָּ, עָמְלוּ, *impf.* יַעֲמֹל: cansar-se, esforçar-se, labutar, afadigar-se.
I עָמָל (*de* עמל) *m., cs.* עֲמַל, *suf.* עֲמָלִי, עֲמָלְךָ, עֲמָלוֹ: canseira,fadiga, labuta, esforço; infortúnio, miséria.
II עָמָל *n. m.* (1 Cr 7.35).
עָמֵל (*de* עמל), *adj. ou s.m., pl.* עֲמֵלִים: miserável, cansado, afatigado; trabalhador.
עֲמָלֵק *n. m.* (Gn 36.12,16), *n. p.* (Êx 17.8-16).
עֲמָלֵקִי *gent.* (Gn 14.7).
I עמם QAL: *pf. com. suf.* עֲמָמוּךָ, עֲמָמֻהוּ: juntar-se, congregar-se (Ez 28.3; 31.8, cj. Sl 47.10).
II עמם HO: *impf.* יוּעַם: escurecer-se, tornar-se escuro / preto (Lm 4.1).
עֲמָמִים *v.* עַם.
עִמָּנוּ אֵל *n. m.* (Is 7.14; 8.8).
עַמֹּנִי *v.* עַמּוֹנִי.
עמס QAL: *impf.* יַעֲמָס־, יַעֲמֹס, *pt.pl.* עֹמְסִים(עֹמְשִׂים Ne 4.11), *pass.* עֲמֻסִים, *f.* עֲמוּסוֹת: erguer, carregar, levar. – HI: *pf.* הֶעֱמִיס: fazer carregar, impor jugo (1 Rs 12.11; 2 Cr 10.11).
עֲמַסְיָה *n. m.* (2 Cr 17.16).
עַמְעָד *n. l.* (Js 19.26).
עמק QAL: *pf.* עָמְקוּ: ser profundo / insondável (Sl 92.6). – HI: *pf.* הֶעְמִיק, הֶעְמִיקוּ, *inf. abs.* הַעֲמֵק, *pt.* מַעֲמִיקִים: fazer fundo, aprofundar, cavar fundo.
עֵמֶק (*de* עמק) *m., suf.* עִמְקְךָ, *pl.* עֲמָקִים, *suf.* עֲמָקַיִךְ: vale profundo, vale, planície, várzea; *com* עֵמֶק *são formados diversos n. l. e n.t.*:
1) בֵּית הָעֵמֶק (Js 19.27);
2) עֵמֶק אַיָּלוֹן (Js 10.12);
3) עֵמֶק הָאֵלָה (1 Sm 17.2,19; 21.10);
4) עֵמֶק בְּרָכָה (2 Cr 20.26);
5) עֵמֶק חֶבְרוֹן (Gn 37.14);
6) עֵמֶק יְהוֹשָׁפָט (Jl 4.2,12);
7) עֵמֶק יִזְרְעֶאל (Js 17.16; Jz 6.33, Os 1.5);
8) עֵמֶק הַמֶּלֶךְ (Gn 14.17);
9) עֵמֶק סֻכּוֹת (Sl 60.8, 108.8);
10) עֵמֶק עָכוֹר (Js 7.24,26; 15.7; Os 2.17; Is 65.10);
11) עֵמֶק קְצִיץ (Js 18.21);
12) עֵמֶק רְפָאִים (Js 15.8; 18.16; 2 Sm 5.18, 22; 23.13; Is 17.5; 1 Cr 11.15; 14.9);
13) עֵמֶק הַשִּׂדִּים (Gn 14.3,8, 10);
14) עֵמֶק שָׁוֵה (Gn 14.17).
עָמֹק (*de* עמק) *adj., pl.* עֲמֻקִּים, *f.* עֲמֻקָּה, *pl.* עֲמֻקּוֹת/עֲמֹו: fundo, profundo, aprofundado, inescrutável, misterioso.
עֹמֶק* (*de* עמק) *pl. cs.* עִמְקֵי: profundidade (Pv 9.18; 25.3).
עָמֵק* (*de* עמק) *adj., pl. cs.* עִמְקֵי: profundo, incompreensível (Is 33.19; Ez 3.5s).
I עמר PI: *pt.* מְעַמֵּר: reunir, enfeixar (espigas cortadas) (Sl 129.7).
II עמר HIT: *pf.* הִתְעַמֵּר־, *impf.* תִּתְעַמֵּר: agir violentamente, tiranizar (Dt 21.14; 24.7).
I עֹמֶר (*v.* I עמר) *m., pl.* עֳמָרִים: espiga cortada, feixe.
II עֹמֶר *m., t. t. de uma medida de grão:* ômer (= 1/10 do אֵיפָה) (Êx 16.16ss).
עֲמֹרָה *n. l.* (Gn 18.20).
עָמְרִי *n. m.* (1 Rs 16.16).
עַמְרָם *n. m.* (Êx 6.18).
עַמְרָמִי *gent.* (Nm 3.27; 1 Cr 26.23).
עֲמָשָׂא *n. m.* (2 Sm 17.25).

עֲמָשַׁי *n. m.* (1 Cr 6.10).

עֲמַשְׁסַי *n. m.* (Ne 11.13).

עֲנָב *n. l.* (Js 11.21; 15.50).

עֵנָב *m., pl.* עֲנָבִים, *cs.* עִנְּבֵי, *suf.* עֲנָבֵמוֹ: bago (de uva), uva.

ענג PU: *pt. f.* מְעֻנָּגָה: mimar, amimalhar. – HIT: *pf.* הִתְעַנְּגוּ, הִתְעַנַּגְתֶּם, *impf.* תִּתְעַנַּג, *i. p.* יִתְעַנָּג, *imp.* הִתְעַנַּג, *inf.* הִתְעַנֵּג: mimar-se; deleitar-se, alegrar-se.

עָנֹג (*de* ענג), *f.* עֲנֻגָּה: mimado, delicado (Dt 28.54,56; Is 47.1).

עֹנֶג (*de* ענג) prazer, bem-estar, deleite (Is 13.22; 58.13).

ענד QAL: *impf. c. suf.* אֶעֶנְדֶנּוּ, *imp. c. suf.* עָנְדֵם: enlaçar, amarrar, atar (Pv 6.21; Jó 31.36).

I ענה QAL: *pf.* עָנָה, עָנְתָה, עָנִיתִי, עָנוּ, *suf.* עָנָנִי, עָנְךָ, עֲנִיתִיךָ, עָנָהוּ, עֲנִיתָם; *impf.* יַעֲנֶה, תַּעֲנֶה, אֶעֱנֶה, וַיַּעַן, וָאַעַן, *suf.* אֶעֱנֵנּוּ, תַּעַנְךָ, תַּעֲנֵנוּ, תַּעֲנֵנוּ, וַיַּעֲנֵנִי, יַעֲנֶנּוּ, *imp.* עֲנֵה, עֲנוּ, *suf.* עֲנֵנִי, *inf.* עֲנוֹת, *pt.* עֹנֶה, עוֹנָה, *suf.* עֹנֵהוּ, עוֹנֶךָ: responder, replicar, atender; dar a entender; testificar. – NI: *pf.* נַעֲנֵיתִי, *impf.* אֵעָנֶה, יֵעָנֶה, *pt.* נַעֲנֶה: deixar-se impelir a uma resposta; receber resposta. – HI: *impf.* אַעֲנֶה, *pt.* מַעֲנֶה: responder afirmativamente, concordar, corresponder (Pv 29.19; Jó 32.17).

II ענה QAL: pf. עָנִיתִי, *impf.* אֶעֱנֶה, יַעֲנֶה, יַעֲנוּ abaixar-se, agachar-se; estar abaixado / curvado; estar oprimido. – NI: *pf.* נַעֲנֵיתִי, *inf.* לֵעָנֹת, *pt.* נַעֲנֶה, *f.* נַעֲנָה: curvar-se, humilhar-se; ser curvado, ser oprimido, ficar fraco. – PI: *pf.* עִנָּה, עִנֵּיתִי, עִנּוּ, עִנִּיתֶם, *suf.* עִנָּהּ, עִנִּיתָנוּ, עִנִּתְךָ, עִנּוּנוּ, *impf.* יְעַנֶּה, תְּעַנֶּה, וָאעַנֶּה, יְעַנּוּ, תְּעַנּוּ, אֲעַנֵּךְ, *suf.* תְּעַנֵּנִי, יְעַנֶּנּוּ, וַיְעַנֶּהָ, תְּעַנּוּן, וַיְעַנּוּהוּ, *imp.* עַנֵּה, עַנּוּ, *inf.* עַנּוֹת, *suf.* עַנֹּתוֹ, עַנּוֹתֶךָ, *pt. pl. c. suf.* מְעַנַּיִךְ: maltratar, curvar, oprimir, humilhar, subjugar, violentar; humilhar-se. – PU: *pf.* עֻנֵּיתִי, *impf.* תְּעֻנֶּה, *inf.* עֻנֹּת, *suf.* עֻנּוֹתוֹ, *pt.* מְעֻנֶּה: ser oprimido / rebaixado; humilhar-se. – HI: *impf. c. suf.* תְּעַנֵּם: oprimir (1 Rs 8.35; 2 Cr 6.26 *text. corr.*?) (*cj.* Is 25.5). – HIT: *pf.* הִתְעַנָּה, הִתְעַנִּיתָ, *impf.* יִתְעַנּוּ, *imp.* הִתְעַנִּי, *inf.* הִתְעַנּוֹת: curvar-se humildemente, sujeitar-se; ser afligido.

III ענה QAL: *inf. cs.* עֲנוֹת: esforçar-se, cansar-se (Ec 1.13; 3.10). – HI: *pt.* מַעֲנֶה: dar trabalho, ocupar (Ec 5.19).

IV ענה QAL: *pf.* עָנוּ, *impf.* יַעֲנֶה, תַּעַן, וַתַּעַן, וַתַּעֲנֶינָה, וַיַּעֲנוּ, יַעֲנוּ, *imp.* עֱנוּ, *inf.* עֲנוֹת: cantar. – PI: *imp.* עַנּוּ, *inf. cs.* עַנּוֹת: cantar.

עֹנָה* (*de* II ענה PI?) *c. suf.* עֹנָתָהּ: ato sexual, cópula (Êx 21.10).

עֲנָה *n. m.* (Gn 36.2, 14), *n. de tribo* (Gn 36.20, 25, 29).

עָנָו (*de* II ענה), *pl.* עֲנָוִים, *cs.* עַנְוֵי: *v.* עָנִי.

עָנוֹ *K* (Ne 12.9), *v.* עֻנִּי.

עָנוּב *n. m.* (1 Cr 4.8).

עֲנָוָה (*de* II ענה) *f., suf.* עַנְוָתְךָ: humildade.

עַנְוָה Sl 45.5, *txt. corr.*?

עֲנוֹק *n. m.* (Js 21.11); *v.* II עֲנָק.

עֲנוּשִׁים (*de* ענשׁ) multas (Am 2.8).

עֲנוֹת *n. d.*(?), *v.* בֵּית עֲנוֹת.

עֱנוּת* sofrimento (Sl 22.25), *l.* עֱנוֹת (*de* I ענה)?

עָנִי (*de* II ענה) *prov.* = עָנָו, *adj., suf.* עֲנִיֶּךָ, *f.* עֲנִיָּה, *pl. m.* עֲנִיִּים, *cs.* עֲנִיֵּי, *suf.* עֲנִיֶּיךָ, עֲנִיָּו: oprimido, humilhado, miserável, aflito, humilde.

עֳנִי (*de* II ענה), *i. p.* עֹנִי, *suf.* עָנְיִי, עָנְיוֹ: opressão, aflição, miséria, sofrimento.

עֻנִּי *n. m. Q* (1 Cr 15.18, 20; Ne 12.9).

עֲנָיָה *n. m.* (Ne 8.4).

עָנָיו Nm 12.3 *Q* = עָנָו.

עָנִים *n. l.* (Js 15.20).

עִנְיָן (*de* III ענה) *m.*, *cs.* עִנְיַן, *suf.* עִנְיָנוֹ: esforço, canseira, negócio.

עָנֵם *n. l.* (1 Cr 6.58).

עֲנָמִים *n.p.* (Gn 10.13).

עֲנַמֶּלֶךְ *n.d.* (2 Rs 17.31).

ענן PI: *inf. c. suf.* עַנְנִי: fazer aparecer. – POEL: *pf.* עוֹנֵן, *impf. i. p.* תְּעוֹנֵנוּ, *pt.* מְעוֹנֵן, *f.* עֹנְנָה, *pl.* מְעֹנְנִים, *suf.* עֹנְנֵיכֶם: fazer aparecer, conjurar, praticar feitiçaria.

I עָנָן (*de* ענן) *m.*, *c. art.* הֶעָנָן, *cs.* עֲנַן, *suf.* עֲנָנְךָ, *pl.* עֲנָנִים: nuvens.

II עָנָן *n. m.* (Ne 10.27).

עֲנָנָה *f.*, *pl.* עֲנָנִים: nuvem (Jó 3.5; Jr 4.13).

עֲנָנִי *n. m.* (1 Cr 3.24).

I עֲנָנְיָה *n. m.* (Ne 3.23).

II עֲנָנְיָה *n. l.* (Ne 11.32).

עָנָף *cs.* עֲנַף, *suf.* עַנְפְּכֶם, *pl. c. suf.* עֲנָפֶיהָ: ramos, ramagens, galhos (*col.*).

עָנֵף* *f.* עֲנֵפָה: cheio de ramos (Ez 19.10).

ענק QAL: *pf. 3ª f. sing. c. suf.* עֲנָקַתְמוֹ: colocar no pescoço (Sl 73.6) – HI: *impf.* תַּעֲנִיק, *inf.* הַעֲנֵיק: colocar no pescoço.

I עֲנָק (*de* ענק) *m.*, *pl.* עֲנָקִים, עֲנָקוֹת: colar, adorno.

II עֲנָק *n.p.*, *pl.* עֲנָקִים (Nm 13.22).

I עָנֵר *n. m.* (Gn 14.13, 24).

II עָנֵר *n. l.* (1 Cr 6.55).

ענשׁ QAL: *pf.* עָנְשׁוּ, *impf.* וַיַּעֲנֹשׁ, *inf.* עֲנוֹשׁ, עֲנָשׁ־, *abs.* עָנוֹשׁ, *pt. pass.* עֲנוּשִׁים: multar, impor multa; castigar. – NI: *pf. i. p.* נֶעֱנָשׁוּ, *impf.* יֵעָנֵשׁ: ser multado; ter que expiar.

עֹנֶשׁ (*de* ענשׁ) multa, contribuição (2 Rs 23.33; Pv 19.19).

עֲנָת *n. m.* (Jz 3.31; 5.6), *v.* בֵּית עֲנָת.

עֲנָתוֹת *tb.* עֲנָתֹת: *n. l.* (Js 21.18) (*n. m. em* 1 Cr 7.8; Ne 10.20?).

עַנְתֹתִי *tb.* עַנְּתֹתִי: *gent.* (2 Sm 23.27).

עַנְתֹתִיָּה *n. m.* (1 Cr 8.24).

עָסִיס (*de* עסס) *m.*, *cs.* עֲסִיס: suco de uva, mosto.

עסס QAL: *pf.* עַסּוֹתֶם: esmagar (com os pés), pisar (Ml 3.21).

עֳפִי* *pl.* עֳפָאִים (*Q* עֳפָיִם): ramagem, folhagem densa (Sl 104.12).

עפל PU: *pf. 3ª f. sing.* עֻפְּלָה: ser atrevido / corrupto (Hb 2.4 *txt. corr.*?). – HI: *impf. cons.* וַיַּעְפִּלוּ: atrever-se, teimar (Nm 14.44).

I עֹפֶל* *m.*, *pl.* עֳפָלִים, *cs.* עָפְלֵי, *suf.* עָפְלֵיכֶם: tumor, úlcera, hemorróides.

II עֹפֶל *n. l.* Ofel (elevado, outeiro) (Is 32.14; 2 Rs 5.24).

עָפְנִי (*com art.* הָעָפְנִי) *n. l.* (Js 18.24 *txt. corr.*?).

עַפְעַפַּיִם* *m.*, *cs.* עַפְעַפֵּי, *suf.* עַפְעַפָּיו, עַפְעַפֶּיהָ: olhos vidrados / reluzentes (pálpebras?).

עפף POEL: *inf. suf.* עוֹפְפִי (*POLEL de* I עוף?): duplicar (Ez 32.10).

עפר PI: *pf.* עִפַּר: atirar, jogar (2 Sm 16.13).

עָפָר *m.*, *cs.* עֲפַר, *suf.* עֲפָרוֹ, *pl. cs.* עַפְרֹת/רוֹת: terra fina e seca, pó, entulho; reboco.

עֵפֶר *n. m.* (Gn 25.4).

עֹפֶר *m.*, *pl.* עֳפָרִים: cria, filhote.

I עָפְרָה *n. m.* (1 Cr 4.14).

II עָפְרָה *n. l.* (Js 18.23).

עַפְרָה *n. l.* (Mq 1.10), *v.* בֵּית לְעַפְרָה.

I עֶפְרוֹן *n. m.* (Gn 23.8-17).

II עֶפְרוֹן *n. l.* (Js 15.9).

עֶפְרַיִן *Q* (2 Cr 13.19), *K* II עֶפְרוֹן.

עֹפֶרֶת *tb.* עוֹפֶרֶת *m.*, *i. p.* עֹפָרֶת: chumbo.

עֵפָתָה *v.* I עֵיפָה.

עֵץ *m.*, *suf.* עֵצְךָ, *pl.* עֵצִים, *cs.* עֲצֵי, *suf.* עֵצֵינוּ: árvore, madeira, (*pl.*) pedaços de madeira.

I עצב PI: *pf. com suf.* עִצְּבוּנִי: formar (Jó 10.8). – HI: *inf. com suf.* לְהַעֲצִבָהּ: retratar, representar (Jr 44.19).

II עצב QAL: *pf. com suf.* עֲצָבוֹ, *inf. com suf.* עָצְבִּי, *pt. pass. f. cs.* עֲצוּבַת: censurar, contrariar, afligir. – NI: *pf.* נֶעֱ/נֶעְצַב, *impf.* יֵעָצֵב, תֵּעָצְבוּ, תֵּעָצֵבוּ: estar preocupado, entristecer-se, irritar-se, machucar-se – PI: *pf.* עִצְּבוּ, *imp. i. p.* יְעַצֵּבוּ: afligir, magoar, escarnecer (Js 63.10; Sl 56.6). – HI: *impf. com suf.* יַעֲצִיבוּהוּ: magoar, ofender (Sl 78.40). – HIT: impf. וַיִּתְעַצֵּב, וַיִּתְעַצְּבוּ: ficar magoado; irar-se (Gn 6.6; 34.7).

עָצָב* (*de* I עצב) *m., pl.* עֲצַבִּים, *cs.* עֲצַבֵּי, *suf.* עֲצַבֵּיהֶם, עֲצַבֶּיהָ: ídolo, imagem.

עָצָב* (*de* II עצב) *m., pl. com suf.* עַצְּבֵיכֶם: operário (Is 58.3).

I עֶצֶב (*de* I עצב) *m.:* vaso, utensílio (Jr 22.28).

II עֶצֶב (*de* II עצב) *m., pl.* עֲצָבִים, *suf.* עֲצָבֶיךָ: dor, fadiga, aflição.

I עֹצֶב* (*de* I עצב) *m., suf.* עָצְבִּי: ídolo (Is 48.5).

II עֹצֶב (*de* II עצב) *m., suf.* עָצְבְּךָ: dor, fadiga, angústia.

עִצָּבוֹן (*de* II עצב), *cs.* עִצְּבוֹן, *suf.* עִצְּבוֹנֵךְ: trabalho duro, fadiga, dor, sofrimento (Gn 3.16s; 5.29).

עַצֶּבֶת* (*de* II עצב), *i. p.* עַצָּבֶת, *cs.* עַצֶּבֶת, *pl. suf.* עַצְּבֹתָי, עַצְּבוֹתָם: dor, sofrimento; lugar dolorido.

עצה QAL: *pt.* עֹצֶה: piscar (os olhos) (Pv 16.30).

עָצֶה cóccix, cauda (Lv 3.9).

I עֵצָה (*de* יעץ) *f., cs.* עֲצַת, *suf.* עֲצָתִי, עֲצָתְךָ, עֲצָתֶךָ, *pl.* עֵצוֹת: conselho; plano; máximas.

II עֵצָה* *cs.* עֲצַת, *suf.* עֲצָתָם, *pl.* עֵצוֹת: desobediência, rebelião, relutância (Sl 13.3; 106.43).

III עֵצָה (*f. de* עֵץ) árvore, madeira (Jr 6.6).

עָצוּם (*de* I עצם) *adj., pl.* עֲצֻמִים/עֲצֻ, *suf.* עֲצוּמָיו: poderoso, numeroso.

עֶצְיוֹן־גֶּבֶר *n. l.* (Nm 33.35s).

עצל NI: *impf.* תֵּעָצְלוּ: hesitar (Jz 18.9).

עָצֵל (*de* עצל) *adj.:* preguiçoso, indolente.

עַצְלָה (*de* עצל) *f.:* preguiça (Pv 19.15).

עַצְלוּת (*de* עצל) preguiça (Pv 31.27).

עֲצַלְתַּיִם (*de* עצל) grande preguiça (Ec 10.18).

I עצם QAL: *pf.* עָצַם, עָצְמוּ/עָצֻ, *impf.* וַיַּעַצְמוּ, *inf. com suf.* עָצְמוֹ: ser poderoso / numeroso / forte. – PI: *pf. c. suf.* עִצְּמוֹ: quebrar os ossos, desossar (Jr 50.17). – HI: *impf. c. suf.* וַיַּעֲצִמֵהוּ: fazer prevalecer, tornar forte (Sl 105.24).

II עצם QAL: *pt.* עֹצֵם: fechar (Is 33.15). – PI: *impf.* יְעַצֵּם: fechar (Is 29.10).

I עֶצֶם (*de* I עצם), *i. p.* עָצֶם, *suf.* עַצְמִי, עַצְמוֹ, עַצְמְכֶם, *pl. m.* עֲצָמִים, *suf.* עֲצָמַי, עֲצָמֵינוּ, *pl. f.* עֲצָמוֹת, *cs.* עַצְמוֹת, *suf.* עַצְמֹתַי, עַצְמֹתֵיהֶם: osso, ossada, esqueleto, cadáver; exatamente.

II עֶצֶם *n. l.* (Js 15.29).

I עֹצֶם (*de* I עצם) poder, força, poderio.

II עֹצֶם* (*de* I עצם), *suf.* עָצְמִי: osso (Sl 139.15).

עַצְמָה* (*de* I עצם), *pl. cs.* עַצְמוֹת, *suf.* עַצְמוֹתַי: maldade, má ação; grande sofrimento / dor.

עָצְמָה (*de* I עצם), *cs.* עָצְמַת: poder, poderio (Is 40.29; 47.9).

עַצְמוֹן *n. l.* (Nm 34.4s).

עֲצֻמוֹת* *pl. f. de* עָצוּם, *suf.* עֲצֻמוֹתֵיכֶם: provas, argumentos (Is 41.21).

עֶצֶן* *suf.* עֶצְנוֹ, *txt. corr.? l.* חֶצְנוֹ (< חֵצִין)?.

עצץ* QAL: *impf. cj.* אָעֻצָה: fixar (os olhos) (*cj.* Sl 32.8).

עצר QAL: *pf.* עָצַר, עָצַרְתִּי, עָצְרוּ, *suf.* עֲצָרַנִי, *impf.* אֶעְצֹר, יַעְצָר־, יַעְצֹר, וַיַּעַצְרֵהוּ, תַּעְצְרֵנִי, יַעַצָרְכָה, נַעְצְרָה, *suf.* נַעְצְרָה, *inf.* לַעְצֹר, עֲצֹר, *abs.* עָצֹר, *pt. pass.* עָצוּר/צֻר, עֲצָרָה, עֲצֻרָה: deter, conter, aprisionar, encerrar, impedir, vedar, fechar, prender, dominar. – NI: *pf.* נֶעֶצְרָה, *impf.* תֵּעָצַר, *inf.* הֵעָצֵר, *pt.* נֶעְצָר: ser detido, cessar, parar, cerrar-se, fechar-se.

עֹצֶר (*de* עצר) opressão (Jz 18.7).

עֹצֶר (*de* עצר) esterilidade (Pv 30.16); opressão (Is 53.8; Sl 107.39).

עֲצָרָה *tb.* עֲצֶרֶת (*de* עצר): *f., i. p.* עֲצָרֶת, *pl. c. suf.* עַצְּרֹתֵיכֶם: assembléia festiva / solene.

עקב QAL: *pf.* עָקַב, *impf.* יַעְקֹב, *suf.* וַיַּעְקְבֵנִי, *inf.* עָקוֹב: pegar pelo calcanhar, enganar. – PI: *impf. com suf.* יְעַקְּבֵם: segurar / deter pelo calcanhar, deter (Jó 37.4).

עָקֵב *m., cs.* עֲקֵב, *suf.* עֲקֵבוֹ, *pl. cs.* עִקְּבוֹת/בֵי, *suf.* עִקְּבוֹתֶיךָ, עֲקֵבַי: calcanhar, casco; (*pl.*) pegadas, vestígios; retaguarda.

עֵקֶב *m.:* a parte final, resultado, salário; (*adv.*) até o fim; (*conj.*) visto que, porque; עַל־עֵקֶב por causa de.

עָקֹב terreno acidentado (Is 40.4); difícil, enganoso (Jr 17.9) (Os 6.8 *txt. corr.*?).

עֹקֶב* astúcia, manha (Sl 139.14 *cj.*).

עָקְבָּה (*de* עקב) astúcia, ardileza (2 Rs 10.19).

עקד QAL: *impf.* וַיַּעֲקֹד: amarrar (Gn 22.9).

עָקֹד (*de* עקד), *pl.* עֲקֻדִּים: com malhas, malhado (?); com rabo encaracolado (?) (Gn 30.35,39s; 31.8, 10, 12).

עֵקֶד (*de* עקד) *n. l.* (2 Rs 10.12, 14).

עקה* (*de* עוק), *cs.* עָקַת: opressão (Sl 55.4).

עַקּוּב *n. m.* (1 Cr 3.24).

עקל PU: *pt.* מְעֻקָּל: torcer, retorcer (Hc 1.4).

עֲקַלְקַל* (*de* עקל), *pl. f.* עֲקַלְקַלּוֹת, *suf.* עֲקַלְקַלּוֹתָם: tortuoso, torcido (Jz 5.6; Sl 125.5).

עֲקַלָּתוֹן* (*de* עקל): sinuoso, tortuoso (Is 27.1).

עֲקָן *n. m.* (Gn 36.27).

עקר QAL: *inf.* עֲקוֹר: arrancar, desarraigar (Ec 3.2). – NI: *impf.* תֵּעָקֵר: ser arrancado / destruído (Sf 2.4). – PI: *pf.* עִקֵּר: jarretar, mutilar.

עָקָר (*de* עקר) *adj., f.* עֲקָרָה, *cs.* עֲקֶרֶת: estéril, sem descendência.

I עֵקֶר descendência (Lv 25.47).

II עֵקֶר *n. m.* (1 Cr 2.27).

עַקְרָב* *pl.* עַקְרַבִּים: escorpião; açoite.

עֶקְרוֹן *n. l.* (Js 13.3).

עֶקְרוֹנִי *gent.* (1 Sm 5.10).

עקשׁ NI: *pt. cs.* נֶעְקַשׁ: andar tortuoso (Pv 28.18). – PI: *pf.* עִקְּשׁוּ, *impf.* יְעַקֵּשׁוּ, *inf.* עַקֵּשׁ, *pt.* מְעַקֵּשׁ: torcer, perverter, andar (caminhos) tortos / tortuosos. – HI: *impf. com suf.* וַיַּעְקְשֵׁנִי: declarar culpado, ter por culpado (Jó 9.20).

I עִקֵּשׁ (*de* עקשׁ), *cs.* עִקֵּשׁ־/קֶּשׁ, *pl.* עִקְּשִׁים, *cs.* עִקְּשֵׁי: torto, tortuoso, contorcido, errado.

II עִקֵּשׁ *n. m.* (2 Sm 23.26).

עִקְּשׁוּת* (*de* עקשׁ) falsidade, perversidade (Pv 4.24; 6.12).

I עָר *n. t.* (Nm 21.28).

II עָר* צָרֶךָ *l.* עָרֶךָ (1 Sm 28.16), עָלֶיךָ *l.* עָרֶיךָ (Sl 139.20).

I עֵר *n. m.* (Gn 38.3).

II עֵר *v.* III עור.

I ערב QAL: *pf.* עָרַב, עָרַבְתָּ, *impf. com suf.* אֶעֶרְבֶנּוּ, *inf.* עֲרֹב, *suf.* עָרְבֵנִי, *inf.* עֲרֹב, *suf.* עָרְבֵנוּ, *pt.* עֹרֵב, עֹרְבִים, *cs.* עֹרְבֵי: ser fiador, intervir, interceder, trocar, negociar, ficar por fiador. – HIT: *imp.* הִתְעָרֶב: arriscar uma aposta, fazer uma aposta (2 Rs 18.23; Is 36.8).

II ערב HIT: *pf.* הִתְעָרְבוּ, *impf.* יִתְעָרַב, תִּתְעָרַב, *i. p.* תִּתְעָרָב: meter-se, comprometer-se; mesclar-se; imiscuir-se.

ערב III QAL: *pf.* עָרְבָה, עָרַבְתְּ, *impf.* יֶעֱרַב, יֶעֶרְבוּ: ser agradável, concordar.

ערב IV QAL: *pf.* עָרְבָה, *inf.* עֲרוֹב: anoitecer (Jz 19.9; Is 24.11). – HI: *inf. abs.* הַעֲרֵב: fazer ao anoitecer (1 Sm 17.16).

עֶ֫רֶב I *l.* עֲרָב? (1 Rs 10.15; Jr 25.24).

עֶ֫רֶב II (*de* IV ערב) *m.*, *i. p.* עָֽרֶב, *du.* עַרְבַּיִם: tardezinha, crepúsculo, (o) anoitecer, noite.

עֵ֫רֶב I *t. t. da tecelagem*, tecido? pano? (Lv 13.48ss).

עֵרֶב II (*de* II ערב) *m.*: mistura de gente, misto de gente, mescla de povo.

עֲרַב I *n. p.*, *i. p.* עֲרָב (Jr 25.24).

עֲרַב* II Is 21.13: בַּעְרַב *e* בַּעֲרָב = II עֲרָבָה.

עָרֵב (*de* III ערב) agradável, suave (Pv 20.17; Ct 2.14).

עֹרֵב, עוֹרֵב I *m.*, *pl.* עֹרְבִים, *cs.* עֹרְבֵי: corvo.

עֹרֵב, עוֹרֵב II *n. m.* (Jz 7.25).

עָרֹב (*de* II ערב) bicharia, inseto (mosca varejeira? piolho?).

עֲרָבָה* I *m.*, *pl.* עֲרָבִים, *cs.* עַרְבֵי: álamo do Eufrates, salgueiro; נַחַל עֲרָבִים: *n. r.* (Is 15.7).

עֲרָבָה II *f.*, *loc.* הָעֲרָבָ֫תָה, *suf.* עַרְבָתָהּ, *pl.* עֲרָבוֹת, *cs.* עַרְבֹת/בוֹת: deserto; הָעֲרָבָה: *n. t.* (Dt 1.7); יָם הָעֲרָבָה: Mar Morto; עַרְבוֹת מוֹאָב: *n. t.* (Nm 22.1); עַרְבוֹת יְרִיחוֹ *n. t.* (Js 4.13).

עֲרָבָה III *n. l.* (*v.* בֵּית הָעֲרָבָה).

עֲרֻבָּה (*de* I ערב), *suf.* עֲרֻבָּתָם: caução, penhor, prova (1 Sm 17.18; Pv 17.18).

עֵרָבוֹן (*de* I ערב) penhor, garantia (Gn 38.17, 18, 20).

עַרְבִי *gent.*, *pl.* עַרְבִיאִים/בִיים/בִים: (Ne 2.19).

עֲרָבִי *gent.* = עַרְבִי (Is 13.20).

עַרְבָתִי *gent. de* בֵּית הָעֲרָבָה (2 Sm 23.31).

ערג QAL: impf. תַּעֲרוֹג/רֹג: ansear, desejar (Sl 42.2; Jl 1.20).

עֵרֶד I *n. m.* (1 Cr 8.15).

עֲרָד II *n. l.* (Nm 21.1).

ערה NI: *impf.* יֵעָרֶה: ser derramado (Is 32.15). – PI: *pf.* עֵרָה, *impf.* יְעָרֶה, תְּעַר, וִיעָרוּ, *imp. pl.* עָרוּ, *inf.* עָרוֹת: pôr a descoberto, descobrir, esvaziar, derramar. – HI: *pf.* הֶעֱרָה: descobrir, desnudar, derramar, entregar (Lv 20.18s; Is 53.12). – HIT: *impf.* תִּתְעָרִי, *pt.* מִתְעָרֶה: desnudar-se, mostrar-se a descoberto (Lm 4.1) (*v.* Sl 37.35?).

עָרָה* *pl.* עָרוֹת: junco (Is 19.7).

עֲרוּגָה *f.*, *cs.* עֲרֻגַת/עֲרוּגַת, *pl.* עֲרֻגוֹת: canteiro.

עָרוֹד jumento selvagem (Jó 39.5).

עֶרְוָה (*de* ערה) *f.*, *cs.* עֶרְוַת, *suf.* עֶרְוָתֵךְ, עֶרְוָתְךָ, עֶרְוָתֵךְ: nudez, vergonhas.

עָרוֹם, עָרֹם (*de* ערה) *adj.*, *f.* עֲרֻמָּה, *pl.* עֲרוּמִים: sem roupa, nu, descoberto.

עָרוּם (*de* II ערם) *adj.*, *pl.* עֲרוּמִים: sábio.

עֲרוֹעֵר I *nome de uma planta?* junípero? zimbro? *l.* עָרוֹד? (Jr 48.6).

עֲרוֹעֵר II *n. l.* (Nm 32.34).

עָרוּץ* (*de* ערץ), *cs.* עֲרוּץ: barranco, ladeira (Jó 30.6).

עֵרִי I *n. m.* (Gn 46.16).

עֵרִי II *patr.* (Nm 26.16).

עֶרְיָה (*de* ערה) *f.*, *cs.* עֶרְיַת: nudez.

עֲרִיסָה* *pl. com suf.* עֲרִיסֹתֵ֫ינוּ, עֲרִיסוֹתֵיכֶם: massa (*ou* farinha?).

עֲרִיפִים* (*de* I ערף), *com suf.* עֲרִיפֶיהָ: (o) gotejar / pingar, gotejamento, (nuvens?) (Is 5.30).

עָרִיץ (*de* ערץ), *pl.* עָרִיצִים, *cs.* עָרִיצֵי: déspota, tirano; violento, prepotente.

עֲרִירִי (*de* ערר), *pl.* עֲרִירִים: sem filhos, solitário.

ערך QAL: *pl.* עָרַךְ, עָרְכָה, עָרַכְתָּ, *impf.* יַעֲרֹךְ, וַיַּעֲרֹךְ, אֶעֱרָךְ, אֶעֶרְכָה, תַּעַרְכוּ, *suf.* יַעַרְכֵנוּ, יַעַרְכֶהָ, יַעַרְכוּנִי, *imp.* עֶרְכָה, עִרְכוּ, *inf.* עֲרֹךְ, *abs.* עָרֹךְ, *pt.*

pl. עֹרְכִים, *pass.* עָרוּךְ, *cs.* עֲרוּךְ, *f.* עֲרוּכָה, *pl.* עֲרֻכוֹת montar em camadas, empilhar, preparar, pôr em ordem, enfileirar, alinhar, confrontar, opor, comparar, apresentar, encaminhar. – HI: *pf.* הֶעֱרִיךְ, *suf.* הֶעֱרִיכוֹ, *impf.* יַעֲרִיךְ, *suf.* יַעֲרִיכֶנּוּ: estimar, avaliar.

עֵרֶךְ (*de* ערך) *m.*, *suf.* עֶרְכּוֹ, עֶרְכְּךָ, *i. p.* עֶרְכֶּךָ: camada, ordem, avaliação, estimativa.

ערל QAL: *pf.* וַעֲרַלְתֶּם: deixar incircunciso, não colher (Lv 19.23). – NI: *imp.* הֵעָרֵל: exibir a incircuncisão (Hc 2.16 *txt. corr.*?).

עָרֵל (*de* ערל), *cs.* עֲרֵל *ou* עֲרַל, *pl.* עֲרֵלִים, *cs.* עַרְלֵי, *f.* עֲרֵלָה: incircunciso, com prepúcio; desajeitado (no falar).

עָרְלָה *f.*, *cs.* עָרְלַת, *suf.* עָרְלָתוֹ, עָרְלַתְכֶם, *pl.* עֲרָלוֹת, *cs.* עָרְלוֹת, *suf.* עָרְלֹתֵיכֶם: prepúcio; pênis.

I ערם NI: *pf.* נֶעֶרְמוּ: amontoar-se, juntar-se, represar-se (Êx 15.8). – *cj.* PI: *pt.* מְעָרְמִים: empilhar, amontoar (*cj.* Jr 50.26).

II ערם QAL: *impf.* יַעְרֹם, *inf. abs.* עָרֹם, *cs. com suf.* עָרְמָם: ser / tornar-se sábio / prudente, ser astuto / esperto. – HI: *impf.* יַעֲרִימוּ: portar-se astutamente, tramar (Sl 83.4).

עָרֹם *v.* עָרוֹם.

עֵרֹם *v.* עֵירֹם.

עָרְמָה (*de* II ערם), *com suf.* עָרְמָם: traição; prudência.

עֲרֵמָה (*de* I ערם) *f.*, *cs.* עֲרֵמַת, *pl.* עֲרֵמוֹת: monte.

עַרְמוֹן *m.*, *pl.* עַרְמֹנִים: plátano (Gn 30.37; Ez 31.8).

עֵרָן *n. m.* (Nm 26.36).

עֵרָנִי *gent.* (Nm 26.26).

עַרְעוֹר *v.* עֲרוֹעֵר (Jz 11.26).

עַרְעָר (*de* ערר) nu, desamparado (Sl 102.18); junípero (Jr 17.6); *v.* עֲרוֹעֵר.

עֲרֹעֵר *v.* עֲרוֹעֵר.

עַרְעָרָה* *cj.*, *n. l.* (*cj.* Js 15.22; 1 Sm 30.28).

עֲרֹעֵרִי *gent.* (*de* עֲרוֹעֵר) (1 Cr 11.44).

I ערף QAL: *impf.* יַעֲרֹף, יַעַרְפוּ: gotejar, pingar (Dt 32.2; 33.28).

II ערף QAL: *pf.* עָרְפוּ, *suf.* עֲרַפְתּוֹ, *impf.* יַעֲרֹף, *pt.* עוֹרֵף, *pass. f.* עֲרוּפָה: quebrar.

עֹרֶף *m.*, *suf.* עָרְפִּי, עָרְפּוֹ: nuca, pescoço.

עָרְפָּה *n.f.* (Rt 1.4, 14).

עֲרָפֶל treva, escuridão.

ערץ QAL: *impf.* אֶעֱרוֹץ, תַּעֲרוֹצִי, תַּעֲרֹץ, תַּעַרְצוּן, תַּעַרְצוּ, *inf.* עֲרוֹץ: assustar-se, estremecer, apavorar-se, temer. – NI: *pt.* נַעֲרָץ: ser temível / terrível (Sl 89.8). – HI: *impf.* יַעֲרִיצוּ: temer (Is 8.12,13; 29.23).

עָרִץ* *v.* עָרוּץ.

ערק QAL: *pt. pl.* עֹרְקִים, *suf.* עֹרְקַי: roer, corroer (Jó 30.3, 7).

עַרְקִי *n.p.* (Gn 10.17).

ערר QAL: *imp. pl. f.* עֹרָה: despir-se (Is 32.11). – POEL: *pf.* עֹרְרוּ: destapar, arrasar (Is 23.13). – PILEL: *inf.* עַרְעֵר: derribar, destruir (Jr 51.58). – HITPALEL: *impf.* תִּתְעַרְעָר: ser destruído (Jr 51.58).

עֶרֶשׂ *f.*, *i. p.* עָרֶשׂ, *suf.* עַרְשִׂי, עַרְשֵׂנוּ, *pl. com suf.* עַרְשׂוֹתָם: cama, divã.

עֵשֶׂב *m.*, *com suf.* עֶשְׂבָּם, *pl. cs.* עִשְׂבוֹת: erva, ervas (*col.*); plantas.

עשה QAL: *pf.* עָשָׂה, עָשְׂתָה *ou* עָשָׂת, עָשִׂיתָ, עָשִׂיתָה, עָשׂוּ, עֲשִׂיתֶן, עָשִׂינוּ, *suf.* עֲשִׂיתִנִי, עֲשִׂיתִיהוּ, עָשָׂתְנִי, עָשְׂךָ, עָשָׂהוּ, *impf.* יַעֲשֶׂה, תַּעֲשֶׂה, וַיַּעֲשֶׂה, וַיַּעַשׂ, וַנַּעֲשֶׂה, *suf.* יַעֲשֵׂהוּ, *imp.* עֲשֵׂה, עֲשִׂי, עֲשׂוּ, *inf.* עֲשׂה, עֲשׂוֹ, עֲשׂוֹת, *suf.* עֲשֹׂתוֹ, עֲשׂהוּ, *abs.* עָשׂה, עָשׂוֹ, *pt.* עוֹשֶׂה/עֹשֶׂה, *cs.* עוֹשֵׂה/עֹשֵׂה, *f.* עֹשָׂה, *pl.* עֹשִׂים, *cs.* עֹשֵׂי, *f.* עֹשׂוֹת, *suf.* עֹשֵׂהוּ, עֹשָׂיו, *pass.*

עָשׂוּי, f. עֲשׂוּיָה/עֲשֻׂ, pl. עֲשׂוּיִם, f. עֲשׂוּוֹת (K), עֲשֻׂיוֹת (Q): fazer, manufaturar, trabalhar; pôr, colocar, transformar, fabricar, aprontar, elaborar, preparar, realizar, executar, agir, intervir. – NI: pf. נַעֲשָׂה, f. נֶעֶשְׂתָה, i. p. נֶעֱשָׂתָה, נַעֲשׂוּ, impf. יֵעָשֶׂה, וְתֵעָשׂ, תֵּיעָשֶׂה, תֵּעָשֶׂינָה, inf. הֵעָשׂוֹת, suf. הֵעָשׂוֹתוֹ, pt. נַעֲשֶׂה, pl. נַעֲשִׂים, נַעֲשׂוֹת: ser feito / preparado / concluído. – PI: pf. עִשּׂוּ: comprimir, pressionar, apalpar (Ez 23.3,8) (cj. Ez 23.21). – PU: עֻשֵּׂיתִי: fui feito / criado (Sl 139.15).

עֲשָׂהאֵל n. m. (2 Sm 2.18-32).

עֵשָׂו n. m. (Gn 25.30) (= אֱדוֹם).

עָשׂוֹר, עָשֹׂר (uma) dezena; dez; décimo.

עֲשִׂיאֵל n. m. (1 Cr 4.35).

עֲשָׂיָה n. m. (2 Rs 22.12).

עֲשִׂירִי tb. עֲשִׂרִי f. עֲשִׂירִית/רִיָּה: o décimo.

עשׂק HIT: pf. הִתְעַשְּׂקוּ: contender, brigar (Gn 26.20).

עֵשֶׂק n. l. (Gn 26.20).

עשׂר QAL: impf. יַעְשֹׂר: impor / cobrar o dízimo (1 Sm 8.15,17). – PI: impf. תְּעַשֵּׂר, suf. אֲעַשְּׂרֶנּוּ, inf. עַשֵּׂר, pt. מְעַשְּׂרִים: dar o dízimo; recolher o dízimo. – HI: inf. com prep. בַּעְשֵׂר, לַעְשֵׂר: dar o dízimo; recolher o dízimo (Dt 26.12; Ne 10.39).

עֶשֶׂר m., i. p. עָשֶׂר, f. עֲשָׂרָה ou עֲשֶׂרֶת: dez, grupo de dez.

עָשָׂר m., f. עֶשְׂרֵה: dez (só em combinação com outros números: אַחַד עָשָׂר = onze, שְׁנֵים עָשָׂר = doze, etc).

עֶשְׂרֵה v. עָשָׂר.

עֲשָׂרָה v. עֶשֶׂר.

עִשָּׂרוֹן m., pl. עֶשְׂרֹנִים: décima parte.

עֶשְׂרִים vinte, vigésimo.

עֲשֶׂרֶת v. עֶשֶׂר.

I עָשׁ m. traça.

II עָשׁ putrefação, podridão (Os 5.12).

III עָשׁ = עַיִשׁ) leão (Jó 9.9).

עָשׁוֹק (de עשׁק) m.: opressor (Jr 22.3).

עֲשׁוּקִים (de עשׁק) opressão, violência.

עָשׁוֹת (de I עשׁת) forjado, trabalhado (Ez 27.19).

עַשְׁוָת n. m. (1 Cr 7.33).

עָשִׁיר (de עשׁר) m., com art. הֶעָשִׁיר, pl. עֲשִׁירִים, cs. עֲשִׁירֵי, suf. עֲשִׁירֶיהָ: abastado, rico.

עשׁן QAL: pf. עָשַׁן, עָשַׁנְתָּ, impf. יֶעְשַׁן, i. p. יֶעֱשָׁנוּ: fumegar.

I עָשָׁן (de עשׁן) m., cs. עֲשַׁן ou עֶשֶׁן, suf. עֲשָׁנוֹ: fumaça.

II עָשָׁן n. l., v. בּוֹר עָשָׁן (Js 15.42).

עָשֵׁן (de עשׁן), pl. עֲשֵׁנִים: fumegante (Êx 20.18; Is 7.4).

עשׁק QAL: pf. עָשַׁק, i. p. עָשָׁק, עָשַׁקְתִּי, suf. עֲשָׁקוֹ, עֲשַׁקְתָּנוּ, impf. יַעֲשֹׁק, i. p. תַּעֲשֹׁקוּ, suf. יַעַשְׁקֵנִי, inf. עֲשֹׁק, suf. עָשְׁקָם, pt. עוֹשֵׁק ou עֹשֵׁק, pl. f. עֹשְׁקוֹת, pass. עָשׁוּק ou עָשֻׁק: oprimir, fazer injustiça, extorquir. – PU: pt. f. מְעֻשָּׁקָה: ser oprimido (Jr 23.12).

עֵשֶׁק (de עשׁק) n. m. (1 Cr 8.39).

עֹשֶׁק (de עשׁק) m.: opressão, extorsão.

עָשְׁקָה (f. de עֹשֶׁק) opressão (Is 38.14).

עשׁר QAL: pf. עָשַׁרְתִּי, impf. יֶעְשַׁר: tornar-se rico, enriquecer. - HI: pf. הֶעֱשַׁרְתְּ, impf. יַעְשִׁיר, תַּעֲשִׁיר, וָאַעְשִׁר, וַיַּעֲשִׁירוּ, suf. יַעְשְׁרֶנּוּ, תַּעְשְׁרֶנָּה, inf. הַעֲשִׁיר, pt. מַעֲשִׁיר: alcançar riqueza, enriquecer. – HIT: pt. מִתְעַשֵּׁר: dizer-se rico, presumir-se rico (Pv 13.7).

עֹשֶׁר (de עשׁר) m. עָשְׁרוֹ: riqueza.

עשׁשׁ QAL: pf. עָשְׁשָׁה, עָשֵׁשׁוּ: enfraquecer, dissolver-se (Sl 6.8; 31.10s).

I עשׁת QAL: pf. עָשְׁתוּ: ser liso (Jr 5.28 txt. corr.?).

II עשׁת HIT: impf. יִתְעַשֵּׁת: lembrar-se (Jn 1.6).

עֶשֶׁת* (*de* I עשׁת) lâmina, chapa (Ct 5.14).
עַשְׁתּוּת (*de* II עשׁת) opinião (Jó 12.5).
עַשְׁתֵּי *só na combinação* עַשְׁתֵּי עָשָׂר *m.*, *ou* עַשְׁתֵּי עֶשְׂרֵה *f.*: onze; décimo primeiro.
עֶשְׁתֹּנֶת* (*de* II עשׁת) *pl. com suf.* עֶשְׁתֹּנֹתָיו: idéia, plano (Sl 146.6).
עַשְׁתֹּרֶת *n.d.*, *pl.* עַשְׁתָּרֹת/רוֹת: astarte.
עַשְׁתְּרֹת* *pl. cs.* עַשְׁתְּרֹת: fruto; filhote (Dt 7.13; 28.4,18,51) (Jó 39.1?).
עַשְׁתְּרוֹת *n. l.* (Dt 1.4).
עַשְׁתְּרָתִי *gent.* (1 Cr 11.44).
עֵת *f. ou m.* ־עֶת *ou* ־עֵת, *suf.* עִתּוֹ, *pl.* עִתִּים *ou* עִתּוֹת, *suf.* עִתֹּתָי, עִתֶּיךָ: tempo; tempo determinado / exato, momento; época.
עֵת קָצִין* *n. l.*, *loc.* עִתָּה קָצִין (Js 19.13).
עַתָּ *v.* עַתָּה.
עתד PI: *imp. com suf.* וְעַתְּדָהּ: preparar, aprontar (Pv 24.27). – HIT: *pf.* הִתְעַתְּדוּ: estar destinado (Jó 15.28).
עַתָּה (*v.* עֵת), *i. p.* עָתָּה: agora, já, imediatamente, neste momento; וְעַתָּה: e agora, mas agora; עַד־עַתָּה: até agora; מֵעַתָּה: de agora em diante.
עָתוּד* (*de* עתד), *pl.* עֲתוּדִים, *f. com suf.* עֲתוּדֹתֵיהֶם: pronto, preparado (Et 8.13); (*pl. f.*) provisões, tesouros (Is 10.13).
עַתּוּד* *m.*, *pl.* עַתֻּדִים/עַתּוּדִים: carneiro, bode; (*fig.*) guia, líder.
עִתִּי (*v.* עֵת) em prontidão, à disposição (Lv 16.21).
עַתַּי *n. m.*, *i. p.* עַתָּי (1 Cr 2.35).

עָתִיד (*de* עתד), *pl.* עֲתִידִים *ou* עֲתִדֹת, *suf* עֲתִידוֹתֵיהֶם: pronto, preparado; (*pl.*) o que virá, o vindouro, o futuro.
עֲתָיָה *n. m.* (Ne 11.4).
עָתִיק (*de* עתק) escolhido, fino (Is 23.18).
עַתִּיק* (*de* עתק), *pl.* עַתִּיקִים, *cs.* עַתִּיקֵי: desmamado (Is 28.9); (de tradição) antiga (1 Cr 4.22).
עֲתָךְ *n. l.* (1 Sm 30.30).
עַתְלַי* *n. m.*, *i. p.* עַתְלָי: (Ed 10.28).
עֲתַלְיָה *n. m.* (1 Cr 8.26); *n. f.* (2 Rs 11.1).
עֲתַלְיָהוּ *n. f.* (2 Rs 8.26).
עתם NI: *pf.* נֶעְתַּם: tremer(?), estar destruído(?) (Is 9.18 *txt. corr.*?).
עָתְנִי *n. m.* (1 Cr 26.7).
עָתְנִיאֵל *n. m.* (Js 15.17).
עתק QAL: *pf.* עָתְקָה, עָתְקוּ, *impf.* יֶעְתַּק: mudar, remover; envelhecer, debilitar-se. – HI: *pf.* הֶעְתִּיקוּ, *impf. cons.* וַיַּעְתֵּק: ir adiante, deslocar-se; abandonar, faltar; assumir, coletar.
עָתָק (*de* עתק) arrogante, insolente.
עָתֵק antigo, durável, secular (Pv 8.18).
עתר QAL: *impf.* וַיֶּעְתַּר, יֶעְתַּר: orar, pedir. – NI: *pf.* נֶעְתַּר, *impf.* וַיֵּעָתֵר, וַיֵּעָתֶר, *inf. cs.* ־הֵעָתֵר, *abs.* נַעְתּוֹר: ouvir, atender. – HI: *pf.* הַעְתַּרְתִּי, *impf.* אַעְתִּיר, תַּעְתִּיר, *imp.* הַעְתִּירוּ: orar, pedir, suplicar.
עָתָר* *m.*, *cs.* עֲתַר, *pl. com suf.* עֲתָרַי: perfume.
עֶתֶר *n. l.* (Js 15.42).
עֲתֶרֶת riqueza (Jr 33.6 *txt. corr.*?).

פ

פ פֵּא: décima sétima letra do alfabeto; *como num.* = 80.

פֹּא *v.* פֹּה.

פאה HI: *impf. com suf.* אַפְאֵיהֶם: despedaçar?, eliminar?, espalhar? (Dt 32.26, *txt. corr.?*).

I פֵּאָה *f., cs.* פְּאַת, *pl.* פֵּאֹת, *du. cs.* פַּאֲתֵי: canto, beira, margem, lado (os dois lados = têmperas), direção, extremidades.

II פֵּאָה pedaço, parte, porção (Ne 9.22).

III פֵּאָה esplendor, beleza (Am 3.12?).

פאם *v.* פִּימָה.

I פאר (*denom. de* פֻּארָה) PI: *impf.* תְּפַאֵר: derrubar com uma vara (?), repassar os ramos (?) (Dt 24.20).

II פאר PI: *pf. com suf.* פֵּאֲרָךְ, *impf.* יְפָאֵר, אֲפָאֵר, *inf.* פָּאֵר: ornamentar, honrar, glorificar, cobrir de esplendor. – HIT: *impf.* יִתְפָּאֵר, *i. p.* יִתְפָּאָר, אֶתְפָּאָר, *imp.* הִתְפָּאֵר, *inf.* הִתְפָּאֵר: gloriar-se, glorificar-se.

פְּאֵר *m., suf.* פְּאֵרֶךָ, *pl.* פְּאֵרִים, *cs.* פַּאֲרֵי, *suf.* פְּאֵרֵיכֶם: turbante, diadema.

פֹּארָה* (*de* I פאר) *f., pl.* פֹּראוֹת, *suf.* פֹּארֹתָיו: renovo, galho, ramo.

פֻּארָה (*de* I פאר) ramagem, ramo (Is 10.33).

פָּארוּר *m.*: brasa, fervor (Jl 2.6; Na 2.11).

פָּארָן *n. t.* (Gn 21.21).

פַּג* *pl. com suf.*: פַּגֶּיהָ: figo pequeno / verde (Ct 2.13).

פִּגּוּל *pl.* פִּגֻּלִים: carne sacrifical que se tornou impura, carne estragada / avariada.

פגע QAL: *pf.* פָּגַע, וּפָגַעְתָּ, *suf.* פְּגָעוֹ, *impf.* יִפְגְּעוּן, יִפְגְּעוּ, נִפְגַּע, וַיִּפְגַּע, תִּפְגַּע, *suf.* יִפְגָּעֵנוּ, *imp.* פְּגַע, פִּגְעוּ, *inf.* פְּגֹעַ, *suf.* פִּגְעוֹ: encontrar, deparar; alcançar, chegar; avançar, atacar, ferir; importunar; insistir, interceder. – *cj.* NI: *impf.* אֶפָּגַע: condescender (Is 47.3 *cj.*). – HI: *pf.* הִפְגִּיעַ, הִפְגִּעוּ, *impf.* יַפְגִּיעַ, *pt.* מַפְגִּיעַ: fazer atingir, interceder, insistir.

פֶּגַע (*de* פגע) *m.*: acaso, ocorrência (Ec 9.11; 1 Rs 5.18).

פַּגְעִיאֵל *n. m.* (Nm 1.13).

פגר PI: *pf.* פִּגְּרוּ: estar muito cansado (1 Sm 30.10,21).

פֶּגֶר (*de* פגר) *m., i. p.* פָּגֶר, *pl.* פְּגָרִים, *cs.* פִּגְרֵי, *suf.* פִּגְרֵיכֶם: cadáver, defunto.

פגשׁ QAL: *pf. i. p.* פָּגָשׁוּ, פָּגַשְׁתִּי, *impf.* אֶפְגְּשֵׁם, וַיִּפְגְּשֵׁהוּ, וַתִּפְגֹּשׁ, *suf.* יִפְגָּשְׁךָ, וַיִּפְגְּשׁוּם, *inf.* פְּגֹשׁ, *abs.* פָּגוֹשׁ: encontrar. – NI: *pf. i. p.* נִפְגָּשׁוּ: encontrar-se. PI: *impf.* יְפַגְּשׁוּ colidir, encontrar (Jó 5.14).

פדה QAL: *pf.* פָּדָה, פָּדִיתָ, פְּדִיתָה, *suf.* פְּדִיתִיךָ, פְּדִתִיךָ, פָּדָם, פְּדָךְ, *impf.* יִפְדֶּה, *suf.* וַיִּפְדְּךָ, אֶפְדֵּם, תִּפְדּוּנִי, *imp.* פְּדֵה, *suf.* פְּדֵנִי, *inf.* פְּדוֹת, *abs.* פָּדֹה, *pt.* פֹּדֶה, *suf.* פֹּדְךָ, *pass. pl. cs.* פְּדוּיֵי, *suf.* פְּדוּיָו: comprar a liberdade, resgatar, remir, salvar, libertar. – NI: *pf. i. p.* נִפְדָּתָה, *impf.* יִפָּדֶה: ser resgatado/libertado/salvo. HI: *pf. c. suf.* הֶפְדָּהּ: fazer resgatar, deixar remir (Êx 21.8). – HO: *inf. abs.* הָפְדֵּה: ser resgatado (Lv 19.20).

פְּדַהְאֵל *n. m.* (Nm 34.28).

פְּדָהצוּר *n. m.* (Nm 1.10).

פְּדוּיִם (*de* פדה), *cs.* פְּדוּיֵי: resgate (Nm 3.46,48s,51).

פָּדוֹן *n. m.* (Ed 2.44).

פְּדֻת, פְּדוּת libertação, salvação.

פְּדָיָה *n. m.* (2 Rs 23.36).

פְּדָיָהוּ *n. m.* (1 Cr 27.20).

פִּדְיוֹם (*de* פדה) resgate (Nm 3.49).

פִּדְיוֹן (*de* פדה) *m., cs.* פִּדְיוֹן/יֹן: resgate (Êx 21.30; Sl 49.9).

פַּדָּן *cs.* פַּדַּן: *n. t.* (Gn 25.20).
פדע QAL: *imp. com suf.* פְּדָעֵהוּ: soltar? (Jó 33.24 *txt. corr.?*).
פֶּדֶר *i. p.* פָּדֶר, *suf.* פִּדְרוֹ: gordura dos rins (Lv 1.8,12; 8.20).
פֶּה *cs.* פִּי, *suf.* פִּי, פִּינוּ, פִּיךָ, פִּיו, פִּיהוּ, פִּימוֹ, פִּיהֶם, *pl.* פִּיּוֹת, פֵּיוֹת: boca, goela, desembocadura, fio (da espada), entrada; palavra, ordem; *c. prep.* כְּפִי, לְפִי, עַל־פִּי segundo.
פֹּא, פּוֹ, פֹּה *adv.* aqui, para cá.
פּוּאָה *n. m.* (1 Cr 7.1), *v.* פֻּוָּה.
פוג QAL: *impf.* תָּפוּג, וַיָּפָג: não palpitar, enfraquecer. – NI: *pf.* נְפוּגֹתִי: estar enfraquecido (Sl 38.9).
פּוּגָה* (*de* פוג) *cs.* פּוּגַת: repouso, descanso (Lm 2.18).
פֻּוָּה *n. m.* (Gn 46.13), *v.* פּוּאָה.
I פוח QAL: *impf.* יָפוּחַ: soprar (Ct 2.17; 4.6). – HI: *imp.* הָפִיחִי: soprar? fazer cheirar, fazer exalar perfume (Ct 4.16).
II פוח QAL: *impf.* יָפִיחַ, אָפִיחַ, יָפִיחוּ: assoprar, desafiar; produzir, proferir.
פּוּט *n. p.* (Gn 10.6).
פּוּטִיאֵל *n. m.* (Êx 6.25).
פּוֹטִיפַר *n. m.* (Gn 37.36).
פּוֹטִי פֶרַע *n. m.* (Gn 41.45).
פּוּךְ cosmético preto (*para olhos*), rímel, sombra (2 Rs 9.30; Jr 4.30); engaste, carbúnculo, argamassa colorida (Is 54.11; 1 Cr 29.2).
פּוֹל fava (2 Sm 17.28; Ez 4.9).
I פּוּל *n. p.* (Is 66.19).
II פּוּל *n. m.* (2 Rs 15.19).
פון (*raiz incerta, significado dúbio*) QAL: *impf.* אָפוּנָה: estar perplexo / desorientado? (Sl 88.16, *txt. corr.?*).
פּוֹנֶה (2 Cr 25.23, *l.* פִּנָּה).
פּוּנִי *patr.* (Nm 26.23).
פּוּנֹן *n. l.* (Nm 33.42s).
פּוּעָה *n. f.* (Êx 1.15).
פוץ QAL: *impf.* יָפוּצוּ, וַיָּפֻצוּ, תְּפוּצֶנָה, תְּפוּצֶינָה, וַתְּפוּצֶינָה, *imp.* פֻּצוּ: espalhar-se, dispersar-se; transbordar; ser retirado / desapropriado. – NI: *pf.* נָפֹצָה, נָפֹצוּ, נְפֹצֹתֶם, נְפוֹצֹתֶם, *pt. f.* נָפֹצֶת, *pf.* נְפֹצִים, נְפֻצוֹת: ser disperso / espalhado, estender-se. – HI: *pf.* הֵפִיץ, וַהֲפִצֹתִי, וַהֲפִיצוֹתִי, הֲפִיצֹתֶם, הֲפִיצוֹתֶם, הֲפִצֹתֶם, הֱפִיצְךָ, הֲפִצוֹתִיךָ, הֱפִיצָם, *suf.* הֱפִיצָהוּ, *impf.* יָפִיץ, יָפֶץ, וַיָּפֶץ, *suf.* אֲפִיצֵם, *imp.* הָפֵץ, *inf.* הָפִיץ, *suf.* הֲפִיצִי, *pt.* מֵפִיץ, *pl.* מְפִצִים: dispersar, derramar, espalhar, perseguir, espalhar-se.
פּוּצַי dispersão? (Sf 3.10 *txt. corr.?*).
פוק QAL: *pf.* פָּקוּ: cambalear (Is 28.7). – HI: *impf.* יָפִיק, וַיָּפֶק: vacilar; alcançar, obter; favorecer, conceder.
פּוּקָה (*de* פוק) tropeço (1 Sm 25.31).
פור HI: *pf.* הֵפִיר, *impf.* אָפִיר: destruir, quebrar (Ez 17.19; Sl 33.10;? Sl 89.34).
פּוּר *m.*: sorte (= גּוֹרָל Et 3.7; 9.24); פֻּרִים / פּוּרִים: Purim (*nome de uma festa*).
פּוּרָה lagar, dorna (Is 63.3; Ag 2.16).
פּוֹרָתָא *n. m.* (Et 9.8).
פוש QAL: *pf.* וּפָשׁוּ, וּפִשְׁתֶּם, *impf.* תָּפוּשׁוּ: patear, saltar. – NI: *pf.* נָפֹשׁוּ: ser disperso? (Na 3.18 *txt. corr.?*).
פּוּתִי *patr.* (1 Cr 2.53).
פַּז *m.*, *i. p.* פָּז: ouro puro.
I פזז (*denom. de* פַּז) HO: *pt.* מוּפָז: revestir de ouro puro (1 Rs 10.18).
II פזז QAL: *impf.* וַיָּפֹזּוּ: ser ágil (Gn 49.24). – PI: *pt.* מְפַזֵּז: saltear, dançar (2 Sm 6.16).
פזר QAL: *pt. pass.* פְּזוּרָה: desgarrar, espalhar (Jr 50.17). – PI: *pf.* פִּזַּר,

impf. יְפַזֵּר, וַתְּפַזְּרִי, *pt.* מְפַזֵּר: espalhar, dispersar, distribuir, escancarar. – NI: *pf.* נִפְזְרוּ: ser espalhado / disperso (Sl 141.7). – PU: *pt.* מְפֻזָּר: espalhar, dispersar (Et 3.8).

I פַּח *m., i. p.* פָּח, *pl.* פַּחִים, *cs.* פַּחֵי: aboiz, laço, rede, armadilha (*para caçar pássaros*).

II פַּח* *pl.* פַּחִים: lâmina fina/delgada (Êx 39.3; Nm 17.3).

פחד QAL: *pf.* פָּחַד, פָּחַדְתִּי, פָּחֲדוּ, *i. p.* פָּחָדוּ, *impf.* אֶפְחָד, *i. p.* אֶפְחָד, יִפְחֲדוּ: tremer, temer, assustar-se. – PI: *impf.* וַתְּפַחֵד, *pt.* מְפַחֵד: sentir temor, viver em temor (Is 51.13; Pv 28.14). – HI: *pf.* הִפְחִיד: causar tremor (Jó 4.14).

I פַּחַד (*de* פחד) *m., i. p.* פָּחַד, *suf.* פַּחְדּוֹ, פַּחְדְּכֶם, *pl.* פְּחָדִים: tremor, pavor, susto, temor, medo, terror.

II פַּחַד* *du. c. suf.* פַּחֲדָו: coxa (Jó 40.17).

פַּחְדָּה* (*de* פחד), *c. suf.* פַּחְדָּתִי: temor (Jr 2.19 *txt. corr.?*).

פֶּחָה *m., suf.* פֶּחָם, פֶּחָתְךָ, *pl.* פַּחוֹת, *cs.* פַּחֲוֹת, *suf.* פַּחוֹתֶיהָ: governador.

פחז QAL: *pt.* פֹּחֲזִים: ser aventureiro / atrevido / leviano (Jz 9.4; Sf 3.4).

פַּחַז (*de* פחז): ímpeto, impetuosidade (Gn 49.4 *txt. corr.?*).

פַּחֲזוּת* (*de* פחז) *suf.* פַּחֲזוּתָם: leviandade, fanfarronada (Jr 23.32).

פחח HI: *inf. abs.* הָפֵחַ: estar preso/algemado (Is 42.22).

פֶּחָם carvão.

פַּחַת *m., i. p.* פָּחַת, *pl.* פְּחָתִים: cova, fossa, gruta.

פַּחַת מוֹאָב *n. m.* (Ed 2.6).

פְּחֶתֶת cavidade, corrosão (Lv 13.55).

פִּטְדָה *cs.* פִּטְדַת: topázio.

פְּטִירִים *v.* פטר (*QAL: pt.*).

פַּטִּישׁ *m.*: martelo, malho (Jr 23.29; Is 41.7).

פטר QAL: *pf.* פָּטַר, *impf.* וַיִּפְטַר, *pt.* פּוֹטֵר, *pass. pl. cs.* פְּטוּרֵי: escapar; deixar correr, deixar livre curso; dispensar; estender, espalhar. – HI: *impf.* יַפְטִירוּ: abrir (Sl 22.8).

פֶּטֶר (*de* פטר) *m.*: primogênito.

פִּטְרָה* (*f. de* פֶּטֶר) *cs.* פִּטְרַת: primogênito (Nm 8.16).

פִּי *v.* פֶּה.

פִּי־בֶסֶת *n. l.* (Ez 30.17).

פִּי־הַחִירֹת *n. l.* (Êx 14.2).

פִּיד *cs.* פִּיד, *suf.* פִּידוֹ: decadência, destruição, infortúnio, penúria.

פֵּיוֹת *v.* פֶּה.

פִּיחַ *m.*: cinza (Êx 9.8,10).

פִּיכֹל *n. m.* (Gn 21.22).

פִּילֶגֶשׁ *v.* פִּלֶגֶשׁ.

פִּים pim (*um peso de 7 ou 8 gramas*) (1 Sm 13.21) (*txt. corr.?*).

פִּימָה gordura (Jó 15.27).

פִּינְחָס *n. m.* (Êx 6.25); *n. l.* (Js 24.33).

פִּינֹן *n. m.* (Gn 36.41).

פִּיפִיּוֹת (*pl. reduplicado de* פֶּה) dois gumes (Sl 149.6; Is 41.15).

פִּיק* *v.* פֵּק.

פִּישׁוֹן *n. r.* (Gn 2.11).

פִּיתוֹן *n. m.* (1 Cr 8.35).

פַּךְ *m.*: frasco, vaso, jarro, ânfora (1 Sm 10.1; 2 Rs 9.1,3).

פכה PI: *pt.* מְפַכִּים: jorrar, correr, escorrer (Ez 47.2).

פֹּכֶרֶת *em*: פֹּכֶרֶת הַצְּבָיִים: *n.m.* (Ed 2.57).

פלא NI: *pf.* נִפְלְאַת, נִפְלְאָתָה, נִפְלֵיתִי, נִפְלְאוּ, *impf.* יִפָּלֵא, וַיִּפָּלֵא, *pt. f.* נִפְלֵאת, *pl.* נִפְלָאִים, נִפְלָאוֹת, *cs.* נִפְלְאוֹת, *suf.* נִפְלְאֹתֶיךָ: ser impossível / difícil / extraordinário / maravilhoso / estranho; (*pt. pl.*) maravilhas, atos maravilhosos, milagre. – PI: *inf.* פַּלֵּא: cumprir (*um voto*) (Lv 22.21). – HI: *pf.* הִפְלָא, הִפְלִא, הִפְלִיא, הִפְלָה, *impf.* יַפְלִא, *inf.* הַפְלֵא, *pt.* מַפְלִא: fazer maravilhosamente, agir / proceder extraordinariamente / maravilhosamente. –

HIT: *impf.* mostrar-se poderoso (Jó 10.16).

פֶּלֶא (*de* פלא) פִּלְאֲךָ, פִּלְאֶךָ (*cf. pt. NI de* פלא): coisa extraordinária, milagre.

פִּלְאִי (*de* פלא) *adj.*, *f.* פִּלְאִיָּה: maravilhoso (Jz 13.18; Sl 139.6).

פַּלְאִי *patr.* (Nm 26.5).

פְּלָאיָה *n. m.* (Ne 8.7).

פלג NI: *pf.* נִפְלְגָה: ser dividido, dividir-se (Gn 10.25; 1 Cr 1.29). – PI: *pf.* פִּלַּג, *imp.* פַּלַּג: dividir, confundir, abrir, sulcar (Jó 38.25; Sl 55.10).

פֶּלֶג I (*de* פלג) *m.*, *pl.* פְּלָגִים, *cs.* פַּלְגֵי, *suf.* פְּלָגָיו: divisão, desunião; canal (artificial), sulco.

פֶּלֶג II *i. p.* פָּלֶג, *n. m.* (Gn 10.25).

פְּלַגָּה* (*de* פלג) *pl.* פְּלַגּוֹת: divisão, clã (Jz 5.15s); córrego, ribeiro (Jó 20.17).

פְּלֻגָּה* (*de* פלג) *pl. cs.* פְּלֻגּוֹת: divisão, fração (2 Cr 35.5).

פִּלֶגֶשׁ *tb.* פִּילֶגֶשׁ *f.*, *suf.* פִּילַגְשׁוֹ, פִּילַגְשֵׁהוּ, *pl.* פִּילַגְשִׁים, *cs.* פִּלַגְשֵׁי, *suf.* פִּילַגְשָׁיו, פִּלַגְשֵׁיהֶם: concubina.

פִּלְדָּשׁ *n. m.* (Gn 22.22).

פְּלָדֹת ferragem (?) (Na 2.4 *txt. corr.?*).

פלה (*cs.* פלא) NI: *pf.* נִפְלֵינוּ: ser distinto / distinguido, ser tratado de maneira especial (Êx 33.16). – HI: *pf.* הִפְלָה, וְהִפְלֵיתִי, *impf.* יַפְלֶה: separar; fazer uma exceção (Êx 8.18); fazer diferença (Êx 9.4; 11.7).

פַּלּוּא *n. m.* (Gn 46.9).

פְּלוֹנִי *v.* פְּלֹנִי.

פלח QAL: *pt.* פֹּלֵחַ: lavrar, sulcar (Sl 141.7). – PI: יְפַלַּח, וַיְפַלַּח, תְּפַלַּחְנָה: atravessar, traspassar; cortar (em pedaços); abrir-se, parir, dar à luz.

פֶּלַח (*de* פלח) *f.*: rodela, pedaço, fatia; pedra de moinho, mó.

פִּלְחָא *n. m.* (Ne 10.25).

פלט QAL: *pf.* פָּלְטוּ: escapar (Ez 7.16). – PI: *impf.* תְּפַלֵּט, וַאֲפַלְּטָה, *suf.* יְפַלְּטֵם, תְּפַלְּטֵנִי, תְּפַלְּטֵמוֹ, *imp.* פַּלְּטָה, *suf.* פַּלְּטֵנִי, *inf.* פַּלֵּט, פַּלֶּט־, *pt. com suf.* מְפַלְּטִי: pôr a salvo, pôr em segurança, salvar, livrar. – HI: *impf.* יַפְלִיט: pôr a salvo, salvar (Is 5.29; Mq 6.14).

פֶּלֶט *n. m.* (1 Cr 2.47).

פָּלֵט*, פְּלֵטָה *v.* פָּלִיט*, פְּלֵיטָה.

פַּלְטִי I *n. m.* (Nm 13.9).

פַּלְטִי II *gent.* (*de* בֵּית פֶּלֶט) (2 Sm 23.26).

פִּלְטָי *n. m.* (Ne 12.17).

פַּלְטִיאֵל *n. m.* (Nm 34.26).

פְּלַטְיָה *n. m.* (1 Cr 3.21).

פְּלַטְיָהוּ *n. m.* (Ez 11.1).

פְּלִי* *i. p.* פֶּלִי, *v.* פִּלְאִי.

פְּלִיא* *f.* פְּלִיאָה, *v.* פִּלְאִי.

פְּלָיָה *n. m.* (1 Cr 3.24).

פָּלִיט (*de* פלט) *m.*, *pl. cs.* פְּלִיטֵי, *suf.* פְּלִיטָיו: fugitivo.

פָּלֵיט* *sempre no pl.* פְּלֵ(י)טִים: fugitivo.

פְּלֵיטָה *tb.* פְּלֵטָה *f.*, *cs.* פְּלֵיטַת: aquilo que escapa, salvamento, libertação, escapatória.

פָּלִיל* (*de* I פלל) *pl.* פְּלִ(י)לִים: juiz (Dt 32.31;? Êx 21.22;? Jó 31.11).

פְּלִילָה (*de* I פלל) decisão (Is 16.3).

פְּלִילִי (*de* I פלל) pertinente ao juiz (Jó 31.28).

פְּלִילִיָּה *f. de* פְּלִילִי: decisão, julgamento (Is 28.7, *cj.* Sl 109.7).

פֶּלֶךְ I *i. p.* פָּלֶךְ: fuso (roca?) (Pv 31.19; 2 Sm 3.29).

פֶּלֶךְ II distrito (Ne 3.9,12,14-18).

פלל I PI: *pf.* פִּלַּלְתִּי, *i. p.* פִּלָּלְתָּ, *suf.* וּפִלְלוֹ, *impf.* וַיְפַלֵּל: julgar, decidir, ser árbitro; presumir; inocentar, defender. – HIT: *impf.* יִתְפַּלֶּל־: fazer-se de juiz (1 Sm 2.25 *txt. corr.?*).

פלל II HIT: *pf.* הִתְפַּלֵּל, הִתְפַּלַּלְתִּי, הִתְפַּלְלוּ, *impf.* יִתְפַּלֵּל, וַיִּתְפַּלֵּל, וָאֶתְפַּלְלָה, *i. p.* יִתְפַּלָּלוּ, *imp.* הִתְפַּלֵּל, הִתְפַּלֶּל־, *inf.*

הִתְפַּלֵּל, *suf.* הִתְפַּלְלוֹ, *pt.* מִתְפַּלֵּל, מִתְפַּלְלִים: orar, interceder.

פָּלָל *n. m.* (Ne 3.25).

פְּלַלְיָה *n. m.* (Ne 11.12).

פַּלְמוֹנִי *v.* פְּלֹנִי.

פְּלֹנִי *m., sempre c.* אַלְמֹנִי: alguém, fulano, tal; *da junção de* פְּלֹנִי *c.* אַלְמֹנִי *surge* פַּלְמוֹנִי (Dn 8.13): tal, aquele.

I פלס PI: *impf.* יְפַלֵּס, תְּפַלֵּסוּן, *imp.* פַּלֵּס: aplanar, aplainar, preparar caminho.

II פלס PI: *impf.* תְּפַלֵּס: observar, seguir (Pv 5.6, 21).

פֶּלֶס balança (Is 40.12; Pv 16.11).

פלץ HIT: *impf. i. p.* יִתְפַּלָּצוּן: fazer vacilar, estremecer (Jó 9.6).

פַּלָּצוּת (*de* פלץ) *f.*: espanto, sobressalto, pavor, terror.

פלשׁ HIT: *pf. i. p.* הִתְפַּלָּשְׁתִּי, *impf. i. p.* יִתְפַּלָּשׁוּ, *imp.* הִתְפַּלְּשִׁי: revolver-se, rolar-se.

פְּלֶשֶׁת *n. t.* (Êx 15.14).

פְּלִשְׁתִּי *gent., pl.* פְּלִשְׁתִּים: filisteu.

פֶּלֶת *n. m.* (1 Cr 2.33).

פְּלֻת* (*de* פלה) distância (*cj.* Êx 8.19).

פְּלֵתִי *v.* כְּרֵתִי.

פֶּן־ *conj. de rejeição*: para que não, a fim de que não, sem que, senão.

פַּנַּג *significado incerto*: um alimento (painço? mel?) (Ez 27.17).

פנה QAL: *pf.* פָּנָה, פָּנִיתָ, פָּנוּ, פָּנִינוּ, *impf.* יִפְנֶה, וַיִּפֶן, וָאֵפֶן, תֵּפֶן, *imp.* פְּנֵה, פְּנוּ, *inf.* פְּנוֹת, *suf.* פְּנוֹתָם, *abs.* פָּנֹה, *pt.* פֹּנֶה, פּוֹנֶה, *pl.* פֹּנִים: virar-se para um lado, tomar uma direção, voltar-se, dirigir-se, preocupar-se, aguardar, virar-se, virar as costas, ir embora. – PI: *pf.* פִּנָּה, פִּנִּיתָ, פִּנּוּ, *imp.* פַּנּוּ: eliminar, lançar fora, preparar, arrumar; abrir. – HI: *pf.* הִפְנָה, הִפְנְתָה, הִפְנוּ, *impf.* וַיֶּפֶן, *inf. c. suf.* הַפְנֹתוֹ, *pt.* מַפְנֶה: voltar-se, olhar para trás, virar as costas. – HO: *pf.* הָפְנוּ, *pt.* מָפְנֶה: ser levado a voltar / retroceder (Jr 49.8), estar voltado / dirigido (Ez 9.2).

פָּנֶה* *m., cs.* פְּנֵי, פְּנוּ (*em nomes próprios*), *pl.* פָּנִים, *cs.* פְּנֵי, *suf.* פָּנַי, פָּנֶיךָ, פְּנֵיכֶם, פָּנֵימוֹ: face, semblante, rosto; feição; parte visível, superfície; frente, fronte; antigamente, no passado; pessoa; *c. prep.*: אֶל־פְּנֵי: diante de, sobre; אֶת־פְּנֵי: diante de, na presença de; בִּפְנֵי: na presença, diante de; לִפְנֵי: *c. suf.* לְפָנַי, לְפָנֶיךָ, לְפָנָיו, לִפְנֵיכֶם, לִפְנֵיהֶם: diante de; antes de; מִלִּפְנֵי: diante de, de; por causa de; מִפְּנֵי: diante de, da presença de; por causa de, em face de, devido a; נֶגֶד פְּנֵי: diante de, em; עַל־פְּנֵי: diante de, defronte de, em direção de, contra; sobre a face, sobre; מֵעַל־פְּנֵי: para longe de; מֵעִם פְּנֵי: da presença de.

פִּנָּה *f., cs.* פִּנַּת, *suf.* פִּנָּה, פִּנָּתָהּ, *pl.* פִּנּוֹת, *suf.* פִּנֹּתָיו, פִּנִּים: ameia, torre; esquina, canto; (*fig.*) chefe, líder.

I פְּנוּאֵל *n. m.* (1 Cr 4.4).

II פְּנוּאֵל *n. l.* (Gn 32.32).

פִּנְחָס *v.* פִּינְחָס.

I פְּנִיאֵל *v.* פְּנוּאֵל (*cf.* 1 Cr 8.25 *K*).

II פְּנִיאֵל *n. l.* (Gn 32.31) (*cf.* פְּנוּאֵל).

פְּנִיִּים *v.* פְּנִינִים.

פָּנִים *v.* פָּנֶה.

פְּנִימָה para dentro; dentro, por dentro.

פְּנִימִי *adj., pl.* פְּנִימִים, *f.* פְּנִימִית, *pl.* פְּנִימִיּוֹת: interior.

פְּנִינִים *pl.*: pérolas (corais?).

פְּנִנָּה *n. f.* (1 Sm 1.2,4).

פנק PI: *pt.* מְפַנֵּק: mimar (Pv 29.21).

פַּס* *pl.* פַּסִּים: roupa (túnica? túnica talar, túnica de mangas compridas?).

פַּס דַּמִּים *v.* אֶפֶס דַּמִּים.

פסג PI: *imp.* פַּסְּגוּ: *significado incerto* visitar? observar? percorrer? (Sl 48.14).

פִּסְגָּה *n. t.* (Nm 21.20).

פִּסָּה★ *cs.* פִּסַּת: *significado incerto* quantidade? abundância? fartura? (Sl 72.16).

פסח QAL: *pf.* פָּסַחְתִּי, פָּסַח, *inf.* פָּסוֹחַ, *pt.* פֹּסְחִים: mancar, coxear; passar mancando, proteger. – NI: *impf.* יִפָּסֵחַ: ficar aleijado (2 Sm 4.4). – PI: *impf.* וַיְפַסְּחוּ: andar mancando, manquejar (1 Rs 18.26).

פָּסֵחַ *n. m.* (1 Cr 4.12).

פֶּסַח *m., i. p.* פָּסַח, *pl.* פְּסָחִים: páscoa, cordeiro pascoal; sacrifício pascoal.

פִּסֵּחַ (*de* פסח) *adj., pl.* פִּסְחִים: manco, coxo, aleijado.

פָּסִיל★ (*de* פסל) *m., pl.* פְּסִ(י)לִים, *cs.* פְּסִילֵי, *suf.* פְּסִילֶיךָ: ídolo, imagem de divindade.

פָּסַךְ *n. m.* (1 Cr 7.33).

פסל QAL: *pf. c. suf.* פְּסָלוֹ, *impf.* וַיִּפְסֹל, *imp.* פְּסָל־: esculpir, talhar, lavrar.

פֶּסֶל (*de* פסל) *m., i. p.* פָּסֶל, *suf.* פִּסְלִי: ídolo, imagem de divindade, imagem de escultura.

פסס QAL: *pf.* פַּסּוּ: desaparecer? (Sl 12.2 *txt. corr?*).

פִּסְפָּה *n. m.* (1 Cr 7.38).

פעה QAL: *impf.* אֶפְעֶה: gemer (Is 42.14).

פָּעוּ *n. l.* (Gn 36.39).

פְּעוֹר *n. t.* (Nm 23.28); *n. d.* (Nm 31.16; Js 22.17); *n. l.* (Js 15.59).

פָּעִי *v.* פָּעוּ.

פעל QAL: *pf.* פָּעַל, *i. p.* פָּעָל, פָּעַלְתָּ, פָּעֲלוּ, *i. p.* פָּעָלוּ, *impf.* יִפְעַל, *i. p.* יִפְעָל, תִּפְעַל־, אֶפְעַל, *i. p.* תִּפְעָלוּן, *suf.* וַיִּפְעָלֵהוּ, *pt.* פֹּעֵל, *suf.* פֹּעֲלִי, *pl. cs.* פֹּעֲלֵי: fazer, praticar, trabalhar, realizar, completar.

פֹּעַל (*de* פעל) *m., suf.* פָּעֳלוֹ, פָּעָלְךָ, *i. p.* פָּעֳלֶךָ, *pl.* פְּעָלִים: trabalho, obra, atividade, feito, ação, conduta, procedimento; vencimento, salário; aquisição.

פְּעֻלָּה★ (*de* פעל) *f., cs.* פְּעֻלַּת, *suf.* פְּעֻלָּתוֹ, *pl.* פְּעֻלּוֹת: trabalho, obra, feito, recompensa, salário, castigo.

פְּעֻלְּתַי *n. m.* (1 Cr 26.5).

פעם QAL: *inf. c. suf.* פַּעֲמוֹ: impelir, mover (Jz 13.25). – NI: *pf.* נִפְעַמְתִּי, *impf.* וַתִּפָּעֶם: estar perturbado, ficar perturbado, estar ansioso. – HIT: *impf.* וַתִּתְפָּעֶם: sentir-se perturbado, ficar perturbado (Dn 2.1).

פַּעַם *f., i. p.* פָּעַם, *pl.* פְּעָמִים, פַּעֲמֵי, *suf.* פְּעָמַי, *i. p.* פְּעָמָי, פְּעָמוֹת, *suf.* פַּעֲמֹתָיו, *du.* פַּעֲמַיִם, *i. p.* פַּעֲמָיִם: pé; pedestal, estrado; passo, pegada; bigorna; vez, vezes.

פַּעֲמֹן (*de* פעם) *pl.* פַּעֲמֹנִים, פַּעֲמֹנֵי: campainha.

פַּעְנֵחַ *v.* צָפְנַת־פַּעְנֵחַ.

פער QAL: *pf.* פָּעֲרוּ, פָּעַרְתִּי, וּפָעֲרָה: abrir, escancarar.

פַּעֲרַי *n. m.* (2 Sm 23.25).

פצה QAL: *pf.* פָּצוּ, פָּצִיתָה, פָּצְתָה, *impf.* יִפְצֶה, *imp.* פְּצֵה, *suf.* פְּצֵנִי, *pt.* פֹּצֶה: abrir inteiramente, escancarar; livrar.

פצח I QAL: *pf.* פָּצְחוּ, *impf.* יִפְצְחוּ, *imp.* פִּצְחוּ, פִּצְחִי: alegrar-se, jubilar, vibrar de alegria.

פצח II PI: *pf. i. p.* פִּצֵּחוּ: quebrar (Mq 3.3).

פְּצִירָה *f., um tanto incerto*: fio? relha (do arado)? (1 Sm 13.21).

פצל PI: *pf.* פִּצֵּל, *impf.* וַיְפַצֵּל: descascar (Gn 30.37s).

פְּצָלוֹת (*de* פצל) *f. pl.*: faixas descascadas (Gn 30.37).

פצם QAL: *pf. c. suf.* פְּצַמְתָּהּ: fender (Sl 60.4).

פצץ QAL: *pf. c. suf.* פְּצָעוּנִי, *inf. abs.* פָּצֹעַ, *pt. pass.* פְּצוּעַ: causar contusões, contundir, esmagar, ferir.

פֶּצַע (*de* פצע) *m.*, *i. p.* פָּצַע, *suf.* פִּצְעִי, *pl.* פְּצָעִים, *cs.* פִּצְעֵי, *suf.* פְּצָעַי: contusão, ferida.

פצץ POEL: *impf.* יְפֹצֵץ: arrebentar, esmiuçar (Jr 23.29). – HITPOEL: *impf.* וַיִּתְפֹּצְצוּ: ser destroçado / esmiuçado (Hc 3.6). – PILPEL: *impf. c. suf.* יְפַצְפְּצֵנִי: triturar, esmiuçar (Jó 16.12).

פִּצֵּץ (*com art.*) *n. m.* (1 Cr 24.15).

פַּצֵּץ *v.* בֵּית פַּצֵּץ.

פצר QAL: *impf.* וַיִּפְצְרוּ, וַיִּפְצַר: instar, insistir. – HI: *inf. abs. i. p.* הַפְצַר: insubordinar (?) (1 Sm 15.23).

פִּק★ *cs.* פִּק: vacilação, tremedeira (Na 2.11).

פקד QAL: *pf.* פָּקַד, פָּקַדְתָּ, פָּקְדוּ, *i. p.* פָּקָדוּ, *suf.* פְּקַדְתִּים, פְּקַדְתִּיךָ, *impf.* אֶפְקֹד־ / אֶפְק(ו)ד, יִפְקוֹד, יִפְקֹד, וַיִּפְקְדוּ, *i. p.* יִפְקֹדוּ, *suf.* תִּפְקְדֶנּוּ, יִפְקְדֵם, פָּקְדֵנִי, *imp.* פִּקְדוּ, פְּקֹד, *suf.* פָּקְדֵנִי, *inf.* פְּקֹד, *suf.* פָּקְדִי, *abs.* פָּקֹד, *pt.* פֹּקֵד, *pass. pl.* פְּקֻדִים, פְּקוּדֵי: fazer verificar / chamada, verificar, inspecionar, recrutar, passar em revista, examinar, pesquisar, visitar, procurar, preocupar-se com. castigar, vingar, guardar. – NI: *pf.* נִפְקַד, וְנִפְקַדְתָּ, *impf.* יִפָּקֵד, יִפָּקֵד, *i. p.* יִפָּקְדוּ, *inf.* הִפָּקֵד: faltar, permanecer ausente; ser convocado / estabelecido; ser responsabilizado / castigado. – PI: *pt.* מְפַקֵּד: inspecionar, passar revista, convocar (Is 13.4). – PU: *pf.* פֻּקַּד, פֻּקַּדְתִּי: ficar postado (?), ser trazido (?), estar roubado (?) (Is 38.10), ser estabelecido / contado / calculado (Êx 38.21). – HI:*pf.* הִפְקִיד, הִפְקַדְתִּי, *suf.* הִפְקַדְתּוֹ, הִפְקַדְתִּיךָ, *impf.* יַפְקִיד, וַיַּפְקֵד, וַיַּפְקְדוּ, *suf.* וַיַּפְקִדֵהוּ, *imp.* הַפְקֵד, הַפְקִידוּ: instituir, estabelecer, comissionar, colocar, confiar (*algo a alguém*), entregar, depositar, guardar, impor. – HO: *pf.* הָפְקַד, *pt.* מֻפְקָדִים: ser encarregado, ter a seu cargo, ser depositado. – HIT: *pf.* הִתְפָּקְדוּ, *impf.* וַיִּתְפָּקֵד: ser contado / passado em revista. – HOTPAEL: *pf.* הָתְפָּקְדוּ: ser contado / passado em revista.

פְּקֻדָּה (*de* פקד) *f.*, *cs.* פְּקֻדַּת, *pl.* פְּקֻדּוֹת / פְּקֻדֹּת: comissão, cargo, ofício, posto, administração, visitação, punição, recenseamento, recrutamento, depósito, bens.

פִּקָּדוֹן (*de* פקד): coisa / objeto depositado, depósito, reserva.

פְּקִדֻת (*de* פקד) guarda (Jr 37.13).

פְּקוֹד *n. t.* (Jr 50.21).

פְּקוּדִים★ (*de* פקד) *cs.* פְּקוּדֵי: enumeração, relatório, censo (Êx 38.21; Nm 4.4; ? 7.2).

פִּקּוּדִים★ (*de* פקד) *m. pl.*, *cs.* פִּקּוּדֵי, *suf.* פִּקּוּדֶיךָ: ordens, determinações.

פַּקּוּעָה★ *v.* פַּקֻּעֹת.

פקח QAL: *pf.* פָּקַח, פָּקַחְתָּ, *impf.* אֶפְקַח, וַיִּפְקַח, *imp.* פְּקַח, פְּקָחָה, *inf.* פְּקֹחַ, *abs.* פָּקוֹחַ, *pt.* פֹּקֵחַ, *pass.* פְּקֻחוֹת: abrir. – NI: *pf.* נִפְקְחוּ, *impf.* וַתִּפָּקַחְנָה, תִּפָּקַחְנָה: ser aberto.

פֶּקַח *n. m.* (2 Rs 15.25).

פִּקֵּחַ *pl.* פִּקְחִים: aquele que vê/enxerga (Êx 4.11; 23.8).

פְּקַחְיָה *n. m.* (2 Rs 15.22).

פְּקַח־קוֹחַ (*de* פקח) ato de abrir, abertura (de cárcere), libertação (Is 61.1).

פָּקִיד (*de* פקד) *m.*, *cs.* פְּקִיד, *pl.* פְּקִידִים, פְּקִדִים: encarregado, inspetor, capataz, funcionário.

פְּקָעִים *m. pl.*: ornamentos em forma de coloquíntidas (1 Rs 6.18; 7.24).

פַּקֻּעֹת coloquíntida (*um fruto*).

פֶּקֶר★ desregramento, libertinagem

(*cj.* Jr 6.6).

פַּר *m.*, *i. p.* פָּר, *c. art.* הַפָּר, *pl.* פָּרִים, *suf.* פָּרֶיהָ: bezerro, novilho, boizinho, touro.

פרא HI: *impf.* יַפְרִיא: prosperar, frutificar (Os 13.15).

פֶּרֶא, פֶּרֶה *m.*, *pl.* פְּרָאִים: zebra (jumento selvagem?).

פִּרְאָם *n. m.* (Js 10.3).

פֹּרֹאת *v.* פֹּארָה.

פַּרְבָּר *tb.* פַּרְוָרִים *significado incerto* átrio, entrada (2 Rs 23.11; 1 Cr 26.18).

פרד QAL: *pt. pass.* פְּרֻדוֹת: abrir, estender (Ez 1.11). – NI: *pf.* נִפְרְדוּ, *i. p.* נִפְרָדוּ, *impf.* יִפָּרֵד, וַיִּפָּרְדוּ, *i. p.* יִפָּרֵדוּ, *imp.* הִפָּרֶד, *pt.* נִפְרָד, נִפְרָדִים: dividir-se, separar-se, ramificar-se, bifurcar-se, estar separado / isolado. – PI: *impf. i. p.* יְפָרֵדוּ: afastar-se, apartar-se (Os 4.14). – PU: *pt.* מְפֹרָד: separado, isolado (Et 3.8). – HI: *pf.* הִפְרִיד, *impf.* יַפְרִיד, וַיַּפְרִדוּ, *inf. c. suf.* הַפְרִידוֹ, *pt.* מַפְרִיד: separar, reservar, dividir, decidir. – HIT: *pf.* וְהִתְפָּרְדוּ, *impf.* יִתְפָּרְדוּ, *i. p.* יִתְפָּרָדוּ: separar-se, desconjunturar, dispersar-se, ser disperso.

פֶּרֶד *m.*, *suf.* פִּרְדּוֹ, *pl.* פְּרָדִים, *suf.* פִּרְדֵיהֶם: mulo, burro.

פִּרְדָּה *f.*, *cs.* פִּרְדַּת: mula (1 Rs 1.33,38,44).

פְּרֻדוֹת *pl.*, *significado discutido*: figo seco?, grão de semente? (Jl 1.17).

פַּרְדֵּס *m.*: pomar, parque.

פרה QAL: *pf.* פָּרוּ, פָּרִינוּ, פְּרִיתֶם, *impf.* יִפְרֶה, וַיִּפְרוּ, *imp.* פְּרֵה, פְּרוּ, *pt.* פֹּרֶה, *f.* פֹּרִיָּה, פֹּרָת: ser frutífero, frutificar, ser fecundo. – HI: *pf.* וְהִפְרֵיתִי, וְהִפְרֵתִי, *suf.* הִפְרַנִי, *impf.* וַיֶּפֶר, *pt. c. suf.* מַפְרְךָ: tornar fecundo, fazer frutificar.

I פָּרָה *f.* (*cf.* פַּר), *suf.* פָּרָתוֹ, *pl.* פָּרוֹת: novilha, vaca.

II פָּרָה *n. l.* (Js 18.23).

פֶּרֶה *v.* פֶּרֶא.

פֻּרָה *n. m.* (Jz 7.10s).

פֵּרוֹת (Is 2.20) *v.* חֲפַרְפָּרָה.

פְּרוּדָא *n. m.* (Ed 2.55), *v.* פְּרִידָא.

פְּרוֹזִים *K*, *Q* פְּרָזִים, *v.* פְּרָזִי.

פָּרוּחַ *n. m.* (1 Rs 4.17).

פַּרְוַיִם *n. t.* (2 Cr 3.6).

פַּרְוָר *v.* פַּרְבָּר.

פָּרוּר *m.*: panela, vasilha.

פֶּרֶז* *tb.* פֵּרֶז*, פָּרָז*; *pl. c. suf.* פְּרָזָן: *significado incerto* guerreiros? chefes? (*txt. corr.?*).

פְּרָזוֹן *com suf.* פִּרְזוֹנוֹ gente / habitante do campo / da zona rural (Jz 5.7,11).

פְּרָזוֹת *pl.*: campo, zona rural, interior.

פְּרָזִי *pl.* פְּרָזִים: campo, zona rural (Dt 3.5; 1 Sm 6.18); habitante da zona rural (Et 9.19 *Q.*).

פְּרִזִּי *gent.* ferezeu (Gn 13.7).

I פרח QAL: *pf.* פָּרַח, פָּרְחָה, *i. p.* פָּרָחָה, *impf.* תִּפְרַח, *i. p.* תִּפְרָח, יִפְרָח, יִפְרְחוּ, *i. p.* תִּפְרַחְנָה, יִפְרָחוּ, *inf.* פְּרֹחַ, *abs.* פָּרוֹחַ, פָּרֹחַ, *pt.* פֹּרֵחַ, *f.* פֹּרַחַת: brotar, florescer, desenvolver-se, propagar, arrebentar-se, abrir-se. – HI: *pf.* הִפְרַחְתִּי, *impf.* יַפְרִיחַ, יַפְרִחַ, תַּפְרִיחִי: fazer brotar / florescer.

II פרח QAL: *pt. pl. f.* פֹּרְחוֹת: *significado incerto* voar (Ez 13.20).

פֶּרַח (*de* I פרח) *m.*, *i. p.* פָּרַח, *suf.* פִּרְחָהּ, פִּרְחָם, *pl. c. suf.* פְּרָחֶיהָ: botão, flor, vegetação; ornamento em forma de botão / flor.

פִּרְחָח *significado incerto* súcia?, canalha? (Jó 30.12).

פרט QAL: *pt.* פֹּרְטִים: tocar de improviso (?) (Am 6.5).

פֶּרֶט *m.*: bago caído, uva / fruta caída (Lv 19.10).

פְּרִי (*de* פרה) *m.*, *i. p.* פֶּרִי, *suf.* פִּרְיִי, פֶּרְיְךָ, פִּרְיֵךְ, פִּרְיוֹ, פִּרְיָהּ, פֶּרְיְכֶם, פִּרְיָם, פִּרְיָמוֹ, פִּרְיהֶם, פִּרְיהֶן, פִּרְיָן: fruta,

פרץ QAL: *pf.* פָּרַץ, פָּרַצְתָּ, *i. p.* פָּרָצוּ, *suf.* פְּרַצְתָּנוּ, *impf.* יִפְרֹץ, יִפְרָץ־, וַיִּפְרָץ־, וַיִּפְרֹץ, *i. p.* יִפְרֹצוּ, נִפְרְצָה, *suf.* יִפְרְצֵנִי, *inf.* פְּרֹץ, *abs.* פָּרֹץ, *pt.* פֹּרֵץ, *pass.* פְּרוּצִים, *f.* פְּרוּצָה: abrir (uma brecha), fazer uma brecha, arrebentar, demolir, derrubar, perfurar, invadir, irromper, forçar entrada, transbordar, estender-se, crescer, alastrar-se, aumentar. – NI: *pt.* נִפְרָץ: ser difundido / freqüente (1 Sm 3.1). – PU: *pt. f. i.p.* מְפֹרָצֶת: ter brecha, estar derrubado (Ne 1.3). – HIT: *pt.* הִתְפָּרְצִים: soltar-se, abandonar (1 Sm 25.10).

I פֶּרֶץ (*de* פרץ) *m.*, *i. p.* פָּרֶץ, *pl.* פְּרָצִים, פְּרָצוֹת, *suf.* פִּרְצֵיהֶן: brecha, fenda, divisão, desastre, morte.

II פֶּרֶץ *n. m.* (Gn 38.29).

פַּרְצִי *gent.* faresita (Nm 26.20).

פְּרָצִים *n. l.* (Is 28.21).

פֶּרֶץ עֻזָּה *n. l.* (2 Sm 6.8).

פרק QAL: *pf.* וּפָרַקְתָּ, *impf. c. suf.* וַיִּפְרְקֵנוּ, *pt.* פֹּרֵק: soltar, sacudir, livrar, libertar. – PI: *impf.* יְפָרֵק, *imp.* פָּרְקוּ, *pt.* מְפָרֵק: arrancar, quebrar, derrubar. – HIT: *pf.* הִתְפָּרְקוּ, *i. p.* הִתְפָּרָקוּ, *impf.* וַיִּתְפָּרְקוּ: arrancar, tirar (de si mesmo); ser quebrado, quebrar-se.

פֶּרֶק (*de* פרק) encruzilhada (Ob 14); roubo, despojo (Na 3.1).

פָּרָק* (*de* פרק) *cs.* פְּרַק: migalhas (*de pão*).

I פרר HI: *pf.* הֵפַר, *i. p.* הֵפָר, וְהֵפַרְתָּה, *suf.* הֲפֵרָם, *impf.* וַיָּפֵרוּ, וַיָּפֶר, יָפֵר, *suf.* יְפֵרֶנּוּ, *imp.* הָפֵר, הָפֵרָה, *inf.* הָפֵיר *e* הָפֵר, *suf.* הַפְרְכֶם, *pt.* מֵפֵר: estalar, arrebentar, quebrar, romper, destruir, anular, invalidar. – HO: *impf.* וַתֻּפַר, תֻּפָר, תֻּפַר: ser frustrado / anulado / aniquilado.

II פרר QAL: *inf. abs.* פּוֹר (Is 24.19; *junto*

fruto, efeito, resultado.

פְּרִידָא *n. m.* (Ne 7.57) = פְּרוּדָא.

I פָּרִיץ* (*de* פרץ) *cs.* פְּרִיץ: feroz (Is 35.9).

II פָּרִיץ (*de* פרץ) *m.*, *pl.* פָּרִצִים, *cs.* פָּרִצֵי: ladrão, arrombador, salteador.

פֶּרֶךְ *i. p.* פָּרֶךְ: violência, tirania, dureza.

פָּרֹכֶת *f.*: véu, cortina.

פרם QAL: *impf.* יִפְרֹם, *i. p.* תִּפְרֹמוּ, *pt. pass.* פְּרֻמִים: rasgar.

פַּרְמַשְׁתָּא *n. m.* (Et 9.9).

פַּרְנָךְ *n. m.* (Nm 34.25).

פרס QAL: *impf.* יִפְרְסוּ, *inf. abs.* פָּרֹס: partir (Is 58.7; Jr 16.7). – HI: *pf.* הִפְרִיסוּ, הִפְרִיסָה, *impf.* יַפְרִיס, *pt.* מַפְרִיס, *pl. cs.* מַפְרִסֵי, מַפְרִיסֵי, *f.* מַפְרֶסֶת: estar partido / fendido; *v.* פַּרְסָה.

פָּרַס *n. p.* (Ez 37.10).

פֶּרֶס *uma ave de rapina* ossífraga?, quebrantosso?, falcão?

פַּרְסָה *f.*, *pl.* פְּרָס(וֹ)ת, *cs.* פַּרְסוֹת, *suf.* פַּרְסֹתֶיהָ, פַּרְסֵיהֶן: casco (fendido), casco.

פָּרְסִי *gent.* (Ne 12.22).

פרע QAL: *pf. c. suf.* פְּרָעֹה, *impf.* אֶפְרַע, *i. p.* וַתִּפְרְעוּ, תִּפְרָעוּ, *imp. c. suf.* פְּרָעֵהוּ, *pt.* פּוֹרֵעַ, *pass.* פָּרֻעַ: deixar cair / solto, soltar, desgrenhar, estar desenfreado / desordenado, negligenciar, rejeitar, desistir. – NI: *impf.* יִפָּרַע: corromper-se, desregrar-se. – HI: *pf.* הִפְרִיעַ, *impf.* תַּפְרִיעוּ: deixar ser negligente, querer dispensar (Êx 5.4), cair em dissolução, provocar desenfreamento (2 Cr 28.19).

פֶּרַע (*de* פרע) cabeleira cheia.

פַּרְעֹה *m.*: faraó (*título do rei egípcio*).

I פַּרְעֹשׁ *m.*: pulga (1 Sm 24.15; 26.20).

II פַּרְעֹשׁ *n. m.* (Ed 2.3).

פִּרְעָתוֹן *n. l.* (Jz 12.15).

פִּרְעָתוֹנִי *gent.* piratonita (Jz 12.13).

פַּרְפַּר *n. r.* (2 Rs 5.12).

ao hitpoal). – POAL: pf. פּוֹרַרְתָּ: espavorecer, apavorar, agitar, fazer oscilar (dividir?) (Sl 74.13). – HITPOAL: pf. הִתְפּוֹרְרָה: ser sacudido, ser agitado (Is 24.19). – PILPEL: impf. c. suf. וַיְפַרְפְּרֵנִי: intranqüilizar, perturbar, sacudir, esmagar (Jó 16.12).

פרשׂ QAL: pf. פָּרַשׂ, פָּרַשְׂתָּ, וּפָרְשׂוּ, impf. יִפְרֹשׂ, וַיִּפְרֹשׂ, אֶפְרוֹשׂ, אֶפְרְשָׂה, וָאֶפְרְשָׂה, suf. וַיִּפְרְשֵׂהוּ, pt. פֹּרֵשׂ, פּוֹרֵשׂ, pass. פָּרֻשׂ, פְּרוּשָׂה, פְּרֻשׂוֹת: estender, esticar; partir, quebrar. – NI: impf. i. p. יִפָּרֵשׂוּ: ser espalhado (Ez 17.21, cj. 34.12). – PI: pf. פֵּרַשׂ, וּפֵרַשׂ, פֵּרְשָׂה, פֵּרַשְׂתִּי, impf. יְפָרֵשׂ, inf. פָּרֵשׂ, suf. פָּרֶשְׂכֶם: estender; dispersar.

פרשׁז (forma composta de פרשׂ+פרז) PILPEL: inf. abs. estender (Jó 26.9, txt. corr.?).

פרשׁ QAL: inf. cs. פְּרֹשׁ: tomar uma decisão, fazer uma declaração, informar precisamente (Lv 24.12). – NI: pt. נִפְרָשׁוֹת: dispersar (Ez 34.12 txt. corr.?). – PU: pf. פֹּרַשׁ, pt. מְפֹרָשׁ: estar decidido / determinado (Nm 15.34), dividir em seções (Ne 8.8). – HI: impf. יַפְרִשׁ: segregar; picar (Pv 23.32).

I פֶּרֶשׁ suf. פִּרְשׁוֹ: conteúdo do estômago, excremento.

II פֶּרֶשׁ n. m. (1 Cr 17.16).

פָּרָשׁ cs. פָּרַשׁ, pl. פָּרָשִׁים, suf. פָּרָשָׁיו: cavaleiro; cavalo.

פַּרְשְׁדֹן loc. פַּרְשְׁדֹנָה: postigo (janela?) (Jz 3.22).

פָּרָשָׁה* (de פרשׁ), cs. פָּרָשַׁת: informação exata (Et 4.7; 10.2).

פַּרְשַׁנְדָּתָא n. m. (Et 9.7).

פְּרָת loc. פְּרָתָה, n. r.: Eufrates (Gn 2.14).

פֹּרָת v. פרה QAL.

פַּרְתְּמִים pl. nobres.

פשׂה QAL: pf. פָּשָׂה, פָּשְׂתָה, impf. יִפְשֶׂה, inf. abs. פָּשֹׂה: alastrar-se, difundir-se.

פשׂע QAL: impf. אֶפְשְׂעָה: investir (Is 27.4).

פֶּשַׂע (de פשׂע) passo (1 Sm 20.3, cj. Pv 29.6).

פשׂק QAL: pt. פֹּשֵׂק: escancarar, abrir muito, sorrir ironicamente (Pv 13.3). – PI: impf. וַתְּפַשְּׂקִי: escancarar, abrir (Ez 16.25).

פַּשׁ arrogância? tolice? (Jó 35.15 txt. corr.?).

פשׁח PI: impf. c. suf. וַיְפַשְּׁחֵנִי: pôr em pousio; despedaçar, dilacerar (Lm 3.11).

פַּשְׁחוּר n. m. (Jr 20.1).

פשׁט QAL: pf. פָּשַׁט, וּפָשַׁטְתָּ, פָּשְׁטוּ, impf. יִפְשֹׁטוּ, וַיִּפְשַׁט, יִפְשֹׁטוּ, i. p. יִפְשֹׁטוּ, imp. פְּשֹׁטָה, pt. פֹּשְׁטִים: tirar, retirar, despir, sair, investir, avançar, lançar-se (contra). – PI: inf. פַּשֵּׁט: despojar. – HI: pf. הִפְשִׁיט, suf. הִפְשִׁיטוּךָ, impf. תַּפְשִׁיט, וַיַּפְשֵׁט, וַיַּפְשִׁיטוּ, תַּפְשִׁטוּן, suf. אַפְשִׁיטֶנָּה, וַיַּפְשִׁיטֻהוּ, imp. הַפְשֵׁט, inf. הַפְשִׁיט, pt. מַפְשִׁיטִים: tirar, despojar, despir, esfolar. – HIT: impf. וַיִּתְפַּשֵּׁט: despir-se, desfazer-se (1 Sm 18.4).

פשׁע QAL: pf. פָּשַׁע, פָּשַׁעַתְּ, i. p. פָּשָׁעַתְּ, פָּשְׁעוּ, i. p. פָּשָׁעוּ, impf. יִפְשַׁע, וַיִּפְשַׁע, imp. פִּשְׁעוּ, inf. פְּשֹׁעַ, abs. פָּשֹׁעַ, pt. פֹּשֵׁעַ, pl. פּוֹשְׁעִים / פֹּשְׁעִים: rebelar-se, revoltar-se, pecar. – NI: pt. נִפְשָׁע: sofrer revolta? (Pv 18.19).

פֶּשַׁע (de פשׁע) m., i. p. פָּשַׁע, suf. פִּשְׁעִי, pl. פְּשָׁעִים, cs. פִּשְׁעֵי, suf. פְּשָׁעַי, פִּשְׁעֵיכֶם: rebelião, revolta, pecado; litígio, constatação.

פֵּשֶׁר, פֵּשֶׁר* cs. פֵּשֶׁר: interpretação (Ec 8.1).

פֵּשֶׁת f., suf. פִּשְׁתִּי, pl. פִּשְׁתִּים, cs. פִּשְׁתֵּי: linho.

פִּשְׁתָּה f.: linho; pavio, torcida, mecha.

פַּת (*de* פתת) *f.*, *suf.* פִּתִּי, *pl.* פִּתִּים: bocado, migalha, pedaço.

פֹּת★ *suf.* פָּתְהֵן, *pl.* פֹּתוֹת: fronte, fachada (Is 3.17; 1 Rs 7.50, *cj.* 2 Cr 4.22).

פְּתָאיִם *v.* I פֶּתִי.

פִּתְאֹם *adv.* (*v.* פֶּתַע) repentinamente, surpreendentemente, subitamente.

פַּת־בַּג *suf.* פַּת־בַּגָם, פַּת־בַּגוֹ: iguaria.

פִּתְגָם *m.*: sentença, édito (Ec 8.11; Et 1.20).

I פתה QAL: *impf.* יִפְתֶּה, וַיִּפְתְּ, *pt.* פֹּתֶה, *f.* פּוֹתָה: ser inexperiente, deixar-se enganar / seduzir. – NI: *pf.* נִפְתָּה, *impf.* וָאֶפֶת: deixar-se seduzir (Jr 20.7; Jó 31.9). – PI: *pf.* פִּתִּיתִי, *suf.* פִּתִּיתַנִי, *impf.* יְפַתֶּה, *suf.* אֲפַתֶּנּוּ, וַיְפַתּוּהוּ, *imp. f.* פַּתִּי, *inf. c. suf.* פַּתֹּתְךָ, *pt. c. suf.* מְפַתֶּיהָ: enganar, seduzir, persuadir, enganar. – PU: *impf.* יְפֻתֶּה: deixar-se enganar / seduzir.

II פתה QAL: *pt.* פֹּתֶה: palrar, ser indiscreto (Pv 20.19, *prov.* I פתה!). – HI: יַפְתְּ: dilatar, engrandecer, aumentar o espaço (Gn 9.27).

פְּתוּאֵל *n. m.* (Jl 1.1).

פִּתּוּחַ (*de* II פתח) *suf.* פִּתֻּחָהּ, *pl.* פִּתּוּחִים, *cs.* פִּתּוּחֵי, *suf.* פִּתּוּחֶיהָ: gravação, incisão, inscrição, ornamento talhado.

פְּתוֹר *loc.* פְּתוֹרָה, *n. l.* (Nm 22.5).

פְּתוֹת★ (*de* פתת) *pl. cs.* פְּתוֹתֵי: pedaço, migalha (Ez 13.19).

I פתח QAL: *pf.* פָּתַח, *i. p.* פָּתָח, פָּתְחָה, *i. p.* פָּתָחוּ, *impf.* יִפְתַּח, וַיִּפְתַּח, *i. p.* יִפְתָּח, נִפְתְּחָה, *i. p.* וַיִּפְתָּחוּ, *suf.* יִפְתָּחוּם, *imp.* פְּתַח, פִּתְחִי, *inf.* פְּתֹחַ, *suf.* פִּתְחִי, *abs.* פָּתֹחַ / פָּתוֹחַ, *pt.* פֹּתֵחַ, *pass.* פְּתוּחוֹת, פְּתוּחָה, פָּתוּחַ: abrir; fazer jorrar; manter aberto, oferecer à venda; conquistar; entregar-se; expor; desembainhar. – NI: *pf.* נִפְתַּח, *i. p.* נִפְתָּח, נִפְתְּחוּ, *impf.* יִפָּתַח, *i. p.* יִפָּתֵחַ, יִפָּתַח, וַיִּפָּתְחוּ, תִּפָּתַחְנָה, *inf.* הִפָּתֵחַ, *pt.* נִפְתָּח: ser aberto, abrir-se, ser solto, transbordar. – PI: *pf.* פִּתַּח, *i. p.* פִּתֵּחַ, פִּתְּחָה, *suf.* פִּתַּחְתִּיךְ, *impf.* יְפַתַּח, וַיְפַתַּח, *i. p.* תְּפַתֵּחַ, *suf.* וַיְפַתְּחֵהוּ, *inf.* פַּתֵּחַ, *pt.* מְפַתֵּחַ: desarrear, descarregar, soltar, tirar, desamarrar, libertar, lavrar. – HIT: *imp.* הִתְפַּתְּחִי: soltar-se a si mesmo, desatar-se (Is 52.2).

II פתח PI: *pf.* וּפִתַּחְתָּ, *impf.* וַיְפַתַּח, תְּפַתַּח, *inf.* פַּתֵּחַ, *pt.* מְפַתֵּחַ: gravar. – PU: *pt.* מְפֻתָּחֹת: ser gravado (Êx 39.6).

פֶּתַח (*de* I פתח) *m.*, *i. p.* פָּתַח, *loc.* פֶּתְחָה, *suf.* פִּתְחִי, *pl.* פְּתָחִים, *cs.* פִּתְחֵי, *suf.* פְּתָחֶיהָ, פִּתְחֵיהֶם, פְּתָחֵינוּ: abertura, entrada, porta.

פֵּתַח★ (*de* I פתח) *m.*: comunicação, descoberta, explicação (Sl 119.130).

פְּתִחָה *v.* פְּתִיחָה.

פִּתְחוֹן (*de* I פתח) *m.*, *cs.* פִּתְחוֹן: disposição, motivo (Ez 16.63; 29.21).

פְּתַחְיָה *n. m.* (1 Cr 24.16).

I פֶּתִי *pl.* פְּתָאִים / פְּתָיִים / פְּתָיִם: jovem, ingênuo, inexperiente.

II פֶּתִי (*de* I פתה) ingenuidade, simplicidade (Pv 1.22).

פְּתִיגִיל veste fina, túnica (Is 3.24).

פְּתַיּוּת (*de* I פתה) ingenuidade (Pv 9.13 *txt. corr.?*).

פְּתִיחָה★ (*de* I פתח) *pl.* פְּתִחוֹת: espada / punhal desembainhado (Sl 55.22).

פָּתִיל (*de* פתל) *m.*, *cs.* פְּתִיל, *pl.* פְּתִילִים / פְּתִילִם: corda, cordão.

פתל NI: *pf.* נִפְתַּלְתִּי, *pt.* נִפְתָּל, נִפְתָּלִים: lutar, competir; estar transtornado / errado. – HIT: *impf. i. p.* תִּתְפַּתָּל: mostrar-se astuto (Sl 18.27, *cj.* 2 Sm 22.27).

פְּתַלְתֹּל (*de* פתל) transtornado, perverso,

confuso (Dt 32.5).

פִּתֹם *n. l.* (Êx 1.11).

פֶּתֶן *m., i. p.* פָּתֶן, *pl.* פְּתָנִים: cobra, víbora.

פֶּתַע momento, instante; *adv.* momentaneamente, instantaneamente.

פתר QAL: *pf.* פָּתַר, *i. p.* פָּתָר, *impf.* וַיִּפְתָּר־, *inf.* פְּתֹר, *pt.* פֹּתֵר / פּוֹתֵר: interpretar, explicar.

פַּתְרוֹס *n. t.* (Js 11.11).

פַּתְרֻסִים *n. p.* (Gn 10.14).

פִּתָּרוֹן* (*de* פתר) *m., suf.* פִּתְרֹנוֹ, *pl.* פִּתְרֹנִים: interpretação, explicação.

פַּתְשֶׁגֶן cópia.

פתת QAL: *inf. abs.* פָּתוֹת: partir (*em pedaços*), esmigalhar (Lv 2.6).

צ

צ ץ, צָדֵי: décima oitava letra do alfabeto; *como num.* = 90.

צֵא (*de* צוא): sujeira, imundície (Is 30.22).

צֹאָה* (*de* צוא) *f., cs.* צֵאַת; *suf.* צֵאָתֶךָ: esterco, excremento (Dt 23.14; Ez 4.12).

צֹאָה (*de* צוא) *f., suf.* צֹאָתוֹ, צֹאָתָם (2 Rs 18.27 *Q.*): esterco, excremento; vômito.

צֹאִי* (*de* צוא) *adj., pl.* צ(ו)אִים: sujo (c. excremento) (Zc 3.3s).

צֶאֱלִים *m. pl.:* lotos (Jó 40.21).

צֹאן (*de* יצא) *f., col., suf.* צֹאנֵנוּ, צֹאנֵינוּ (Ne 10.37), צֹאנֵנוּ (Sl 144.13): gado menor, *i.e.*, ovelhas *e* cabras.

צַאֲנָן *n. l.* (Mq 1.11).

צֶאֱצָאִים (*de* יצא) *m. pl., cs.* צֶאֱצָאֵי, *suf.* צֶאֱצָאֵיהֶם: descendência, descendentes.

I צָב (*de* *צבב) *m., pl.* צַבִּים: carro c. tolda (Nm 7.3; Is 66.20).

II צָב *m.:* lagarto (Lv 11.29).

צבא QAL: *pf.* צָבְאוּ; *impf.* וַיִּצְבְּאוּ; *inf.* לִצְבֹּא *e* לִצְבֹא: *pt.* צֹבְאִים, צֹבְאֹת: ir à guerra; servir (no culto). – HI: *pt.* מַצְבִּא: alistar, recrutar (2 Rs 25.19; Jr 52.25).

I צָבָא *m., cs.* צְבָא; *suf.* צְבָאִי; *pl.* צְבָאוֹת, *cs.* צִבְאוֹת, *suf.* צִבְאֹתָם, צִבְאוֹתֵיכֶם: serviço militar; exército, tropa; serviço no culto; serviço compulsório (para pagar dívida).

II צְבָא* *pl.* צְבָאִים: gazela (1 Cr 12.9).

צְבָאָה* (*de* II צבא): gazela (fêmea) (Ct 2.7; 3.5).

צְבָאוֹת *v.* I צבא *e* צְבָאָה*.

צְבֹאִים Os 11.8 *K, Q* צְבֹיִם, צְבוֹיִם (Gn 10.19), צְבֹיִים (Gn 14.2,8; Dt 29.22): *n. l.*

הַצֹּבֵבָה *n. m.* (1 Cr 4.8).

צבה QAL: *pf.* צָבְתָה: inchar (Nm 5.27). – HI: *inf.* לַצְבּוֹת < לְהַצְבּוֹת: fazer inchar (Nm 5.22).

צָבֶה* (*de* צבה) *adj, f.* צָבָה: inchado (Nm 5.21).

צֹבָה *n. l.*(*v.* צוֹבָה).

צֹבֶה* *pl. suf.* צֹבֶיהָ (Is 29.7): *txt. corr., l.* צֹבְאֶיהָ?.

צָבוּעַ (*de* צבע): hiena.

צבט QAL: *impf.* וַיִּצְבָּט־: dar, alcançar (Rt 2.14).

I צְבִי *m., i. p.* צֶבִי; *pl. cs.* צִבְאוֹת: beleza, ornamento, glória.

II צְבִי *m., pl.* צְבָיִם: gazela.

צִבְיָא *n. m.* (1 Cr 8.9).

צִבְיָה *n. f.* (2 Rs 12.2).

צְבִיָּה gazela (fêmea) (Ct 4.5; 7.4).

צְבָיִם *v.* צְבָאִים.

★**צבע** *cj.* HIT: וְתִצְטַבַּע: mostrar-se tingido (Jó 38.14).
★**צֶבַע** (*de* צבע), *pl.* צְבָעִים: colorido, tecido tingido (Jz 5.30).
צִבְעוֹן *n. m.* (Gn 36.2).
צְבֹעִים *n. l.* (Ne 11.34).
צבר QAL: *impf.* וַיִּצְבְּרוּ, יִצְבֹּר־, יִצְבֹּר: amontoar.
★**צִבֻּר** (*de* צבר) *m., pl.* צִבֻּרִים: montão, pilha (2 Rs 10.8).
★**צִבָּרוֹן** (*de* צבר): *cj.* לְצִבָּרוֹן: em montões (Zc 9.12).
★**צֶבֶת** *m., pl.* צְבָתִים: molho (Rt 2.16).
צַד I *m., suf.* צִדּוֹ; *pl. cs.* צִדֵּי, *suf.* צְדָיו: lado, flanco, ala.
★**צַד II** *pl.* צִדִּים: laço (Jz 2.3).
צְדָד *ou* צְדָד, *loc.* צְדָדָה: *n. l.* (Nm 34.8).
צדה I QAL: *pf.* צָדָה; *pt.* צֹדֶה: emboscar, armar cilada (Êx 21.13; 1 Sm 24.12).
צדה II NI: *pf.* נִצְדּוּ: ser devastado (Sf 3.6).
צֵדָה *v.* צֵידָה.
צָדוֹק *n. m.* (2 Rs 15.33).
צְדִיָּה (*de* I צדה) *f.:* emboscada, cilada; má intenção (Nm 35.20, 22).
צִדִּים *n. l.* (Js 19.35).
צַדִּיק (*de* צדק) *adj., pl.* צַדִּיק(י)ם: certo, correto; inocente, não culpado; justo.
צֵדֹנִית *v.* צִידוֹנִי.
צדק QAL: *pf.* צָדַקְתִּי, צָדֵקָה; *impf.* יִצְדַּק, יִצְדָּק, יִצְדְּקוּ, יִצְדָּקוּ: estar c. razão, estar certo, ter uma causa justa; ser justo; ser justificado. – NI: *pf.* נִצְדַּק: ser justificado (Dn 8.14). – PI: *pf.* צִדְּקָה; *impf.* וַתְּצַדְּקִי; *inf. suf.* צַדְּקֵךְ, צַדְּקוֹ: fazer aparentar justo / inocente; mostrar-se justo; considerar-se no seu direito; declarar justificado. HI: *pf.* הִצְדַּקְתִּיו, הִצְדִּיקוּ; *impf.* יַצְדִּיק; *imp.* הַצְדִּיקוּ; *inf.* הַצְדִּיק ; *pt.* מַצְדִּיק, *suf.* מַצְדִּיקִי: outorgar justiça, fazer justiça; reconhecer que alguém está certo; declarar inocente; tratar como inocente; justificar. – HIT: *impf.* נִצְטַדָּק: justificar-se (Gn 44.16).
צֶדֶק (*de* צדק) *m., suf.* צִדְקֶךָ, צִדְקוֹ: o que é correto, justo, normal; justiça; sucesso; graça.
צְדָקָה (*de* צדק) *f., cs.* צִדְקַת, *suf.* צִדְקָתִי; *pl.* צְדָקוֹת, *cs.* צִדְקֹת, *suf.* צִדְקֹתֵינוּ: justiça; inocência; honestidade; verdade; salvação (libertação); direito.
צִדְקִיָּה *n. m.* (1 Rs 22.11).
צִדְקִיָּהוּ *n. m.* (1 Rs 22.24).
צהב HO: *pt.* מֻצְהָב: vermelho cintilante (Ed 8.27).
צָהֹב (*de* צהב) *adj.:* vermelho cintilante.
צהל I QAL: *pf.* צָהֲלוּ, צָהֳלָה; *impf.* יִצְהֲלוּ, תִּצְהַלוּ; *imp.* צַהֲלִי: rinchar; jubilar. – PI: *imp.* צַהֲלִי: estridular, gritar (Is 10.30).
צהל II HI: *inf.* הַצְהִיל: fazer brilhar.
צהר HI: *impf.* יַצְהִירוּ: *alguns: denom. de* יִצְהָר: espremer azeite; *outros: denom. de* צָהֳרַיִם: sestear (Jó 24.11).
צֹהַר (*de* צהר) *f.:* cobertura, telhado (da arca) (Gn 6.16).
צָהֳרַיִם (*de* צהר) *m., i. p.* צָהֳרָיִם: meio-dia; sesta.
צַו *i. p.* צָו: imitação zombeteira de discurso de profetas (Is 28.10, 13).
★**צוֹאָה** *v.* ★צֹאָה.
צַוָּאר *m., cs.* צַוַּאר, *suf.* צַוָּ(א)רָם; *pl. cs.* צַוְּארֵי, *suf.* צַוָּרָיו, צַוְּארֹתֵיכֶם: pescoço; nuca.
צוֹבָה *e* צֹבָה: *n. l.* (1 Cr 8.3).
צוד QAL: *pf.* צָדוּ, צָדוּנִי, צָדוּם; *impf.* יָצוּד, יְצוּדוּ, יְצוּדֶנּוּ, תְּצוּדֵנִי; *imp.* צוּדָה; *inf. cs.* צוּד, *abs.* צוֹד; *pt.* צָד: caçar; espreitar; emboscar. – PILPEL:

inf. צוּדֵד; *pt.* מְצֹדְדוֹת: caçar (Ez 13.18, 20).

צוה PI: *pf.* צִוִּיתִי, צִוִּיתָה, צִוִּתָה, צִוָּה, צִוִּיתִי, צִוַּנִי, צִוְּנִי, *suf.* צִוָּם, צִוָּהוּ, צִוְּךָ, צִוִּית(י)ךָ, צִוִּתָּה; *impf.* וַיְצַו, יְצַו, יְצַוֶּה, וַיְצַוּ, וְאֲצַוֶּה, וַיְצַוּוּ, *suf.* יְצַוֵּם, וַיְצַוֵּהוּ, וַיְצַוְּךָ, צַוּוּ; תְּצַוֵּנִי, אֲצַוְּךָ, תְּצַוֵּנוּ; *imp.* צַו, צַוֵּה; *inf.* צַוֹּת, *suf.* צַוֹּתוֹ; *pt.* מְצַוֶּה, *cs.* מְצַוֵּה, *f.* מְצַוָּה, *suf.* מְצַוְּךָ, מְצַוְּךָ: ordenar, mandar, dirigir; nomear; proibir; dar ordens; encarregar; colocar em ordem. – PU: *pf.* צֻוָּה, צֻוֵּיתָ, צֻוֵּיתִי; *impf.* יְצֻוֶּה: ser comandado; receber ordens.

צוח QAL: *impf.* יִצְוָחוּ: gritar (Is 42.11).

צְוָחָה (*de* צוח) *f.*, *cs.* צִוְחַת, *suf.* צִוְחָתֵךְ: lamentação.

צוּלָה *f.*: abismo (do mar) (Is 44.27).

צום QAL: *pf.* צַמְתֶּם, צַמְתָּ, צַמְנוּ, צַמְתֻּנִי; *impf.* נָצוּמָה, יָצֻמוּ, אָצוּם, וַיָּצוּמוּ, וַיָּצָם; *imp.* צוּמוּ; *inf.* צוֹם: jejuar.

צוֹם (*de* צום) *m.*, *suf.* צוֹמְכֶם; *pl.* צוֹמוֹת: jejum.

צוּעָר *n. m.* (Nm 1.8).

צוֹעַר *v.* צֹעַר.

צוף QAL: *pf.* צָפוּ: escorrer, inundar (Lm 3.54). – HI: *pf.* הֵצִיף; *impf.* וַיָּצֶף: fazer inundar; fazer flutuar (Dt 11.4; 2 Rs 6.6).

I צוּף (*de* צוף) *m.*, *pl.* צוּפִים: favo (Sl 19.11; Pv 16.24).

II צוּף *n. m.* (1 Sm 1.1).

צוֹפַח *n. m.* (1 Cr 7.35).

צוֹפַי *n. m.* (1 Cr 6.11).

צוֹפִים 1 Sm 1.1: *l.* צוֹפַי.

צוֹפַר *e* צֹפַר: *n. m.* (Jó 2.11).

I צוץ QAL: *pf.* צָץ: brotar, florescer (Ez. 7.10). – HI (*ou* qal?): *impf.* יָצִיץ, וַיָּצֵץ, יָצִיצוּ: florescer.

II צוץ HI: *pt.* מֵצִיץ: olhar (Ct 2.9).

צוק HI: *pf.* הֱצִיקַתְהוּ, הֲצִיקוֹתִי, הֵיצִיקָה, הֱצִיקַתְנִי; *impf.* יָצִיק; *pt.* מֵצִיק: apertar, oprimir.

צוֹק Dn 9.25: opressão (*txt. corr.?*).

צוּקָה (*de* צוק) *f.*: opressão, angústia.

I צור QAL: *pf.* צַרְתָּ, צַרְתָּנִי; *impf.* וַיָּצַר, תָּצוּר, וַיָּצֻרוּ; *imp.* צוּרִי; *inf.* צוּר, *pt.* צָרִים: amarrar, apertar, reunir; *c.* מָצֹר: colorar sentinela; *c.* אֶל: cercar; *c.* עַל: sitiar, barricar. – NI: *pt. f. cj.* נְצוּרָה: sitiada (*cj.* Is 1.8).

II צור QAL: *pf.* צַרְתִּי; *impf.* תָּצַר, תְּצֻרֵם; *inf.* צוּר, *pt. pl.* צָרִים: oprimir, apertar, confinar.

III צור QAL: *impf.* וַיָּצַר: moldar, fundir (Êx 32.4; 1 Rs 7.15).

אֲצוּרְךָ Jr 1.5: *v.* יָצַר.

I צוּר *m.*, *suf.* צוּרִי, *pl.* צוּרִים, צֻרִים, צוּרוֹת: penha, rocha.

II צוּר *m.*: seixo (Jó 22.24).

III צוּר *n. m.* (Nm 25.15).

IV צוּר *n. d.* (*em n. l.*) (Js 15.58).

צוֹר *n. l.*: *v.* צֹר.

***צַוָּר** *v.* צַוָּאר.

***צוּרָה** (*de* III צור) *f.*, *cs.* צוּרַת, *suf.* צוּרָתוֹ: desenho, planta (Ez 43.11).

צוּרִיאֵל *n. m.* (Nm 3.35).

צוּרִישַׁדָּי *n. m.* (Nm 1.6).

***צַוְּרֹנִים** *m.*, *suf.* צַוְּרֹנָיִךְ: colar (Ct 4.9).

צות HI: *impf.* אֲצִיתֶנָּה: acender (Is 27.4).

צַח (*de* צחח) *adj.*: cintilante, resplandecente, brilhante, esplêndido, lúcido; claro.

צִחָא *v.* צִיחָא.

***צִחֶה** *adj.*: seco, ressequido (Is 5.13).

צחח QAL: *pf.* צַחוּ: ser branco (Lm 4.7).

***צְחִחִי** *v.* *צְחִיחַ.

***צְחִיחַ** (*de* צחח) *m.*, *cs.* צְחִיחַ: brilhante; descalvado (penha); aberto.

צְחִיחָה (*de* צחח) *f.*: terra escalvada / queimada (Sl 68.7).

***צַחֲנָה** *f.*, *suf.* צַחֲנָתוֹ: mau cheiro (Jl 2.20).

צַחְצָחוֹת (*de* צחח) *f.*: terras queimadas (Is 58.11).

צחק QAL: *pf.* צָחֲקָה, צָחַקְתְּ; *impf.* ־יִצְחַק (Gn 21.6), וַיִּצְחַק, וַתִּצְחַק: rir. – PI: *impf.* וַיְצַחֵק; *inf.* לְצַחֵק, לְצַחֶק; *pt.* מְצַחֵק: gracejar, caçoar, divertir-se; *c.* אֶת: acariciar; *c.* בְּ: brincar; divertir-se.

צְחֹק (*de* צחק) *m.:* risada (Gn 21.6; Ez 23.32).

צָחַר *n. l.* (Ez 27.18).

צָחֹר* *adj., pl. f.* צְחֹרוֹת: fulvo (Jz 5.10)

צֹחַר *n. m.* (Gn 23.8).

I צִי *m., pl.* צִיִּים, צִים: navio.

II צִי *m., pl.* צִיִּים: demônio.

צִיבָא *n. m.* (2 Sm 9.2).

ציד HIT: *pf.* הִצְטַיַּדְנוּ: levar como provisão (Js 9.12, *cj.* 4).

I צַיִד (*de* צוד) *m., i. p.* צָיִד, *cs.* צֵיד, *suf.* צֵידוֹ: caça, caçada.

II צַיִד (*de* ציד) *m., i. p.* צָיִד, *suf.* צֵידָם: provisão, alimento.

צַיָּד (*de* צוד) *m.:* caçador (Jr 16.16; *cj.* Pv 6.5).

צֵידָה *e* צֵדָה (*de* ציד) *f.:* provisão.

צִידוֹן *e* צִידֹן: *n. l.* (Js 11.8).

צִידֹנִי *gent. de* צִידוֹן: *pl.* צִידֹנִים, *f.* צִדְנִית (Dt 3.9).

צִיָּה *f., pl.* צִיּוֹת: terra seca, região sem água (Is 41.18).

צָיוֹן *m.:* terra seca (Is 25.5; 32.2).

צִיּוֹן *n. l., loc.* צִיּוֹנָה (Am 1.2).

צִיּוּן marco, sinal, poste.

צִיחָא *n. m.* (Ed 2.43).

צִיִּים *v.* צִי.

צִין *v.* צִן.

צִינֹק golilha, cepo (Jr 29.26).

צִיעֹר *n. l.* (Js 15.54).

צִיף *v.* II צוּף.

I צִיץ (*de* צוץ) *m., pl.* צִצִּים: flor; ornamento (na testa do sacerdote).

II צִיץ הַצִּיץ: *n. l.* (2 Cr 20.16).

צִיצָה* *f. de* I צִיץ, *cs.* צִיצַת: flor.

צִיצִת (*de* I צִיץ) *f.:* cacho, madeixa; borla, franja (Ez 8.3; Nm 15.38).

צִיקְלַג *v.* צִקְלַג.

ציר QAL: *pt.* צָר (Is 59.19) *v.* I צור. – HIT: *impf.* וַיִּצְטַיָּרוּ (Js 9.4) *l.* וַיִּצְטַיָּדוּ.

I צִיר *m.:* gonzo (Pv 26.14).

II צִיר *e* צִר, *m., pl.* צִירִים, *suf.* צִרַיִךְ: mensageiro.

III צִיר* *m., pl.* צִירִים, *suf.* צִירֶיהָ, צִירַי: dor, convulsão.

IV צִיר* *m., pl.* צִירִים: ídolo (Is 45.16).

צֵל (*de* צלל) *m., cs.* =, *suf.* צִלּוֹ, צְלָלוֹ (Jó 40.22); *pl.* צְלָלִים, *cs.* צִלְלֵי: sombra; proteção.

צלה QAL: *impf.* אֶצְלֶה, יִצְלֶה; *inf.* צְלוֹת: assar.

צִלָּה *n.f.* (Gn 4.19).

צְלוּל *K, Q* צְלִיל: *m., cs.* צְלוּל: fatia(?) (Jz 7.13).

צלח QAL. *pf.* צָלְחָה, צָלֵחָה; *impf.* יִצְלַח, יִצְלְחִי, וַתִּצְלְחִי: ser forte/eficiente/ poderoso; ser útil; ter sucesso. – HI: *pf.* הִצְלִיחַ, הִצְלִיחָה, הִצְלַחְתָּ, הִצְלִיחוֹ; *impf.* יַצְלִיחַ, וַיַּצְלַח, תַּצְלִיחִי; *imp.* הַצְלַח, הַצְלִיחָה; *pt.* מַצְלִיחַ: ter sucesso; triunfar; fazer c. que algo tenha sucesso; fazer prosperar.

צְלֹחִית *f.:* tigela (2 Rs 2.20).

צַלַּחַת *f., pl.* צְלָחוֹת: tigela.

צְלָחַת *pl.* צְלָחוֹת: *v.* צַלַּחַת.

צָלִי *adj. e m., cs.* צְלִי: assado.

צְלִיל *v.* צְלוּל.

I צלל QAL: *pf.* צָלְלוּ; *impf.* תְּצִלֶּנָה, תְּצִלֶּינָה: ressoar, vibrar.

II צלל QAL: *pf.* צָלְלוּ: afundar (Êx 15.10).

III צלל QAL: *pf.* צָלְלוּ: tornar sombrio, escuro (Ne 13.19). – HI: *pt.* מֵצֵל, *cj. inf.* הָצֵל: dar sombra (Ez 31.3, *cj.* Jn 4.6).

צְלָלוֹ, צִלְלֵי, צְלָלִים: *v.* צֵל.

צֶלֶם *m., suf.* צַלְמוֹ, צַלְמֵנוּ; *pl. cs.* צַלְמֵי, *suf.* צְלָמָיו, צַלְמֵיכֶם: estátua, imagem, modelo, desenho.

I צַלְמוֹן *n. m.* (2 Sm 23.28).
II צַלְמוֹן *n. de montanha* (Jz 9.48; Sl 68.15).
צַלְמָוֶת *m.:* trevas.
צַלְמֹנָה *n. l.* (Nm 33.41).
צַלְמֻנָּע *n. m.* (Sl 83.12).
צלע QAL: *pt.* צֹלֵעַ, *f.* צֹלֵעָה: coxear, mancar.
צֶלַע *m., suf.* צַלְעוֹ: tropeço.
I צֵלָע *f., cs.* צֵלַע *e* צֶלַע, *suf.* צַלְעוֹ; *pl.* צְלָעוֹת, *cs.* צַלְעוֹת *e* צְלָעִים (1 Rs 6.34): costela; lado; anexo; ala; prancha; aba; viga.
II צֵלָע *n. l.* (Js 18.28; 2 Sm 21.14).
צָלָף *n. m.* (Ne 3.30).
צְלָפְחָד *n. m.* (Nm 26.33).
צֶלְצַח *n. l.* (1 Sm 10.2).
צְלָצַל (*de* I צלל) *m., cs.* צִלְצַל: grilo (Dt 28.42; Is 8.1).
צִלְצָל★ (*de* I צלל) *m., cs.* צִלְצַל: arpão (Jó 40.31); Is 18.1 *v.* צְלָצַל.
צֶלְצְלִים (*de* I צלל) *m.pl., cs.* צִלְצְלֵי: címbalos (2 Sm 6.5; Sl 150.5).
צֶלֶק *n. m.* (2 Sm 23.37).
צִלְּתַי *n. m.* (1 Cr 8.20).
צמא QAL: *pf.* צָמְאוּ, צָמֵ(א)תִי, צָמֵת, צָמְאָה; *impf.* וַיִּצְמָאוּ, וַיִּצְמָא: estar sedento.
צָמָא (*de* צמא) *m., suf.* צְמָאִי: sede.
צָמֵא (*de* צמא) *adj., f.* צְמֵאָה; *pl.* צְמֵאִים: sedento; árido.
צִמְאָה (*de* צמא) *f.:* sede (Jr 2.25).
צִמָּאוֹן (*de* צמא) *m.:* região sedenta / árida.
צמד NI: *impf.* וַיִּצָּמְדוּ, וַיִּצָּמֶד; *pt.* נִצְמָדִים: comprometer-se; achegar-se de. – PU: *pt.* מְצֻמֶּדֶת :presa (2 Sm 20.8). – HI: *impf.* תַּצְמִיד: atrelar (animal: *aqui fig.)* (Sl 50.19).
צֶמֶד (*de* צמד) *m., suf.* צִמְדּוֹ; *pl.* צְמָדִים, *cs.* צִמְדֵי: parelha, par, junta (de bois); área de terra que uma junta de bois pode arar num dia: acre.
צַמָּה★ *m.,* צַמָּתֵךְ: véu.
צִמּוּקִים *tb.* צִמֻּקִים (*de* צמק): bolos de passas.
צמח QAL: *pf.* צָמֵחַ־, צָמְחוּ; *impf.* וַיִּצְמַח, תִּצְמַחְנָה, יִצְמָחוּ, יִצְמָח; *pt.* צֹמֵחַ, צֹמְחוֹת: brotar, germinar; acontecer. – PI: *pf.* צִמֵּחַ; *impf.* יְצַמֵּחַ; *inf.* צַמֵּחַ: vicejar. – HI: *pf.* הִצְמִיחָה; *impf.* וַיַּצְמַח, תַּצְמִחַ, יַצְמִיחַ; *inf.* הַצְמִיחַ; *pt.* מַצְמִיחַ: fazer crescer / germinar / prosperar.
צֶמַח (*de* צמח) *m.,* צִמְחָהּ: crescimento; broto; renovo; rebento.
I צָמִיד (*de* צמד) *m., pl.* צְמִידִים: bracelete.
II צָמִיד (*de* צמד) *m.:* tampa (Nm 19.15).
צַמִּים Jó 5.5 *text. corr., l.* צְמֵאִים?; Jó 18.9: laço?
צְמִיתֻת *v.* צְמִתֻת.
צמק QAL: *pt.* צֹמְקִים: secar, enrugar (Os 9.14).
צִמֻּקִים *v.* צִמּוּקִים.
צֶמֶר *m.:* lã.
צְמָרִי *n. p.* (Gn 10.18).
צְמָרַיִם *n. de monte* (Js 18.22).
צַמֶּרֶת *f., suf.* צַמַּרְתּוֹ: topo.
צמת QAL: *pf.* צָמְתוּ: silenciar (Lm 3.53. – NI: *pf.* נִצְמָתוּ, נִצְמַתִּי: ser silenciado (Jó 6.17; 23.17). – PILPEL: *pf.* צִמְּתוּתֻנִי: silenciar (Sl 88.17). – HI: *pf.* הִצְמַתָּה; *impf.* אַצְמִיתֶם, תַּצְמִית; *impf.* הַצְמִיתֵם: silenciar.
צְמִתֻת Lv 25.23 *e* צְמִיתֻת 25.30 (*de* צמת): perda do direito de resgate.
צֵן★ *pl.* צִנִּים Pv 22.5, Jó 5.5 *e* צִנּוֹת Am 4.2: gancho de açougueiro.
צִן *n. l., loc.* צִנָה (Nm 34.4).
צֹנֶא★ *por* צֹנַאֲכֶם Nm 32.24 *l.* צֹאנְכֶם.
צֹנֶה gado miúdo (Sl 8.8).
I צִנָּה *f., cs.* צִנַּת: frio (Pv 25.13).
II צִנָּה *f., pl.* צִנּוֹת: pavês, escudo grande.
צִנּוֹת Am 4.2: *v.* ★צֵן.
צָנוּעַ★ (*de* צנע) *adj., pl.* צְנוּעִים: humilde, modesto (Pv 11.2).
צנוף Is 62.2: *v.* צָנִיף.
צִנּוֹר *m., pl. suf.* צִנּוֹרֶיךָ: tromba

d'água?, catarata?, tridente?, raio?, aqueduto?.

צנח QAL: *impf.* וַתִּצְנַח: bater palmas; bater.

צְנִינִים espinhos (Nm 35.55; Js 23.13).

צָנִיף (*de* צנף) *m.*, *cs.* צְנִיף: turbante.

***צְנִיפָה** *pl.* צְנִיפוֹת: turbante (de mulher) (Is 3.23).

***צָנֻם** *pl. f.* צְנֻמוֹת: seca (Gn 41.23).

צנע HI: *inf.* הַצְנֵעַ: agir cautelosamente / cuidadosamente (Mq 6.8).

צנף QAL: *impf.* יִצְנֹף, יִצְנָפְךָ; *inf.* צָנֹף: envolver, enrolar, atar (Is 22.18; Lv 16.4).

צְנֵפָה (*de* צנף) *f.*: invólucro (Is 22.18).

צִנְצֶנֶת *f.*: receptáculo (Êx 16.33).

***צַנְתָּרוֹת** *m. pl.*, *cs.* צַנְתְּרוֹת: canos (Zc 4.12).

צעד QAL: *pf.* צָעֲדָה, צָעֲדוּ, צָעֲדוּ; *impf.* יִצְעַד, תִּצְעַד; *inf.* צַעְדְּךָ: andar, marchar. – HI: *impf.* תַּצְעִדֵהוּ: fazer andar (Jó 18.14).

***צַעַד** (*de* צעד) *m.*, *i. p.* צָעַד, *suf.* צַעֲדוֹ; *pl.* צְעָדִים, *cs.* צַעֲדֵי, *suf.* צְעָדָיו, צְעָדֶיהָ: passo.

צְעָדָה (*de* צעד) *f.*, *pl.* צְעָדוֹת: marcha; *pl.*: anéis para tornozelos.

צעה QAL: *pt.* צֹעָה, צֹעֶה, צֹעִים: estar em cadeias; curvar-se; agachar-se (prostituta); inclinar; trasfegador. – HI: *pf.* צֵעֲהוּ: decantar (Jr 48.12).

***צָעוֹר** *suf.* צְעוֹרֶיהָ, צְעוֹרֵיהֶם Jr 14.3 *e.* 48.4: *v.* I צָעִיר.

צָעִיף *m.*, *suf.* צְעִיפָהּ: xale.

I צָעִיר (*de* צער) *adj.*, *f.* צְעִ(י)רָה, *m. suf.* צְעִירוֹ; *pl. cs.* צְעִירֵי, *suf.* Jr 14.3 *K* צְעוֹרֶיהָ, *Q* צְעִירֶיהָ: pequeno, menor, mínimo; jovem; insignificante; *pl.*: servos.

II צָעִיר *n. l.*; *loc.* צָעִירָה: (2 Rs 8.21).

***צְעִירָה** *f.*, *suf.* צְעִירָתוֹ: juventude (Gn 43.33).

צען QAL: *impf.* יִצְעָן: ter de embrulhar (Is 33.20).

צֹעַן *n. l.* (Nm 13.22).

צַעֲנַנִּים *n. l.* (Js 19.33).

צַעֲצֻעִים (*de* צוע) *m. pl.*: fundições; objetos formados por fundição (2 Cr 3.10).

צעק QAL: *pl.* צָעַק, צָעֲק, צָעֲקָה; *impf.* תִּצְעֲקוּ, אֶצְעֲקָה, אֶצְעַק, וַיִּצְעַק; *imp.* צַעֲקִי, צַעֲקִי Jr 22.20, צְעָקְנָה; *inf. cs.* צְעֹק, *abs.* צָעֹק; *pt.* צֹעֲקִים, צֹעֶקֶת: gritar, clamar, lamentar, pedir socorro. – NI: *impf.* וַיִּצָּעֲקוּ, וַיִּצָּעֵק: ser conclamado, ser recrutado. – PI: *pt.* מְצַעֵק: gritar continuamente (2 Rs 2.12). – HI: *impf.* וַיַּצְעֵק: conclamar, convocar (1 Sm 10.17).

צְעָקָה (*de* צעק) *f.*, *cs.* צַעֲקַת, *suf.* צַעֲקָתוֹ: clamor, grito de socorro; lamentação.

צער QAL: *impf.* יִצְעָרוּ, יִצְעֲרוּ; *pt.* צֹעֲרִים: ser insignificante, tornar-se insignificante; *pt.*: pastorzinho.

צֹעַר *e* צוֹעַר: *n. l.*; *loc.* צֹעֲרָה (Gn 19.23).

צפד QAL: *pf.* צָפַד: enrugar (Lm 4.8).

I צפה QAL: *impf.* תִּצְפֶּינָה, יִצֶף; *pt.* צֹפֶה, צֹפִים, *suf.* צֹפַיִךְ, צֹפָו Is 56.10 *K*, *f.* צֹפוֹת, צֹפִיָּה: montar guarda, vigiar, observar atentamente; espreitar. – PI: *pf.* צִפִּינוּ; *impf.* אֲצַפֶּה; *imp.* צַפֵּה, צַפִּי; *pt.* מְצַפֶּה: vigiar.

II צפה QAL: *inf.* צָפֹה: ordenar, arranjar (Is 21.5). – PI: *pf.* צִפָּה, צִפִּיתָה; *impf.* תְּצַפֶּנּוּ, וַיְצַפֵּהוּ, תְּצַפֶּה, וַיְצַף, וַיְצַפֵּם: cobrir. – PU: *pt.* מְצֻפֶּה, מְצֻפִּים: coberto (Êx 26.32, Pv 26.23).

***צָפָה** *f.*, *suf.* צָפָתְךָ: supuração? *ou l.* צֵאָתְךָ: pus? (Ez 32.6).

צְפוֹ *n. p.*; = צְפִי (1 Cr 1.36).

צִפּוּי revestimento (de metal).

I צָפוֹן *f.*, *c. art.* הַצָּפוֹנָה *e* הַצָּפוֹן; *cs.* צְפוֹן, *loc.* צָפוֹנָה (*muitas vezes ao invés de* צָפוֹן), צְפוֹנָה Jz 21.19: norte;

vento norte; Monte Zafom/ Safon.

II צָפוֹן *n. l.; loc.* צָפוֹנָה (Js 13.27; Jz 12.1).

צְפוֹן Nm 26.15: *v.* צִפְיוֹן.

I צְפוֹנִי (*de* I צפון) *adj.:* norte Jl 2.20, *mas l. talvez* צַפְצְפוֹנִי: chilreador.

II צְפוֹנִי *gent. de* צְפוֹן (Nm 26.15).

צְפוּעַ Ez 4.15 *K; v.* צָפִיעַ.

I צִפּוֹר *e* צִפֹּר: *f., pl.* צִפֳּרִים: *col.* pássaros; pássaro.

II צִפּוֹר *e* צִפֹּר: *n. m.* (Nm 22.2).

צַפַּחַת *f.:* bilha, botija.

צְפִי 1 Cr 1.36: *v.* צְפוֹ.

צְפִיָּה* (*de* I צפה) *f., suf.* צִפִּיָּתֵנוּ: vigia, posto de observação (Lm 4.17).

צִפְיוֹן *n. m.* (Gn 46.16).

צַפִּיחִית *f.:* bolo; bolacha (Êx 16.31).

צָפִין* *suf.* צְפִינְךָ Sl 17.14 *l.* צְפוּנְךָ: *v.* צפן.

צָפִיעַ* *pl. cs.* צְפִיעֵי: esterco (Ez 4.15 *Q*).

צְפִיעָה* *f., pl.* צְפִעוֹת: folha (Is 22.24).

צָפִיר *m., cs.* צְפִיר, *pl. cs.* צְפִירֵי: bode.

צְפִירָה *e* צְפִרָה: *f., cs.* צְפִירַת: coroa, diadema.

צָפִית (*de* II צפה) *f.:* ordem de sentar-se à mesa (Is 21.5).

צפן QAL: *pf.* צָפַן, צָפַנְתִּי; *impf.* תִּצְפּוֹן, וַתִּצְפְּנוֹ, יִצְפְּנֻנִי, נִצְפְּנָה; *pt. suf.* צֹפְנֶיהָ, *pass.* צָפוּן, צְפוּנָה, *suf.* צְפוּנִי, צְפוּנֶיךָ: esconder; abrigar; armazenar; conservar; guardar; *pt.:* tesouro. – NI: *pf.* נִצְפַּן, נִצְפְּנוּ: ser escondido; ser armazenado; ser entesourado. – HI: *impf.* תַּצְפִּינֵנִי; *inf.* הַצְפִּינוֹ: esconder.

צְפַנְיָה *n. m.* (1 Cr 6.21).

צְפַנְיָהוּ *n. m.* (2 Rs 25.18).

צָפְנַת פַּעְנֵחַ *n. m.* (Gn 41.45).

צֶפַע *m.:* serpente venenosa, víbora (Is 14.29).

צְפִעָה* *v.* צְפִיעָה.

צִפְעֹנִי *m., pl.* צִפְעֹנִים = צֶפַע: serpente venenosa, víbora.

צפף PILPEL: *impf.* אֲצַפְצֵף, תְּצַפְצֵף; *pt.* מְצַפְצְפִים, מְצַפְצֵף: chilrear, piar.

צַפְצָפָה (*de* צפף) *f.:* salgueiro (Ez 17.5).

צפר וְיִצְפֹּר מֵהַר Jz 7.13: *l.* וַיִּצְרְפֵם.

צֹפַר *v.* צוֹפַר.

צִפֹּר *v.* צִפּוֹר.

צְפַרְדֵּעַ *f., pl.* צְפַרְדְּעִים: *col.* rãs.

צְפִרָה *v.* צְפִירָה.

צִפֹּרָה *n. f.* (Êx 2.21).

צִפֹּרֶן *pl. suf.* צִפָּרְנֶיהָ: unha; ponta c. diamante (Dt 21.12; Jr 17.1).

צֶפֶת (*de* II צפה) *f.:* capitel (2 Cr 3.15).

צְפַת *n. l.* (Jz 1.17).

צְפָתָה 2 Cr 14.9: *l.* צְפוֹנָה.

צִצִּים *v.* צִיץ.

צָקוּן *v.* צוק.

צִקְלַג *tb.* צִקְלָג *e.* צִיקְלַג: *n. l.* (1 Sm 27.6).

צִקָּלוֹן* *suf.* צִקְלֹנוֹ 2 Rs 4.42: *l.* קִלַעַת: (alforje).

I צַר (*de* צרר) *adj. e m., i. p.* צָר, *f.* צָרָה: estreito; escasso; estreiteza; aperto; angústia; necessidade.

II צַר (*de* II צרר) *m., i.p.* צָר, *suf.* צָרִי; *pl. cs.* צָרֵי, *suf.* צָרָיו, צָרֵיהֶם, צָרִימוֹ Dt 32.27: opressor, adversário, inimigo.

III צַר Is 5.28: *l.* כַּצֹּר.

צֵר *n. l.* Js 19.35: *texto*?

צִר *v.* II צִיר.

צֻר* *v.* II צוּר.

I צֹר *pl.* צֻרִים: seixo, pederneira; faca de pederneira.

II צֹר *e* צוֹר: *n. l.* (2 Sm 5.11).

צרב NI: *pf.* נִצְרְבוּ: ser chamuscado (Ez 21.3).

צָרָב* (*de* צרב) *adj., f.* צָרֶבֶת: chamuscador (Pv 16.27).

צָרֶבֶת (*de* צרב) *f.:* cicatriz (Lv 13.23,28).

צְרֵדָה *n. l.; loc.* צְרֵדָתָה (1 Rs 11.26).

I צָרָה *f., cs.* צָרַת, *suf.* צָרָתוֹ, צָרַתְכֶם; *pl.* צָרוֹת, *suf.* צָרוֹתֵיכֶם, צָרוֹתָם; *c. -ā*: Sl 120.1 צָרָתָה: angústia, necessidade.

II צָרָה *f.:* esposa rival (1 Sm 1.6).

צָרָה* aprisco (*cj.* Mq 2.12).

צְרוּיָה *e* צְרֻיָה: *n. f.* (2 Cr 2.16).

צְרוּעָה *n. f.* (2 Rs 11.26).

I צְרוֹר (*de* I צרר) *m.*, *pl.* צְרֹרוֹת: bolsa (para dinheiro).

II צְרוֹר *m.:* seixo (2 Sm 17.13; Am 9.9).

III צְרוֹר *n. m.* (1 Sm 9.1).

צרח QAL: *pl.* צֹרֵחַ: gritar, chamar de maneira estridente (Sf 1.14). – HI: *impf.* יַצְרִיחַ: emitir o grito de guerra (Is 42.13).

cj. **צֶרַח** (*de* צרח): grito de guerra (*cj.* Ez 21.27), guincho (*cj.* Jr 4.31).

צֹרִי *pl.* צֹרִים: *gent. de* II צֹר.

צֳרִי *e* וּצְרִי Gn 37.25: almécega, bálsamo.

צְרִי *n. m.* (1 Cr 25.3).

צְרֻיָה *v.* צְרוּיָה.

צְרִיחַ *pl.* צְרִיחִים: celeiro, adega.

צֻרִים Js 5.2 *s.: v.* צֹר.

***צֹרֶךְ** *suf.* צָרְכֶּךָ: necessidade (1 Cr 2.15).

צרע QAL: *pt. pass.* צָרוּעַ: atingido por eczema, sofrer de dermatose. – PU: *pt.* מְצֹרָע, *f.* מְצֹרַעַת, מְצֹרָעַת, *pl.* מְצֹרָעִים: atingido por dermatose.

צָרְעָה *n. l.* (Js 19.41).

צִרְעָה depressão, desencorajamento.

צָרְעִי *gent. de* צָרְעָה.

צָרַעַת (*de* צרע) *f.*, *i. p.* צָרָעַת, *suf.* צָרַעְתּוֹ: dermatose.

צָרְעָתִי *gent. de* צָרְעָה.

צרף QAL: *pf.* צָרַף, צְרַפְתָּנוּ, צְרַפְתָּהוּ, צְרַפְתַּנִי; *impf.* אֶצְרֹף, אֶצְרְפֵנוּ; *imp.* צָרְפָה (*K* צורפה) Sl 26.2; *inf.* צְרֹף, צְרָף־, *abs.* צָרוֹף; *pt.* צֹ(ו)רֵף, *suf.* צֹרְפָם, *pass.* צָרוּף, צְרוּפָה: fundir; refinar; purificar; testar. – NI: *impf.* וְיִצָּרְפוּ: ser refinado (Dn 12.10). – PI: *pt.* מְצָרֵף: fundidor (Ml 3.2).

צֹרְפִי (*de* צרף) *m. col.:* ourives (Ne 3.31).

צָרְפַת *n. l.*, *loc.* צָרְפַתָה (1 Rs 17.9).

I צרר QAL I: *pf.* צָרַר; *imp.* צוֹר; *inf.* צְרוֹר; *pt.* צֹרֵר, *pass.* צָרוּר, צְרוּרָה, צְרֻרֹת: envolver, enfaixar, atar; enclausurar. – QAL II: *pf.* צַר, צָרָה; *impf.* יֵצַר, יֵצֶר, וַיֵּצֶר, תֵּצְרִי, יֵצְרוּ: ser estreito, ser apertado; ser entravado, ser impedido; ser angustiado; ser oprimido, ser afligido. – PU: *pt.* מְצֹרָרִים: atado (consertado) (Js 9.4). – HI: *pf.* הֵצַר, הֲצֵרֹתִי; *impf.* יָצַר־, יָצַר, וַיָּצַר, וַיָּצֵרוּ; *inf.* הָצֵר; *pt. f.* מְצֵרָה; *c.* לְ: oprimir, afligir; estar em trabalho de parto.

II צרר QAL: *pf.* צַר, צַרְתִּי, צָרְרוּ, צְרָרוּנִי; *impf.* יָצֹר; *inf.* צְרֹר, *abs.* צָרוֹר; *pt.* צֹרֵר, צֹרְרִים, צֹרְרֵי, *suf.* צֹרְרָיו, צוֹרְרֶיךָ: ser hostil, estar em conflito; (*denom. de* II צרה): ser uma esposa rival.

צְרֹר *v.* צְרוֹר.

צְרֵרָה Jz 7.22: *l.* צְרֵדָה.

צֶרֶת *n. m.* (1 Cr 4.7).

צֶרֶת הַשַּׁחַר *n. l.* (Js 13.19).

צָרְתָן *n. l.*; *loc.* צָרְתָנָה.

ק

ק קוֹף: décima nona letra do alfabeto; *como num.* = 100.

קֵא* (*de* קיא), *suf.* קֵאוֹ: vômito (Pv 26.11).

קָאַת, קָאָת *cs.* קְאַת: espécie de pássaro impuro (pelicano?).

קַב (*de* קבב): medida para secos (cerca de 1½ l) (2 Rs 6.25).

קבב QAL: *pf. suf.* קַבֹּתוֹ; *impf.* אֶקֹּ(וֹ)ב, *suf.* יִקֳּבֶהוּ, תִּקָּבֶנּוּ; *imp.* קָבָה־, *suf.* קָבְנוֹ; *inf.* קֹב: amaldiçoar.

קֵבָה *suf.* קֵבָתָהּ: bucho; ventre, barriga (Dt 18.3; Nm 25.8).

קֻבָּה quarto das mulheres (parte da tenda) (Nm 25.8).

קִבּוּץ* (*de* קבץ) *m., pl. suf.* קִבּוּצַיִךְ: *significado desconhecido* (Is 57.13).

קְבוּרָה (*de* קבר) *f., cs.* קְבֻרַת, *suf.* קְבֻרָתוֹ: sepultamento, enterro; sepultura.

קבל PI: *pf.* קִבְּלוּ, קִבֵּל, קִבֵּל; *impf.* יְקַבְּלוּ, נְקַבֵּל, *suf.* וַיְקַבְּלֵם; *imp.* קַבֵּל, קַבֶּל־: aceitar, receber, tomar – HI: *pt. f.* מַקְבִּילֹת: ser contraposto (Êx 26.5; 36.12).

קֹבֶל* (*de* קבל), קָבְלוֹ: aríete (Ez 26.9).

קבע QAL: *pf.* קָבַע, *suf.* קְבַעֲנוּךָ; *impf.* יִקְבַּע; *pt.* קֹבְעִים, *suf.* קֹבְעֵיהֶם: roubar.

קֻבַּעַת cálice (Is 51.17, 22).

קבץ QAL: *pf.* קָבַץ; *impf.* תִּקְבֹּץ, יִקְבָּץ־, אֶקְבֹּץ, אֶקְבְּצָה, *suf.* יִקְבְּצֵנוּ, וָאֶקְבְּצֵם; *imp.* קִבְצוּ, קְבֹץ; *inf. suf.* לְקָבְצִי; *pt.* קֹבֵץ, *pass.* קְבוּצִים: juntar, reunir, coletar, concentrar, arregimentar. – NI: *pf.* נִקְבְּצוּ, נִקְבָּצוּ; *impf.* תִּקָּבֵץ, יִקָּבְצוּ; *imp.* הִקָּבְצוּ; *inf.* הִקָּבֵץ; *pt.* נִקְבָּצִים, *suf.* נִקְבָּצָיו: reunir-se; ser juntado, ser reunido. – PI: *pf.* קִבַּצְתִּי, *suf.* קִבְּצָם, קִבְּצֵךְ; *impf.* יְקַבֵּץ, אֲקַבְּצָה, *suf.* יְקַבְּצֵךְ; *imp. suf.* קַבְּצֵנוּ; *inf.* קַבֵּץ, *suf.* קַבְּצִי; *pt.* מְקַבֵּץ, *suf.* מְקַבְּצָיו, מְקַבְּצָם: reunir, juntar, coletar, arregimentar. – PU: *pt. f.* מְקֻבֶּצֶת: ser reunido (Ez 38.9). – HIT: *pf.* הִתְקַבְּצוּ; *impf.* יִתְקַבְּצוּ; *imp.* הִתְקַבְּצוּ: reunir-se.

קַבְצְאֵל *n. l.* (Js 15.21).

קְבֻצָה* (*de* קבץ), *cs.* קְבֻצַת: (o) ajuntar (Ez 22.20).

קִבְצַיִם *n. l.* (Js 21.22).

קבר QAL: *pf.* קָבַר, קָבְרוּ, *suf.* קְבַרְתּוֹ; *impf.* יִקְבֹּר, וַיִּקְבֹּר, אֶקְבְּרָה; *imp.* קִבְרוּ, קְבֹר, *suf.* קִבְרוּהָ; *inf.* קְבֹ(וֹ)ר, *suf.* קָבְרוֹ, *abs.* קָבוֹר; *pt.* קֹבְרִים, *pass.* קְבוּרִים, קָבוּר: sepultar. – NI: *impf.* יִקָּבֵר, יִקָּבְרוּ: ser sepultado. – PI: *impf. suf.* תְּקַבְּרֵם; *inf.* קַבֵּר; *pt.* מְקַבֵּר: sepultar (muitos ao mesmo tempo). – PU: *pf.* קֻבַּר: ser sepultado (Gn 25.10).

קֶבֶר (*de* קבר) *m., i. p.* קָבֶר, *suf.* קִבְרִי, *pl.* קְבָרִים, *cs.* קִבְרֵי, *suf.* קִבְרֵיהֶם, *e pl.* קְבָרוֹת, *cs.* קִבְרוֹת, *suf.* קִבְרֹתֶיהָ, קִבְרוֹתֵיכֶם: sepultura.

קִבְרוֹת *em* קִבְרוֹת הַתַּאֲוָה: *n. l.* (Nm 11.34).

קדד QAL: *impf.* יִקֹּד, אֶקֹּד, יִקְּדוּ: inclinar-se, ajoelhar-se.

קִדָּה cássia (Êx 30.24; Ez 27.19).

קְדוּמִים (*de* קדם), *pl.: significado incerto* (Jz 5.21)

קָדוֹשׁ, קָדֹשׁ (*de* קדשׁ), *cs.* קְד(וֹ)שׁ, *suf.* קְדשִׁי, קְדוֹשׁוֹ, *pl.* קְד(וֹ)שִׁים, *suf.* קְדשָׁיו: santo.

קדח QAL: *pf.* קָדְחָה, קְדַחְתֶּם; *inf.* קְדֹחַ; *pt. pl. cs.* קֹדְחֵי: acender (fogo), inflamar; acender-se.

קַדַּחַת (*de* קדח): inflamação, febre (Lv 26.16; Dt 28.22).

קָדִים (*de* קדם), *c.* ה *loc.* קָדִ(י)מָה: leste; vento oriental.

קדם PI: *pf.* קִדַּמְתִּי, קִדְּמוּ, *suf.* קִדְּמֻנִי; *impf.* אֲקַדֵּם, נְקַדְּמָה, *suf.* יְקַדְּמֵנִי, תְּקַדְּמֶךָ, אֲקַדְּמֶנּוּ, יְקַדְּמוּנוּ; *imp.* קַדְּמָה:

estar na frente, andar ou marchar na frente; antecipar; adiantar-se, antecipar-se; encontrar; ir ou vir de encontro (em sentido amistoso ou inamistoso). – HI: *pf. suf.* הִקְדִּימַנִי; *impf.* תַּקְדִּים: prestar um serviço; encontrar (Jó 41.3; Am 9.10).

קֶדֶם (*de* קדם), *pl. cs.* קַדְמֵי: em / na frente (מִקֶּדֶם = da frente); (no / ao / para o / do) leste; *temporal:* antes, mais cedo, primeira vez, outrora, antigamente; *(s.)* antigüidade, primórdios.

קֵדֶם★ (*de* קדם), *só c.* ה *loc.* קֵדְמָה: para o leste.

קַדְמָה★ (*de* קדם), *cs.* קַדְמַת, *suf.* קַדְמָתָהּ, קַדְמַתְכֶן; *pl. suf.* קַדְמוֹתֵיכֶם: origem; estado ou situação anterior; *pl.:* primórdios.

קִדְמָה★ (*de* קדם) *cs.* קִדְמַת: em frente de, oposto a.

I קֵדְמָה *v.* קֵדֶם★.

II קֵדְמָה *n. m.* (Gn 25.15; 1 Cr 1.31).

קַדְמוֹן★ (*de* קדם) *f.* קַדְמוֹנָה: oriental (Ez 47.8).

קַדְמוֹנִי *v.* קַדְמֹנִי.

קְדֵמוֹת *n. l.* (Dt 2.26).

קַדְמִיאֵל *n. m.* (Ed 2.40).

I קַדְמֹנִי *tb.* קַדְמוֹנִי, *pl.* קַדְמֹנִים, *f.* קַדְמוֹנִיּוֹת: oriental; *pl.:* os que vivem no leste; antigo; *col.* os antigos; *f. pl.* coisas antigas.

II קַדְמֹנִי *n. p.* (Gn 15.19).

קָדְקֹד *suf.* קָדְקֳדְךָ, קָדְקֳדוֹ: alto da cabeça, vértice.

קדר QAL: *pf.* קָדַר, קָדַרְתִּי; *pt.* קֹדֵר: escurecer, escurecer-se; turvar-se; andar de roupa suja, estar de luto (*pt.* enlutado). – HI: *pf.* הִקְדַּרְתִּי; *impf.* וָאַקְדִּר, *suf.* אַקְדִּירֵם: escurecer-se (*tr.*) – HIT: *pf.* הִתְקַדְּרוּ: escurecer-se (1 Rs 18.45).

קֵדָר *n. m.* (Gn 25.13) *e n. p.* (Is 21.16).

קִדְרוֹן *n. r.* (2 Sm 15.23).

קַדְרוּת (*de* קדר): escuridão (Is 50.3).

קְדֹרַנִּית (*de* קדר): de luto (Ml 3.14).

קדש QAL: *pf.* קָדַשׁ, קָדֵשׁוּ, *suf.* קְדַשְׁתִּיךָ; *impf.* וַיִּקְדְּשׁוּ, יִקְדָּשׁ, יִקְדַּשׁ: ser santo. – NI: *pf.* נִקְדַּשׁ; *impf.* אֶקָּדֵשׁ, וַיִּקָּדֵשׁ; *inf. suf.* הִקָּדְשִׁי: manifestar-se como santo, demonstrar-se como santo, evidenciar-se como santo; ser tratado como santo. – PI: *pf.* קִדֵּשׁ, קִדַּשְׁתֶּם, *suf.* קִדְּשׁוֹ, קִדַּשְׁתּוֹ, קִדְּשׁוּהוּ; *impf.* אֲקַדֵּשׁ, וַיְקַדֵּשׁ, *suf.* וַיְקַדְּשֵׁם; *imp.* קַדֵּשׁ, קַדֶּשׁ־, קַדְּשׁוּ, קַדְּשׁוּ; *inf.* קַדֵּשׁ, *suf.* קַדְּשׁוֹ, קַדְּשָׁם; *pt.* מְקַדֵּשׁ, *suf.* מְקַדִּשְׁכֶם, מְקַדְּשָׁם: declarar santo; santificar; consagrar, dedicar; conferir santidade a; estabelecer um período sagrado; tratar como santificado ou consagrado. – PU: *pt.* מְקֻדָּשׁ, *pl.* מְקֻדָּשִׁים, *suf.* מְקֻדָּשָׁי: santificado, consagrado. – HI: *pf.* הִקְדִּישׁ, הִקְדַּשְׁתִּי, הִקְדַּשְׁנוּ, *suf.* הִקְדַּשְׁתִּיךָ; *impf.* יַקְדִּישׁ, וַיַּקְדִּשׁוּ; *imp. suf.* הַקְדִּישֵׁנִי; *inf.* הַקְדִּישׁ, *suf.* הַקְדִּישׁוֹ, *abs.* הַקְדֵּשׁ; *pt.* מַקְדִּישׁ, מַקְדִּשִׁים: consagrar, dedicar; declarar santo / consagrado / dedicado; tratar ou oferecer como santificado / consagrado; tratar como santo, santificar. – HIT: *pf.* הִתְקַדֶּשׁ־, הִתְקַדִּשְׁתִּי, הִתְקַדִּשְׁתֶּם, הִתְקַדָּשׁוּ; *impf.* יִתְקַדְּשׁוּ; *imp.* הִתְקַדְּשׁוּ; *inf.* הִתְקַדֵּשׁ; *pt.* מִתְקַדֶּשֶׁת, מִתְקַדְּשִׁים: comportar-se como santificado; manifestar-se / demonstrar-se / evidenciar-se como santo; colocar-se em estado de consagração / santificação / purificação, santificar-se, purificar-se.

I קָדֵשׁ (*de* קדש) *m.*, *pl.* קְדֵשִׁים, *f.* קְדֵשָׁה, *pl.* קְדֵשׁוֹת: prostituto(a) cultual, homem ou mulher consagrado(a).

II קָדֵשׁ *c.* ה *loc.* קָדֵשָׁה: *n. l.* (Gn 16.14).

קֶדֶשׁ *c.* ה *loc.* קֶדְשָׁה: *n. l.* (Js 15.23).

קֹדֶשׁ, קוֹדֶשׁ (*de* קדשׁ), *cs.* קֹדֶשׁ, *suf.* קָדְשִׁי, *pl.* קֳדָשִׁים *e* קָדָשִׁים, *cs.* קָדְשֵׁי, *suf.* קֳדָשַׁי, קָדְשֵׁיכֶם: santidade, caráter do que é intocável; coisa santa / sagrada, (o) santo, (o) sagrado; קֹדֶשׁ (הַקֳּ׳)קֳדָשִׁים: o que é santíssimo, o Santo dos Santos (no Templo).

קהה QAL: *impf.* תִּקְהֶינָה: embotar-se (dentes). – PI: *pf.* קֵהָה: estar embotado (ferro) (Ec 10.10).

קהל NI: *pf.* נִקְהֲלוּ; *impf.* וַיִּקָּהֵל, וַיִּקָּהֲלוּ; *inf.* הִקָּהֵל; *pt.* נִקְהָלִים: reunir-se. – HI: *pf.* הִקְהַלְתָּ, הִקְהִילוּ; *impf.* יַקְהִיל, יַקְהֵל, יַקְהִיל, וַיַּקְהִלוּ; *imp.* הַקְהֵל, הַקְהֶל־: reunir, convocar.

קָהָל *m.*, *cs.* קְהַל, *suf.* קְהָלְךָ, קְהַלְכֶם: convocação, reunião, assembléia, congregação, conjunto (de povos).

קְהִלָּה (*de* קהל) *f.*, *cs.* קְהִלַּת: assembléia, comunidade, congregação.

קֹהֶלֶת (*de* קהל) *m.:* orador, pregador (na assembléia).

קְהֵלָתָה *n. l.* (Nm 33, 22).

קְהָת, קֳהָת *n. m.* (Gn 46.11).

קְהָתִי, קָהָתִי *pl.* קְהָתִים: *gent.* (Nm 3.27).

I קַו, קָו (*de* I קוה) *m.*, *cs.* קַו, *suf.* קַוָּם: fio, fita, cordel, linha de medição.

II קַו, קָו Is 18.2, 7 קַו־קָו *como caracterização de* כּוּשׁ, *l. prov.* קַוְקַו = expansibilidade, elasticidade.

III קַו *expressão usada para caçoar de profetas falando em êxtase* (Is 28.10, 13).

קוֹבַע elmo, capacete (1 Sm 17.38; Ez 23.24).

I קוה QAL: *pt. pl. cs.* קֹוֵי, *suf.* קֹוַי, קֹוֶיךָ, קֹוָו: esperar. – PI: *pf.* קִוִּיתִי, קִוִּיתָה, קִוִּיתִי, קִוּוּ, קִוִּיתֶם, *suf.* קִוִּיתִיךָ, קִוִּינוּךָ; *impf.* יְקַוֶּה, יְקַו, וָאֲקַוֶּה; *imp.* קַוֵּה; *inf.* קַוֵּה, קַוֹּה: esperar, aguardar ansiosamente, anelar; aguardar em emboscada, tocaiar.

II קוה NI: *pf.* נִקְווּ; *impf.* יִקָּווּ: ajuntar-se, reunir-se (Gn 1.9; Jr 3.17).

קָוֶה* (*de* I קוה), *cs.* קְוֵה, *K para* I קַו, 1 Rs 7.23; Jr 31.39; Zc 1.16.

קְוֵא, קְוֵה *n. t.* (1 Rs 10.28; 2 Cr 1.16).

קוֹחַ Is 61.1, *v.* פְּקַח־קוֹחַ.

קוט QAL: *impf.* אָקוּט: enojar-se de (Sl 95.10). – NI: *pf.* נָקֹטָה, נָקֹטּוּ, נְקֹטֹתֶם: enojar-se de. – HITPOLAL: *impf.* אֶתְקוֹטָט, וָאֶתְקוֹטָטָה: abominar, sentir repugnância (Sl 119.58; 139.21).

קֹל, קוֹל *m.*, *suf.* קֹ(וֹ)לִי, קֹ(וֹ)לְךָ, קוֹלָן, *pl.* קֹ(וֹ)ל(וֹ)ת: som, voz, chamado, ruído; notícia, relato; *pl.:* estrondo; *interj.:* atenção!, ouça!.

קוֹלָיָה *n. m.* (Jr 29.21).

קום QAL: *pf.* קָם, קָאם, קָמָה, קַמְתָּ, קַמְתִּי, קָמוּ; *impf.* יָק(וּ)ם, וְיָקָם, וַיָּקָם, אָקוּמָה, וָאָק(וּ)ם, יְקוּמוּן, תָּקֻמוּ, נָקוּמָה; *imp.* קוּם, קוּמָה, קוּמִי, קוּמוּ, קֹמְנָה; *inf.* קוּם, *suf.* קֻמָהּ, *abs.* קוֹם; *pt.* קָם, *f.* קָמָה, *pl.* קָמִים *e* קוֹמִים, *suf.* קָמָיו, קָמֵיהֶם: levantar-se, erguer-se; ficar de pé, permanecer, ser constante / válido / estável / duradouro. – PI: *pf.* קִיֵּם, קִיְּמוּ; *impf.* וָאֲקַיֵּמָה; *imp. suf.* קַיְּמֵנִי; *inf.* קַיֵּם: colocar, pôr de pé, estabelecer; cumprir, confirmar; impor (um compromisso); designar, determinar; fortalecer, reforçar. – HI: *pf.* הֵקִים, הֲקִמֹתָ, הֲק(י)מ(וֹ)תִי, הֵקִימוּ, הֲקִמֹנוּ, *suf.* הֲקִמֹתוֹ; *impf.* יָקִים, יָקֵם, וַיָּקֶם, אָקִים, יָקִימוּ, יְקִימוּן, תְּקִימֶנָּה, *suf.* יְקִימְךָ, יְקִימֵנוּ, וַיְקִימֶהָ; *imp.* הָקֵם, הָקִימוּ, *suf.* הֲקִימֵנִי; *inf.* הָקִים, *suf.* הֲקִימוֹ, *abs.* הָקֵם, הָקִים; *pt.* מֵקִים, *cs.* מְקִימִי, *suf.* מְקִימָהּ: erguer, levantar, pôr de pé, colocar, estabelecer; cumprir, executar; mandar ou fazer levantar; sustentar (de pé), manter; comissionar, designar, confiar uma tarefa; providenciar. – HO: *pf.* הֻקַם, הוּקַם: ser levantado; ser cumprido; ser designado. – HITPOLEL: *pt. m. suf.* מִתְקוֹמְמִי, *f.* מִתְקוֹמְמָה, *pl. suf.* מִתְקוֹמְמַי: erguer-se, levantar-se, rebelar-se.

קוֹמָה, קֹמָה (*de* קום) *f., cs.* קוֹמַת, *suf.* קוֹמָתוֹ: altura; estatura.

קוֹמְמִיּוּת (*de* קום) *adv.:* ereto (em posição ereta) (Lv 26.13).

קוֹנֵן *v.* קין.

קוֹעַ *n. p.* (Ez 23.23).

קוֹף*, קֹף* *pl.* ק(וֹ)פִים: bugio (1 Rs 10.22; 2 Cr 9.21).

קוץ QAL: *pf.* קַצְתִּי, קָצָה; *impf.* וַיָּקָץ, תָּקֹץ, וָאָקֻץ, וַיָּקֻצוּ; *pt.* קָץ: enojar-se de; sentir repugnância. – HI: *impf. suf.* נְקִיצֶנָּה: amedrontar (Is 7.6).

I קוֹץ *m., pl.* קֹצִים, *cs.* קוֹצֵי: espinheiro.

II קוֹץ (*de* קצץ): restos de pavio (2 Sm 23.6).

III קוֹץ *n. m.* (1 Cr 4.8).

קְוֻצּוֹת* *f. pl., suf.* קְוֻצּוֹתַי, קְוֻצּוֹתָיו: anéis ou cachos de cabelo (Ct 5.2, 11).

קור QAL: *pf.* קַרְתִּי: cavar (2 Rs 19.27; Is 37.25).

קוּר* *m., pl. cs.* קוּרֵי, *suf.* קוּרֵיהֶם: fio (Is 59.5s).

קוֹרֵא *v.* II קֹרֵא.

קוֹרָה (*a rigor, pt.f. de* קרה) *f., suf.* קֹרָתִי, *pl.* קֹרוֹת: viga.

קוש QAL: *impf.* יְקֹשׁוּן: colocar armadilhas (Is 29.21).

קוּשָׁיָהוּ *n. m.* (1 Cr 15.17).

קַח salgueiro (Ez 17.5).

קָט pequeno(Ez16.17,*prov. ditogr.*).

קֶטֶב, קֹטֶב *m., i. p.* קָטֶב, *suf.* קָטָבְךָ: destruição; peste.

קְטוֹרָה (*de* קטר): fumaça de sacrifício (Dt 33.10).

קְטוּרָה *n. f.* (Gn 25.1).

קטל QAL: *impf.* תִּקְטֹל, יִקְטָל־, *suf.* יִקְטְלֵנִי: matar.

קֶטֶל (*de* קטל), *i. p.* קָטֶל: matança (Ob 9).

קטן QAL: *pf.* קָטֹנְתִּי; *impf.* וַתִּקְטַן: ser pequeno / insignificante. – HI: *inf.* הַקְטִין: diminuir (*tr.*) (Am 8.5).

קֹטֶן* (*de* קטן) *m., suf.* קָטָנִּי *e* קָטְנִּי: (meu) pequeno (dedo ou pênis?) (1 Rs 12.10; 2 Cr 10.10).

I קָטָן (*de* קטן), *suf.* קְטַנָּם, *f.* קְטַנָּה, *pl.* קְטַנִּים, *cs.* קְטַנֵּי, *f.* קְטַנּוֹת: pequeno; insignificante; jovem, mais jovem, (o) mais jovem.

II קָטָן *c. art.: n. m.* (Ed 8.12).

קָטֹן (*de* קטן), *cs.* קְטֹן: pequeno; insignificante; jovem, (o) mais jovem.

קטף QAL: *pf.* קָטָף, קָטַפְתָּ; *impf.* יִקְטֹף; *pt.* קֹטְפִים: arrancar (espigas, ramos), apanhar. – NI: *impf.* יִקָּטֵף: ser apanhado / colhido (Jó 8.12).

קטר PI: *pf.* קִטְּרוּ, קִטַּרְתֶּם; *impf.* וַיְקַטֵּר, יְקַטְּרוּ, יְקַטְּרוּן, וַיְקַטְּירוּ (2 Cr 34.25); *inf.* קַטֵּר; *pt.* מְקַטְּרִים, מְקַטְּרוֹת: fazer subir (um sacrifício) como fumaça; queimar (sacrifício); sacrificar (queimando). – PU: *pt.* מְקֻטֶּרֶת: perfumado (Ct 3.6). – HI: *pf.* הִקְטִיר, הִקְטַרְתָּ, *suf.* הִקְטִירוֹ; *impf.* וַיַּקְטֵר, תַּקְטִיר, יַקְטִרוּן, *suf.* יַקְטִירֶנָּה; *imp.* הַקְטֵר; *inf.* הַקְטִיר, *abs.* הַקְטֵיר; *pt.* מַקְטִיר: fazer subir (um sacrifício) como fumaça; queimar (sacrifícios); sacrificar (queimando). – HO: *impf.* תָּקְטָר; *pt.* מֻקְטָר: ser sacrificado (em fogo), ser queimado (como sacrifício) (Lv 6.15; Ml 1.11).

קִטֵּר (*de* קטר): fumaça de sacrifício (queimado), incenso (Jr 44.21).

קִטְרוֹן *n. l.* (Jz 1.30).
קְטֹרֶת (*de* קטר) *f.*, *suf.* קְטָרְתִּי: fumaça de sacrifício (queimado), incenso.
קַטָּת *n. l.* (Js 19.15).
קיא QAL: *pf.* קָאָה; *imp.* קִיוּ: vomitar (Lv 18.28; Jr 25.27). – HI: *pf. suf.* הֱקִאתוֹ; *impf.* תָּקִיא, וַתָּקֵא, *suf.* וַיְקִאֵנוּ, תְּקִיאֶנָּה: vomitar.
קִיא (*de* קיא) *suf.* קִיאוֹ: vômito.
קיה★ *v.* קיא QAL.
קִטֹר, קִיטוֹר (*de* קטר): fumaça.
קִים★ (*de* קום), *suf.* קִימָנוּ: adversário (Jó 22.20).
קִימָה★ (*de* קום), *suf.* קִימָתָם: (o) levantar-se (Lm 3.63).
קין POPEL: *pf.* קוֹנְנוּ, *suf.* קוֹנְנוּהָ; *impf.* תְּקוֹנֵנָּה, וַיְקֹנֵן; *pt. pl. f.* מְקוֹנְנוֹת: entoar uma lamentação fúnebre.
I קַיִן★ *suf.* קֵינוֹ: lança (2 Sm 21.16).
II קַיִן, קָיִן *n. m.* (Gn 4.1).
III קַיִן *n. p.* (Nm 24.22; Jz 4.11).
IV קַיִן *n. l.* (Js 15.57).
I קִינָה (*de* קין) *f.*, *pl.* קִינִים *e* קִינוֹת; *suf.* קִינוֹתֵיהֶם: canção fúnebre, lamentação fúnebre.
II קִינָה *n. l.* (Js 15.22).
קֵינִי *pl.* קֵינִים: *n. p.* (Gn 15.19).
קֵינָן *n. m.* (Gn 5.9).
קיץ QAL: *pf.* קָץ: veranear (Is 18.6). – HI: *pf.* הֵקִיץ, הֱקִיצוֹתָ, הֱקִיצֹתִי; *impf.* יָקִיצוּ; *imp.* הָקִיצָה; *inf.* הָקִיץ; *pt.* מֵקִיץ: acordar.
קַיִץ (*de* קיץ) *m.*, *i. p.* קָיִץ, *suf.* קֵיצֵךְ: verão; frutas de verão.
קִיצוֹן★ *f.* קִיצוֹנָה: último, extremo.
קִיקָיוֹן *m.*: uma planta, *prov.* mamoneira.
קִיקָלוֹן desonra, opróbrio (Hc 2.16).
I קִיר *m.*, *pl.* קִיר(וֹ)ת, *suf.* קִירֹתֶיהָ: parede; muro.
II קִיר *n. l.* (Is 15.1).
III קִיר *n. t.* (2 Rs 16.9).
קֵירֹס *n. m.* (Ne 7.47).
קִישׁ *n. m.* (1 Sm 9.1).
קִישׁוֹן *n. r.* (Jz 4.7).
קִישִׁי *n. m.* (1 Cr 6.29).
קַל (*de* קלל), *i. p.* קָל *e* קַל, *pl.* קַלִּים, *f.* קַלָּה: leve, ágil, rápido.
I קֹל (*de* קלל): leviandade (Jr 3.9).
II קֹל *v.* קוֹל.
קלה 2 Sm 20.14, וַיִּקָּלֲהוּ *K*, *l. Q* וַיִּקָּהֲלוּ, *v.* קהל.
I קלה QAL: *pf. suf.* קָלָם; *pt. pass.* קָלוּי: assar. – NI: *pt.* נִקְלֶה: *pt.* queima, inflamação, ardência (Sl 38.8).
II קלה NI: *pf.* נִקְלָה; *pt.* נִקְלֶה: ser ou tornar-se menosprezado, ser ou tornar-se desprezível. – HI: *pt.* מַקְלֶה: desprezar (Dt 27.16).
קָלוֹן (*de* II קלה) *m.*, *cs.* קְלוֹן, *suf.* קְלוֹנֵךְ: opróbrio, ignomínia, desonra.
קַלַּחַת *i. p.* קַלָּחַת: caldeirão (1 Sm 2.14; Mq 3.3).
קלט QAL: *pt. pass.* קָלוּט: defeituoso, não bem desenvolvido (animal) (Lv 22.23).
קָלִי, קָלִיא *m.*: grãos torrados.
קַלַּי *n. m.* (Ne 12.20).
קְלָיָה *n. m.* (Ed 10.23).
קְלִיטָא *n. m.* (Ed 10.23).
קלל QAL: *pf.* קַלּוּ, קַלֹּתִי, קַלּוֹת; *impf.* קַלּוּ, וָאֵקַל, וַתֵּקַל: ser pequeno / insignificante; ser rápido / ágil. – NI: *pf.* נָקַל *e* נָקֵל, נְקַלֹּתִי; *impf.* יִקַּלּוּ; *pt.* נָקַל, נָקֵל, *f.* נְקַלָּה: demonstrar ser rápido; ser fácil; humilhar-se, diminuir-se; ser insignificante; ser leve. – PI: *pf.* קִלֵּל, קִלַּלְתָּ, *suf.* קִלְלָנִי; *impf.* יְקַלֵּל, וַיְקַלְלוּ, *suf.* יְקַלֶּלְךָ, וָאֲקַלְלֵם; *imp.* קַלֵּל; *inf.* קַלֵּל, *suf.* קַלֶּלְךָ, קַלְלוֹ; *pt.* מְקַלֵּל, *suf.* מְקַלֶּלְךָ, מְקַלְלוּנִי: amaldiçoar. – PU: *impf.* יְקֻלָּל, תְּקֻלָּל; *pt. suf.* מְקֻלָּלָיו: ser amaldiçoado. – HI: *pf.* הֵקַל, הֵקַלּוּ, *suf.* הֱקַלֹּתַנִי; *impf.* יָקֵל; *imp.* הָקֵל; *inf.* הָקֵל: tornar leve, aliviar; desprezar, tratar com menosprezo;

desonrar. – PILPEL: *pf.* קִלְקַל: sacudir; afiar (Ez 21.26; Ec 10.10). – HITPALPEL: *pf.* הִתְקַלְקְלוּ: ser sacudido (Jr 4.24).

קָלָל (*de* קלל), *adj.:* polido (metal) (Ez 1.7; Dn 10.6).

קְלָלָה (*de* קלל) *f., cs.* קִלְלַת, *suf.* קִלְלָתְךָ, *pl.* קְלָלוֹת: maldição.

קלס PI: *inf.* קַלֵּס: desdenhar (Ez 16.31). – HIT: *impf.* יִתְקַלָּס, יִתְקַלְּסוּ: zombar.

קֶלֶס (*de* קלס): escárnio (Jr 20.8; Sl 44.14).

קַלָּסָה (*de* קלס): escárnio (Ez 22.4).

I קלע QAL: *pt.* קֹלֵעַ: atirar (com funda) (Jz 20.16; Jr 10.18). – PI: *impf.* וַיְקַלַּע, *suf.* יְקַלְּעֶנָּה: atirar (com funda) (1 Sm 17.49; 25.29).

II קלע QAL: *pf.* קָלַע: entalhar.

I קֶלַע *i. p.* קָלַע, *suf.* קַלְעוֹ, *pl.* קְלָעִים: funda.

II קֶלַע★ (*de* II קלע?), *pl.* קְלָעִים, *cs.* קַלְעֵי: cortina.

קַלָּע★ (*de* I קלע) *m., pl.* קַלָּעִים: atirador (o que atira com funda) (2 Rs 3.25).

קְלֹקֵל (*de* קלל): ruim (comida) (Nm 21.5).

קִלְּשׁוֹן forcado (1 Sm 13.21).

קָמָה (*de* קום), *cs.* קָמַת, *pl.* קָמוֹת: messe, seara, cereal (que está de pé, no campo).

קְמוּאֵל *n. m.* (Gn 22.21).

קָמוֹן *n. l.* (Jz 10.5).

קִמּוֹשׁ *m., pl.* קִמְּשֹׂנִים: urtiga.

קֶמַח *m.:* farinha.

קמט QAL: *impf. suf.* וַתִּקְמְטֵנִי: agarrar, arrebatar, tomar, apossar-se de (Jó 16.8). – PU: *pf.* קֻמְּטוּ: ser agarrado / arrebatado (Jó 22.16).

קמל QAL: *pf.* קָמַל, קָמֵל, קָמְלוּ: ser atacado, estar infestado por insetos daninhos (plantas).

קמץ QAL: *pf.* קָמַץ: tomar u'a mancheia.

קֹמֶץ★ (*de* קמץ), *suf.* קֻמְצוֹ, *pl.* קְמָצִים: mancheia.

קֵן (*de* קנן) *m., cs.* קַן, *suf.* קִנּוֹ, *pl.* קִנִּים: ninho; *pl.* compartimentos.

קנא PI: *pf.* קִנֵּא, קִנֵּאתִי, *suf.* קִנְאוּנִי; *impf.* יְקַנֵּא, וַיְקַנְאוּ, *suf.* וַיְקַנְאֻהוּ; *inf.* קַנֹּא, *suf.* קַנְאוֹ, קַנֹּאתוֹ; *pt.* מְקַנֵּא: ser / estar invejoso ou ciumento; despertar ou provocar inveja ou ciúme; ser zeloso por alguém ou algo, lutar com zelo por alguém ou algo, defender com zelo. – HI: *impf. suf.* אַקְנִיאֵם, יַקְנִ(י)אֻ(וּ)הוּ; *pt.* מַקְנֶה: despertar ou provocar inveja ou ciúme.

קַנָּא (*de* קנא): ciumento.

קִנְאָה (*de* קנא) *f., cs.* קִנְאַת, *suf.* קִנְאָתוֹ, *pl.* קְנָאֹת: paixão, ciúme, ardor, zelo.

I קנה QAL: *pf.* קָנָה, קָנִיתָ, קָנִיתִי, *suf.* קָנָהוּ, קָנְךָ; *impf.* יִקְנֶה, וַיִּקֶן, וָאֶקְנֶה, יִקְנוּ, *suf.* וַיִּקְנֵהוּ; *imp.* קְנֵה; *inf.* קְנֵה, קְנוֹת, *suf.* קְנוֹתְךָ, *abs.* קָנֹה, קָנוֹ; *pt.* קֹ(וֹ)נֶה, *cs.* קֹנֵה, *suf.* קֹנֵהוּ: adquirir, comprar; resgatar, remir. – NI: *pf.* נִקְנָה; *impf.* יִקָּנוּ: ser comprado (Jr 32.15, 43). – HI: *pf. suf.* הִקְנַנִי, Zc 13.5 *l.* אֲדָמָה קִנְיָנִי; *pt.* מַקְנֶה, Ez 8.3, *v.* קנא HI.

II קנה QAL: pf. קָנְתָה, קָנִיתָ, קָנִיתִי, *suf.* קָנֶךָ; *pt. cs.* קֹנֵה: criar; produzir.

קָנֶה *m., cs.* קְנֵה, *suf.* קָנָהּ, קָנָה, *pl.* קָנִים, *cs.* קְנֵי, *suf.* קְנֹתָם: cana, junco; caule, haste; hástea; canudo, tubo; osso do braço; travessão da balança.

קָנָה *n. l.* (Js 16.8).

קַנּוֹא (*de* קנא): ciumento, zeloso (Js 24.19; Na 1.2).

קְנַז *(n. m.) n. p.* (Gn 36.11).

קְנִזִּי *gent. de* קְנַז (Gn 15.19).

קִנְיָן (*de* קנה), *cs.* קִנְיַן, *suf.* קִנְיָנוֹ, קִנְיָנְךָ: propriedade, bens, posses, pertences.

קִנָּמוֹן *cs.* ־קִנְמָן: cinamomo.

קנן PI: *pf.* קִנְּנָה; *impf.* יְקַנֵּנוּ, תְּקַנֵּן: fazer ninho, aninhar-se. – PU: *pt. f.* מְקֻנַּנְתִּי: aninhado (Jr 22.23).

קֶנֶץ* *pl. cs.* קִנְצֵי: *significado incerto* (Jó 18.2).

קְנָת *n. l.* (Nm 32.42).

קסם QAL: *impf.* תִּקְסַמְנָה, יִקְסֹמוּ, וַיִּקְסְמוּ; *imp.* קָסֳמִי; *inf.* ־קְסָם, קְסֹם; *pt.* קֹ(ו)סֵם, *pl.* קֹ(ו)סְמִים: consultar oráculos, buscar uma decisão através de lançar sorte; praticar adivinhação.

קֶסֶם (*de* קסם) *m.*, *pl.* קְסָמִים: oráculo, decisão obtida através de lançar sorte; adivinhação.

קסס POLEL: *impf.* יְקוֹסֵס: arrancar (Ez 17.9).

קֶסֶת estojo de escrevedor.

קְעִילָה *tb.* קְעִלָה: *n. l.* (Js 15.44).

קַעֲקַע tatuagem (Lv 19.28).

קְעָרָה *f.*, *cs.* קַעֲרַת, *pl.* קְעָרֹת, *cs.* קַעֲרֹת, *suf.* קְעָרֹתָיו: prato.

קֹף* *v.* קוֹף.

קפא QAL: *pf.* קָפְאוּ; *pt.* קֹפְאִים: coalhar (*intr.*), formar borra (Êx 15.8; Sf 1.12). – NI: *impf.* יִקְפָּאוּן, Zc 14.6 *l. Q* וְקִפָּאוֹן. – HI: *impf. suf.* תַּקְפִּיאֵנִי: coalhar (*tr.*) (Jó 10.10).

קִפָּאוֹן (*de* קפא): gelo (Zc 14.6).

קפד PI: *pf.* קִפַּדְתִּי: enrolar (Is 38.12).

קִפֹּד, קִפּוֹד (*de* קפד): ouriço, coruja.

קְפָדָה (*de* קפד): aflição (Ez 7.25).

קִפּוֹז *f.:* pequena serpente (*ou* coruja?) (Is 34.15).

קפץ QAL: *pf.* קָפַץ, קָפְצָה; *impf.* תִּקְפֹּץ, יִקְפְּצוּ: contrair, fechar. – NI: *impf.* יִקָּפְצוּן: ser apanhado / colhido (Jó 24.24). – PI: *pt.* מְקַפֵּץ: pular (Ct 2.8).

קֵץ (*de* קצץ) *m.*, *suf.* קִצּוֹ, קִצִּי, קִצֵּנוּ, *pl. cs.* קִצְּי: fim, final (*em sentido local e temporal*); extremidade, limite.

קצב QAL: *impf.* ־וַיִּקְצָב; *pt. pass.* קְצוּבוֹת: cortar; tosquiar (2 Rs 6.6; Ct 4.2).

קֶצֶב, קֶצֶב (*de* קצב) *m.*, *pl. cs.* קִצְבֵי: forma, entalhe; *pl.* fundações (?), bases(?).

קצה QAL: *inf.* קְצוֹת: cortar, exterminar (Hc 2.10). – PI: *inf.* קַצּוֹת; *pt.* מְקַצֶּה: cortar, cortar fora, decepar (2 Rs 10.32; Pv 26.6). – HI: *pf.* הִקְצוּ; *inf.* הַקְצוֹת, Lv 14.41, 43, *formas secundárias de* I קצע.

קָצֶה (*de* קצה) *m.*, *cs.* קְצֵה, *suf.* קָצֵהוּ, קְצֵיהֶם: fim, final (*em sentido local e temporal*); extremidade, limite; margem, borda, beira, lado.

קָצָה (*de* קצה) *m. e f.*, *pl. cs.* קְצוֹת, *suf.* קְצוֹתָם, קְצוֹתָיו: fim, margem, borda, beira, lado, limite, extremidade.

קֵצֶה *sempre precedido de* אֵין: (sem) fim.

קָצוּ* (*de* קצה), *pl. cs.* קַצְוֵי: fim, extremidade, confins.

קָצוּר* *pl. f.* קְצֻרוֹת: diminuído, estreitado (Ez 42.5).

קְצוֹת* (*de* קצה), *cs.* קְצוֹת, *suf.* קְצוֹתָם: fim, extremidade.

קְצָוֹת *v.* קְצָת.

קֶצַח *m.:* cominho (Is 28.25, 27).

קָצִין *m.*, *cs.* קְצִין, *pl. cs.* קְצִינֵי, *suf.* קְצִינַיִךְ: líder, chefe.

I קְצִיעָה* *pl.* קְצִיעוֹת: cássia.

II קְצִיעָה *n. f.* (Jó 42.14).

קְצִיץ *n. l.*, עֵמֶק קְצִיץ (Js 18.21).

I קָצִיר (*de* I קצר) *m.*, *cs.* קְצִיר, *suf.* קְצִירְךָ: colheita; o cereal colhido.

II קָצִיר *suf.* קְצִירוֹ, קְצִירָהּ, *pl. suf.* קְצִירֶיהָ: ramo, rebento.

I קצע HI: יַקְצִעַ: raspar (Lv 14.41).

II קצע PU: *pt. f. pl. cs.* מְקֻצְעֹת: cantos (Êx 26.23; 36.28). – HO: *pt.* מְהֻקְצָעוֹת: cantos (Ez 46.22).

קצף QAL: *pf.* קָצַף, קָצַפְתִּי; *impf.* יִקְצֹף;

inf. קְצֹף; *pt.* קֹצֵף: estar irado, irar-se, enfurecer-se. – HI: *pf.* הִקְצַפְתֶּם, הִקְצַפְתָּ; *impf.* וַיַּקְצִיפוּ; *inf.* הַקְצִיף; *pt.* מַקְצִפִים: enfurecer (*tr.*), provocar a ira de. – HIT: *pf.* וְהִתְקַצַּף: enfurecer-se (Is 8.21).

I קֶצֶף (*de* קצף) *m., i. p.* קָצֶף, *suf.* קִצְפִּי, קִצְפְּךָ, קִצְפֵּךְ: ira, raiva, fúria, indignação.

II קֶצֶף ramo quebrado (Os 10.7).

קְצָפָה toco (Jl 1.7).

קצץ QAL: *pf.* קַצֹּתָה; *pt. pass. pl. cs.* קְצוּצֵי: cortar, decepar, aparar. – PI: *pf.* קִצֵּץ; *impf.* וַיְקַצֵּץ: cortar, cortar fora, decepar, cortar em pedaços, retalhar. – PU: *pt. pl.* מְקֻצָּצִים: ser decepado (Jz 1.7).

I קצר QAL: *pf.* קְצַרְתֶּם, קָצְרוּ; *impf.* יִקְצֹ(וֹ)ר, יִקְצָור־ (Pv 22.8 *Q* יִקְצָר־, *K* יִקְצוֹר), תִּקְצֹ(וֹ)ר, יִקְצְרוּ, יִקְצְרוּן, יִקְצִירוּ, *suf.* יִקְצְרֵהוּ; *imp.* קִצְרוּ; *inf.* קְצֹר, *suf.* קֻצְרְךָ, קֻצְרְכֶם; *pt.* קוֹצֵר, קֹצְרִים, *pass. pl. f.* קְצֻרוֹת: colher. – HI: *impf.* יַקְצִירוּ, Jó 24.6 *K prov.* = colher.

II קצר QAL: *pf.* קָצַר, קָצְרָה; *impf.* וַתִּקְצַר, תִּקְצַר, תִּקְצַרְנָה; *inf.* קָצוֹר: ser curto / breve, ser curto demais, ser abreviado; ficar impaciente, ficar desgostoso. – PI: *pf.* קִצַּר: abreviar (Sl 102.24). – HI: *pf.* הִקְצַרְתָּ: abreviar (Sl 89.46).

קֹצֶר (*de* II קצר): desânimo, abatimento (Êx 6.9).

קָצֵר* (*de* II קצר), *cs.* קְצַר, *pl. cs.* קִצְרֵי: curto, escasso, breve, encurtado, abreviado.

קְצָת* (*de* קצה) *m. e f., cs.* קְצַת, *suf.* קְצָתָם, *pl.* קְצָוֹת, *suf.* קְצווֹתָו: fim, final, extremidade, ponta, confins.

קַר (*de* קרר) *pl.* קָרִים: frio, fresco.

קִר *v.* קִיר.

קֹר (*de* קרר): frio (Gn 8.22).

I קרא QAL: *pf.* קָרָא, קָרְאָה *e* קָרָאת (3ª *f. sing.*), קָרָאתָ, קְרָאתֶם, *suf.* קְרָאָךְ, קְרָאָנִי, קְרָאתִיו; *impf.* יִקְרָא, וָאֶקְרָא, תִּקְרֶאנָה, יִקְרָאוּ, וָאֶקְרָא, וָאֶקְרְאֶה, תִּקְרָאֶם, יִקְרָאוֹ, יִקְרָאֵהוּ, תִּקְרָאֶךָ, *suf.* יִקְרָאֻנְנִי, יִקְרָאֵהוּ, אֶקְרָאֶךָ; *imp.* קְרָא, קְרָאנִי, *suf.* קְרָאֻן, קְרָאֶן, קִרְאוּ, קְרָאוּ, קְרָאֶנָה; *inf.* קְרֹא, קְרֹאות, *suf.* קָרְאִי; *pt.* קֹ(וֹ)רֵא, קֹרְאִים, קֹרְאִים, *suf.* קֹרְאָיו, *pass.* קָרוּא, קְרֻ(וּ)אִים, *suf.* קְרֻאֶיהָ: chamar; clamar, berrar; denominar; invocar; convocar; proclamar; apelar; convidar; recitar; ditar. – NI: נִקְרָא, נִקְרְאָה, נִקְרְאוּ, נִקְרֵאתִי; *impf.* יִקָּרֵא, תִּקָּרְאוּ; *pt.* נִקְרָא, נִקְרָאִים: ser chamado; ser berrado, ser exclamado; ser invocado; ser denominado; ser pronunciado; ser lido. – PU (QAL *pass*): *pf.* קֹרָא; *pt. pl. m. suf.* מְקֹרָאַי: ser chamado; ser denominado; ser convocado.

II קרא QAL: *pf.* קָרָאת, *suf.* קְרָאָהוּ, קְרָאַנִי, קְרָאֻנִי; *impf.* יִקְרָא, תִּקְרֶאנָה, *suf.* יִקְרָאֶנּוּ, יִקְרָאֵהוּ; *inf.* לִקְרַאת, *suf.* לִקְרָאתִי, לִקְרָאתֶךָ, לִקְרָאתֵךְ, לִקְרַאתְכֶם; *pt. pl. f. suf.* קֹרְאֹתַיִךְ: encontrar; sobrevir, acontecer, suceder; expor-se a; לִקְרַאת *como prep.* = de encontro a, oposto a, contra. – NI: *pf.* נִקְרָא, נִקְרֵאתִי; *impf.* יִקָּרֵא; *inf. abs.* נִקְרֹא: vir de encontro; encontrar-se casualmente (em algum lugar); achar-se, encontrar-se, estar. – HI: *impf.* וַתַּקְרֵא: fazer sobrevir (Jr 32.23).

I קֹרֵא *m.:* perdiz (1 Sm 26.20; Jr 17.11).

II קֹרֵא, קוֹרֵא *n. m.* (1 Cr 9.19).

קרב QAL: *pf.* קָרַב, קָרְבָה, קָרַבְתָּ, קְרַבְתֶּם; *impf.* יִקְרַב, תִּקְרַב, וַתִּקְרְבוּן; *imp.* קְרַב, קִרְבָה, קִרְבוּ, קְרָ(וֹ)ב; *inf.* קְרָב־, בְּקָרְבָה, *suf.* קָרְבָתָם, קָרְבְכֶם, לְקָרְבָה, *abs.* קָרוֹב: aproximar-se. – NI: *pf.* נִקְרַב, נִקְרַבְתֶּם: aproximar-se (Êx 22.7; Js 7.14). – PI: *pf.* קֵרַבְתִּי,

קְרֶבוּ; *impf.* תִּקְרַב, *suf.* אֶקְרָבֶנּוּ; *imp.* קְרַב, קִרְבוּ: trazer para perto, fazer chegar; apresentar; juntar (um ao outro); estar prestes a. – HI: *pf.* הִקְרִיב, הִקְרִיבָה, הִקְרַבְתָּ, *suf.* הִקְרִיבָה, תַּקְרִב, הִקְרִיבֵם, הִקְרַבְתִּיו; *impf.* יַקְרִיב, וַיַּקְרֵב, וַנַּקְרֵב, *suf.* יַקְרִיבֶנּוּ; *imp.* הַקְרֵב, *suf.* הַקְרִיבֵהוּ; *inf.* הַקְרִיב, *suf.* הַקְרִיבְכֶם; *pt.* מַקְרִיב, *pl. cs.* מַקְרִיבֵי: trazer para perto, trazer; apresentar, oferecer; fazer chegar; estar prestes a; chegar.

קָרֵב (*de* קרב), *pl.* קְרֵבִים: (a pessoa) que se aproxima.

קְרָב *pl.* קְרָבוֹת: luta, batalha, guerra.

קֶרֶב *suf.* קִרְבִּי, קִרְבֵּךְ, קִרְבֶּנָּה, *pl. suf.* קְרָבַי: o interior (do corpo); corpo; as partes internas; (o) meio, (o) centro, (o) interior; בְּקֶרֶב *prep.:* em meio a, no meio de, entre, em.

קָרֹב *v.* קָרוֹב.

קִרְבָה★ (*de* קרב) *cs.* קִרְבַת: o estar perto, aproximação (Sl 73.28; Is 58.2).

קָרְבָּן (*de* קרב) *m., cs.* קָרְבַּן, *suf.* קָרְבָּנִי, קָרְבַּנְכֶם, *pl. suf.* קָרְבְּנֵיהֶם: oferta, presente.

קֻרְבָּן★ (*de* קרב) *cs.* קֻרְבַּן: fornecimento (Ne 10.35; 13.31).

קַרְדֹּם *suf.* קַרְדֻּמּוֹ, *pl.* קַרְדֻּמִּים *e* קַרְדֻּמּוֹת: machado.

קרה QAL: *pf. suf.* קָרָךְ, קָרָהוּ; *impf.* יִקְרֶה, יִקְרָה, וַיִּקֶר, תִּקְרֶינָה, *suf.* יִקְרֵנִי, יִקְרֵךְ, יִקְרֵךְ; *pt. f. pl.* קֹרֹת: encontrar, acontecer, suceder, sobrevir, atingir. – NI: *pf.* נִקְרָה, נִקְרֵיתִי; *impf.* יִקָּרֶה, וַיִּקָּר, אֶקָּרֶה: fazer-se acessível / disponível, encontrar; encontrar-se por acaso (em certo lugar). – PI: *pf. suf.* קֵרוּהוּ; *inf.* קָרוֹת; *pt.* מְקָרֶה: colocar vigas, construir com vigas (de madeira). – HI: *pf.* הִקְרָה, הִקְרִיתֶם; *imp.* הַקְרֵה: fazer acontecer, ordenar, dirigir; escolher.

קָרֶה★ (*de* קרה), *cs.* קְרֵה: polução (noturna) (Dt 23.11).

קָרָה (*de* קרר): frio.

קֹרָה *v.* קוֹרָה.

קָרוֹב, קָרֹב (*de* קרב), *suf.* קְרוֹבוֹ, *f.* קְרוֹבָה, קְרֹבָה, *pl.* קְרֹבִים, *suf.* קְרוֹבַי, *f.* קְרֹבוֹת: próximo.

קרח QAL: *impf.* יִקְרְחָה; *imp.* קָרְחִי: fazer uma calva (Lv 21.5; Mq 1.16). – NI: *impf.* יִקָּרֵחַ: raspar uma calva (em si próprio) (Jr 16.6). – HI: *pf.* הִקְרִיחוּ: raspar uma calva (em si próprio) (Ez 27.13). – HO: *pt.* מֻקְרָח: raspado, feito calvo (Ez 29.18).

קֶרַח *m., i. p.* קָרַח, *suf.* קַרְחוֹ: gelo; frio.

קֵרֵחַ (*de* קרח): calvo (Lv 13.40; 2 Rs 2.23).

קָרֵחַ *n. m.* (2 Rs 25.23).

קֹרַח *n. m.* (Gn 36.5).

קָרְחָא *v.* קָרְחָה.

קָרְחָה *tb.* קָרְחָא (*de* קרח) *f., suf.* קָרְחָתֵךְ: calva *(s.)*.

קָרְחִי *pl.* קָרְחִים: *gent.* (Êx 6.24).

קָרַחַת (*de* קרח) *suf.* קָרַחְתּוֹ: calva; parte escalvada no lado posterior de um pano (= o avesso de um pano).

קְרִי, קֶרִי★ (*de* קרה): encontro (hostil).

קָרִיא★ (*de* I קרא), *pl. cs.* קְרִיאֵי: convocado, convidado.

קְרִיאָה (*de* I קרא): chamado, proclamação, mensagem (Jn 3.2).

קִרְיָה *f., cs.* קִרְיַת, *pl.* קִרְיוֹת: lugar, cidade; cidade, *em n. l.:* קִרְיַת אַרְבַּע, קִרְיַת־בַּעַל, קִרְיַת חֻצוֹת, קִרְיַת יְעָרִים, קִרְיַת־סַנָּה, קִרְיַת־סֵפֶר.

קְרִיּוֹת *n. l.* (Js 15.25).

קִרְיָתַיִם *n. l.* (Nm 32.37).

קרם QAL: *pf.* קָרַמְתִּי; *impf.* וַיִּקְרַם: estender sobre, cobrir (Ez 37.6,8).

קרן QAL: *pf.* קָרַן: resplandecer. – HI: *pt.* מַקְרִן: ter chifres (Sl 69.32).

קֶרֶן *f.*, *i. p.* קָרֶן, *suf.* קַרְנִי, *du.* קַרְנַיִם e קְרָנַיִם, קַרְנַיִם, *cs.* קַרְנֵי, *suf.* קַרְנָיו, קַרְנֵיכֶם, קַרְנֵינוּ, *pl.* קְרָנוֹת, *cs.* קַרְנ(וֹ)ת, *suf.* קַרְנֹתָיו: chifre.

קֶרֶן־הַפּוּךְ *n. f.* (Jó 42.14).

קַרְנַיִם *n. l.* (Am 6.13).

קרס QAL: *pf.* קָרְסוּ; *pt.* קֹרֵס: abaixar-se (Is 46.1s).

*קֶרֶס (*de* קרס), *pl.* קְרָסִים, *cs.* קַרְסֵי, *suf.* קְרָסָיו: colchete.

*קַרְסֹל (*de* קרס), *du. suf.* קַרְסֻלָּי: tornozelo (2 Sm 22.37; Sl 18.37).

קרע QAL: *pf.* קָרַעְתִּי, קָרְעָה, קָרַע; *impf.* יִקְרְעָה, אֶקְרַע, אֶקְרָע, וַיִּקְרַע, *suf.* אֶקְרָעֶנָּה, וַיִּקְרָעֵם; *imp.* קִרְעוּ, *inf.* קָרוֹעַ, *suf.* קָרְעִי, *abs.* קָרֹעַ; *pt.* קֹרֵעַ, *pass.* קְרוּעֵי, קְרֻעִים, קָרוּעַ: rasgar (em pedaços), romper, lacerar, soltar. – NI: *pf.* נִקְרַע; *impf.* יִקָּרֵעַ, יִקָּרַע; *pt.* נִקְרָע: ser rasgado.

קְרָעִים (*de* קרע) *pl.*: pedaços de pano, retalhos.

קרץ QAL: *impf.* יִקְרְצוּ; *pt.* קֹ(וֹ)רֵץ: piscar; apertar ou franzir (os lábios). – PU: *pf.* קֹרַצְתִּי: ser formado (Jó 33.6).

קֶרֶץ (*de* קרץ) *m.*: mosquito (Jr 46.20).

קַרְקַע **I** *i. p.* קַרְקָע: chão, fundo, soalho.

קַרְקַע **II** *n. l.* (Js 15.3).

קַרְקַר Nm 24.17, *l.* קָדְקֹד.

קַרְקֹר *n. l.* (Jz 8.10).

קרר PILPEL: *pt.* מְקַרְקַר: *significado incerto* (Is 22.5). – HI: *pf.* הֵקֵרָה; *inf.* הָקִיר: conservar fresco (Jr 6.7).

קֶרֶשׁ *m.*, *i. p.* קָרֶשׁ, *suf.* קַרְשֵׁךְ, *pl.* קְרָשִׁים, *cs.* קַרְשֵׁי, *suf.* קְרָשָׁיו: tábua.

קֶרֶת *f.*, *i. p.* קָרֶת: cidade.

קַרְתָּה *n. l.* (Js 21.34).

קַרְתָּן *n. l.* (Js 21.32).

*קַשְׂוָה *f.*, *pl.* קְשָׂוֹת, *cs.* קְשׂוֹת, *suf.* קְשׂוֹתָיו: taça.

קְשִׂיטָה *f.*: antiga medida de peso, quantia desconhecida.

קַשְׂקֶשֶׂת *pl.* קַשְׂקַשִּׂים, *suf.* קַשְׂקְשֹׂתֶיךָ: escama.

קַשׁ (*de* קשש) *m.*: restolho.

*קִשֻּׁאָה *pl.* קִשֻּׁאִים: pepino (Nm 11.5).

קשב QAL: *impf.* תִּקְשַׁבְנָה: estar atento (Is 32.3). – HI: *pf.* הִקְשַׁבְתָּ, הִקְשִׁיב, הִקְשִׁיבוּ; *impf.* נַקְשִׁיבָה, וַיַּקְשֵׁב, יַקְשֵׁב; *imp.* הַקְשִׁיבִי, הַקְשִׁיבָה, הַקְשֵׁב; *inf.* הַקְשִׁיב; *pt.* מַקְשֶׁבֶת, מַקְשִׁיב: prestar atenção, ouvir (atentamente).

קֶשֶׁב (*de* קשב), *i. p.* קָשֶׁב: atenção, (o) prestar atenção.

*קַשֻּׁב (*de* קשב) *f.* קַשֻּׁבֶת: atento (Ne 1.6, 11).

*קַשֻּׁב (*de* קשב) *pl. f.* קַשֻּׁבוֹת: atento.

קשה QAL: *pf.* קָשָׁתָה, קָשְׁתָה, קָשָׁה; *impf.* יִקְשֶׁה, וַיִּקֶשׁ: ser duro / severo / difícil. – NI: *pt.* נִקְשֶׁה: oprimido (Is 8.21) – PI: *impf.* וַתְּקַשׁ: ter grande dificuldade, ter severas dores (no trabalho de parto) (Gn 35.16). – HI: *pf.* הִקְשׁוּ, הִקְשִׁיתָ, הִקְשָׁה; *impf.* תַּקְשׁוּ, אַקְשֶׁה, וַיַּקְשׁ; *inf. suf.* הַקְשֹׁתָהּ: tornar ou fazer duro / pesado / difícil, endurecer; ser ou tornar-se obstinado / teimoso.

קָשֶׁה (*de* קשה), *cs.* קְשֵׁה, *f.* קָשָׁה, *cs.* קְשַׁת, *pl.* קָשִׁים, *cs.* קְשֵׁי, *f.* קָשׁוֹת: duro, difícil, pesado, severo, obstinado, empedernido.

קשח HI: *pf.* הִקְשִׁיחַ; *impf.* תַּקְשִׁיחַ: tratar com dureza; endurecer (Jó 39.16; Is 63.17).

קֹשְׁטְ verdade (Pv 22.21).

קֹשֶׁט arco (Sl 60.6).

*קְשִׁי (*de* קשה): dureza (Dt 9.27).

קִשְׁיוֹן *n. l.* (Js 19.20).

קשר QAL: *pf.* קָשַׁרְתִּי, קָשַׁר, קָשָׁר, *suf.* קְשַׁרְתָּם; *impf.* תִּקְשְׁרִי, וַיִּקְשָׁר־, תִּקְשֹׁר, *suf.* תִּקְשְׁרֶנּוּ; *imp. suf.* קָשְׁרֵם; *pt.* קֹשְׁרִים, *pass.* קְשֻׁרִים, קְשׁוּרָה: atar, amarrar; estar amarrado, aliar-se, conspirar; *pt. pass.*: vigoroso, forte, robusto. – NI: *pf.* נִקְשְׁרָה; *impf.* וַתִּקָּשֵׁר: ligar-se a; fechar-se

(1 Sm 18.1; Ne 3.38). – PI: *impf.* תְּקַשֵּׁר, *suf.* תְּקַשְּׁרֵם: atar, cingir-se (Jó 38.31; Is 49.18). – PU: *pt. f. pl.* מְקֻשָּׁרוֹת: forte, vigoroso, robusto (Gn 30.41). – HIT: *pf.* הִתְקַשְּׁרוּ; *impf.* וַיִּתְקַשֵּׁר; *pt.* מִתְקַשְּׁרִים: conspirar.

קֶשֶׁר (*de* קשר) *m.*, *i. p.* קָשֶׁר, *suf.* קִשְׁרוֹ: conspiração.

קִשֻּׁרִים (*de* קשר), *suf.* קִשֻּׁרֶיהָ: fitas (ornamento usado pelas mulheres) (Is 3.20; Jr 2.32).

קשׁשׁ QAL: *imp.* קוֹשׁוּ: concentrar-se (?) (Sf 2.1). POLEL: *pf.* קֹשְׁשׁוּ; *inf.* קֹשֵׁשׁ; *pt.* מְקֹשֵׁשׁ, מְקֹשֶׁשֶׁת: ajuntar, coletar. – HIT: *imp.* הִתְקוֹשְׁשׁוּ: concentrar-se (?) (Sf 2.1).

קֶשֶׁת *i. p.* קָשֶׁת, *suf.* קַשְׁתִּי, *pl.* קְשָׁתוֹת, *suf.* קַשְּׁתֹתָיו, קַשְּׁתוֹתָם: arco.

קַשָּׁת *m.:* arqueiro, flecheiro (Gn 21.20).

ר

ר רֵישׁ vigésima letra do alfabeto; *como num.* = 200.

ראה QAL: *pf.* רָאָה, רָאֲתָה, רָאָתָה, רָאִיתָ, רָאוּ, רְאִיתֶם, רָאִינוּ, *suf.* רָאָהוּ, רָאָתְךָ, רְאִיתִיו; *impf.* יִרְאֶה, יֵרֶא, וַיַּרְא (= *hi. impf.*), תִּרְאֶה, וַתֵּרֶא, תִּרְאֶה, יִרְאוּ, תִּרְאֶינָה, תִּרְאֶינָּה, *formas especiais* וַיַּרְאֶה, וַיַּרְא, וַתֵּרֶאה, *suf.* יִרְאַנִי, נִרְאֵהוּ, תִּרְאֵנִי, וַיִּרְאֵנִי; *imp.* רְאֵה, רְאִי, רְאוּ, רְאֶינָה; *inf. cs.* רְאֹת, רְאוֹת, רְאֹה, רַאֲוָה, *suf.* רְאוֹתֶךָ, רְאֹתוֹ, *abs.* רָאֹה, רָאוֹ; *pt.* רֹאֶה, *cs.* רֹאֵה, *suf.* רֹאִי, רֹאֶנִי, *pl.* רֹאִים, *cs.* רֹאֵי, *pass.* רְאֻיוֹת: ver; olhar, observar; ter visão; perceber; conhecer; prover. – NI: *pf.* נִרְאָה, נִרְאֲתָה, נִרְאוּ; *impf.* יֵרָאֶה, יֵרָא, וָאֵרָא; *imp.* הֵרָאֵה; *inf.* הֵרָאֹה, הֵרָאוֹת, לֵרָאוֹת (*de* לְהֵרָאוֹת); *pt.* נִרְאֶה, נִרְאָה: deixar ver-se, tornar-se visível, aparecer. – PU: *pf.* רֻאוּ: ser visto (Jó 33.21). – HI: *pf.* הֶרְאָה, הִרְאֵיתָ, הַרְאֵיתִי, *suf.* הִרְאַנִי, הֶרְאָנִי, הֶרְאֲךָ, הֶרְאָם, הֶרְאִיתִיךָ, הִרְאִיתִים; *impf.* יַרְאֶה, וַיַּרְא (= *qal*), *suf.* יַרְאֵנִי, אַרְאֶךָּ, וַיַּרְאוּם; *imp. suf.* הַרְאֵנִי, הַרְאִינִי; *inf.* הַרְאוֹת, *suf.* הַרְאוֹתְכָה, לַרְאֹתְכֶם (*de* לְהַ׳); *pt.* מַרְאֶה: fazer ver, deixar ver, mostrar. – HO: *pf.* הָרְאֵיתָה, הָרְאֵתָה, הָרְאָה; *pt.* מָרְאֶה: ser feito ver, ser mostrado. – HIT: *impf.* וַיִּתְרָאוּ, נִתְרָאֶה: olhar-se (um ao outro), encarar-se; enfrentar-se, medir forças.

רָאָה (= דָּאָה?) milhafre (Dt 14.13).

רָאֶה* (*de* ראה) *cs.* רְאֵה: vendo?; *l.* רְוֵה (*cs. de* רָוֶה)? (Jó 10.15).

רֹאֶה I (*de* ראה) *pl.* רֹאִים: vidente.

רֹאֶה II (*de* ראה) visão (Is 28.7).

רְאוּבֵן *n. m. e n. de tribo* (Gn 29.32; Nm 1.5).

רְאוּבֵנִי *gent.* (Nm 26.7).

רַאֲוָה (*de* ראה) visão, espetáculo (Ez 28.17).

רְאוּמָה *n.f.* (Gn 22.24).

רְאוּת (Ec 5.10 *Q*): *v.* רְאִית.

רְאִי (*de* ראה) espelho (Jó 37.18).

רֳאִי (*de* ראה) *m., i. p.* = *e* רֹאִי: aspecto, aparência; visão, espetáculo; לַחַי ר׳ *e* אֵל ר׳ *não explicado.*

רְאָיָה *n. m.* (1 Cr 4.2).

רְאֵים *v.* רְאֵם.

רִאישׁוֹן *v.* רִאשׁוֹן.

רְאִית (*de* ראה) *K* רְאִית, *Q* רְאוּת: visão, (o) ver (Ec 5.10).

ראם QAL: *pf.* רָאֲמָה: altear-se, elevar-se (Zc 14.10).

רְאֵם *tb.* רְאֵים *e* רֵים, *m., pl.* רְאֵמִים *e* רֵמִים: búfalo.

רָאמוֹת I *significado incerto*; coral?

רָאמוֹת II *n. l.* (Dt 4.43).

רָאמַת נֶגֶב *n. l.* (Js 19.8).

ראשׁ *v.* רושׁ.

רֵאשׁ *v.* רֵישׁ.

רֹאשׁ I *m., suf.* רֹאשׁוֹ, רֹאשְׁכֶם, *pl.* רָאשִׁים, *cs.* רָאשֵׁי, *suf.* רָאשָׁיו, רֹאשֵׁיהֶם: cabeça; pico, cume; chefe, líder; começo, início (de mês, rua); cabelo (da cabeça); (o) mais elevado, (o) melhor, (o) maior, (o) principal; total, soma; braço (de rio); companhia (de soldados).

רוֹשׁ, רֹאשׁ II *m.:* planta venenosa; veneno.

רֹאשׁ III *n. m.* (Gn 46.21).

רֹאשׁ IV *n. p.* (Ez 38.2).

רִאשָׁה★ *pl. suf.* רָאשֹׁתֵיכֶם: situação anterior (Ez 36.11).

רֹאשָׁה *f.:* (a) superior; הָאֶבֶן הָר׳ pedra de remate? (Zc 4.7).

רִאשׁוֹן *tb.* רִישׁוֹן, רִאישׁוֹן *e* רִאשֹׁנָה, *f.* רִיאשֹׁנָה, *pl.* רִאשֹׁנִים, רִאשֹׁנוֹת: 1) o primeiro; precedente, anterior; ancestral; antigo; (a) primeira vez. 2) *Adv.* primeiro.

רִאשׁוֹנִי★ *f.* רִאשׁוֹנִית: o primeiro (Jr 25.1).

רַאֲשׁוֹת *v.* מְרַאֲשׁוֹת.

רֵאשִׁית *tb.* רֵשִׁית, *suf.* רֵאשִׁיתוֹ: começo, início, princípio; o primeiro, o melhor; primícias.

רַב I (*de* I רבב) *i. p.* רָב, *f.* רַבָּה, *cs.* רַבַּת, רַבָּתִי, *pl.* רַבִּים, *cs.* רַבֵּי, *f.* רַבּוֹת: 1) numeroso, muito; grande; múltiplo; abundante; o bastante, o suficiente. 2) *Adv.* abundantemente; muito.

רַב II *m., pl. cs.* רַבֵּי: capitão, comandante, chefe.

רַב★ III (*de* II רבב) *m., pl. suf.* רַבָּיו: arqueiro?; flecha? (Jr 50.29; Jó 16.13).

רִב *v.* רִיב.

רוֹב, רֹב (*de* I רבב) *m., cs.* רֹב, רָב־, *suf.* רֻבְּכֶם, *pl. cs.* רֻבֵּי: grande quantidade, grande número; multidão; abundância; grandeza.

רבב I QAL: *pf.* רַבּוּ, רָבוּ, רַבָּה, רָבָּה; *inf.* לָרֹב, *suf.* רֻבְּכֶם, רֻבָּם: ser / tornar-se numeroso, ser / tornar-se muito, ser / tornar-se grande. – PU: *pt. pl. f.* מְרֻבָּבוֹת: multiplicado por dez mil (Sl 144.13).

רבב II QAL: *pf. pl.* רֹבּוּ: arremessar, atirar (flechas) (Gn 49.23).

רְבָבָה (*de* I רבב) *pl.* רְבָבוֹת, *cs.* רִבְבוֹת, רִבְבוֹת, *suf.* רִבְבֹתָיו: grande multidão, legião; dez mil.

רְבִבִים *v.* רְבִיבִים.

רבד QAL: *pf.* רָבַדְתִּי: preparar (cama) (Pv 7.16).

רבה I QAL: *pf.* רָבְתָה, רָבִיתָ, רָבוּ, רְבִיתֶם; *impf.* יִרְבֶּה, יִרֶב, וַיִּרֶב, וַתֵּרֶב, וַתִּרְבִּי, יִרְבּוּ, יִרְבְּיֻן, תִּרְבּוּן, תִּרְבֶּינָה, וַתִּרְבֶּינָה; *imp.* רְבֵה, רְבוּ; *inf.* רְבוֹת: tornar-se numeroso; ser / tornar-se grande; aumentar, multiplicar-se. – PI: *pf.* רִבְּתָה, רִבִּיתָ; *imp.* רַבֵּה: tornar numeroso, aumentar; criar (filhos); lucrar. – HI: *pf.* הִרְבָּה, הִרְבְּתָה, הִרְבִּיתָ, הִרְבֵּיתִי, הִרְבּוּ, הִרְבֵּיתֶם, הִרְבִּינוּ, *suf.* הִרְבֵּךְ, הִרְבִּתִים, הִרְבִּיתִךְ; *impf.* יַרְבֶּה, יֶרֶב, וַיֶּרֶב, תַּרְבִּי, וְאַרְבֶּה, וְאֶרֶב *K*, *Q*, יַרְבּוּ, תַּרְבֶּינָה, *suf.* תַּרְבֵּנִי, אַרְבֵּהוּ, יַרְבֵּךְ; *imp.* הֶרֶב, הַרְבֵּה *Q*, הַרְבִּי, הַרְבּוּ; *inf. cs.* הַרְבּוֹת (*K* הַרְבִּית), *abs.* הַרְבֵּה, הַרְבָּה; *pt.* מַרְבֶּה, *cs.* מַרְבֵּה, *f.* מַרְבָּה, *pl.* מַרְבִּים:
1) tornar numeroso, aumentar, multiplicar; tornar grande, engrandecer; ter muito(s) (filhos, pés); majorar; הִרְבָּה *c.* לְ *e inf.:* fazer algo freqüentemente / continuamente / copiosamente.

2) *Quando assindeticamente ao lado de outra forma verbal traduz-se como advérbio:* muito.
3) *Adj.* muito, grande.

II רבה QAL: *pt.* רֹבֶה: arqueiro, flecheiro (Gn 21.20).

רַבָּה *cs.* רַבַּת, *loc.* רַבָּתָה: *n. l.* (Dt 3.11).

רִבּוֹ, רִבּוֹא (*de* I רבב) *f.*, *pl.* רִבֹּאוֹת, רִבּוֹת, *du.* רִבֹּתַיִם: dez mil; legião incontável.

רְבִיבִים *tb.* רְבִבִים *e* רְבִיבִם (*de* I רבב) *m.*: chuvisco, garoa.

רָבִיד (*de* רבד) *cs.* רְבִיד: colar (Gn 41.42; Ez 16.11).

רְבִעִי, רְבִיעִי *num. ord.*, *f.* רְבִיעִ(י)ת, *pl.* רְבִ(י)עִים: (o) quarto; *f.* um quarto (*fração*); *pl.* בְּנֵי רְבִעִים filhos da quarta geração.

רַבִּית *n. l.* (Js 19.20).

רבך HO: *pt. f.* מֻרְבֶּכֶת/בֶּכֶת: misturado, amassado (massa).

רִבְלָה *loc.* רִבְלָתָה: *n. l.* (2 Rs 23.33).

רַב מָג *v.* II רַב *e* מָג.

רַב־סָרִיס *v.* II רַב *e* סָרִיס.

I רבע QAL: *inf. f.* רִבְעָה, *suf.* רִבְעִי, רִבְעָהּ: estar deitado; deitar-se com (para copular). – HI: *impf.* תַּרְבִּיעַ: cruzar (gado) (Lv 19.19).

II רבע QAL: *pt. pass.* רָבוּעַ, רְבֻעָה, רְבֻעִים: quadrado. – PU: *pt.* מְרֻבָּע, מְרֻבַּעַת, מְרֻבָּעוֹת: quadrado.

I רֶבַע *m.*, *pl. suf.* רִבְעָיו, רִבְעֶיהָ, רִבְעֵיהֶן: um quarto (*fração*), quarta parte; lado (de algo quadrado).

II רֶבַע *n. m.* (Nm 31.8).

I רֹבַע um quarto (*fração*), quarta parte (2 Rs 6.25).

II רֹבַע poeira (Nm 23.10).

רִבֵּעַ★ *pl.* רִבֵּעִים: membro da quarta geração.

רְבִעִי *v.* רְבִיעִי.

רבץ QAL: *pf.* רָבַץ, רָבְצָה, רָבָצָה; *impf.* יִרְבַּץ, יִרְבְּצוּ, יִרְבָּצוּ, יִרְבָּצוּן, תִּרְבַּצְנָה; *pt.* רֹבֵץ, רֹבֶצֶת, רֹבְצִים: deitar-se, acampar-se; estar deitado, jazer, estar acampado. HI: *impf.* תַּרְבִּיץ, יַרְבִּצוּ, *suf.* יַרְבִּיצֵנִי, אַרְבִּיצֵם; *pt.* מַרְבִּיץ, מַרְבִּצִים: fazer deitar-se, deixar acampar-se, deixar repousar; cobrir, revestir.

רֵבֶץ (*de* רבץ) *suf.* רִבְצוֹ, רִבְצָם: lugar de descanso, lugar de acampamento; redil.

רִבְקָה *n.f.* (Gn 22.23).

רַב־שָׁקֵה *tb.* רַבְשָׁקֵה: copeiro-mor; *ou n. m.* (2 Rs 18.17).

רַבָּתִי, רַבַּת *v.* I רַב.

רֶגֶב★ *m.*, *pl.* רְגָבִים, *cs.* רִגְבֵי: torrão (Jó 21.23; 38.38).

רגז QAL: *pf.* רָגַז, רָגְזָה; *impf.* יִרְגַּז, יִרְגְּזוּ, וַיִּרְגְּזוּ, יִרְגָּזוּן, תִּרְגַּזְנָה; *imp.* רִגְזוּ, *f.* רְגָזָה: tremer, estremecer, abalar-se, tiritar; estar excitado, excitar-se, exaltar-se. – HI: *pf.* הִרְגִּיז, הִרְגַּזְתַּנִי; *impf.* אַרְגִּיז; *pt.* מַרְגִּיז: fazer tremer, fazer estremecer, abalar; agitar; perturbar. – HIT: *inf. suf.* הִתְרַגֶּזְךָ: excitar-se, exacerbar-se, enfurecer-se.

רֹגֶז (*de* רגז) *m.*, *suf.* רָגְזֶךָ: excitação, agitação, perturbação, inquietação; alvoroço; estrondo; furor.

רַגָּז (*de* רגז) agitado, inquieto (Dt 28.65).

רָגְזָה (*de* רגז) agitação, inquietação, estremecimento (Ez 12.18).

רגל (*denom. de* רֶגֶל) QAL: *pf.* רָגַל: caluniar, difamar (Sl 15.3). – PI: *impf.* וַיְרַגֵּל; *imp.* רַגְּלוּ, *suf.* רַגְּלָהּ; *inf.* רַגֵּל; *pt.* מְרַגְּלִים: explorar, espionar; *pt.* espia, espião; caluniar, difamar. – TIFIL: *pf.* תִּרְגַּלְתִּי: ensinar a caminhar (Os 11.3).

רֶגֶל *f.*, *i. p.* רָגֶל, *suf.* רַגְלוֹ, רַגְלֵנוּ, רַגְלְךָ *Q*, *du.* רַגְלַיִם, רַגְלָיִם, *cs.* רַגְלֵי, *suf.* רַגְלָיו, רַגְלֵיהֶם, *pl.* רְגָלִים: pé; כַּף רֶגֶל sola / planta do pé; perna; *pl.* (repetidas) vezes; *euf. para a* região pubiana.

רֹגֵל *v.* עֵין רֹגֵל.

רַגְלִי *pl.* רַגְלִים: (que anda) a pé; soldado de infantaria.

רֹגְלִים *n. l.* (2 Sm 17.27).

רגם QAL: *pf.* רְגָמֻהוּ, רָגְמוּ; *impf.* יִרְגְּמוּ, יִרְגְּמֻהוּ; *inf.* לִרְגּוֹם, *abs.* רָגֹ(וֹ)ם: apedrejar.

רֶגֶם *n. m.* (1 Cr 2.47).

רִגְמָה* (*de* רגם) *suf.* רִגְמָתָם: multidão ruidosa (Sl 68.28).

רֶגֶם מֶלֶךְ *n. m.?*; *prov. l.* רַב־מַג הַמֶּלֶךְ (Zc 7.2).

רגן QAL: *pt.* רֹגְנִים: resmungar, rezingar, murmurar (Is 29.24). – NI: *impf.* וַיֵּרָגְנוּ; *pt.* נִרְגָּן: resmungar, murmurar; portar-se como resmungão; difamar, caluniar.

רגע QAL: *pf.* רָגַע; *pt. cs.* רֹגַע: agitar; criar crosta, encrostar. – NI: *imp.* הֵרָגְעִי: deter-se, ficar calmo (Jr 47.6). – HI: *pf.* הִרְגִּיעַ, הִרְגִּיעָה; *impf.* אַרְגִּיעָה, תַּרְגִּיעַ; *inf. suf.* הַרְגִּיעוֹ: deter-se, descansar, repousar; fazer repousar, dar descanso; fazer (algo) num piscar de olhos.

רָגֵעַ* (*de* רגע) *pl. cs.* רִגְעֵי: sossegado (Sl 35.20).

רֶגַע (*de* רגע) *m., i. p.* רָגַע, *pl.* רְגָעִים: sossego, tranqüilidade; curto lapso de tempo, instante, momento; *adv.* num piscar de olhos, repentinamente; לִרְגָעִים a todo instante.

רגשׁ QAL: *pf.* רָגְשׁוּ: estar inquieto, estar em alvoroço (Sl 2.1).

רֶגֶשׁ* (*de* רגשׁ) *i. p.* רָגֶשׁ: alvoroço, tumulto, inquietação (Sl 55.15).

רִגְשָׁה* (*de* רגשׁ) *cs.* רִגְשַׁת: alvoroço, tumulto, excitação, inquietação (Sl 64.3).

רדד QAL: *inf.* רַד; *pt.* רוֹדֵד: subjugar, submeter; repelir (Is 45.1; Sl 144.2). – HI: *impf.* וַיָּרֶד, תָּרִיד: obter controle; fazer (alguém) bater (folha de ouro em figuras) (Gn 27.40; 1 Rs 6.32).

I רדה QAL: *pf.* רָדוּ, רְדִיתֶם; *impf.* תִּרְדֶּה, וַיֵּרְדְּ, וְיִרְדּוּ, יִרְדֵּנוּ; *imp.* רְדֵה, רְדוּ; *inf.* רְדוֹת; *pt.* רֹדֶה, רֹדִים: pisar (uvas no lagar); governar, dominar. – HI: *impf.* יַרְדְּ (Is 41.2): *txt. corr. ou l.* יָרֹד *ou* יָרַד (*impf. qal de* רדד).

II רדה QAL: *pf.* רָדָה; *impf.* יִרְדּוּ, *suf.* וַיִּרְדֵּהוּ: raspar (mel do favo); recolher / tomar (nas próprias mãos) (Jz 14.9; Jr 5.31).

רַדַּי *n. m.* (1 Cr 2.14).

רְדִיד (*de* רדד) *suf.* רְדִידִי, *pl.* רְדִידִים: *certa peça de vestuário, prov.* manto *ou* roupão (Is 3.23; Ct 5.7).

רדם NI: *pf.* נִרְדַּמְתִּי; *impf.* וַיֵּרָדַם; *pt.* נִרְדָּם: dormir um sono profundo; ficar entorpecido; ficar sem sentidos.

רֹדָן* *pl.* רוֹדָנִים: *n. p.* (1 Cr 1.7).

רדף QAL: *pf.* רָדַף, רָדָפוּ, רְדַפְתֶּם, רְדָפוּךָ; *impf.* יִרְדֹּף־, יִרְדָּף, יִרְדֹּף (*ou* יִרְדֹּף *ou* יִרַדֵּף), נִרְדְּפָה, יִרְדְּפוּ, אֶרְדְּפָה, *suf.* תִּרְדְּפוּנִי, יִרְדְּפֶךָ, יִרְדְּפוֹ, וַיִּרְדְּפֵהוּ, וַיִּרְדְּפוּם; *imp.* רְדֹף, רִדְפוּ; *inf.* רְדֹף, לִרְדֹּף, *suf.* לְרָדְפְּךָ, רָדְפִי (= *K* רְדוּפִי *e Q* רָדְפִי); *pt.* רֹ(וֹ)דֵף, *suf.* רֹדְפָם, רֹדְפֶךָ, *pl.* רֹדְפִים, רֹדְפֵי, *suf.* רֹדְפַי, רֹדְפֵיכֶם: ir atrás de, seguir; ir ao encalço de, perseguir; correr atrás de, buscar. – NI: *pf.* נִרְדָּפְנוּ; *pt.* נִרְדָּף: ser perseguido, ser acossado; estar desaparecido (Lm 5.5; Ec 3.15). – PI: *pf.* רִדְּפָה; *impf.* יְרַדֵּף־, תְּרַדֵּף; *pt.* מְרַדֵּף: ir ao encalço de, perseguir, acossar; ir atrás de, buscar, procurar. – PU: *pf.* רֻדַּף: ser disperso, ser afugentado (Is 17.13). – HI: *pf. suf.* הִרְדִּיפֻהוּ (Jz 20.43): perseguir; *mas l. prov. qal.*

רהב QAL: *impf.* יִרְהֲבוּ; *imp.* רְהַב: investir (contra), fazer pressão; importunar, incomodar (Is 3.5; Pv 6.3). – HI: *pf. suf.* הִרְהִיבֻנִי; *impf. suf.* תַּרְהִבֻנִי (*prov. txt. corr.*): desconcertar, perturbar, confundir (Sl 138.3; Ct 6.5).

רַהַב (*de* רהב) *i. p.* רָהַב, *pl.* רְהָבִים: atormentador, importunador (*sing.* = Egito; *pl.* = ídolos).

רֹהַב* (*de* רהב) *suf.* רָהְבָּם: insistência?; orgulho?; ânsia?; *txt. corr.*? (Sl 90.10).

רָהֲגָה *Q*, רוֹהֲגָה *K*: *n. m.* (1 Cr 7.34).

רַהַט* *pl.* רְהָטִים: tanque, cocho (de água).

רָהִיט* *pl.* רָהִיטֵנוּ *Q*, רָחִיטֵנוּ *K*: caibro (Ct 1.17).

רוֹב *v.* רֹב.

רוב *v.* ריב.

רוד QAL: *pf.* רַדְנוּ; *pt.* רָד: vaguear, perambular (Jr 2.31; Os 12.1). – HI: *impf.* תָּרִיד Gn 27.40 (*prov. hi. de* רדד), אָרִיד Sl 55.3 (*l.* אוּרַד *ho. de* רדד?): *significado incerto:* vaguear?; ser atormentado?

רוֹדָנִים *v.* רֹדָן.

רוה QAL: *pf.* רָוְתָה; *impf.* יִרְוְיֻן, נִרְוֶה: saciar-se, embriagar-se. – PI: *pf.* רִוְּתָה, רִוֵּיתִי; *impf.* אֲרַיָּוֶךְ, יְרַוֶּה (*de* אֲרַוֶּיךָ); *inf.* רַוֵּה: saciar, embeber, regar, encharcar. – HI: *pf.* הִרְוָה, הִרְוֵיתִי, *suf.* הִרְוַנִי, הִרְוִיתַנִי; *pt.* מַרְוֶה: saciar, saturar, regar. – HO: *impf.* יוֹרֶא (*de* יוֹרֶה = יוּרֶה): ser saciado (Pv 11.25).

רָוֶה (*de* רוה) *f.* רָוָה: saciado, saturado (de água), regado, embebido, irrigado.

רוֹהֲגָה *v.* רָהֲגָה.

רוח QAL: *pf.* רָוַח; *impf.* יִרְוַח: *c.* לוֹ torna-se amplo para ele = ele se sente aliviado / desafogado (1 Sm 16.23; Jó 32.20). – PU: *pt.* מְרֻוָּחִים: amplo, espaçoso, vasto (Jr 22.14). – HI: *impf.* וַיָּרַח, יָרַח, יְרִיחַ, אָרִיחַ, יְרִיחוּן, יְרִיחֻן; *inf.* לָרִיחַ (*de* לְהָרִיחַ) הֲרִיחוֹ: cheirar; aspirar (cheiro agradável ou desagradável).

רֶוַח (*de* רוח) espaço; desafogo, libertação (Gn 32.17; Et 4.14).

רוּחַ (*de* רוח) *f. e m.*, *loc.* רוּחָה, *suf.* רוּחוֹ, רוּחֲךָ, רוּחֵךְ, *pl.* רוּחֹ(ו)ת, רֻחוֹת: ar; brisa, aragem, vento; ar respirado ou exalado, sopro, fôlego, hálito, bafo; (o) nada, (o) vazio, (o) transitório; espírito (de Deus *e* dos homens); mente, espírito; humor, disposição; ânimo, alento; sentido; lado (do vento).

רְוָחָה (*de* רוח) *f.*, *suf.* רַוְחָתִי: desafogo, alívio (Êx 8.11; Lm 3.56).

רְוָיָה (*de* רוה) superabundância, excesso, transbordamento (Sl 23.5; Sl 66.12).

רום QAL: *pf.* רָם, רָמָה, רָמוּ; *impf.* יָרוּם, אָרוּם, (רמם I *v.* וַיָּרֻם) וַיָּרָם, יָרֹם, יָרֻם, יָרוּמוּ, יְרֻמוּן, יָרוּם (וָרָם *Q*, יָרוּם *K*); *imp.* רוּמָה; *inf.* רוּם, רֻם, *suf.* רוּמָם; *pt.* רָם, רָמָה, רָמִים, רָמֵי, רָמוֹת: estar no alto, estar elevado; alcançar alto, prevalecer; ser exaltado; por-se de pé, elevar-se, erguer-se, levantar-se, altear-se; ensoberbecer-se; ser altivo / orgulhoso; *pt.* alto, elevado, grande; altivo, soberbo, orgulhoso; excelso. – NI: *v.* II רמם. – POLEL: *pf.* רוֹמַמְתִּי, *suf.* רֹמְמָתְהוּ; *impf.* יְרוֹמֵם, תְּרוֹמֵם, יְרוֹמְמֶךָ, נְרוֹמְמָה, וּתְרוֹמֵם, *suf.* תְּרוֹמְמֵנִי, אֲרֹמְמֶנְהוּ, אֲרוֹמִמְךָ, וִירוֹמְמוּהוּ; *imp.* רוֹמְמוּ; *inf.* רוֹמֵם; *pt.* מְרוֹמֵם, *f.* רוֹמֵמָה (*sem* מְ), *suf.* מְרוֹמְמִי: fazer crescer, fazer ficar grande / alto, criar (criança); elevar, erguer, levantar; exaltar, engrandecer. – POLAL: *impf.* תְּרוֹמַמְנָה; *pt.* מְרוֹמָם

(*l.* מְרוֹמָם): ser erguido, ser exaltado (Sl 75.11; Ne 9.5). – HI: *pf.* הֲרִימֹתִי, הֲרֵמֹתָ, הֲרִימוֹתָ(ה), הֵרִים, הֲרֵמֹתֶם, הֵרִימוּ, *suf.* הֲרִמֹתִיךָ; *impf.* וַיָּרֶם, יָרֶם, וַיָּרֶם, תָּרִימוּ, *suf.* וַיְרִימֶהָ; *imp.* הָרִימוּ, הָרִימָה, הָרֶם, הָרֵם, הָרִים; *inf.* הָרִים, הֲרִימִי, הֲרִימְכֶם; *pt.* מֵרִים, *pl. suf.* מְרִימָיו: erguer, levantar, elevar, alçar; erigir; exaltar; construir no alto; retirar, remover, afastar; parar (com algo), suspender; tirar / tomar / trazer / apresentar como oferta, ofertar, oferecer. – HO: *pf.* הוּרַם *Q*, הוּרָם; *impf.* יוּרַם; *pt.* מוּרָם?: ser removido, ser retirado, ser abolido; ser tirado / tomado para oferta. – HITPOLEL: *impf.* יִתְרוֹמֵם, אֲרוֹמָם (*de* אֶתְרוֹמָם): erguer-se altivamente (Is 33.10; Dn 11.36).

רוּם, רֻם (*de* רום) *m.:* altura, altitude; altivez, orgulho.

רוֹם (*de* רום) *texto e significado incerto:* altura? (Hc 3.10).

רוּמָה *n. l.* (2 Rs 23.36).

רוֹמָה (*de* רום) *adv.:* altivamente (Mq 2.3).

רוֹמָם★ (*de* רום) *pl. cs.* רוֹמְמוֹת: exaltação, louvor (Sl 149.6).

רוֹמֵמֻת★ (*de* רום) *suf.* רוֹמְמֻתֶךָ: *tradicionalmente* (o) erguer-se, *mas talvez txt. corr.* (Is 33.3).

רון HITPOLEL: *pt.* מִתְרוֹנֵן: ficar sóbrio (Sl 78.65).

רוע HI: *pf.* הֲרֵעֹתֶם, הֲרִיעֹתֶם, הֵרֵעוּ, הֵרִיעוּ; *impf.* וַיָּרִ(י)עוּ, תָּרִיעִי, וַיָּרַע, יָרִיעַ, נָרִיעָה, נָרִיעַ; *imp.* הָרִיעִי, הָרִיעוּ; *inf.* הָרִיעַ; *pt.* מְרִיעִים: gritar, berrar, bradar, clamar; romper em gritaria; emitir brado de guerra; soar alarme; convocar às armas; gritar em triunfo, jubilar; aclamar. – POLAL: *impf.* יְרֹעָע: grita-se de júbilo (Is 16.10). – HITPOLEL: *impf.* אֶתְרוֹעָע, יִתְרוֹעָעוּ; *imp.* הִתְרוֹעֲעִי: gritar em triunfo, jubilar.

רוץ QAL: *pf.* רָצוּ, רַצְתָּה, רָץ; *impf.* וַיָּרָצוּ, יָרוּצוּ, אָרוּצָה, וַיָּרָץ, וַיָּרָץ, יָרוּץ, נָרוּצָה, יְרֻצוּן, יְרוּצוּן; *imp.* רוּץ, רֻץ; *inf.* רוּץ; *pt.* רָץ, רָצִים = רָצִין: correr; apressar-se; *pt. tb.* mensageiro, estafeta. – POLEL: *impf.* יְרוֹצֲצוּ: correr de um lado para outro (Na 2.5). – HI: *impf.* וַיָּרִיצוּ, וַיְרִיצֻהוּ, אֲרִיצֵם *Q*, אֲרִיצֶנּוּ; *imp.* הָרֵץ: fazer correr, afugentar; trazer depressa, levar correndo.

רוק *v.* ריק.

רור *v.* ריר.

רוש QAL: *pf.* רָשׁוּ; *pt.* רָ(א)שׁ, *pl.* רָ(א)שִׁים: ser pobre. – HI *e* HO: *v.* ירשׁ. – HITPOLEL: *pt.* מִתְרוֹשֵׁשׁ: fingir ser pobre (Pv 13.7).

רוֹשׁ *v.* II רֹאשׁ.

רוּת *n.f.* (Rt 1.4).

רזה QAL: *pf.* רָזָה: fazer definhar? (Sf 2.11). – NI: *impf.* יֵרָזֶה: definhar (*intr.*) (Is 17.4).

רָזֶה★ (*de* רזה) *f.* רָזָה: magro (Nm 13.20; Ez 34.20).

I רָזוֹן (*de* רזה) magreza, definhamento, minguamento.

II רָזוֹן (*de* רזן) dignitário (Pv 14.28).

רְזוֹן *n. m.* (1 Rs 11.23).

רָזִי רָזִי־לִי Is 24.16: *termo não explicado:* ai de mim?; definhamento?, míngua?

רזם QAL: *impf.* יִרְזְמוּן: piscar (os olhos) (Jó 15.12).

רזן QAL: *pt. pl.* רֹ(וֹ)זְנִים: dignitário.

רחב QAL: *pf.* רָחַב, רָחֲבָה: escancarar-se, alargar-se, expandir-se. – NI: *pt.* נִרְחָב: amplo, espaçoso (Is 30.23). – HI: *pf.* הִרְחִ(י)ב, הִרְחִיבָה, הִרְחַבְתִּי; *impf.* תַּרְחִיבוּ, יַרְחִיב; *imp.* הַרְחֶב־, הַרְחִיבִי; *inf.* הַרְחִיב; *pt.* מַרְחִיב: tornar vasto / amplo / espaçoso, alargar, ampliar, dilatar, estender, expandir; escancarar; fazer / dar amplo espaço; desapertar, desafogar.

רֹחַב (*de* רחב) *suf.* רָחְבּוֹ, רָחְבָּן: largura; extensão; amplitude.

I רָחָב (*de* רחב) *cs.* רְחַב, *f.* רְחָבָה, *cs.* רַחֲבַת, *m. pl. cs.* רַחֲבֵי: largo, amplo, vasto, espaçoso, extenso; abrangente; *f. c. art. tb. pode ser s.*; רְחַב יָדַיִם amplo para ambas as direções; רְחַב לֵב orgulhoso, arrogante.

II רָחָב *n.f.* (Js 2.1).

I רְחֹב, רְחוֹב (*de* רחב) *f., suf.* רְחוֹבָהּ, *pl.* רְחֹבוֹת, *suf.* רְחֹבֹתֶיהָ, רְחֹבוֹתֵינוּ: espaço amplo e livre (de uma vila ou cidade), praça.

II רְחֹב *n. l.* (Js 19.28).

III רְחֹב *n. m.* (2 Sm 8.3).

רְחֹבוֹת *tb.* רְחֹבֹת *n. l.* (Gn 10.11).

רְחַבְיָה *n. m.* (1 Cr 23.17).

רְחַבְיָהוּ *n. m.* (1 Cr 24.21).

רְחַבְעָם *n. m.* (1 Rs 11.43).

רְחוֹב *v.* רְחֹב.

רְחוּם *n. m.* (Ed 4.8).

רַחוּם (*de* רחם) misericordioso, compassivo.

רָחוֹק, רָחֹק (*de* רחק) *f.* רְחוֹקָה, *pl.* רְחוֹקִים, *f.* רְח(וֹ)ק(וֹ)ת: distante, remoto, longínquo, afastado; longe.

רָחִיט* *suf.* רַחִיטֵנוּ Ct 1.17 *K*: *l. Q* רָהִיטֵנוּ.

רֵחַיִם *du., i. p.* רֵחָיִם: par de mós = moinho (manual).

I רָחֵל *f., pl.* רְחֵלִים, *suf.* רְחֵלֶיךָ: ovelha (adulta).

II רָחֵל *n.f.* (Gn 29.6).

רחם QAL: *impf.* אֶרְחָמְךָ (Sl 18.2): amar?; *l. talvez* אֲרֹמִמְךָ *de* רום. – PI: *pf.* רִחַם, רִחַמְתִּי, וְרִחַמְתִּיךָ, רִחֲמָךְ, רִחַמְתִּים, רִחֲמוּם; *impf.* יְרַחֵם, אֲרַחֵם, יְרַחֲמוּ, *suf.* יְרַחֲמֵהוּ, אֲרַחֲמֶנּוּ, יְרַחֲמֶנּוּ; *inf.* רַחֵם, רַחֶמְכֶם; *pt.* מְרַחֵם, *suf.* מְרַחֲמֵם, מְרַחֲמֵךְ: ter compaixão, compadecer-se, comiserar-se, ser compassivo. – PU: *pf.* רֻחָמָה; *impf.* יְרֻחָם, יְרֻחָם: encontrar misericórdia, encontrar compaixão.

רָחָם abutre (Lv 11.18).

I רַחַם *n. m.* (1 Cr 2.44).

II רַחַם *v.* רֶחֶם.

רֶחֶם, רַחַם (*v.* רחם) *m., i. p.* רָחֶם *e* רָחַם, *suf.* רַחְמָהּ, *pl. v.* רַחֲמִים, *du.* רַחֲמָתַיִם *v.* רַחֲמָה*: útero, ventre materno, madre.

רָחָמָה abutre (Dt 14.17).

רַחֲמָה* *f., du.* רַחֲמָתַיִם: רַחַם רַחֲמָתַיִם uma, duas mulheres (capturadas) (Jz 5.30).

רַחֲמִים (*de* רֶחֶם) *cs.* רַחֲמֵי, *suf.* רַחֲמָיו, רַחֲמָו: vísceras, entranhas; sentimento materno; compaixão, misericórdia.

רַחֲמָנִי* (*v.* רחם) *pl. f.* רַחֲמָנִיּוֹת: compassivo (Lm 4.10).

רחף QAL: *pf.* רָחֲפוּ: tremer, estremecer (*intr.*) (Jr 23.9). – PI: *impf.* יְרַחֵף; *pt. f.* מְרַחֶפֶת: voejar, adejar, pairar (Gn 1.2; Dt 32.11).

רחץ QAL: רָחַץ, רָחַצְתְּ, רָחֲצוּ, רָחָצוּ; *impf.* יִרְחַץ, יִרְחָץ, יִרְחֲצוּ, וָאֶרְחָצֵךְ; *imp.* רְחַץ, רַחֲצוּ; *inf.* רְחֹץ, רָחְצָה; *pt.* רֹחֶצֶת, רֹחֲצוֹת: lavar, enxaguar, banhar; lavar-se, tomar banho, banhar-se. – PU: *pf.* רֻחָץ, רֻחַצְתְּ: ser lavado, ser banhado (Ez 16.4; Pv 30.12). – HIT: *pf.* הִתְרָחַצְתִּי: lavar-se, tomar banho (Jó 9.30).

רַחַץ* (*de* רחץ) *suf.* רַחְצִי: (o) lavar (-se) (Sl 60.10; 108.10).

רַחְצָה (*de* רחץ): banho, lavagem (Ct 4.2; 6.6).

רחק QAL: *pf.* רָחַק, רַחֲקָה, רָחֲקוּ; *impf.* יִרְחַק, תִּרְחָק; *imp.* רַחֲקוּ; *inf.* רְחֹק, רָחֳקָה, *abs.* רָחוֹק: estar longe, estar distante, estar afastado; ficar longe, ficar distante, manter-se distante; afastar-se, distanciar-se;

abster-se. – NI: *impf.* יֵרָחֵק: ser removido, ser afastado (Ec 12.6). – PI: *pf.* רִחַק, רִחַקְתָּ; *impf.* יְרַחֲקוּ: afastar, remover (para longe); estender, expandir; estar bem longe. – HI: *pf.* הִרְחִיק, הִרְחִיקוּ, הִרְחַקְתִּים; *impf.* אַרְחִיק, תַּרְחִיקוּ, יַרְחִיקֻנָּה; *imp.* הַרְחֵק, הַרְחֵק; *inf.* הַרְחִיק, הַרְחִיקָם, *abs.* הַרְחֵק: afastar, remover (para longe); manter afastado; afastar-se, distanciar-se; ir longe; fugir para longe; *inf. tb. usado como adv.* longe, distante.

★רָחֵק (*de* רחק) *pl. suf.* רְחֵקֶיךָ: o que se mantém longe / afastado (Sl 73.27).

רָחֹק *v.* רָחוֹק.

רחשׁ QAL: *pf.* רָחַשׁ: estar agitado (Sl 45.2).

רַחַת pá (Is 30.24).

רטב QAL: *impf.* יִרְטָבוּ: molhar-se, estar molhado (Jó 24.8).

רָטֹב (*de* רטב) cheio de seiva, viçoso (Jó 8.16).

רטה QAL: *impf. suf.* יִרְטֵנִי: *l.* יְרָטֵנִי *de* ירט (Jó 16.11).

רֶטֶט pânico (Jr 49.24).

רטפשׁ QAL: *pf. pass.* רֻטֲפַשׁ (Jó 33.25): ser robusto?; *ou l.* יִטְפַּשׁ *de* טפשׁ.

רטשׁ PI: *impf.* תְּרַטֵּשׁ, תְּרַטַּשְׁנָה: despedaçar, estraçalhar (2 Rs 8.12; Is 13.8). – PU: *pf.* רֻטָּשָׁה; *impf.* יְרֻטָּשׁוּ, יְרֻטְּשׁוּ: ser despedaçado, ser estraçalhado.

רִי (*de* רוה) umidade (Jó 37.11).

ריב QAL: *pf.* רָב, רַבְתָּ *e* רִיבוֹתָ, רָבוּ; *impf.* יָרִיב, יָרֵב, יָרֶב, וַיָּרֶב, אָרִיב, תְּרִיבוּן, יְרִיבֻן, וַיָּרִיבוּ, וָאָרִיבָה, *suf.* יְרִיבֵךְ, תְּרִיבֵהוּ, תְּרִיבֵנִי, תְּרִיבֶכָּה; *imp.* רִיב, רִיבָה, רִיבוּ; *inf.* רִ(י)ב, ר(וֹ)ב; *pt.* רָב: conduzir uma questão legal, abrir processo jurídico, contender, litigar, demandar, pleitear, disputar, altercar; querelar; queixar-se, argüir; defender uma causa jurídica, advogar uma questão. – HI: *pt. pl. cs.* מְרִיבֵי, *suf.* מְרִיבָיו *Q:* abrir processo, contender, argüir (1 Sm 2.10; Os 4.4).

רִיב, רִב (*de* ריב) *m.*, *suf.* רִיבוֹ, רִיבָם, *pl. cs.* רִיבֵי: processo jurídico, questão legal, causa judicial, contenda, pleito, demanda, litígio, querela.

★רִיבָה (*de* ריב) *pl.* רִיבֹת, רִבוֹת: questão jurídica, causa judicial; contestação (jurídica) (Dt 17.8; Jó 13.6).

רִיבַי *n. m.* (2 Sm 23.29).

ריה (Is 16.9) *v.* רוה *pi.*

רִיחַ *v.* רוּחַ.

רֵיחַ (*de* רוח) *m.*, *suf.* רֵיחוֹ: cheiro, odor, aroma, perfume, fragrância.

רֵים *v.* רְאֵם.

רֵיעַ (Jó 6.27) *v.* II רֵעַ.

רִיפוֹת, רִפוֹת grãos (de cereal)? (2 Sm 17.19; Pv 27.22).

רִיפַת (*n. m.*) *n. p.* (Gn 10.3).

ריק HI: *pf.* הֲרִיקֹתִי, הֵרִיקוּ; *impf.* יָרִיק, וַיָּרֶק; *imp.* הָרֵק; *inf.* הָרִיק; *pt.* מְרִיקִים: esvaziar; derramar, despejar; desembainhar, sacar (espada); deixar vazio, deixar sem comer. – HO: *pf.* הוּרַק: ser despejado, ser transvasado (e, assim, purificado) (Jr 48.11).

רִיק (*de* ריק) 1) *s.:* (o) nada, (o) vazio. 2) *adj.:* vazio, nulo, inútil, fútil, vão. 3) em vão, inutilmente.

רֵיק, רֵק (*de* ריק) *f.* רֵיקָה, *pl.* רֵ(י)קִים, *f.* רֵקוֹת: vazio; inane; insatisfeito; instável, inconstante; inútil, vão; *pl.* (o) nada, coisas inúteis.

רֵיקָם (*de* ריק) *adv.:* de mãos vazias, vazio; sem presentes; sem êxito, sem sucesso, inutilmente; sem despojos; sem propriedade; sem motivo.

ריר QAL: *pf.* רָר: deixar escorrer (Lv 15.3).

רִיר (*de* ריר) *suf.* רִירוֹ: saliva; seiva viscosa (1 Sm 21.14; Jó 6.6).

רֵישׁ *tb* רֵאשׁ, רִישׁ (*de* רושׁ) *m., suf.* רֵישׁוֹ, רֵאשֶׁךָ, רֵישָׁם: pobreza.

רִישׁוֹן *v.* רִאשׁוֹן.

רֹךְ (*de* רכך) delicadeza, ternura (Dt 28.56).

רַךְ (*de* רכך) *i. p.* רָךְ, ע. רַכָּה, *pl.* רַכִּים, *f.* רַכּוֹת: tenro, delicado, macio; fraco, débil; sensível; baço (olho); mimoso; brando, suave, terno; tímido, receoso.

רכב QAL: *pf.* רָכַב, רָכְבוּ; *impf.* יִרְכַּב, יִרְכָּבוּ, נִרְכָּב, וַתִּרְכַּבְנָה; *imp.* רְכַב; *inf.* לִרְכֹּב; *pt.* רֹכֵב, רֹכֶבֶת, *suf.* רֹכְבוֹ, *pl.* רֹכְבִים, רֹכְבֵי, *suf.* רֹכְבֵיהֶם: andar a cavalo (a camelo, etc.), cavalgar; montar, estar montado; andar sobre o carro de guerra. – HI: *pf.* הִרְכַּבְתָּ, הִרְכַּבְתִּיךָ, הִרְכִּיבֻהוּ; *impf.* אַרְכִּיב, וַיַּרְכֵּב, וַיַּרְכִּבֻהוּ, יַרְכִּיבֵהוּ; *imp.* הַרְכֵּב: fazer montar, fazer cavalgar; fazer andar (em carro de guerra), levar / transportar (em carro); atrelar (animal); colocar (mão no arco), empunhar.

רֶכֶב (*de* רכב) *m., i. p.* רָכֶב, *suf.* רִכְבּוֹ, *pl. cs.* רִכְבֵי: carro de guerra; *quase sempre col.* carros, *especialmente* carros de guerra; tropa, caravana; mó superior.

רַכָּב (*de* רכב) *m., suf.* רַכָּבוֹ: condutor de carro, cocheiro; cavaleiro.

רֵכָב *n. m.* (2 Sm 4.2).

רִכְבָּה (*de* רכב) (o) montar, (o) cavalgar; (o) andar de carro (Ez 27.20).

רֵכָבִי★ *pl.* רֵכָבִים: *gent.* (Jr 35.2).

רֵכָה *n. l.* (1 Cr 4.12).

רְכוּב★ (*de* רכב) *suf.* רְכוּבוֹ: carro, veículo (Sl 104.3).

רְכוּשׁ, רְכֻשׁ (*de* רכשׁ) *m., suf.* רְכֻשׁוֹ, רְכוּשָׁם: propriedade, bens; equipagem; domínio (do rei).

רָכִיל calúnia, difamação; הָלַךְ רָכִיל fazer calúnia, andar caluniando.

רכך QAL: *pf.* רַךְ, רַכּוּ; *impf.* יֵרַךְ: ser delicado, ser suave; ser mole; ser tímido, ser vacilante. – PU: *pf.* רֻכְּכָה: ser amolecido (Is 1.6). – HI: *pf.* הֵרַךְ: tornar tímido, tornar vacilante (Jó 23.16).

רכל QAL: *pt.* רוֹכֵל, *f.* רֹכֶלֶת, *suf.* רֹכַלְתֵּךְ, *pl.* רֹכְלִים, רֹכְלֵי, *suf.* רֹכְלַיִךְ: mercador, comerciante, negociante.

רָכָל *n. l.* (1 Sm 30.29).

רְכֻלָּה★ (*de* רכל) *suf.* רְכֻלָּתֵךְ, רְכֻלָּתְךָ: negócio, comércio; mercadorias.

רכס QAL: *impf.* וַיִּרְכְּסוּ: atar, amarrar (Êx 28.28; 39.21).

רֶכֶס★ *pl.* רְכָסִים: terreno escarpado (Is 40.4).

רֹכֶס★ *pl. cs.* רֻכְסֵי: *significado desconhecido:* trama?; *talvez l.* רְכִלֵי *de* רָכִיל (Sl 31.21).

רכשׁ QAL: *pf.* רָכַשׁ, רָכָשׁ, רָכָשׁוּ: acumular, juntar, adquirir (propriedade).

רֶכֶשׁ (*de* רכס) *i. p.* רָכֶשׁ: *col.* cavalos de tração; parelha de cavalos; cavalos de correio.

I רָם *v.* רום.

II רָם *n. m.* (1 Cr 2.9).

רֵם *v.* רְאֵם.

רֵם *v.* רום.

I רמה QAL: *pf.* רָמָה; *pt. cs.* רֹמֵה, *pl. cs.* רֹמֵי: lançar, jogar, arremessar; atirar (flechas); *pt. tb.* arqueiro, flecheiro.

II רמה PI: *pf.* רִמָּה, רִמִּיתֶם, *suf.* רִמָּנִי, רִמִּתָנִי, רִמִּיתַנִי, רִמּוּנִי; *inf. suf.* רַמּוֹתַנִי: abandonar; enganar, iludir; trair.

I רָמָה (*de* רום) *suf.* רָמָתֵךְ, *pl. suf.* רָמֹתַיִךְ: elevação, colina; lugar elevado (construído artificialmente).

II רָמָה *ger. c. art.* הָרָמָה, *loc.* הָרָמָתָה: *n. l.* (1 Sm 1.19).

רִמָּה (*de* I רמם) *f.*: verme, larva, gusano.

I רִמּוֹן *suf.* רִמֹּנִי, *pl.* רִמֹּ(ו)נִים, *cs.* רִמּוֹנֵי: romã; romãzeira.

II רִמּוֹן *n. m.* (2 Sm 4.2).

III רִמּוֹן *tb.* רִמֹּן, *loc.* רִמֹּנָה: *n. l.* (Nm 33.19).

IV רִמּוֹן *n. d.* (2 Rs 5.18).

רִמּוֹנוֹ 1 Cr 6.62 *l.* רִמּוֹנָה *v.* III רִמּוֹן.

רָמוֹת *n. l.* (1 Sm 30.27).

רָמוּת* *suf.* רָמוּתֶךָ: refugo?, entulho?; *l.* רִמָּתֶךָ? (Ez 32.5).

רֹמַח* *pl.* רְמָחִים, *suf.* רָמְחֵיהֶם: lança.

רַמְיָה *n. m.* (Ed 10.25).

I רְמִיָּה (*de* II רמה) frouxidão, afrouxamento, relaxamento; indolência, negligência, preguiça.

II רְמִיָּה (*de* II רמה) engano, fraude, dolo; falsidade.

רַמִּים 2 Cr 22.5: הָרַמִּים *l.* הָאֲרַמִּים.

רַמָּכָה* *pl.* רַמָּכִים: égua (veloz) (Et 8.10).

רְמַלְיָהוּ *n. m.* (2 Rs 15.25).

I רמם QAL: *impf.* וַיָּרֻם: apodrecer; *c.* תּוֹלָעִים dar vermes (Êx 16.20).

II רמם QAL: *pf.* רוֹמּוּ (Jó 24.24): *l.* רָמוּ. – NI: *impf.* וַיֵּרֹמּוּ ,יֵרוֹמּוּ; *imp.* הֵרֹמּוּ: erguer-se, elevar-se; afastar-se.

רֹמַמְתִּי עֶזֶר *tb.* רֹמַמְתִּי עָזֶר: *n. m.* (1 Cr 25.4).

רִמֹּן *v.* III רִמּוֹן.

רמס QAL: *pf.* רָמַס; *impf.* יִרְמֹס ,יִרְמָס־, אֶרְמְסֵם ,וַיִּרְמְסֻהוּ ,וַיִּרְמְסֻהוּ, *suf.* וַיִּרְמְסֵהוּ ,וַיִּרְמְסֻנָה; *imp.* רְמֹס ,רִמְסִי; *pt.* רֹמֵס: pisar, calcar, pisotear, espezinhar; socar, amassar, esmagar (com os pés); atropelar. – NI: תֵּרָמַסְנָה: ser pisado, ser pisoteado (Is 28.3).

רמשׂ QAL: *impf.* תִּרְמֹשׂ; *pt.* רֹ(ו)מֵשׂ, רֹמֶשֶׂת: mover-se (sem rumo e em grande quantidade), pulular, rastejar.

רֶמֶשׂ (*de* רמשׂ) *m.*: *col.* bicharedo miúdo, vermes, répteis.

רֶמֶת *n. l.* (Js 19.21).

רָמֹת *v.* רָמוֹת.

רָמָתִי *gent.* (1 Cr 27.27).

רָמָתַיִם *n. l.* (1 Sm 1.1).

רָמַת לֶחִי *n. l.* (Jz 15.17).

רָמַת הַמִּצְפֶּה *n. l.* (Js 13.26).

רֹן* (*de* רנן) *pl. cs.* רָנֵּי (Sl 32.7): רָנֵּי פַלֵּט cantos de libertação?; *prov. ditogr.*

רנה QAL: *impf.* תִּרְנֶה: chocalhar (Jó 39.23).

I רִנָּה (*de* רנן) *f.*, *suf.* רִנָּתִי ,רִנָּתָם: berro, grito; grito de júbilo; grito suplicante, clamor, gemido.

II רִנָּה *n. m.* (1 Cr 4.20).

רנן QAL: *impf.* יָרֹנּוּ ,תָּרֹן ,יָרוּן; *imp.* רָנִּי ,רֹנּוּ ,רָנּוּ; *inf.* רָן־: berrar, gritar; gritar de júbilo, jubilar, gritar de alegria; lamuriar-se. – PI: *pf.* רִנְּנוּ; *impf.* תְּרַנֵּנָּה ,יְרַנֵּנִי ,יְרַנְּנוּ ,אֲרַנֵּן ,תְּרַנֵּן, נְרַנְּנָה; *imp.* רַנְּנוּ; *inf.* רַנֵּן: gritar de júbilo, gritar de alegria, jubilar, exultar; proclamar com júbilo, aclamar. – PU: *impf.* יְרֻנַּן: jubilar-se (Is 16.10). – HI: *impf.* תַּרְנִין, אַרְנִן, *imp.* הַרְנִינוּ: fazer gritar de júbilo, fazer jubilar; entoar o júbilo; aclamar. – HIT: *v.* רון.

רְנָנָה (*de* רנן) *f.*, *cs.* רִנְנַת, *pl.* רְנָנוֹת: grito de alegria, grito de júbilo.

רְנָנִים (*de* רנן) *f.*: avestruzes (fêmeas) (Jó 39.13).

רִסָּה *n. l.* (Nm 33.21).

I רָסִיס* (*de* רסס) *pl. cs.* רְסִיסֵי: gota (Ct 5.2).

II רָסִיס* *pl.* רְסִיסִים: escombro, destroço (Am 6.11).

I רֶסֶן *m.*, *suf.* רִסְנוֹ: freio.

II רֶסֶן *n. l.* (Gn 10.12).

רסס QAL: *inf.* רֹס: umedecer, borrifar (Ez 46.14).

רַע ,רָע (*de* I רעע) *f.* רָעָה, *pl.* רָעִים, *cs.* רָעֵי, *f.* רָעוֹת: 1) *adj.*: ruim, de má qualidade; feio; mau; malvado, perverso; sem valor, desprezível; maligno, nocivo; desagradável, indesejável; funesto, nefasto; aborrecido, mal-humorado. 2) *s.:* mal, desgraça.

I רֵעַ (*de* רוע) *suf.* רֵעוֹ, רֵעֹה: gritaria, berreiro; estrondo.

II רֵעַ (*de* II רעה) *m., suf.* רֵעוֹ, רֵעֵהוּ, רֵעָהּ, רֵעֲךָ, רֵעֶךָ, רֵיעֲכֶם, *pl.* רֵעִים, *cs.* רֵעֵי, *suf.* רֵעֶיךָ, רֵעַיִךְ, רֵעֶיהָ, רֵעֵהוּ *e* רֵעָיו, רֵעֵיהֶם, רֵעָי: companheiro, camarada, colega, amigo; *a pessoa com que a gente se encontra casual e temporariamente ou, então, com que a gente se relaciona por vizinhança ou por qualquer outro motivo:* vizinho, o outro, (o) próximo; *muito freqüente em expressões de reciprocidade:* אִישׁ...רֵעֵהוּ um... o outro.

III רֵעַ *suf.* רֵעִי, *pl. suf.* רֵעֶיךָ: intenção, pensamento (com que a mente se está ocupando) (Sl 139.2,17).

רֹעַ (*de* I רעע) ruindade, má qualidade; feiúra; mau humor; maldade, perversidade, malícia.

רעב QAL: *pf.* רָעֵב; *impf.* יִרְעַב/עָב: ter fome, passar fome, estar faminto, sofrer fome. – HI: *impf.* יַרְעִיב, יַרְעִיבֶךָ: deixar (alguém) ter fome (Dt 8.3; Pv 10.3).

רָעָב (*de* רעב) *suf.* רְעָבָם: fome.

רָעֵב (*de* רעב) *adj., f.* רְעֵבָה, *pl.* רְעֵבִים: faminto.

רְעָבוֹן (*de* רעב) *cs.* רַעֲבוֹן: fome.

רעד QAL: *impf.* וַתִּרְעָד: tremer, estremecer (*intr.*) (Sl 104.32). – HI: *pt.* מַרְעִיד, מַרְעִידִים: tremendo, trêmulo (Dn 10.11; Ed 10.9).

רַעַד (*de* רעד) *m., i. p.* רָעַד: tremor (Êx 15.15; Sl 55.6).

רְעָדָה (*de* רעד) *f.:* tremor.

I רעה QAL: רָעָה, רָעוּ, *suf.* רְעִיתִים, רָעוּם; *impf.* יִרְעֶה, יִרְעֶ, וָאֶרְעֶה; יִרְעוּ, יִרְעֶנָּה, *suf.* יִרְעֵם, יִרְעוּךָ, וַתִּרְעֶינָה; *imp.* רְעֵה, רְעִי, רְעוּ, *suf.* רְעֵם; *inf.* רְעוֹת, *suf.* רְעֹתוֹ; *pt.* רֹ(ו)עֶה, *cs.* רֹעֵה, *f.* רֹעָה, *suf.* רֹעִי, *pl.* רֹעִים, *cs.* רוֹעֵי, *suf.* רֹעֶיךָ, רֹעַי, רֹעֵיהֶם, *f.* רֹעוֹת: pastar, pascer (*intr.*) (*suj.: gado*); apascentar; pastorear (*obj.: gado*); tomar conta do rebanho; *fig.* guiar, liderar; *pt.* pastor(a); *fig.* guia, líder. – HI: *impf. suf.* וַיִּרְעֵם: apascentar (Sl 78.72).

II רעה QAL: *pt.* רֹעֶה: conviver (com), relacionar-se (com). – PI: *pf.* רֵעָה: ser paraninfo (Jz 14.20). – HIT: *impf.* תִּתְרַע: fazer amizade (Pv 22.24).

רָעָה (*de* I רעע) *s.f., cs.* רָעַת, *suf.* רָעָתִי, רָעָתֵךְ, רָעָתְכִי, רָעַתְכֶם; *pl.* רָע(ו)ת, *suf.* רָע(ו)תֵיכֶם: mal; maldade, perversidade; crime; desgraça, desdita.

רֵעֶה (*de* II רעה) *cs.* =, *sg. suf.* רֵעֶיךָ: companheiro, amigo.

רֵעָה* (*de* רֵעֶה) *f., pl. suf.* רֵעוֹתֶיהָ, רֵעֹתָי (*de Q* רֵעוֹתָי): companheira, amiga.

רֹעָה (*de* II רעע) Is 24.19 *prov. inf. abs. qal de* II רעע(= רֹעַ); Pv 25.19 *talvez pt. qal de* II רעע(*contraído de* רֹעֲעָה) *com significado intr.* (dente) que (se) está quebrando.

רְעוּ *n. m.* (Gn 11.18).

רְעוּאֵל *n. m.* (Gn 36.4).

I רְעוּת* (*de* II רעה) *f., suf.* רְעוּתָהּ: vizinha, companheira; *em expressões de reciprocidade:* a outra.

II רְעוּת (o) ambicionar, (o) esforçar-se.

רְעִי (*de* I רעה) pastagem (1 Rs 5.3).

רֵעִי *n. m.* (1 Rs 1.8).

רַעְיָה* (*de* II רעה) *f., suf.* רַעְיָתִי: companheira, amada.

רֵעְיָה* (*de* II רעה) *f., pl. suf.* רֵעֹיתָי (Jz 11.37): *v.* רֵעָה*.

רַעְיוֹן (o) esforçar-se, (o) anelar, (o) ambicionar.

רעל HO: *pf.* הָרְעָלוּ: ser feito vibrar (Na 2.4).

רַעַל (*de* רעל) tontura (Zc 12.2).

רְעָלָה* (*de* רעל) *pl.* רְעָלוֹת: véu (Is 3.19).

רְעֵלָיָה *n. m.* (Ed 2.2).

I רעם QAL: *impf.* יִרְעַם: rugir, bramar (*suj.*: mar). – HI: *pf.* הִרְעִים; *impf.* יַרְעֵם: fazer trovejar, fazer retumbar; trovejar.

II רעם QAL: *pf.* רָעֲמוּ: estar perturbado, estar confuso (Ez 27.35). – HI: *inf. suf.* הַרְּעִימָהּ (*de* הַרְעִימָהּ): irritar?; mostrar-se transtornado? (1 Sm 1.6).

רַעַם (*de* I רעם) *suf.* רַעַמְךָ: trovão; bramido, gritaria, algazarra.

רַעְמָא *v.* II רַעְמָה.

I רַעְמָה crina (Jó 39.19).

II רַעְמָה *tb.* רַעְמָא *n. m.*; *n. p.* (Gn 10.7; Ez 27.22).

רַעַמְיָה *n. m.* (Ed 2.2).

רַעְמְסֵס *tb.* רַעַמְסֵס *n. l.* (Êx 1.11).

רען PALEL: *pf.* רַעֲנָנָה: ser viçoso, vicejar (Jó 15.32).

רַעֲנָן (*de* רען) *adj.*, *f.* רַעֲנָנָה, *pl.* רַעֲנַנִּים: viçoso, exuberante; cheio de folhas, verdejante, verde; fresco.

I רעע QAL: *pf.* רָעוּ ,וְרָעָה ,רָע ,רַע; *impf.* יֵרַע ,וַיֵּרַע ,יֵרְעוּ; *imp.* רֹעוּ; *inf.* רֹעַ: ser ruim, ser imprestável; ser feio; ser mau, ser desagradável, desagradar; suceder mal; ser mau, ser nocivo, ser perigoso; estar mal-humorado, estar aborrecido, estar triste; ser invejoso, ser mesquinho. – NI: *impf.* יֵרוֹעַ: ir mal (Pv 11.15; 13.20). – HI: *pf.* הֵרַע ,הֲרֵעוֹתָ, הֲרֵעֹתָה ,הֲרֵעֹתִי ,הֵרֵעוּ ,הֲרֵעֹתֶם; *impf.* יָרֵעַ ,וַיָּרַע ,אָרַע ,תְּ/יָרֵעוּ ,נָרַע; *inf.* הָרַע, *i. p.* הָרֵעַ, *abs.* הָרֵעַ; *pt.* מֵרַע, *pl.* מְרֵעִים: fazer mal (a alguém), agir mal, praticar o mal; causar dano ou prejuízo (a alguém), prejudicar; tratar (alguém) mal, maltratar; fazer sobrevir o mal; *pt.* malfeitor.

II רעע QAL: *pf.* רָעוּ; *impf.* יָרֹעַ, *suf.* תְּרֹעֵם: quebrar, despedaçar, destruir. – HITPOLEL: *pf.* הִתְרֹעֲעָה; *inf.* הִתְרֹעֵעַ: despedaçar-se, rebentar (*intr.*); destruir-se mutuamente.

רעף QAL: *impf.* יִרְעֲפוּן ,יִרְעֲפוּ: destilar, gotejar. – HI: *imp.* הַרְעִיפוּ: fazer gotejar, fazer destilar (Is 45.8).

רעץ QAL: *impf.* תִּרְעַץ ,וַיִּרְעֲצוּ: derrotar (Êx 15.6; Jz 10.8).

I רעשׁ QAL: *pf.* רָעֲשָׁה ,רָעֲשָׁה ,רָעֲשׁוּ; *impf.* תִּרְעַשׁ ,וַיִּרְעֲשׁוּ ,תִּרְעַשְׁנָה; *pt. pl.* רֹעֲשִׁים: tremer, estremecer (*intr.*), sacudir-se, abalar-se. – NI: *pf.* נִרְעֲשָׁה: tremer, estremecer (*intr.*) (Jr 50.46). – HI: *pf.* הִרְעַשְׁתָּה, הִרְעַשְׁתִּי; *impf. suf.* תַּרְעִישֻׁנוּ; *pt.* מַרְעִישׁ: fazer tremer, estremecer (*tr.*), sacudir, abalar; fazer saltar.

II רעשׁ QAL: *impf.* יִרְעַשׁ: ser abundante (Sl 72.16).

רַעַשׁ (*de* I רעשׁ) *m.*, *i. p.* רָעַשׁ: tremor, abalo, terremoto; fragor, estrondo, (o)retumbar; barulho, ruído, estrépito, sibilo; tumulto.

I רפא QAL: *pf.* רָפָא, *suf.* רְפָאָם ,רְפָתִיו; *impf.* יִרְפָּא ,אֶרְפָּא ,אֶרְפֶּה ,תִּרְפֶּינָה, *suf.* אֶרְפָּאֵהוּ ,וַתִּרְפָּאֵנִי; *imp.* רְפָא ,רְפָה, רְפָאָה, *suf.* רְפָאֵנִי; *inf.* לִרְפֹּא, *suf.* רָפְאִי, *abs.* רָפוֹא; *pt.* רֹפֵא ,רוֹפֵא, *suf.* רֹפְאֶךָ, *pl.* רֹפְאִים: curar (*c. dat. e ac.*); *pt.* curandeiro, médico. – NI: נִרְפָּא ,נִרְפְּתָה ,נִרְפְּאוּ; *impf.* אֵרָפֵא, וַיֵּרָפְאוּ *e* וַיֵּרָפוּ; *inf.* הֵרָפֵא *e* הֵרָפֵה: ser curado, ficar sarado, sarar (*intr.*), ficar são; tornar-se salubre (água); ser restaurado. – PI: *pf.* רִפֵּאתִי ,רִפֵּאנוּ ,רִפֵּאתֶם; *impf.* יְרַפֵּא,

וַיְרַפּוּ, וַיְרַפְּאוּ; *inf.* רַפֵּא, *abs.* רַפֹּא: tornar salubre, tornar potável (*c. dat.:* água); curar; restaurar; pagar pela cura. – HIT: *inf.* הִתְרַפֵּא: curar-se, tratar-se.

רפא II PI: *v.* I רפה.

רָפָא *n. m.* (1 Cr 4.12; בֵּית ר׳ *n. l.?*).

רִפְאוּת (*de* רפא) *f.:* cura (Pv 3.8).

רְפָאִים I sombras, espíritos (de mortos).

רְפָאִים II *n. p.* (Gn 15.20).

רְפָאֵל *n. m.* (1 Cr 26.7).

רפד QAL: *impf.* יִרְפַּד: estirar-se (Jó 41.22). – PI: *pf.* רִפַּדְתִּי; *imp. suf.* רַפְּדוּנִי: sustentar, reanimar (Ct 2.5).

רפה I QAL: *pf.* רָפָה, רָפְתָה, רָפוּ; *impf.* יִרְפֶּה, וַיִּרֶף, יִרְפּוּ, תִּרְפֶּינָה: declinar, deixar de, afastar-se de; ficar frouxo, afrouxar-se, desfalecer, desanimar, decair; desmoronar. – NI: *pt. pl.* נִרְפִּים: inativo, ocioso (Êx 5.8,17). – PI: *pf.* רִפָּה; *impf.* תְּרַפֶּינָה; *pt.* מְרַפֵּא, *pl.* מְרַפִּים: tornar frouxo, afrouxar (*tr.*); abaixar (*tr.*); desanimar, desencorajar. – HI: *impf.* תֶּרֶף, *suf.* יַרְפְּךָ, תַּרְפֵּנִי, אַרְפֶּנּוּ; *imp.* הֶרֶף, הַרְפֵּה, הַרְפּוּ: declinar, deixar; abandonar; largar, soltar; cessar, parar; dar tempo a, dar trégua a; abaixar. – HIT: *pf.* הִתְרַפִּיתָ; *pt.* מִתְרַפֶּה, מִתְרַפִּים: mostrar-se negligente / preguiçoso; estar desanimado, estar desencorajado.

רפה II *v.* I רפא.

רָפֶה (*de* רפה) *adj.*, *cs.* רְפֵי, *pl. f.* רָפוֹת: frouxo, fraco, abatido, desanimado; medroso.

רָפָה *n. m.* (1 Cr 8.37); *c. art. tb. n. m.* (2 Sm 21.16).

רָפוּא *n. m.* (Nm 13.9).

רְפוּאָה* (*de* רפא) *pl.* רְפֻאוֹת: cura.

רִפוֹת *v.* רִיפוֹת.

רֶפַח *n. m.* (1 Cr 7.25).

רְפִידָה* (*de* רפד) *suf.* רְפִידָתוֹ: encosto (de liteira)? (Ct 3.10).

רְפִידִים *n. l.* (Êx 17.1).

רְפָיָה *n. m.* (Ne 3.9).

רִפְיוֹן (*de* רפה) *cs.* רִפְיוֹן: frouxidão, abatimento, desânimo (Jr 47.3).

רפס *v.* רפשׂ.

רַפְסֹדוֹת *pl.:* balsas, jangadas (2 Cr 2.15).

רפף POAL: *impf.* יְרוֹפָפוּ: tremer, estremecer (*intr.*), vacilar (*intr.*) (Jó 26.11).

רפק HIT: *pt. f.* מִתְרַפֶּקֶת: apoiar-se (Ct 8.5).

רפס, רפשׂ QAL: *impf.* תִּרְפֹּס, תִּרְפְּשׂוּן: enlamear, turvar (Ez 32.2; 34.18). – NI: *pt.* נִרְפָּשׂ: turvado, enlameado (Pv 25.26). – HIT: *imp.* הִתְרַפֵּס; *pt.* מִתְרַפֵּס: pisar, calcar, esmagar (com os pés)?; prostrar-se?; *txt. corr.*? (Sl 68.31; Pv 6.3).

רֶפֶשׁ lama; algas (Is 57.20).

רֶפֶת* *pl.* רְפָתִים: curral, estábulo (Hc 3.17).

רַץ* *pl. cs.* רַצֵּי (Sl 68.31): barra?; *talvez txt. corr.*

רָץ* *pl.* (*aram.*) רָצִין (2 Rs 11.13): *v.* רוץ.

רצא I QAL: *inf. abs.* רָצוֹא (Ez 1.14): *forma paralela* de רוץ correr?; *l.* רוֹץ?; *l.* יָצוֹא?

רצא II *v.* I רצה.

רצד PI: *impf.* תְּרַצְּדוּן: observar com hostilidade (Sl 68.17).

רצה I QAL: *pf.* רָצָה, רָצְתָה, רָצִיתָ, רָצָאתִי, רָצוּ, *suf.* רָצָם, רְצִיתָם; *impf.* יִרְצֶה, וַתִּרֶץ, אֶרֶץ? (*em vez de* אֶרֶץ 2 Sm 3.12?), יִרְצוּ, תִּרְצֶנָה = *K* תִּרְצֶ(י)נָה, *suf.* וַתִּרְצֵנִי, יִרְצֵךָ, וַיִּרְצֵהוּ, אֶרְצֵם; *imp.* רְצֵה; *inf.* רְצוֹת, *suf.* רְצֹתוֹ; *pt.* רוֹצֶה, *suf.* רֹצָם, *pass.* רָצוּי, *cs.* רְצוּי: ter satisfação / prazer / agrado em, comprazer-se com, agradar-se de, gostar de; ser propício / gracioso com, favorecer; apreciar; fazer amizade com; *pt. pass.* favorito, benquisto. – NI: *pf.* נִרְצָה; *impf.* יֵרָצֶה: ser considerado agradável, ser aceito. – PI: *impf.* יְרַצּוּ: buscar o favor de? (Jó 20.10). – HIT: *impf.* יִתְרַצֶּה: tornar-se agradável a (1 Sm 29.4).

II רצה QAL: *pf.* רָצְתָה; *impf.* תִּרְצֶה, תִּרֶץ, יִרְצוּ: pagar, saldar, expiar (culpa); obter a restituição (dos sábados não cumpridos). – NI: *pf.* נִרְצָה: ser pago, ser saldado, ser expiado (Is 40.2). – HI: *pf. 3ª f. sg.* הִרְצָת (*de* הִרְצְתָה): obter a restituição (dos sábados não cumpridos) (Lv 26.34).

רָצוֹן (*de* I רצה) *m., cs.* רְצוֹן, *suf.* רְצֹ(וֹ)נוֹ: favor, benevolência, graça; agrado; desejo, vontade; bel-prazer; o que é agradável; acordo.

רצח QAL: *pf.* רָצַח, רָצַחְתָּ, *suf.* רְצָחוֹ; *impf.* תִּרְצַח/צָח; *inf. abs.* רָצֹחַ; *pt.* רֹ(וֹ)צֵחַ: matar; *pt.* homicida. – NI: *impf.* אֵרָצֵחַ; *pt. f.* נִרְצָחָה: ser morto (Jz 20.4; Pv 22.13). – PI: *impf.* יְרַצְּחוּ/צֵּחוּ, תְּרָצְּחוּ (?); *pt.* מְרַצֵּחַ, מְרַצְּחִים: assassinar.

רֶצַח (*de* רצח) *tradicionalmente* assassinato, *mas* Sl 42.11 *texto incerto e* Ez 21.27 *l. prov.* בְּצֶרַח.

רִצְיָא *n. m.* (1 Cr 7.39).

רְצִין *n. m.* (2 Rs 15.37).

רָצִין *v.* רוץ.

רצע QAL: *pf.* רָצַע: furar, perfurar (Êx 21.6).

רצף QAL: *pt. pass.* רָצוּף: marchetado (Ct 3.10).

I רֶצֶף* *tb.* רִצְפָּה, *pl.* רְצָפִים: brasa; pedra quente (Is 6.6; 1 Rs 19.6).

II רֶצֶף *n. l.* (2 Rs 19.12).

I רִצְפָּה *v.* I רֶצֶף.

II רִצְפָּה *n. f.* (2 Sm 3.7).

רִצְפָּה *f., cs.* רִצְפַת: pavimento.

רצץ QAL: *pf.* רַצּוֹתִי, רַצּוֹתָנִי; *impf.* וַיָּרָץ, יָרוּץ, תָּרֻץ, (ארוצם *K v.* רוץ); *pt. pl. f.* רֹצְצוֹת, *pass.* רָצוּץ, *cs.* רְצוּץ, *pl.* רְצוּצִים: quebrar, despedaçar; esmagar, oprimir, maltratar. – NI: *pf.* נָרוֹץ; *impf.* תֵּרוֹץ: quebrar-se, romper-se, despedaçar-se (Ez 29.7; Ec 12.6). – HI: *impf.* וַתָּרֶץ: esmagar, esmigalhar (Jz 9.53). – PI: *pf.* רִצַּץ, רִצַּצְתָּ; *impf.* וַיְרַצֵּץ: esmagar, esmigalhar; oprimir, maltratar. – POLEL: *impf.* וַיְרֹצְצוּ: oprimir (Jz 10.8). – HITPOLEL: *impf.* וַיִּתְרֹצְצוּ: empurrar um ao outro (Gn 25.22).

I רַק* *adj., pl. f.* רַקּוֹת: magro.

II רַק *adv.:* somente, apenas, exclusivamente; הֲרַק אַךְ realmente apenas?; רַק אֵין דָּבָר não há nada além disso; רַק אִם se somente.

רֵק *v.* רֵיק.

רֹק (*de* רקק) *suf.* רֻקִּי: saliva, cuspo.

רקב QAL: *impf.* יִרְקַב/קָב: apodrecer (*intr.*) (Is 40.20; Pv 10.7).

רָקָב (*de* רקב) *m., cs.* רְקַב: podridão, cárie.

רִקָּבוֹן (*de* רקב) podridão (Jó 41.19).

רקד QAL: *pf.* רָקְדוּ; *inf.* רְקוֹד: saltitar (Sl 114.4; Ec 3.4). – PI: *impf.* יְרַקֵּדוּ, יְרַקֵּדוּן; *pt.* מְרַקֵּד, *f.* מְרַקֵּדָה: saltar, saltitar, dançar. – HI: *impf. suf.* וַיַּרְקִידֵם: fazer saltitar (Sl 29.6).

רַקָּה* *suf.* רַקָּתֵךְ, רַקָּתוֹ: têmpora, fontes.

רַקּוֹן *c. art.* הָרַקּוֹן: *n. l.* (Js 19.46).

רקח QAL: *impf.* יִרְקַח; *pt.* רֹ(וֹ)קֵחַ, *pl. cs.* רֹקְחֵי: misturar (essências aromáticas), preparar (perfumes, óleos, pomadas). – PU: *pt. pl.* מְרֻקָּחִים: (ungüentos) misturados, preparados (2 Cr 16.14). – HI:

imp. הַרְקַח Ez 24.10: *significado incerto*; cozer?; misturar? *l.* הַמְּרָק הָרֵק?

רֶקַח (*de* רקח) essência aromática (misturada ao vinho) (Ct 8.2).

רֹקַח (*de* רקח) especiaria, essência, aroma, perfume (Êx 30.25, 35).

רַקָּח★ (*de* רקח) *pl.* רַקָּחִים, *f.* רַקָּחוֹת: misturador de essências aromáticas, preparador de perfumes, perfumista (1 Sm 8.13; Ne 3.8).

רִקֻּחַ★ (*de* רקח) *pl. suf.* רִקֻּחַיִךְ: ungüento (Is 57.9).

רָקִיעַ (*de* רקע) *m., cs.* רְקִיעַ: chapa (de metal achatada pelo martelo), firmamento (abóbada celeste entendida como algo sólido).

רָקִיק *m., cs.* רְקִיק, *pl. cs.* רְקִיקֵי: espécie de pão ou torta delgada, obreia.

רקם QAL: *pt.* רֹקֵם: o que tece com fios de várias cores, tecelão de pano matizado, matizador. – PU: *pf.* רֻקַּמְתִּי: ser tecido (*dito da formação do embrião* (Sl 139.15).

I רֶקֶם *i. p.* רָקֶם: *n. m.* (Nm 31.8).

II רֶקֶם *n. l.* (Js 11.27).

רִקְמָה (*de* רקם) *suf.* רִקְמָתֵךְ, *pl.* רְקָמוֹת, *du.* רִקְמָתַיִם: tecido matizado, roupa multicor; policromia.

רקע QAL: *impf. suf.* אֶרְקָעֵם; *imp.* רְקַע; *inf. suf.* רַקְעֲךָ; *pt. cs.* רֹקַע: bater, socar, amassar; estirar, estender. – PI: *impf.* וַיְרַקְּעוּ, *suf.* יְרַקְּעֶנּוּ, וַיְרַקְּעוּם: bater (com martelo), malhar (um metal, estirando-o); revestir. – PU: *pt.* מְרֻקָּע: ser malhado (até o metal tornar-se lâmina), ser laminado (Jr 10.9). – HI: *impf.* תַּרְקִיעַ: bater (metal, achatando-o), estirar, estender (Jó 37.18).

רִקֻּעַ★ (*de* רקע) *pl. cs.* רִקֻּעֵי: batido, achatado (Nm 17.3).

רקק QAL: *impf.* יָרֹק: cuspir (Lv 15.8).

רַקַּת *n. l.* (Js 19.35).

רָשׁ *v.* רוש.

רִשְׁיוֹן autorização (Ed 3.7).

רֵשִׁית *v.* רֵאשִׁית.

רשם QAL: *pt. pass.* רָשׁוּם: registrado (Dn 10.21).

רשע QAL: *pf.* רָשַׁעְתִּי, רָשָׁעְנוּ; *impf.* אֶרְשָׁע, תִּרְשַׁע: ser culpado, tornar-se culpado. – HI: *pf.* הִרְשִׁיעַ, הִרְשַׁעְנוּ, הִרְשִׁיעוּ; *impf.* יַרְשִׁיעַ, יַרְשִׁיעֻן, יַרְשִׁיעוּ, תַּרְשִׁיעִי, *suf.* יַרְשִׁיעֵנִי, יַרְשִׁיעֶנּוּ; *inf.* הַרְשִׁיעַ; *pt.* מַרְשִׁיעַ, *pl. cs.* מַרְשִׁיעֵי: tornar-se culpado; agir culposamente (*ac.* contra), viver / proceder iniquamente; declarar culpado, condenar; deixar (alguém) ser condenado.

רֶשַׁע (*de* רשע) *m., i. p.* רֶשַׁע *e* רָשַׁע, *suf.* רִשְׁעוֹ, *pl.* רְשָׁעִים: mal, delito, transgressão; maldade, perversidade, iniqüidade; injustiça; culpa.

רָשָׁע (*de* רשע) *adj., f.* רְשָׁעָה, *pl.* רְשָׁעִים, *cs.* רִשְׁעֵי: culpado; aquele que está errado; transgressor, ímpio, perverso, iníquo.

רִשְׁעָה (*de* רשע) *f., cs.* רִשְׁעַת, *suf.* רִשְׁעָתוֹ: perversidade, impiedade, iniqüidade, maldade; injustiça; culpa.

רִשְׁעָתַיִם *v.* כּוּשַׁן.

I רֶשֶׁף *m., pl.* רְשָׁפִים, *cs.* רִשְׁפֵּי *e* רִשְׁפֵי, *suf.* רְשָׁפֶיהָ: chama, labareda; peste, epidemia; febre?; relâmpago?

II רֶשֶׁף *n. m.* (1 Cr 7.25).

רשש POLEL: *impf.* יְרֹשֵׁשׁ: destruir (a golpes, demolir, despedaçar (Jr 5.17). – PU: *pf.* רֻשַּׁשְׁנוּ: estar destruído, estar destroçado (Ml 1.4).

רֶשֶׁת (*de* I ירש) *f., i. p.* רָשֶׁת, *suf.* רִשְׁתּוֹ: rede (para apanhar animais e pássaros); espécie de grade (em forma de rede).

רַתּוֹק (*de* רתק) *pl.* רַתּוּקוֹת *Q* (*K* רתיקת): corrente?, cadeia? (1 Rs 6.21); Ez 7.23 *prov. txt. corr.*

רתח PI: *imp.* רַתַּח: deixar ferver, fazer ferver (Ez 24.5). – PU: *pf.* רֻתְּחוּ: ferver (*intr.*) (Jó 30.27). – HI: *impf.* יַרְתִּיחַ: deixar ferver, fazer ferver (Jó 41.23).

רֶתַח (*de* רתח) *pl. suf.* רְתָחֶיהָ: fervura; *senão l.* נְתָחֶיהָ (Ez 24.5).

רַתִּיקוֹת *v.* רַתּוֹק.

רתם QAL: *imp.* רְתֹם: atrelar? (Mq 1.13).

רֹתֶם *m.* (*e f.*), *pl.* רְתָמִים: *bot.* giesta, junípero.

רִתְמָה *n. l.* (Nm 33.18).

רתק NI: *impf.* יֵרָתֵק *Q*: *l.* יִנָּתֵק (Ec 12.6). – PU: *pf.* רֻתְּקוּ: estar acorrentado, estar preso (Na 3.10).

רְתֻקוֹת (*de* רתק) correntes, grilhões (Is 40.19).

רְתֵת *m.*: terror, tremor (Os 13.1).

שׁ

שׂ שִׂין: vigésima primeira letra do alfabeto; *como num.* = 300.

שְׂאֹר *m.*: levedura.

שְׂאֵת I (*de* נשׂא) *f.*, *suf.* שְׂאֵתוֹ > שֵׂתוֹ Jó 41.17: o ato de erguer-se; dignidade; exaltação.

שְׂאֵת II (*de* נשׂא) *f.*: inchaço; mancha.

שָׂב *v.* שׂיב.

שְׂבָכָה *f.*, *pl.* שְׂבָכִים *e* שְׂבָכוֹת: rede; grelha, grade.

שְׂבָם *n. l.* (Nm 32.3).

שִׂבְמָה *n. l.* (Nm 32.3).

שׂבע QAL: *pf.* שָׂבֵעַ, שָׂבְעָה, שָׂבַעְתָּ, שָׂבָעַתְּ (שָׂבַעַתְּ *ou* שָׂבָעַתְּ), שָׂבֵעוּ, שְׂבַעְתֶּם, שָׂבָעְנוּ; *impf.* יִשְׂבַּע, תִּשְׂבַּע, אֶשְׂבְּעָה, יִשְׂבְּעוּ, יִשְׂבְּעוּן, תִּשְׂבַּעְנָה, *suf.* יִשְׂבָּעֶךָ, תִּשְׂבָּעֶנּוּ; *imp.* שְׂבַע; *inf.* לִשְׂבֹּעַ, שָׂבְעָתֵךְ, שָׂבוֹעַ: fartar-se, saciar-se, ter o suficiente para comer / beber, saciar a fome de alguém, estar satisfeito. – NI: *pt.* נִשְׂבָּע: satisfeito, saciado (Jó 31.31). – PI: *impf.* יְשַׂבְּעוּ; *imp.* שַׂבְּעֵנוּ: satisfazer, dar o suficiente. – HI: *pf.* הִשְׂבִּיעַ, הִשְׂבַּעַתְּ (בַּעַת־ *ou* בַּעְתְּ־) Ez 27.33, הִשְׂבַּעְתִּי, הִשְׂבִּיעַנִי; *impf.* תַּשְׂבִּיעַ, יַשְׂבִּיעֵנִי, יַשְׂבִּיעֵם, אַשְׂבִּיעֵהוּ, אַשְׂבִּיעֵךְ; *suf.* הַשְׂבִּיעַ; *pt.* מַשְׂבִּיעַ: saciar, encher, satisfazer.

שָׂבָע (*de* שׂבע) *m.*: saciedade, fartura.

שֹׂבַע (*de* שׂבע) *m.*, *suf.* שָׂבְעָה, שָׂבְעֲךָ: saciedade, fartura, suficiência.

שָׂבֵעַ (*de* שׂבע) *adj.*, *cs.* שְׂבַע, *f.* שְׂבֵעָה; *pl.* שְׂבֵעִים: saciado, cheio, satisfeito, saturado.

שָׂבְעָה (*de* שׂבע) *f.*, *suf.* שָׂבְעָתֵךְ: saciedade, fartura.

שִׂבְעָה* (*de* שׂבע) *f.*, *cs.* שִׂבְעַת: saciedade, fartura (Ez 16.49).

שׂבר QAL: *pt.* שֹׂבֵר: *c.* בְּ: examinar, inspecionar (Ne 2.13,15). – PI: *pf.* שִׂבַּרְתִּי, שִׂבְּרוּ; *impf.* יְשַׂבֵּרוּ, יְשַׂבֵּרוּן, תְּשַׂבֵּרְנָה: esperar, aguardar; *c.* לְ: esperar por.

שֵׂבֶר* (*de* שׂבר) *m.*, *suf.* שִׂבְרוֹ: esperança (Sl 119.116; 146.5).

שׂגא QAL: *impf.* יִשְׂגֶּא: crescer (Jó 8.11). – HI: *impf.* תַּשְׂגִּיא; *pt.* מַשְׂגִּיא: exaltar, magnificar; *c.* לְ: tornar grande (Jó 12.23).

שׂגב QAL: *pf.* שָׂגְבָה, שָׂגְבוּ: *c.* מִן: ser muito alto, ser fortificado demais (Dt 2.36); ter grande sucesso (Jó 5.11). – NI: *pf.* נִשְׂגַּב, נִשְׂגָּב, נִשְׂגְּבָה;

pt. נִשְׂגָּבָה, נִשְׂגָּב: ser alto, ser inacessível; ser exaltado; ser inatingível; estar alto, estar seguro. – PI: *impf.* יְשַׂגֶּבְךָ, וַיְשַׂגֵּב, אֲשַׂגְּבֵהוּ, תְּשַׂגְּבֵנִי: fazer alto, fazer inacessível (proteger); *c.* עַל: engrandecer. – PU: *impf.* יְשֻׂגָּב: ser protegido (Pv 29.25). – HI: *impf.* יַשְׂגִּיב: mostrar-se grande (Jó 36.22).

שׂגה QAL: *impf.* יִשְׂגֶּה: tornar-se grande. – HI: *pf.* הִשְׂגּוּ: fazer grande.

שְׂגוּב *n. m.* (1 Cr 2.21,22).

שַׂגִּיא (*de* שגא) *adj:* excelso (Jó 36.26; 37.23).

שְׂגִיב 1 Rs 16.34 *K v.* שְׂגוּב.

שַׂגְשֵׂג Is 17.11: *v.* II שׂוג.

שׂדד PI: *impf.* יְשַׂדֵּד, יְשַׂדֶּד־: abrir sulco de divisa, (*outros:* gradar).

שָׂדֶה *m., cs.* שְׂדֵה *e* שְׂדֵי, *suf.* שָׂדֵהוּ, שָׂדְךָ, שָׂדֶךָ, שָׂדִי; *pl.* שָׂד(וֹ)ת, *cs.* שְׂדוֹת, *suf.* שְׂדוֹתֵינוּ, שְׂדוֹתֵיהֶם, שְׂדֹתָם, שְׂדֹתֶיהָ, *e cs. pl.* (*= sing.!*) שְׂדֵי, *suf.* שָׂדֵינוּ (*sing.?*) Mq 2.4: campo, campina; campos; domínio; lote (terra arável).

שָׂדַי *forma arcaica de* שָׂדֶה: *v. p.* שָׂדָי, *cs.* שְׂדֵי *v.* שָׂדֶה: campina, campo.

שִׂדִּים *n. l.* (Gn 14.3).

שְׂדֵרָה* *pl.* שְׂדֵר(וֹ)ת: *t. t. arquit. inexplicável:* tabuado?

שֶׂה *m., cs.* שֵׂה, *suf.* שֵׂיֵהוּ *e* שֵׂיוֹ: cordeiro *ou* cabrito.

שָׂהֵד *suf.* שָׂהֲדִי: testemunha (Jó 16.19).

שָׂהֲדוּתָא Gn 31.47: *v. aram.* שָׂהֲדוּ.

שַׂהֲרֹנִים pequenas luas (*adornos*).

שׂוֹא *v.* נשׂא.

שׂוֹבֶךְ (*de* שׂבך): emaranhado de ramos (2 Sm 18.9).

I שׂוג *v.* I סוג NI *e* HI.

II שׂוג = II סוג?: PILPEL: *impf.* תְּשַׂגְשֵׂגִי: cercar? crescer? (Is 17.11).

שׂוח QAL: *inf.* לָשׂוּחַ: *inexplicado; traduções são apenas suposições* (Gn 24.63).

שׂוט QAL: *pt. pl. cs.* שָׂטֵי: *c.* כָּזָב: enredar-se em falsidade (Sl 40.5). – *cj.* PILPEL: *impf.* יְשֹׂטְטוּ: apostatar (*cj.* Dn 12.4).

שׂוּךְ QAL: *pf.* שַׂכְתָּ; *pt.* שָׂךְ: cercar, encerrar (Os 2.8; Jó 1.10).

שׂוֹךְ* *suf.* שׂוֹכֹה, *l. e v.* שׂוֹכָה *ou* שׂוֹכָתוֹ (Jz 9.49).

שׂוֹכָה* (*de* שׂוּךְ) *f., cs.* שׂוֹכַת: arbusto (Jz 9.48, *cj.* 49).

שׂוֹכֹה *tb.* שֹׂכֹה *e* שׂוֹכוֹ: *n. l.* (1 Cr 4.18).

שׂוֹכָתִי* *gent. de n. loc. desconhecido* שׂוֹכָה*; *pl.* שׂוֹכָתִים (1 Cr 2.55).

שׂוּם *v.* שׂים.

שׂור QAL: *impf.* וַיָּשַׂר *l.* וַיִּשַׂר (*de* שׂרה) Os 12.5, *l.* וַיָּשֶׂם (*como* 2 Sm 12.31) 1 Cr 20.3; *inf.* שׂוּרִי = סוּרִי (*de* סור) Os 9.12). – HI: *pf.* הֵשִׂירוּ Os 8.4 *v.* שׂרר.

שׂוֹרָה *f.*: leira? (Is 28.25).

I שׂוֹרֵק *n. l.* (Jz 16.4).

II שׂוֹרֵק *v.* שֹׂרֵק.

שׂושׂ *e* שׂישׂ: QAL: *pf.* שָׂשׂוּ, שַׂשְׂתִּי, שָׂשׂ; *impf.* יְשֻׂשׂוּם, יָשִׂישׂוּ, יָשִׂישׂ Is 35.1, נָשִׂישׂ; *imp.* שִׂישִׂי, שִׂישׂוּ; *inf. cs.* שׂוּשׂ, *abs.* שׂוֹשׂ; *pt.* שָׂשׂ: regozijar-se.

שֵׂחַ* *suf.* שֵׂחוֹ [מָה־] *geral:* seus pensamentos; *outros: txt. corr.* (Am 4.13).

שׂחה QAL: *inf.* שְׂחוֹת; *pt.* שׂוֹחֶה: nadar (Is 25.11). – HI: *impf.* אַשְׂחֶה: inundar (Sl 6.7).

שָׂחוּ (*de* שׂחה): nadar = *águas profundas e suficientes para se nadar* (Ez 47.5).

שְׂחוֹק (*de* שׂחק): riso; prazer; escárnio, ludíbrio, zombaria.

שׂחט QAL: *impf.* וָאֶשְׂחַט: espremer (Gn 40.11).

שָׂחִיף *cs.* שְׂחִיף: *sentido obscuro; sugestão:* espécie de madeira (Ez 41.16).

שחק QAL: *pf.* שָׂחַק, שָׂחֲקוּ; *impf.* יִשְׂחַק, יִשְׂחָקוּ, יִשְׂחָק; *inf.* שְׂחוֹק: brincar; agir de maneira desajeitada; rir; sorrir. – PI: *pf.* שִׂחַקְתִּי; *impf.* וַיְשַׂחֵק־, וַיְשַׂחֲקוּ; *inf.* שַׂחֵק־; *pt.* מְשַׂחֵק, מְשַׂחֲקוֹת, מְשַׂחֲקִים, מְשַׂחֶקֶת: estar alegre, estar contente; gracejar; brincar; divertir, entreter; dançar; realizar um torneio; realizar um combate. – HI: *pt.* מַשְׂחִיקִים: *c.* עַל: fazer troça. (2 Cr 30.10).

שַׁחַת *cj.* Jó 9.31: *v.* סוּחָה.

שֵׂט* *pl.* שֵׂטִים: *l.* נחל הַשִּׁטִּים (Os 5.2).

שׂטה QAL: *pf.* שָׂטִית; *impf.* יֵשְׂטְ, תִשְׂטֶה; *imp.* שְׂטֵה: *c.* תַּחַת: desviar-se, separar-se; *c.* אֶל־: afastar-se.

שׂטם QAL: *impf.* יִשְׂטְמֵנִי, יִשְׂטְמֵנוּ, וַיִּשְׂטֹם, תִּשְׂטְמֵנִי: *c. ac. ou* עַל: ter rancor; alimentar animosidade.

שׂטן QAL: *impf.* יִשְׂטְנוּנִי; *inf.* שִׂטְנוֹ; *pt. pl. cs.* שֹׂטְנֵי: ter rancor; alimentar animosidade.

שָׂטָן (*de* שׂטן) *m:* acusador; adversário; הַשָּׂטָן: Satanás.

I שִׂטְנָה (*de* שׂטן) *f.:* acusação (Ed 4.6).

II שִׂטְנָה *n. l.* (Gn 26.21).

שִׂיא* (*de* נשׂא) *m., suf.* שִׂיאוֹ: altura, (presunção) (Jó 20.6).

שִׂיאֹן *n. de monte* (Dt 4.48).

שׂיב QAL: שַׂבְתִּי; *pt.* שָׂב: ser grisalho, ser velho (1 Sm 12.2; Jó 15.10).

שֵׂיב* (*de* שׂיב), *suf.* שֵׂיבוֹ: velhice (1 Rs 14.4).

שֵׂיבָה (*de* שׂיב) *f., cs.* שֵׂיבַת, *suf.* שֵׂיבָתוֹ, שֵׂיבָתֵךְ: velhice.

שִׂיג = סִיג: movimento do intestino (1 Rs 18.27).

שׂיד QAL: *pf.* שַׂדְתָּ: caiar (Dt 27.2,4).

שִׂיד cal.

שֵׂיהוּ, שֵׂיו: שֵׂיו: *v.* שֶׂה.

שׂיח QAL: *impf.* יָשִׂיחַ, אָשִׂיחָה, יָשִׂיחוּ, תְּשִׂיחֶךָ; *imp.* שִׂיחַ, שִׂיחוּ; *inf.* שִׂיחַ: estar preocupado c. algo; ocupar-se; lamentar; falar. – PILPEL: *impf.* אֲשׂוֹחֵחַ, יְשׂוֹחֵחַ: ocupar-se; considerar (Is 53.8; Sl 143.5).

I שִׂיחַ *pl.* שִׂיחִים: arbusto.

II שִׂיחַ (*de* שׂיח), *suf.* שִׂיחוֹ: preocupação, objeto de interesse > palavrório.

שִׂיחָה (*de* שׂיח) *f., suf.* שִׂיחָתִי: ocupação, preocupação.

I שׂים QAL: *pf.* שָׂם, שָׂמָה, שַׂמְתָּ, שַׂמְתֶּם, *suf.* שָׂמַתְנִי, שָׂמְתָהוּ, שָׂמוֹ > שָׂמָהוּ, שַׂמְתּוֹ, שַׂמְתִּיו, שַׂמְתִּיךָ, שָׂמוּךְ; *impf.* יָשִׂ(י)ם, יָשׂוּם, וַיָּשֶׂם, יָשֵׂם (Êx 4.11), (וְ)תָשִׂימִי, וַאֲשִׂים, וָאָשִׂם, וָאָשֶׂם, Jz 12.3 *l.* וָאָשִׂימָה, יָשִׂימוּ, וַיְשִׂימֵךְ, יְשִׂימְךָ, וַיְשִׂימֵהוּ, וַיְשִׂימֵנִי, *suf.* נְשִׂימָה, יְשִׂימֵם, אֲשִׂימֵךְ, אֲשִׂימֵנוּ, אֲשִׂימְךָ; *imp.* שִׂים, שִׂימָה, שִׂימוּ; *inf. cs.* שׂוּם, שִׂים, *suf.* שׂוּמִי, שׂוּמוֹ, שֻׂמוֹ, שׂוּמוֹ *Q* Is 10.6, *abs.* שׂוֹם; *pt.* שָׂם, שָׂמִים, *pass.* שִׂים Nm 24.21, *f.* שִׂימָה *K* 2 Sm 13.32: pôr, colocar; erigir; depositar; *c.* עַל: atacar; *c.* עַל: impor; nomear; atribuir; fixar; plantar; preservar; ordenar. – HI: *nenhuma forma tida como certa: l.* וְשַׂמְתִּיהוּ Ez 14.8; הָשִׂימִי *ditogr.* Ez 21.21; *l.* שָׂם *em lugar de* מִשִּׂים Jó 4.20. – HO (*ou pass.* QAL): *impf.* וַיּוּשַׂם (*em lugar de* וַיִּישֶׂם Gn 24.33 *e em lugar de* וַיִּישֶׂם 50.26): ser posto / colocado.

II שׂים וְתָשֵׂם Jó 13.27 *e* וַתָּשֶׂם: שׂמם *v.* סמם.

שׂישׂ *v.* שׂושׂ.

שֵׂךְ* *pl.* שִׂכִּים: espinho, lasca (Nm 33.55).

שֹׂךְ* *suf.* שֻׂכּוֹ Lm 2.6: *l.* בְּאֻשׁוֹ; *v. tb.* סֹךְ.

שׂכה *cj.* QAL: *pf.* שָׂכוּ; *c.* לְ: espreitar (Sl 35.12).

שֻׂכָּה* *f., pl.* שֻׂכּוֹת: arpão (Jó 40.31).

שׂכה *n. l.: v.* שׂוֹכֹה.

שֶׂכוּ 1 Sm 19.22: *l.* שְׁפִי.

שֶׂכְוִי galo (Jó 38.36).

שָׂכְיָה *n. m.* (1 Cr 8.10).

שְׂכִיָּה* *f. pl.* שְׂכִיּוֹת: navio (Is 2.16).

שַׂכִּין faca (Pv 23.2).

שָׂכִיר (*de* שׂכר) *cs.* שְׂכִיר, *suf.* שְׂכִירְךָ, *f.* שְׂכִירָה; *pl. suf.* שְׂכִירֶהָ:

1) *adj.* alugado, contratado.
2) *m.* assalariado; jornaleiro.

שׂכך QAL: *pf.* וְשַׂכֹּתִי: bloquear com a mão, cobrir a visão (Êx 33.22). – POLEL: *impf. suf.* תְּשֹׂכְכֵנִי: entrelaçar, entretecer (Jó 10.11).

I שׂכל QAL: *pf.* שָׂכַל: prosperar 1 Sm 18.30 (*l.* מַשְׂכִּיל?). – PI: יְשַׂכֵּל Is 44.25 *v.* סכל. – HI: *pf.* הִשְׂכִּיל, הִשְׂכִּילוּ, הִשְׂכַּלְתִּי; *impf.* תַּשְׂכֵּל, תַּשְׂכִּיל, אַשְׂכִּילְךָ, אַשְׂכִּילָה; *imp.* הַשְׂכִּילוּ; *inf.* הַשְׂכִּילְךָ, הַשְׂכִּיל, *abs.* הַשְׂכֵּ(י)ל; *pt.* מַשְׂכִּ(י)לִים, מַשְׂכֶּלֶת, מַשְׂכִּיל: compreender, ver, ter introvisão, perceber; tornar prudente / perspicaz / inteligente; dar entendimento; ter sucesso; agir com devoção / piedade; mostrar-se devotado / apto.

II שׂכל PI: *pf.* שִׂכֵּל: cruzar (Gn 48.14).

שֶׂכֶל *e* שֵׂכֶל (*de* I שׂכל), *i. p.* שָׂכֶל; *suf.* שִׂכְלוֹ: prudência, compreensão, entendimento, introvisão.

שִׂכְלוּת = סִכְלוּת Ec 1.17.

שׂכר QAL: *pf.* שָׂכַר, *suf.* שְׂכָרוֹ, שְׂכַרְתִּיךָ; *impf.* וַיִּשְׂכֹּר, וַיִּשְׂכְּרֵנִי; *inf.* לִשְׂכֹּר, שָׂכֹר; *pt.* שֹׂכֵר, שֹׂכְרִים = סֹכְרִים Ed 4.5, *pass.* שָׂכוּר: alugar, assalariar, estipendiar. – NI: *pf.* נִשְׂכָּרוּ: alugar-se (1 Sm 2.5). – HIT: *pt.* מִשְׂתַּכֵּר: assalariar-se (Ag 1.6).

I שָׂכָר (*de* שׂכר) *m.*, *cs.* שְׂכַר, *suf.* שְׂכָרוֹ, שְׂכָרֵךְ: salário; galardão, recompensa; passagem; despesa.

II שָׂכָר *n. m.* (1 Cr 11.35).

שֶׂכֶר (*de* שׂכר): salário (Pv 11.18); עֹשֵׂי שֶׂכֶר: assalariados (Is 19.10).

שְׂלָו (*Q* שְׂלָיו) *pl.* שַׂלְוִים: codornizes.

שַׂלְמָא *n. m.* (1 Cr 2.51).

I שַׂלְמָה = שִׂמְלָה: *cs.* שַׂלְמַת, *suf.* שַׂלְמָתוֹ *pl.* שַׂלְמוֹת, *suf.* שַׂלְמֹתֵי, שַׂלְמוֹתֵיכֶם: manta, cobertor.

II שַׂלְמָה *n. m.* (Rt 4.20).

שַׂלְמוֹן *n. m.* (Rt 4.21).

שַׂלְמָי *n. m.* (Ne 7.48).

שְׂמֹאל *e* שְׂמֹאול: *suf.* שְׂמֹאלוֹ, שְׂמֹאלָם, שְׂמֹאלֶךָ: esquerdo; infeliz, desgraçado; em direção norte.

שׂמאל HI: *impf.* תַּשְׂמְאִילוּ, אַשְׂמְאִילָה; *imp.* הַשְׂמְאִילִי; *inf.* הַשְׂמִיל; *pt.* מַשְׂמְאלִים: ir à esquerda; usar a mão esquerda.

שְׂמָאלִי *f.* שְׂמָאלִית: à esquerda; esquerdo.

שׂמח QAL: *pf.* שָׂמַח, שָׂמֵחַ, שָׂמְחָה, שָׂמַחְתִּי, שָׂמְחוּ, שְׂמַחְתֶּם, שָׂמֵחוּ; *impf.* יִשְׂמַח, יִשְׂמְחוּ, אֶשְׂמְחָה, אֶשְׂמַח, תִּשְׂמְחִי, וַתִּשְׂמַח, תִּשְׂמַחְנָה, תִּשְׂמְחָה, נִשְׂמְחָה; *imp.* שְׂמַח, שִׂמְחִי, שִׂמְחוּ, שְׂמָחִי; *inf.* שְׂמ(וֹ)חַ: alegrar-se; estar alegre / contente. – PI: *pf.* שִׂמַּח, שִׂמַּחְתָּ, שִׂמַּחְתִּים, *suf.* שִׂמְּחָהוּ, יְשַׂמְּחֶנָּה, יְשַׂמְּחוּ, יְשַׂמַּח, *impf.* שִׂמְּחוּךָ; *imp.* שַׂמַּח, שַׂמְּחֵנוּ; *inf.* שַׂמֵּחַ; *pt.* מְשַׂמֵּחַ, *pl. cs.* מְשַׂמְּחֵי: alegrar, tornar alguém alegre, permitir que se alegre. – HI: *pf.* הִשְׂמַחְתָּה: fazer alegrar-se (Sl 89.43).

שָׂמֵחַ (*de* שׂמח) *m.*, *f.* שְׂמֵחָה; *pl.* שְׂמֵחִים, *cs.* שִׂמְחֵי *e* שְׂמֵחֵי Is 24.7: repleto de alegria / contentamento.

שִׂמְחָה (*de* שׂמח) *cs.* שִׂמְחַת, *suf.* שִׂמְחָתוֹ; *pl.* שְׂמָח(וֹ)ת: alegria; *c.* עָשָׂה: fazer festa.

שְׂמִיכָה cortina (*que separa o quarto das mulheres na tenda*) (Jz 4.18).

שׂמל* HI: *v.* שׂמאל.

שַׂמְלָה *n. m.* (Gn 36.36).

שִׂמְלָה *cs.* שִׂמְלַת, *suf.* שִׂמְלָתוֹ; *pl.* שְׂמָלוֹת, *suf.* שִׂמְלֹתָיו: capa, manta, cobertor.

שַׂמְלַי *n. m.* (Ed 2.46).

שׂמם HI: *impf.* וַתָּשֶׂם 2 Rs 9.30: *v.* סמם.

שְׂמָמִית geco, lagartixa (Pv 30.28).

שׂנא QAL: *pf.* שָׂנֵא, שָׂנֵאת, שָׂנֵאתִי, שָׂנְאוּ, שְׂנֵאתֶם, *suf.* שְׂנֵאָהּ, שְׂנֵאתִיהָ, שְׂנֵאתַנִי, שְׂנֵאתִים, שְׂנֵאהוּ, שְׂנֵאוּנִי; *impf.* יִשְׂנָא, אֶשְׂנָא, יִשְׂנְאוּ, יִשְׂנָאֲךָ; *imp.* שִׂנְאוּ; *inf.* שְׂנֹא, > שְׂנֹאת Pv 8.13, שְׂנֹא; *pt.* שֹׂנֵא, שׂוֹנֵא, *suf.* שֹׂנְאוֹ, *pl. cs.* שֹׂנְאֵי, *suf.* שֹׂנְאָיו, שֹׂנְאֵינוּ, שֹׂנְאֵיכֶם, *pl. f. suf.* שֹׂנְאֹתַיִךְ, *pass. f.* שְׂנוּאָה: odiar, ser incapaz de tolerar, desprezar; *pt.*: inimigo. – NI: *impf.* יִשָּׂנֵא: ser odiado (Pv 14.20). – PI: *pt. suf.* מְשַׂנְאִי, *pl. cs.* מְשַׂנְאֵי, *suf.* מְשַׂנְאָיו, מְשַׂנְאֶיךָ: inimigo.

שִׂנְאָה (*de* שׂנא) *cs.* שִׂנְאַת, *suf.* שִׂנְאָתוֹ, שִׂנְאָתְךָ Ez 35.11: ódio.

שָׂנִיא* (*de* שׂנא) *m.*, *f.* שְׂנִיאָה: desprezado (Dt 21.15).

שְׂנִיר *n. de montanha* (Dt 3.9).

I שֵׂעָר, שָׂעִיר (*de* I שׂער) *pl. f.* שְׂעִרֹת: cabeludo, hirsuto (Gn 27.11; Dn 8.21).

II שָׂעִיר = I: *cs.* שְׂעִיר; *pl.* שְׂעִירִים, *cs.* שְׂעִירֵי: bode.

III שָׂעִיר = I: *pl.* שְׂעִירִם, שְׂעִירִים: ser cabeludo, demônio (*em forma de bode*).

IV שָׂעִיר* *pl.* שְׂעִירִים: chuvisco (Dt 32.2).

I שֵׂעִיר *n. de montanha* (Gn 14.6).

II שֵׂעִיר = I: *em Judá* (Js 15.10).

III שֵׂעִיר *n. m.* (Gn 36.20).

I שְׂעִירָה *cs.* שְׂעִירַת: cabra (Lv 4.28; 5.6).

II שְׂעִירָה* *loc.* שְׂעִירָתָה: *n. l.* (Js 3.26).

שְׂעִפִּים *suf.* שְׂעִפַּי: pensamentos inquietantes (Jó 4.13; 20.2).

I שׂער QAL: *pf.* שָׂעֲרוּ; *impf.* יִשְׂעֲרוּ; *imp.* שַׂעֲרוּ: horrorizar-se, eriçar-se.

II שׂער QAL: *impf. suf.* יִשְׂעָרֶנּוּ: arrebatar em ventania? (Sl 58.10). – NI: *pf.* נִשְׂעֲרָה: é tempestuoso (*tempo*) (Sl 50.3). – PI: *impf.* וִישָׂעֲרֵהוּ: arrebatar em ventania (Jó 27.21). – HIT: *impf.* יִשְׂתָּעֵר: *c.* עַל: arremeter (Dn 11.40).

III שׂער QAL: *pf.* שְׂעָרוּם: saber acerca de (Dt 32.17).

I שַׂעַר (*de* I שׂער): *i. p.* שָׂעַר: horror, tremor.

II שַׂעַר (*de* II שׂער): tempestade (Is 28.2).

שָׂעִר *v.* שָׂעִיר.

שֵׂעָר (*de* I שׂער) *m.*, *cs.* שַׂעַר *e* שְׂעַר, *suf.* שְׂעָרוֹ, שְׂעָרָה > שְׂעָרָהּ (!) Lv 13.4, שַׂעְרֵךְ *e* שְׂעָרֵךְ Ct 4.1; 6.5: cabelo, pêlo (*col.*).

שַׂעֲרָה (*de* I שׂער) *cs.* שַׂעֲרַת, *suf.* שַׂעֲרָתוֹ: (*um*) cabelo.

שְׂעָרָה (*de* II שׂער) *f.*: tempestade (Na 1.3; Jó 9.17).

שְׂעֹרָה (*de* I שׂער) *pl.* שְׂעֹרִים: cevada.

שְׂעֹרִים *n. m.* (1 Cr 24.8).

שָׂפָה *cs.* שְׂפַת, *suf.* שְׂפָתוֹ; *du.* שְׂפָתַיִם, שְׂפָתָיִם, *cs.* שִׂפְתֵי, *suf.* שְׂפָתָיו, שִׂפְתֵימוֹ, שִׂפְתֵיהֶם, *tb. pl. cs.* שִׂפְתוֹת, *suf.* שִׂפְתוֹתֶיךָ: lábio; linguagem; margem, beira, encosta, praia, orla; bainha; borda.

שׂפח PI: *pf.* שִׂפַּח: fazer tinhoso, cobrir de sarna (Is 3.17).

שָׂפָם (*de* שׂפה) *suf.* שְׂפָמוֹ: bigode.

שִׂפְמוֹת *n. l.* (1 Sm 30.28).

שׂפן QAL: *pt. pass. pl. cs.* שְׂפֻנֵי: encobrir, esconder (Dt 33.19).

I שׂפק QAL: *impf.* יִשְׂפֹּק: *c.* כַּפַּיִם: bater palmas (Jó 27.23). – HI: *impf.* יַשְׂפִּיקוּ: trocar aperto de mão (?) Is 2.6; *v.* II.

II שׂפק QAL: *impf.* יִשְׂפֹּק: *c.* לְ: bastar, ser suficiente (1 Rs 20.10). – HI: *impf.* יַשְׂפִּיקוּ: abundar, *c.* בְּ Is 2.6 *v.* I.

שֶׂפֶק* בְּשָׂפֶק Jó 36.18: *sentido obscuro.*

שֵׂפֶק* (*de* II שׂפק): *suf.* שִׂפְקוֹ: abundância (Jó 20.22).

שַׂק *i. p.* שָׂק: *suf.* שַׂקּוֹ; *pl.* שַׂקִּים, *suf.* שַׂקֵּיהֶם: tecido de qualidade inferior feito de pêlo de cabra, saco, pano-saco.

שׂקד NI: *pf.* נִשְׂקַד Lm 1.14: *l.* נִשְׁקַד (*27 Mss*).

שׂקר PI: *pt.* מְשַׂקְּרוֹת: *c.* עֵינַיִם: lançar olhares sedutores (Is 3.16).

שַׂר (*de* שׂרר) *m.*, *suf.* שַׂרְכֶם; *pl.* שָׂרִים, *cs.* שָׂרֵי, *suf.* שָׂרָיו: 1) *Fora de Israel:* representante do rei, oficial, príncipe; chefe; soberano, líder. 2) *Em Israel:* nobre, chefe, líder, príncipe, comandante.

שַׂרְאֶצֶר *n. m.* (2 Rs 19.37).

שׂרג PU: *impf.* יְשֹׂרָגוּ: ser entrelaçado, entretecido (Jó 40.17). – HIT: *impf.* יִשְׂתָּרְגוּ: entretecer-se (Lm 1.14).

שׂרד QAL: *pf.* שָׂרְדוּ: fugir (Js 10.20).

שְׂרָד tipo especial de material tecido, belbutina (?).

שֶׂרֶד ocra vermelha (Is 44.13).

שׂרה QAL: *pf.* שָׂרָה, שָׂרִיתָ; *impf. cj.* וַיָּשַׂר Os 12.5: contender, lutar.

I שָׂרָה *cs.* שָׂרָתִי Lm 1.1; pl. שָׂרוֹת, *suf.* שָׂרוֹתֶיהָ, שָׂרוֹתֵיהֶם: senhora, dama.

II שָׂרָה *n. f.* (Gn 17.15).

שְׂרוּג *n. m.* (Gn 11.20).

שְׂרוֹךְ (*de* שׂרך): correia de sandália (Is 5.27), > objeto de valor ínfimo (Gn 14.23).

שְׂרוּקִּים *v.* שָׂרֹק.

שֶׂרַח *n. f.* (Gn 46.17).

שׂרט QAL: *impf.* יִשְׂרְטוּ; *inf.* שָׂרוֹט: fazer incisão, tatuar (Lv 21.5). – NI: *impf.* יִשָּׂרֵטוּ: ferir-se gravemente.

שֶׂרֶט (*de* שׂרט): incisão, tatuagem (Lv 19.28).

שָׂרֶטֶת⋆ (*de* שׂרט) *i. p.* שָׂרָטֶת: incisão, tatuagem (Lv 21.5).

שָׂרַי *i. p.* שָׂרָי: *n. f.* > *v.* II שָׂרָה (Gn 11.29).

שָׂרִיג⋆ (*de* שׂרג) *pl.* שָׂרִיגִים, *suf.* שָׂרִיגֶיהָ: ramo (*de videira*), sarmento.

I שָׂרִיד (*de* שׂרד) *pl.* שְׂרִידִים, *cs.* שְׂרִידֵי, *suf.* שְׂרִידָיו: sobrevivente.

II שָׂרִיד *n. l.* (Js 19.10,12).

שְׂרָיָה *n. m.* (Ed 7.1).

שְׂרָיָהוּ *n. m.* (Jr 36.26).

שִׂרְיוֹן *e* שִׂרְיֹן: *n. de montanha* (Dt 3.9).

שָׂרִיק⋆ *pl. f.* שְׂרִיקוֹת: cardado (linho) Is 19.9 *l.* שֹׂרְקוֹת.

שׂרך PI: *pt. f.* מְשָׂרֶכֶת: ziguezaguear (Jr 2.23).

שַׂר־סְכִים *n. m.* (Jr 39.3).

שׂרע QAL: *pt. pass.* שָׂרוּעַ: mutilado, deformado (Lv 21.18; 22.23). – HIT: *inf.* הִשְׂתָּרֵעַ: estender-se (Is 28.20).

שַׂרְעַפִּים⋆ *suf.* שַׂרְעַפָּי: pensamentos inquietantes (Sl 94.19; 139.23).

שׂרף QAL: *pf.* שָׂרַף, שָׂרַפְתִּי, שָׂרְפוּ, *suf.* שְׂרָפָהּ, שְׂרָפֻהָ, שְׂרַפְתֶּם; *impf.* תִּשְׂרֹף, תִּשְׂרְפוּן, תִּשְׂרְפוּ, יִשְׂרְפוּ, וָאֶשְׂרֹף, תִּשְׂרְפֶנּוּ, וַיִּשְׂרְפָהּ, *suf.* נִשְׂרְפָה, וַיִּשְׂרְפוּהָ; *inf.* שְׂרֹף, שָׂרְפוֹ, שָׂרוֹף; *pt.* שֹׂרֵף, *pass.* שְׂרֻפָה, שְׂרוּפָה, שְׂרֻפִים, שְׂרֻפוֹת: queimar, cauterizar. – NI: *impf.* יִשָּׂרֵף, יִשָּׂרְפוּ, תִּשָּׂרַפְנָה: ser queimado. – PU (QAL *pass.* ?): *pf.* שֹׂרָף: ser queimado (Lv 10.16).

I שָׂרָף (*de* שׂרף) *m., pl.* שְׂרָפִים: *1)* Serpente. *2)* Serafim.

II שָׂרָף *n. m.* (1 Cr 4.22).

שְׂרֵפָה (*de* שׂרף) *f., cs.* שְׂרֵפַת: incêndio, queima, conflagração, cremação.

שׂרק *cj.* QAL: *pt. pl. f.* שֹׂרְקוֹת: cardar (*cj.* Is 19.9).

שָׂרֹק⋆ *pl.* שְׂרֻקִּים, *suf.* שְׂרוּקֶּיהָ: *uma cor de uva* (Is 16.8) *e cavalos* (Zc 1.8); *alguns*: vermelho – claro; *outros*: castanho.

שֹׂרֵק, שׂוֹרֵק: tipo selecionado de uva especial de cor vermelho – clara (Is 5.2; Jr 2.21).

שֹׂרֵקָה vinho de uva especial de cor vermelho – clara *v.* ⋆שָׂרֹק (Gn 49.11).

שׂרר QAL: *impf.* יָסֹר (*Mss* יָשֹׂר) 1 Cr 15.22, וַיָּשַׂר, יָשֹׂרוּ; *pt.* שֹׂרֵר: governar, dirigir, conduzir. – HI: *pf.* הֵשִׂירוּ: constituir שַׂר (Os 8.4). – HIT: *impf.* תִּשְׂתָּרֵר; *inf.* הִשְׂתָּרֵר: senhorear-se (Nm 16.13).

שָׂשׂוֹן (*de* שׂושׂ) *m., cs.* שְׂשׂוֹן: alegria, exultação, júbilo (Is 22.13).

שֵׂת <*v.* שְׂאֵת.

שׂתם QAL: *pf.* שָׂתַם: obstruir (Lm 3.8); *cj. pt. pass. cs.* שְׂתֻם [הָעָיִן] com olhos obstruídos (Nm 24.3,15).

שׂתר NI: *impf.* וַיִּשָּׂתְרוּ: rebentar (*tumores*) (1 Sm 5.9).

ש

ש שִׁין: vigésima primeira resp. vigésima segunda letra do alfabeto); *como num.*: 300.

שֶׁ, שַׁ (*c. dag. forte na consoante que segue*), *também* שָׁ *e* שְׁ: 1) *partícula rel. como* אֲשֶׁר: que; do qual se diz que. 2) *Conj.*: que, pois, porque.

שׂא *v.* שׂוֹא.

שאב QAL: *pf.* שְׁאַבְתֶּם; *impf.* וַתִּשְׁאַב, יִשְׁאֲבוּן; *imp.* שַׁאֲבִי; *inf.* שְׁאֹב; *pt.* שֹׁאֵב, *pl. cs.* שֹׁאֲבֵי, *f.* שֹׁאֲבֹת: tirar (água).

שאג QAL: *pf.* שָׁאַג; *impf.* יִשְׁאֲגוּ, יִשְׁאַג; *inf. abs.* שָׁאֹג; *pt.* שֹׁ(וֹ)אֵג, שֹׁאֲגִים: rugir.

שְׁאָגָה (*de* שאג) *cs.* שַׁאֲגַת, *suf.* שַׁאֲגָתִי, *pl. suf.* שַׁאֲגֹתַי: rugido, (o) rugir; brado, (o) bradar, clamor; gemido, (o) gemer.

I שאה QAL: *pf.* שָׁאוּ: estar devastado, estar deserto, estar despovoado (Is 6.11). – NI: *impf.* תִּשָּׁאֶה: ser devastado (Is 6.11). – HI: *inf.* הַשְׁאוֹת, *contraído* לַהְשׁוֹת: tornar assolado, reduzir a ruínas (2 Rs 19.25; Is 37.26).

II שאה NI: *impf.* יִשָּׁאוּן: estar tumultuado, estar em alvoroço; rugir (Js 17.12, 13).

III שאה HIT: *pt. cs.* מִשְׁתָּאֵה: observar atentamente, fitar (Gn 24.21).

שֹׁאָה *v.* שׁוֹאָה.

שאוה Pv 1.27: *l. Q* שׁוֹאָה.

שְׁאוֹל, שְׁאֹל *f., loc.* שְׁאֹ(וֹ)לָה: Xeol, mundo dos mortos, mundo inferior, abismo.

שָׁאוּל *n. m.* 1 Sm 9.2).

שָׁאוּלִי *patr.* (Nm 26.13).

I שָׁאוֹן (*de* I שאה) lugar devastado e abandonado, ermo (Sl 40.3).

II שָׁאוֹן (*de* II שאה) *m., cs.* שְׁאוֹן, *suf.* שְׁאוֹנָהּ: tumulto, alvoroço, alarido.

שְׁאָט *v.* II שׁוט.

שְׁאָט *suf.* שָׁאטְךָ: desprezo, desdém.

שְׁאִיָּה (*de* I שאה) desolação, devastação (Is 24.12).

שאל QAL: *pf.* שְׁאֶלְתֶּם, שָׁאֲלָה, שָׁאֲלָה, *suf.* שְׁאֶלוּנוּ, שְׁאֶלְתִּיהוּ/תִּיו, שְׁאֵלְךָ, שְׁאֵלֶךָ; *impf.* יִשְׁאָלוּן, יִשְׁאֲלוּ, אֶשְׁאֲלָה, יִשְׁאַל, נִשְׁאֲלָה, *suf.* יִשְׁאָלְךָ, וָאֶשְׁאָלֵם, יִשְׁאָלוּנִי; *imp.* שְׁאַל, שַׁאֲלִי, שְׁאָלוּנִי; *inf.* שְׁאוֹל, לִשְׁאָל־, *abs.* שָׁאוֹל; *pt.* שֹׁאֵל, שֹׁאֶלֶת, שֹׁאֲלִים, *pass.* שָׁאוּל: perguntar; indagar, inquirir; consultar (בְּ); requerer, pedir; desejar; exigir, demandar; *pt. pass.*: emprestado. – NI: *pf.* נִשְׁאַל; *inf. abs.* נִשְׁאֹל: pedir licença (para ausentar-se). – PI: *pf.* שִׁאֲלוּ) *impf.* יְשָׁאֲלוּ: indagar, inquirir; pedir esmola, mendigar (2 Sm 20.18; Sl 109.10). – HI: *pf. suf.* הִשְׁאִלְתִּהוּ; *impf.* וַיַּשְׁאִלוּם: deixar pedir; aceder, anuir a pedidos; conceder, emprestar (Êx 12.36; 1 Sm 1.28).

שָׁאָל *n. m.* (Ed 10.29).

שְׁאָלָה Is 7.11: *l.* שְׁאָלָה.

שְׁאֵלָה (*de* שאל) *f., suf.* שֶׁאֱלָתִי, שְׁאֵלָתִי, שְׁאֵלָתֵךְ *e* שֵׁלָתֵךְ, שֶׁאֱלָתָם: pedido, solicitação.

שְׁאַלְתִּיאֵל *n. m.* (1 Cr 3.17).

שאן PALAL: *pf.* שַׁאֲנַנּוּ, שַׁאֲנַן: estar tranqüilo / sereno / sossegado.

שְׁאָן *n. l.* בֵּית־שְׁאָן.

שַׁאֲנָן (*de* שאן) *adj. pl.* שַׁאֲנַנִּים, *f.* שַׁאֲנַנּוֹת: tranqüilo, despreocupado, sossegado, seguro.

שאס Jr 30.16: שֹׁאסַיִךְ *v.* שסס.

שאף QAL: *pf.* שָׁאֲפָה, *suf.* שְׁאָפַנִי; *impf.* וָאֶשְׁאָפָה, אֶשְׁאַף, יִשְׁאַף; *inf. abs.* שָׁאֹף; *pt.* שֹׁאֲפִים: arfar, ofegar; aspirar, sorver; aspirar, ansiar, anelar, suspirar (por); perseguir, acossar; armar laço, colocar armadilha.

שאר QAL: *pf.* שָׁאַר: restar, faltar

(1 Sm 16.11). – NI: *pf.* נִשְׁאַר, נִשְׁאֲרָה, נִשְׁאַרְנָה; *impf.* יִשָּׁאֵר, יִשָּׁאֵר, וְנִשְׁאַר, וָאִשָּׁאֵר, תִּשָּׁאַרְנָה, וַיִּשָּׁאֲרוּ Ez 9.8 (= וְנִשְׁאַר *ou* וָאֶשָּׁאֵר), וְאֵשֵׁר Ez 3.15 (= וָאֶשָּׁאֵר); *pt.* נִשְׁאָר, נִשְׁאֶרֶת, נִשְׁאָרִים, נִשְׁאָרוֹת: restar, sobrar, remanescer, ficar; reter-se? – HI: *pf.* הִשְׁאִיר, הִשְׁאַרְתִּי, הִשְׁאִירוּ; *impf.* יַשְׁאִיר, יַשְׁא(י)רוּ, נַשְׁאֵר; *inf.* הַשְׁאִיר: deixar, deixar sobrar, deixar de sobra.

שְׁאָר (*de* שאר) *m.:* resto, sobra; (o) restante, (o) remanescente.

שְׁאֵר *suf.* שְׁאֵרוֹ, שְׁאֵרְךָ: carne; corpo.

שַׁאֲרָה Lv 18.17: *l.* שְׁאֵרָה.

שֶׁאֱרָה *n. f.* (1 Cr 7.24).

שְׁאָר יָשׁוּב *n. m. simbólico* (Is 7.3).

שְׁאֵרִית (*de* שאר) *contraído* שֵׁרִית, *suf.* שְׁאֵרִיתוֹ: resto, sobra; (o) restante, (o) remanescente; sobrevivente(s).

שֵׁאת (*de* I שאה) desolação (Lm 3.47).

שְׁבָא *n. p.* (*n. m.*) (Gn 10.7).

שְׁבָאִים *gent.* (Jl 4.8).

שְׁבָאֵל *v.* שְׁבוּאֵל.

שְׁבָבִים cavaco, estilha, estilhaço (Os 8.6).

שבה QAL: *pf.* שָׁבִיתָ, שָׁבוּ, *suf.* שָׁבָם, שָׁבוּם; *impf.* וַיִּשְׁבְּ, וַיִּשְׁבּוּ, *suf.* וַיִּשְׁבֵּם, תִּשְׁבֵּךְ; *imp* (וּ)שְׁבֵה; *inf.* שְׁב(וֹ)ת; *pt.pl.* שֹׁבִים, *suf.* שֹׁבֵינוּ, *pass.* שְׁבוּיִם, שְׁבֻיוֹת: levar cativo, levar prisioneiro. – NI: *pf.* נִשְׁבָּה, נִשְׁבּוּ: ser levado cativo, ser levado prisioneiro.

שְׁבוֹ *n. de pedra preciosa:* ágata? (Êx 28.19; 39.12).

שְׁבוּאֵל *tb.* שְׁבָאֵל *e* שׁוּבָאֵל *n. m.* (1 Cr 23.16).

שְׁבוּל Jr 18.15: *v.* שְׁבִיל.

שָׁבוּעַ (*de* שבע) *m., cs.* שְׁבֻעַ, *du.* שְׁבֻעַיִם, *pl.* שָׁבֻעִים, *cs.* שְׁבֻעֵי, *f.* שָׁבֻע(וֹ)ת, *cs.* שְׁבֻעוֹת, *suf.* שָׁבֻעֹתֵיכֶם: unidade (período) de sete (dias); semana.

שְׁבוּעָה *tb.* שְׁבֻעָה (*de* שבע) *f., cs.* שְׁבֻעַת, *suf.* שְׁבֻעָתוֹ: juramento; praga, maldição.

שָׁבוּר (*de* I שבר): fratura (Lv 22.22).

שְׁבִית, שְׁבוּת (*e formas mistas* שְׁבוּת, שְׁבִית) *suf.* שְׁבִיתֵךְ, שְׁבוּתָם: *1)* aprisionamento. *2) c.* שׁוּב: suspender a sentença de prisão; mudar a sorte (para melhor), restaurar a sorte.

שְׁבוּת *v.* שְׁבוּת.

I שבח PI: *pf.* שִׁבַּחְתִּי; *impf.* יְשַׁבַּח, *suf.* יְשַׁבְּחוּנְךָ; *imp.* שַׁבְּחִי, *suf.* שַׁבְּחוּהוּ; *inf. abs.* שַׁבֵּחַ: exaltar, louvar, glorificar; bendizer. – HIT: *inf.* הִשְׁתַּבֵּחַ: gloriar-se (de בְּ) (Sl 106.47; 1 Cr 16.35).

II שבח PI: *impf. suf.* תְּשַׁבְּחֵם, יְשַׁבְּחֶנָּה Pv 29.11 (*ou l.* יַחְשְׁכֶנָּה): acalmar, tranqüilizar (Sl 89.10). – HI: *pt.* מַשְׁבִּיחַ: aplacar, acalmar (Sl 65.8).

שֵׁבֶט *s. m., cs.* =, *i. p.* שָׁבֶט, *suf.* שִׁבְטוֹ, *pl.* שְׁבָטִים, *cs.* שִׁבְטֵי, *suf.* שְׁבָטֶיךָ, שִׁבְטֵיכֶם: *1)* vara; cajado; bordão, bastão; cetro. *2)* tribo.

שְׁבָט *n. do 11º mês* (Zc 1.7).

שְׁבִי (*de* שבה) *m., i. p.* שֶׁבִי, *suf.* שִׁבְיוֹ, שִׁבְיֵךְ, שִׁבְיְכֶם, שִׁבְיָם: aqueles (aquilo) que são (é) levado(s) para o cativeiro, (os) cativos; cativeiro.

שֹׁבִי *n. m.* (2 Sm 17.27).

שֹׁבָי *n. m.* (Ed 2.42).

שָׁבִיב★ *s. m., cs.* שְׁבִיב: faísca, centelha (Jó 18.5).

שִׁבְיָה (*de* שבה): *1) col.:* (os) cativos (de guerra). *2)* cativeiro.

שְׁבִיָּה (*de* שבה): (alguém levada) cativa (Is 52.2b).

שְׁבִיל★ *s. m., suf.* שְׁבִילְךָ *Q, pl. cs.* שְׁבִילֵי, *suf.* שְׁבִילֶיךָ *K:* vereda, senda (Jr 18.15; Sl 77.20).

שְׁבִיס★ *pl.* שְׁבִיסִים: diadema, testeira (Is 3.18).

שְׁבִיעִי *adj., f.* שְׁבִ(י)עִ(י)ת: sétimo.

שְׁבִית (*de* שבה): cativeiro; *v.* שְׁבוּת.

שְׁבִית *v.* שְׁבוּת.

שֹׁבֶל orla, cauda, bainha (do vestido) (Is 47.2).

שַׁבְּלוּל lesma?; aborto? (Sl 58.9).

I שִׁבֹּלֶת *s. f., pl.* שִׁבֳּלִים, *cs.* שִׁבֳּלֵי: espiga; feixe de ramos.

II שִׁבֹּלֶת torrente.

שֶׁבְנָא *n. m.* (2 Rs 18.37).

שֶׁבְנָה *n. m.* (2 Rs 18.18) = שֶׁבְנָא.

שְׁבַנְיָה *n. m.* (Ne 9.4).

שְׁבַנְיָהוּ *n. m.* (1 Cr 15.24).

שׁבע QAL: *v.* שְׁבוּעָה. – NI: *pf.* נִשְׁבַּע, נִשְׁבַּעְנוּ; *impf.* אִשָּׁבֵעַ, תִּשָּׁבַע, יִשָּׁבַע, וָאֶשָּׁבַע; *imp.* הִשָּׁבְעָה, הִשָּׁבְעוּ; *inf.* הִשָּׁבֵעַ, הִשָּׁבַע; *pt.* נִשְׁבָּע, נִשְׁבָּעִים, נִשְׁבָּעוֹת: jurar (אִם = que não; אִם לֹא = que); esconjurar, instar. – HI: *pf.* הִשְׁבִּיעַ, הִשְׁבַּעְתִּי, *suf.* הִשְׁבִּיעוֹ, הִשְׁבִּיעַנִי; *impf.* וַיַּשְׁבַּע, תַּשְׁבִּיעוּ, *suf.* וַיַּשְׁבִּיעֵנִי, אַשְׁבִּיעֶךָ; *inf.* הַשְׁבִּיעַ, *abs.* הַשְׁבֵּעַ; *pt. suf.* מַשְׁבִּיעֶךָ: fazer jurar (אִם = que não; אֲשֶׁר *e* כִּי = que); esconjurar, instar, pedir com insistência.

I שֶׁבַע *num., cs.* שֶׁבַע, וְשֶׁבַע, *f.* שִׁבְעָה, *cs.* שִׁבְעַת, *suf.* שִׁבְעָתָם (2 Sm 21.9: *Q* שְׁבַעְתָּם): sete (7): שְׁבַע עֶשְׂרֵה dezessete (17); *pl.* שִׁבְעִים setenta (70); *du.* שִׁבְעָתַיִם *e* שֶׁבַע sete vezes; שִׁבְעָה שִׁבְעָה sete e sete, sete de cada.

II שֶׁבַע *n. m.* (2 Sm 20.1).

III שֶׁבַע *n. l.* (Js 19.2).

שִׁבְעָה *n. de poço* (Gn 26.33).

שְׁבֻעָה *v.* שְׁבוּעָה.

שִׁבְעָנָה *forma mista de* שִׁבְעָה *e* שִׁבְעָן: duas vezes sete; *ou* = שִׁבְעָה: sete (Jó 42.13).

שׁבץ PI: *pf.* שִׁבַּצְתָּ: tecer enxadrezadamente (Êx 28.39). – PU: *pt.* מְשֻׁבָּצִים: engastado (Êx 28.20).

שָׁבָץ câibra?; vertigem? (2 Sm 1.9).

I שׁבר QAL: *pf.* שָׁבַרְתָּ, *suf.* שְׁבָרָהּ; *impf.* יִשְׁבֹּר, תִּשְׁבָּר־, תִּשְׁבֹּרוּ, וַיִּשְׁבְּרֵהוּ; *imp.* שְׁבֹר, *suf.* שָׁבְרֵם, *inf.* שְׁבֹר, *suf.* שִׁבְרִי, *pt.* שֹׁבֵר, *pass.* שְׁבוּרֵי: quebrar, romper, fraturar; despedaçar, estraçalhar, fragmentar; demolir, destruir, destroçar; abater. – NI: *pf.* נִשְׁבַּר, נִשְׁבָּרָה, נִשְׁבְּרָה (־רָה *ou* ־רוּ); *impf.* יִשָּׁבֵר, תִּשָּׁבֵר, תִּשָּׁבֵר, יִשָּׁבֵרוּ, תִּשָּׁבַרְנָה; *inf.* הִשָּׁבֵר; *pt.* נִשְׁבָּר, *f.* נִשְׁבָּרָה, נִשְׁבֶּרֶת, *pl.* נִשְׁבָּרִים/רוֹת: quebrar-se, romper-se, fraturar-se; ser / estar quebrado, ser rompido, estar roto, ser / estar fraturado; estar abatido; ser / estar destruído, ser / estar demolido; destroçar-se, ser destroçado, ir a pique. – PI: *pf.* שִׁבֵּר/בַּר, שִׁבַּרְתָּ, שִׁבְּרוּ; *impf.* יְשַׁבֵּר, וָאֲשַׁבְּרָה, תְּשַׁבֵּרוּן, וָאֲשַׁבְּרֵם; *inf.* שַׁבֵּר; *pt.* מְשַׁבֵּר: despedaçar, estraçalhar, estilhaçar; destruir, destroçar. – HI: *impf.* אַשְׁבִּיר: fazer romper (por ocasião do parto), abrir a madre (Is 66.9). – HO: *pf.* הָשְׁבַּרְתִּי: ser / estar quebrado, ser/estar alquebrado (Jr 8.21).

II שׁבר QAL: *impf.* תִּשְׁבְּרוּ, נִשְׁבְּרָה; *imp.* שִׁבְרוּ; *inf.* לִשְׁבֹּר/בָּר־; *pt.* שֹׁבְרִים: comprar; comprar cereal. – HI: *impf.* תַּשְׁבִּירֵנִי, נַשְׁבִּירָה, נַשְׁבִּיר; *pt.* מַשְׁבִּיר: oferecer à compra, vender; vender cereal.

I שֶׁבֶר, שֵׁבֶר (*de* I שׁבר) *m., i. p.* שָׁבֶר, *suf.* שִׁבְרָהּ, שִׁבְרֵךְ, *pl. suf.* שְׁבָרֶיהָ: fratura, quebra, ruptura, rompimento; rachadura, brecha; colapso, destruição, ruína; desabamento, desmoronamento; prostração, abatimento, depressão, desânimo.

II שֶׁבֶר (*de* שׁבר) *suf.* שִׁבְרוֹ, שִׁבְרָם: cereal, grãos (à venda).

III שֶׁבֶר *n. m.* (1 Cr 2.48).

שֶׁבֶר* *suf.* שִׁבְרוֹ: interpretação (de sonho) (Jz 7.15).

שִׁבָּרוֹן (*de* I שבר) *cs.* שִׁבְרוֹן: colapso, destruição; שִׁבְרוֹן מָתְנַיִם quadris quebrados = dor emocional (Jr 17.18; Ez 21.11).

שְׁבָרִים *n. l.* (Js 7.5).

שבת QAL: *pf.* שָׁבַת, שָׁבְתָה, שָׁבָתוּ; *impf.* יִשְׁבֹּתוּ, תִּשְׁבֹּת, תִּשְׁבַּת, יִשְׁבּוֹת: cessar (*intr.*) parar (*intr.*) paralisar (*intr.*); acabar(*intr.*), deixar de ser, deixar de existir; parar de trabalhar, descansar; שָׁבַת שַׁבָּת guardar o sábado. NI: *pf.* נִשְׁבַּת, נִשְׁבְּתוּ: ser levado a parar, ser levado a cessar; ser paralisado; ser extinto; desaparecer. – HI: *pf.* הִשְׁבִּית, הִשְׁבַּתִּי, *suf.* הִשְׁבַּתִּים; *impf.* וַיַּשְׁבֵּת, תַּשְׁבִּית, אַשְׁבִּיתָה; *imp.* הַשְׁבִּיתוּ; לַשְׁבִּית (*de* לְהַשְׁבִּית); *pt.* מַשְׁבִּית: fazer cessar, fazer parar, pôr termo a, pôr fim a; parar (tr.), cessar (*tr.*), paralisar (*tr.*); fazer / deixar descansar; fazer desaparecer; afastar, remover, apartar; deixar faltar; deixar em paz.

שֶׁבֶת (*de* שבת *ou* ישב) *i. p.* שָׁבֶת, *suf.* שִׁבְתּוֹ: (o) estar sentado quieto, inatividade, inércia.

שַׁבָּת (*de* שבת) *m. e f., cs.* שַׁבַּת, *suf.* שַׁבַּתָּהּ, *pl.* שַׁבָּתוֹת, *cs.* שַׁבְּתֹת, *suf.* שַׁבְּתֹתֵיכֶם: (dia de) descanso, sábado; *pl. tb.* os espaços de tempo entre um sábado e outro = semanas.

שַׁבָּתוֹן (*de* שבת) *m.:* feriado sabático, descanso solene (do sábado), solenidade sabática.

שַׁבְּתַי *n. m.* (Ed 10.15).

שגג QAL: *pf.* שָׁגַג; *inf. suf. ?* בְּשַׁגָּם (Gn 6.3); *pt.* שֹׁגֵג, *f.* שֹׁגֶגֶת: cometer um erro, pecar involuntariamente.

שְׁגָגָה (*de* שגג) *f., suf.* שִׁגְגָתוֹ: erro involuntário; descuido, inadvertência.

שגה QAL: *pf.* שָׁגִיתִי, שָׁגוּ; *impf.* תִּשְׁגֶּה, יִשְׁגּוּ; *inf.* שְׁגוֹת; *pt.* שֹׁגֶה, שֹׁגִים: andar desgarrado, desgarrar-se, errar; cambalear; desviar-se; cometer um erro (involuntário), pecar inconscientemente. – HI: *impf. suf.* תַּשְׁגֵּנִי; *pt.* מַשְׁגֶּה: deixar desgarrar-se; desviar.

שָׁגֶה *n. m.* (1 Cr 11.34).

שגח HI: *pf.* הִשְׁגִּיחַ; *impf.* יַשְׁגִּיחוּ; *pt.* מַשְׁגִּיחַ: olhar fixamente, observar, fitar.

שְׁגִיאָה* (*de* שגה) *pl.* שְׁגִיאוֹת: erro, lapso (Sl 19.13).

שִׁגָּיוֹן *pl.* שִׁגְיֹנוֹת: lamento?, nênia? (Sl 7.1; Hc 3.1).

שגל QAL: *impf. suf.* יִשְׁגָּלֶנָּה: deitar com (mulher), violentar (Dt 28.30). – NI: *impf.* תִּשָּׁגַלְנָה: ser violentada, ser possuída (Is 13.16; Zc 14.2). – PU (*ou* QAL *pass.*): *pf.* שֻׁגַּלְתְּ: ser violentada (Jr 3.2).

שֵׁגַל *s.f.:* rainha *ou* a favorita do harém (Sl 45.10; Ne 2.6).

שגע PU: *pt.* מְשֻׁגָּע/גָּעִים: louco, doido, delirante, demente; fora de si. – HIT: *inf.* הִשְׁתַּגֵּעַ; *pt.* מִשְׁתַּגֵּעַ: estar fora de si; portar-se como louco / doido / demente (1 Sm 21.15s).

שִׁגָּעוֹן (*de* שגע) loucura, demência, delírio.

שֶׁגֶר *cs.* = *e* שְׁגַר: cria.

שַׁד* *m., i. p.* שָׁד, *du.* שָׁדַיִם, *cs.* שְׁדֵי, *suf.* שָׁדֶיהָ, שְׁדֵיהֶן: *sing.* peito; *du.* seios, mamas.

שֵׁד* *pl.* שֵׁדִים: espírito mau, demônio (Dt 32.17; Sl 106.37).

I שֹׁד peito.

II שֹׁד (*de* שדד) *m.:* violência, opressão; destruição, devastação.

שדד QAL: *pf.* שָׁדְדוּ, *suf.* שַׁדּוּנִי; *impf.* יָשׁוּד, *suf.* יְשָׁדְדֵם, יְשָׁדֵּם; *imp.* שָׁדְדוּ; *inf.* לִשְׁדוֹד, *abs.* שָׁדוֹד, *pt.* שׁ(וֹ)דֵד, שֹׁדְדִים/דְדֵי, *pass.* שָׁדוּד, שְׁדוּדָה:

destruir, devastar, assolar, desolar; agir com violência, subjugar, esmagar, oprimir. – NI: *pf.* נְשַׁדֻּנוּ: ser / estar destruído, ser / estar devastado, ser / estar assolado (Mq 2.4). – PI: *impf.* תְּשַׁדֵּד, *pt.* מְשַׁדֶּד־: maltratar; destruir, devastar (Pv 19.26; 24.15). – PU: *pf.* שֻׁדַּד, שֻׁדְּדָה, שָׁדְּדָה, שֻׁדְּדוּ: ser destruído, ser devastado, ser desolado. – POLEL: *impf.* יְשֹׁדֵד: destruir, assolar (Os 10.2). – HO: *impf.* תּוּ/יוּשַּׁד: ser destruído, ser assolado, ser devastado (Is 33.1; Os 10.14).

שִׁדָּה *pl.* שִׁדּוֹת: dama; concubina? (Ec 2.8).

שַׁדּוּן *Q, v. K* שַׁדִּין.

שַׁדַּי *i. p.* שַׁדָּי: *n.d.* (Gn 17.1).

שְׁדֵיאוּר *n. m.* (Nm 1.5).

שַׁדִּין Jó 19.29 *K*: *partícula* שֶׁ *c.* דִּין?; *ou l.* תֵּדְעוּ יֵשׁ דַּיָּן.

שְׁדֵמָה *pl.* שְׁדֵמוֹת, *cs.* שַׁדְמ(וֹ)ת: terraço (*geol.*).

שׁדף QAL: *pt. pass. f. pl.* שְׁדֻ(וּ)פוֹת: tostar, crestar, chamuscar.

שְׁדֵפָה (*de* שׁדף) crestamento, chamuscamento (2 Rs 19.26).

שִׁדָּפוֹן (*de* שׁדף) *m.*: crestamento, chamuscamento.

שַׁדְרַךְ *n. m.* (Dn 1.7).

I שֹׁהַם *s. m., nome de pedra preciosa:* cornalina *ou* lápis-lazúli *ou* ônix.

II שֹׁהַם *n. m.* (1 Cr 24.27).

שָׁו Jó 15.31: *l.* שָׁוְא?

שׁוא HI: *impf.* יַשִּׁי *Q* (*de* יַשִּׁיא), יַשִּׁא: tratar maldosamente, maltratar (Sl 55.16; 89.23).

שָׁוְא (*de* שׁוא): *1) s. e adj.:* (algo) sem valor, inútil, imprestável, fútil, vão; (o) nada; (algo)vazio, falso; deuses; falsidade, fraude, logro. *2) adv.:* em vão, debalde, inutilmente; falsamente; desnecessariamente.

שְׁוָא *n. m.* (1 Cr 2.49).

שׁוֹא* *pl. suf.* שֹׁאֵיהֶם: = שׁוֹאָה? (Sl 35.17).

שֹׁאָה, שׁוֹאָה *cs.* שֹׁאַת: tempestade, temporal; desgraça, calamidade; ruína, destruição.

I שׁוב QAL: *pf.* שָׁב, שָׁבָה, שַׁבְתָּ, שָׁבוּ, שַׁבְתֶּם; *impf.* יָשׁוּב, יָשֵׁב, יָשֹׁב, וַיָּשָׁב, אָשׁוּבָה, יָשֻׁבוּ, יְשֻׁ(וּ)בוּן, תָּשֹׁבְנָה/בְןָ, תְּשֻׁבֶינָה, נָשׁוּבָה; *imp.* שֻׁ(וּ)ב, שׁוּבָה, שֻׁבוּ, שֹׁבְנָה; *inf.* שׁוּב, שֹׁב, *suf.* שׁוּבְךָ, *abs.* שׁוֹב; *pt.* שָׁב, שָׁבָה, שָׁבִים/בֵי, *suf.* שָׁבֶיהָ, *pass.* שׁוּבֵי (*?*): voltar, tornar, retornar, regressar; reverter; retroceder; voltar (a fazer), (fazer) de novo, (tomar) de volta; voltar-se; *c. inf. ou pt. de outro verbo:* para cá e para lá, de um lado a outro, continuamente, cada vez mais; voltar (-se) a Deus, converter-se; voltar atrás; desistir; retornar, recair (sobre); tornar-se, transformar-se (em); dar as costas, retirar-se, apartar-se. – POLEL: *pf.* שׁוֹבַבְתִּי, *suf.* שׁוֹבְבָתֶךְ, שׁוֹבַבְתִּיךָ; *impf.* יְשׁוֹבֵב; *inf.* שׁוֹבֵב, *suf.* שׁוֹבְבִי; *pt.* מְשׁוֹבֵב, מְשׁוֹבֶבֶת (Jr 50.6 שׁוֹבְבִים = *K* שׁוֹבְבִים, *Q* שׁוֹבְבוּם): trazer de volta, conduzir de volta; desviar, fazer desviar-se; restaurar, restabelecer; refrescar, refrigerar. – POLAL: *pf. 3ª m.(?) sing.* שׁוֹבְבָה Jr 8.5 (*cj.* I שׁוֹבָב *ou* שׁוֹבֵב): tornar-se apóstata / rebelde; *pt. f.* מְשׁוֹבֶבֶת: ser restaurado, ser recuperado (Ez 38.8). – HI: *pf.* הֵשִׁיב, הֵשִׁיבָה, הֱשִׁיבוֹתָ, וַהֲשֵׁבֹתָ, הֲשִׁ(י)בֹ(וֹ)תִי, הֵשִׁ(י)בוּ, (וַ)הֲשֵׁ(י)בֹתֶם, הֱשִׁיבֹנוּ, *suf.* הֲשִׁיבְךָ/הֶ, הֲשֵׁבֹתוֹ, וְהֱשִׁ(י)בוּם, הֱשִׁ(י)בוֹתָם, וַהֲשִׁ(י)בֹתִיךָ; *impf.* יָשִׁיב, יָשֵׁב, וַיָּשֶׁב, תָּשֶׁב, תָּשִׁבִי, אָשִׁיבָה, וָאָשִׁיב/שֵׁב, יָשִׁיבוּ, תָּשֵׁבְנָה, *suf.* יְשִׁיבֶנּוּ/בֶנָּה, יְשִׁיבֵנִי, אֲשִׁיבְךָ/בֶךָּ, וַיְשִׁבוּם; *imp.* הָשֵׁ(י)ב, הָשֵׁב,

הֲשִׁיבוֹ, הָשִׁיבָה, *suf.* הֲשִׁיבֵנִי/בֵנוּ; *inf.* הָשֵׁב, *abs.* הֲשִׁיבוֹ, הֲשִׁיבֵנִי, הָשִׁיב; *pt.* מֵשִׁיב, *f. cs.* מְשִׁיבַת, *pl.* מְשִׁיבִים: trazer de volta, conduzir de volta, levar de volta; deixar / fazer voltar, volver (*tr.*), deixar / fazer retornar; fazer recuar, afugentar; fazer voltar, aplacar, amainar; fazer voltar atrás, retirar, impedir, cancelar, sustar, anular, revogar, desviar, desfazer; dar de volta, devolver, restituir; restaurar, restabelecer; fazer voltar como pagamento, pagar (tributo); retribuir, recompensar, vingar-se, fazer cair (sobre); fazer voltar a palavra, responder, informar. – HO: *pf.* הוּשַׁב; *impf.* וַיּוּשַׁב; *pt.* מוּשָׁב, מוּשָׁבִים: ser trazido de volta, ser conduzido de volta; ser devolvido, ser restituído, ser retribuído.

II שׁוּב *somente na expressão* שָׁב אֶת־שְׁבוּת: reunir (os cativos)?; *ou de* I שׁוּב, *v.* שְׁבוּת.

שׁוּבָאֵל *v.* שְׁבוּאֵל.

I שׁוֹבָב (*de* I שׁוּב) *adj., pl.* שׁוֹבָבִים: infiel, descrente, apóstata, rebelde, (o) que dá as costas.

II שׁוֹבָב *n. m.* (2 Sm 5.14).

שׁוֹבֵב* (*de* שׁוּב) *adj., f.* שׁוֹבֵבָה: que dá as costas, infiel, rebelde (Jr 31.22; 49.4).

שׁוֹבַךְ *n. m.* (2 Sm 10.16).

שׁוֹבָל *n. m.* (Gn 36.20).

שׁוֹבֵק *n. m.* (Ne 10.25).

שׁוּד *v.* II שֹׁד.

I שׁוה QAL: *pf.* שָׁוָה; *impf.* יִשְׁווּ, אֶ/תִּשְׁוֶה; *pt.* שֹׁוֶה: ser/tornar-se igual, ser/tornar-se semelhante; ser conveniente, ser condizente, ser apropriado, ser adequado. – NI: *pf.* נִשְׁתָּוָה (*l.* נִשְׁוְתָה): ser equivalente, ser semelhante (a) (Pv 27.15). – PI: *pf.* שִׁוִּיתִי, שִׁוָּה; *pt.* מְשַׁוֶּה: nivelar; acalmar, tranqüilizar; tornar (algo) igual/semelhante (a). – HI: *impf.* תַּשְׁווּ, אַשְׁוֶה: equiparar, igualar; comparar (Is 46.5; Lm 2.13).

II שׁוה PI: *pf.* שִׁוִּיתִי; *impf.* תְּשַׁוֶּה: colocar, pôr. – PU: *impf.* תְּשֻׁוֶּה *K* (Jó 30.22): *l.* תֻּשְׁאָה.

שָׁוֵה* (*de* I שׁוה) *cs.* שָׁוֵה: planície (Gn 14.5).

שָׁוֵה *n. de uma planície* (Gn 14.17).

שׁוח QAL: *pf.* שָׁחָה: descer, baixar (*intr.*) (Pv 2.18).

שׁוּחַ *n. m. ou n.t.* (Gn 25.2).

I שׁוּחָה (*de* שׁוח) *f.:* cova, buraco (para apanhar animais).

II שׁוּחָה *n. m.* (1 Cr 4.11).

שׁוּחִי, שֻׁחִי *gent.* (Jó 2.11).

שׁוּחָם *n. m.* (Nm 26.42).

שׁוּחָמִי *patr.* (Nm 26.42).

I שׁוט QAL: *pf.* שָׁטוּ; *impf.* וַיָּשֻׁטוּ; *imp.* שׁוּט; *inf.* שׁוּט; *pt.* שָׁטִים: vaguear, perambular, errar (*intr.*), andar errante; remar. – POLEL: *impf.* יְשׁוֹטְטוּ; *imp.* שׁוֹטְטוּ; *pt.* מְשׁוֹטְטִים/טוֹת: vaguear, perambular, errar (*intr.*), andar errante. – HITPOLEL: *imp.* הִתְשׁוֹטַטְנָה: vaguear de um lado para outro, volver-se para cá e para lá (Jr 49.3).

II שׁוט QAL: *pt.* שָׁאטִים/טוֹת: desprezar, desdenhar; desconsiderar, negligenciar.

I שׁוֹט (*de* I שׁוט) *m., pl.* שׁוֹטִים: açoite, chicote.

II שׁוֹט inundação repentina.

שׁוּל* *s. m., pl. cs.* שׁוּלֵי, *suf.* שׁוּלָיו, שׁוּלַיִךְ: bainha, cauda, aba (de vestimenta).

שׁוֹלָל (*de* שׁלל) *adj.:* descalço (Mq 1.8 *Q:* Jó 12.19).

שׁוּלַמִּית *gent. de loc. desconhecido*

(LXX: שׁוּנַמִּית) *ou n. f.* (Ct 7.1).

שׁוּמִים alho (Nm 11.5).

שׁוּמֵם *v.* שׁמם.

שׁוֹמֵר *n. m.* (1 Cr 7.32).

שׁוּנִי *n. m.* (Gn 46.16) *e patr.* (Nm 26.15).

שׁוּנֵם *n. l.* (Js 19.18).

שׁוּנַמִּי* *f.* שֻׁ(וּ)נַמִּית *gent.* (1 Rs 1.3).

שׁוע PI: *pf.* שִׁוַּעְתִּי; *impf.* תְּשַׁוַּע/וֵּעַ, יְשַׁוְּעוּ/וֵּעוּ, וָאֲשַׁוֵּעָה; *inf. suf.* שַׁוְּעוֹ; *pt.* מְשַׁוֵּעַ: gritar por socorro.

שֶׁוַע* (*de* שׁוע) *suf.* שַׁוְעִי: grito de socorro (Sl 5.3).

I שׁוֹעַ *adj.:* nobre (Is 32.5; Jó 34.19).

II שׁוֹעַ *n. p.* (Is 22.5).

I שׁוּעַ *s. m., suf.* שׁוּעֲךָ: grito de socorro? (Jó 30.24; 36.19).

II שׁוּעַ *n. m.* (Gn 38.2).

שׁוּעָא *n. f.* (1 Cr 7.32).

שַׁוְעָה (*de* שׁוע) *f., cs.* שַׁוְעַת, *suf.* שַׁוְעָתָם: grito de socorro, clamor por socorro.

I שׁוּעָל *m., pl.* שֻׁ(וּ)עָלִים: raposa.

II שׁוּעָל *n. l.* (1 Sm 13.17).

שֹׁעֵר, שׁוֹעֵר *s. m., pl.* שֹׁעֲרִים/רֵי: porteiro, guarda-portão.

I שׁוּף QAL: *impf. suf.* יְשׁוּפְךָ: esmagar (Gn 3.15).

II שׁוּף QAL: *impf. suf.* תְּשׁוּפֶנּוּ, יְשׁוּפֵנִי: abocanhar, tentar morder.

שׁוֹפָךְ *n. m.* (1 Cr 19.16).

שׁוּפָמִי *gent. ou patr.* (Nm 26.39).

שׁוֹפָן *n. l.* עַטְרֹת שׁוֹפָן (Nm 32.35).

שֹׁפָר, שׁוֹפָר *s. m., cs.* שׁוֹפַר, *pl.* שׁוֹפָרוֹת, *cs.* שׁוֹפְרוֹת, *suf.* שׁוֹפְרוֹתֵיהֶם: chifre de carneiro (usado para emitir som), corneta, trombeta.

שׁוק HI: *pf.* הֵשִׁיקוּ: mostrar-se estreito, transbordar (Jl 2.24; 4.13). – POLEL: *impf. suf.* וַתְּשֹׁקְקֶהָ: tornar estreito, presentear em abundância (Sl 65.10).

שׁוֹק (*de* שׁוק) *f., du.* שֹׁקַיִם, *cs.* שׁוֹקֵי, *suf.* שׁוֹקָיו: coxa; perna.

שׁוּק (*de* שׁוק) *pl.* שְׁוָקִים: rua.

שֹׁקֵק*, שׁוֹקֵק* (*de* שׁוק) *adj., f.* שׁ(וֹ)קֵקָה: estreito, apertado; seco, sedento.

I שׁוּר QAL: *impf.* יָשׁוּר/תָּ/אָ, יְשׁוּרֶנּוּ/נָּה, תְּשׁוּרֵנִי, אֲשׁוּרֶנּוּ; *imp.* שׁוּר: olhar, observar, contemplar, ver.

II שׁוּר QAL: *impf.* (וַ)תָּשֻׁ(וּ)רִי; *pt. pl. f. suf.* שָׁרוֹתַיִךְ: viajar; descer?; *pt. f.* caravana.

שׁוֹר *s. m., suf.* שׁוֹרוֹ, שֹׁרְךָ, *pl.* שְׁוָרִים: boi, touro; *tb. col.:* gado bovino.

I שׁוּר muro.

II שׁוּר *loc.* שׁוּרָה: *n. l.* (Gn 16.7).

שׁוּרָה* *s. f., pl. suf.* שׁוּרוֹתָם: muro de sustentação (dos terraços) (Jó 24.11).

שׁוֹרֵר* *pl. suf.* שׁוֹרְרַי: inimigo.

שַׁוְשָׁא *n. m.* (1 Cr 18.16).

I שׁוּשַׁן *s. m., i. p.* שׁוּשָׁן, *e* שׁוֹשַׁנָּה *f., cs.* שׁוֹשַׁנַּת, *pl.* שׁ(וֹ)שַׁנִּים: lírio; flor de lótus; *significado incerto nos títulos de alguns Salmos.*

II שׁוּשַׁן *n. l.* (Ne 1.1).

שׁוּשַׁק *v.* שִׁישַׁק.

שׁות *v.* שִׁית.

שׁוּתֶלַח *i. p.* שׁוּתָלַח: *n. m.* (Nm 26.35).

שׁזף QAL: *pf. suf.* שְׁזָפַתּוּ, שְׁזָפַתְנִי: avistar; bronzear, tostar.

שׁזר HO: *pt.* מָשְׁזָר: (re)torcido.

שַׁח (*de* שׁחח) inclinado, baixo; שַׁח עֵינַיִם: de olhos baixos / inclinados / abatidos (Jó 22.29).

שׁחד QAL: *impf.* וַתִּשְׁחֲדִי; *imp.* שִׁחֲדוּ: dar um presente, presentear.

שֹׁחַד (*de* שׁחד) *m.:* presente; suborno.

שׁחה QAL: *imp.* שְׁחִי: inclinar-se, curvar-se, abaixar-se (Is 51.23). – HI: *impf. suf.* יַשְׁחֶנָּה: fazer inclinar-se, fazer curvar-se, fazer abaixar-se (Pv 12.25). – HIT: pf. הִשְׁתַּחֲוָה, הִשְׁתַּחֲוִיתָ, הִשְׁתַּחֲווּ; *impf.* יִשְׁתַּחֲוֶה/אֶשְׁ, יִשְׁתַּחֲוֶה, וַיִּשְׁתַּחוּ = וַיִּשְׁתַּחֲווּ, וַתִּשְׁתַּחֲוֶיןָ; *imp.* הִשְׁתַּחֲוִי, הִשְׁתַּחֲווּ; *inf.* הִשְׁתַּחֲוֹת; *pt.* מִשְׁתַּחֲוֶה, מִשְׁתַּחֲוִים: inclinar-se, curvar-se, abaixar-se (profundamente); prostrar-se; adorar, fazer reverência. *Veja tb.* חוה!

שְׁחוֹר *v.* שִׁיחוֹר.

שְׁחוֹר (*de* שחר) fuligem, negrume (Lm 4.8).

***שְׁחוּת** (*de* שחה) *suf.* שְׁחוּתוֹ (Pv 28.10): cova, buraco; *senão l.* שַׁחְתּוֹ.

שחח QAL: *pf.* שַׁח, שַׁח(וֹ)תִי, שַׁחוּ, שָׁחֲחוּ; *impf.* יָשֹׁחַ, וַיָּשֹׁחוּ, *Q* תָּשׁוֹחַ; *inf.* (= *adv.*?) שְׁחוֹחַ: inclinar-se, curvar-se, abaixar-se; agachar-se, acaçapar-se; andar curvado; ter que humilhar-se. – NI (*ou* QAL): *impf.* וַיִּשַּׁח, תִּשַּׁח, יִשַּׁחוּ: ter que curvar-se, ter que inclinar-se; soar baixo, soar abafado. – HI: *pf.* הֵשַׁח: fazer curvar-se, fazer agachar-se, pôr abaixo (Is 25.12; 26.5).

I שׁחט QAL: *pf.* שָׁחַט, שְׁחַטְתֶּם, שָׁחֲטוּ, *suf.* שְׁחָטוֹ; *impf.* יִשְׁחַט/חָט, וַתִּשְׁחֲטִי, וַיִּשְׁחָטֵהוּ; *imp.* שַׁחֲטוּ; *inf.* שְׁחֹט, *suf.* שַׁחֲטָם, *abs.* שָׁחֹט; *pt.* שׁוֹחֵט, *pl. cs.* שֹׁחֲטֵי, *pass.* שָׁחוּט, *f.* שְׁחֻ(וּ)טָה: carnear, abater (animal); assassinar, massacrar. – NI: *impf.* יִשָּׁחֵט: ser abatido, ser carneado (Lv 6.18; Nm 11.22).

II שׁחט QAL: *pt. pass.* שָׁחוּט: mesclado, ligado, amalgamado (com outro metal).

שַׁחֲטָה Os 5.2: *significado incerto:* cova?; corrupção?

שְׁחִי *v.* שׁוּחִי.

***שְׁחִיטָה** (*de* שׁחט) *cs.* שְׁחִיטַת: (o) abater, carneação (2 Cr 30.17).

שְׁחִין *s. m., cs.* = : furúnculo, abscesso, úlcera, lugar infeccionado; *talvez tb.* varíola.

שָׁחִים *v.* סָחִישׁ.

***שְׁחִית** (*de* שׁחה) *pl. suf.* שְׁחִיתוֹתָם: cova (Sl 107.20; Lm 4.20).

שַׁחַל *s. m., i. p.* שָׁחַל: filhote de leão.

שְׁחֵלֶת *prov. a concha de um certo molusco* (*que exalava cheiro forte ao ser queimada*), onicha; craveiro (Êx 30.34).

שַׁחַף *i. p.* שָׁחַף: gaivota *ou* morcego (Lv 11.16; Dt 14.15).

שַׁחֶפֶת *s. f., espécie de doença não determinada, ger.* tuberculose (Lv 26.16; Dt 28.22).

***שַׁחַץ** *i. p.* שָׁחַץ: orgulho; בְּנֵי שָׁחַץ feras orgulhosas / majestosas (Jó 28.8; 41.26).

שַׁחֲצוּמָה Js 19.22: *l.* שַׁחֲצִימָה *loc. de** שַׁחֲצִים: *n. l.*

שׁחק QAL: *pf.* שָׁחַקְתָּ, שָׁחֲקוּ; *impf. suf.* אֶשְׁחָקֵם: triturar, moer, pulverizar.

שַׁחַק (*de* שׁחק) *m., pl.* שְׁחָקִים: camada de poeira, pó; *col.* nuvens (de poeira?); *pl.* nuvens.

I שׁחר QAL: *pf.* שָׁחַר: tornar-se preto (Jó 30.30).

II שׁחר QAL: *pt.* שֹׁחֵר: tencionar, buscar (Pv 11.27). – PI: *pf.* שִׁחֲרוּ, *suf.* שִׁחֲרוֹ, שִׁחַרְתִּנִי; *impf.* תְּשַׁחֵר, *suf.* יְשַׁחֲרֻנְנִי, אֲשַׁחֲרֶךָּ; *inf.* שַׁחֵר, *suf.* שַׁחְרָהּ; *pt. pl. cs.* מְשַׁחֲרֵי, *suf.* מְשַׁחֲרַי: buscar, procurar; שַׁחְרָהּ (*inf. c. suf.*? Is 47.11) encantamento / feitiço (contra ela).

שָׁחֹר (*de* I שׁחר) *adj., f.* שְׁחוֹרָה, *pl.* שְׁחֹרִים/רוֹת: preto.

שַׁחַר (*de* II שׁחר) *m., i. p.* שָׁחַר: aurora, alvorada; (o) amanhecer, (o) romper do dia.

שִׁחֹר *v.* שְׁחוֹר.

שִׁחֹר *v.* שִׁיחוֹר.

שַׁחֲרוּת (*de* I שׁחר?) cabelo preto?; flor (= plenitude) da mocidade? (Ec 11.10).

***שְׁחַרְחֹר** (*de* I שׁחר) *adj., f.* שְׁחַרְחֹרֶת: moreno, trigueiro (Ct 1.6).

שְׁחַרְיָה *n. m.* (1 Cr 8.26).

שַׁחֲרַיִם *n. m.* (1 Cr 8.8).

שׁחת NI: *pf.* נִשְׁחַת, נִשְׁחֲתָה; *impf.* תִּשָּׁחֵת;

pt. pl. f. נִשְׁחָתוֹת: deteriorar-se, arruinar-se, degenerar; ser / estar / ficar arruinado, ser / estar / ficar degenerado, ser / estar / ficar deteriorado. – PI: *pf.* שִׁחֵת, שִׁחַתָּ, שִׁחֲתוּ, *suf.* שִׁחֶתְךָ, שִׁחֲתָהּ; *imp.* שַׁחֲתוּהָ; *inf.* שַׁחֵת, שַׁחֲתָהּ, שַׁחֶתְכֶם: arruinar, destruir, arrasar, demolir; trazer ruína / destruição / desgraça; corromper, estragar; fazer / agir mal, agir perniciosamente. – HI: *pf.* הִשְׁחִית, הִשְׁחַתִּי; *impf.* יַשְׁחִית, תַּשְׁחֵת, תַּשְׁחִיתוּן, *suf.* נַשְׁחִיתֶהָ, וַתַּשְׁחִיתֵם; *inf.* הַשְׁחִית, הַשְׁחִיתֶךָ, *abs.* הַשְׁחֵת; *pt.* מַשְׁחִית, *suf.* מַשְׁחִיתָם: destruir, arruinar; corromper; trazer ruína / destruição / desgraça; fazer / agir mal, agir de maneira corrupta / danosa; fazer / deixar ruir, lançar por terra, derrubar; danificar, prejudicar; aparar (a barba); אַל תַּשְׁחֵת *expressão c. significado incerto; pt.* destruidor, carniceiro, assassino; *pt. tb. usado para designar um grupo especial de soldados.* – HO: *pt.* מָשְׁחָת: arruinado, poluído; injuriado, defeituoso (castrado?) (Pv 25.26; Ml 1.14).

שַׁחַת (*de* שוח) *f., i. p.* שָׁחַת, *suf.* שַׁחְתָּם: fojo, cova, buraco (para apanhar animais); cova, sepultura, túmulo.

שִׁטָּה *pl.* שִׁטִּים: acácia (*Acacia nilotica*).

שטח QAL: *pf. suf.* שְׁטָחוּם; *impf.* וַתִּשְׁטַח; *pt.* שֹׁטֵחַ: espalhar, estender, dispersar; despejar. – PI: *pf.* שִׁטַּחְתִּי: estender (Sl 88.10).

שֹׁטֵט Js 23.13: açoite; *senão l.* שׁוֹטִים (*de* שׁוט).

שִׁטִּים *n. l.* (Nm 25.1).

שטף QAL: *pf.* שָׁטַף, *suf.* שְׁטָפוּנִי, שְׁטָפָתְנִי; *impf.* יִשְׁטוֹף, יִשְׁטְפוּ, *suf.* יִשְׁטְפוּךָ; *pt.* שׁ(וֹ)טֵף: arrastar, varrer, levar (pela correnteza); tirar lavando, lavar; alagar, inundar, transbordar; arrojar-se. – NI: *impf.* יִשָּׁטֵף; *cj. inf. abs.* הִשָּׁטֹף: ser lavado; ser arrastado (pela correnteza) (Lv 15.12; Dn 11.22). – PU: *pf.* שֻׁטַּף: ser lavado (Lv 6.21).

שֶׁטֶף, שֵׁטֶף (*de* שטף) *m., cs.* = inundação.

שטר QAL: *pt.* שֹׁ(וֹ)טֵר, *pl.* שֹׁטְרִים/רֵי, *suf.* שֹׁטְרָיו: funcionário (encarregado das listas), escriba; funcionário (encarregado de selecionar guerreiros), oficial?

שִׁטְרַי *n. m.* (1 Cr 27.29).

שַׁי *s. m., i. p.* שָׁי: dádiva, donativo, presente.

שְׁיָא *n. m.* (2 Sm 20.25).

שִׁיאֹן *n. l.* (Js 19.19).

שִׁיבָה* *cs.* שִׁיבַת: *l.* שְׁבִית (Sl 126.1); *suf.* שִׁיבָתוֹ: *l.* שִׁבְתּוֹ (2 Sm 19.33).

שיה QAL: *impf. i. p.* תֶּשִׁי: *l.* תֶּשִׁי (*de* נשה) (Dt 32.18).

שִׁיזָא *n. m.* (1 Cr 11.42).

שיח QAL: *pf.* שָׁחָה: desvanecer-se, dissipar-se, desfazer-se (Sl 44.26). – HITPOLEL: *impf.* תִּשְׁתּוֹחֵחַ, תִּשְׁתּוֹחֲחִי: estar / mostrar-se dissolvido; estar / mostrar-se desesperado. *Ob.*: תָּשִׁיחַ (Lm 3.20) *pode pertencer a esta raiz como todas as formas acima podem tb. pertencer à raiz* שחח.

שִׁיחָה (*de* שוח) *f., pl.* שִׁיחוֹת: fojo, cova, buraco (para apanhar animais).

שִׁיחוֹר *tb.* שִׁחוֹר *e* שִׁחֹר: rio, canal; *ou n. r.* (Js 13.3)?

שִׁיחוֹר לִבְנָת *n. de canal* (Js 19.26).

שַׁיִט *v.* II שׁוֹט (Is 28.15).

שַׁיִט (*de* I שׁוט) *m.*: remo (Is 33.21; 28.15 *K*).

שִׁילֹה *K significado desconhecido* (Gn 49.10).

שִׁילוֹ *tb.* שִׁלוֹ *e* שִׁלֹה: *n. l.* (Jz 21.21).

שֵׁילָל Mq 1.8 *K*: *l.* שׁוֹלָל.

שִׁילֹנִי *tb.* שִׁילוֹנִי *e* שִׁלֹנִי: *gent.* (1 Rs 11.29).

שִׁימוֹן *n. m.* (1 Cr 4.20).

שׁין HIFTIL: *pt.* מַשְׁתִּין: urinar.

שַׁיִן★ (*de* שׁין) *pl. suf.* שֵׁינֵיהֶם: urina.

שׁיר QAL: *pf.* שָׁר; *impf.* יָשִׁיר, וַתָּשַׁר, אָשִׁירָה, יָשִׁירוּ; *imp.* שִׁירוּ; *inf. Q* שִׁיר (*K* שׁוּר); *pt.* שָׁר, שָׁרִים/וֹת: cantar, entoar um canto; celebrar cantando; *pt.* cantor(a). – POLEL: *pf.* שֹׁרְרוּ; *impf.* יְשׁוֹרֵר; *pt.* מְשׁוֹרֵר, מְשֹׁרְרִים/וֹת: cantar; celebrar cantando; ressoar (*suj.* um canto); *pt.* cantor(a) (no templo). – HO: *impf.* יוּשַׁר: ser cantado, ser entoado (Is 26.1).

שֵׁיר★ Is 3.19: *v.* I שֵׁר★.

שִׁיר (*de* שׁיר) *m.*, *suf.* שִׁירוֹ, שִׁירֹה, *pl.* שִׁ(י)רִים, *suf.* שִׁירֵיכֶם: canto.

שִׁירָה (*de* שׁיר) *f.*, *cs.* שִׁירַת: canto.

שַׁיִשׁ alabastro (1 Cr 29.2).

שִׁישָׁא *n. m.* (1 Rs 4.3).

שׁוּשַׁק, שִׁישַׁק *i. p.* שִׁישָׁק: *n. m.* (1 Rs 11.40).

שׁית QAL: *pf.* שַׁת *e* שַׁתָּה, שָׁתָה, שָׁת, שַׁתַּנִי, שָׁתָם, שָׁתוּ, שַׁתּוּ, *suf.* וְשַׁתִּי, שַׁתָּה; *impf.* יָשִׁית, יָשֶׁת, וַיָּשֶׁת, יְשִׁיתוּ, *suf.* תְּשִׁיתֵמוֹ, אֲשִׁיתֵנוּ, יְשִׁיתֵהוּ (Jr 13.16 יָשִׁית *l.* וְשָׁת); *imp.* שִׁית, שִׁיתָה, שִׁיתוּ, *suf.* שִׁיתֵמוֹ; *inf.* שִׁית, *suf.* שִׁיתִי, *abs.* שֹׁת: colocar, pôr, assentar (*tr.*), deitar (*tr.*); mandar vir, encomendar; ordenar, estabelecer, determinar; impor; indicar, designar, nomear; tornar (algo ou alguém em algo), fazer (algo de alguém); *c.* לֵב: atentar, prestar atenção, considerar; voltar, dirigir, fixar (o rosto ou os olhos em direção a); tratar (como); tomar posição. – HO: *impf.* יוּשַׁת: ser imposto (Êx 21.30).

שִׁית (*de* שׁית) traje, vestimenta, vestes (Sl 73.6; Pv 7.10).

שַׁיִת *i. p.* שָׁיִת, *suf.* שִׁיתוֹ, *col.*: erva daninha.

שׁכב QAL: *pf.* שָׁכַב, שָׁכְבָה, שָׁכָב; *impf.* יִשְׁכַּב, אֶשְׁכְּבָה, יִשְׁכְּבוּ(ן), יִשְׁכַּבְן, יִשְׁכְּבָה, נִשְׁכְּבָה; *imp.* שִׁכְבָה, לִשְׁכַּב־, שְׁכַב; *inf.* שִׁכְבָה, שְׁכַב, שָׁכְבֵךְ, *abs.* שָׁכֹב; *pt.* שֹׁכֵב, שֹׁכֶבֶת, שֹׁכְבִים/בֵי: deitar-se, estar deitado; jazer; coabitar. – NI: *impf.* תִּשָּׁכַבְנָה *Q:* ser deitada (para coabitação) (Is 13.16; Zc 14.2). – PU: *pf.* שֻׁכַּבְתְּ *Q:* ser deitada (para coabitação) (Jr 3.2). – HI: *pf.* הִשְׁכִּיבָה, *suf.* הִשְׁכַּבְתִּים; *impf.* יַשְׁכִּיב, *suf.* וַיַּשְׁכְּבֵהוּ, וַיַּשְׁכִּיבֵהוּ; *inf.* הַשְׁכֵּב: deitar (*tr.*), fazer / deixar deitar-se; derrubar. – HO: *pf.* הָשְׁכְּבָה, הֻשְׁכַּב (*imp. ?*); *pt.* מֻשְׁכָּב: ser / estar deitado.

שְׁכָבָה★ (*de* שׁכב) *f.*, *cs.* שִׁכְבַת: camada (Êx 16.13,14); ejaculação, ejeção (de sêmen).

שְׁכֹבֶת★ (*de* שׁכב) *suf.* שְׁכָבְתּוֹ, שְׁכָבְתְּךָ: ato sexual, coabitação.

שׁכה HI: *pt.* מַשְׁכִּים (*contraído de* מַאֲשִׁיכִים★ *denom. de* אֶשֶׁךְ★): exibir testículos (vigorosos) (Jr 5.8).

שְׁכוֹל (*de* שׁכל) perda dos filhos, desfilhamento.

שַׁכּוּל (*de* שׁכל) *adj.*, *f.* שַׁכֻּלָה, *pl. f.* שַׁכֻּלוֹת: o (a) que foi privado(a) de seu(s) filho(s) ou de sua(s) cria(s).

שְׁכוּלָה (*de* שׁכל) *adj. f.:* desfilhada (Is 49.21).

שִׁכֹּר, שִׁכּוֹר (*de* שׁכר) *adj.*, *f.* שִׁכֹּרָה, *pl.* שִׁכּוֹרִים, *cs.* שִׁכֹּרֵי: embriagado, bêbado.

שׁכח QAL: *pf.* שָׁכַח, שָׁכֵחָה, שָׁכַחַתְּ (= שָׁכַחַתְּ *ou* שָׁכַחַתְּ), *suf.* שְׁכַחְתָּנִי, תִּשְׁכָּחִי, יִשְׁכַּח, שְׁכֵחַנִי, שְׁכַחֲנוּךָ; *impf.* *suf.* אֶשְׁכָּחֵךְ; *imp.* שִׁכְחִי; *inf. abs.* שָׁכוֹחַ; *pt. pl. cs.* שֹׁכְחֵי: esquecer, olvidar. – NI: *pf.* נִשְׁכַּח, נִשְׁכַּחַת; *impf.* תִּ/יִשָּׁכַח; *pt. f.* נִשְׁכָּחָה, *pl.* נִשְׁכָּחִים: ser esquecido, ser olvidado, cair em esquecimento.

תִּשְׁכֹּנָּה, אֶשְׁכְּנָה, אֶשְׁכֹּנָה, יִשְׁכָּן־, יִשְׁכֹּ(ו)ן; *imp.* שְׁכֹן, שְׁכָן־, שִׁכְנוּ; *inf.* לִשְׁכֹּן, *suf.* לְשָׁכְנִי, לְשִׁכְנוֹ; *pt.* שֹׁכֵן, *cs.* שֹׁכְנִי, *f. cs.* שֹׁכַנְתִּי, *pl.* שֹׁכְנִים, *suf.* שֹׁכְנֵיהֶם: morar, habitar, residir, fixar residência; residir temporariamente, acampar, pousar; demorar-se, deter-se, permanecer, encontrar-se (em); submeter-se (a). – PI: *pf.* שִׁכֵּן, שִׁכַּנְתִּי; *impf.* אֲשַׁכְּנָה; *inf.* שַׁכֵּן: deixar morar, fazer morar. – HI: *pf.* הִשְׁכַּנְתִּי; *impf.* יַשְׁכֵּן, וַיַּשְׁכִּינוּ: deixar morar, fazer morar; depor, pousar (*tr.*).

שָׁכֵן (*de* שכן) *cs.* שְׁכֵן, *suf.* שְׁכֵנוֹ, *f. sing. suf.* שְׁכֶנְתָּהּ, *pl. suf.* שְׁכֵנָיו, שְׁכֵנַי, שְׁכֵנֵינוּ, *f. pl.* שְׁכֵנוֹת: morador, habitante; vizinho.

שְׁכַנְיָה *n. m.* (1 Cr 3.21).

שְׁכַנְיָהוּ *n. m.* (2 Cr 31.15).

שׁכר QAL: *pf.* שָׁכְרוּ; *impf.* יִשְׁכָּר, יִשְׁכָּרוּן; *imp.* שִׁכְרוּ; *inf.* לְשָׁכְרָה: embriagar-se, embebedar-se; estar embriagado, estar bêbado. – PI: *impf.* וַיְשַׁכְּרֵהוּ; *inf.* שַׁכֵּר; *pt.* מְשַׁכֶּרֶת: embriagar, embebedar. – HI: *pf.* הִשְׁכַּרְתִּי, הִשְׁכַּרְתִּים; *impf.* אַשְׁכִּיר; *imp.* הַשְׁכִּירֻהוּ: embriagar, embebedar. – HIT: *impf.* תִּשְׁתַּכָּרִין: portar-se como embriagado (1 Sm 1.14).

שֵׁכָר (*de* שכר) *m.*: *n. de bebida inebriante, espécie de* cerveja.

שָׁכֻר★ (*de* שכר) *f. cs.* שְׁכֻרַת: embriagado, bêbado (Is 51.21).

שִׁכָּרוֹן I (*de* שכר): embriaguez.

שִׁכְּרוֹן★ II *loc.* שִׁכְּרוֹנָה: *n. l.* (Js 15.11).

שַׁל desdém?; irreverência?; *txt. corr.*? (2 Sm 6.7).

שֶׁל *composto de* .שֶׁ *mais prep.* .לְ

שַׁלְאֲנַן Jó 21.23: *l.* .שַׁאֲנַן

שׁלב PU: *pt. pl. f.* מְשֻׁלָּבֹת: malhetado, travado, juntado (Êx 26.17; 36.22).

– PI: *pf.* שִׁכַּח: lançar no esquecimento, destruir a lembrança (Lm 2.6). – HIT: *impf.* יִשְׁתַּכְּחוּ: ser esquecido (Ec 8.10). – HI: *inf.* הַשְׁכִּיחַ: fazer esquecer (Jr 23.27).

שָׁכֵחַ★ (*de* שכח) *pl.* שְׁכֵחִים, *cs.* שְׁכֵחֵי: aquele que esquece, (pessoa) esquecida (Is 65.11; Sl 9.18).

שׁכך QAL: *pf.* שָׁכָכָה; *impf.* וַיָּשֹׁכּוּ; *inf.* שֹׁךְ: abaixar (*intr.*), diminuir (*intr.*); aplacar-se, amainar-se. – HI: *pf.* הֲשִׁכֹּתִי: fazer cessar (Nm 17.20).

שׁכל QAL: *pf.* שָׁכֹלְתִּי, שָׁכָלְתִּי; *impf.* תִּשְׁכַּל: perder o(s) filho(s). – PI: *pf.* שִׁכְּלָה, שִׁכֵּלוּ, שִׁכַּלְתִּים, שִׁכְּלֵךְ; *impf.* תְּשַׁכֵּל, תְּשַׁכֶּל־; *inf. suf.* שַׁכְּלָם; *pt. f.* מְשַׁכְּלָה, מְשַׁכֶּלֶת, מְשַׁכֶּלֶת: privar do(s) filho(s), desfilhar; abortar; fazer abortar; falhar (de carregar fruto). – HI: *pt.* מַשְׁכִּיל: abortar (Os 9.14).

שִׁכֻּלִים★ (*de* שכל) *suf.* שִׁכֻּלָיִךְ: situação de mãe que perdeu seu(s) filho(s) (Is 49.20).

שׁכם (*denom. de* שְׁכֶם) HI: *pf.* הִשְׁכִּים, הִשְׁכַּמְתֶּם, הִשְׁכַּמְתֶּם; *impf.* וַיַּשְׁכֵּם, תַּשְׁכִּים, וַיַּשְׁכִּ(י)מוּ, נַשְׁכִּימָה; *imp.* הַשְׁכֵּם; *inf.* הַשְׁכֵּים; *pt.* מַשְׁכִּים, *pl. cs.* מַשְׁכִּימֵי: *orig. colocar* (*de manhã cedo*) *a carga nos ombros ou carregar o lombo do animal:* levantar cedo, madrugar; fazer (algo) de manhã cedo, estar cedo em atividade; fazer (algo) repetidas vezes.

שְׁכֶם I *s. m., suf.* שִׁכְמוֹ, שִׁכְמָה (*l.* שִׁכְמָהּ), שִׁכְמֵךְ: (ambos os) ombros (*incluindo a nuca e a parte superior das costas*): lombada.

שְׁכֶם II *loc.* שְׁכֶמָה *e* שֶׁכְמָה: *n. l.* (Gn 12.6).

שְׁכֶם III *n. m.* (Gn 34.2).

שֶׁכֶם *n. m.* (Nm 26.31).

שׁכן QAL: שָׁכַן, שָׁכֵן, שָׁכַנְתָּ; *impf.*

שָׁלָב★ (*v.* שלב) *s., pl.* שְׁלַבִּים: travessa (1 Rs 7.28.29).

שׁלג HI: *impf.* תַּשְׁלֵג: nevar (Sl 68.15).

שֶׁלֶג I (*v.* שׁלג) *m., i. p.* שָׁלֶג: neve.

שֶׁלֶג II saboeira (*Saponaria*) (Jó 9.30).

שׁלה QAL: *pf.* שָׁלַוְתִּי, שָׁלוּ; *impf.* יִשְׁלָיוּ: ter tranqüilidade, ter sossego, ter descanso, ter paz; viver tranqüilo, viver sossegado, viver em paz. – NI: *impf.* תִּשָּׁלוּ: relaxar-se, ser negligente (2 Cr 29.11). – HI: *impf.* תַשְׁלֶה: acalmar (com falsas esperanças) (2 Rs 4.28).

שֵׁלָה★ I *suf.* שֵׁלָתֵךְ: pedido (1 Sm 1.17).

שֵׁלָה II *n. m.* (Gn 38.5).

שִׁלֹה *tb.* שִׁלוֹ *e* שִׁילוֹ: *n. l.* (Js 18.1).

שַׁלְהֶבֶת *s. f., i. p.* שַׁלְהָבֶת: chama (Ez 21.3; Jó 15.30).

שַׁלְהֶבֶתְיָה Ct 8.6: *l.* שַׁלְהֲבֹתֶיהָ שַׁלְהֶבֶת יָהּ.

שָׁלֵו *tb.* שְׁלֵיו, שָׁלֵיו (*de* שׁלה) *adj., f.* שְׁלֵוָה, *pl. cs.* שַׁלְוֵי: tranqüilo, sossegado, imperturbado; despreocupado, descuidado.

שָׁלוּ★ (*de* שׁלה) *cs.* שַׁלְוִי: tranqüilidade, despreocupação (Sl 30.7).

שִׁלוֹ *v.* שִׁלֹה *e* שִׁילוֹ.

שַׁלְוָה (*de* שׁלה) *f., cs.* שַׁלְוַת, *pl. suf.* שַׁלְוֹתַיִךְ: tranqüilidade, sossego; despreocupação; *pl.* período de prosperidade.

שִׁלּוּחִים★ (*de* שׁלח) *suf.* שִׁלּוּחֶיהָ: demissão, despedida; presente de despedida, dote.

שָׁלוֹם, שָׁלֹם (*de* שׁלם) *m., cs.* שְׁלוֹם, *suf.* שְׁלֹמֹה, שְׁלוֹמֵךְ, *pl.* שְׁלוֹמִים: (o) ser / estar inteiro, (o) ser / estar intacto, (o) ser / estar ileso, (o) não ser / estar afetado. *1)* tranqüilidade, sossego, despreocupação. *2)* prosperidade, êxito. *3)* incolumidade. *4)* saúde, bem-estar; הֲשָׁלוֹם está (tudo) bem?, שָׁלוֹם לוֹ ele está bem! *5)* relacionamento próspero, paz. *6)* amizade, amabilidade. *7)* prosperidade e inteireza total, salvação.

שַׁלֻּם, שַׁלּוּם *n. m.* (2 Rs 15.10).

שִׁלֻּם, שִׁלּוּם (*de* שׁלם) *pl.* שִׁלֻּמִים: retribuição (recompensa *ou* vingança).

שַׁלּוּן *n. m.* (Ne 3.1).

שִׁלוֹנִי *v.* שִׁילֹנִי.

שָׁלוֹשׁ *v.* שָׁלֹשׁ.

שׁלח QAL: *pf.* שָׁלַח, שְׁלַחְתֶּם, *suf.* שְׁלָחוֹ; *impf.* יִשְׁלַח, אֶשְׁלְחָה, תִּשְׁלַחְנָה, *suf.* יִשְׁלָחֵךְ; *imp.* שְׁלַח, וּשְׁלַח, שִׁלְחָה, *suf.* שְׁלָחֵנִי; *inf.* שְׁלֹחַ, שְׁלֹחַ, שְׁלֹחַ, *suf.* שָׁלְחִי, *abs.* שָׁלוֹחַ; *pt.* שֹׁלֵחַ, *suf.* שֹׁלְחִי, *pl. suf.* שֹׁלְחָיו, *pass.* שָׁלוּחַ, שְׁלֻ(וּ)חָה: deixar livre, deixar solto; deixar ir, deixar andar; estender; enviar. – NI: *inf.* נִשְׁלוֹחַ: ser enviado (Et 3.13). – PI: *pf.* שִׁלַּח, שִׁלְּחָה = שִׁלְּחָה, שִׁלְּחוּ, *suf.* שִׁלְּחוֹ, שִׁלֵּחוּךְ; *impf.* יְשַׁלַּח, אֲשַׁלְּחֶךָּ, תְּשַׁלַּחְנָה, תְּשַׁלְּחֵנוּ, *suf.* יְשַׁלְּחוּ, וָאֲשַׁלְּחֵךְ; *imp.* שַׁלַּח, שַׁלְּחוּ, *suf.* שַׁלְּחֵנִי/חֻנִי; *inf.* שַׁלַּח, *suf.* שַׁלְּחָם, שַׁלְּחוֹ = שַׁלְּחוֹ, *abs.* שַׁלֵּחַ; *pt.* מְשַׁלֵּחַ, *pl. cs.* מְשַׁלְּחֵי: deixar solto, deixar livre; soltar, desimpedir; deixar ir; estender; escoltar, acompanhar; mandar embora, despedir; lançar, lançar fora, expulsar; enviar; שִׁלַּח בָּאֵשׁ pôr fogo. – PU: *pf.* שֻׁלַּח; *impf.* יְשֻׁלַּח; *pt.* מְשֻׁלָּח: ser mandado embora, ser despedido; ser enviado; ser lançado; estar solto, estar entregue a si mesmo; ter permissão de ir. – HI: *pf.* הִשְׁלַחְתִּי; *inf.* הַשְׁלִיחַ; *pt.* מַשְׁלִיחַ: soltar; lançar (algo) (sobre בְּ); enviar.

שֶׁלַח I (*de* שׁלח) *i. p.* שָׁלַח, *suf.* שִׁלְחוֹ: arma de arremesso: lança, dardo, azagaia.

שֶׁלַח II (*de* שׁלח) aqueduto (Ne 3.15).

שֶׁלַח III *n. m.* (Gn 10.24).

שִׁלֹחַ *n. de aqueduto* (Is 8.6).

שְׁלֻחוֹת★ (*de* שׁלח) *suf.* שְׁלֻחוֹתֶיהָ: sarmento (Is 16.8).

שְׁלִשִׁיָּה (Is 15.5).

שלך HI: *pf.* הִשְׁלִיךְ, הִשְׁלִיכָה, *suf.* הִשְׁלִיכוֹ, הִשְׁלַכְתּוֹ; *impf.* אַשְׁלִיךְ, וַיַּשְׁלֵךְ, וַיַּשְׁלֶךְ־, תַּשְׁלִכוּן, וַיַּשְׁלִכוּ, וָאַשְׁלִיכָה, *suf.* וַיַּשְׁלִכֻהוּ; *imp.* הַשְׁלֵךְ, הַשְׁלִיכוּ, *suf.* הַשְׁלִיכֵהוּ; *inf.* הַשְׁלִיךְ, *suf.* הַשְׁלִכוֹ; *pt.* מַשְׁלִיךְ, *pl. cs.* מַשְׁלִיכֵי: lançar, arremessar, jogar, atirar; jogar fora, rejeitar; lançar ao chão. – HO: הָשְׁלַךְ, הָשְׁלָכָה, הֻשְׁלְכוּ; *impf.* וַתֻּשְׁלְכִי, יֻשְׁלָכוּ; *pt.* מֻשְׁלָךְ, מֻשְׁלֶכֶת, מֻשְׁלָכִים: ser lançado, ser arremessado, ser jogado, ser atirado; ser lançado ao chão, ser derrubado.

שָׁלָךְ *n. de ave impura,* cormorão? (Lv 11.17; Dt 14.17).

I שַׁלֶּכֶת (*de* שלך) *s.:* derrubada (Is 6.13).

II שַׁלֶּכֶת *n. de um portão do templo* (1 Cr 26.16).

I שלל QAL: *impf.* תָּשֹׁלּוּ; *inf. abs.* שֹׁל: retirar (do feixe) (Rt 2.16).

II שלל QAL: *pf.* שָׁלַל, שַׁלּוֹתָ, שָׁלְלוּ; *impf. suf.* יְשָׁלוּךְ; *inf.* שְׁלֹל; *pt.* שֹׁלְלִים, *suf.* שֹׁלְלֶיהָ: saquear, pilhar, despojar. – HIT: *pf.* אֶשְׁתּוֹלְלוּ; *pt.* מִשְׁתּוֹלֵל: estar saqueado, estar despojado (Is 59.15; Sl 76.6).

שָׁלָל (*de* שלל) *m., cs.* שְׁלַל, *suf.* שְׁלָלָהּ, שְׁלַלְכֶם: saque, despojo, pilhagem, presa de guerra; lucro.

שלם QAL: *pf.* שָׁלְמוּ; *impf.* וַיִּשְׁלַם; *imp.* שְׁלַם; *pt. pass. pl. cs.* שְׁלֻמֵי: ser terminado, ser acabado, ficar pronto; findar (*intr.*); manter-se intacto, manter-se ileso; manter a paz. – PI: *pf.* שִׁלֵּם, שִׁלְּמוּ; *impf.* יְשַׁלֵּם, יְשַׁלֶּם־, אֲשַׁלְּמָה, *suf.* יְשַׁלֶּמְךָ, יְשַׁלְּמֶנָּה; *imp.* שַׁלֵּם; *inf.* שַׁלֵּם, *suf.* שַׁלְּמִי; *pt.* מְשַׁלֵּם, מְשַׁלְּמִים: tornar intacto, tornar inteiro; reparar, indenizar, reembolsar, pagar, restituir; retribuir, recompensar, retaliar, pagar, vingar-se; cumprir, pagar (uma promessa); res-

שַׁלְחִי *n. m.* (1 Rs 22.42).

שְׁלָחִים* *suf.* שְׁלָחַיִךְ: pele (Ct 4.13).

שִׁלְחִים *n. l.* (Js 15.32).

שֻׁלְחָן *s. m., cs.* שֻׁלְחַן, *suf.* שֻׁלְחָנִי, *pl.* שֻׁלְחָנוֹת, *cs.* שֻׁלְחֲנוֹת: *orig. o couro estendido no chão por ocasião da refeição:* mesa; mesa de sacrifícios.

שלט QAL: *pf.* שָׁלַט; *impf.* יִשְׁלַט; *inf.* שְׁלוֹט: obter domínio (sobre); ter domínio, dominar; tiranizar. – HI: *pf. suf.* הִשְׁלִיטוֹ; *impf.* תַּשְׁלֶט־, *suf.* יַשְׁלִיטֶנּוּ: deixar dominar; conceder.

שֶׁלֶט* *pl.* שְׁלָטִים, *cs.* שִׁלְטֵי, *suf.* שִׁלְטֵיהֶם: escudo (pequeno e redondo), broquel.

שִׁלְטוֹן (*de* שלט) (aquilo) que tem poder e autoridade; soberano (Ec 8.4,8).

שַׁלֶּטֶת (*de* שלט) *i. p.* שַׁלָּטֶת: tirana (Ez 16.30).

שְׁלִי* (*de* שלה) *i. p.* שֶׁלִי: calma, tranqüilidade (2 Sm 3.27).

שִׁלְיָה* *s. f., suf.* שִׁלְיָתָהּ: placenta (Dt 28.57).

שְׁלֵיו, שְׂלָיו *v.* שָׁלֵו.

שַׁלִּיט (*de* שלט) *pl.* שַׁלִּיטִים: governante, soberano; tirano.

I שָׁלִישׁ (um) terço, terça parte (*de medida desconhecida*) (Is 40.12; Sl 80.6).

II שָׁלִישׁ* *pl.* שָׁלִשִׁים: *n. de instrumento musical:* alaúde?, triângulo?, sistro? (1 Sm 18.6).

III שָׁלִישׁ *suf.* שָׁלִשׁוֹ, שָׁלִישָׁה, *pl.* שָׁלִ(י)שִׁ(י)ם, *suf.* שָׁלִישָׁיו: *o terceiro homem no carro de guerra, que levava o escudo e as armas do guerreiro,* ajudante, escudeiro.

שְׁלִישִׁי *num., f.* שְׁלִ(י)שִׁ(י)ת *e* שְׁלִשִׁיָּה, *pl. m.* שְׁלִשִׁים: *1) ord.:* terceiro; הַשְּׁלִישִׁית pela terceira vez; בַּשְּׁלִישִׁית depois de amanhã. *2) fracionário:* um terço. *3) em n. l.:* עֶגְלַת

taurar; terminar, completar. – PU: *impf.* יְשֻׁלַּם; *pt.* מְשֻׁלָּם: ser retribuído, ser pago, ser recompensado; ser cumprido, ser pago (de um voto). – HI: *pf.* הִשְׁלִימָה; *impf.* וַיַּשְׁלֵם, יַשְׁלִ(י)ם, *suf.* תַּשְׁלִימֵנִי: levar a cabo, consumar; abandonar; fazer (as) paz(es); chegar a um acordo; viver em paz; deixar viver em paz. – HO: *pf.* הָשְׁלְמָה: ser levado a viver em paz (Jó 5.23).

שְׁלָם* (*de* שׁלם) *cs.* =: acordo, concordância (Ed 4.7).

שֶׁלֶם (*de* שׁלם) *m.*, *pl.* (*col.*) שְׁלָמִים, *cs.* שַׁלְמֵי, *suf.* שַׁלְמֵיהֶם, שְׁלָמָיו: *ger. com* זֶבַח, *sempre em conexão com outros termos que designam sacrifício*: sacrifício de entendimento / comunhão / encerramento.

שָׁלֵם I (*de* שׁלם) *adj.*, *f.* שְׁלֵמָה, *pl.* שְׁלֵמִים/וֹת: são e salvo, ileso, intacto, inteiro; completo, integral, exato; pacífico; *c.* לֵב indiviso, inteiro.

שָׁלֵם II *n. l.* (Gn 14.18).

שִׁלֵּם I Dt 32.35: retribuição; *senão l.* אֲשַׁלֵּם.

שִׁלֵּם II *n. m.* (Gn 46.24).

שַׁלֻּם *v.* שַׁלּוּם.

שִׁלֻּם *v.* שִׁלּוּם.

שִׁלֻּמָה* (*de* שׁלם) *cs.* שִׁלֻּמַת: retribuição, recompensa, castigo (Sl 91.8).

שְׁלֹמֹה *n. m.* (2 Sm 5.14).

שְׁלֹמוֹת *n. m.* (1 Cr 24.22).

שְׁלֹמִי *n. m.* (Nm 34.27).

שִׁלֵּמִי *patr.* (Nm 26.49).

שְׁלֻמִיאֵל *n. m.* (Nm 1.6).

שֶׁלֶמְיָה *n. m.* (Jr 37.3).

שֶׁלֶמְיָהוּ *n. m.* (Jr 36.14).

שְׁלֹמִית *n. m. e f.* (Lv 24.11).

שַׁלְמַן *n. m.* (Os 10.14).

שַׁלְמַנְאֶסֶר *n. m.* (2 Rs 17.3).

שַׁלְמֹנִים (*de* שׁלם) presentes (Is 1.23).

שֵׁלָנִי *patr.* (Nm 26.20).

שׁלף QAL: *pf.* שָׁלַף; *impf.* וַיִּשְׁלֹף, *suf.* וַיִּשְׁלְפָהּ; *imp.* שְׁלֹף; *pt.* שֹׁלֵף, *pass.* שְׁלוּפָה: tirar (o calçado); desembainhar, sacar.

שֶׁלֶף *n. l.* (Gn 10.26).

שׁלשׁ (*denom. de* שָׁלֹשׁ) PI: *pf.* שִׁלַּשְׁתָּ; *impf.* וַיְשַׁלֵּשׁוּ; *imp.* שַׁלֵּשׁוּ: dividir em três partes; fazer pela terceira vez; ser / fazer no terceiro dia. – PU: *pt.* מְשֻׁלָּשׁ, מְשֻׁלֶּשֶׁת, *pl. f.* מְשֻׁלָּשׁוֹת: de três anos (de idade); triplo, triplicado, de três (andares).

שָׁלֹשׁ, שָׁלוֹשׁ *num.*, *cs.* שְׁלֹשׁ, שְׁלָשׁ־, *f.* שְׁלֹשָׁה, *cs.* שְׁלֹשֶׁת, *suf.* שְׁלָשְׁתְּכֶם, *pl.* שְׁלֹשִׁים: três; שְׁלֹשָׁה, שְׁלֹשׁ־עֶשְׂרֵה, שְׁלֹשׁ עֶשְׂרֵה עָשָׂר treze; שְׁלֹשׁ מֵאוֹת trezentos; שְׁלֹשֶׁת אֲלָפִים três mil; pl. שְׁלֹשִׁים trinta.

שִׁלְשָׁה *n. m.* (1 Cr 7.35).

שָׁלִשׁ *v.* שָׁלִישׁ.

שָׁלִשָׁה *n. l.* (1 Sm 9.4).

שִׁלְשָׁה *n. m.* (1 Cr 7.37).

שִׁלְשׁוֹם, שִׁלְשֹׁם *adv.*: anteontem.

שִׁלֵּשִׁים descendentes da terceira geração; netos; bisnetos.

שַׁלְתִּיאֵל *n. m.* (Ag 1.12).

שָׁם *loc.* שָׁמָּה: *1) adv. de lugar:* lá, ali; שָׁמָּה para lá; אֲשֶׁר...שָׁם onde, para onde; שָׁם...שָׁם aqui... acolá. *2) Adv. de tempo:* então. *3)* מִשָּׁם de lá; אֲשֶׁר...מִשָּׁם de onde.

שֵׁם I *m.*, *cs.* שֵׁם(־), שֶׁם־, *suf.* שְׁמוֹ, שִׁמְךָ, שְׁמֵךְ, שִׁמְכָה, *pl.* שֵׁמ(וֹ)ת, *cs.* שְׁמוֹת, *suf.* שְׁמוֹתָם/תָן: nome; reputação, fama.

שֵׁם II *n. m.* (Gn 5.32).

שַׁמָּא *n. m.* (1 Cr 7.37).

שֶׁמְאֵבֶר *n. m.* (Gn 14.2).

שִׁמְאָה *n. m.* (1 Cr 8.32) = שִׁמְאָם (1 Cr 9.38).

שַׁמְגַּר *n. m.* (Jz 3.31).

שׁמד NI: *pf.* נִשְׁמַד/מְדָה; *impf.* יִשָּׁמֵד, תִּשָּׁמֵדוּן; *inf.* הִשָּׁמֵד, *suf.* הִשָּׁמֶדְךָ, הִשָּׁמְדָךְ: ser exterminado, ser eliminado, ser destruído; ser feito / ser imprestável. – HI: *pf.* הִשְׁמִיד, *suf.* הִשְׁמִידוֹ, הִשְׁמַדְתִּיו, הִשְׁמִידָם; *impf.* יַשְׁמִיד, וַיַּשְׁמֵד, *suf.* אַשְׁמִידְךָ, יַשְׁמִידֵם; *imp.* הַשְׁמֵד; *inf.* לְהַשְׁמִיד = לַשְׁמִיד, *suf.* הַשְׁמִידוֹ *e* הִשְׁמִידוֹ, הַשְׁמִידְךָ, *abs.* הַשְׁמֵ(י)ד: exterminar, eliminar, destruir.

שֶׁמֶד* *i. p.* שָׁמֶד: *n. m.* (1 Cr 8.12).

שָׁמָּה *v.* שָׁם.

I שַׁמָּה (*de* שׁמם) *f.*, *pl.* שַׁמּוֹת: algo horrível, algo aterrador, algo apavorante, algo terrível (*dito da devastação*); pavor, horror, assombro, pasmo, espanto.

II שַׁמָּה *n. m.* (Gn 36.13).

שַׁמְהוּת *n. m.* (1 Cr 27.8).

שְׁמוּאֵל *n. m.* (1 Sm 1.20).

שַׁמּוּעַ *n. m.* (Nm 13.4).

שְׁמוּעָה *tb.* שְׁמֻעָה (*de* שׁמע) *f.*, *cs.* שְׁמֻעַת, *suf.* שְׁמֻעָתֵנוּ, *pl.* שְׁמֻעוֹת: o que se ouve, notícia, nova(s); informação, comunicado; *pl.* rumores; revelação.

שָׁמוּר *n. m.* (1 Cr 24.24 *K*).

שַׁמּוֹת *n. m.* (1 Cr 11.27).

שׁמט QAL: *pf.* וְשָׁמַטְתָּה; *impf. suf.* וַיִּשְׁמְטוּהָ, תִּשְׁמְטֶנָּה; *inf.* שָׁמוֹט: largar, soltar, deixar cair, deixar solto, fazer tombar; deixar em pousio (terra); remitir, perdoar. – NI: *pf.* נִשְׁמְטוּ: ser precipitado, ser derrubado? (Sl 141.6). – HI: *impf.* תַּשְׁמֵט: remitir, quitar (Dt 15.3).

שְׁמִטָּה (*de* שׁמט) remissão, cancelamento, perdão.

שַׁמַּי *n. m.* (1 Cr 2.28).

שְׁמִידָע *n. m.* (Nm 26.32).

שְׁמִידָעִי *patr.* (Nm 26.32).

שָׁמַיִם *m.*, *i. p.* שָׁמָיִם, *cs.* שְׁמֵי, *suf.* שָׁמֶיךָ, שְׁמֵיכֶם, שָׁמָיו, *loc.* הַשָּׁמַיְמָה: céu; firmamento; atmosfera.

שְׁמִינִי *num. ord.*, *f.* שְׁמִינִית: oitavo.

I שָׁמִיר *m.*, *suf.* שְׁמִירוֹ: *col.* espinhos, espinheiros.

II שָׁמִיר esmeril.

III שָׁמִיר *n. m.* (1 Cr 24.24 *Q*); *n. l.* (Js 15.48).

שְׁמִירָמוֹת *n. m.* (1 Cr 15.18).

שַׁמְלַי Ed 2.46: *l.* שַׁלְמַי.

שׁמם QAL: *pf.* שָׁמֵמָה, שָׁמְמוּ, שָׁמֵמָּה (*K* שָׁמֵמָה, *Q* שָׁמֵמּוּ); *impf.* יָשֹׁמּוּ, יִשֹּׁם, תִּשֹּׁם, תֵּשַׁם, וַתֵּשֹׁם, תִּישַׁמְנָה (*como de* ישׁם); *imp.* שֹׁמּוּ; *pt.* שֹׁמֵם, שׁוֹמֵם, שֹׁמֵמָה, שׁוֹמְמִים/מִין, שֹׁמְמוֹת, *suf.* שֹׁמְמֹתֵינוּ: estar / ficar desolado / assolado / devastado / deserto / despovoado; estar / ficar abandonado / isolado / privado do convívio; estar / ficar estarrecido / perplexo / horrorizado / espantado / arrepiado. – NI: *pf.* נָשַׁמּוּ; *pt.* נְשַׁמָּה, נְשַׁמּוֹת: ser tornado deserto, ser desolado, ser devastado, ser despovoado; ser estarrecido, ser horrorizado, ser espantado. – POLEL: *pt.* מְשֹׁ(וֹ)מֵם, שׁוֹמֵם: estarrecido, estupefato, perplexo, atônito; destruidor, desolador, devastador, assolador. – HI: *pf.* הֵשַׁמּוּ, הֲשִׁמֹּתִי, הֲשִׁמּוֹתָ; *impf.* יַשִּׁים, *suf.* וַיְשִׁמֵּם; *imp.* הָשַׁמּוּ; *inf.* הַשְׁמֵם: tornar deserto / despovoado / desolado / assolado; tornar estarrecido / perplexo / espantado / horrorizado / arrepiado / atônito / estupefato. – HO: *inf.* הָשַּׁמָּה, בְּהָשַּׁמָּה (*de* בְּהָשַּׁמָּה): desolação. – HIT: *impf.* יִשְׁתּוֹמֵם, וָאֶשְׁתּוֹמֵם, תִּשְׁתּוֹמֵם: mostrar-se espantado / assombrado / aterrorizado / perplexo / atônito / pasmado / estarrecido; arruinar-se.

שָׁמֵם (*de* שׁמם) *adj.*, *f.* שְׁמֵמָה: desolado, devastado, assolado, deserto, despovoado.

שְׁמָמָה (*de* שׁמם) *f.*, *pl. cs.* שִׁמְמוֹת: região deserta (que causa horror), desolação.

שִׁמְמָה Ez 35.7: *l.* שְׁמָמָה וּמְשַׁמָּה.

שִׁמָּמוֹן (*de* שׁמם) pavor, estarrecimento (Ez 4.16; 12.19).

שְׂמָמִית *v.* שְׂמָמִית.

שׁמן QAL: *pf.* שָׁמְנוּ; *impf.* וַיִּשְׁמַן ser / tornar-se gordo (Dt 32.15; Jr 5.28). – HI: *impf.* וַיַּשְׁמִינוּ; *imp.* הַשְׁמֵן: tornar gordo, engordar (*tr.*); criar gordura, engordar (*intr.*) (Is 6.10; Ne 9.25).

שֶׁמֶן (*cf.* שׁמן) *m.*, *i. p.* שָׁמֶן, *suf.* שַׁמְנֵהּ, *pl.* שְׁמָנִים, *suf.* שְׁמָנֶיךָ: óleo, azeite; azeitona?; עֵץ שֶׁמֶן oliveira, zambujeiro.

שָׁמָן* *pl.* שְׁמָנִים, *cs.* שְׁמַנֵּי: gordo.

שָׁמֵן *adj.*, *f.* שְׁמֵנָה: gordo.

שְׁמֹנֶה, שְׁמוֹנֶה *num.*, *f.* שְׁמֹ(ו)נָה, *cs.* שְׁמֹנַת: oito; שְׁמֹנָה/נֶה/נַת עָשָׂר/עֶשְׂרֵי dezoito; שְׁמֹ(ו)נִים oitenta; שְׁמֹנֶה מֵאוֹת oitocentos; שְׁמֹנַת אֲלָפִים oito mil.

שְׁמַנֵּי *v.* שָׁמָן*.

שׁמע QAL: *pf. i. p.* שָׁמֵעַ, שָׁמַעְתָּ, שָׁמָעַתְּ = שָׁמַעְתִּי* = שָׁמַעַתְּ* *ou* שָׁמַעַת, שָׁמַעַתִּי *ou* שָׁמַעַת, שְׁמַעְתֶּם, *suf.* שְׁמַעְתָּם, שְׁמַעְתִּיו; *impf.* יִשְׁמַע, אֶשְׁמָע, וְאֶשְׁמְעָה, תִּשְׁמְעוּן/מָעוּן, יִשְׁמְעוּ/מָעוּ; *imp.* שְׁמַע *e* שְׁמַעְ, שִׁמְעִי/עוּ, שְׁמָעָה *e* שְׁמָעָה, שְׁמַע, שְׁמַעֲנָה, *suf.* שְׁמָעֵנִי, שְׁמָעֶנָּה; *inf.* שְׁמֹעַ, *suf.* שָׁמְעוֹ, שָׁמְעִי/עוֹ, *abs.* שָׁמוֹעַ; *pt.* שֹׁמֵעַ, שֹׁמַעַת, שֹׁמַעַת, שֹׁמְעִים: ouvir; escutar; prestar atenção, dar ouvidos; entender; שׁמע בֵּין examinar, discernir. – NI: *pf.* נִשְׁמַע, נִשְׁמְעוּ; *impf.* יִשָּׁמַע, יִשָּׁמְעוּ; *inf.* הִשָּׁמַע; *pt.* נִשְׁמָע/עִים, נִשְׁמַעַת: ser ouvido; ser atendido; ser / tornar-se obediente. – PI: *impf.* וַיְשַׁמַּע: fazer ouvir, convocar (1 Sm 15.4; 23.8). – HI: *pf.* הִשְׁמִיעַ, הִשְׁמַעְתָּ, הִשְׁמִיעָנוּ, הִשְׁמִיעֵךְ; *impf.* יַשְׁמִיעַ, יַשְׁמִיעֻנוּ, אַשְׁמִיעֵם, *suf.* יַשְׁמִעוּ, תַּשְׁמַע; *imp.* הַשְׁמִיעֵנִי, הַשְׁמִיעוּ; *inf.* הַשְׁמִיעַ, לַשְׁמִיעַ (*de* לְהַשְׁמִיעַ); *pt.* מַשְׁמִיעַ, מַשְׁמִיעִים: fazer ouvir; anunciar, proclamar; fazer-se ouvir; anunciar, proclamar; fazer-se ouvir; convocar.

I שֵׁמַע* (*de* שׁמע) *i. p.* שָׁמַע: som (agradável) (Sl 150.5).

II שֶׁמַע *n. m.* (1 Cr 2.43).

שֵׁמַע (*de* שׁמע) *suf.* שִׁמְעִי, שִׁמְעֲךָ: (o) ouvir dizer; notícia, nova(s), informação; fama, boato.

שָׁמָע *n. m.* (1 Cr 11.44).

שֹׁמַע* (*de* שׁמע) *m.*, *suf.* שָׁמְעוֹ: boato, rumor.

שְׁמַע *n. l.* (Js 15.26).

שִׁמְעָא *n. m.* (1 Cr 3.5).

שִׁמְעָה *n. m.* (2 Sm 13.3).

שְׁמָעָה *c. art.* הַשְּׁמָעָה: *n. m.* (1 Cr 12.3).

שְׁמֻעָה *v.* שְׁמוּעָה.

שִׁמְעוֹן *n. m.*, *n.p.* (Gn 29.33; Nm 1.23).

I שִׁמְעִי *n. m.* (2 Sm 16.5).

II שִׁמְעִי *patr.* (Nm 3.21).

שְׁמַעְיָה *n. m.* (1 Rs 12.22).

שְׁמַעְיָהוּ *n. m.* (Jr 26.20).

שִׁמְעֹנִי *gent.* (Nm 25.14).

שִׁמְעָת *n.(f. ?)* (2 Rs 12.22).

שִׁמְעָתִי* *pl.* שִׁמְעָתִים: *patr. (?)* (1 Cr 2.55).

שֶׁמֶץ *palavra não explicada:* sussurro?; um pouco? (Jó 4.12; 26.14).

שִׁמְצָה *palavra não explicada:* sussurro escarnecedor?; insignificância?; malícia? (Êx 32.25).

שׁמר QAL: *pf.* שָׁמַר, *i. p.* שָׁמָרוּ, *suf.* שְׁמַרְתִּיךָ, (שְׁמָרָה* *de*) שְׁמָרָה, שְׁמָרוֹ; *impf.* יִשְׁמֹר, יִשְׁמָר־, אֶשְׁמְרָה, אֶשְׁמֹרָה, *suf.* יִשְׁמָרְךָ, תִּשְׁמְרֵם, יִשְׁמְרֶנּוּ, תִּשְׁמוּרֵם *l.* תִּשְׁמְרוּם; *imp.* שְׁמֹר, שְׁמָר־, שָׁמְרָה, שִׁמְרוּ, *suf.* שָׁמְרֵנִי; *inf.* שְׁמֹ(ו)ר, *suf.* שָׁמְרוֹ, שָׁמְרְךָ, *abs.* שָׁמֹ(ו)ר; *pt.* שֹׁמֵר, שֹׁמְרִים/רֵי, *suf.* שֹׁמְרֶיךָ, *pass.* שָׁמוּר,

שָׁמְרָה: guardar, proteger; cuidar, observar, conservar, manter; vigiar; reter; reverenciar; *pt.* (o) guarda, (o) vigia. – NI: *pf.* נִשְׁמַר, נִשְׁמָרוּ; *impf.* יִשָּׁמֵר, יִשָּׁמְרוּ; *imp.* הִשָּׁמֵר, הִשָּׁמֶר, הִשָּׁמְרִי, הִשָּׁמְרוּ: ser guardado, ser protegido; guardar-se, precaver-se, acautelar-se, ter cuidado, cuidar-se. – PI: *pt. pl.* מְשַׁמְּרִים: venerar (Jn 2.9). – HIT: *impf.* וָאֶשְׁתַּמֵּר, וָאֶשְׁתַּמְּרָה: (res)guardar-se, precaver-se, ter cuidado.

I שֶׁמֶר* (*de* שמר) *m., pl.* שְׁמָרִים, *suf.* שְׁמָרָיו, שִׁמְרֵיהֶם: borra (do vinho).

II שֶׁמֶר *i. p.* שָׁמֶר: *n. m.* (1 Rs 16.24).

שֹׁמֵר *n. f.* (2 Rs 12.22).

שָׁמְרָה (*de* שמר) guarda, vigia (Sl 141.3).

שְׁמֻרָה* (*de* שמר) *pl.* שְׁמֻרוֹת: pálpebra (Sl 77.5).

I שִׁמְרוֹן *n. l.* (Js 11.1).

II שִׁמְרוֹן *n. m.* (Gn 46.13).

שֹׁמְרוֹן *loc.* שֹׁמְרוֹנָה: *n. l.* (1 Rs 16.24).

שִׁמְרִי *n. m.* (1 Cr 4.37).

שַׁמְרַי* *v.* שַׁמְשְׁרַי.

שְׁמַרְיָה *n. m.* (2 Cr 11.19).

שְׁמַרְיָהוּ *n. m.* (1 Cr 12.6).

שִׁמֻּרִים (*de* שמר) *col.:* vigília (Êx 12.42).

שמרימות *v.* שְׁמִירָמוֹת.

שִׁמְרִית *n. f.* (2 Cr 24.26).

שֹׁמְרֹנִי *gent.* (Nm 26.24).

שִׁמְרָת *n. m.* (1 Cr 8.21).

שֶׁמֶשׁ *m. e f., i. p.* שָׁמֶשׁ, *suf.* שִׁמְשָׁהּ, שִׁמְשֵׁךְ, *pl. suf.* שִׁמְשֹׁתַיִךְ: sol; relógio de sol; ameia?, escudo (em forma de sol)?.

שִׁמְשׁוֹן *n. m.* (Jz 13.24).

שִׁמְשַׁי *n. m.* (Ed 4.8).

שַׁמְשְׁרַי *n. m.* (1 Cr 8.26).

שֻׁמָתִי *patr.* (1 Cr 2.53).

שַׁן, שָׁן *v.* בֵּית שְׁאָן.

שֵׁן (*de* שנן) *f.* (*e m.*), *cs.* שֵׁן־, שֶׁן־, *suf.* שִׁנּוֹ, *du.* שִׁנַּיִם, *cs.* שִׁנֵּי, *suf.* שִׁנָּיו, שִׁנֵּימוֹ, שִׁנֵּיהֶם: dente; presa de elefante, marfim; dente de rocha, alcantil.

שנא QAL: *impf.* יִשְׁנֶא: brilhar (Lm 4.1). – PI *e* PU: שִׁנָּא, יְשֻׁנֶּא *v.* שנה.

שֵׁנָא (*de* ישן) sono (Sl 127.2).

שִׁנְאָב *n. m.* (Gn 14.2).

שִׁנְאָן sublimidade? (Sl 68.18).

שֶׁנְאַצַּר *n. m.* (1 Cr 3.18).

שנה QAL: *pf.* שָׁנִיתִי; *impf.* אֶשְׁנֶה, וַיִּשְׁנוּ; *imp.* שְׁנוּ; *pt.* שׁ(וֹ)נֶה, שׁוֹנִים, שֹׁנוֹת: mudar (*intr.*), modificar-se; ser diferente; repetir, fazer de novo, fazer pela segunda vez. – NI: *inf.* הִשָּׁנוֹת: repetir-se (Gn 41.32). – PI: *pf.* שִׁנָּה *e* שִׁנָּא; *impf.* אֲשַׁנֶּה, וַיְשַׁנֶּה, *suf.* וַיְשַׁנֶּהָ, וַיְשַׁנּוּ; *inf.* שַׁנּוֹת, *suf.* שַׁנּוֹתוֹ; *pt.* מְשַׁנֶּה: mudar (*tr.*), modificar, alterar; deturpar, transtornar; tirar (roupa); transferir; fingir insanidade. – PU: *impf.* יְשֻׁנֶּא: modificar-se (para melhor); *ou l.* יְשַׁנֶּנּוּ (PI *suf.* Ec 8.1). – HIT: *pf.* הִשְׁתַּנִּית: disfarçar-se (1 Rs 14.2).

שָׁנָה *f., cs.* שְׁנַת, *suf.* שְׁנָתוֹ, *pl.* שָׁנִים, *cs.* שְׁנֵי *e* שְׁנוֹת, *suf.* שָׁנָיו, שָׁנֵינוּ, שְׁנֵיהֶם *e* שְׁנוֹתַי, שְׁנוֹתֶיךָ, שְׁנוֹתָם, *du.* שְׁנָתַיִם, *i. p.* שְׁנָתָיִם: ano; בַּשָּׁנָה anualmente; שְׁנָתַיִם יָמִים dois anos completos.

שֵׁנָה (*de* I ישן) *f., cs.* שְׁנַת, *suf.* שְׁנָתוֹ, *pl.* שֵׁנוֹת: sono.

שֶׁנְהַבִּים marfim (1 Rs 10.22; 2 Cr 9.21).

שָׁנִי *cs.* שְׁנִי, *pl.* שָׁנִים: escarlata, carmesim (*cor viva obtida dos ovos de uma espécie de cochinilha*); fio / roupa escarlate.

שֵׁנִי (*de* שְׁנַיִם) *num. ord., f.* שֵׁנִית, *pl.* שֵׁנִים: segundo; שֵׁנִית segunda vez; *pl. tb.* segundo andar.

שְׁנַיִם (*de* שנה) *num., i. p.* שְׁנָיִם, *cs.* שְׁנֵי, *suf.* שְׁנֵיהֶם, *f.* שְׁתַּיִם, שְׁתָּיִם, *cs.* שְׁתֵּי, *c. prep.* מִשְּׁתֵּי, כִּשְׁתֵּי, בִּשְׁתֵּי, *suf.* שְׁתֵּיהֶם: dois; em dobro; שְׁנַיִם שְׁנַיִם de dois em dois; פִּי שְׁנַיִם dupla porção; שְׁתַּיִם *tb.* duas coisas; פַּעַם וּשְׁתַּיִם uma ou duas vezes; שְׁתֵּי(ם) עֶשְׂרֵה *e* שְׁנֵי(ם) עָשָׂר doze.

שְׁנִינָה (*de* שׁנן) escárnio, motejo, zombaria, mofa.

שְׂנִיר *v.* שְׂנִיר.

שׁנן I QAL: *pf.* שַׁנּוֹתִי, שָׁנְנוּ; *pt. pass.* שְׁנוּנִים, שָׁנוּן: afiar, aguçar. – HITPOLEL: *impf.* אֶשְׁתּוֹנָן: sentir-se espetado / espicaçado / apunhalado (Sl 73.21).

שׁנן II PI: *pf. suf.* וְשִׁנַּנְתָּם: dizer sempre de novo, inculcar (Dt 6.7).

שׁנס PI: *impf.* וַיְשַׁנֵּס: cingir (1 Rs 18.46).

שִׁנְעָר *n.t.* (Gn 10.10).

שְׁנַת *v.* שֵׁנָה.

שׁסה QAL: *pf.* שָׁסוּ; *impf.* יִשְׁסֶה; *pt. sing. suf.* שֹׁסֵהוּ, *pl.* שֹׁסִים, *suf.* שֹׁסֵיהֶם, שׁוֹסֵינוּ, *pass.* שָׁסוּי: saquear, pilhar, espoliar. – POEL: *pf.* שׁוֹשֵׂתִי (*var.* שׁוֹסֵתִי): saquear, pilhar, espoliar (Is 10.13).

שׁסס QAL: *pf. suf.* שַׁסֻּהוּ; *impf.* וַיָּשֹׁסּוּ; *pt. suf.* שֹׁאסַיִךְ *K*: saquear, pilhar, espoliar. – NI: *pf.* נָשַׁסּוּ; *impf.* יִשַּׁסּוּ: ser saqueado (Is 13.16; Zc 14.2).

שׁסע QAL: *pt. cs.* שֹׁסַע, *f.* שֹׁסַעַת, *pass.* שְׁסוּעָה: שֹׁסַע שֶׁסַע apresentar uma fenda = ter o casco fendido; *pt. pass.* fendido. – PI: *pf.* שִׁסַּע; *impf.* וַיְשַׁסַּע, *suf.* וַיְשַׁסְּעֵהוּ; *inf.* שַׁסַּע: fender (sem separar; *c. ac. e* בְּ); despedaçar; dispersar.

שֶׁסַע (*de* שׁסע) fenda (do casco).

שׁסף PI: *impf.* וַיְשַׁסֵּף: espostejar? (1 Sm 15.33).

שׁעה QAL: *pf.* שָׁעָה, שָׁעוּ; *impf.* יִשְׁעֶה, וַיִּשַׁע, יִשְׁעוּ; *imp.* שְׁעֵה, שְׁעוּ: olhar (com agrado); interessar-se (בְּ por); desviar os olhos (מִן de). HI: *imp.* הָשַׁע: deviar os olhos de; *ou l.* QAL *imp.* (Sl 39.14). – HIT: *impf.* נִשְׁתָּעָה, תִּשְׁתָּע: olhar ao redor (com ansiedade) (Is 41.10,23).

שַׁעֲטָה* *cs.* שַׁעֲטַת: tropel, estrépito (dos cascos) (Jr 47.3).

שַׁעַטְנֵז roupa tecida com dois tipos de fios?; tecido de malhas grandes? (Lv 19.19; Dt 22.11).

שְׂעִיר *v.* שָׂעִיר.

שֹׁעַל* *suf.* שָׁעֳלוֹ, *pl.* שְׁעָלִים, *cs.* שַׁעֲלֵי: concha da mão; mão-cheia.

שַׁעַלְבִים *n. l.* (Jz 1.35).

שַׁעֲלַבִּין *n. l.* (Js 19.42).

שַׁעַלְבֹנִי *gent.* (2 Sm 23.32).

שַׁעֲלִים *n. l.* (1 Sm 9.4).

שׁען NI: *pf.* נִשְׁעַנּוּ, נִשְׁעֲנוּ, נִשְׁעַן; *impf.* יִשָּׁעֵן, יִשָּׁעֲנוּ, וַתִּשָּׁעֲנוּ; *imp.* הִשָּׁעֲנוּ; *inf.* הִשָּׁעֵן, *suf.* הִשָּׁעֶנְךָ; *pt.* נִשְׁעָן: encostar-se; apoiar-se, estribar-se; reclinar-se.

שׁעע I QAL: *imp.* שֹׁעוּ (*mas prov.* שְׁעוּ *de* שׁעה): estar grudado, estar colado, estar aglutinado (Is 29.9). – HI: *imp.* הָשַׁע: grudar, aglutinar (Is 6.10). – HITPALPEL: *imp.* הִשְׁתַּעַשְׁעוּ: mostrar-se grudado / aglutinado (*mas l. prov.* הִשְׁתָּעוּ *de* שׁעה) (Is 29.9).

שׁעע II PILPEL: *pf.* שִׁעֲשַׁע, שִׁעֲשָׁעְתִּי; *impf.* יְשַׁעֲשְׁעוּ: brincar; tratar afetuosamente, acariciar. – PULPAL *ou pass. do* PILPEL: *impf.* תְּשָׁעֳשָׁעוּ: ser embalado, ser acalentado (Is 66.12). – HITPALPEL: *impf.* אֶשְׁתַּעֲשַׁע/שָׁע: ter prazer, deleitar-se (Sl 119.16, 47).

שַׁעַף *n. m.* (1 Cr 2.47).

שׁער QAL: *pf.* שָׁעַר: calcular, estimar (Pv 23.7).

שַׁעַר I *m. e f., i. p.* שָׁעַר, *loc.* שַׁעְרָה, *pl.* שְׁעָרִים, *cs.* שַׁעֲרֵי, *suf.* שַׁעֲרֵיכֶם: portão, porta; comporta.

שַׁעַר* II (*de* שׁער) *pl.* שְׁעָרִים: medida (de

grãos) (Gn 26.12).

שֹׁעָר★ *pl.* שֹׁעָרִים: rachado, roto?; podre? (Jr 29.17).

שֹׁעֵר *v.* שׁוֹעֵר.

שַׁעֲרוּר★ *f.* שַׁעֲרוּרָה: coisa horrível (Jr 5.30; 23.14).

שַׁעֲרוּרִי★ *f.* שַׁעֲרוּרִיָּה *Q*, שַׁעֲרֻרִת: coisa horrível (Os 6.10; Jr 18.13).

שְׁעַרְיָה *n. m.* (1 Cr 8.38).

שַׁעֲרַיִם *n. l.* (Js 15.36).

שַׁעַשְׁגַז *n. m.* (Et 2.14).

שַׁעֲשֻׁעִים (*de* II שׁעע) *suf.* שַׁעֲשֻׁעָיו: deleite, delícia, prazer.

שׁפה NI: *pt.* נִשְׁפֶּה: descalvado (Is 13.2). – PU: *pf.* שֻׁפּוּ *Q:* ser posto a descoberto (Jó 33.21).

שָׁפָה★ *v.* שְׁפוֹת.

שְׁפוֹ *n. m.* (Gn 36.23).

שְׁפוֹט (*de* שׁפט) *pl.* שְׁפוּטִים: punição, castigo; julgamento, juízo (Ez 23.10; 2 Cr 20.9).

שְׁפוּפִים *n. m.* (Nm 26.39).

שְׁפוּפָן *n. m.* (1 Cr 8.5).

שְׁפוֹת (*de* שׁפה?) coalhada (2 Sm 17.29).

שִׁפְחָה *f.*, *cs.* שִׁפְחַת, *suf.* שִׁפְחָתִי, *pl.* שְׁפָחוֹ(ו)ת, *suf.* שִׁפְחֹתֵיכֶם, שִׁפְחֹתָיו: escrava, serva, criada.

שׁפט QAL✱ *pf.* שָׁפַט/פָט, שָׁפַטְתִּי, שָׁפְטוּ, *suf.* שְׁפָטוֹ, שְׁפָטְךָ; *impf.* יִשְׁפֹּט, יִשְׁפָּט־, יִשְׁפְּטוּ, יִשְׁפֹּטוּ, יִשְׁפּוּטוּ, *suf.* אֶשְׁפְּטֵם, אֶשְׁפָּטֵךְ, יִשְׁפְּטֵהוּ *Q; imp.* שָׁפְטָה, שִׁפְטוּ, שְׁפֹטוּ, *suf.* שָׁפְטֵנִי; *inf.* לִשְׁפֹּט, *suf.* שָׁפְטֵךְ, שָׁפְטֵנוּ, *abs.* שָׁפוֹט; *pt.* שֹׁפֵט, *f.* שֹׁפְטָה, *pl.* שֹׁפְטִים, *cs.* שֹׁפְטֵי, *suf.* שֹׁפְטֵיהֶם, שֹׁפְטַיִךְ: 1) julgar; decidir, resolver, acordar (uma questão); ajudar (alguém) a ter o seu direito, dar auxílio legal; exercer a função de juiz; sentenciar, punir, castigar. 2) שֹׁפֵט: juiz, árbitro; conselheiro jurídico; governante. – NI: *pf.* נִשְׁפַּטְתִּי; *impf.* אִשָּׁפֵט, אִשָּׁפְטָה, יִשָּׁפְטוּ, נִשָּׁפְטָה; *inf.* הִשָּׁפֵט, *suf.* הִשָּׁפְטוֹ; *pt.* נִשְׁפָּט: pleitear, demandar, entrar em juízo (diante do tribunal); reivindicar seu direito. – POEL: *pt. suf.* לִמְשֹׁפְטִי: juiz?; *l.* לִמְשְׁפָּטִי? (Jó 9.15).

שֶׁפֶט★ (*de* שׁפט) *m.*, *pl.* שְׁפָטִים, *suf.* שְׁפָטַי: julgamento; punição, sentença (בְּ עשׂה executar em / contra).

שָׁפָט *n. m.* (Nm 13.5).

שְׁפַטְיָה *n. m.* (2 Sm 3.4).

שְׁפַטְיָהוּ *n. m.* (1 Cr 12.6).

שִׁפְטָן *n. m.* (Nm 34.24).

שְׁפִי I (*de* שׁפה) *i. p.* שֶׁפִי, *pl.* שְׁפָיִ(י)ם: trilha, rasto (formado pelo tráfego de caravanas)?; alto desnudo?

שְׁפִי II *n. m.* (1 Cr 1.40).

שֻׁפִּים *n. m.* (1 Cr 26.16).

שְׁפִיפֹן *m.:* cerasta, víbora (Gn 49.17).

שָׁפִיר *n. l.* (Mq 1.11).

שׁפך QAL: *pf.* שָׁפַךְ, שָׁפְכוּ, שָׁפְכָה, *suf.* שְׁפָכַתְהוּ; *impf.* יִשְׁפֹּךְ, אֶשְׁפְּכָה, תִּשְׁפְּכוּ, *suf.* תִּשְׁפְּכֶנּוּ; *imp.* שְׁפֹךְ, שְׁפָךְ־; *inf.* שְׁפוֹךְ, לִשְׁפָּךְ־, *suf.* שָׁפְכְךָ; *pt.* שׁוֹפֵךְ, שֹׁפֶכֶת, שֹׁפְכִים/כוֹת, *sing. suf.* שֹׁפְכוֹ, *pass.* שָׁפוּךְ: derramar, despejar, entornar. – NI: *pf.* נִשְׁפַּךְ, נִשְׁפַּכְתִּי; *impf.* יִשָּׁפֵךְ: ser derramado, ser despejado. – PU: *pf.* שֻׁפַּךְ, שֻׁפְּכָה: ser derramado; ser levado a resvalar (passos). – HIT: *impf.* תִּשְׁתַּפֵּךְ; *inf.* הִשְׁתַּפֵּךְ: estar derramado, estar despejado (num monte); expirar.

שֶׁפֶךְ (*de* שׁפך) lugar de despejo do lixo (Lv 4.12).

שָׁפְכָה (*de* שׁפך) pênis (Dt 23.2).

שׁפל QAL: *pf.* שָׁפֵל, שָׁפַלְתָּ; *impf.* יִשְׁפַּל, יִשְׁפָּלוּ; *inf.* שְׁפַל: ser/tornar-se baixo, abaixar-se, baixar (*intr.*); ser humilde, ser rebaixado, ser humilhado. – HI: *pf.* הִשְׁפִּיל, הִשְׁפַּלְתִּי; *impf.* תַּשְׁפִּיל, *suf.* יַשְׁפִּילָהּ,

יַשְׁפִּילֶנָּה; *imp.* הַשְׁפִּילוּ, *suf.* הַשְׁפִּילֵהוּ; *inf.* הַשְׁפִּיל, *suf.* הַשְׁפִּילְךָ; *pt.* מַשְׁפִּיל, הַמַּשְׁפִּילִי: *1)* abaixar (*tr.*), derrubar, abater; rebaixar, humilhar, degradar. *2) Em algumas combinações usado como adv.:* embaixo, para baixo.

שֵׁפֶל (*de* שפל) *suf.* שִׁפְלֵנוּ: lugar baixo, situação humilde, humilhação (Sl 136.23; Ec 10.6).

שָׁפָל (*de* שפל) *adj.*, *cs.* שְׁפַל, *f.* שְׁפָלָה, *cs.* שִׁפְלַת, *pl.* שְׁפָלִים: fundo; baixo; humilde; pertencente à classe baixa.

שָׁפֵל (*de* שפל) baixo (Is 2.12).

שִׁפְלָה (*de* שפל) situação humilde, humilhação (Is 32.19).

שְׁפֵלָה *suf.* שְׁפֵלָתֹה *K*: *n. l.* (Dt 1.7).

שִׁפְלוּת (*de* שפל) ato de abaixar (as mãos), inatividade (Ec 10.18).

שָׁפָם *n. m.* (1 Cr 5.12).

שְׁפָם *loc.* שְׁפָמָה: *n. l.* (Nm 34.10).

שֻׁפִּם *n. m.* (1 Cr 7.12).

שִׁפְמִי *gent.* (1 Cr 27.27).

I שָׁפָן *m.*, *pl.* שְׁפַנִּים: *espécie de hiracóideo asiático:* arganaz?.

II שָׁפָן *n. m.* (2 Rs 22.3).

שֶׁפַע abundância (Dt 33.19).

שִׁפְעָה *f.*, *cs.* שִׁפְעַת: grande quantidade, multidão; grande volume, inundação.

שִׁפְעִי *n. m.* (1 Cr 4.37).

שפר QAL: *pf.* שָׁפְרָה: ser agradável, agradar (Sl 16.6).

I שֶׁפֶר* *i. p.* שָׁפֶר: chifres (Gn 49.21).

II שֶׁפֶר* *i. p.* שָׁפֶר: *n. de montanha* (Nm 33.23).

שֹׁפָר *v.* שׁוֹפָר.

I שִׁפְרָה Jó 26.13: *prov.* שִׁפְּרָה (*pf.* PI *de* שפר): polir.

II שִׁפְרָה *n.f.* (Êx 1.15).

שַׁפְרִיר* *suf. Q* שַׁפְרִירוֹ (*K* שַׁפְרוּרוֹ): *palavra com significado incerto:* tenda de luxo?; dossel? (Jr 43.10).

שפת QAL: *impf.* תִּשְׁפֹּת, *suf.* תִּשְׁפְּתֵנִי; *imp. ou inf.* שְׁפֹת: pôr (uma panela) sobre o fogo; colocar (לְ em); preparar.

שְׁפַתַּיִם (*de* שפת?) *du:* bordas?, chapas de depositar objetos?, pinos?; apriscos?, albardas?, alforje? (Ez 40.43; Sl 68.14).

שֶׁצֶף* *cs.* = : jorro (Is 54.8).

I שקד QAL: *pf.* שָׁקַדְתִּי; *impf.* יִשְׁקוֹד; *imp.* שִׁקְדוּ; *inf.* שְׁקֹד; *pt.* שֹׁקֵד, *pl. cs.* שֹׁקְדֵי: estar alerta, vigiar, estar vigilante; estar à espreita, espreitar. – NI: *pf.* נִשְׂקַד (*Mss*) manter-se alerta / vigilante (Lm 1.14). – PU: pt. מְשֻׁקָּד *v.* מְשֻׁקָּדִים.

II שקד QAL: *pf.* שָׁקַדְתִּי: estar definhado, estar emagrecido (Sl 102.8).

שָׁקֵד (*de* I שקד), *pl.* שְׁקֵדִים: amendoeira; *pl.:* amêndoas.

שקה NI: *pf.* וְנִשְׁקְעָה *l.* וְנִשְׁקְהָ (Am 8.8). – HI: *pf.* הִשְׁקָה ,הִשְׁקְתָה ,הִשְׁקִיתָ, הִשְׁקִיתִי ,הִשְׁקוּ ,הִשְׁקִינוּ, *suf.* הִשְׁקָה, הִשְׁקִיתִים; *impf.* (וָ)אַשְׁקֶה ,וַיַּשְׁק ,יַשְׁקֶה), וַיַּשְׁקוּ ,וַתַּשְׁקִין ,נַשְׁקֶה, *suf.* וַיַּשְׁקֵנוּ, נַשְׁקֶנּוּ ,וַיַּשְׁקֵהוּ ,אַשְׁקֶנָּה ,אַשְׁקְךָ ,וַתַּשְׁקְמוֹ; *imp.* הַשְׁקוֹ, *suf.* הַשְׁקֵהוּ ,הַשְׁקִינִי; *inf.* הַשְׁקוֹת, *suf.* הַשְׁקוֹתוֹ; *pt.* מַשְׁקֶה, *cs.* מַשְׁקֵה, *suf.* מַשְׁקֵהוּ, *pl.* מַשְׁקִים, *suf.* מַשְׁקָיו: dar de beber; prover de água, aguar, regar, irrigar; *pt.:* copeiro; מַשְׁקָיו adegas. – PU: *impf.* יְשֻׁקֶּה: ser irrigado, ser molhado (Jó 21.24).

שִׁקּוּי (*v.* שקה) *pl. suf.* שִׁקּוּיָי ,שִׁקֻּוָי: bebida; refrigério.

שִׁקֻּץ, שִׁקּוּץ (*de* שקץ) *m.*, *pl.* שִׁקּוּצִים, *cs.* שִׁקּוּצֵי, *suf.* שִׁקּוּצֵיהֶם ,שִׁקּוּצַיִךְ: ídolo abominável (pagão); algo abominável (relacionado com culto pagão).

שקט QAL: *pf.* שָׁקַט ,שָׁקְטָה; *impf.* יִשְׁקֹט, תִּשְׁקֹטִי ,אֶשְׁקוֹט ,אֶשְׁקֳוטָה (=*Q* אֶשְׁקֳטָה,

K אֶשְׁקוֹטָה); *pt.* שֹׁקֵט, *f.* שֹׁקֶטֶת: ter paz, ter tranqüilidade, ter calma, ter descanso, estar em paz, descansar; transcorrer calmamente; estar / ficar quieto, manter a calma. – HI: *impf.* יַשְׁקִ(י)ט; *imp.* הַשְׁקֵט; *inf. cs.* הַשְׁקִ(י)ט, הַשְׁקֵט, *abs.* הַשְׁקֵט: dar paz, dar descanso; apaziguar; ter paz, ter tranqüilidade, ter descanso; ficar quieto / calmo / sossegado, aquietar-se, sossegar-se; הַשְׁקֵט שַׁלְוַת sossego despreocupado.

שֶׁקֶט (*de* שקט) calma, tranqüilidade (política) (1 Cr 22.9).

שקל QAL: *pf.* שָׁקַל; *impf.* יִשְׁקֹל, תִּשְׁקוֹל, וָאֶשְׁקֲלָה *e* וָאֶשְׁקוֹלָה (= *Q* וָאֶשְׁקֲלָה, *K* וָאֶשְׁקוֹלָה), יִשְׁקְלוּ, *suf.* יִשְׁקְלֵנִי; *inf.* שְׁקוֹל, *abs.* שָׁקוֹל; *pt.* שֹׁקֵל: pesar (*intr.*); pesar (*tr.*); pagar. – NI: *pf.* נִשְׁקַל; *impf.* יִשָּׁקֵל: ser pesado (*pass. de* pesar).

שֶׁקֶל (*de* שקל) *m., i. p.* שָׁקֶל, *pl.* שְׁקָלִים, *cs.* שִׁקְלֵי: *n. de uma determinada unidade de peso* (*aproximadamente 12 gramas*) siclo (Êx 38.24).

שִׁקְמָה* *pl.* שִׁקְמִים, *suf.* שִׁקְמוֹתָם: sicômoro.

שקע QAL: *pf.* שָׁקְעָה; *impf.* תִּשְׁקַע: baixar (*intr.*); desabar, desmoronar-se. – NI: *pf.* נִשְׁקְעָה: baixar (*intr.*) (Am 8.8 *Q*). – HI: *impf.* תַּשְׁקִיעַ: deixar baixar, deixar clarear (água); manter abaixado, reter (Ez 32.14; Jó 40.25).

שְׁקַעֲרוּרָה* *pl.* שְׁקַעֲרוּרֹת: cavidade (Lv 14.37).

שקף NI: *pf.* נִשְׁקְפָה, נִשְׁקָף; *pt.* נִשְׁקָף, נִשְׁקָפָה: olhar para baixo, erguer-se, altear-se. – HI: *pf.* הִשְׁקִיף; *impf.* יַשְׁקִיף, וַיַּשְׁקֵף; *imp.* הַשְׁקִיפָה: olhar para baixo.

שֶׁקֶף 1 Rs 7.5: *l.* רִבְעֵי מַשְׁקֹף?; dintel?

שְׁקֻפִים (*de* שקף?) *termo que tem algo a ver com* janelas, *mas de significado incerto*: janelas de fasquias?; molduras de janela?; arquitraves? (1 Rs 6.4; 7.4).

שקץ PI: *pf.* שִׁקֵּץ; *impf.* תְּשַׁקְּצוּ, תְּשַׁקְּצוּ, *suf.* תְּשַׁקְּצֶנּוּ; *inf.* שַׁקֵּץ: detestar, abominar (por ser cultualmente impuro); *c.* נַפְשׁוֹ fazer-se detestável / abominável.

שֶׁקֶץ (*de* שקץ) algo destável, algo abominável.

שקק QAL: *impf.* יָשֹׁקּוּ; *pt.* שׁ(וֹ)קֵק: lançar-se, precipitar-se; investir, atacar. – HITPALPEL: *impf.* יִשְׁתַּקְשְׁקוּן: jogar-se de um lado para outro (Na 2.5).

שֹׁקֵק *v.* שׁוֹקֵק.

שקר QAL: *impf.* תִּשְׁקֹר: enganar, ludibriar (Gn 21.23). – PI: *pf.* שִׁקְּרנוּ; *impf.* יְשַׁקֵּר, יְשַׁקְּרוּ: enganar, ludibriar; haver-se com dolo, trair.

שֶׁקֶר (*de* שקר), *i. p.* שָׁקֶר, *pl.* שְׁקָרִים, *suf.* שִׁקְרֵיהֶם: mentira, falsidade; engano, frande; ilusão; *como adv.:* sem motivo; לַשֶּׁקֶר em vão.

שֹׁקֶת (*de* שקה), *pl. cs.* שִׁקֲתוֹת: bebedouro (para o gado) (Gn 24.20; 30.38).

I שֵׁר* *pl.* שֵׁירוֹת: bracelete (Is 3.19).

II שֵׁר* *suf.* שֵׁרֶךָ (Pv 3.8): *l.* בְּשָׂרֶךָ *ou* שְׁאֵרֶךָ.

שֹׁר* *suf.* שָׁרְרֵךְ *e* שָׁרֵּךְ: umbigo; cordão umbilical (Ct 7.3; Ez 16.4).

שָׁרָב calor intenso (da areia quente e seca e do vento que sopra do deserto (Is 35.7; 49.10).

שֵׁרֵבְיָה *n. m.* (Ed 8.18).

שַׁרְבִיט *tb.* שַׁרְבִט: bastão, cetro.

שרה QAL: *impf. suf.* יִשְׁרֵהוּ: soltar (Jó 37.3). – PI: *pf. suf.* שֵׁרִיתִיךָ *Q* (Jr 15.11; *K* שָׁרוֹתִךָ *de* שרר): *l.* שֵׁרַתִּיךָ (*de* שרת).

שָׂרָה* *pl. suf.* שָׁרוֹתֶיהָ (Jr 5.10): terraço (*ou então l.* שֻׁרוֹתֶיהָ *de* שׁוּרָה);

שָׁרוֹתַיִךְ (Ez 27.25) *v.* II שׁוּר.

***שֵׁרָה** *pl.* שֵׁירוֹת (Is 3.19): *v.* I שֵׁר.

שָׁרוּחֶן *n. l.* (Js 19.6).

שָׁרוֹן *n.t.* (Js 12.18).

שָׁרוֹנִי *gent.* (1 Cr 27.29).

שְׁרוּקָה Jr 18.16: *v.* שְׁרֵקָה *ou* שְׁרֻקָה.

שִׁרְטַי *v.* שִׁטְרַי.

שָׁרַי *n. m.* (Ed 10.40).

שִׁרְיָה (*de* שׁרה?) ponta de flecha (Jó 41.18).

שִׁרְיָן, שִׁרְיוֹן *pl.* שִׁרְיֹנִים *e* שִׁרְיֹנוֹת: couraça de escamas.

***שָׁרִיר** *pl. cs.* שְׁרִירֵי: músculo (Jó 40.16).

שְׁרִירוּת *v.* שְׁרִרוּת.

שָׂרִית *v.* שְׁאֵרִית.

שְׁרֵמוֹת Jr 31.40 *K*: *l. Q* שְׁדֵמוֹת.

שׁרץ QAL: *pf.* שָׁרַץ; *impf.* יִשְׁרֹץ; *imp.* שִׁרְצוּ; *pt.* שֹׁרֵץ, שֹׁרֶצֶת: pulular, fervilhar, abundar.

שֶׁרֶץ (*de* שׁרץ) *m.*: bicharedo miúdo; fervilhação, aglomeração de bichinhos (répteis, vermes, insetos).

שׁרק QAL: *pf.* שָׁרַק, שָׁרָק; *impf.* יִשְׁרֹק, אֶשְׁרְקָה: assobiar.

שְׁרֵקָה (*de* שׁרק) assobio (*prov.* para afastar os demônios da destruição).

***שְׁרִקָה** (*de* שׁרק), *pl.* שְׁרִקוֹת: som de flauta; assobio, zombaria (Jz 5.16; Jr 18.16 *Q*).

שָׁרָר *n. m.* (2 Sm 23.33).

***שֹׁרֵר** *v.* שׁוֹרֵר.

שְׁרִרוּת *tb.* שְׁרִירוּת: dureza, obstinação, teimosia, inflexibilidade.

שׁרשׁ (*denom. de* שֹׁרֶשׁ) PI: *pf. suf.* שֵׁרֶשְׁךָ, *impf.* תְּשָׁרֵשׁ (Jó 31.12; *l.* תִּשְׂרֹף?): desarraigar, erradicar, extirpar (Sl 52.7). – PU: *impf.* יְשֹׁרָשׁוּ: ser desarraigado (Jó 31.8). – POEL: *pf.* שֹׁרֵשׁ: criar raízes, lançar raízes (Is 40.24). – POAL: *pf.* שֹׁרָשׁוּ: criar raízes (Jr 12.2). – HI: *impf.* וַתַּשְׁרֵשׁ, יַשְׁרֵשׁ; *pt.* מַשְׁרִישׁ: criar raízes, lançar raízes.

***שֶׁרֶשׁ** *i. p.* שָׁרֶשׁ: *n. m.* (1 Cr 7.16).

שֹׁרֶשׁ *m., suf.* שָׁרְשִׁי, שָׁרְשָׁם, *pl. cs.* שָׁרְשֵׁי, *suf.* שָׁרָשֶׁיהָ, שָׁרָשָׁיו: raiz; cepa, rizoma; rebentão.

***שַׁרְשָׁה** *pl.* שַׁרְשֹׁת (Êx 28.22): *v.* שַׁרְשְׁרָה.

***שַׁרְשְׁרָה** *f., pl.* שַׁרְשְׁר(וֹ)ת (*e* שַׁרְשֹׁת): corrente.

שׁרת PI: *pf.* שֵׁרֵת, שֵׁרְתוּ; *impf.* וַיְשָׁרֶת, יְשָׁרְתוּ, יְשָׁרְתֻהוּ, יְשָׁרְתֻנִי, *suf.* יְשָׁרְתוּנְךָ; *inf.* שָׁרֵת, לְשָׁרֵת, *suf.* שָׁרְתוֹ, שָׁרְתֵנִי; *pt.* מְשָׁרֵת, מְשָׁרְתוֹ, *f.* מְשָׁרַת, *pl.* מְשָׁרְתִים, *cs.* מְשָׁרְתֵי, *suf.* מְשָׁרְתַי, מְשָׁרְתָו *K*: servir; estar a serviço de Deus (no santuário), oficiar, ministrar.

שָׁרֵת (*inf. pi.* שׁרת) *m.*: serviço cultual (Nm 4.12; 2 Cr 24.14).

שׁשׁה *v.* שׁסה.

I שֵׁשׁ, שֶׁשׁ־ *num., f.* שִׁשָּׁה, *cs.* שֵׁשֶׁת: seis; *pl.* sessenta; עָשָׂר שִׁשָּׁה, שֵׁשׁ עֶשְׂרֵה dezesseis; שֵׁשֶׁת אֲלָפִים seis mil.

II שֵׁשׁ alabastro (Ct 5.15; Et 1.6).

III שֵׁשׁ *m.*: linho (egípcio).

שׁשׂא PI: *pf. suf.* שִׁשֵּׂאתִיךָ: conduzir (uma criança que está aprendendo a caminhar) (Ez 39.2).

שֵׁשְׁבַּצַּר *n. m.* (Ed 1.8).

שׁשׁה PI: *pf.* שִׁשִּׁיתֶם: dividir em seis partes?; *prov. l.* שִׁשִּׁית *de* שִׁשִּׁי Ez 45.13).

שָׁשַׁי *n. m.* (Ed 10.40).

שֵׁשַׁי *n. m.* (Nm 13.22).

שֶׁשִׁי Ez 16.13: *l. Q* שֵׁשׁ.

שִׁשִּׁי *num. ord., f.* שִׁשִּׁית: sexto; um sexto, sexta parte.

שֵׁשַׁךְ *n. l.* (= בָּבֶל) (Jr 25.26).

שֵׁשָׁן *n. m.* (1 Cr 2.31).

שֹׁשַׁנִּים *v.* I שׁוּשַׁן.

שָׁשָׁק *n. m.* (1 Cr 8.14).

שָׁשַׁר mínio, vermelhão (Jr 22.14; Ez 23.14).

I שֵׁת *m., pl.* שָׁתוֹת, *suf.* שְׁתוֹתֵיהֶם, שָׁתֹתֶיהָ: nádegas, traseiro; fundamento?; שָׁתֹתֶיהָ (Is 19.10): *l.* שֹׁתֶיהָ?

(*pt. pl. suf.* QAL *de uma raiz* שׁתה tecer?).

II שֵׁת *n. m.* (Gn 4.25).

III שֵׁת Nm 24.17: tumulto de guerra?; *l.* שֵׁת (*de* שְׁאֵת provocação)?; *ou senão* = II שֵׁת.

I שׁתה *v.* I שֵׁת.

II שׁתה QAL: *pf.* שָׁתִיתָ, שָׁתִית, שָׁתוּ, שְׁתִיתֶם; *impf.* יִשְׁתֶּה, יֵשְׁתְּ, תִּשְׁתִּי, וָאֵשְׁתְּ, יִשְׁתּוּ, תִּשְׁתֶּינָה, יִשְׁתָּיוּן, *suf.* יִשְׁתָּהוּ; *imp.* שְׁתֵה, שְׁתוּ; *inf.* לִשְׁתֹּת, שְׁתוֹ־, *suf.* שְׁתוֹתוֹ, *abs.* שָׁתוֹ, שָׁתֹה, שָׁתוֹת; *pt.* שֹׁתֶה, *f.* שֹׁתָה, *pl.* שֹׁתִים, *cs.* שׁוֹתֵי: beber. NI: *impf.* יִשָּׁתֶה: ser bebido (Lv 11.34); נִשְׁתָּוָה *v.* I שׁוה NI.

שָׁתוֹת *v.* I שֵׁת *e* II שׁתה.

I שְׁתִי (espécie de) tecido.

II שְׁתִי (o) beber (Ec 10.17).

שְׁתִיָּה (modo / tempo de) beber (Et 1.8).

שָׁתִיל★ (*de* שׁתל), *pl. cs.* שְׁתִלֵי: muda (de planta), mergulhia (Sl 128.3).

שְׁתַּיִם *v.* שְׁנַיִם.

שׁתל QAL: *pf.* שְׁתַלְתִּי; *impf.* אֶשְׁתֳּלֶנּוּ; *pt. pass.* שָׁתוּל, שְׁתוּלָה: plantar, transplantar.

שָׁתִל★ *v.* שָׁתִיל.

שֻׁתַלְחִי *gent.* (Nm 26.35).

שְׁתֻם aberto (*de uma raiz* שׁתם)?; *l.* שְׁתָם (*de* שׁתם) fechado?; *l.* שֶׁתָּם (.שֶׁ *mais* תָּם)? (Nm 24.3, 15).

שׁתן HI: *pt.* מַשְׁתִּין *v.* שִׁין.

שׁתק QAL: *impf.* יִשְׁתֹּק, יִשְׁתְּקוּ: acalmar-se.

שֵׁתָר *n. m.* (Et 1.14).

שׁתת QAL: *pf.* שַׁתּוּ: colorar, pôr (*ou l.* שָׁתוּ *de* שׁית) (Sl 49.15; 73.9).

שָׁתֹת★ *v.* I שֵׁת.

ת

ת, תָּו vigésima segunda resp. vigésima terceira letra do alfabeto; *como num.* = 400.

תָּא *m.*, *pl.* תָּאִים, תָּאוֹת Ez 14.12, *cs.* תָּאֵי, *suf.* תָּאָו (*Q* תָּאָיו): guarita, câmara.

I תאב QAL: *pf.* תָּאַבְתִּי: *c.* לְ: suspirar, desejar, anelar (Sl 119.40, 174).

II תאב PI: *pt.* מְתָאֵב = מְתָעֵב: abominar (Am 6.8).

תַּאֲבָה (*de* I תאב) *f*: suspiro, desejo (Sl 119.20).

תאה PI: *cj. pf.* תֵּאִיתֶם Nm 34.10; *impf.* תְּתָאוּ: traçar uma linha, demarcar.

תְּאוֹ Dt 14.5, *cs.* תּוֹא Is 51.20: *animal puro não indentificado:* ovelha montês (?), antílope (?).

תַּאֲוָה (*de* אוה) *f.*, *cs.* תַּאֲוַת, *suf.* תַּאֲוָתָם: ânsia, desejo ardente, apetite.

תְּאוֹמִים *v.* תּוֹאֲמִים.

תַּאֲלָה★ (*de* I אלה) *f.*, *suf.* תַּאֲלָתְךָ: maldição (Lm 3.65).

תאם HI: *pt.* מַתְאִימוֹת: dar à luz gêmeos (Ct 4.2; 6.6).

תַּאֲנָה *f.*, *suf.* תַּאֲנָתָהּ: cio (Jr 2.24).

תְּאֵנָה *f.*, *suf.* תְּאֵנָתוֹ; *pl.* תְּאֵנִים, *cs.* תְּאֵנֵי: figueira; figo.

תֹּאֲנָה *f.*: oportunidade, ocasião (Jz 14.4).

תַּאֲנִיָּה (*de* I אנה) *f.*: lamentação, tristeza (Is 29.2; Lm 2.5).

תְּאֻנִים Ez 24.12: *ditogr.*

תַּאֲנַת שִׁלֹה *n. l.* (Js 16.6).

תאר QAL: *pf.* תָּאַר: dar volta, encurvar, dobrar. – PI: *impf. suf.* יְתָאֲרֵהוּ: esboçar, debuxar (Is 44.13). – PU: *pt.* מְתֹאָר: *l.* וְתָאַר (Js 19.13).

תֹּאַר (*de* תאר) *m., suf.* תָּאֳרוֹ, תֹּאֲרוֹ: esboço, forma, aparência; vulto; dignidade.

תַּארֵעַ *v.* תַּחְרֵעַ.

תְּאַשּׁוּר *f.:* cipreste (Is 41.19; 60.13).

תֵּבָה *f., cs.* תֵּבַת: 1) arca. 2) cesto.

תְּבוּאָה (*de* בוא) *f., cs.* תְּבוּאַת, *suf.* תְּבוּאָתוֹ; *pl.* תְּבוּאֹת: produto, rendimento, renda, ganho, fruto.

תְּבוּנָה (*de* בין) *f., suf.* תְּבוּנָתִי; *pl.* תְּבוּנוֹת, *suf.* תְּבוּנֹתֵיכֶם: compreensão, inteligência, aptidão, habilidade.

תְּבוּסָה* (*de* בוס) *f., cs.* תְּבוּסַת: ato de calcar aos pés, trituração, ruína (2 Cr 22.7).

תָּבוֹר *n. l.* (Js 19.22), c. אַזְנוֹת: *n. l.* (Js 19.34).

תֵּבֵל *f.:* mundo, continente.

תֶּבֶל (*de* בלל): confusão, abominação, contaminação (*rel. a* pecados sexuais (Lv 18.23; 20.12).

תֻּבָל, תֻּבַל *n. m. ou n. gent.* (Ez 27.13).

תַּבְלִית* (*de* בלה) *f., suf.* תַּבְלִיתָם: aniquilação (Is 10.25).

תְּבַלֻּל (*de* בלל): belida, vesgo (Lv 21.20).

תֶּבֶן *m.:* palha > *fig.:* instabilidade.

תִּבְנִי *n. m.* (1 Rs 16.21).

תַּבְנִית (*de* בנה) *f., suf.* תַּבְנִיתוֹ: forma, modelo, imagem; plano.

תַּבְעֵרָה *n. l.* (Nm 11.3).

תֵּבֵץ *n. l.* (Jz 9.50).

תבר *v.* I ברר *hit.*

תִּגְלַת פִּלְאֶסֶר 2 Rs 15.29; 16.10; תִּ׳ פְּלֶסֶר 2 Rs 16.7; תִּלְּגַת פִּלְנְאֶסֶר 1 Cr 5.6; 2 Cr 28.20; תִּלְגַת פִּלְנֶסֶר 1 Cr 5.26: *n. m.*.

תַּגְמוּל* (*de* גמל) *m., suf.* תַּגְמוּלוֹהִי (*aram.*): benefício (Sl 116.12).

תגרה* (*de* גרה) *f., cs.* תִּגְרַת: agitação, hostilidade, *mas l.* גְּבוּרַת (Sl 39.11).

תֹּגַרְמָה *e* תּוֹגַרְמָה: *n. t.* (Gn 10.3); *c.* בֵּית: *n. l.* (Ez 27.14).

תִּדְהָר *árvore desconhecida do Líbano:* abeto (?), olmeiro (?) (Is 41.19; 60.13).

תַּדְמֹר *n. l.* (2 Cr 8.4).

תִּדְעָל *n. m.* (Gn 14.1).

תֹּהוּ *m.:* deserto, vazio; irrealidade; nulidade; *adv.:* em vão.

תְּהוֹם *f., pl.* תְּהֹמוֹת, תְּהֹמֹת, תְּהוֹמוֹת: abismo, profundeza, oceano primevo, vagalhão, manancial profundo.

תָּהֳלָה *f.:* erro (Jó 4.18).

תְּהִלָּה *f., cs.* תְּהִלַּת, *suf.* תְּהִלָּתִי; *pl.* תְּהִלּוֹת: louvor, glória, fama, renome.

תַּהֲלֻכֹת* (*de* הלך) *f.:* procissão, *mas l.* וְהָאַחַת הֹלֶכֶת (Ne 12.31).

תַּהְפֻּכ(וֹ)ת (*de* הפך) *f.:* perversidade, coisa perversa.

תָּו *m., suf.* תָּוִי: nome da última consoante; marca, sinal, assinatura.

תוֹא *v.* תְּאוֹ.

תוֹאֲמִים *2 formas: 1)* תָּאוֹם*, *pl.* תְּאוֹמִים Gn 38.27 > תוֹמִים 25.24, *cs.* תְּאוֹמֵי Ct 4.5. *2)* תוֹאָם*, *pl.* תוֹאֲמִים Êx 36.29, תֹאֲמִים 26.24, *cs.* תָּאֳמֵי Ct 7.4: gêmeos; dobro.

תּוּבַל קַיִן *n. m.* (Gn 4.22).

תּוּבְנָה *v.* תְּבוּנָה (Jó 26.12).

תּוּגָה (*de* יגה) *f., cs.* תּוּגַת: tristeza, pesar, lamentação, problema.

תּוֹגַרְמָה *v.* תֹּגַרְמָה.

תּוֹדָה (*de* II ידה) *f., cs.* תּוֹדַת; *pl.* תּוֹדֹת, תּוֹדוֹת: hino de gratidão > confissão, gratidão; coro.

I תוה PI: *impf.* וַיְתָו 1 Sm 21.14 *l.* וַיָּתָף. – HI: *pf.* הִתְוִיתָ: marcar, fazer marca.

II תוה HI: *pf.* הִתְווּ: magoar, entristecer, molestar (Sl 78.41).

תּוֹחַ *n. m.* (1 Sm 1.1).

תּוֹחֶלֶת (*de* יחל) *f.*, *suf.* תּוֹחַלְתִּי: esperança, expectativa.

תָּוֶךְ *cs.* תּוֹךְ, *suf.* תּוֹכְכִי, תּוֹכֵךְ, תּוֹכֹה, תּוֹכוֹ Sl 116.19; 135.9, תּוֹכִי, תֹּכָם Jó 2.1, תּוֹכֶהְנָה (3^a *pl. f.*), תּוֹכֲכֶם: meio, centro.

תּוֹכֵחָה (*de* יכח) *f.*, *pl.* תּוֹכֵחוֹת: castigo, disciplina, correção.

תּוֹכַחַת *tb.* תֹּכַחַת (*de* יכח) *f.*, *cs.* =, *suf.* תּוֹכַחְתִּי; *pl.* תּוֹכָחוֹת, *cs.* תֹּכְחוֹת: reprimenda, protesto, objeção, recriminação, réplica, censura.

תּוּכִּיִּים *v.* תֻּכִּיִּים.

תּוֹלָד *n. m.* (1 Cr 4.29).

תּוֹלֵדוֹת★ (*de* ילד) *f. pl.*, *cs.* תּוֹלְדוֹת, *suf.* תּוֹלְדֹתָיו, תּוֹלְדֹתָם: descendentes; genealogia, geração, contemporâneos; história, gênese, origem, ordem de nascimento.

תּוֹלָל★ *pl. suf.* תּוֹלָלֵינוּ: opressor; *l. talvez* מוֹלִיכֵינוּ (*de* הלך) (Sl 137.3).

תּוֹלָע I tecido tingido de vermelho (Is 1.18; Lm 4.5).

תּוֹלָע II *n. m.* (Gn 46.13).

תּוֹלֵעָה, תּוֹלַעַת *suf.* תּוֹלַעְתָּם; *pl.* תּוֹלָעִים: bicho, verme; carmesim.

תּוֹלָעִי *gent. de* II תּוֹלָע (Nm 26.23).

תּוֹמִיךְ *v.* תמך (Sl 16.5).

תּוֹמִים *v.* תּוֹאֲמִים.

תּוֹעֵבָה *f.*, *cs.* תּוֹעֲבַת; *pl.* תּ(וֹ)עֵבוֹת, *cs.* תּוֹעֲבוֹת, *suf.* תּוֹעֲבֹתָם, תּוֹעֲבוֹתַיִךְ: abominação, coisa abominável / detestável; coisa ofensiva.

תּוֹעָה (*de* תעה) *f.*: confusão, caos, desordem, perversão (Is 23.6; Ne 4.2).

תּוֹעָפוֹת (*de* II יעף) *f.*, *cs.* תּוֹעֲפֹת: chifres; topo; excelente, melhor.

תּוֹצָאוֹת (*de* יצא) *f. cs.* תּוֹצְאוֹת, *suf.* תּוֹצְאֹתָם: saídas; ponto de partida; limites, fim; escape.

תָּוְקְהַת *n. m.* (2 Cr 34.22).

תּוֹקְעִים aperto de mão (Pv 11.15).

תור QAL: *pf.* תַּרְתֶּם, תָּרוּ, תַּרְתִּי; *impf.* תָּתוּרוּ, יָתֻרוּ; *inf.* תּוּר; *pt. pl.* תָּרִים: explorar, espiar, investigar, esquadrinhar. – HI: *impf.* וַיָּתִירוּ: mandar explorar, esquadrinhar.

תּוֹר, תֹּר I *m.*, *pl.* תּוֹרִים, *cs.* תּוֹרֵי: 1) turno. 2) *pl.*: colares, pendentes.

תּוֹר, תֹּר II *m. e f.*, *pl.* תֹּרִים: rola.

תּוֹרָה (*de* III ירה) *f.*, *cs.* תּוֹרַת, *suf.* תּוֹרָתִי; *pl.* תּוֹרוֹת, *suf.* תּוֹרֹתַי, תֹּרֹתָיו: instrução, direção, preceito, lei.

תּוֹשָׁב (*de* ישב) *m.*, *cs.* תּוֹשַׁב, *suf.* תּוֹשָׁבְךָ; *pl.* תּוֹשָׁבִים: peregrino, habitante, morador.

תּוּשִׁיָּה *tb.* תֻּשִׁיָּה *f.*: sucesso, resultado favorável; circunspecção, prudência.

תּוֹתָח *m.*: cacete (Jó 41.21).

תזז HI: *pf.* הֵתַז: arrancar (Is 18.5).

תָּזִלִּי (Jr 2.36): *v.* אזל, *ou l.* תָּזֵלִּי *de* I זלל.

תַּזְנוּת (*de* I זנה) *f.*, *suf.* תַּזְנוּתֵךְ, תַּזְנוּתָם: procedimento obsceno, fornicação.

תַּחְבֻּלוֹת *f.*, *suf.* תַּחְבּוּלוֹתָו (*l. Q* ־תָיו): direção / condução sábia.

תֹּחוּ *v.* תּוֹחַ.

תַּחְכְּמֹנִי *l.* הַחַכְמֹנִי (2 Sm 23.8).

תַּחֲלֻאִים *m.*, *cs.* תַּחֲלוּאֵי, *suf.* תַּחֲלֻאֶיהָ, תַּחֲלוּאָיְכִי: doenças, enfermidades.

תְּחִלָּה (*de* חלל) *f.*, *cs.* תְּחִלַּת: começo, início.

תֹּחֶלֶת *v.* תּוֹחֶלֶת.

תַּחְמָס coruja (Lv 11.16; Dt 14.15).

תחן *n. m.* (Nm 26.35).

תְּחִנָּה I (*de* חנן) *f.*, *cs.* תְּחִנַּת, *suf.* תְּחִנָּתוֹ; *pl.* תְּחִנּוֹת, *suf.* תְּחִנֹּתֵיהֶם: súplica > perdão, misericórdia.

תְּחִנָּה II *n. m.* (1 Cr 4.12).

תַּחֲנוּן★ (*de* חנן), *pl.* תַּחֲנוּנִים, תַּחֲנוּנוֹת (Sl 86.6), *cs.* תַּחֲנוּנֵי, *suf.* תַּחֲנוּנָיו: súplica.

תַּחֲנִי *gent. de* תַּחַן.

תַּחֲנֹתִי *l.* תַּחֲנוּ אִתִּי (2 Rs 6.8).

תַּחְפַּנְחֵס *tb.* תְּחַפְנְחֵס Jr 2.16 *e* Ez 30.18 *K*: *n. l.*.

תַּחְפְּנֵיס *n. f.* (1 Rs 11.19).

תַּחְרָא artefato de couro (Êx 28.32; 39.23).

תַּחֲרָה* *impf.* תְּתַחֲרֶה: *v.* I חרה *hif.* (Jr 12.5).

תַּחְרֵעַ *n. m.* (1 Cr 8.35).

I תַּחַשׁ, תָּחַשׁ *m., pl.* תְּחָשִׁים: *animal marinho:* delfim, porco marinho.

II תַּחַשׁ *n. m.* (Gn 22.24).

I תַּחַת, תָּחַת *suf.* תַּחְתָּיו, תַּחְתֶּיהָ, תַּחְתֵּיכֶם, *tb.* תַּחְתֵּנִי, תַּחְתֶּנָּה, תַּחְתָּם: 1) *s.:* o que está debaixo, a parte inferior. 2) *Prep.:* debaixo de, sob; em lugar de, ao invés de, por.

II תַּחַת *n. m.* (1 Cr 6.9).

III תַּחַת *n. l.* (Nm 33.26).

תַּחְתּוֹן (*de* I תחת) *adj., f.* תַּחְתֹּנָה; *pl.* תַּחְתֹּנוֹת: o mais baixo, inferior (1 Rs 6.6).

תַּחְתִּי (*de* I תחת) *m., f.* תַּחְתִּית, תַּחְתִּיָּה; *pl.* תַּחְתִּיּוֹת: inferior, ínfimo.

תַּחְתִּים חָדְשִׁי *n. l.* (2 Sm 24.6).

תִּיכוֹן, תִּיכֹן *adj., f.* תִּיכוֹנָה; *pl.* תִּיכוֹנוֹת: médio, do meio.

תִּילוֹן *n. m.* (1 Cr 4.20 *Q.*).

תֵּימָא, תֵּמָא *n. l., n. p., n. m.* (Jr 25.23).

I תֵּימָן, תֵּמָן *loc.* תֵּימָנָה: sul, meridional.

II תֵּימָן *n. t., n. m.* (Gn 36.11).

תֵּימָנִי *tb.* תֵּמָנִי: *gent. de* II תֵּימָן *e* תֵּימָא.

תִּימָרָה* *pl. cs.* תִּימְרוֹת: coluna (*de fumaça*) (Jl 3.3; Ct 3.6).

תִּיצִי *gent. de* *תִּיץ (?).

תִּירוֹשׁ *tb.* תִּירֹשׁ (*de* II ירשׁ) *m., suf.* תִּירוֹשְׁךָ: vinho.

תִּירְיָא *n. m.* (1 Cr 4.16).

תִּירָס *n. m., n. p.* (Gn 10.2).

תִּירֹשׁ *v.* תִּירוֹשׁ.

תַּיִשׁ *m., i. p.* תָּיִשׁ, *pl.* תְּיָשִׁים: bode.

תֹּךְ, תּוֹךְ *m., pl.* תְּכָכִים: opressão (Sl 10.7; Pv 29.13).

תכה PU: *impf.* תֻּכּוּ Dt 33.3: *significado incerto.*

תְּכוּנָה (*de* כון) *f., suf.* תְּכוּנָתוֹ: lugar determinado, residência; arranjo, mobília.

תֹּכַחַת *v.* תּוֹכַחַת.

תֻּכִּיִּים *tb.* תּוּכִּיִּים *m.:* pavões (1 Rs 10.22; 2 Cr 9.21).

תְּכָכִים *v.* תֹּךְ.

תִּכְלָה (*de* I כלה) *f.:* plenitude (?), perfeição (?) (Sl 119.96).

תַּכְלִית (*de* I כלה) *f.:* fim, extremidade; consumação, plenitude.

תְּכֵלֶת *f.:* lã purpúrea.

תכן QAL: *pt.* תֹּכֵן: (*Deus*) provar, examinar. – NI: *pf.* נִתְכְּנוּ; *impf.* יִתָּכֵן, יִתָּכְנוּ, יִתָּכֵנוּ: ser examinado (*por Deus*); estar em ordem, estar correto. – PI: *pf.* תִּכֵּן, תִּכַּנְתִּי: estabilizar; medir, mensurar; colocar em ordem. – PU: *pt.* מְתֻכָּן: posto em ordem, contado (2 Rs 12.12).

I תֹּכֶן (*de* תכן) *m.:* medida estipulada; unidade de medida (Êx 5.18; Ez 45.11).

II תֹּכֶן *n. l.* (Js 19.7).

תָּכְנִית (*de* תכן) *f.:* padrão, modelo (Ez 28.12; 43.10).

תַּכְרִיךְ (*de* כרך) *m.:* manto (Et 8.15).

תֵּל *suf.* תִּלָּהּ: 1) colina, outeiro (*formado por ruínas de cidade*). 2) *Em n. l.:* תֵּל אָבִיב; תֵּל חַרְשָׁא; תֵּל מֶלַח.

תלא = תלה: QAL: *pf. suf.* תְּלָאוּם 2 Sm 21.12 = תְּלָאוּם *Q*, תְּלוּם *K*; *pt. pass. pl.* תְּלוּאִים, תְּלֻאִים: pendurar, suspender.

תַּלְאֻבוֹת אֶרֶץ תַּל׳: *sugestão:* terra de febres, *mas prov.* terra de sequidão (Os 13.5).

תְּלָאָה (*de* לאה) *f.:* fadiga, trabalho, dificuldade; Ml 1.13 מַתְּלָאָה = מַה־תְּלָאָה.

תְּלַאשָּׂר 2 Rs 19.12, תְּלַשָּׂר Is 37.12: *n. l.*.

תִּלְבֹּשֶׁת (*de* לבשׁ) *f.:* vestuário (Is 59.17).

תִּלְגַּת *v.* תִּגְלַת.

תלה QAL: *pf.* תָּלָה ,תָּלוּ ,תָּלִינוּ, *suf.* תְּלוּם 2 Sm 21.12 *K*; *impf.* יִתְלוּ, *suf.* וַיִּתְלֵם; *imp. suf.* תְּלֻהוּ; *inf.* תְּלוֹת; *pt. pass.* תָּלוּי, *pl.* תְּלוּיִם: pendurar, enforcar. – NI: *pf.* נִתְלוּ; *impf.* וַיִּתָּלוּ: ser enforcado (Lm 5.12; Et 2.23). – PI: *pf.* תִּלּוּ: pendurar.

תָּלוּל alto, elevado (Ez 17.22).

תְּלוּנֹּת *v.* תְּלֻנּוֹת.

תֶּלַח *n. m.* (1 Cr 7.25).

תְּלִי* (*de* תלה): aljava (Gn 27.3).

תלל HI: *pf.* הֵתֶל ,הֵתַלְתָּ; *impf.* יְהָתֵלּוּ, תְּהָתֵלּוּ; *inf.* הָתֵל: trapacear, enganar. – HO: *pf.* הוּתַל: ser enganado (Is 44.20).

תֶּלֶם *m., pl. cs.* תַּלְמֵי, *suf.* תְּלָמֶיהָ: sulco.

תַּלְמַי *n. m.* (2 Sm 3.3).

תַּלְמִיד aluno (1 Cr 25.8).

תְּלֻנּוֹת ,תְּלוּנֹּת (*de* לון) *f., suf.* תְּלוּנֹּתָם ,תְּלֻנֹּתֵיכֶם: murmurações, resmungos.

תלע PU: *pt.* מְתֻלָּעִים: envolto em púrpura (Na 2.4).

תַּלְפִּיּוֹת *f.:* camadas de pedras (Ct 4.4).

תְּלַשָּׂר *v.* תְּלַאשָּׂר.

תַּלְתַּל* *pl.* תַּלְתַּלִּים: cacho de tâmaras (Ct 5.11).

תָּם (*de* תמם) *adj., f. suf.* תַּמָּתִי; *pl.* תַּמִּים: completo, certo, são, normal; pacífico, calmo (Gn 25.27), puro, íntegro.

תֹּם (*de* תמם), *cs.* -תָּם, *suf.* תֻּמּוֹ; *pl.* תֻּמִּים, *suf.* תֻּמֶּיךָ: plenitude, perfeição, integridade.

תֵּמָא *v.* תֵּימָא.

תמה QAL: *pf.* תָּמָהוּ; *impf.* תִּתְמַה, יִתְמָהוּ ,וַיִּתְמְהוּ; *imp.* תְּמָהוּ: estar estupefato / pasmado / assombrado; olhar atônito / espantado; estar surpreso / chocado. – HIT: *imp.* הִתַּמְּהוּ Hc 1.5 = הִתְמַהְמְהוּ Is 29.9: olhar um para o outro atonitamente.

תֻּמָּה (*de* תמם) *f., cs.* תֻּמַּת, *suf.* תֻּמָּתוֹ: integridade.

תִּמָּהוֹן (*de* תמה), *cs.* תִּמְהוֹן: confusão (Dt 28.28; Zc 12.4).

תַּמּוּז *n.d.* (Ez 8.14).

תְּמוֹל ,תְּמֹל ontem; תְּמוֹל שִׁלְשֹׁם: há 3 dias = antes, no passado.

תְּמוּנָה (*de* מין) *f., cs.* תְּמוּנַת: forma; imagem, representação.

תְּמוּרָה (*de* מור)*f., suf.* תְּמוּרָתוֹ: substituto; troca, câmbio (Lv 27.10; Rt 4.7).

תְּמוּתָה (*de* מות) morte (Sl 79.11; 102.21).

תֶּמַח* *e. p.* תָּמַח: *n. m.* (Ed 2.53; Ne 7.55).

תָּמִיד *m.:* continuação, permanência; *adv.:* permanente, regular, constante, continuamente.

תָּמִים (*de* תמם) *cs.* תְּמִים, *f.* תְּמִימָה; *pl.* תְּמִימִים, *f.* תְּמִימֹת: inteiro, completo; intacto; incontestável; íntegro, perfeito; *c.* הָלַךְ *e* דִּבֵּר: sinceramente, honestamente.

תֻּמִּים *pl. de* תֹּם: Tumim (*sempre usado c.* אוּרִים).

תמך QAL: *pf.* תָּמְכָה ,תָּמַכְתָּ, *suf.* תְּמַכְתִּיךָ; *impf.* יִתְמֹכוּ ,אֶתְמָךְ ,וַיִּתְמָךְ־; *inf.* תָּמוֹךְ, תָּמֹךְ; *pt.* תּוֹמֵךְ, *pl. suf.* תֹּמְכֶיהָ: tomar; sustentar; segurar, agarrar. – NI: *impf.* יִתָּמֵךְ: ser agarrado, ser preso (Pv 5.22).

תְּמֹל *v.* תְּמוֹל.

תמם QAL: *pf.* תַּם ,תַּמּוּ ,תָּמּוּ ,תַּמְנוּ ,תָּמְנוּ; *impf.* יִתֹּם ,תִּתֹּם ,וַתִּתֹּם ,אֵיתָם Sl 19.14 *l.* אֶתָּם ,יִתַּמּוּ ,וַיִּתְּמוּ ,יִתָּמּוּ; *inf.* תֹּם, -תָּם, *suf.* תֻּמּוֹ: ser completo; estar terminado, estar pronto; estar gasto / esgotado / acabado; ser inculpável. – HI: הֲתִמֹּתִי; *impf.* תַּתֵּם; *inf.* הָתֵם, *suf.* הֲתִמְּךָ: aprontar, acabar, terminar, concluir; remover, pôr termo a; tornar inculpável. – HIT: *impf.* תִּתַּמָּם: mostrar-se íntegro.

תֵּמָן *v.* תֵּימָן.

תִּמְנָה *n. l.* (Js 15.10).

תְּמָנִי *v.* תֵּימָנִי.

תִּמְנִי *gent. de* תִּמְנָה (Jz 15.6).

תִּמְנָע, תִּמְנַע *n. f., n. de tribo* (Gn 36.12, 22, 40).

תֶּמֶס (*de* מסס) *m.:* diluição (Sl 58.9).

I תָּמָר *m., pl.* תְּמָרִים: tamareira.

II תָּמָר *n. f.* (Gn 38.6).

III תָּמָר *n. l.* (1 Rs 9.18).

I תֹּמֶר *n. l.* (Jz 4.5).

II תֹּמֶר espantalho (Jr 10.5).

תִּמֹרָה (*de* I תמר) *f., pl.* תִּמֹרִים, *suf.* תִּמֹרָו (*Q* ־רָיו) Ez 40.22 *e* תִּמֹר(ו)ת: ornamento de palmeira.

תַּמְרוּק (*de* מרק) *pl. cs.* תַּמְרוּקֵי, *suf.* תַּמְרוּקֵיהֶן: massagem *e* ungüento; Pv 20.30 *K* תַּמְרִיק.

I תַּמְרוּרִים (*de* מרר) *m.:* amargura.

II תַּמְרוּרִים marcos, sinalização (Jr 31.21).

***תַּן** (*de* חנן) *pl.* תַּנִּים, תנין Lm 4.3 *K* (*Q* תַּנִּים): chacal.

תנה QAL: *impf.* יִתְנוּ Os 8.10 *l.* יִתְּנוּם (?); *imp.* תְּנָה Sl 8.2 *l.* אֲדַרְתְּכָה (?). – HI: *pf.* הִתְנוּ Os 8.9 *l.* נָתְנוּ (?). – PI: *impf.* יְתַנּוּ Jz 5.11 *mas txt. dúbio; inf.* תַּנּוֹת Jz 11.40; *normalmente para ambas as passagens:* cantar, celebrar, *mas sugere-se para* Jz 11.40: lamentar (*assim versões*).

***תְּנוּאָה** (*de* נוא) *f., suf.* תְּנוּאָתִי; *pl.* תְּנוּאוֹת: *sing.:* desagrado, oposição, surpresa; *pl.:* ocasiões para desagrado, ocasiões para surpresa (Nm 14.34; Jó 33.10).

תְּנוּבָה (*de* נוב) *f., cs.* תְּנוּבַת, *suf.* תְּנוּבָתִי; *pl.* תְּנוּבוֹת: produto.

תְּנוּךְ lóbulo.

תְּנוּמָה (*de* נום) *f., pl.* תְּנוּמוֹת: sono.

תְּנוּפָה (*de* I נוף) *f., cs.* תְּנוּפַת; *pl.* תְּנוּפֹת: 1) movimentação; consagração. 2) Oferta movida.

תַּנּוּר *pl.* תַּנּוּרִים, *suf.* תַּנּוּרֶיךָ: fogareiro; forno; fornalha.

תַּנְחוּמוֹת (*de* נחם), *suf.* תַּנְחוּמֹתֵיכֶם: consolação (Jó 15.11; 21.2).

תַּנְחוּמִים (*de* נחם), *suf.* תַּנְחֻמֶיהָ: consolação.

תַּנְחֻמֶת *n. m.* (2 Rs 25.23).

תַּנִּים *v.* *תַּן *e* תַּנִּין.

תַּנִּים, תַּנִּין *m., pl.* תַּנִּינ(י)ם: monstro marinho, dragão; serpente; crocodilo.

I *תִּנְשֶׁמֶת *e. p.* תִּנְשָׁמֶת (*de* נשם): camaleão (Lv 11.30).

II תִּנְשֶׁמֶת *e. p.* תִּנְשָׁמֶת (*de* נשם): *tipo de coruja, sugestão:* coruja branca (Lv 11.18; Dt 14.16).

תעב NI: *pf.* נִתְעַב; *pt.* נִתְעָב: ser detestado, ser abominado. – PI: *pf. suf.* תִּעֲבוּנִי; *impf.* יְתָעֵב, יְתָעֲבוּ, תְּתַעֵב, וַתְּתַעֲבִי, וָאֲתַעֲבָה, *suf.* תְּתַעֲבֵנוּ; *inf.* תַּעֵב; *pt.* מְתַעֲבִים: detestar, abominar; tratar como abominação. – *cj.* PU: *pt. cs.* מְתֹעַב: detestado, abominado (*cj.* Is 49.7). – HI: *pf.* הִתְעַבְתָּ, הִתְעִיבוּ; *impf.* וַיַּתְעֵב: agir de maneira abominável.

תעה QAL: *pf.* תָּעָה, תָּעִיתִי, תָּעוּ, תָּעוּ Is 16.8; *impf.* תֵּתַע, יִתְעוּ; *inf.* תְּעוֹת; *pt.* תֹּעֶה, *pl. cs.* תֹּעֵי: andar errante, vaguear, perambular; desgarrar; cambalear; estar confuso. – NI: *pf.* נִתְעָה; *inf.* הִתָּעוֹת: achar-se em cambaleio; desgarrar-se. – HI: *pf.* הִתְעָה, הִתְעוּ, הִתְעֵיתֶם, *suf.* הִתְעוּם; *impf.* וַיַּתַע, וַיַּתְעוּ, *suf.* תַּתְעֵנוּ, וַיַּתְעוּם; *pt.* מַתְעֶה, מַתְעִים: desencaminhar; fazer desviar; deixar desviar; *c.* לְ *e inf.:* seduzir; deixar desgarrar; fazer cambalear; הִתְעָה בְנַפְשׁוֹ Jr 42.20: enganar-se.

תֹּעוּ, תֹּעִי *n. m.* (1 Cr 18.9).

תְּעוּדָה (*de* עוד) *f.:* atestação, confirmação; testemunho.

I תְּעָלָה *f.:* vala; aqueduto; canal.

II תְּעָלָה (*de* עלה) *f.:* cura (Jr 30.13; 46.11).

תַּעֲלוּלִים (*de* עלל) *m., suf.* תַּעֲלוּלֵיהֶם, *pl. col.:* arbitrariedade; maus-tratos

(Is 3.4; 66.4).

תַּעֲלֻם *suf.* תַּעֲלֻמָהּ: *l.* תַּעֲלֻמָה (Jó 28.11).

תַּעֲלֻמָה (*de* עלם) *f.*, *pl.* תַּעֲלֻמוֹת: coisa oculta / secreta.

תַּעֲנוּג (*de* ענג), *pl.* תַּעֲנוּגִים, *suf.* תַּעֲנוּגַיִךְ/גֶיהָ *e* תַּעֲנוּגוֹת: conforto, bem-estar; *pl.:* prazeres, delícias.

תַּעֲנִית (*de* II ענה): mortificação, exercícios de penitência (Ed 9.5).

תַּעְנַךְ, תַּעֲנָךְ *n. l.* (Js 12.21).

תעע PILPEL: *pt.* מְתַעְתֵּעַ: zombar (Gn 27.12). – HITPALPEL: *pt.* מִתַּעְתְּעִים: troçar, mofar (2 Cr 36.16).

***cj.* תְּעֻפָה** trevas, escuridão (*cj.* Jó 11.17).

תַּעֲצֻמוֹת (*de* I עצם): vigor, robustez (Sl 68.36).

תַּעַר (*de* I ערה) *m. e f.*, *suf.* תַּעְרָהּ, תַּעְרֵךְ: 1) navalha, faca, canivete. 2) bainha.

תַּעֲרוּבוֹת (*de* I ערב) *f.:* fiança; בְּנֵי הַתַּעֲרוּבוֹת: reféns (2 Rs 14.14; 2 Cr 25.24).

תַּעְתֻּעִים (*de* תעע): irrisão, escárneo (Jr 10.15; 51.18).

תֹּף (*de* תפף) *pl.* תֻּפִּים, *suf.* תֻּפֶּיךָ: tamboril.

תִּפְאֶרֶת (*de* II פאר) *f. suf.* תִּפְאַרְתְּכֶם, תִּפְאַרְתּוֹ: ornamento, decoração, beleza; glória, esplendor; distinção, honra, respeito; orgulho, arrogância.

I תַּפּוּחַ (*de* נפח), *pl.* תַּפּוּחִים, *cs.* תַּפּוּחֵי: maçã; macieira.

II תַּפּוּחַ *tb.* תַּפֻּחַ: *n. m.* (1 Cr 2.43).

III תַּפּוּחַ *n. l.* (Js 12.17).

תְּפוּצָה★ (*de* פוץ), *pl. suf.* תְּפוּצוֹתֵיכֶם:: dispersão Jr 25.34 (*txt. corr.?*), *cj.* Sf 3.10.

תַּפֻּחַ *v.* II תַּפּוּחַ.

תֻּפִינִים★ *cs.* תֻּפִינֵי: *l.* תְּפִתֶּנָּה (*de* פתת) (Lv 6.14).

תפל QAL: *pf.* תָּפַלְתִּי: falar de maneira tola / néscia (*cj.* Sl 141.5). – HIT: *impf.* תִּתַּפָּל: comportar-se de maneira tola.

I תָּפֵל caiação.

II תָּפֵל algo insípido / insosso (Jó 6.6; Lm 2.14).

תֹּפֶל *n. l.* (Dt 1.1).

תִּפְלָה (*de* תפל): algo insípido, vazio, insosso, vacilante, chocante (Jó 1.22; Jr 23.13).

תְּפִלָּה (*de* פלל) *f.*, *cs.* תְּפִלַּת, *suf.* תְּפִלָּתִי; *pl.* תְּפִלּוֹת: oração.

תִּפְלֶצֶת★ (*de* פלץ) *f.*, *suf.* תִּפְלַצְתְּךָ: o horror causado por ti (?) (Jr 49.16).

תִּפְסַח *n. l.* (1 Rs 5.4).

תפף QAL: *cj. impf.* וַיְּתָף; *pt.* תּוֹפְפוֹת: rufar (Sl 68.26; *cj.* 1 Sm 21.14). – POLEL: *pt.* מְתֹפְפוֹת: continuar batendo (Na 2.8).

תפר QAL: *pf.* וַיִּתְפְּרוּ ;תָּפַרְתִּי; *inf.* לִתְפּוֹר: costurar. – PI: *pt.* מְתַפְּרוֹת: costurar (Ez 13.18).

תפשׂ QAL: *pf.* תָּפַשׂ, תְּפָשׂוּ, תְּפַשְׂתֶּם, *suf.* תְּפָשָׂהּ; *impf.* וַיִּתְפֹּשׂ, וָאֶתְפֹּשׂ, *suf.* וַיִּתְפְּשֵׂהוּ, נִתְפְּשֵׂם; *imp.* תִּפְשׂוּ, *suf.* תִּפְשׂוּם; *inf.* לִתְפֹּשׂ, תָּפְשָׂם, *abs.* תָּפֹשׂ; *pt.* תֹּפֵשׂ, תֹּפְשֵׂי, *pass.* תָּפוּשׂ: pegar, apanhar, capturar; manejar; ocupar; engastar; profanar. – NI: *pf.* נִתְפַּשׂ, נִתְפָּשׂ, נִתְפְּשָׂה, נִתְפָּשָׂה, נִתְפַּשְׂתְּ, נִתְפָּשׂוּ; *impf.* תִּתָּפֵשׂ, תִּתָּפְשׂוּ; *inf.* הִתָּפֵשׂ: ser agarrado, ser pego; ser capturado, ser preso, ser conquistado; ser ocupado. – PI: *impf.* תְּתַפֵּשׂ: agarrar (Pv 30.28).

I תֹּפֶת cuspe (Jó 17.6).

II תֹּפֶת *n. l.* (2 Rs 23.10).

תָּפְתֶּה *l.* תָּפְתֹּה (Is 30.33).

תָּקְהַת *v.* תּוֹקְהַת (2 Cr 34.22).

I תִּקְוָה★ (*de* I קוה) *f.*, *cs.* תִּקְוַת: corda (Js 2.18, 21).

II תִּקְוָה (*de* I קוה) *f.*, *cs.* תִּקְוַת, *suf.* תִּקְוָתִי: esperança, expectativa.

III תִּקְוָה *n. m.* (2 Rs 22.14).

תְּקוּמָה (*de* קום) *f.:* resistência, constância (Lv 26.37).

תְּקוֹמֵם★ *pl. suf.* תְּקוֹמְמֶיךָ: *l.* מִתְקוֹמְמֶיךָ (*de* קום) (Sl 139.21).

תְּקוֹעַ *n. l.* (2 Sm 14.2).

תְּקוֹעִי, תְּקֹעִי *f.* תְּקֹעִית; *pl.* תְּקֹעִים: *gent. de* תְּקוֹעַ (2 Sm 14.4).

תְּקוּפָה *cs.* תְּקוּפַת, *suf.* תְּקוּפָתוֹ; *pl.* תְּקֻפוֹת: solstício; ciclo, volta; equinócio.

תַּקִּיף (*de* תקף): forte, poderoso (Ec 6.10).

תקן QAL: *inf.* לִתְקֹן Ec 1.15: *l.* לְהִתָּקֵן: endireitar. – *cj.* NI: *inf.* לְהִתָּקֵן: ser endireitado (cj. Ec 1.15). – PI: *pf.* תִּקֵּן; *inf.* תַּקֵּן: endireitar, alinhar (Ec 7.13; 12.9).

תקע QAL: *pf.* תָּקַע, תָּקַעְתִּי, תָּקְעוּ, *suf.* תְּקַעְתִּיו; *impf.* יִתְקַע, וַיִּתְקַע, יִתְקְעוּ, יִתְקָעוּ, *suf.* וַיִּתְקָעֵהוּ; *pt.* תֹּקֵעַ, *pass.* תְּקוּעָה: traspassar, cravar; armar a tenda; bater palmas; apertar a mão; soprar, tocar (instrumento). – NI: יִתָּקַע: ser tocado (instrumento).

תֵּקַע (*de* תקע): *cs.* =*;* תֵּקַע שׁוֹפָר: som da trombeta (Sl 150.3).

תְּקֹעִי *gent. de* תְּקוֹעַ, *v.* תְּקוֹעִי.

תקף QAL: *impf. suf.* תִּתְקְפֵהוּ: vencer, subjugar. – HI: *impf.* הַתְקִיף *K*: *l.* *Q v.* תַּקִּיף (Ec 6.10).

תֹּקֶף (*de* תקף): *suf.* תָּקְפּוֹ: força, poder, autoridade.

תֹּר *v.* תּוֹר.

תַּרְאֲלָה *n. l.* (Js 18.27).

תַּרְבּוּת (*de* I רבה) *f.*: raça (Nm 32.14).

תַּרְבִּית (*de* I רבה) *f.*: ágio, usura, juro.

תִּרְגַּלְתִּי *v.* רגל *tifil.*

תרגם *pt. pass.* מְתֻרְגָּם: traduzido (Ed 4.7).

תַּרְדֵּמָה (*de* רדם) *f.*: sono profundo, letargia.

תִּרְהָקָה *n. m.* (2 Rs 19.9).

תְּרוּמָה (*de* רום) *f.*, *cs.* תְּרוּמַת, *suf.* תְּרוּמָתִי; *pl.* תְּרוּמוֹת, *suf.* תְּרוּמוֹתֵיכֶם: oferta, contribuição, tributo.

תְּרוּמִיָּה (*de* רום) *f.*: contribuição, porção (Ez 48.12).

תְּרוּעָה (*de* רוע) *f.*, *cs.* תְּרוּעַת: alarma; grito de alegria; sinal (*dado c. instrumento de sopro*).

תְּרוּפָה (*de* רוף = רפא) *f.*: cura (Ez 47.12).

תִּרְזָה *espécie de árvore desconhecida* (Is 44.14).

תֶּרַח *n. m.* (Gn 11.24).

תָּרַח *n. l.* (Nm 33.27).

תִּרְחֲנָה *n. m.* (1 Cr 2.48).

תָּרְמָה *l.* בָּארוּמָה (אֲרוּמָה *n. l.*) (Jz 9.31).

תַּרְמוּת *K*, *l.* תַּרְמִית *Q* (Jr 14.14).

תַּרְמִית engano.

תֹּרֶן *suf.* תָּרְנָם: mastro.

cj. ★**תַּרְעִית** *cj. suf.* תַּרְעִיתָם: especulação (*cj.* Sl 119.118).

תַּרְעֵלָה (*de* רעל) *f.*: atordoamento.

תִּרְעָתִים *n. p.* (1 Cr 2.55).

תְּרָפִים ídolo.

תִּרְצָה I *n. f.* (Nm 26.33).

תִּרְצָה II *n. l.* (Js 12.24).

תרר *v.* נתר *qal I.*

תֶּרֶשׁ *n. m.* (Et 2.21).

תַּרְשִׁישׁ I *n. l.* (Jn 1.3).

תַּרְשִׁישׁ II *pedra preciosa, sugestão:* crisólito.

תַּרְשִׁישׁ III *n. m.*; = II (Et 1.14; 1 Cr 7.10).

תִּרְשָׁתָא governador (Ne 8.9; 10.2).

תַּרְתָּן comandante (2 Rs 18.17; Is 20.1).

תַּרְתָּק *n.d.* (2 Rs 17.31).

תְּשׂוּמֶה★ (*de* I שׂים) *f.*, תְּשׂוּמֶת־יָד: depósito? propriedade conjunta? (Lv 5.21).

תְּשֻׁאָה★ (*de* שׁוא = II שׁאה), *pl.* תְּשֻׁאוֹת: barulho, grito, estrondo.

תֹּשָׁב *v.* תּוֹשָׁב.

תִּשְׁבִּי *gent. de* ★תִּשְׁבֵּי.

cj. **תִּשְׁבֵּי** *n. l.* (*cj.* 1 Rs 17.1).

תּוֹשָׁבֵי *v. cj.* תִּשְׁבֵּי (1 Rs 17.1).

תַּשְׁבֵּץ bordado (?) (Êx 28.4).

תְּשׁוּבָה (*de* I שׁוב) *f.*, *cs.* תְּשׁוּבַת, *suf.* תְּשׁוּבָתוֹ; *pl.* תְּשֻׁבֹת, *suf.* תְּשׁוּבֹתֵיכֶם:

1) volta, retorno. 2) *pl.:* respostas, réplicas.

תְּשֻׁוָה *Q* תֻּשִׁיָּה, *l. K* תֻּשִׁוָה = *v.* ⋆תְּשֻׁאָה (Jó 30.22).

תְּשׁוּעָה תְּשֻׁעָה *f.*, *cs.* תְּשׁוּעַת, *suf.* תְּשׁוּעָתִי, תְּשׁוּעָתֶךָ: livramento, libertação > salvação.

⋆תְּשׁוּקָה *suf.* תְּשׁוּקָתוֹ, תְּשׁוּקָתֵךְ: desejo, impulso, avidez.

תְּשׁוּרָה dádiva (?) presente (?) (1 Sm 9.7).

תֻּשִׁיָּה *v.* תֻּשִׁוָה.

תְּשִׁיעִי *tb.* תְּשִׁעִי (*de* תֵּשַׁע), *f.* תְּשִׁיעִ(י)ת: nono.

תֵּשַׁע *cs.* תְּשַׁע, *f.* תִּשְׁעָה, *cs.* תִּשְׁעַת; *pl.* תִּשְׁעִים: *sing.:* nove; *pl.:* noventa.

תְּשֻׁעָה *v.* תְּשׁוּעָה.

תְּשִׁעִי *v.* תְּשִׁיעִי.

DICIONÁRIO
Aramaico - Português

Elaborado por

Rudi Zimmer

א

אַב* (*hebr.* אָב), *suf.* אֲבִי (Dn 5.13), אֲבוּךְ, אֲבוּהִי, *pl. suf.* אֲבָהָתִי, אֲבָהָתָךְ, אֲבָהָתָנָא: pai; *pl.* antepassados.

אֵב* (*hebr.* =), *suf.* אִנְבֵּהּ: fruto.

אבד (*hebr.* =) PEAL: *impf. pl. juss.* יֵאבַדוּ: perecer, desaparecer (Jr 10.11). – HAFEL: *impf.* תְּהוֹבֵד, יְהֹבְדוּן; *inf.* הוֹבָדָה: matar, exterminar, destruir. – HOFAL: *pf.* הוּבַד: ser destruído (Dn 7.11).

אֶבֶן (*hebr.* =) *f., dat.* אַבְנָא: pedra.

אִגְּרָה/א (*hebr.* אִגֶּרֶת) *f., det.* אִגַּרְתָּא: carta.

אֱדַיִן (*hebr.* אָז, אֲזַי) *adv.:* então; בֵּאדַיִן então, imediatamente; מִן־אֱדַיִן desde então.

אֲדָר (*hebr.* =): *n. do 12º mês:* Adar (Ed 6.15).

אִדַּר* *pl. cs.* אִדְּרֵי: eira (Dn 2.35).

אֲדַרְגָּזַר* *m., pl. det.* אֲדַרְגָּזְרַיָּא: conselheiro (Dn 3.2s).

אַדְרַזְדָּא *adv.:* diligentemente, zelosamente (Ed 7.23).

אֶדְרָע (*hebr.* אֶזְרוֹעַ *e* זְרוֹעַ): braço; *fig.* força (Ed 4.23).

אַזְדָּא *s. det. ou adj. f.:* (a palavra = ordem é) promulgada, decretada (por mim) (Dn 2.5, 8).

אזה PEAL: *inf.* מֵזֵא, *suf.* מֵזְיֵהּ; *pt. pass.* אֲזֵה: acender, atear (fogo), aquecer (Dn 3.19, 22).

אזל (*hebr.* =) PEAL: *pf.* אֲזַל, אֲזַל, אֲזַלוּ, אֲזַלְנָא; [*impf. v.* הלך]; *imp.* אֱזֶל־ (Ed 5.15): ir, andar.

אַח* (*hebr.* II אָח), *pl. suf. K* אַחַיִךְ (*Q* אַחָךְ): irmão (Ed 7.18).

אַחֲוָיַת (Dn 5.12) *v. hafel de* חוה.

אֲחִידָה* (*hebr.* חִידָה) *f., pl.* אֲחִידָן: enigma (Dn 5.12).

אַחְמְתָא *n.l.* (Ed 6.2).

אַחַר* (*hebr.* =, אַחֲרֵי), *pl. cs.* אַחֲרֵי, *suf.* אַחֲרֵיהֹן: depois; אַחֲרֵי דְנָה a seguir, mais tarde, futuramente (Dn 2.29, 45; 7.24).

אַחֲרִי* (*hebr.* אַחֲרִית) *f., cs.* אַחֲרִית: fim (Dn 2.28).

אָחֳרִי *adj. f. de* אָחֳרָן: outra.

אחרין , *Q* אָחֳרֵן, *K* אַחֲרֵין *ou* אַחֲרֵין, *adv.:* עַד־א׳ por fim, finalmente (Dn 4.5).

אָחֳרָן *adj. m.:* outro (Dn 2.11, 44).

אֲחַשְׁדַּרְפַּן* (*hebr.* אֲחַשְׁדַּרְפָּן*), *pl. det.* אֲחַשְׁדַּרְפְּנַיָּא: sátrapa.

אֲחַת *v.* נחת.

אִילָן (*hebr.* I אֵלוֹן) *m., det.* אִילָנָא: árvore.

אֵימְתָנִי (*cf. hebr.* אָיֹם) *adj. f.:* terrível (Dn 7.7).

אִתַי, אִיתַי (*hebr.* אִשׁ, יֵשׁ), *suf. Q* אִיתָךְ, *K* אִיתָנָא *e Q* אִיתַנָא, אִיתֵיכוֹן, אִיתַיִךְ, *K* אִיתַיְנָא: existência; há; *c.* לָא: não há; הֵן אִיתַי דִּי se é assim que, se é verdade que; *como cópula acentuada antes de pt. ou adj.:* é (*verbo finito*); *c. suf.* tu és, ele é, nós somos, eles são.

אכל (*hebr.* =) PEAL: *pf.* אֲכַלוּ; *impf.* תֵּאכֻל, יֵאכֻל; *imp. f.* אֲכֻלִי; *pt. f.* אָכְלָה:

comer, nutrir-se de, alimentar-se de; *fig. c. obj.* אַרְעָא: devastar, devorar; *c.* קַרְצִין: *v.* ⋆קְרַץ.

אַל (*hebr.* =): não (*em proibições*).

⋆אֵל (*hebr.* VI אֵל) *pron. dem. pl.* (*sing. v.* דְּנָה): estes (Ed 5.15 *Q*; *K v.* אֵלֶּה).

אֱלָה (*hebr.* אֱלוֹהַּ) *m., cs.* =, *det.* אֱלָהָא, *suf.* אֱלָהִי, אֱלָהָךְ, אֱלָהֵהּ, אֱלָהָנָא (*var.* אֱלָהַנָא, Dn 3.17), אֱלָהֲכוֹן *e* אֱלָהֲהוֹן, אֱלָהֲהֹם *e* אֱלָהֲכֹם, *c. pref.* לֶאֱלָהּ, *mas det. e suf.* וֵאלָהָא, בֵּאלָהָא, לֵאלָהָא, *etc.*; *pl.* אֱלָהִין, *det.* אֱלָהַיָּא, *cs.* אֱלָהֵי, לֵאלָהֵי, *suf.* לֵאלָהַי, לֵאלָהָיךְ (Dn 3.12,18, *K* לֵאלָהַיִךְ, *Q* לֵאלָהָךְ): Deus, deus; *pl.* deuses, *mas tb. no sentido sing.* Deus = Iahweh.

· **אֵלֶּה** (*hebr.* =) *pron. dem. pl. com. sing. v.* דְּנָה): estes, estas (Jr 10.11; Ed 5.15 *K,Q* אֵל).

אֲלוּ *interj.*: eis!, eis que!.

אִלֵּין, אִלֵּן (Dn 6.7) *pron. dem. pl. com.* (*sing. v.* דְּנָה): estes, estas.

אִלֵּךְ *pron. dem. pl. m.* (*sing. v.* דְּנָה): estes.

אִלֵּן (Dn 6.7) *v.* אִלֵּין.

אֲלַף (*hebr.* II אֶלֶף), *cs.* אֲלַף, *det.* אַלְפָּא, *pl.* אַלְפִין (Dn 7.10 *Q, K* אלפים): mil; אֲלַף אַלְפִין muitos milhares (Dn 5.1; 7.10).

⋆אַמָּה (*hebr.* =) *f., pl.* אַמִּין: côvado (Dn 3.1; Ed 6.3).

אֻמָּה (*hebr.* =) *f., pl. det.* אֻמַּיָּא *e* אֻמַיָּא (*m. na forma*): nação, povo.

אמן (*hebr.* =) HAFEL: *pf.* הֵימִן; *pt. pass.* מְהֵימַן: *c.* בְּ confiar em; *pt. pass.* de confiança, digno de confiança.

אמר (*hebr.* =) PEAL: *pf.* אֲמַר, *3ª f.* אֲמַרֶת, 1ª אַמְרֵת, *pl.* אֲמַרוּ; *impf.* יֵאמַר, *pl.* יֵאמְרוּן; *imp.* אֱמַר, אֱמַר; *inf.* מֵאמַר (Dn 2.9) *e* מֵמַר (Ed 5.11); *pt.* אָמַר, *pl.* אָמְרִין: dizer; ordenar; *pt. pl.* é dito, é ordenado.

⋆אִמַּר *pl.* אִמְּרִין: cordeiro (Ed 6.9-17).

אִנְבֵּהּ Dn 4.9,11,18 *v.* אֵב.

אַנְדַּע *v.* ידע.

אֲנָה (*hebr.* אֲנִי): eu; *como ênfase:* quanto a mim.

אִנּוּן *m., f.* אִנִּין (Dn 7.17 *Q, K* אנון) *pron. pess. pl.* (*sing. v.* הוּא, הִיא): eles, elas; *como cópula:* são; *como ac.*; *como pron. dem.:* estes; *v.* הִמּוֹ(ן).

⋆אֱנוֹשׁ Dn 4.13s *v.* אֱנָשׁ.

אֲנַחְנָא *tb.* אֲנַחְנָה (Ed 4.26) (*hebr.* אֲנַחְנוּ) *pron. pess. pl.:* nós.

אנס (*hebr.* =) PEAL: *pt.* אָנֵס: importunar, oprimir, afligir, perturbar (Dn 4.6).

⋆אֲנַף (*hebr.* אַף, אנף), *du. suf.* אַנְפּוֹהִי: face, rosto (Dn 2.46; 3.19).

אֱנָשׁ, ⋆אֱנוֹשׁ (*hebr.* I אֱנוֹשׁ), *cs.* =, *det.* אֲנָשָׁא, אֱנוֹשָׁא (Dn 4.13s *K*), *pl.* אֲנָשִׁים (Dn 4.14, *hebraísmo*): *sing. det. col.* gênero humano; povo (de um certo país); homem (como indivíduo (pessoa).

אַנְתָּה *K, Q* אַנְתְּ, *tb. K* אַנְתְּ (Ed 7.25) (*hebr.* אַתָּה) *pron. pess. m. sing.:* tu.

אַנְתּוּן (*hebr.* אַתֶּם) *pron. pess. m. pl.:* vós (Dn 2.8).

אֱסוּר (*hebr.* אֵסוּר), *pl.* אֱסוּרִין: cadeias, grilhões; *pl.* prisão.

אָסְנַפַּר *n.m. de um rei assírio:* Ass(urba)nipal? (Ed 4.10).

אָסְפַּרְנָא *adv.:* exatamente, pontualmente, solicitamente, zelosamente, diligentemente.

אֱסָר (*hebr.* אִסָּר), *cs.* =, *det.* אֱסָרָא: proibição (legal), interdição, interdito, restrição (Dn 6.8, 16).

אָע (*hebr.* עֵץ), *det.* אָעָא: madeira; viga.

אַף (*hebr.* I אַף), *sempre* וְאַף: também.

אֲפָרְסָי* *pl. det.* אֲפָרְסָיֵא: *sentido incerto; talvez n.p., ou então um título de funcionários públicos* (Ed 4.9).

אֲפַרְסְכָי *pl. det.* אֲפַרְסְכָיֵא: *sentido incerto; talvez n.p., mas provavelmente um título de funcionários públicos* (Ed 5.6; 6.6).

אֲפַרְסַתְכָי* *pl. det.* אֲפַרְסַתְכָיֵא: *título de funcionários públicos* (Ed 4.9).

אַפְּתֹם : *sentido incerto; sugere-se cs.:* despensa?, tesouro?; *outros: adv.* finalmente, eventualmente, certamente, positivamente (Ed 4.13).

אֶצְבַּע* (*hebr.* =) *f., pl.* אֶצְבְּעָן, *cs.* אֶצְבְּעָת: dedo (da mão/do pé) (Dn 5.5; 2.41s).

אַרְבַּע* (*hebr.* =) *m., f.* אַרְבְּעָה: quatro.

אַרְגְּוָן* (*hebr.* אַרְגָּמָן), *det.* אַרְגְּוָנָא: púrpura.

אֲרוּ *interj.:* eis!, eis que!.

אֲרַח* (*hebr.* אֹרַח), *pl. suf.* אֹרְחָתָךְ, אֹרְחָתֵהּ: caminho; *pl.* caminhos, modos / maneiras de agir (de Deus); experiências, situação / destino (do homem) (Dn 4.34; 5.23).

אַרְיֵה (*hebr.* =), *pl. det.* אַרְיָוָתָא: leão.

אַרְיוֹךְ (*hebr.* =): *n.m.* (Dn 2.24).

אֲרִיךְ *adj.: c.*לְ conveniente (Ed 4.14).

אַרְכֻבָּה* (*hebr.* בֶּרֶךְ) *f., pl. suf.* אַרְכֻבָּתֵהּ: joelho (Dn 5.6).

אַרְכָה (*hebr.* אֹרֶךְ) *f.:* comprimento, duração, extensão, prolongamento (Dn 4.24; 7.12).

אַרְכְּוָי* *pl. det. Q* אַרְכְּוָיֵא, *K* אַרְכְּוָיֵ: *n.p.* (*v. hebr.* II אֶרֶךְ) (Ed 4.9).

אֲרַע (*hebr.* אֶרֶץ) *m., det.* אַרְעָא: a terra; אֲרַעא מִנָּךְ inferior ao teu.

אַרְעִי* *f., cs.* אַרְעִית: fundo (da cova Dn 6.25).

אֲרַע, אֲרַק* (*hebr.* אֶרֶץ), *det.* אַרְקָא: a terra (Jr 10.11).

אַרְתַּחְשַׁשְׂתְּא *tb.* אַרְתַּחְשַׁסְתְּא: *n.m.* (Ed 4.8).

אשׁ* (*hebr.* I שֵׁת), *pl. det.* אֻשַּׁיָּא: fundamento (Ed 4.12; 5.16; 6.3 *l.* אֶשּׁוֹהִי *ou* אֻשַּׁיָּא, *v.* אֶשָּׁא, *ou então* מְשַׁחוֹתִי, *v.* מְשַׁח*).

אֶשָּׁא (*hebr.* אֵשׁ, אִשֶּׁה) *f.:* fogo (Dn 7.11; *cj.* Ed 6.3, oferta queimada; *v.* אשׁ*).

אָשַׁף (*hebr.* אַשָּׁף), *pl.* אָשְׁפִין, *det.* אָשְׁפַיָּא: encantador, feiticeiro.

אשׁרן* *det.* אֻשַּׁרְנָא: *sentido incerto, algum tipo de estrutura de madeira; sugere-se:* equipamento?, madeiramento?, painéis? apainelamento? armação do telhado? (Ed 5.3, 9).

אֶשְׁתַּדּוּר revolta (Ed 4.15, 19).

אִשְׁתִּיו (Dn 5.3s) *v.* שׁתה.

אֶשְׁתַּנּוּ (*K* Dn 3.19) *v.* שׁנה.

אָת* (*hebr.* אוֹת), *pl.* אָתִין, *det.* אָתַיָּא, *suf.* אָתוֹהִי: sinal (Dn 3.32s; 6.28).

אתה (*hebr.* =) PEAL: *pf.* אֲתָא, אֲתָה (Ed 5.3,16), *3ª pl.* אֲתוֹ; *imp. pl.* אֱתוֹ; *inf.* מֵתֵא; *pt.* אָתֵה: vir. – HAFEL: *pf.* הַיְתִי, *3ª pl.* הַיְתִיו; *inf.* הַיְתָיָה: trazer; *pass. 3ª sing. f.* הֵיתָיִת, *3ª pl.* הֵיתָיו: ser trazido.

אַתּוּן* *m., cs.* =, *det.* אַתּוּנָא: fornalha.

אִתַי *v.* אִיתַי.

אֲתַר (*hebr.* אֲשֶׁר), *suf.* אַתְרֵהּ: vestígio; *c.* עַל, לְ *e seguido de* דִּי: lugar; *v. tb.* בָּאתַר.

אַתָּרוּ *v.* נתר.

ב

בְּ (*hebr.* =), *suf.* בִּי, בָּךְ, בֵּהּ, בַּהּ, בְּהוֹן *prep.:* em; através de; por; com; *em combinações:* שׁתה בְ beber de, הֵימִין בְּ crer em, שְׁלֵט בְּ reinar sobre, עֲבַד בְּ tratar com, יוֹם בְּיוֹם dia após dia, cada dia; *em composições: v.* גַו *e* בָּאתַר.

בְּאִישׁ★ (*de* באשׁ) *adj. m., f. det.* בִּאִישְׁתָּא: mau, malvado (Ed 4.12).

באשׁ (*hebr.* =) PEAL: *pf.* בְּאֵשׁ: ser mau; *c.* עַל ser desagradável a (Dn 6.15).

בָּאתַר, בָּתַר *suf.* בָּתְרָךְ, *prep.:* depois (Dn 2.39; 7.6s).

בָּבֶל (*hebr.* =): *n.l.* (Dn 2.12).

בָּבְלָי★ , *pl. det.* בָּבְלָיֵא: *gent. de* בָּבֶל (Ed 4.9).

בדר (*hebr.* בזר *e* פזר) PAEL: *imp. pl.* בַּדַּרוּ: dispersar (Dn 4.11).

בְּהִילוּ (*de* בהל) *f.:* pressa (Ed 4.23).

בהל (*hebr.* =) PAEL: *impf. pl. suf.* יְבַהֲלֻנַּנִי, יְבַהֲלֻנֵּהּ, יְבַהֲלוּנֵהּ, *juss.* יְבַהֲלָךְ *e* יְבַהֲלוּךְ: assustar, espantar. – HITPEEL: *inf. v.* הִתְבְּהָלָה *como s.:* pressa. – HITPAAL: *pt.* מִתְבָּהַל: ficar assustado, perturbar-se.

בטל (*hebr.* =) PEAL: *pf.* 3^{a} *f.* בְּטֵלַת; *pt. f.* בָּטְלָא: parar, ser interrompido (Ed 4.24). – PAEL: *pf. pl.* בַּטִּלוּ; *inf.* בַּטָּלָא: fazer parar (algo); דִּי־לָא לְבַטָּלָא sem interrupção.

בֵּין (*hebr.* =), *suf. K* בֵּינֵיהוֹן, *Q* בֵּינֵיהֵין: entre (Dn 7.5, 8).

בִּינָה (*hebr.* =) *f.:* entendimento, discernimento (Dn 2.21).

בִּירָה★ (*hebr.* =), *det.* בִּירְתָא: fortaleza, cidadela (Ed 6.2).

בית PEAL: *pf.* בָּת: passar a noite (Dn 6.19).

בַּיִת (*hebr.* =), *det.* בַּיְתָא *e* בַּיְתָה, *cs.* בֵּית, *suf.* בַּיְתִי, בַּיְתֵהּ, *pl. suf.* בָּתֵּיכוֹן: 1) casa, palácio; בֵּית מַלְכָּא tesouraria/fazenda real; בֵּית מַלְכוּ residência; בֵּית מִשְׁתְּיָא sala do banquete; בֵּית גִּנְזַיָּא casa do tesouro; בֵּית סִפְרַיָּא arquivo. 2) templo: בֵּית אֱלָהָא; בֵּית אֱלָהּ שְׁמַיָּא.

בָּל coração; שָׂם בָּל *c.* לְ *e inf.:* colocar a mente em, desejar muito (Dn 6.15).

בלא *v.* בלה.

בֵּלְאשַׁצַּר *tb.* בֵּלְשַׁאצַּר: *n. m.* (Dn 7.1).

בלה (*hebr.* =) PAEL: *impf.* יְבַלֵּא: desgastar, consumir, abater (Dn 7.25).

בְּלוֹ imposto, tributo.

בֵּלְטְשַׁאצַּר *n.m.* (Dn 1.7).

בֵּלְשַׁאצַּר *n.m.* (Dn 5.1).

בנה (*hebr.* =) PEAL: *pf.* 3^{a} *sing. suf.* בְּנָהִי, 1^{a} *sing. suf.* בֱּנַיְתַהּ, 3^{a} *pl.* בְּנוֹ; *impf. pl.* יִבְנוֹן; *inf.* מִבְנֵא (Ed 5.2; 6.8), מִבְנְיָה (Ed 5.9), לְבְּנֵא (Ed 5.3,13); *pt. pl.* בָּנַיִן, *pass.* בְּנֵה: construir, edificar. – HITPEEL: *impf.* תִּתְבְּנֵא, יִתְבְּנֵא; *pt.* מִתְבְּנֵה: ser construído.

בִּנְיָן★ (*hebr.* =), *det.* בִּנְיָנָא: edifício (Ed 5.4).

בְּנִין *v.* II בַּר.

בנס PEAL: *pf.* בְּנַס: aborrecer-se, irar-se, ficar com raiva (Dn 2.12).

בעה (*hebr.* =) PEAL: *pf.* בְּעָה/א, *pl.* בְּעוֹ, בְּעֵינָא; *impf.* אֶבְעֵא, יִבְעֵא; *inf.* מִבְעֵא; *pt.* בָּעֵה/א, *pl.* בָּעַיִן: procurar; buscar; pedir; fazer petição, dirigir uma prece; *c. inf.* (Dn 2.13): estar no ponto de, correr o risco (*outros:* procuraram; *ou pt. pass.* foram procurados). – PAEL: *impf. pl.* יְבַעוֹן: procurar ansiosamente; *outros:* procurar por (Dn 4.33).

בָּעוּ (*de* בעה) *f.*, *suf.* בָּעוּתֵהּ: petição, oração, prece (Dn 6.8, 14).

בְּעֵל⋆ (*hebr.* בַּעַל); *cs.* =: dono, senhor; בְּעֵל־טְעֵם: oficial comandante (Ed 4.8s, 17).

בִּקְעָה⋆ (*hebr.* =), *cs.* בִּקְעַת: planície (Dn 3.1).

בקר (*hebr.* =) PAEL: *pf. pl.* בַּקַּרוּ; *impf.* יְבַקַּר; *inf.* בַּקָּרָא/ה: procurar, investigar. – HITPAAL: *impf.* יִתְבַּקַּר: ser investigado (Ed 5.17).

בַּר⋆ **I** (*hebr.* IV בַּר⋆), *det.* בָּרָא: campo.

בַּר II (*hebr.* I בַּר *e* בֵּן), *cs.* =, *suf.* בְּרֵהּ, *pl. cs.* בְּנֵי, *suf.* בְּנוֹהִי, בְּנֵיהוֹן: filho.

ברך I (*hebr.* I ברך) PEAL: *pt.* בָּרֵךְ: ajoelhar-se (Dn 6.11).

ברך II (*hebr.* II ברך) PEAL: *pt. pass.* בְּרִיךְ: bendito (Dn 3.28). – PAEL: *pf.* בָּרֵךְ, בָּרֵךְ (*v.* I ברך), בָּרְכֵת; *pt. pass.* מְבָרַךְ: bendizer, louvar.

בְּרַךְ⋆ *ou* בְּרֵךְ⋆ (*hebr.* בֶּרֶךְ), *pl. suf.* בִּרְכוֹהִי: joelho (Dn 6.11).

בְּרַם mas, porém, todavia.

בְּשַׂר (*hebr.* בָּשָׂר), *det.* בִּשְׂרָא: carne; *fig. col.* homens, animais.

בָּת (Dn 6.19) *v.* בית.

בַּת⋆ (*hebr.* II בַּת), *pl.* בַּתִּין: bato (medida para líquidos) (Ed 7.22).

בָּתַר *v.* בָּאתַר.

ג

גַּב⋆ *pl. suf. K* גַּבַּיהּ, *Q sing. suf.* גַּבַּהּ: costas?, flancos? (Dn 7.6).

גֹּב⋆ (*hebr.* גֵּב *e* I גּוֹב) *m.*, *cs.* גֹּב, גּוֹב, *det.* גֻּבָּא: cova (para leões).

גְּבוּרָה⋆ (*hebr.* =), *det.* גְּבוּרְתָא: força, poder (Dn 2.20, 23).

גְּבַר (*hebr.* גֶּבֶר) *m.*, *pl.* גֻּבְרִין, *det.* גֻּבְרַיָּא: homem (adulto, *m.*).

גִּבָּר⋆ (*hebr.* גִּבּוֹר), *pl. cs.* גִּבָּרֵי: homem forte (Dn 3.20).

גְּדָבַר⋆, *pl. det.* גְּדָבְרַיָּא: oficial do tesouro, tesoureiro (Dn 3.2s, *se o texto estiver correto*; *v. coment.*).

גדד (*hebr.* =) PEAL: *imp.* גֹּדּוּ: cortar, abater (uma árvore) (Dn 4.11, 20).

גַּו⋆ *ou* גּוֹ⋆ (*hebr.* II גֵּו), *cs.* גּוֹא, *suf.* גַּוַּהּ, גַּוֵּהּ: interior, *sempre c. prep.*: *c.* בְּ em, no meio de; *c.* לְ em, para o meio; *c.* מִן de, do meio de.

גּוֹא *v.* גּוֹ⋆.

גּוֹב *v.* גֹּב⋆.

גֵּוָה (*hebr.* =): orgulho, soberba, arrogância (Dn 4.34).

גוח (*hebr.* גיח) HAFEL: *pt. pl. f.* מְגִיחָן: agitar, revolver (o mar) (Dn 7.2).

cj. **גּוֹן** *ou* גִּין: *v.* נִדְנֶה.

גִּזְבַּר⋆ (*hebr.* גִּזְבָּר), *pl. det.* גִּזַּבְרַיָּא: tesoureiro (Ed 7.21).

גזר (*hebr.* =) PEAL: *pt. pl.* גָּזְרִין, *det.* גָּזְרַיָּא: determinadores (do destino) = astrólogos, *ou* aqueles que consultam fígados; *outros:* exorcistas. – HITPEEL: *pf. 3ª sing. f.* הִתְגְּזֶרֶת (Dn 2.34), אִתְגְּזֶרֶת (Dn 2.45): ser cortado.

גְּזֵרָה⋆ (*hebr.* =) *f.*, *cs.* גְּזֵרַת: decreto (Dn 4.14, 21).

גִּיר⋆ (*hebr.* גִּר), *det.* גִּירָא: caiadura, estuque (Dn 5.5).

גַּלְגַּל* (*hebr.* = *e* גִּלְגָּל), *pl. suf.* גַּלְגִּלּוֹהִי: roda (Dn 7.9).

גלה (*hebr.* =) PEAL: *pt.* גָּלֵא/ה; *inf.* מִגְלֵא: revelar. – PEIL: *pf.* גְּלִי (Dn 2.19), גֱּלִי (Dn 2.30): ser revelado. – HAFEL: *pf.* הַגְלִי: levar ao exílio, deportar (Ed 4.10; 5.12).

גָּלוּ* (*hebr.* גָּלוּת) *f., det.* גָּלוּתָא: exílio, cativeiro; בְּנֵי גָלוּתָא exilados, cativos, deportados.

גְּלָל : *em* אֶבֶן גְּלָל, *col.:* blocos de pedra (Ed 5.8; 6.4).

גמר (*hebr.* =) PEAL: *pt. pass.* גְּמִיר: terminado, pronto (Ed 7.12, *mas incerto no contexto; fórmula abreviada?, ou uma palavra se perdeu?*).

גְּנַז* (*hebr.* *גֶּנֶז), *pl. det.* גִּנְזַיָּא, *cs.* גִּנְזֵי: tesouro.

גַּף* *f., pl.* גַּפִּין, *suf.* גַּפַּיַּהּ *ou* גַּפִּיהּ *K*, גַּפַּהּ *Q*: asa (Dn 7.4, 6).

גְּרַם* *ou* גֹּרֶם* (*hebr.* גֶּרֶם), *pl. suf.* גַּרְמֵיהוֹן: osso (Dn 6.25).

גְּשֵׁם* *suf.* גִּשְׁמֵהּ, גִּשְׁמַהּ, גֶּשְׁמְהוֹן, *pl. suf. K var.* גֶּשְׁמֵיהוֹן (Dn 3.27s): corpo.

ד

דָּא (*hebr.* זאת, זו, זה) *pron. dem. f.* (*v. m.* דְּנָה): esta; דָּא לְדָא um contra o outro; דָּא מִן־דָּא um do outro.

דָּאֲנִין (*K* Ed 7.25) *v.* דין.

דָּאֲרִין *K*: *v.* דור.

דֹּב (*hebr.* =): urso (Dn 7.5).

דבח (*hebr.* זבח) PEAL: *pt. pl.* דָּבְחִין: sacrificar, imolar, oferecer (sacrifícios) (Ed 6.3).

דְּבַח* (*hebr.* זֶבַח), *pl.* דִּבְחִין: sacrifício (de animais) (Ed 6.3).

דבק (*hebr.* =) PEAL: *pt. pl.* דָּבְקִין: juntar-se, unir-se, ligar-se um ao outro (Dn 2.43).

דִּבְרָה* (*hebr.* =) *f., cs.* דִּבְרַת: assunto, questão; *em* עַל־דִּבְרַת דִּי *e* עַד־דִּבְרַת דִּי: com o fim de, a fim de que, para que (Dn 2.30; 4.14).

דְּהַב (*hebr.* זהב) *m., i. p.* דְּהָב, *det.* דַּהֲבָה, דַּהֲבָא: ouro.

דהוא *K*, דֶּהָיֵא *Q* (Ed 4.9): *tradicionalmente n. p., mas l.* דִּי־הוּא: isto é.

דור (*hebr.* =) PEAL: *impf.* תְּדוּר, *pl.* יְדוּרוּן (Dn 4.9 *K*, יְדֻרָן *Q*); *pt. pl.* דָּאֲרִין *K*, דָּיְרִין *Q*, *cs.* דָּאֲרֵי *K*, דָּיְרֵי *Q;* viver, habitar.

דּוּרָא *n. t.* (Dn 3.1).

דוש (*hebr.* =) PEAL: *impf. suf.* תְּדוּשִׁנַּהּ: pisar com os pés, calcar (Dn 7.23).

דחוה* *f., pl.* דַּחֲוָן (Dn 6.19): *sentido incerto, mas sugere-se:* concubinas; *outros:* alimentos, instrumentos musicais, mesas, *ou* perfumes.

דחל PEAL: *pt. pl.* דָּחֲלִין, *pass.* דְּחִיל, *f.* דְּחִילָה: temer; *pt. pass.* terrível, medonho. – PAEL: *impf. suf.* וִידַחֲלִנַּנִי: amedrontar, fazer temer, meter medo a (Dn 4.2).

דִּי, דְּ *em* דהוא (*hebr.* זוּ, זֶה): *orig. dem. então part. rel.:* 1) *como sinal do gen. após um n. det.* (Dn 2.15, שַׁלִּיטָא דִּי מַלְכָּא); *após n. indet.* (Dn 7.10, נְהַר דִּי נוּרָא); *quando ambos os nomes são det., às vezes c. suf. proléptico* (Dn 2.20, שְׁמֵהּ דִּי אֱלָהָא seu nome, *i. e.* de Deus); *material* (Dn 2.38, רֵאשָׁה דִּי דַהֲבָא a cabeça de ouro). 2) *como introdução a uma cláusula rel.: após um n.* (Dn 5.2, הֵיכְלָא דִּי בִירוּשְׁלֶם o templo em Jerusalém); *como suj. e obj.:* o que, aquilo que; כָּל־דִּי tudo que; *seguido por um n. c. suf.:* cujo (Dn 4.5, דִּי שְׁמֵהּ cujo nome); בְּעִדָּנָא דִּי assim que; בְּכָל־דִּי onde quer que; *seguido por pron. pess.:* דִּי הִיא isto é, דִּי אִנּוּן que são; *c. pron. interr.:* מַן־דִּי quem, מָה/א דִּי o que, aquilo que; *em outras combinações;* דִּי...תַמָּה onde (Ed 6.1), דִּי לֵהּ são dele (Dn 2.20), דִּי לָא תִתְחַבַּל indestrutível (Dn 6.27), *c. inf.* דִּי לָא לְהַשְׁנָיָה irrevogável (Dn 6.9), דִּי־לָא sem (Ed 6.9), דִּי לָא בִידַיִן sem intervenção humana (Dn 2.34). 3) *conj.* (*cf. hebr.* כִּי *e* אֲשֶׁר): *após os verbos saber, ver, informar, ouvir, pedir, mandar:* que; *c.* עֲתִיד pronto para (Dn 3.15); מִן־קְשֹׁט דִּי é verdade que = verdadeiramente, na verdade; (וְ)דִי considerando que; כָּל־קֳבֵל דִּי de acordo com, conforme; *introduz discurso dir.; final:* a fim de que, para que; *cons.:* de modo que; *causal:* pois, porque; *c. prep.:* כְּדִי como, quando, מִן־דִּי depois, porque, assim que, desde que; *v.* קֳבֵל *e* עַד, דִּבְרָה.

דין (*hebr.* =) PEAL: *pt. pl.* דָּאֲנִין *K*, דָּיְנִין *Q:* julgar (Ed 7.25).

דִּין (*hebr.* =), *det.* דִּינָא: juízo, justiça, condenação; tribunal.

דַּיָּן* (*hebr.* =), *pl.* דַּיָּנִין: juiz (Ed 7.25).

דִּינָיֵא *m. pl.: tradicionalmente n. p., mas l.* דַּיָּנַיָּא: juízes (Ed 4.9).

דֵּךְ *m., f.* דָּךְ, *adj. dem.:* aquele, aquela; esse, essa.

דִּכֵּן *pron. dem. m. e f.:* este, esta.

דְּכַר* (*hebr.* זָכָר), *pl.* דִּכְרִין: carneiro.

דִּכְרוֹן* (*hebr.* זִכָּרוֹן) *m., det.* דִּכְרוֹנָה: memorando, memorial, protocolo (Ed 6.2).

דָּכְרָן* *m., pl. det.* דָּכְרָנַיָּא: memorando, memorial, anais, crônicas (Ed 4.15).

דלק (*hebr.* =) PEAL: *pt.* דָּלִק: queimar, arder (Dn 7.9).

דמה (*hebr.* =) PEAL: *pt.* דָּמֵה, *f.* דָּמְיָה: parecer-se com, assemelhar-se a (Dn 3.25; 7.5).

דְּנָה *pron. dem. m.* (*f. v.* דָּא): este: 1) *adj.* דָּנִיֵּאל דְּנָה (Dn 6.4); *tb. antes do s.* (Ed 5.4). 2) *pron.:* este é (Dn 2.28). 3) *outros usos:* כִּדְנָה assim; מִלָּה כִדְנָה tal cousa, cousa assim; דְּנָה עִם־דְּנָה um ao outro; כָּל־דְּנָה tudo isto; עַל־דְּנָה portanto, pois, quanto a isto, com respeito a isto; בָּאתַר דְּנָה *e* אַחֲרֵי־דְנָה depois disto; *v.* קֳבֵל, קַדְמָה.

דָּנִיֵּאל *n. m.* (Dn 2.13).

דַּע *v.* ידע.

דקק (*hebr.* =) PEAL: *pf. pl.* דָּקוּ: destroçar, esmigalhar (Dn 2.35). – HAFEL: *pf. 3ª f.* הַדֶּקֶת, הַדִּקַת, *pl.* הַדִּקוּ, *impf.* תַּדִּק, *suf.* תַּדְּקִנַּהּ, *pt.* מְהַדֵּק, *f.* מַדֱּקָה *e* מַדְּקָה: triturar, esmagar, pulverizar.

דָּר (*hebr.* דּוֹר): geração; עִם־דָּר וְדָר de geração a geração (Dn 3.33; 4.31).

דָּרְיָוֶשׁ *n. m.* (Dn 6.1).

דְּרָע* (*hebr.* זְרוֹעַ), *pl. suf.* דְּרָעוֹהִי: braço (Dn 2.32).

דָּת (*hebr.* =) *f., cs.* = , *det.* דָּתָא, *suf.* דָּתְכוֹן, *pl. cs.* דָּתֵי: ordem, decreto (real), sentença; lei (do estado);

lei (de Deus) (= *hebr.* תּוֹרָה); *c. suf.*: religião.

★דְּתֶא (*hebr.* דֶּשֶׁא), *det.* דִּתְאָא: erva, grama (Dn 4.12, 20).

★דְּתָבַר *m., pl. det.* דְּתָבְרַיָּא: juiz, magistrado (Dn 3.2, 3).

ה

הַ, הֲ (*hebr.* =): *part. interr.*

הָא (*hebr.* הֵא) *interj.*: eis! (Dn 3.25).

הֵא (*hebr.* =) *interj.*: הֵא־כְדִי assim como (Dn 2.43), *mas talvez l.* הֵאךְ דִּי (= הֵיךְ, *v. hebr.*).

הַב *v.* יהב.

★הַדָּבַר *pl. det.* הַדָּבְרַיָּא, *cs.* הַדָּבְרֵי, *suf.* הַדָּבְרוֹהִי, הַדָּבְרַי: alto oficial real, conselheiro.

★הַדָּם *pl.* הַדָּמִין: membro, pedaço; *c.* עבד fazer em pedaços, despedaçar (Dn 2.5; 3.29).

הדר (*hebr.* =) PAEL: *pl. 2ª sing.* הַדַּרְתְּ, *1ª* הַדְּרֵת; *pt.* מְהַדַּר: glorificar.

★הֲדַר (*hebr.* הָדָר, הֶדֶר), *det.* הַדְרָה/א, *suf.* הַדְרִי: majestade, esplendor, excelência.

הוּא (*hebr.* =) *pron. pess. m.*: ele; *dem.*: aquele; *como cópula:* é; *v. f.* הִיא, *pl.* אִנּוּן, אִנִּין *e* הִמּוֹן.

הוּבַד *v. hofal de* אבד.

הוֹבָדָה *v. hafel de* אבד.

הוֹדַע *v.* ידע.

הוה (*hebr.* היה, II הוה) PEAL: *pf.* הֲוָה, הֲוָא, *f.* הֲוָת, הֲוַת, *2ª m.* הֲוַיְתָ, *1ª* הֲוֵית, *3ª pl.* הֲווֹ; *impf.* לֶהֱוֵה, לֶהֱוֵא, *3ª f.* תֶּהֱוֵה, תֶּהֱוֵא, *pl.* לֶהֱוֺן, *f.* לֶהֶוְיָן; *imp. pl.* הֱווֹ, הֲווֹ: ser; acontecer; haver, existir, surgir; *c.* לְ tornar-se, pertencer; *como cópula; c. pt. pass. para expressar a voz passiva; c. pt. ativo para expressar futuro e passado.*

הוּסְפַת (Dn 4.33) *v.* יסף.

הוֹתֵב (Ed 4.10) *v.* יתב.

הֲזָדָה (Dn 5.20) *v.* זוד.

הִיא (*hebr.* =) *pron. pess. f.*: ela; *como cópula:* é; *v. m.* הוּא.

★הֵיכַל (*hebr.* הֵיכָל), *cs.* = , *det.* הֵיכְלָא, *suf.* הֵיכְלִי, הֵיכְלֵהּ: palácio; templo.

הֵימַן *v. hafel de* אמן.

הַיְתִי *v. hafel de* אתה.

הלך (*hebr.* =) PEAL: *impf.* יְהָךְ; *inf.* מְהָךְ; *ger. der. de* ★הוך; *pf. e imp. supridos de* אזל: ir, andar; *c.* לְ chegar a, alcançar. – PAEL: *pt.* מְהַלֵּךְ: passear (Dn 4.26). – HAFEL: *pt. pl.* מַהְלְכִין, *l. pael pt.pl.* מְהַלְּכִין (Dn 3.25; 4.34).

הֲלָךְ (algum tipo de) imposto, tributo.

הִמּוֹ (*em Ed*), הִמּוֹן (*em Dn*) (*hebr.* הֵם, הֵמָּה): *pron. pess. m. pl.*: eles (*suj.*), os (*ac.*); *como cópula:* são.

★המונך *det. K* המונכא, *Q* הַמְנִיכָא: colar.

הֵן (*hebr.* =, אִם) *conj.*: se; הֵן...הֵן...הֵן ou...ou...ou; *em pergunta indireta:* se.

★הַנְזָקָה (*de* נזק), *cs.* הַנְזָקַת: prejuízo, danificação (Ed 4.22).

הַנְסָקָה *v.* סלק.

הַנְעָלָה *v.* עלל.

הִתְבְּהָלָה (*de* בהל): pressa; *c.* בְּ apressadamente, imediatamente, depressa.

הֲתִיב *v.* תוב.

★הִתְנַדָּבוּ (*de* נדב), *cs.* הִתְנַדְּבוּת: doação, oferta, contribuição (Ed 7.16).

הֲסַק *v.* סלק.

הַסִּקוּ *v.* סלק.

הַצְדָּא (Dn 3.14) *v.* צְדָא.

הַצְלָה *v.* נצל.

★הַרְהֹר *pl.* הַרְהֹרִין: fantasia, imaginação (Dn 4.2).

ו

וְ, וּ (*hebr.* =) *tratado como no hebr., na vocalização e no uso, conj.:* e: 1) *entre 3 ou mais palavras, está entre todas* (Dn 2.6); *antes das últimas duas* (Dn 2.37); *ou distribuído irregularmente* (Dn 3.2); *ou ausente* (Dn 2.37). 2) *usos específicos:* e precisamente (Dn 4.10); *enf.:* e também (Dn 6.29); *adversativo:* mas (Dn 2.6); ou (Ed 7.26); *explicativo:* pois (Dn 4.22); *dando continuidade:* então; *muitas vezes deve ser omitido na tradução, depois de imp.* (Dn 2.4), *impf.* (Dn 2.7); *depois de pf. em narrativa* (= *hebr. impf. cons.*) *c. pf.* (Dn 5.29), *c. impf.* (Dn 4.2), *c. pt.* (Dn 2.7); *como expressão de propósito*: *c. impf.* (Dn 5.2), *c. pt.* (Dn 2.13), *c. inf.* (Dn 2.16).

ז

זָאֲעִין (*K* Dn 5.19; 6.27) *v.* זוע.

זבן PEAL: *pt. pl.* זָבְנִין: comprar; *fig.* ganhar (tempo) (Dn 2.8).

★זְהִיר *pl.* זְהִירִין, *adj.:* cauteloso, cuidadoso; *c.* הוה *e inf.:* guardar-se para, ser cuidadoso para (Ed 4.22).

זוד *ou* זיד(*hebr.* =) HAFEL: *inf.* הֲזָדָה: agir presunçosamente / arrogantemente / insolentemente (Dn 5.20).

זְוִי *v.* ★זִיו.

זון (*hebr.* =) HITPEEL: *impf.* יִתְּזִין: *c.* מִן nutrir-se de, alimentar-se de, viver de (Dn 4.9).

זוע (*hebr.* =) PEAL: *pt. pl. K* זָאֲעִין, *Q* זָיְעִין: tremer (Dn 5.19; 6.27).

זיד *v.* זוד.

★זִיו (*hebr.* זו) *m.*, *suf.* זִיוֵהּ, זִוִי, *pl. suf.* זִיוַי, זִיוָךְ, זִיוַיִךְ *K*, זִיוָךְ *Q*, זִיוֹהִי: brilho, esplendor; *pl.* cor, aparência, tez.

זָכוּ (*cf. hebr.* זכה) *f.:* inocência (Dn 6.23).

זְכַרְיָה *n. m.* (Ed 5.1).

זמן (*hebr.* =, *denom.*) HITPEEL: *pl. Q* הִזְדְּמִנְתּוּן: concordar; *K hitpaal* הִזְמַנְתּוּן *ou hafel* הַזְמִנְתּוּן: decidir (Dn 2.9).

זְמָן (Dn 2.16), זְמַן (Dn 7.12) (*hebr.* =) *m., det.* זִמְנָא, *pl.* זִמְנִין, *det.* זִמְנַיָּא: tempo (determinado); prazo; בֵּהּ־זִמְנָא no mesmo instante, ao mesmo tempo; בֵּהּ־זִמְנָא כְּדִי logo que; tempo sagrado, festa, calendário; tempo = ocorrência, vez.

⋆זְמָר *m., det.* זְמָרָא: música de corda, instrumentos musicais.

⋆זַמָּר *m., pl. det.* זַמָּרַיָּא: músico, cantor (Ed 7.24).

⋆זַן (*hebr.* =), *pl. cs.* זְנֵי: tipo, espécie, gênero.

⋆זְעֵיר (*hebr.* =) *adj. m., f.* זְעֵירָה: pequeno (Dn 7.8).

זעק (*hebr.* = *e* צעק) PEAL: *pl.* זְעִק: gritar (Dn 6.21).

זקף (*hebr.* =) PEAL: *pt. pass.* זְקִיף: suspender, pendurar (em viga de madeira) (Ed 6.11).

זְרֻבָּבֶל *n. m.* (Ed 5.2).

⋆זְרַע (*hebr.* זֶרַע), *cs.* =: semente, descendência (Dn 2.43).

ח

חֲבוּלָה (*de* חבל) *f.:* crime (Dn 6.23).

חבל (*hebr.* II חבל) PAEL: *pf. pl. suf.* חַבְּלוּנִי; *imp. pl. suf.* חַבְּלוּהִי; *inf.* חַבָּלָה: ferir, fazer mal; destruir. – HITPAAL: *impf.* תִתְחַבַּל, תִּתְחַבַּל: ser destruído, perecer.

חֲבָל (*de* חבל) *m., det.* חֲבָלָא: lesão, dano, perda.

⋆חֲבַר (*hebr.* חָבֵר) *m., pl. suf.* חַבְרוֹהִי: companheiro (Dn 2.13, 17s).

⋆חַבְרָה *f., pl. suf.* חַבְרָתַהּ: companheira; *pl. suf.* seus companheiros = os outros (chifres) (Dn 7.20).

חַגַּי *n. m.* (Ed 5.1).

חַד (*hebr.* אֶחָד), *f.* חֲדָה: um: *num.;* um só; *como art. indef.; para calcular anos:* בִּשְׁנַת חֲדָה no primeiro ano; חַד שִׁבְעָה sete vezes; כַּחֲדָה juntamente, em conjunto, simultaneamente.

⋆חֲדֵה (*hebr.* חָזֶה), *pl. suf.* חֲדוֹהִי: peito (Dn 2.32).

חֶדְוָה (*hebr.* =) *f.:* alegria, regozijo (Ed 6.16).

חֲדַת (*hebr.* חָדָשׁ) *adj.:* novo (Ed 6.4), *mas l.* חַד.

חוה (*hebr.* I חוה) PEAL: *impf.* אֲחַוֵּא/ה, נְחַוֵּא, *suf.* יְחַוִּנַּהּ, יְחַוִּנַּנִי: mostrar, tornar conhecido. – HAFEL: *impf.* נְהַחֲוֵה, יְהַחֲוֵה, *pl.* תְּהַחֲוֺן, *suf.* תְּהַחֲוֻנַּנִי; *imp. pl. suf.* הַחֲוֺנִי; *inf.* הַחֲוָיָא/ה, *cs.* אַחֲוָיַת: fazer / tornar conhecido; interpretar.

חוט *ou* חיט: PEAL *ou* HAFEL: *impf.* יַחִיטוּ (Ed 4.12): *forma, etimologia e sentido incertos; sugere-se:* juntar? consertar? deitar? inspecionar?; *ou l.* יְהִיבוּ (*cf.* Ed 5.16).

חִוָּר (*cf. hebr.* חור) *adj.:* branco (Dn 7.9).

חזה (*hebr.* =) PEAL: *pf.* חֲזָא/ה, *2ª m.*

חֱזִיתָ, חֲזַיְתָה (Dn 2.41), *1ª* חֲזֵית, *pl.* חֲזֵיתוּן; *inf.* מֶחֱזֵא; *pt.* חָזֵה, *pl.* חָזַיִן, *pass.* חֲזֵה: ver; perceber; *pt. pass.*: próprio, costumeiro.

★חֱזוּ *ou* ★חֱזוּ (*de* חזה) *m.*, *det.* חֶזְוָא, *suf.* חֶזְוֵהּ, חֶזְוִי, *pl. cs.* חֶזְוֵי: visão, aparição; aparência.

★חֲזוֹת (*de* חזה), *suf.* חֲזוֹתֵהּ: vista (Dn 4.8,17).

★חֲטָי *m.*, *suf.* חֲטָיָךְ *K*, חֲטָאָךְ *Q*: pecado (Dn 4.24).

חַטָּיָא *K*, חַטָּאָה *Q* (*hebr.* חַטָּאת) *f.*: oferta pelo pecado (Ed 6.17).

חַי (*de* חיה; *hebr.* =) *adj.*, *det.* חַיָּא, *pl.* חַיִּין, *cs.* חַיֵּי, *det.* חַיַּיָּא: vivo; *pl.* (todos os) homens; *pl. como s.*: vida.

· חיה (*hebr.* =) PEAL: *imp.* חֱיִי: viver. – HAFEL: *pt.* מַחֵא: manter vivo, deixar viver, vivificar (Dn 5.19).

חֵיוָה (*hebr.* חַיָּה) *f.*, *cs.* חֵיוַת, *det.* חֵיוְתָא, *pl.* חֵיוָן, חֵיוָתָא: animal, besta.

חיט *v.* חוט.

חַיִל (*hebr.* =) *m.*, *cs.* חֵיל, *suf.* חֵילֵהּ: 1) força, poder; בְּאֶדְרָע וְחָיִל com braço forte; *outros*: com mão armada, pela força das armas. 2) exército.

חַכִּים (*hebr.* חָכָם) *adj.*, *pl.* חַכִּימִין, *det.* חַכִּימַיָּא, *cs.* חַכִּימֵי: sábio; *como s.*: homem sábio; *pl.* (grupo de) homens sábios.

חָכְמָה (*hebr.* =), *cs.* חָכְמַת, *det.* חָכְמְתָא: sabedoria.

חֵלֶם (*hebr.* חֲלוֹם), *det.* חֶלְמָא, *suf.* חֶלְמִי, חֶלְמָךְ, *pl.* חֶלְמִין: sonho.

חלף (*hebr.* I חלף) PEAL: *impf. pl.* יַחְלְפוּן: passar, transcorrer.

חֲלָק *suf.* חֲלָקֵהּ: parte, porção, sorte.

חֱמָה (Dn 3.13), חֱמָא (Dn 3.19) (*hebr.* חֵמָה) *f.*: raiva, fúria, cólera (Dn 3.13,19).

חֲמַר (*hebr.* חֶמֶר) *m.*, *det.* חַמְרָא: vinho.

★חִנְטָה (*hebr.* חִטָּה) *m.*, *pl.* חִנְטִין: (grãos de) trigo (Ed 6.9; 7.22).

★חֲנֻכָּה *f.*, *cs.* חֲנֻכַּת: inauguração, dedicação.

חנן (*hebr.* I חנן) PEAL: *inf.* מִחַן: ter misericórdia, usar de misericórdia, compadecer- se (Dn 4.24). – HITPAAL: *pt.* מִתְחַנַּן: implorar, suplicar (Dn 6.12).

חֲנַנְיָה *n. m.* (Dn 2.17).

חַסִּיר (*hebr.* חָסֵר) *adj.*: deficiente, inferior, em falta (Dn 5.27).

חסן (*hebr.* =) HAFEL: *pf. pl.* הֶחֱסִנוּ; *impf.* יַחְסְנוּן: tomar posse de, ocupar, possuir (Dn 7.18,22).

★חֱסֵן (*hebr.* חֹסֶן), *det.* חִסְנָא, *suf.* חִסְנִי: poder (*outros*: riqueza) (Dn 2.37; 4.27).

חֲסַף, חֲסַף *cs.* =, *det.* חַסְפָּא: barro moldado, argila; חֲסַף דִּי פֶחָר barro / obra de oleiro, cerâmica; חֲסַף טִינָא barro de lodo, artefato de argila, cerâmica.

חצף HAFEL: *pt. f.* מְהַחְצְפָה (Dn 2.15), מְהַחְצְפָא (Dn 3.22): severo, rigoroso.

חרב (*hebr.* I חרב) HOFAL: *pf. 3ª f.* הָחָרְבַת: ser devastado / destruído (Ed 4.15).

חַרְטֹם (*hebr.* =), *pl.* חַרְטֻמִּין, *det.* חַרְטֻמַיָּא: mago; רַב חַרְטֻמִּין chefe dos magos.

חרך HITPAAL: *pf.* הִתְחָרַךְ: ser chamuscado (Dn 3.27).

★חֲרַץ (*hebr.* חֲלָצַיִם), *suf.* חַרְצֵהּ: quadril (Dn 5.6).

חשב (*hebr.* =) PEAL: *pt. pass. pl.* חֲשִׁיבִין: considerar, respeitar, reputar (Dn 4.32).

★חֲשׁוֹךְ (*hebr.* חֹשֶׁךְ) *f.*, *det.* חֲשׁוֹכָא: escuridão (Dn 2.22).

חשח PEAL: *pt. pl.* חָשְׁחִין: precisar,

necessitar *c.* לְ *e inf.* (Dn 3.16).

חַשְׁחָה⋆ (*de* חשח) *f.*, *pl.* חַשְׁחָן: necessidade; מָה ח׳ o que é (for) necessário (Ed 6.9).

חַשְׁחוּ⋆ (*de* חשח) *f.*, *cs.* חַשְׁחוּת: necessidade (Ed 7.20).

חשל PEAL: *pt.* חָשֵׁל: esmagar, esmoer, esmigalhar (Dn 2.40).

חתם (*hebr.* =) PEAL: *pf. suf.* חַתְמַהּ: selar (Dn 6.18).

ט

טאב (*hebr.* טוב *e* יטב) PEAL: *pf.* טְאֵב: ser bom; *c.* עַל é bom para ele = ele está alegre, ele se alegra (Dn 6.24).

טָב· (*de* טאב; *hebr.* טוֹב): bom; דְּהַב טָב ouro puro / maciço; הֵן עַל מַלְכָּא טָב se parecer bem ao rei, se agradar ao rei (Ed 5.17).

טַבָּח⋆ (*hebr.* =), *pl. det.* טַבָּחַיָּא: verdugo, guarda; רַב ט׳ chefe / comandante dos guardas (Dn 2.14).

טוּר (*hebr.* צוּר), *det.* טוּרָא: montanha (Dn 2.35,45).

טְוָת *f.*: jejum; *adv.* em jejum (Dn 6.19).

טִין⋆ (*hebr.* טִיט) *m.*, *det.* טִינָא: barro (molhado), lodo; חֲסַף ט׳ artefato de barro, cerâmica (Dn 2.41, 43).

טַל⋆ (*hebr.* =), *cs.* =: orvalho.

טלל (*hebr.* III צלל) HAFEL: *impf.* תַּטְלֵל: *ger.* achar / procurar sombra; *mas melhor*: fazer um ninho, abrigar-se (Dn 4.9).

טעם (*hebr.* =) PAEL: *impf. pl.* יְטַעֲמוּן, *suf.* יְטַעֲמוּנֵּהּ: dar de comer.

טְעֵם (*hebr.* טַעַם) *m.*, *cs.* = *e* טַעַם, *det.* טַעְמָא: 1) entendimento, bom senso; שִׂים ט׳ עַל tomar em consideração, fazer caso. 2) ordem, mandado; influência; בִּטְעֵם חַמְרָא sob a influência do vinho (*outros*: enquanto apreciava o vinho, Dn 5.2). 3) conselho, relatório; יָהֲבִ ט׳ dar conta (Dn 6.3); בְּעֵל־ט׳ oficial comandante, governador (Ed 4.8s, 17).

טְפַר⋆ (*hebr.* צִפֹּרֶן), *pl. suf.* טִפְרַיַּהּ, טִפְרוֹהִי *K*, *Q sing.* טִפְרַהּ (Dn 7.19): unha; garra (Dn 4.30; 7.19).

טרד (*hebr.* =) PEAL: *pt. pl.* טָרְדִין; *c.* מִן expulsar (Dn 4.22, 29). – PEIL: *pf.* טְרִיד: ser expulso / excluído (Dn 4.30; 5.21).

טַרְפְּלָי⋆ *pl. det.* טַרְפְּלָיֵא (Ed 4.9): *sentido incerto: classe de funcionários públicos ou n. p.*

י

יבל (*hebr.* =) HAFEL: *pf.* הֵיבֵל; *inf.* הֵיבָלָה: trazer, levar. – SAFEL (*ger.* סבל *poel, ou cj.* כיל *hitpeel*): *pt. pl.* מְסוֹבְלִין: oferecer (Ed 6.3, *cj.* אֶשַּׁיָּא).

יַבֶּשְׁתָּא★ (*hebr.* יַבָּשָׁה) *f.*, *det.* יַבֶּשְׁתָּא: chão seco, terra (Dn 2.10).

יְגַר★ *cs.* =: montão de pedras; יְגַר שָׂהֲדוּתָא (Gn 3.47 = *hebr.* גַּלְעֵד).

יַד★ (*hebr.* יָד) *f.*, *cs.* =, *det.* יְדָה ,יְדָא, *suf.* יְדָךְ ,יְדֵהּ ,יְדְהֹם, *du.* יְדַיִן, *pl. suf.* יְדַי: mão (de homem), pata (de leão); *c.* בְּ *e* מִן: poder.

ידה (*hebr.* II ידה) HAFEL: *pt.* מְהוֹדֵא (Dn 2.23), מוֹדֵא (Dn 6.11): louvar.

ידע (*hebr.* =) PEAL: *pf.* יְדַעְתְּ ,יְדַע, יְדַעַת; *impf.* אִנְדַּע ,תִּנְדַּע, *pl.* יִנְדְּעוּן; *imp.* דַּע; *pt.* יָדַע, *pl.* יָדְעִין, *cs.* יָדְעֵי, *pass.* יְדִיעַ: conhecer, saber, compreender. – HAFEL: *pf.* הוֹדַע, הוֹדַעְתֶּנָא ,הוֹדַעְתַּנִי ,הוֹדְעָךְ, *suf.* הוֹדַעְנָא (Dn 2.23); *impf.* יְהוֹדַע, *pl.* יְהוֹדְעוּן, תְּהוֹדְעוּן, *suf.* תְּהוֹדְעֻנַּנִי ,יְהוֹדְעֻנַּנִי, תְּהוֹדְעֻנַּנִי ,יְהוֹדְעֻנַּנִי ,אֲהוֹדְעִנֵּהּ; *inf.* הוֹדָעָה, *suf.* הוֹדָעֻתַנִי ,הוֹדָעוּתַנִי, הוֹדָעוּתָךְ; *pt. pl.* מְהוֹדְעִין: fazer saber, comunicar, instruir.

יְדֻרוּן *v.* דור.

יהב PEAL: *pf.* יְהַבְתְּ ,יְהַב, *pl.* וִיהַבוּ; *impf. v.* נתן; *imp.* הַב; *pt.* יָהֵב, *pl.* יָהֲבִין: dar, entregar; *c. obj.* אֻשַּׁיָּא lançar o fundamento. – PEIL: *pf.* יְהִ(י)ב, *3ª f.* יְהִיבַת ,יְהִיבַת (Dn 7.12), *pl.* וִיהִיבוּ: ser dado / entregue. – HITPEEL: *impf.* יִתְיְהֵב ,תִּתְיְהֵב, תִּתְיְהֵב, *pl.* יִתְיַהֲבוּן, *pt.* מִתְיְהֵב, *f.* מִתְיַהֲבָה, *pl.* מִתְיַהֲבִין: ser dado, ser custeado.

יְהַבְדוּן *v. hafel* de אבד.

יְהוּד *n.t.* (Dn 2.25).

יְהוּדָי★ (*hebr.* יְהוּדִי), *pl.* יְהוּדָאִין *K*, יְהוּדָיִן *Q*, *det.* יְהוּדָיֵא: *gent. de* יְהוּד: judeu.

יְהָךְ *v.* הלך.

יוֹם (*hebr.* =) *m.*, *det.* יוֹמָא, *pl.* יוֹמִין, *cs.* יוֹמֵי, *det.* יוֹמַיָּא, *suf.* יוֹמֵיהוֹן, *e pl. cs.* יוֹמָת: dia; בְּיוֹמָא ao / por dia; יוֹם בְּיוֹם dia após dia, cada dia; *pl.* tempo; עַתִּיק יוֹמִין idoso, ancião; לִקְצָת יוֹמַיָּא ao fim destes (*ou* daqueles) dias; מִן יוֹמָת עָלְמָא desde os tempos antigos; בְּאַחֲרִית יוֹמַיָּא no fim dos dias / tempos (*escatológico*); יוֹם תְּלָתָה לִירַח no terceiro dia do mês.

יוֹצָדָק *n. m.* (Ed 5.2).

יזב *v.* שֵׁיזִב.

יטב (*hebr.* =) PEAL: *impf.* יִיטַב; *pf. v.* טאב: *c.* עַל agradar, parecer bem (Ed 7.18).

יכל (*hebr.* =) PEAL: *pf.* יְכִל ,יְכֵלְתְּ; *impf.* יִכֻל ,תִּכֻל (Dn 5.16 *Q*, *K* תּוּכַל *e* יוּכַל, Dn 2.10, *hebraísmos?*); *pt.* יָכִל, *f.* יָכְלָה, *pl.* יָכְלִין: *c.* לְ *e inf.* poder, ser capaz; *c.* לְ subjugar, prevalecer contra.

יַם★ (*hebr.* יָם), *det.* יַמָּא: mar (Dn 7.2s).

יִנְדְּעוּן *v.* ידע.

יסף (*hebr.* =) HOFAL: *pf. 3ª f.* הוּסְפַת: ser adicionado / acrescentado (Dn 4.33).

יעט (*hebr.* יעץ) PEAL: *pt. pl. suf.* יָעֲטֹ(ו)הִי: aconselhar; *pt. como s.* conselheiro. – ITPAAL: *pf.* אִתְיָעַטוּ: deliberar, concordar (Dn 6.8).

יצב (*hebr.* =) PAEL: *inf.* יַצָּבָא: *c.* עַל averiguar a verdade sobre, certificar-se sobre, saber precisamente a respeito de (Dn 7.19).

יַצִּיב *m., det. e f.* יַצִּיבָא, *adj.*: bem estabelecido, seguro, de confiança; *adv.* מִן־יַצִּיב com certeza; יַצִּיבָא sim, certamente.

יקד (*hebr.* =) PEAL: *pt. f. det.* יָקִדְתָּא: queimar, arder; נוּרָא יָ׳ fogo ardente.

יְקֵדָה★ (*de* יקד) *f., cs. c.* לִ: לִיקֵדַת (o) queimar, abrasamento; לִיקֵדַת אֶשָּׁה ao abrasamento do fogo, conflagração (Dn 7.11).

יַקִּיר★ (*hebr.* =)*m., det.* יַקִּירָא, *f.* יַקִּירָה, *adj.*: difícil; nobre, ilustre (Dn 2.11; Ed 4.10).

יְקָר (*hebr.* =) *m., c.* וִ.וִיקָר, *cs. c.* לִ.לִיקָר, *det. c.* וִ וִיקָרָא *e* וִיקָרָה: honra, dignidade, majestade.

יְרוּשְׁלֶם *n.l.* (Dn 5.2).

יְרַח★ (*hebr.* יֶרַח), *cs. c.* לִ.לִירַח, *pl.* יַרְחִין: mês (Dn 4.26; Ed 6.15).

יַרְכָה★ (*no sentido = hebr.* יָרֵךְ; *na forma = hebr.* ★יְרֵכָה) *f., pl. suf.* יַרְכָתֵהּ: coxa (Dn 2.32).

יִשְׂרָאֵל *n.p.* (Ed 5.1).

יֵשׁוּעַ *n. m.* (Ed 5.2).

יָת (*hebr.* I אֵת), *suf.* יָתְהוֹן: *sinal do ac.* (Dn 3.12).

יתב (*hebr.* ישב) PEAL: *pf.* יְתִב; *impf.* יִתִּב; *pt. pl.* יָתְבִין: sentar-se; habitar, morar, viver. – HAFEL: *pf.* הוֹתִב: fazer habitar, assentar, estabelecer (Ed 4.10).

יְתִזִין (Dn 4.9) *v.* זון.

יְתִיבוּן *v.* תוב.

יַתִּיר *m., f.* יַתִּירָה *e* יַתִּירָא, *adj.*: extraordinário; *f. adv.* extremamente.

כ

כְּ (*hebr.* =), *tratado como hebr.* כְּ: como, conforme, segundo; *para indicar número e tempo*: por, cerca de; *c. inf.* assim que, tão logo que; *em outras combinações*: *v.* כְּעַן, דְּנָה, דִּי, כְּעֶנֶת, כְּעֶת, *etc.*

כִּדְבָה (*hebr.* כָּזָב) *f.*: mentira; מִלָּה כִדְבָה (*aposto*) palavra mentirosa (Dn 2.9).

כָּה (*hebr.* כֹּה) *adv.*: aqui; עַד־כָּה até aqui (Dn 7.28).

כהל PEAL: *pt.* כָּהֵל, *pl.* כָּהֲלִין: *c.* לְ *e inf.* poder, ser capaz.

כָּהֵן★ (*hebr.* כֹּהֵן), *det.* כָּהֲנָא, *pl. det.* כָּהֲנַיָּא, *suf.* כָּהֲנוֹהִי: sacerdote.

כַּוָּה *f., pl.* כַּוִּין: janela (Dn 6.11).

כּוֹרֶשׁ *n. m.* (Dn 6.28).

cj. **כיל** (*hebr.* כול) HITPEEL: *pt. pl. cj.* מִתְּכִילִין: ser fixados (Ed 6.3, *cj. por* מסובלין, *v. safel de* יבל).

כַּכַּר★ (*hebr.* כִּכָּר), *pl.* כַּכְּרִין: talento.

כֹּל★ (*hebr.* =), *cs.* = *e* כָּל־, *det.* (*ou ac. fossilizado*) כֹּלָּא, כֹּלָא, *suf.* כָּלְּהוֹן (Dn 2.38 *e K* 7.19, *Q* כָּלְּהֵין): totalidade, o todo, *ger. colocado antes de um s., no cs.*; *mas tb. depois do s.* שְׁלָמָא כֹלָּא toda a paz; *antes de det. sing.*: todo, toda; *antes de det. pl.*: todos, todas; *c. suf.* כָּלְּהוֹן todos eles; כֹּלָּא tudo; לְכֹלָּא para todos; כָּל־דִּי tudo que; *c. sing. indet.*: cada; כָּל־קֳבֵל *v.* קֳבֵל.

כלל (*hebr.* =) ŠAFEL: *pf. pl.* שַׁכְלִלוּ

(Ed 6.14 *e Q* 4.12, *K corr., v. coment.*), *suf.* שַׁכְלְלֵהּ; *inf.* שַׁכְלָלָה: terminar, concluir, ultimar. – HIŚTAFAL: *impf. pl.* יִשְׁתַּכְלְלוּן: ser terminado / concluído (Ed 4.13,16).

כְּמָה *v.* מָה.

כֵּן (*hebr.* =), כֵּן־ (Ed 6.2), *adv.*: assim (*sempre refere-se ao que segue*).

כְּנֵמָא, כְּנֵמָא *adv.*: assim (*usado para referir-se ao que segue e ao que precede*).

כנש (*hebr.* כנס) PEAL: *inf.* מִכְנַשׁ: reunir (*tr.*) (Dn 3.2). – HITPAAL: *pt. pl.* מִתְכַּנְּשִׁין: reunir-se (*intr.*) (Dn 3.3,27).

כְּנָת★ (*hebr.* =), *pl. suf.* כְּנָוָתֵהּ, כְּנָוָתְהוֹן: colega, companheiro.

כַּסְדָּי *v.* כַּשְׂדָּי.

כְּסַף (*hebr.* כֶּסֶף), כְּסַף, *det.* כַּסְפָּא: prata (*como metal e como dinheiro*).

כְּעַן (*cf. hebr.* עת): agora (*sempre no início da sentença*); עַד־כְּעַן até agora.

כְּעֶנֶת, כְּעֶת *sempre c.* ו *e conectado c. o que segue* (*cf. hebr.* וְעַתָּה): (e) agora.

כְּעֶת *v.* כְּעֶנֶת.

כפת PEIL: *pf. pl.* כְּפִתוּ: ser amarrado (Dn 3.21). – PAEL: *inf.* כַּפָּתָה, *pt. pass. pl.* מְכַפְּתִין: amarrar (Dn 3.20, 23s).

כֹּר★ (*hebr.* =), *pl.* כֹּרִין: coro (*medida de secos = cerca de 350 a 400 litros*) (Ed 7.22).

כַּרְבְּלָה★ *f., pl. suf.* כַּרְבְּלָתְהוֹן: boné, barrete (Dn 3.21).

כרה ITPEEL: *pf. 3ª f.* אֶתְכְּרִיַּת/א: estar aflito, ficar inquieto / alarmado (Dn 7.15).

כָּרוֹז★ *m., det.* כָּרוֹזָא: arauto (Dn 3.4).

כרז (*denom. de* כָּרוֹז) HAFEL: *pf. pl.* הַכְרִזוּ: proclamar (Dn 5.29).

כָּרְסֵא★ (*hebr.* כִּסֵּא), *cs.* =, *suf.* כָּרְסְיֵהּ, *pl.* כָּרְסָוָן: assento; trono (Dn 5.20; 7.9).

כַּשְׂדָּי (*hebr.* כַּשְׂדִּים), *det.* כַּשְׂדָּיָא (Dn 5.30, *i.e. K* כַּשְׂדָּיָא, *Q* כַּשְׂדָּאָה), *assim tb.* כַּסְדָּיָא (Ed 5.12), כַּשְׂדָּאִין, *det.* כַּשְׂדָּיֵא (Dn 2.5, *i.e. K* כַּשְׂדָּיֵא, *Q* כַּשְׂדָּאֵי: *n.p.* (Dn 3.8); caldeus (*como astrólogos*).

כתב (*hebr.* =) PEAL: *pf.* כְּתַב, *pl.* כְּתַבוּ; *impf.* נִכְתֻּב; *pt. f.* כָּתְבָה/א, *pl. f.* כָּתְבָן, *pass.* (*ou peil pf.?*) כְּתִיב: escrever.

כְּתָב (*hebr.* =) *m., cs.* =, *det.* כְּתָבָא *e* כְּתָבָה: escrita, inscrição; documento (e seu conteúdo); prescrição, regulamento; דִּי־לָא כְתָב sem limite, à vontade.

כְּתַל★ (*hebr.* כֹּתֶל), *cs.* =, *pl. det.* כֻּתְלַיָּא: muro, parede (Dn 5.5; Ed 5.8).

ל

לְ (*hebr.* =), *suf.* לִי, לָךְ, לֵהּ, לַהּ, לַנָא, לְכֹם *e* לְכוֹן, לְהוֹם *e* לְהוֹן *e* לְהֵן: *prep. ger. equivalente ao hebr.* לְ, *mas tb. ao hebr.* אֶל *e* עַל: 1) *para indicar a direção e o alvo de um movimento:* a, para. 2) *temporal:* em, para. 3) *para indicar propósito:* como, para. 4) *c. inf. após os* *verbos ir, enviar, dizer, ser capaz. etc.:* para. 5) *c. inf. após* לְא *para expressar proibição.* 6) *c. obj. pess.:* para; *no início de cartas, sem verbo.* 7) *dat. commodi.* 8) *dat. poss.:* (pertencer) a = possuir. 9) *para expressar outros relacionamentos:* (assemelhar-se) a, (corresponder) a. 10) *como perífrase do gen.* 11) *em datas.* 12) *toma o lugar do ac. do obj. pess.* 13) *como introdução de um aposto enf.* 14) *em composições: v.* קֳבֵל, מָה, גוֹא.

לָא, לָה (Dn 4.32) (*hebr.* לֹא): não: *para negar uma sentença; para negar uma palavra;* כָּל־מֶלֶךְ...לָא nenhum rei; דִּי לָא sem, *v.* דִּי; *c.* לְ *e inf.* דִּי לָא לְהַשְׁנָיָה irrevogável (Dn 6.9), דִּי לָא לְבַטָּלָא ilimitado (Ed 6.8); *tb. v.* הֲ, לְ.

לֵב⋆ (*hebr.* =), *suf.* לִבִּי: coração (Dn 7.28).

לְבַב (*hebr.* לֵבָב) *m., cs.* =, *suf.* לִבְבָךְ, לִבְבֵהּ: coração.

לְבוּשׁ (*hebr.* =), *suf.* לְבוּשֵׁהּ, *pl. suf.* לְבוּשֵׁיהוֹן: veste, vestimenta (Dn 3.21, 7.9).

לְבַשׁ (*hebr.* =) PEAL: *impf.* יִלְבַּשׁ, תִּלְבַּשׁ: ser vestido de / com (Dn 5.7, 16). – HAFEL: *pf. pl.* הַלְבִּישׁוּ: vestir, revestir (alguém) (Dn 5.29).

לָה *v.* לָא.

לָהֵן I (*hebr.* =): portanto.

לָהֵן II *conj.* a não ser, exceto; *part. adversativa* mas, porém, antes.

לֵוָי⋆ (*hebr.* לֵוִי), *pl. det. K* לֵוָיֵא, *Q* לֵוָאֵי: *gent.* levita.

לְוָת⋆ *suf.* לְוָתָךְ, *prep.: c.* מִן (de) junto de, perto de (Ed 4.12).

לְחֶם (*hebr.* לֶחֶם): pão, refeição, banquete (Dn 5.1).

לְחֵנָה⋆ *f., pl. suf.* לְחֵנָתָךְ, לְחֵנָתֵהּ: concubina (Dn 5.2s, 23).

לֵילֵי⋆ (*hebr.* לַיִל), *det.* לֵילְיָא: noite; בֵּהּ בְּלֵילְיָא na mesma noite.

לִשָּׁן (*hebr.* לָשׁוֹן), *pl. det.* לִשָּׁנַיָּא: língua; *pl. junto c.* עַם *e* אֻמָּה: línguas = povos.

מ

מָא Ed 6.8) *v.* מָה.

מְאָה (*hebr.* מֵאָה) *du.* מָאתַיִן: cem; *du.* duzentos.

מֹאזְנֵא⋆ (*hebr.* מֹאזְנַיִם), *det.* מֹאזַנְיָא: balança (Dn 5.27).

מֵאמַר⋆ (*hebr.* מַאֲמָר) *f., cs.* =: palavra, ordem (Dn 4.14; Ed 6.9).

מָאן (*hebr.* אֳנִיָּה ,אֳנִי), *pl. cs.* מָאנֵי, *det.* מָאנַיָּא: vaso, vasilha, taça.

מְגִלָּה (*hebr.* =): rolo (Ed 6.2).

מְגִיחָן *v.* גוח.

מגר (*hebr.* =) PAEL: *impf.* יְמַגַּר: derrubar, deitar abaixo (Ed 6.12).

מַדְבַּח⋆ (*hebr.* מִזְבֵּחַ), *det.* מַדְבְּחָא: altar (Ed 7.17).

מִנְדָּה, מִדָּה (*hebr.* II מִדָּה⋆), *cs.* מִדַּת: imposto, tributo.

מְדָר⋆, מְדוֹר⋆ (Dn 2.11), *suf.* מְדֹרָךְ, מְדוֹרֵהּ, מְדָרְהוֹן: habitação, morada.

מָדַי (*hebr.* =), *det. K* מָדָיָא, *Q* מָדָאָה: *n.t. e n.p.* (Ed 6.2).

מְדִינָה* (*hebr.* =) *f.*, *cs.* מְדִינַת, מְדִינְתָּא, *pl.* מְדִינָן, *det.* מְדִינָתָא: distrito administrativo, província; מְדִינַת בָּבֶל cidade (*outros:* província) de Babilônia.

מְדָר* (Dn 2.11) *v.* מְדוֹר.

מָה, מָא (Ed 6.8) (*hebr.* מָה): 1) *pron. interr.*: que?; 2) *pron. rel.*: o que (= aquilo que); מָה/א דִי, *v.* דִּי. 3) *c. prep.*: כְּמָה como!; לְמָה *e* דִּי־לְמָה para que não; לְמָא דִי o que, acerca do que; עַל־מָה por que?.

מְהוֹדֵא *v.* ידה.

מְהַחֲתִין *v.* נחת.

מְהֵימַן *v.* אמן.

מְהָךְ *v.* הלך.

מוֹדֵא *v.* ידה.

מוֹת (*hebr.* מָוֶת): morte (Ed 7.26).

מֵזֵא *v.* אזה.

מָזוֹן (*hebr.* =): alimento, comida (Dn 4.9,18).

מֵזְיֵה *v.* אזה.

מחא (*hebr.* מחץ, I מחא *e* II מחה) PEAL: *pf. 3ª f.* מְחָת: bater em, atingir, ferir (Dn 2.34s). – PAEL: *impf.* יְמַחֵא: *c.* בְּיַד atingir com a mão = impedir, obstar (Dn 4.32). – HITPEEL: *impf.* יִתְמְחֵא: *c.* עַל אָע pendurar, prender, pregar (Ed 6.11).

מַחֵא (Dn 5.19) *v. hafel* חיה.

מַחְלְקָה* (*hebr.* מַחֲלֹקֶת), *pl. suf.* מַחְלְקָתְהוֹן: divisão, classe (dos levitas) (Ed 6.18).

מְחַן *v.* חנן.

מטא (*hebr.* מצא?) PEAL: *pf.* מְטָא *e* מְטָה, *3ª f.* מְטָת, *pl.* מְטוֹ; *impf.* יִמְטֵא: estender, atingir; chegar a, tocar; vir, chegar; *c.* עַל acontecer a, suceder a.

מִישָׁאֵל *n. m.* (Dn 2.17).

מֵישַׁךְ *n. m.* (Dn 2.49).

מלא (*hebr.* מָלֵא) PEAL: *pf. 3ª f.* מְלָת: encher (Dn 2.35). – HITPEEL: *pf.* הִתְמְלִי: *c. ac.* encher-se de (Dn 3.19).

מַלְאַךְ* (*hebr.* מַלְאָךְ), *suf.* מַלְאֲכֵהּ: anjo (Dn 3.28; 6.23).

מִלָּה (*hebr.* =) *f.*, *cs.* מִלַּת, *det.* מִלְּתָא, *pl.* מִלִּין, *cs.* מִלֵּי, *det.* מִלַּיָּא: 1) palavra; *pl.* relato, narrativa. 2) cousa, assunto, questão, visão.

מלח (*denom. de* מְלַח) PEAL: *pf. 1ª pl.* מְלַחְנָא; *c.* מְלַח הֵיכְלָא comer o sal do palácio, *i.e.*, estar sob o dever de lealdade ao rei (Ed 4.14).

מְלַח (*hebr.* מֶלַח), *cs.* =: sal.

מֶלֶךְ (*hebr.* =) *m.*, *cs.* =, *det.* מַלְכָּא *e* מַלְכָּה, *pl.* מַלְכִין (*erradamente* מַלְכִים, Ed 4.13), *det.* מַלְכַיָּא: rei.

מְלַךְ* (*cf. hebr.* II מלך), *suf.* מִלְכִּי: conselho (Dn 4.24).

מַלְכָּה* (*hebr.* =) *f.*, *det.* מַלְכְּתָא: rainha (*i.e.* rainha-mãe) (Dn 5.10).

מַלְכוּ (*hebr.* מַלְכוּת) *f.*, *cs.* מַלְכוּת, *det.* מַלְכוּתָא *e* מַלְכוּתָה, *suf.* מַלְכוּתִי, מַלְכוּתֵהּ, מַלְכוּתָךְ, *pl. cs.* מַלְכְוָת, *det.* מַלְכְוָתָא: realeza, reino, soberania; = real; (período de) reinado; reino, império, domínio.

מלל (*hebr.* III מלל) PAEL: *pf.* מַלִּל; *impf.* יְמַלִּל; *pt.* מְמַלִּל, מְמַלְּלָה: falar (algo); *c.* עִם falar a.

מְלָת *v.* מלא.

מֵמַר *v.* אמר.

מַן (*cf. hebr.* II מָן): 1) *pron. interr.*: quem?, qual?. 2) *pron. rel.*: מַן־דִּי qualquer que; לְמַן־דִּי a quem quer que.

מִן (*hebr.* =), *suf.* מִנִּי, מִנָּךְ, מִנֵּהּ, *K* מִנְּהֶ(י)ן, *Q* מִנְּהוֹן; *o* נ *é raramente assimilado; prep.*: 1) *espacial:* de, desde. 2) *em comparações:* (diferente) de, (mais) do que. 3) *partitivo:* de. 4) *temporal:* desde; מִקַּדְמַת דְּנָה anteriormente;

מִן־דִּי *conj.* depois, porque. 5) *para indicar razão, causa, autor.* 6) *normativo:* de acordo com; מִן־יַצִּיב certamente; מִן־קְשֹׁט דִּי na verdade.

מְנֵא (Dn 5.25s): *como s.:* mina (*unidade de peso de ouro e prata, v. hebr.* מָנֶה); *como pt. pass. de* מנה: contado (*v. coment.*).

מִנְדָּה מִדָּה.

מַנְדַּע (*hebr.* מַדָּע) *m., det.* מַנְדְּעָא, *suf.* מַנְדְּעִי: entendimento, conhecimento, ciência, razão.

מנה (*hebr.* =) PEAL: *pf.* מְנָה; *pt. pass.* מְנֵא: contar (Dn 5.25s). – PAEL: *pf.* מַנִּי, מַנִּיתָ; *imp.* מֶנִּי: designar, pôr, colocar, designar.

מִנְחָה *pl. suf.* מִנְחָתְהוֹן: sacrifício, oferta (*esp.* de cereais / manjares) (Dn 2.46; Ed 7.17).

מִנְיָן⋆ (*de* מנה), *cs.* =: número (Ed 6.17).

מַעֲבָד⋆ (*hebr.* =), *pl. suf.* מַעֲבָדוֹהִי: feito, obra (Dn 4.34).

מְעֵה⋆ (*hebr.* ⋆מֵעֶה), *pl. suf.* מְעוֹהִי: ventre, abdômen (Dn 2.32).

מֶעָל⋆ (*de* עלל), *pl. cs.* מֶעָלֵי: pôr-do-sol (Dn 6.15).

מַצַּל *v.* נצל.

מָרֵא⋆ *cs.* =, *suf. K* מָרְאִי, *Q* מָרִי: senhor (= rei; = Deus).

מְרַד (*hebr.* I מֶרֶד): rebelião, revolta (Ed 4.19).

מָרָד⋆ *m., f.* מָרָדָא, *det.* מָרָדְתָּא, *adj.:* rebelde (Ed 4.12,15).

מרט (*hebr.* =) PEIL: *pf. pl.* מְרִיטוּ: ser arrancado (Dn 7.4).

מָרִים *v.* רום.

מֹשֶׁה *n. m.* (Ed 6.8).

I מְשַׁח (*cf. hebr.* משח): óleo (para ungir) (Ed 6.9; 7.22).

***cj.* II מְשַׁח**⋆ *cj. pl. suf.* מִשְׁחוֹהִי: medida (Ed 6.3); *v. cj.* כיל, *mas questionável.*

מִשְׁכַּב⋆ (*hebr.* מִשְׁכָּב), *suf.* מִשְׁכְּבִי, מִשְׁכְּבָךְ, מִשְׁכְּבֵהּ: leito, cama.

מִשְׁכַּן⋆ (*hebr.* מִשְׁכָּן), *suf.* מִשְׁכְּנֵהּ: habitação, morada (Ed 7.15).

מַשְׁרוֹקִי⋆ *det.* מַשְׁרֹ(ו)קִיתָא: flauta.

מִשְׁתֵּא⋆ (*hebr.* מִשְׁתֶּה), *det.* מִשְׁתְּיָא: o ato de beber, banquete; בֵּית מִשְׁתְּיָא sala do banquete (Dn 5.10).

מֵתֵא *v.* אתה.

מַתְּנָה⋆ (*hebr.* מַתָּן, מַתָּנָה) *f., pl.* מַתְּנָן, *suf.* מַתְּנָתָךְ: presente, dádiva.

נ

נבא (*cf. hebr.* =) HITPAAL: *pf. K* הִתְנַבִּי, *Q* הִתְנַבִּיא: aparecer como profeta, profetizar (Ed 5.1).

נְבוּאָה⋆ (*cf. hebr.* =), *cs.* נְבוּאַת: atividade profética, profecia (Ed 6.14).

נְבוּכַדְנֶצַּר *tb.* נְבֻכַדְנֶצַּר: *n. m.* (Dn 2.28).

נְבִזְבָּה *pl. suf.* נְבָזְבְּיָתָךְ: presente, dádiva (Dn 2.6; 5.17).

נְבִיא⋆ (*cf. hebr.* נָבִיא), *det. K* נְבִיאָה, *Q* נְבִיָּא, *pl. det. K* נְבִיאַיָּא, *Q* נְבִיַּיָּא: profeta (Ed 5.1s; 6.14).

נֶבְרְשָׁה⋆ *f., det.* נֶבְרַשְׁתָּא: candelabro, lampadário, condeeiro (Dn 5.5).

נגד (*hebr.* =) PEAL: *pt.* נָגֵד: fluir, manar (Dn 7.10).

נְגֶד (*hebr.* =) *prep.*: em direção a, para (Dn 6.11).

נְגַהּ★ (*hebr.* I נֹגַהּ), *det.* נָגְהָא: claridade; בְּנָגְהָא ao amanhecer, ao romper do dia, ao raiar da aurora (Dn 6.20).

נְגוֹ(א) *v.* עֲבֵד נְגוֹ(א).

נדב (*hebr.* =) HITPAAL: *pf. pl.* הִתְנַדַּבוּ; *pt.* מִתְנַדַּב, מִתְנַדְּבִין; *inf. cs.* הִתְנַדָּבוּת: *pt. c.* לְ *e inf.*: disposto, desejoso; oferecer, doar; *inf. como s.*: donativo, contribuição.

נִדְבָּךְ *pl.* נִדְבָּכִין: carreira (de pedras), pilha (de madeira) (Ed 6.4).

נדד (*hebr.* =) PEAL: *pf.* 3^{a} *f.* נַדַּת: fugir (*suj.* sono) (Dn 6.19).

נִדְנֶה (Dn 7.15): *ger. l.* נְדָנַהּ: em sua bainha, *i.e.* em seu corpo; *mas prov. l.* בְּגוֹן דְּנָה *ou* בְּגִין דְּנָה: por causa disto, por isso.

נְהוֹר★ (*cf. hebr.* II נהר), *det.* *Q* נְהוֹרָא (*K* נְהִירָא, *v.* ★נְהִיר): luz (Dn 2.22).

נְהִיר★ *det.* *K* נְהִירָא (*Q* נְהוֹרָא, *v.* ★נְהוֹר): luz (Dn 2.22).

נַהִירוּ luz, iluminação (da mente), sabedoria (Dn 5.11,14).

נְהַר (*hebr.* I נָהָר), *det.* נַהֲרָא *e* נַהֲרָה: rio, torrente; *especialmente c. referência ao Eufrates.*

נוד (*hebr.* =) PEAL: *impf.* תְּנֻד: fugir (Dn 4.11).

נְוָלוּ (Ed 6.11), נְוָלִי (Dn 2.5; 3.29): monturo?, amontoado de escombros?, ruínas?.

נוּר (*hebr.* =) *com. det.* נוּרָא: fogo.

נזק (*hebr.* נֶזֶק) PEAL: *pt.* נָזִק: sofrer dano / perda / prejuízo. – HAFEL: *impf.* תְּהַנְזִק; *inf. cs.* הַנְזָקַת; *pt. f. cs.* מְהַנְזְקַת: prejudicar, causar dano / prejuízo.

נְחָשׁ (*hebr.* נְחוּשָׁה *e* I נְחֹשֶׁת) *m.*, *det.* נְחָשָׁא: cobre, bronze.

נחת (*hebr.* =) PEAL: *pt.* נָחִת: descer (do céu) (Dn 4.10,20). – HAFEL: *impf.* תַּחֵת; *imp. m. sing.* אֲחֵת; *pt. pl.* מְהַחֲתִין: depositar, guardar. – HOFAL: *pf.* הָנְחַת; *cj. impf.* יָנְחַת (Ed 6.5): ser deposto (do trono); ser depositado (Dn 5.20; Ed 6.5).

נטל (*hebr.* =) PEAL: *pf.* 1^{a} *sing.* נִטְלֵת; levantar (Dn 4.31). – PEIL: *pf.* 3^{a} *f.* נְטִילַת: ser levantado (Dn 7.4).

נטר (*hebr.* נצר *e* I נטר) PEAL: *pf.* 1^{a} *sing.* נִטְרֵת: guardar (no coração) (Dn 7.28).

נִיחוֹחַ★ (*cf. hebr.* רֵיחַ נִיחוֹחַ), *pl.* נִיחֹ(וֹ)חִין: incenso (Dn 2.46; Ed 6.10).

נְכַס★ (*hebr.* נְכָסִים), *pl.* נִכְסִין, *cs.* נִכְסֵי: tesouro, tesouraria; נִכְסֵי מַלְכָּא tesouro real; (Ed 6.8); עֲנָשׁ נִכְסִין multa (Ed 7.26).

נְמַר (*hebr.* נָמֵר): pantera, leopardo (Dn 7.6).

נסח (*hebr.* =) HITPEEL: *impf.* יִתְנְסַח: ser arrancado (Ed 6.11).

נסך (*hebr.* I נסך) PAEL: *inf.* נַסָּכָה: oferecer (sacrifício) (Dn 2.46).

נְסַךְ★ *ou* נְסֵךְ (*hebr.* נֶסֶךְ/נֵסֶךְ), *pl. suf.* נִסְכֵּיהוֹן: libação (Ed 7.17).

נפל (*hebr.* =) PEAL: *pf.* נְפַל, *pl.* נְפַלוּ (Dn 7.20 *K*, *Q* נְפַלָה); *impf.* יִפֵּל, יִפֶּל־, *pl.* תִּפְּלוּן; *pt. pl.* נָפְלִין: cair; = descer (uma voz do céu); cair (sobre a face) = prostrar-se; *c.* לְ cair para = caber a.

נפק PEAL: *pf.* נְפַק, 3^{a} *f.* נֶפְקַת, *pl.* נְפַקוּ *K*, *Q* נְפַקָה; *imp. pl.* פֻּקוּ; *pt.* נָפֵק, *pl.* נָפְקִין: sair, aparecer. – HAFEL: *pf.* הַנְפֵּק, *pl.* הַנְפִּקוּ: tirar, retirar.

נִפְקָה★ *f.*, *det.* נִפְקְתָא: custo, despesa (Ed 6.4,8).

נִצְבָּה★ (*hebr.* נצב), *det.* נִצְבְּתָא: firmeza, dureza, têmpera (Dn 2.41).

נצח (*hebr.* =) HITPAAL: *pt.* מִתְנַצַּח: *c.* עַל distinguir-se (Dn 6.4).

נצל (*hebr.* =) HAFEL: *inf.* הַצָּלָה, *suf.* לְהַצָּלוּתֵהּ; *pt.* מַצִּל: livrar, salvar.

נְקֵא (*hebr.* נָקִי) *adj.*: puro (Dn 7.9).

נקשׁ (*hebr.* =) PEAL: *pt. pl. f.* נָקְשָׁן: bater (os joelhos um contra o outro) (Dn 5.6).

נשׂא (*hebr.* =) PEAL: *pf.* נְשָׂא; *imp.* שֵׂא: tomar; levar, carregar (Dn 5.35; Ed 5.15). – HITPAAL: *pt. f.* מִתְנַשְּׂאָה: *c.* עַל levantar-se contra, sublevar-se contra (Ed 4.19).

נְשִׁין★ (*hebr.* נָשִׁים) *f. pl.* (*sing.* ★אִנְתָּה (= *hebr.* אִשָּׁה), *suf.* נְשֵׁיהוֹן: mulheres, esposas (Dn 6.25).

נִשְׁמָה★ (*hebr.* נְשָׁמָה) *f.*, *suf.* נִשְׁמְתָךְ: fôlego, respiro (de vida) (Dn 5.23).

נְשַׁר (*hebr.* נֶשֶׁר), *pl.* נִשְׁרִין: águia (Dn 4.30; 7.4).

נִשְׁתְּוָן★ (*hebr.* =), *det.* נִשְׁתְּוָנָא: documento oficial, carta, decreto.

נְתִין★ (*hebr.* נָתִין) *m.*, *pl. det.* נְתִינַיָּא: alguém que foi doado / presenteado, servidor do templo (Ed 7.24).

נתן (*hebr.* =) PEAL: (*pf.*, *imp. e pt. supridos por* יְהַב); *impf.* ־יִנְתֶּן, תִּנְתֵּן, *pl.* יִנְתְּנוּן, *suf.* יִתְּנִנֵּהּ; *inf.* מִנְתַּן: dar, obter; pagar (impostos).

נתר AFEL: *imp. pl.* אַתַּרוּ: sacudir, derriçar (folhas) (Dn 4.11).

ס

סַבְּכָא (Dn 3.5) *v.* שַׂבְּכָא.

סבל (*hebr.* =) POEL: *pt. pass. pl.* מְסוֹבְלִין (Ed 6.3), *mas duvidoso*: *talvez:* deveriam ser preservados; *mas outros sugerem:* oferecer (*šafel de* יבל); *ou:* suas medidas devem ser fixadas (*v. cj.* כיל).

סבר (*hebr.* שׂבר) PEAL: *impf.* יִסְבַּר: *c.* לְ *e inf.*: pretender, tentar, procurar (Dn 7.25).

סגד (*hebr.* =) PEAL: *pf.* סְגִד; *impf.* יִסְגֻּד, *pl.* נִסְגֻּד, תִּסְגְּדוּן, יִסְגְּדוּן; *pt. pl.* סָגְדִין: *c.* לְ prestar homenagem / culto a, adorar a.

סְגַן★ (*hebr.* ★סָגָן) *m.*, *pl.* סִגְנִין, *det.* סִגְנַיָּא: prefeito; רַב סִגְנִין chefe supremo.

סגר (*hebr.* =) PEAL: *pf.* וּסֲגַר: fechar (Dn 6.23).

סוּמְפֹּנְיָה/א (Dn 3.5.15), *K* סִיפֹּנְיָא, *Q* סוּפֹּנְיָא: *último na lista de instrumentos musicais, ger.:* gaita de foles; *mas outros:* harmonia (*v. coment.*).

סוף (*hebr.* =) PEAL: *pf. 3ª f.* סָפַת: cumprir-se (*suj.* a palavra) (Dn 4.30). – HAFEL: *impf. 3ª f.* תָּסִיף: pôr um fim em, aniquilar, destruir (Dn 2.44).

סוֹף★ (*hebr.* =), *cs.* =, *det.* סוֹפָא: fim; עַד־סוֹפָא até o fim, para sempre, totalmente.

סוּפֹּנְיָא *v.* סוּמְפֹּנְיָה.

סְטַר *v.* שְׂטַר: lado (Dn 7.5).

סִיפֹּנְיָא *v.* סוּמְפֹּנְיָה.

סלק (*hebr.* =) PEAL: *pf. 3ª f.* סִלְקַת *e* סְלִקַת, *pl.* סְלִקוּ; *pt. pl. f.* סָלְקָן: subir, surgir. – HAFEL: *pf. 3ª pl.* הַסִּקוּ; *inf.* הַנְסָקָה: levar para cima, lançar, fazer subir (Dn 3.22; 6.24). – HOFAL: *pf.* הֻסַּק: ser feito subir, ser tirado (Dn 6.24).

סעד (*hebr.* =) PAEL: *pt. pl.* מְסָעֲדִין: apoiar, auxiliar (Ed 5.2).

סְפַר* (*hebr.* סֵפֶר), *cs.* =, *pl.* סִפְרִין, *det.* סִפְרַיָּא: livro; סְפַר דָּכְרָנַיָּא livro das memórias, anais, crônicas; בֵּית סִפְרַיָּא arquivo.

סָפַר* (*hebr.* סוֹפֵר) *m., cs.* =, *det.* סָפְרָא: secretário.

סָפַת *v.* סוף.

סַרְבָּל *pl. suf.* סַרְבָּלֵיהוֹן: uma peça do vestuário: calção?, manto? (Dn 3.21,27; *v. coment.*).

סָרַךְ* *pl.* סָרְכִין, *cs.* סָרְכֵי, *det.* סָרְכַיָּא: alto funcionário, ministro.

סתר I (*hebr.* סתר) PAEL: *pt. pass. pl. f. det.* מְסַתְּרָתָא: o escondido, segredos (Dn 2.22).

סתר II (*hebr.* שׁתר) PEAL: *pf. suf.* סַתְרֵהּ: destruir, demolir (Ed 5.12).

ע

עבד (*hebr.* =) PEAL: *pf.* עֲבַד, *2ª m.* עֲבַדְתְּ, *1ª sing.* עַבְדֵת, *pl.* עֲבַדוּ; *impf. pl.* תַּעַבְדוּן; *inf.* מֶעְבַּד; *pt.* עָבֵד, *f.* עָבְדָה/א, *pl.* עָבְדִין: fazer; *c.* בְּ proceder, operar; obedecer a, sujeitar-se a (lei de Deus); cometer (falta, dano); preparar, dar (um banquete). – HITPEEL: *impf.* יִתְעֲבֵד *e* יִתְעֲבִד, *pl.* תִּתְעַבְדוּן; *pt.* מִתְעֲבֵד־, מִתְעֲבֵד, *f.* מִתְעַבְדָא: ser feito / realizado / executado; ser transformado.

עֲבֵד* (*hebr.* עֶבֶד), *cs.* =, *pl. suf. K* עַבְדַיִךְ, *Q* עַבְדָךְ, עַבְדוֹהִי: servo.

עֲבֵד נְגוֹ *tb.* עֲבֵד נְגוֹא: *n. m.* (Dn 2.49).

עֲבִידָה* (*hebr.* עֲבֹדָה) *f., cs.* עֲבִידַת, *det.* עֲבִידְתָּא: trabalho, obra, serviço; administração.

עֲבַר* (*hebr.* I עֵבֶר), *cs.* =: a margem oposta (do rio, *i.e.* oeste do Eufrates).

עַד (*hebr.* II עַד): *prep. e conj.:* até; עַד דִּי até que.

עדה (*hebr.* I עדה) PEAL: *pf. 3ª f.* עֲדָת; *impf.* יֶעְדֵּה, תֶּעְדֵּא: ir; *c.* בְּ tocar em; ir embora = ser tirado; passar; ser anulado / revogado. – HAFEL: *pf. pl.* הֶעְדִּיו *e* הֶעְדִּיו; *impf.* יְהַעְדּוֹן; *pt.* מְהַעְדֵּה: tirar, remover, destronar.

עִדּוֹא *n. m.* (Ed 5.1).

עִדָּן* *m., det.* עִדָּנָא, *pl.* עִדָּנִין, *det.* עִדָּנַיָּא: tempo; בְּעִדָּנָא דִּי no momento em que, assim que, quando; = ano?.

עוֹד (*hebr.* =): ainda (Dn 4.28).

עֲוָיָה* *f., pl. suf.* עֲוָיָתָךְ: ofensa, iniqüidade (Dn 4.24).

עוֹף (*hebr.* =), *cs.* =: ave; *col.:* aves (Dn 2.38; 7.6).

עוּר palha, debulho (Dn 2.35).

עֵז* (*hebr.* =), *pl.* עִזִּין: cabra; צְפִירֵי עִזִּין bodes, cabritos (Ed 6.17).

עִזְקָה* *f., suf.* עִזְקְתֵהּ, *pl. cs.* עִזְקָת: anel (para selar), sinete (Dn 6.18).

עֶזְרָא *n. m.* (Ed 7.12).

עֲזַרְיָה *n. m.* (Dn 2.17).

עֵטָה (*hebr.* עֵצָה): conselho (Dn 2.14).

עַיִן* (*hebr.* =) *f.*, *cs.* עֵין, *pl. du.* עַיְנִין, *cs.* עַיְנֵי, *suf.* עַיְנַי: olho.

עִיר (*hebr.* I עֵר *n. m.*) *m.*, *pl.* עִירִין: vigilante = anjo.

עַל (*hebr.* =), *suf.* עֲלַי, עֲלַיִךְ *K*, עֲלָךְ *Q*, עֲלֵיהֶם, עֲלֶינָא *e* עֲלַיַהּ *K*, עֲלַהּ *Q*, עֲלוֹהִי, עֲלֵיהוֹן, *prep.* = *hebr.* עַל *e* אֶל: 1) sobre; = ao redor (do pescoço); *movimento:* em. 2) contra. 3) para, a. 4) sobre, a respeito de; עַל־מָה por que?; עַל־דְּנָה portanto. 5) *em comparação:* acima; עַל דִּי mais do que.

עֵלָּא sobre (Dn 6.3).

עִלָּא, עִלָּה motivo (de acusação), pretexto (Dn 6.5s).

עלוה* (עֲלָוָה*, עֲלָוָה* *ou melhor* עֲלָה*, עֲלָת*?; *hebr.* עֹלָה), *pl.* עֲלָוָן: oferta queimada, holocausto (Ed 6.9).

עִלָּי* *det. Q* עִלָּאָה, *K* עִלָּיָא: superior, altíssimo: אֱלָהָא ע׳ Deus Altíssimo; *sozinho tb. neste sentido:* Altíssimo.

עִלִּי* (*hebr.* =) *f.*, *suf.* עִלִּיתֵהּ: aposento superior (Dn 6.11).

עֶלְיוֹן* (*cf. hebr.* =), *pl. majestático* עֶלְיוֹנִין: o Altíssimo; קַדִּישֵׁי עֶלְיוֹנִין os santos do Altíssimo.

עלל (*hebr.* II עלל) PEAL: *pf.* עַל, *f.* עַלַּת *Q* (*K* עַלַּת *ou* עֲלַלַת); *pt. pl.* עָלִּין *Q*, *K* עָלְלִין: entrar, ir ter com. – HAFEL: *pf.* הַנְעֵל, *suf.* הַעֲלְנִי; *inf.* הַנְעָלָה *e* הֶעָלָה: fazer entrar, introduzir. – HOFAL: *pf.* הֻעַל, *pl.* הֻעַלוּ: ser introduzido (Dn 5.13ss).

עָלַם (*hebr.* עוֹלָם) *m.*, *cs.* =, *det.* עָלְמָא, *pl.* עָלְמִין, *det.* עָלְמַיָּא: tempo remoto, eternidade: 1) *do passado:* tempos antigos. 2) *do futuro*: *c.* לְ para sempre, eternamente; לְעָלְמִין לָא jamais; *c.* עַד: מִן עָלְמָא וְעַד עָלְמָא de eternidade à eternidade; עַד־עָלְמָא וְעַד עָלַם עָלְמַיָּא para toda eternidade.

עֵלְמָי* (*cf. hebr.* עֵילָם), *pl.* עֵלְמָיֵא: *gent.* elamita (Ed 4.9).

עֲלַע* (*hebr.* I צֵלָע) *f.*, *pl.* עִלְעִין: costela (Dn 7.5).

עַם (*hebr.* עַם) *m.*, *cs.* =, *det.* עַמָּא *e* עַמָּה, *pl. det.* עַמְמַיָּא: povo.

עִם (*hebr.* =), *suf.* עִמִּי, עִמָּךְ, עִמֵּהּ, עִמְּהוֹן: com: 1) *espacial:* com. 2) *temporal:* em, a, de.

עַמִּיק* (*hebr.* עָמֹק), *pl. f.* עַמִּיקָתָא: profundeza (Dn 2.22).

עֲמַר (*hebr.* צֶמֶר): lã (Dn 7.9).

עַן* *v.* כְּעַן.

ענה (*hebr.* I ענה) PEAL: *pf.* 3^a *f.* עֲנָת, *pl.* עֲנוֹ; *pt.* עָנֵה, *pl.* עָנַיִן, *sempre c.* אמר: responder; iniciar, começar (a falar).

עֲנֵה* (*hebr.* עָנִי, עָנָו), *pl.* עֲנַיִן: pobre, miserável (Dn 4.24).

עָנַיִן *v.* עֲנֵה*.

עֲנָן* (*hebr.* עָנָן), *pl. cs.* עֲנָנֵי: nuvem (Dn 7.13).

עֲנַף* (*hebr.* עָנָף), *pl. suf.* עַנְפּוֹהִי: ramo (de árvore).

עֲנָשׁ* (*hebr.* עֹנֶשׁ) *m.*, *cs.* =: multa (Ed 7.26).

עֶנֶת* *v.* כְּעֶנֶת.

עֳפִי* (*hebr.* =) *m.*, *suf.* עָפְיֵהּ: folhagem, folhas.

עֲצִיב *adj.:* triste, aflito (Dn 6.21).

עקר (*hebr.* =) ITPEEL: *pf. pl. K* אִתְעֲקַרָה, *Q* אֶתְעֲקַרוּ: ser arrancado (Dn 7.8).

עִקַּר* (*cf. hebr.* I עֵקֶר) *m.*, *cs.* =: raiz; עִקַּר שָׁרְשׁוֹהִי raiz mestra.

עָר* (*hebr.* II צַר) *m.*, *suf. Q* עָרָךְ, *K* עָרַיִךְ: adversário (Dn 4.16).

ערב (*hebr.* II ערב) PAEL: *pt. pass.* מְעָרַב: misturar; *pt. pass.* misturado (Dn 2.41, 43). – HITPAAL: *pt.* מִתְעָרַב, *pl.* מִתְעָרְבִין: misturar-se (Dn 2.43).

עֲרָד (*hebr.* עָרוֹד) *m., pl. det.* עֲרָדַיָּא: jumento montês, onagro (Dn 5.21).

עַרְוָה★ (*hebr.* עֶרְוָה), *cs.* עַרְוַת: nudez; *fig.* desonra (Ed 4.14).

עֲשַׂב★ (*hebr.* עֵשֶׂב), *cs.* =, *det.* עִשְׂבָּא: *col.* ervas, capim, grama.

עֲשַׂר, עַשְׂרָה (*hebr.* עֶשֶׂר, עֲשָׂרָה): dez; תְּרֵי־עֲשַׂר doze.

עֶשְׂרִין (*hebr.* עֶשְׂרִים): vinte (Dn 6.2).

עשׁת (*hebr.* II עשׁת) PEAL: עֲשִׁית *pt. pass. m. c. sentido ativo, ou adj.: c. inf.* pensar, planejar, tencionar (Dn 6.4).

עֵת★ *v.* כְּעֶנֶת.

עֲתִיד★ (*hebr.* עָתִיד), *pl.* עֲתִידִין: *c.* דִּי *e impf.:* pronto, disposto (Dn 3.15).

עַתִּיק★ (*hebr.* =), *cs.* =: velho: עַתִּיק יוֹמִין ancião.

פ

פֶּחָה★ (*hebr.* =), *cs.* פַּחַת, *pl.* פַּחֲוָתָא: governador.

פֶּחָר *m.:* oleiro (Dn 2.41).

פַּטִּישׁ★ *pl. suf. Q* פַּטְּשֵׁיהוֹן, *K* פַּטִּישֵׁיהוֹן *ou* 'פַּטְ: peça de vestuário, calções?, túnicas? (Dn 3.21).

פלג (*hebr.* =) PEAL: *pt. pass. f.* פְּלִיגָה: dividir; *pt. pass.:* dividido (Dn 2.41).

פְּלַג★ (*hebr.* I פֶּלֶג), *cs.* =: metade (Dn 7.25).

פְּלֻגָּה★ (*hebr.* =), *pl. suf.* פְּלֻגָּתְהוֹן: divisão, turno, categoria (dos sacerdotes) (Ed 6.18).

פלח PEAL: *impf. pl.* יִפְלְחוּן; *pt.* פָּלַח, *pl.* פָּלְחִין, פָּלְחֵי: servir; *pt.* servo.

פָּלְחָן★ *cs.* =: serviço (religioso) (Ed 7.19).

פֻּם (*hebr.* פֶּה) *m., cs.* =, *suf.* פֻּמַּהּ: boca; boca / entrada (da cova).

פַּס (*hebr.* =) *m., cs.* =, *det.* פַּסָּא: *ger:* palma (de mão); *mas mais provavelmente:* costas (da mão), *ou* a mão inteira abaixo do pulso (Dn 5.5,24).

פְּסַנְטֵרִין *tb.* פְּסַנְתֵּרִין instrumento de cordas triangular, saltério.

פְּקוּ *v.* נפק.

פַּרְזֶל (*hebr.* בַּרְזֶל) *m.*, פַּרְזֶל, *det.* פַּרְזְלָא: ferro.

פרס (*hebr.* =) PEIL: *pf.* 3ª *f.* פְּרִיסַת: ser dividido (Dn 5.28).

פְּרֵס *pl.* פַּרְסִין: *unidade de medida e peso, ger.:* meia mina; *mas provavelmente:* meio siclo (Dn 5.25, 28).

פָּרַס, פָּרָס (*hebr.* =): Pérsia; os persas.

פַּרְסָי★ (*hebr.* פָּרְסִי): *gent. de* פָּרַס, *det. K* פַּרְסָיָא, *Q* פַּרְסָאָה, *adj. e s.:* persa (Dn 6.29).

פרק (*hebr.* =) PEAL: *imp.* פְּרֻק: redimir, remover (pecados); *outros:* romper com (Dn 4.24).

פרשׁ (*hebr.* =) PAEL: *pt. pass.* מְפָרַשׁ: separar; *pt. pass., ger.:* separadamente, distintamente; *mas outros:* traduzida em partes (Ed 4.18).

פַּרְשֶׁגֶן★ (*hebr.* פַּתְשֶׁגֶן), *cs.* =: cópia.

פשׁר (*cf. hebr.* פֵּשֶׁר *e* פתר) PEAL: *inf.* מִפְשַׁר: interpretar (Dn 5.16). – PAEL: *pt.* מְפַשַּׁר:

intérprete; *mas sugere-se l. peal inf.* (Dn 5.12).

פְּשַׁר★ (*hebr.* פֵּשֶׁר) *m., cs. =, det.* פִּשְׁרָא *e* פְּשְׁרָה, *suf.* פִּשְׁרַהּ *e Q* פִּשְׁרֵהּ (Dn 5.8, *K det.*), *pl.* פִּשְׁרִין: interpretação.

פִּתְגָם (*hebr. =*) *m., det.* פִּתְגָמָא: 1) palavra; הֲתִיב פ׳ responder, dar resposta; שְׁלַח פ׳ relatar. 2) decreto.

פתח (*hebr. =*) PEAL: *pt. pass. pl. f.* פְּתִיחָן: abrir; *pt. pass.* aberto (Dn 6.11). – PEIL: *pf. pl.* פְּתִיחוּ: ser aberto (Dn 7.10).

פְּתָי★ *suf.* פְּתָיֵהּ: largura (Dn 3.1; Ed 6.3).

צבה PEAL: *pf. 1ª sing.* צְבִית; *impf.* יִצְבֵּא *e* יִצְבֵּה (Dn 5.21); *inf. suf.* מִצְבְּיֵהּ; *pt.* צָבֵא: 1) *c.* לְ *e inf.*: desejar, ter o desejo. 2) querer; כְּמִצְבְּיֵהּ conforme a sua vontade.

צְבוּ : assunto, cousa; לָא... צְבוּ nada (Dn 6.18).

צבע (*hebr. cj.* ★צבע) PAEL: *pt. pl.* מְצַבְּעִין: *c.* מִן molhar, regar (Dn 4.22). – HITPAAL: *impf.* יִצְטַבַּע: *c.* מִן *ou* בְּ ser molhado.

צַד★ (*hebr. =*), *cs. =*: lado; *c.* לְ, לְצַד: contra; *c.* מִן, מִצַּד: a respeito de (Dn 6.5; 7.25).

צְדָא *c.* הֲ *interr.*: é verdade? (Dn 3.14).

צִדְקָה (*hebr.* צְדָקָה) *f.*: ação reta / justa, caridade, misericórdia (Dn 4.24).

צַוַּאר★ (*hebr.* צַוָּאר) *m., suf.* צַוְּארֵהּ, צַוְּארָךְ: pescoço.

צלה PAEL: *pt.* מְצַלֵּא, *pl.* מְצַלַּיִן: *c.* קֳדָם *ou* לְ: orar (Dn 6.11; Ed 6.10).

צלח (*hebr. =*) HAFEL: *pf.* הַצְלַח; *pt.* מְהַצְלַח, *pl.* מְהַצְלְחִין: 1) fazer prosperar. 2) fazer progresso, prosperar; ir bem, adiantar.

צְלֵם (*hebr.* צֶלֶם) *m., cs. = e* צְלֶם, *det.* צַלְמָא: imagem, estátua; צְלֵם אַנְפּוֹהִי o aspecto de seu rosto, suas feições.

צְפִיר★ (*hebr.* צָפִיר) *m., pl. cs.* צְפִירֵי: bode, cabrito; צְפִירֵי עִזִּין bodes, cabritos (Ed 6.17).

צִפַּר★ (*hebr.* צִפּוֹר) *com., pl.* צִפְּרִין, *cs.* צִפְּרֵי, *det.* צִפְּרַיָּא: ave, pássaro.

ק

קָאֵם *v.* קום.

קבל (*hebr.* =) PAEL: *pf.* קַבֵּל; *impf. pl.* תְּקַבְּלוּן, וִיקַבְּלוּן: receber; *c. obj.* מַלְכוּתָא: tomar, apoderar-se de.

קֳבֵל *c.* לְ, לְקֳבֵל, *suf.* לְקָבְלָךְ, *prep.:* 1) diante de, em frente a, defronte; por causa de; הֵן... לָקֳבֵל דְּנָה se... então; לָקֳבֵל דִּי assim como, conforme. 2) *c.* ־כָּל (*não* כֹּל, *mas* כְּ + לְ): כָּל־קֳבֵל דְּנָה em conformidade com isto; por isso, então; porque; embora, ainda que; כָּל־קֳבֵל דְּנָה מִן־דִּי exatamente porque.

קַדִּישׁ (*hebr.* קָדוֹשׁ), *pl.* קַדִּישִׁין, *cs.* קַדִּישֵׁי: *adj.* santo; *como s.* santo.

קֳדָם־, קֳדָם (*cf. hebr.* קֶדֶם), *suf.* קֳדָמַי, קֳדָמַי, וּקְדָמוֹהִי, קֳדָמוֹהִי, קֳדָמַיִךְ *K*, קֳדָמָךְ *Q*, *f.* קדמיה *K*, קֳדָמַהּ *Q*, *c. prep.* מִן־קֳדָמַי, מִן־קֳדָמִיהּ, מִן־קֳדָמוֹהִי, *pl.* קֳדָמֵיהוֹן, *prep.:* diante de, perante; מִן־קֳדָם de, diante de.

קַדְמָה* (*hebr.* קֵדְמָה* *ou* קַדְמָה*), *cs.* קַדְמַת: tempos antigos; *c.* מִן antes, anteriormente.

קַדְמָי* *m.*, *f. det.* קַדְמָיְתָא, *m. pl. det.* קַדְמָיֵא, *f. det.* קַדְמָיָתָא: primeiro.

קום (*hebr.* =) PEAL: *pf.* קָם, *pl.* קָמוּ; *impf.* יְקוּם, *pl.* יְקוּמוּן *e* יְקֻמוּן; *imp. f.* קוּמִי; *pt.* קָאֵם, *pl. K* קָאֲמִין, *Q* קָיְמִין, *det.* קָאֲמַיָּא: levantar-se, surgir, aparecer; começar; estar em pé; durar, subsistir, continuar. – PAEL: *inf.* קַיָּמָה: estabelecer, instituir (Dn 6.8). – (H)AFEL: *pf.* הֲקִים *e* וַהֲקִים, *2ª* הֲקֵימְתָּ, *1ª* הֲקֵימֶת, *pl.* הֲקִימוּ, *suf.* אֲקִימֵהּ *e* הֲקִימֵהּ; *impf.* יְקִים *e* יְהָקִים, תְּקִים; *inf. suf.* הֲקָמוּתֵהּ; *pt.* מְהָקִים: levantar, erguer; estabelecer / suscitar (um reino); estabelecer / entronizar (reis, *etc.*); sancionar, promulgar (um interdito). – HOFAL: *pf. 3ª f.* הֳקִ(י)מַת: ser levantado (Dn 7.4s).

קטל (*hebr.* =) PEAL: *pt.* קָטֵל: matar (Dn 5.19). – PEIL: *pf.* קְטִיל, *3ª f.* קְטִילַת: ser morto (Dn 5.30; 7.11). – PAEL: *pf.* קַטֵּל; *inf.* קַטָּלָה: matar, executar. – HITPEEL: *inf.* הִתְקְטָלָה: ser executado (Dn 2.13). – HITPAAL: *pt. pl.* מִתְקַטְּלִין: ser morto / executado (Dn 2.13).

קְטַר* *pl.* קִטְרִין, *cs.* קִטְרֵי: nó; junta; problema difícil.

קַיִט (*hebr.* קַיִץ): verão (Dn 2.35).

קְיָם *m.*, *cs.* =: decreto, estatuto (Dn 6.8.16).

קַיָּם *m.*, *f.* קַיָּמָה, *adj.:* permanente; מַלְכוּתָךְ לָךְ קַיָּמָה teu reino será preservado para ti; אֱלָהָא קַיָּם לְעָלְמִין Deus permanecerá para sempre.

קַיָּמָה *v.* קום *e* קַיָּם.

קיתרס *K* קִיתָרֹס *ou* קִיתְרֹס, *Q* קַתְרֹ(וֹ)ס: (uma variedade de) cítara (grega, *i.e.* uma espécie de lira *ou* alaúde).

קָל (*hebr.* קוֹל) *m.*, *cs.* =: voz; som.

קָם *v.* קום.

קנה (*hebr.* I קָנָה) PEAL: *impf.* תִּקְנֵא: comprar (Ed 7.17).

קצף (*hebr.* =) PEAL: *pf.* קְצַף: enfurecer-se (Dn 2.12).

קְצַף (*hebr.* קֶצֶף): ira (de Deus) (Ed 7.23).

קצץ (*hebr.* =) PAEL: *imp. pl.* קַצִּצוּ: cortar (Dn 4.11).

קְצָת* (*hebr.* =) *f.*, *cs.* =: fim; *c.* מִן parte.

קרא (*hebr.* =) PEAL: *impf.* יִקְרֵה,

אֶקְרֵא, *pl.* יִקְרוֹן; *inf.* מִקְרֵא; *pt.* קָרֵא: gritar, proclamar, apregoar; ler. – PEIL: *pf.* קְרִי: ser lido. – HITPEEL: *impf.* יִתְקְרֵי: ser chamado / convocado (Dn 5.12).

קרב (*hebr.* =) PEAL: *pf.* קְרֵב, *1ª sing.* קִרְבֵת, *pl.* קְרִיבוּ; *inf. suf.* מִקְרְבֵהּ: chegar-se, aproximar-se, apresentar-se. – PAEL: *impf.* תְּקָרֵב: oferecer (Ed 7.17). – HAFEL: *pf. pl.* הַקְרִבוּ, *suf.* הַקְרְבוּהִי; *pt. pl.* מְהַקְרְבִין: fazer chegar-se, apresentar; oferecer.

קְרָב (*hebr.* =): guerra (Dn 7.21).

קִרְיָא, קִרְיָה (*hebr.* קִרְיָה) *f.*, *det.* קִרְיְתָא: lugar habitado, cidade.

קֶרֶן (*hebr.* =) *f.*, *det.* קַרְנָא, *du.* קַרְנַיִן (*sentido pl.*), *pl. det.* קַרְנַיָּא: chifre; trombeta.

קְרַץ* *pl. suf.* קַרְצֵיהוֹן, קַרְצוֹהִי: pedaço; *c.* אכל *expressão idiomática:* comer pedaços de = acusar, caluniar, difamar, denunciar (Dn 3.8; 6.25).

קְשֹׁט (*hebr.* קֹשֶׁט): verdade; מִן־קְשֹׁט דִּי em verdade, verdadeiramente (Dn 4.34; 2.47).

ר

רֵאשׁ (*hebr.* רֹאשׁ), *cs.* =, *det.* רֵאשָׁה, *suf.* רֵאשִׁי, רֵאשָׁךְ, רֵאשֵׁהּ, רֵאשַׁהּ, רֵאשְׁהוֹן, *pl.* רֵאשִׁין, רָאשֵׁיהֹם: cabeça; *fig.* chefe; רֵאשׁ מִלִּין início / começo da narrativa (*outros:* conteúdo essencial, *ou* relato completo, Dn 7.1).

רַב (*hebr.* =) *m.*, *det.* רַבָּא, *f. det.* רַבְּתָא, *pl. m. reduplicado* רַבְרְבִין, *f.* רַבְרְבָן, *det.* רַבְרְבָתָא, *adj.:* grande; *c.* מִלַּיָּא *ou* מלל: (palavras) insolentes; *c. gen. pl. como um título:* chefe…

רבה (*hebr.* I רבה) PEAL: *pf.* רְבָה, *3ª f.* רְבָת, *2ª m. K* רְבַיְתָ, *Q* רְבַת (Dn 4.19): tornar-se grande, crescer. – PAEL: *pf.* רַבִּי: engrandecer, exaltar (Dn 2.48).

רִבּוֹ* (*hebr.* =), *cs.* =, *pl. Q* רִבְבָן, *K* רִבְּוָן: grande número, dez mil, grande multidão, miríade; רִבּוֹ רִבְבָן miríades de miríades (Dn 7.10).

רְבוּ *f.*, *det.* רְבוּתָא, *suf.* רְבוּתָךְ: grandeza.

רְבִיעָי* (*hebr.* רְבִיעִי) *m.*, *det. K* רְבִיעָיָא, *Q* רְבִיעָאָה, *f. K* רְבִיעָיָה, *Q* רְבִיעָאָה, *det.* רְבִיעָיְתָא: quarto (*num.*).

רַבְרְבָנִין* *pl. suf.* רַבְרְבָנַי, *K* רַבְרְבָנַיִךְ, *Q* רַבְרְבָנָךְ, רַבְרְבָנוֹהִי: o grande, nobre, dignitário.

רגז (*hebr.* =) HAFEL: *pf. pl.* הַרְגִּזוּ: zangar, irritar (Ed 5.12).

רְגַז (*hebr.* רֹגֶז): cólera, ira (Dn 3.13).

רְגַל* *ou* רֶגֶל* (*hebr.* רֶגֶל) *f.*, *du.* רַגְלַיִן, *det.* רַגְלַיָּא, *suf.* רַגְלוֹהִי, *Q* רַגְלַהּ, *K* רַגְלֵיהּ *ou* רַגְלַיַּהּ: pé.

רגשׁ (*hebr.* =) HAFEL: *pf. pl.* הַרְגִּשׁוּ: irromper, entrar de arremesso; *outros:* ir juntos, dirigir-se em grupo; vir em combinação; tentar influenciar.

*רֵו *suf.* רֵוֵהּ: aspecto, aparência (Dn 2.21; 3.25).

רוּחַ (*hebr.* =) *f., cs.* =, *det.* רוּחָא, *suf.* רוּחֵהּ, רוּחִי, *pl. cs.* רוּחֵי: vento; espírito, mente; espírito divino.

רום (*hebr.* =) PEAL: *pf.* רִם: elevar-se; *c. suj.* לְבַב ser orgulhoso, exaltar-se (Dn 5.20). – POLEL: *pf.* מְרוֹמֵם: exaltar, enaltecer (Dn 4.34). – HAFEL: *pt.* מָרִים: levantar, elevar, exaltar (Dn5.19). – HITPOLEL: *pf.* הִתְרוֹמַמְתְּ: levantar-se (contra) (Dn 5.23).

רום *suf.* רוּמֵהּ: altura.

רָז *m., det.* רָזָה *e* רָזָא, *pl.* רָזִין, *det.* רָזַיָּא: segredo, mistério.

רְחוּם *n. m.* (Ed 4.1).

*רַחִיק (*hebr.* רָחוֹק), *pl.* רַחִיקִין: longe; הֲוָה רַ׳ manter-se afastado, afastar-se (Ed 6.6).

רַחֲמִין (*hebr.* רַחֲמִים) compaixão, misericórdia (Dn 2.18).

רחץ HITPEEL: *pf. pl.* הִתְרְחִצוּ: *c.* עַל confiar em (Dn 3.28).

*רֵיחַ (*hebr.* =) *f., cs.* =: cheiro (de fogo) (Dn 3.27).

רִם *v.* רום.

רמה (*hebr.* I רמה) PEAL: *pf. pl.* רְמוֹ, רְמִינָה; *inf.* מִרְמֵא: atirar, lançar; *c.* עַל impor (imposto sobre). – PEIL: *pf. pl.* רְמִיו: ser lançado; ser posto / colocado (Dn 3.21; 7.9). – HITPEEL: *impf.* יִתְרְמֵא, *pl.* תִּתְרְמוֹן: ser lançado.

*רְעוּ (*hebr.* II רְעוּת), *cs.* רְעוּת: vontade, decisão (Ed 5.17; 7.18).

*רַעְיוֹן (*hebr.* =) *m., pl. cs.* רַעְיוֹנֵי, *suf.* רַעְיוֹנַי, *Q* רַעְיוֹנָךְ, *K* רַעְיוֹנַיִךְ, רַעְיֹנֹהִי: pensamento.

רַעְנַן (*hebr.* רַעֲנָן): próspero, florescente (Dn 4.1).

רעע (*hebr.* רצץ *e* II רעע) PEAL: *impf.* 3ª f. תֵּרֹעַ: esmagar, quebrar em pedaços (Dn 2.40). – PAEL: *pt.* מְרָעַע: esmagar, despedaçar (Dn 2.40).

רפס (*hebr.* רפס, רפשׂ) PEAL: *pt. f.* רָפְסָה: pisar, calcar aos pés (Dn 7.7,19).

רשם (*hebr.* =) PEAL: *pf.* רְשַׁם, רְשַׁמְתָּ; *impf.* תִּרְשֻׁם: escrever. – PEIL: *pf.* רְשִׁים: ser escrito.

שׂ

שׂא *v.* נשׂא.

*שָׂב *pl. cs.* שָׂבֵי, *det.* שָׂבַיָּא: alguém com cabelos grisalhos; *pl.* anciões.

שַׂבְּכָא *tb.* סַבְּכָא: instrumento musical triangular c. 4 cordas, um tipo de lira, sambuca.

שׂגא (*hebr.* שׂגה) PEAL: *impf.* יִשְׂגֵּא: crescer, tornar-se grande, multiplicar-se.

שַׂגִּיא (*hebr.* =), *pl. f.* שַׂגִּיאָן: grande; *c. sing. col. e pl.:* muito; *adv.* muito.

*שָׂהֲדוּ *f., det.* שָׂהֲדוּתָא: testemunho (Gn 31.47).

שְׂטַר *m.:* lado (Dn 7.5).

שׂיב (*hebr.* =) PEAL: *pt. pl. cs.* שָׂבֵי, *det.* שָׂבַיָּא: *v.* *שָׂב.

שׂים (*hebr.* =) PEAL: pf. שָׂם־, *2ª m.* שָׂמְתָּ, *1ª sing.* שָׂמֶת, *suf.* שָׂמֵהּ; *imp.*

pl. שִׂימוּ: pôr, colocar, assentar; nomear; baixar / promulgar (um decreto); שִׂים טְעֵם עַל tomar em consideração, fazer caso; שִׂים בָּל לְ decidir, determinar; שִׂים שֻׁם *c. gen.*: dar nome. – PEIL: *pf.* שִׂים, *3ª f.* שֻׂמַת: ser posto / colocado; ser baixado / promulgado (um decreto). – HITPEEL: *impf.* יִתְּשָׂם, *pl.* יִתְּשָׂמוּן; *pt.* מִתְּשָׂם: ser posto / colocado / assentado; *c.* לְ ser feito em, ser reduzido a; *c. suj.* טְעֵם: ser dada (uma ordem).

שׂכל (*hebr.* I שָׂכַל) HITPAAL: *pt.* מִשְׂתַּכַּל: *c.* בְּ contemplar, observar, considerar (Dn 7.8).

שָׂכְלְתָנוּ *f.*: juízo, inteligência.

cj. **שָׁלָה**⋆ (Dn 3.29, *por* שָׁלֻה): insolência, sublevação; *c.* אמר falar insolentemente (Dn 3.29).

שָׂם־ *v.* שִׂים.

שׂנא (*hebr.* =) PEAL: *pt. pl. suf. Q* שָׂנְאָךְ, *K* שָׂנְאַיִךְ: odiar; *pt.* o que odeia, inimigo (Dn 4.16).

שְׂעַר⋆ (*hebr.* שֵׂעָר) *m.*, *cs.* =, *suf.* שַׂעְרֵהּ: *col.* cabelo.

ש

שׁאל (*hebr.* =) PEAL: *pf.* שְׁאֵל, *1ª pl.* שְׁאֵלְנָא; *impf. suf.* יִשְׁאֲלֶנְכוֹן; *pt.* שָׁאֵל: pedir, desejar, exigir; perguntar, interrogar.

שְׁאֵלָה⋆ (*hebr.* =), *det.* שְׁאֵלְתָא: pedido, pergunta, questão; *outros:* cousa, assunto (Dn 4.14).

שְׁאַלְתִּיאֵל *n. m.* (Ed 5.2).

שְׁאָר⋆ (*hebr.* =) *m.*, *cs.* =, *det.* שְׁאָרָא: *col.* resto, remanescente, restante.

שׁבח (*hebr.* I שבח) PAEL: *pf.* שַׁבַּחְתָּ, *1ª sing.* שַׁבְּחֵת, *pl.* שַׁבַּחוּ; מְשַׁבַּח: louvar, exaltar, glorificar.

שְׁבַט⋆ *ou* שְׁבֵט (*hebr.* שֵׁבֶט), *pl. cs.* שִׁבְטֵי: tribo (Ed 6.17).

שְׁבִיב⋆ (*hebr.* שָׁבִיב), *det.* שְׁבִיבָא, *pl.* שְׁבִיבִין: chama (Dn 3.22; 7.9).

שְׁבַע⋆ (*hebr.* שֶׁבַע) *m.*, *f.* שִׁבְעָה, *cs.* שִׁבְעַת: sete; חַד־שִׁבְעָה sete vezes.

שׁבק PEAL: *imp. pl.* שְׁבֻקוּ; *inf.* מִשְׁבַּק: deixado; permitir. – HITPEEL: *impf.* תִּשְׁתְּבִק: ser deixado para, passar para (Dn 2.44).

שׁבשׁ HITPAAL: *pt. pl.* מִשְׁתַּבְּשִׁין: ficar perplexo / confuso / consternado / perturbado (Dn 5.9).

שֵׁגַל⋆ (*cf. hebr.* =), *pl. suf.* שֵׁגְלָתָךְ, שֵׁגְלָתֵהּ: concubina (do rei).

שׁדר HITPAAL: *pt.* מִשְׁתַּדַּר: *c.* לְ *e inf.* esforçar-se, empenhar-se (Dn 6.15).

שַׁדְרַךְ *n. m.* (Dn 2.49).

שׁוה (*hebr.* I *e* II שוה) PEIL: *pf. K* שְׁוִי *ou* שֳוִי: *c.* עִם ser feito semelhante a (Dn 5.21). – PAEL: *pf. pl. Q* שַׁוִּיו: *c. ac. e* עִם fazer semelhante a (Dn 5.21). – HITPAAL: *impf.* יִשְׁתַּוֵּה: *c. ac.* ser feito em, ser reduzido a (Dn 3.29).

שׁוּר⋆ (*hebr.* =) *m.*, *pl. det. Q* שׁוּרַיָּא (Ed 4.12, *K* שׁורי, *v.* כלל *šafel e* שרה *pael*) *e* שׁוּרַיָּה (*mas sugere-se suf.* שׁוּרַיַּהּ): muro, muralha.

שׁוּשַׁנְכָיֵ⋆ *pl. det.* שׁוּשַׁנְכָיֵא: *n. gent. de* שׁוּשַׁן: habitante de Susa (Ed 4.9).

שחת (*hebr.* =) PEAL: *pt. pass. f.* שְׁחִיתָה: estragar, arruinar; *pt. pass.* corrupto, mau; *f. como s.* maldade, ação corrupta (Dn 2.9; 6.5).

שֵׁיזִב *termo emprestado, mas entendido como* ŚAFEL: *pf.* שֵׁיזִב (Dn 3.28) *e* שֵׁיזִיב (Dn 6.28); *impf.* יְשֵׁיזִב, *suf.* יְשֵׁיזְבִנְכוֹן, יְשֵׁיזְבִנָּךְ; *inf. suf.* שֵׁיזָבוּתָךְ, שֵׁיזָבוּתַנָא, שֵׁיזָבוּתֵהּ; *pt.* מְשֵׁיזִב: livrar, resgatar, salvar.

שֵׁיצִיא *termo emprestado, mas entendido como* ŚAFEL: *pf. K* שֵׁיצִיא, *Q* שֵׁיצִי: terminar, acabar (Ed 6.15).

שכח (*cf. hebr.* =) HAFEL: *pf. 1ª sing.* הַשְׁכַּחַת, *pl.* הַשְׁכַּחוּ, הַשְׁכַּחְנָה/א; *impf.* נְהַשְׁכַּח, תְּהַשְׁכַּח; *inf.* הַשְׁכָּחָה: achar, encontrar. – HITPEEL: *pf.* הִשְׁתְּכַח, *3ª f.* הִשְׁתְּכַחַת, *2ª m.* הִשְׁתְּכַחַתְּ: ser achado, achar-se.

שַׁכְלֵל *v.* כלל.

שכן (*hebr.* =) PEAL: *impf. 3ª pl. f.* יִשְׁכְּנָן: morar, habitar, viver (Dn 4.18). – PAEL: *pf.* שַׁכִּן: fazer habitar (Ed 6.12).

שְׁלֵה (*hebr.* שָׁלֵו): (estar) despreocupado, tranqüilo (Dn 4.1).

שָׁלֵה (Dn 3.29): *ger. c. Q =* שָׁלוּ, *ou l.* שְׁלָה* *de* שְׁאֵלָה, *mas prov. l.* שְׁלָה*.

שָׁלוּ (*hebr.* שָׁלוּ *e* שַׁלְוָה) *f.*, שָׁלוּ, *pl. suf.* שָׁלְוָתָךְ: negligência, descuido, desleixo (*para* Dn 3.29 *Q, v.* שְׁלָה*).

שְׁלֵוָה* (*hebr.* שַׁלְוָה) *f.*, *suf.* שְׁלֵוְתָךְ: felicidade, fortuna, prosperidade (Dn 4.24).

שלח (*hebr.* =) PEAL: *pf.* שְׁלַח, *pl.* שְׁלַחוּ, שְׁלַחְתּוּן, שְׁלַחְנָא; *impf.* יִשְׁלַח: enviar, mandar; *fig.* שְׁלַח יַד *c.* לְ *e inf.*: estender a mão para = ousar, atrever-se a. – PEIL: *pf.* שְׁלִיחַ: ser enviado / mandado (Dn 5.24; Ed 7.14).

שלט (*hebr.* =) PEAL: *pf.* שְׁלֵט, *pl.* שְׁלִטוּ; *impf.* יִשְׁלַט, תִּשְׁלַט: *abs. e c.* בְּ dominar, ter domínio sobre; *c.* בְּ apoderar-se de. – HAFEL: *pf. suf.* הַשְׁלְטָךְ, הַשְׁלְטֵהּ: *c.* בְּ *ou* עַל fazer (alguém) soberano sobre, fazer dominar sobre (Dn 2.38,41).

שִׁלְטֹן* (*hebr.* =), *pl. cs.* שִׁלְטֹנֵי: alto funcionário público; שִׁלְטֹנֵי מְדִינָתָא oficiais / autoridades / administradores das províncias (Dn 3.2s).

שָׁלְטָן *cs.* =, *det.* שָׁלְטָנָא, *suf.* שָׁלְטָנָךְ, שָׁלְטָנְהוֹן, *pl. det.* שָׁלְטָנַיָּא: domínio, soberania; *pl.* domínios, impérios.

שַׁלִּיט (*hebr.* =), *det.* שַׁלִּיטָא, *pl.* שַׁלִּיטִ(י)ן: *adj.* poderoso; *s.* oficial, soberano; *c.* לְ *e inf.* (é) permitido, lícito.

שלם (*hebr.* =) PEAL: *pf.* שְׁלִם: estar terminado / acabado (Ed 5.16). – HAFEL: *pf. suf.* הַשְׁלְמֵהּ; *imp.* הַשְׁלֵם: terminar, acabar, completar; entregar (completamente) (Ed 7.19); pagar (Dn 5.26, *outros:* dar um fim, dar cabo de; abandonar).

שְׁלָם (*hebr.* שָׁלוֹם) *m.*, *det.* שְׁלָמָא, *suf.* שְׁלָמְכוֹן: bem-estar, boa saúde, prosperidade; salve!, paz! (*em saudações*).

שֻׁם* (*hebr.* I שֵׁם) *m.*, *cs.* =, *suf.* שְׁמֵהּ, *pl. cs.* שְׁמָהָת, *suf.* שְׁמָהָתְהֹם: nome; *após n. pessoal:* de nome, chamado.

שמד (*hebr.* =) HAFEL: *inf.* הַשְׁמָדָה: destruir, aniquilar, exterminar (Dn 7.26).

שְׁמַיִן* (*hebr.* שָׁמַיִם), *det.* שְׁמַיָּא: céu.

שמם (*hebr.* =) ITPOAL: *pf.* אֶשְׁתּוֹמַם: ficar entorpecido / estarrecido / aterrorizado (Dn 4.16).

שמע (*hebr.* =) PEAL: *pf.* שְׁמַע, *1ª sing.* שִׁמְעֵת; *impf.* יִשְׁמַע, *pl.* תִּשְׁמְעוּן; *pt. pl.* שָׁמְעִין: ouvir. – HITPAAL:

impf. pl. יִשְׁתַּמְעוּן: *c.* לְ obedecer (Dn 7.27).

שָׁמְרַיִן *n.l. e n.t.* (Ed 4.10,17).

שמשׁ PAEL: *impf. pl. suf.* יְשַׁמְּשׁוּנֵהּ: servir (Dn 7.10).

שְׁמַשׁ★ *ou* ★שֶׁמֶשׁ (*hebr.* שֶׁמֶשׁ), *det.* שִׁמְשָׁא: sol (Dn 6.15).

שִׁמְשַׁי *n. m.* (Ed 4.8).

שֵׁן★ (*hebr.* =) *f., du.* שִׁנַּיִן, *suf. Q* שִׁנַּהּ, *K* שִׁנַּיַהּ *ou* שִׁנַּיהּ: dente.

שׁנה (*hebr.* =) PEAL: *pf. pl.* שְׁנוֹ, *suf.* שְׁנוֹהִי; *impf.* יִשְׁנֵא, תִּשְׁנֵא; *pt. f.* שָׁנְיָה/א, *pl.* שָׁנַיִן, *f.* שָׁנְיָן: ser diferente; mudar-se. – PAEL: *pf. pl.* שַׁנִּיו; *impf. pl.* יְשַׁנּוֹן; *pt. pass. f.* מְשַׁנְּיָה: 1) mudar, transformar; *pt. pass. c.* מִן diferente (de); 2) violar, desobedecer (uma ordem). – HAFEL: *impf.* יְהַשְׁנֵא; *inf.* הַשְׁנָיָה; *pt.* מְהַשְׁנֵא: 1) mudar, alterar. 2) violar (uma ordem). – ITPAAL: *pf. Q sing.* אֶשְׁתַּנִּי, *K pl.* אֶשְׁתַּנּוּ *ou* אֶשְׁתַּנּוֹ (Dn 3.19); *impf.* יִשְׁתַּנֵּא, *pl.* יִשְׁתַּנּוֹן, *juss.* יִשְׁתַּנּוֹ: mudar-se, alterar-se.

שְׁנָה★ I (*hebr.* שָׁנָה) *f., cs.* שְׁנַת, *pl.* שְׁנִין: ano.

שְׁנָה★ II (*hebr.* שֵׁנָה) *f., suf.* שִׁנְתֵּהּ: sono (Dn 6.19).

שָׁעָה *f., det.* שַׁעֲתָא *e* שַׁעֲתָה: breve espaço de tempo, momento; בַּהּ שַׁעֲתָא no mesmo instante, imediatamente; כְּשָׁעָה חֲדָה por um momento.

שׁפט (*hebr.* =) PEAL: *pt. pl.* שָׁפְטִין: julgar; *pt.* juiz (Ed 7.25).

שַׁפִּיר *adj.:* belo, formoso, lindo (Dn 4.9,18).

שׁפל (*hebr.* =) HAFEL: *pf. 2ª m.* הַשְׁפֵּלְתְּ; *impf.* יְהַשְׁפִּל; *inf.* הַשְׁפָּלָה; *pt.* מַשְׁפִּיל: rebaixar, humilhar, abater; *c.* לְבַב humilhar-se.

שְׁפַל★ (*hebr.* שָׁפָל), *cs.* =: baixo, humilde; שְׁפַל אֲנָשִׁים o mais humilde dos homens (Dn 4.14).

שׁפר (*hebr.* =) PEAL: *pf.* שְׁפַר; *impf.* יִשְׁפַּר: agradar, parecer bem.

שְׁפַרְפָּר★ *det.* שְׁפַרְפָּרָא: alvorada, madrugada, manhã (Dn 6.20).

שָׁק★ (*hebr.* שׁוֹק), *du. suf.* שָׁקוֹהִי: perna (Dn 2.33).

שׁרה (*hebr.* =) PEAL: *inf.* מִשְׁרֵא; *pt. pass.* שְׁרֵא, *pl.* שְׁרַיִן: 1) soltar, desamarrar; *pt. pass.* solto, desamarrado; *fig.* soltar (nós) = resolver (problemas). 2) *pt. pass.* morar, habitar. – PAEL: *pf. 3ª pl.* שָׁרִיו; *pt.* מְשָׁרֵא (*mas l.* מִשְׁרֵא *peal inf.*): *c.* לְ *e inf.* iniciar, começar (Ed 5.2; Dn 5.12, *l. peal inf.*). – HITPAAL: *pt. pl.* מִשְׁתָּרַיִן: soltar-se, tremer, bater (os joelhos) (Dn 5.6).

שְׁרֹשׁ★ *ou* ★שֹׁרֶשׁ *ou* ★שְׁרַשׁ (*hebr.* שֹׁרֶשׁ), *pl. suf.* שָׁרְשׁוֹהִי: raiz (Dn 4.20,23).

שׁרשׁו (Ed 7.26) *K* שְׁרֹשׁוּ, *Q* שְׁרֹשִׁי: desterro, degredo, exclusão (da comunidade).

שֵׁשְׁבַּצַּר *n. m.* (Ed 5.14).

שֵׁת (*hebr.* שֵׁשׁ), שִׁת: seis (Dn 3.1; Ed 6.15).

שׁתה (*hebr.* =) PEAL: *pf. pl.* (*c. pref.* א) אִשְׁתִּיו; *impf. pl.* יִשְׁתּוֹן; *pt.* שָׁתֵה, *pl.* שָׁתַיִן: beber.

שִׁתִּין (*hebr.* שִׁשִּׁים): sessenta.

שְׁתַר בּוֹזְנַי *n. m.* (Ed 5.3).

ת

תבר (*hebr.* I שׁבר) PEAL: *pt. pass. f.* תְּבִירָה: quebrar; *pt. pass.* quebradiço, frágil (Dn 2.42).

★תְּדִיר *f. det.* תְּדִירָא: giro, continuação; בִּתְדִירָא *adv.* continuamente (Dn 6.17, 21).

תְּהוֹבֵד *v.* אבד.

תוב (*hebr.* I שׁוב) PEAL: *impf.* יְתוּב: *c.* עַל voltar, retornar (Dn 4.31, 33). – HAFEL: *pf.* הֲתִיב, *pl. suf.* הֲתִיבוּנָא; *impf. pl.* יַהֲתִיבוּן (Ed 6.5) *e* יְתִיבוּן (Ed 5.5); *inf. suf.* הֲתָבוּתָךְ: devolver, voltar (resposta); הֲתִיב פִּתְגָם responder; הֲ׳ עֵטָה וּטְעֵם *c.* לְ dirigir-se com palavras sábias e prudentes a.

תוה (*hebr.* תמה) PEAL: *pf.* תְּוַהּ: admirar-se, alarmar-se, espantar-se (Dn 3.24).

★תּוֹר (*hebr.* שׁוֹר), *pl.* תּוֹרִין: boi, touro; בְּנֵי תוֹרִין novilhos.

תְּחוֹת *e* ★תַּחַת (*hebr.* תַּחַת), *suf.* תְּחֹתֹהִי *e* תַּחְתּוֹהִי, *prep.*: debaixo; *c.* מִן־ de debaixo.

תַּחַת *v.* נחת.

תְּלַג (*hebr.* I שֶׁלֶג): neve (Dn 7.9).

★תְּלִיתָי (*hebr.* שְׁלִישִׁי), *f. K* תְּלִיתָיָא, *Q* תְּלִיתָאָה: terceiro (Dn 2.39).

תְּלָת (*hebr.* שָׁלוֹשׁ) *m., f.* (*e s. m.*) תְּלָתָה/א, *suf.* תְּלָתֵהוֹן:três; יוֹם תְּלָתָה o terceiro dia; תְּלָתֵהוֹן os três.

תַּלְתָּא (Dn 5.16, 29) *e* תַּלְתִּי Dn 5.7): *ger.* triúnviro, terceiro no posto, *ou* soberano sobre terça parte do império; *prov. título de origem assíria:* terceiro.

תְּלָתִין (*hebr.* שְׁלֹשִׁים): trinta (Dn 6.8, 13).

★תְּמַהּ *m., pl.* תִּמְהִין, *det.* תִּמְהַיָּא, *suf.* תִּמְהוֹהִי: maravilha, milagre.

תַּמָּה (*hebr.* שָׁם, שָׁמָּה) *adv.*: ali, lá; מִן־תַּמָּה dali, de lá; דִּי...תַּמָּה onde.

תְּנֵד *v.* נוד.

תִּנְדַּע *v.* ידע.

★תִּנְיָן *m., f.* תִּנְיָנָה: segundo (Dn 7.5).

תִּנְיָנוּת *adv.;* segunda vez (Dn 2.7).

★תִּפְתָּי *pl. K* תִּפְתָּיֵא, *Q* תִּפְתָּאֵי: agente da polícia, *ou* magistrado (Dn 3.2s).

תַּקִּיף (*hebr.* =) *m., f.* תַּקִּיפָה/א, *pl.* תַּקִּיפִין, *adj.*: forte; poderosa, prodigiosa (maravilha).

תקל (*hebr.* שׁקל) PEIL: *pf. 2ª m.* תְּקִילְתָּה: ser pesado (Dn 5.27).

תְּקֵל (*hebr.* שֶׁקֶל): *unidade de peso e medida:* siclo; *c. jogo de palavras, entendido como pt. pass. peal* (תקל *de* ★תְּקִיל) (Dn 5.25, 27).

תקן (*hebr.* תקן *e* תכן) HOFAL: *3ª f.* הָתְקְנַת (*mas l. 1ª sing.* הָתְקְנֵת): ser restabelecido (Dn 4.33).

תקף (=) PEAL: *pf.* תְּקֵף, *3ª f.* תִּקְפַת, *2ª m.* תְּקֵפְתְּ: ser / tornar-se forte; endurecer-se (*suj.* espírito, *c.* לְ *e inf.*). – PAEL: *inf.* תַּקָּפָה: endurecer, dar força, fazer cumprir (Dn 6.8).

★תְּקֹף (*hebr.* תֹּקֶף), *det.* תָּקְפָּא: força (Dn 2.37).

★תְּקָף *cs.* =: força (Dn 4.27).

תְּרֵין (*hebr.* שְׁנַיִם) *m., f.* תַּרְתֵּין: dois; תְּרֵי־עֲשַׂר doze.

★תְּרַע (*hebr.* I שַׁעַר) *m., cs.* =: 1) porta, abertura (da fornalha) (Dn 3.26). 2) portão; תְּרַע מַלְכָּא palácio real, corte (Dn 2.49).

★תָּרָע (*hebr.* שׁוֹעֵר), *pl. det.* תָּרָעַיָּא: porteiro (Ed 7.24).

תַּרְתֵּין *v.* תְּרֵין.

תַּתְּנַי *n. m.* (Ed 5.3).

Editora
SINODAL

ISBN 85-233-0130-5
9 788523 301309

EDITORA
VOZES

ISBN 978-85-326-3741-9
9 788532 637413